JN069671

教員採用試験「全国版」過去問シリーズ ①

全国まるごと

2025年度版

過去問題集

教職教養

#分野別　#項目別

協同教育研究会 編

協同出版

はじめに

本書は，全国47都道府県と20の政令指定都市の公立学校の教員採用候補者選考試験を受験する人のために編集されたものです。

教育を取り巻く環境は変化しつつあり，学校現場においても，教員免許更新制の廃止やGIGAスクール構想の実現などの改革が進められており，現行の学習指導要領においても，「主体的・対話的で深い学び」を実現するため，指導方法や指導体制の工夫改善により，「個に応じた指導」の充実を図るとともに，コンピュータや情報通信ネットワーク等の情報手段を活用するために必要な環境を整えることが示されています。

一方で，いじめや体罰，不登校，教員の指導方法など，教育現場の問題もあいかわらず取り沙汰されており，教員に求められるスキルは，今後さらに高いものになっていくことが予想されます。

協同教育研究会では，現在，626冊の全国の自治体別・教科別過去問題集を刊行しており，その編集作業にあたり，各冊子ごとに出題傾向の分析を行っています。本書は，その分析結果をまとめ，全国的に出題率の高い分野の問題，解答・解説に加えて，より理解を深めるための要点整理を，頻出項目毎に記載しています。そのことで，近年の出題傾向を把握することでき，また多くの問題を解くことで，より効果的な学習を進めることができます。

みなさまが，この書籍を徹底的に活用し，教員採用試験の合格を勝ち取って，教壇に立っていただければ，それはわたくしたちにとって最上の喜びです。

協同教育研究会

教員採用試験「全国版」過去問シリーズ①

全国まるごと過去問題集　教職教養＊目次

本書について

本書には，各教科の項目毎に，出題率が高い問題を精選して掲載しております。前半は要点整理になっており，後半は実施問題となります。また各問題の最後に，出題年，出題された都道府県市及び難易度を示しています。難易度は，以下のように5段階になっております。

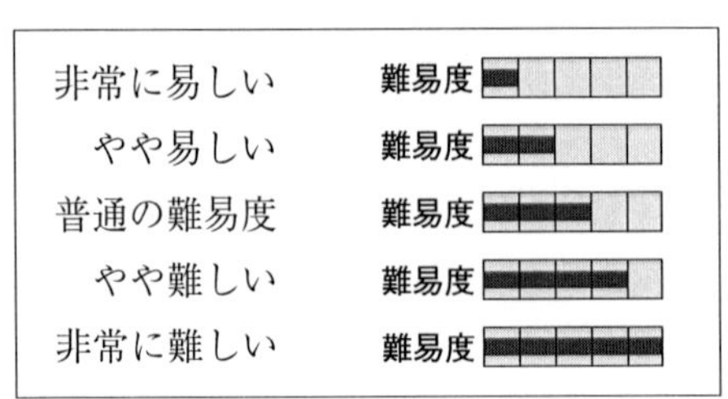

また，各問題文や選択肢の表記については，できる限り都道府県市から出題された問題の通りに掲載しておりますが，一部図表等について縮小等の加工を行って掲載しております。ご了承ください。

教育法規

要点整理

●日本国憲法

□**第14条**〔法の下の平等，貴族制度などの否認・栄典の授与〕

すべて国民は，法の下に平等であつて，人種，信条，性別，社会的身分又は門地により，政治的，経済的又は社会的関係において，差別されない。

② 華族その他の貴族の制度は，これを認めない。

③ 栄誉，勲章その他の栄典の授与は，いかなる特権も伴はない。栄典の授与は，現にこれを有し，又は将来これを受ける者の一代に限り，その効力を有する。

□**第26条**〔教育を受ける権利，義務教育〕

すべて国民は，法律の定めるところにより，その能力に応じて，ひとしく教育を受ける権利を有する。

② すべて国民は，法律の定めるところにより，その保護する子女に普通教育を受けさせる義務を負ふ。義務教育は，これを無償とする。

●教育基本法

□**第1条**〔教育の目的〕

教育は，人格の完成を目指し，平和で民主的な国家及び社会の形成者として必要な資質を備えた心身ともに健康な国民の育成を期して行われなければならない。

□**第2条**〔教育の目標〕

教育は，その目的を実現するため，学問の自由を尊重しつつ，次に掲げる目標を達成するよう行われるものとする。

一 幅広い知識と教養を身に付け，真理を求める態度を養い，豊かな情操と道徳心を培うとともに，健やかな身体を養うこと。

二 個人の価値を尊重して，その能力を伸ばし，創造性を培い，自主及び自律の精神を養うとともに，職業及び生活との関連を重視し，勤労を重んずる態度を養うこと。

三 正義と責任，男女の平等，自他の敬愛と協力を重んずるとともに，公共の精神に基づき，主体的に社会の形成に参画し，その発展に寄与する態度を養うこと。

四　生命を尊び，自然を大切にし，環境の保全に寄与する態度を養うこと。

五　伝統と文化を尊重し，それらをはぐくんできた我が国と郷土を愛するとともに，他国を尊重し，国際社会の平和と発展に寄与する態度を養うこと。

□**第3条**〔生涯学習の理念〕

国民一人一人が，自己の人格を磨き，豊かな人生を送ることができるよう，その生涯にわたって，あらゆる機会に，あらゆる場所において学習することができ，その成果を適切に生かすことのできる社会の実現が図られなければならない。

□**第4条**〔教育の機会均等〕

すべて国民は，ひとしく，その能力に応じた教育を受ける機会を与えられなければならず，人種，信条，性別，社会的身分，経済的地位又は門地によって，教育上差別されない。

②　国及び地方公共団体は，障害のある者が，その障害の状態に応じ，十分な教育を受けられるよう，教育上必要な支援を講じなければならない。

③　国及び地方公共団体は，能力があるにもかかわらず，経済的理由によって修学が困難な者に対して，奨学の措置を講じなければならない。

□**第5条**〔義務教育〕

国民は，その保護する子に，別に法律で定めるところにより，普通教育を受けさせる義務を負う。

②　義務教育として行われる普通教育は，各個人の有する能力を伸ばしつつ社会において自立的に生きる基礎を培い，また，国家及び社会の形成者として必要とされる基本的な資質を養うことを目的として行われるものとする。

③　国及び地方公共団体は，義務教育の機会を保障し，その水準を確保するため，適切な役割分担及び相互の協力の下，その実施に責任を負う。

④　国又は地方公共団体の設置する学校における義務教育については，授業料を徴収しない。

□**第6条**〔学校教育〕

法律に定める学校は，公の性質を有するものであって，国，地方公共団体及び法律に定める法人のみが，これを設置することができる。

②　前項の学校においては，教育の目標が達成されるよう，教育を受ける者の心身の発達に応じて，体系的な教育が組織的に行われなければならない。この場合において，教育を受ける者が，学校生活を営む上で必要な規律を重んずるとともに，自ら進んで学習に取り組む意欲を高めることを重視して行われなければならない。

□**第7条**〔大学〕

大学は，学術の中心として，高い教養と専門的能力を培うとともに，深く真理を探究して新たな知見を創造し，これらの成果を広く社会に提供することにより，社会の発展に寄与するものとする。

②　大学については，自主性，自律性その他の大学における教育及び研究の特性が尊重されなければならない。

□**第8条**〔私立学校〕

私立学校の有する公の性質及び学校教育において果たす重要な役割にかんがみ，国及び地方公共団体は，その自主性を尊重しつつ，助成その他の適当な方法によって私立学校教育の振興に努めなければならない。

□**第9条**〔教員〕

法律に定める学校の教員は，自己の崇高な使命を深く自覚し，絶えず研究と修養に励み，その職責の遂行に努めなければならない。

②　前項の教員については，その使命と職責の重要性にかんがみ，その身分は尊重され，待遇の適正が期せられるとともに，養成と研修の充実が図られなければならない。

□**第10条**〔家庭教育〕

父母その他の保護者は，子の教育について第一義的責任を有するものであって，生活のために必要な習慣を身に付けさせるとともに，自立心を育成し，心身の調和のとれた発達を図るよう努めるものとする。

②　国及び地方公共団体は，家庭教育の自主性を尊重しつつ，保護者

に対する学習の機会及び情報の提供その他の家庭教育を支援するために必要な施策を講ずるよう努めなければならない。

□**第11条**〔幼児期の教育〕

幼児期の教育は，生涯にわたる人格形成の基礎を培う重要なものであることにかんがみ，国及び地方公共団体は，幼児の健やかな成長に資する良好な環境の整備その他適当な方法によって，その振興に努めなければならない。

□**第12条**〔社会教育〕

個人の要望や社会の要請にこたえ，社会において行われる教育は，国及び地方公共団体によって奨励されなければならない。

② 国及び地方公共団体は，図書館，博物館，公民館その他の社会教育施設の設置，学校の施設の利用，学習の機会及び情報の提供その他の適当な方法によって社会教育の振興に努めなければならない。

□**第13条**〔学校，家庭及び地域住民等の相互の連携協力〕

学校，家庭及び地域住民その他の関係者は，教育におけるそれぞれの役割と責任を自覚するとともに，相互の連携及び協力に努めるものとする。

□**第14条**〔政治教育〕

良識ある公民として必要な政治的教養は，教育上尊重されなければならない。

② 法律に定める学校は，特定の政党を支持し，又はこれに反対するための政治教育その他政治的活動をしてはならない。

□**第15条**〔宗教教育〕

宗教に関する寛容の態度，宗教に関する一般的な教養及び宗教の社会生活における地位は，教育上尊重されなければならない。

② 国及び地方公共団体が設置する学校は，特定の宗教のための宗教教育その他宗教的活動をしてはならない。

□**第16条**〔教育行政〕

教育は，不当な支配に服することなく，この法律及び他の法律の定めるところにより行われるべきものであり，教育行政は，国と地方公共団体との適切な役割分担及び相互の協力の下，公正かつ適正に行われなければならない。

② 国は，全国的な教育の機会均等と教育水準の維持向上を図るため，教育に関する施策を総合的に策定し，実施しなければならない。

③ 地方公共団体は，その地域における教育の振興を図るため，その実情に応じた教育に関する施策を策定し，実施しなければならない。

④ 国及び地方公共団体は，教育が円滑かつ継続的に実施されるよう，必要な財政上の措置を講じなければならない。

□**第17条**〔教育振興基本計画〕

政府は，教育の振興に関する施策の総合的かつ計画的な推進を図るため，教育の振興に関する施策についての基本的な方針及び講ずべき施策その他必要な事項について，基本的な計画を定め，これを国会に報告するとともに，公表しなければならない。

② 地方公共団体は，前項の計画を参酌し，その地域の実情に応じ，当該地方公共団体における教育の振興のための施策に関する基本的な計画を定めるよう努めなければならない。

●学校教育法

□**第1条**〔学校の範囲〕

この法律で，学校とは，幼稚園，小学校，中学校，義務教育学校，高等学校，中等教育学校，特別支援学校，大学及び高等専門学校とする。

□**第11条**〔学生・生徒等の懲戒〕

校長及び教員は，教育上必要があると認めるときは，文部科学大臣の定めるところにより，児童，生徒及び学生に懲戒を加えることができる。ただし，体罰を加えることはできない。

□**第12条**〔健康診断等〕

学校においては，別に法律で定めるところにより，幼児，児童，生徒及び学生並びに職員の健康の保持増進を図るため，健康診断を行い，その他その保健に必要な措置を講じなければならない。

□**第16条**〔義務教育〕

保護者(子に対して親権を行う者(親権を行う者のないときは，未成年後見人)をいう。以下同じ。)は，次条に定めるところにより，子に9年の普通教育を受けさせる義務を負う。

□**第19条**〔就学困難〕

経済的理由によつて，就学困難と認められる学齢児童又は学齢生徒の保護者に対しては，市町村は，必要な援助を与えなければならない。

□**第21条**〔義務教育〕

義務教育として行われる普通教育は，教育基本法(平成18年法律120号)第5条第2項に規定する目的を実現するため，次に掲げる目標を達成するよう行われるものとする。

一　学校内外における社会的活動を促進し，自主，自律及び協同の精神，規範意識，公正な判断力並びに公共の精神に基づき主体的に社会の形成に参画し，その発展に寄与する態度を養うこと。

二　学校内外における自然体験活動を促進し，生命及び自然を尊重する精神並びに環境の保全に寄与する態度を養うこと。

三　我が国と郷土の現状と歴史について，正しい理解に導き，伝統と文化を尊重し，それらをはぐくんできた我が国と郷土を愛する態度を養うとともに，進んで外国の文化の理解を通じて，他国を尊重し，国際社会の平和と発展に寄与する態度を養うこと。

四　家族と家庭の役割，生活に必要な衣，食，住，情報，産業その他の事項について基礎的な理解と技能を養うこと。

五　読書に親しませ，生活に必要な国語を正しく理解し，使用する基礎的な能力を養うこと。

六　生活に必要な数量的な関係を正しく理解し，処理する基礎的な能力を養うこと。

七　生活にかかわる自然現象について，観察及び実験を通じて，科学的に理解し，処理する基礎的な能力を養うこと。

八　健康，安全で幸福な生活のために必要な習慣を養うとともに，運動を通じて体力を養い，心身の調和的発達を図ること。

九　生活を明るく豊かにする音楽，美術，文芸その他の芸術について基礎的な理解と技能を養うこと。

十　職業についての基礎的な知識と技能，勤労を重んずる態度及び個性に応じて将来の進路を選択する能力を養うこと。

□**第35条**〔児童の出席停止〕

市町村の教育委員会は，次に掲げる行為の一又は二以上を繰り返し行う等性行不良であつて他の児童の教育に妨げがあると認める児童があるときは，その保護者に対して，児童の出席停止を命ずることができる。

一　他の児童に傷害，心身の苦痛又は財産上の損失を与える行為

二　職員に傷害又は心身の苦痛を与える行為

三　施設又は設備を損壊する行為

四　授業その他の教育活動の実施を妨げる行為

②　市町村の教育委員会は，前項の規定により出席停止を命ずる場合には，あらかじめ保護者の意見を聴取するとともに，理由及び期間を記載した文書を交付しなければならない。

③　前項に規定するもののほか，出席停止の命令の手続に関し必要な事項は，教育委員会規則で定めるものとする。

④　市町村の教育委員会は，出席停止の命令に係る児童の出席停止の期間における学習に対する支援その他の教育上必要な措置を講ずるものとする。

□**第37条**〔職員〕

小学校には，校長，教頭，教諭，養護教諭及び事務職員を置かなければならない。

②　小学校には，前項に規定するもののほか，副校長，主幹教諭，指導教諭，栄養教諭その他必要な職員を置くことができる。

③　第1項の規定にかかわらず，副校長を置くときその他特別の事情のあるときは教頭を，養護をつかさどる主幹教諭を置くときは養護教諭を，特別の事情のあるときは事務職員を，それぞれ置かないことができる。

④　校長は，校務をつかさどり，所属職員を監督する。

⑤　副校長は，校長を助け，命を受けて校務をつかさどる。

⑥　副校長は，校長に事故があるときはその職務を代理し，校長が欠けたときはその職務を行う。この場合において，副校長が二人以上あるときは，あらかじめ校長が定めた順序で，その職務を代理し，又は行う。

⑦　教頭は，校長(副校長を置く小学校にあつては，校長及び副校長)を助け，校務を整理し，及び必要に応じ児童の教育をつかさどる。

⑧　教頭は，校長(副校長を置く小学校にあつては，校長及び副校長)に事故があるときは校長の職務を代理し，校長(副校長を置く小学校にあつては，校長及び副校長)が欠けたときは校長の職務を行う。この場合において，教頭が二人以上あるときは，あらかじめ校長が定めた順序で，校長の職務を代理し，又は行う。

⑨　主幹教諭は，校長(副校長を置く小学校にあつては，校長及び副校長)及び教頭を助け，命を受けて校務の一部を整理し，並びに児童の教育をつかさどる。

⑩　指導教諭は，児童の教育をつかさどり，並びに教諭その他の職員に対して，教育指導の改善及び充実のために必要な指導及び助言を行う。

⑪～⑲　(略)

□**第38条**〔学校の設置〕

市町村は，その区域内にある学齢児童を就学させるに必要な小学校を設置しなければならない。ただし，教育上有益かつ適切であると認めるときは，義務教育学校の設置をもつてこれに代えることができる。

□**第42条**〔評価〕

小学校は，文部科学大臣の定めるところにより当該小学校の教育活動その他の学校運営の状況について評価を行い，その結果に基づき学校運営の改善を図るため必要な措置を講ずることにより，その教育水準の向上に努めなければならない。

□**第43条**〔学校運営〕

小学校は，当該小学校に関する保護者及び地域住民その他の関係者の理解を深めるとともに，これらの者との連携及び協力の推進に資するため，当該小学校の教育活動その他の学校運営の状況に関する情報を積極的に提供するものとする。

●学校教育法施行規則

□**第24条**〔指導要録〕

校長は，その学校に在学する児童等の指導要録(学校教育法施行令第31条に規定する児童等の学習及び健康の状況を記録した書類の原本をいう。以下同じ。)を作成しなければならない。

② 校長は，児童等が進学した場合においては，その作成に係る当該児童等の指導要録の抄本又は写しを作成し，これを進学先の校長に送付しなければならない。

③ 校長は，児童等が転学した場合においては，その作成に係る当該児童等の指導要録の写しを作成し，その写し(転学してきた児童等については転学により送付を受けた指導要録(就学前の子どもに関する教育，保育等の総合的な提供の推進に関する法律施行令(平成26年政令203号)第8条に規定する園児の学習及び健康の状況を記録した書類の原本を含む。)の写しを含む。)及び前項の抄本又は写しを転学先の校長，保育所の長又は認定こども園の長に送付しなければならない。

□**第25条**〔出席簿〕

校長(学長を除く。)は，当該学校に在学する児童等について出席簿を作成しなければならない。

□**第26条**〔懲戒〕

校長及び教員が児童等に懲戒を加えるに当つては，児童等の心身の発達に応ずる等教育上必要な配慮をしなければならない。

② 懲戒のうち，退学，停学及び訓告の処分は，校長(大学にあつては，学長の委任を受けた学部長を含む。)が行う。

③ 前項の退学は，市町村立の小学校，中学校(学校教育法第71条の規定により高等学校における教育と一貫した教育を施すもの(以下「併設型中学校」という。)を除く。)若しくは義務教育学校又は公立の特別支援学校に在学する学齢児童又は学齢生徒を除き，次の各号のいずれかに該当する児童等に対して行うことができる。

一 性行不良で改善の見込がないと認められる者

二 学力劣等で成業の見込がないと認められる者

三 正当の理由がなくて出席常でない者

四 学校の秩序を乱し，その他学生又は生徒としての本分に反した者

④ 第2項の停学は，学齢児童又は学齢生徒に対しては，行うことができない。

⑤　学長は，学生に対する第2項の退学，停学及び訓告の処分の手続を定めなければならない。

□**第28条**〔学校備付表簿〕

学校において備えなければならない表簿は，概ね次のとおりとする。

一　学校に関係のある法令

二　学則，日課表，教科用図書配当表，学校医執務記録簿，学校歯科医執務記録簿，学校薬剤師執務記録簿及び学校日誌

三　職員の名簿，履歴書，出勤簿並びに担任学級，担任の教科又は科目及び時間表

四　指導要録，その写し及び抄本並びに出席簿及び健康診断に関する表簿

五　入学者の選抜及び成績考査に関する表簿

六　資産原簿，出納簿及び経費の予算決算についての帳簿並びに図書機械器具，標本，模型等の教具の目録

七　往復文書処理簿

②　前項の表簿(第24条第2項の妙本又は写しを除く。)は，別に定めるもののほか，5年間保存しなければならない。ただし，指導要録及びその写しのうち入学，卒業等の学籍に関する記録については，その保存期間は，20年間とする。

③　学校教育法施行令第31条の規定により指導要録及びその写しを保存しなければならない期間は，前項のこれらの書類の保存期間から当該学校においてこれらの書類を保存していた期間を控除した期間とする。

□**第48条**〔職員会議の設置〕

小学校には，設置者の定めるところにより，校長の職務の円滑な執行に資するため，職員会議を置くことができる。

②　職員会議は，校長が主宰する。

□**第49条**〔学校評議会の設置・運営参加〕

小学校には，設置者の定めるところにより，学校評議員を置くことができる。

②　学校評議員は，校長の求めに応じ，学校運営に関し意見を述べることができる。

③　学校評議員は，当該小学校の職員以外の者で教育に関する理解及び識見を有するもののうちから，校長の推薦により，当該小学校の設置者が委嘱する。

□**第52条**〔小学校の教育課程〕

小学校の教育課程については，この節に定めるもののほか，教育課程の基準として文部科学大臣が別に公示する小学校学習指導要領によるものとする。

□**第59条**〔小学校の学年〕

小学校の学年は，4月1日に始まり，翌年3月31日に終わる。

□**第60条**〔授業終始〕

授業終始の時刻は，校長が定める。

□**第63条**〔急迫の事情〕

非常変災その他急迫の事情があるときは，校長は，臨時に授業を行わないことができる。この場合において，公立小学校についてはこの旨を当該学校を設置する地方公共団体の教育委員会(公立大学法人の設置する小学校にあつては，当該公立大学法人の理事長)に報告しなければならない。

□**第66条**〔評価〕

小学校は，当該小学校の教育活動その他の学校運営の状況について，自ら評価を行い，その結果を公表するものとする。

②　前項の評価を行うに当たつては，小学校は，その実情に応じ，適切な項目を設定して行うものとする。

□**第67条**〔公表〕

小学校は，前条第1項の規定による評価の結果を踏まえた当該小学校の児童の保護者その他の当該小学校の関係者(当該小学校の職員を除く。)による評価を行い，その結果を公表するよう努めるものとする。

□**第68条**〔報告〕

小学校は，第66条第1項の規定による評価の結果及び前条の規定により評価を行つた場合はその結果を，当該小学校の設置者に報告するものとする。

●学校保健安全法

□**第4条**〔学校保健に関する学校の設置者の責務〕

学校の設置者は，その設置する学校の児童生徒等及び職員の心身の健康の保持増進を図るため，当該学校の施設及び設備並びに管理運営体制の整備充実その他の必要な措置を講ずるよう努めるものとする。

□**第7条**〔保健室〕

学校には，健康診断，健康相談，保健指導，救急処置その他の保健に関する措置を行うため，保健室を設けるものとする。

□**第8条**〔健康相談〕

学校においては，児童生徒等の心身の健康に関し，健康相談を行うものとする。

□**第13条**〔健康診断〕

学校においては，毎学年定期に，児童生徒等(通信による教育を受ける学生を除く。)の健康診断を行わなければならない。

② 学校においては，必要があるときは，臨時に，児童生徒等の健康診断を行うものとする。

□**第19条**〔出席停止〕

校長は，感染症にかかつており，かかつている疑いがあり，又はかかるおそれのある児童生徒等があるときは，政令で定めるところにより，出席を停止させることができる。

□**第26条**〔学校安全に関する学校の設置者の責務〕

学校の設置者は，児童生徒等の安全の確保を図るため，その設置する学校において，事故，加害行為，災害等(以下この条及び第29条第3項において「事故等」という。)により児童生徒等に生ずる危険を防止し，及び事故等により児童生徒等に危険又は危害が現に生じた場合(同条第1項及び第2項において「危険等発生時」という。)において適切に対処することができるよう，当該学校の施設及び設備並びに管理運営体制の整備充実その他の必要な措置を講ずるよう努めるものとする。

□**第28条**〔学校環境の安全の確保〕

校長は，当該学校の施設又は設備について，児童生徒等の安全の確保を図る上で支障となる事項があると認めた場合には，遅滞なく，その改善を図るために必要な措置を講じ，又は当該措置を講ずることができないときは，当該学校の設置者に対し，その旨を申し出るものとする。

●地方公務員法

□**第30条**〔服務の根本基準〕

すべて職員は，全体の奉仕者として公共の利益のために勤務し，且つ，職務の遂行に当つては，全力を挙げてこれに専念しなければならない。

□**第32条**〔法令等及び上司の職務上の命令に従う義務〕

職員は，その職務を遂行するに当つて，法令，条例，地方公共団体の規則及び地方公共団体の機関の定める規程に従い，且つ，上司の職務上の命令に忠実に従わなければならない。

□**第33条**〔信用失墜行為の禁止〕

職員は，その職の信用を傷つけ，又は職員の職全体の不名誉となるような行為をしてはならない。

□**第34条**〔秘密を守る義務〕

職員は，職務上知り得た秘密を漏らしてはならない。その職を退いた後も，また，同様とする。

② 法令による証人，鑑定人等となり，職務上の秘密に属する事項を発表する場合においては，任命権者(退職者については，その退職した職又はこれに相当する職に係る任命権者)の許可を受けなければならない。

③ 前項の許可は，法律に特別の定がある場合を除く外，拒むことができない。

□**第35条**〔職務に専念する義務〕

職員は，法律又は条例に特別の定がある場合を除く外，その勤務時間及び職務上の注意力のすべてをその職責遂行のために用い，当該地方公共団体がなすべき責を有する職務にのみ従事しなければならない。

□**第37条**〔争議行為等の禁止〕

職員は，地方公共団体の機関が代表する使用者としての住民に対して同盟罷業，怠業その他の争議行為をし，又は地方公共団体の機関の活動能率を低下させる怠業的行為をしてはならない。又，何人も，このような違法な行為を企て，又はその遂行を共謀し，そそのかし，若しくはあおつてはならない。

② 職員で前項の規定に違反する行為をしたものは，その行為の開始とともに，地方公共団体に対し，法令又は条例，地方公共団体の規則若しくは地方公共団体の機関の定める規程に基いて保有する任命上又は雇用上の権利をもつて対抗することができなくなるものとする。

□**第38条**〔営利企業への従事等の制限〕

職員は，任命権者の許可を受けなければ，商業，工業又は金融業その他営利を目的とする私企業(以下この項及び次条第1項において「営利企業」という。)を営むことを目的とする会社その他の団体の役員その他人事委員会規則(人事委員会を置かない地方公共団体においては，地方公共団体の規則)で定める地位を兼ね，若しくは自ら営利企業を営み，又は報酬を得ていかなる事業若しくは事務にも従事してはならない。ただし，非常勤職員(短時間勤務の職を占める職員及び第22条2第1項第2号に掲げる職員を除く。)については，この限りではない。

② 人事委員会は，人事委員会規則により前項の場合における任命権者の許可の基準を定めることができる。

●教育公務員特例法

□**第21条**〔研修〕

教育公務員は，その職責を遂行するために，絶えず研究と修養に努めなければならない。

② 教育公務員の研修実施者は，教育公務員(公立の小学校等の校長及び教員(臨時的に任用された者その他の政令で定める者を除く。以下この章において同じ。)を除く。)の研修について，それに要する施設，研修を奨励するための方途その他研修に関する計画を樹立し，その実施に努めなければならない。

□**第22条**〔研修の機会〕

教育公務員には，研修を受ける機会が与えられなければならない。

② 教員は，授業に支障のない限り，本属長の承認を受けて，勤務場所を離れて研修を行うことができる。

③ 教育公務員は，任命権者(第20条第1項第一号に掲げる者について

は，同号に定める市町村の教育委員会。以下この章において同じ。)の定めるところにより，現職のままで，長期にわたる研修を受けることができる。

□**第22条の2**〔校長及び教員としての資質の向上に関する指標の策定に関する指針〕

文部科学大臣は，公立の小学校等の校長及び教員の計画的かつ効果的な資質の向上を図るため，次条第1項に規定する指標の策定に関する指針(以下この条及び次条第1項において「指針」という。)を定めなければならない。

② 指針においては，次に掲げる事項を定めるものとする。

一 公立の小学校等の校長及び教員の資質の向上に関する基本的な事項

二 次条第1項に規定する指標の内容に関する事項

三 その他公立の小学校等の校長及び教員の資質の向上を図るに際し配慮すべき事項

③ 文部科学大臣は，指針を定め，又はこれを変更したときは，遅滞なく，これを公表しなければならない。

□**第22条の3**〔校長及び教員としての資質の向上に関する指標〕

公立の小学校等の校長及び教員の任命権者は，指針を参酌し，その地域の実情に応じ，当該校長及び教員の職責，経験及び適性に応じて向上を図るべき校長及び教員としての資質に関する指標(以下この章において「指標」という。)を定めるものとする。

② 公立の小学校等の校長及び教員の任命権者は，指標を定め，又はこれを変更しようとするときは，第22条の7第1項に規定する協議会において協議するものとする。

③ 公立の小学校等の校長及び教員の任命権者は，指標を定め，又はこれを変更したときは，遅滞なく，これを公表するよう努めるものとする。

④ 独立行政法人教職員支援機構は，指標を策定する者に対して，当該指標の策定に関する専門的な助言を行うものとする。

□**第22条の4**〔教員研修計画〕

公立の小学校等の校長及び教員の研修実施者は，指標を踏まえ，当該校長及び教員の研修について，毎年度，体系的かつ効果的に実施するための計画(以下この条及び第22条の6第2項において「教員研修計画」という。)を定めるものとする。

② 教員研修計画においては，おおむね次に掲げる事項を定めるものとする。

一 研修実施者が実施する第23条第1項に規定する初任者研修，第24条第1項に規定する中堅教諭等資質向上研修その他の研修(以下この項及び次条第2項第一号において「研修実施者実施研修」という。)に関する基本的な方針

二 研修実施者実施研修の体系に関する事項

三 研修実施者実施研修の時期，方法及び施設に関する事項

四 研修実施者が指導助言者として行う第22条の6第2項に規定する資質の向上に関する指導助言等の方法に関して必要な事項(研修実施者が都道府県の教育委員会である場合においては，県費負担教職員について第20条第2項第三号に定める市町村の教育委員会が指導助言者として行う第22条の6第2項に規定する資質の向上に関する指導助言等に関する基本的な事項を含む。)

五 前号に掲げるもののほか，研修を奨励するための方途に関する事項

六 前各号に掲げるもののほか，研修の実施に関し必要な事項として文部科学省令で定める事項

③ 公立の小学校等の校長及び教員の研修実施者は，教員研修計画を定め，又はこれを変更したときは，遅滞なく，これを公表するよう努めるものとする。

□**第22条の5**〔研修等に関する記録〕

公立の小学校等の校長及び教員の任命権者は，文部科学省令で定めるところにより，当該校長及び教員ごとに，研修の受講その他の当該校長及び教員の資質の向上のための取組の状況に関する記録(以下この条及び次条第2項において「研修等に関する記録」という。)を作成しなければならない。

② 研修等に関する記録には，次に掲げる事項を記載するものとする。

一 当該校長及び教員が受講した研修実施者実施研修に関する事項

二　第26条第1項に規定する大学院修学休業により当該教員が履修した同項に規定する大学院の課程等に関する事項

三　認定講習等(教育職員免許法(昭和24年法律第147号)別表第三備考第六号の文部科学大臣の認定する講習又は通信教育をいう。次条第1項及び第3項において同じ。)のうち当該任命権者が開設したものであつて，当該校長及び教員が単位を修得したものに関する事項

四　前三号に掲げるもののほか，当該校長及び教員が行つた資質の向上のための取組のうち当該任命権者が必要と認めるものに関する事項

③　公立の小学校等の校長及び教員の任命権者が都道府県の教育委員会である場合においては，当該都道府県の教育委員会は，指導助言者(第20条第2項第二号及び第三号に定める者に限る。)に対し，当該校長及び教員の研修等に関する記録に係る情報を提供するものとする。

□**第22条の6**〔資質の向上に関する指導助言等〕

公立の小学校等の校長及び教員の指導助言者は，当該校長及び教員がその職責，経験及び適性に応じた資質の向上のための取組を行うことを促進するため，当該校長及び教員からの相談に応じ，研修，認定講習等その他の資質の向上のための機会に関する情報を提供し，又は資質の向上に関する指導及び助言を行うものとする。

②　公立の小学校等の校長及び教員の指導助言者は，前項の規定による相談への対応，情報の提供並びに指導及び助言(次項において「資質の向上に関する指導助言等」という。)を行うに当たつては，当該校長及び教員に係る指標及び教員研修計画を踏まえるとともに，当該校長及び教員の研修等に関する記録に係る情報を活用するものとする。

③　指導助言者は，資質の向上に関する指導助言等を行うため必要があると認めるときは，独立行政法人教職員支援機構，認定講習等を開設する大学その他の関係者に対し，これらの者が行う研修，認定講習等その他の資質の向上のための機会に関する情報の提供その他の必要な協力を求めることができる。

□第22条の7〔協議会〕

公立の小学校等の校長及び教員の任命権者は，指標の策定に関する協議並びに当該指標に基づく当該校長及び教員の資質の向上に関して必要な事項についての協議を行うための協議会(以下この条において「協議会」という。)を組織するものとする。

② 協議会は，次に掲げる者をもつて構成する。

一 指標を策定する任命権者

二 公立の小学校等の校長及び教員の研修に協力する大学その他の当該校長及び教員の資質の向上に関係する大学として文部科学省令で定める者

三 その他当該任命権者が必要と認める者

③ 協議会において協議が調つた事項については，協議会の構成員は，その協議の結果を尊重しなければならない。

④ 前3項に定めるもののほか，協議会の運営に関し必要な事項は，協議会が定める。

□第23条〔初任者研修〕

公立の小学校等の教諭等の研修実施者は，当該教諭等(臨時的に任用された者その他の政令で定める者を除く。)に対して，その採用(現に教諭等の職以外の職に任命されている者を教諭等の職に任命する場合を含む。)の日から一年間の教諭又は保育教諭の職務の遂行に必要な事項に関する実践的な研修(次項において「初任者研修」という。)を実施しなければならない。

② 指導助言者は，初任者研修を受ける者(次項において「初任者」という。)の所属する学校の副校長，教頭，主幹教諭(養護又は栄養の指導及び管理をつかさどる主幹教諭を除く。)，指導教諭，教諭，主幹保育教諭，指導保育教諭，保育教諭又は講師のうちから，指導教員を命じるものとする。

③ 指導教員は，初任者に対して教諭又は保育教諭の職務の遂行に必要な事項について指導及び助言を行うものとする。

●地方教育行政の組織及び運営に関する法律

□**第3条**〔組織〕

教育委員会は，教育長及び4人の委員をもつて組織する。ただし，条例で定めるところにより，都道府県若しくは市又は地方公共団体の組合のうち都道府県若しくは市が加入するものの教育委員会にあつては教育長及び5人以上の委員，町村又は地方公共団体の組合のうち町村のみが加入するものの教育委員会にあつては教育長及び2人以上の委員をもつて組織することができる。

□**第5条**〔任期〕

教育長の任期は3年とし，委員の任期は4年とする。ただし，補欠の教育長又は委員の任期は，前任者の残任期間とする。

② 教育長及び委員は，再任されることができる。

□**第14条**〔会議〕

教育委員会の会議は，教育長が招集する。

② 教育長は，委員の定数の3分の1以上の委員から会議に付議すべき事件を示して会議の招集を請求された場合には，遅滞なく，これを招集しなければならない。

③～⑨ (略)

□**第47条の5**〔学校運営協議会〕

教育委員会は，教育委員会規則で定めるところにより，その所管に属する学校ごとに，当該学校の運営及び当該運営への必要な支援に関して協議する機関として，学校運営協議会を置くように努めなければならない。ただし，二以上の学校の運営に関し相互に密接な連携を図る必要がある場合として文部科学省令で定める場合には，二以上の学校について一の学校運営協議会を置くことができる。

② 学校運営協議会の委員は，次に掲げる者について，教育委員会が任命する。

一 対象学校(当該学校運営協議会が，その運営及び当該運営への必要な支援に関して協議する学校をいう。以下この条において同じ。)の所在する地域の住民

二 対象学校に在籍する生徒，児童又は幼児の保護者

三 社会教育法(昭和24年法律第207号)第9条の七第1項に規定する地

域学校協働活動推進員その他の対象学校の運営に資する活動を行う者

四　その他当該教育委員会が必要と認める者

③　対象学校の校長は，前項の委員の任命に関する意見を教育委員会に申し出ることができる。

④　対象学校の校長は，当該対象学校の運営に関して，教育課程の編成その他教育委員会規則で定める事項について基本的な方針を作成し，当該対象学校の学校運営協議会の承認を得なければならない。

⑤　学校運営協議会は，前項に規定する基本的な方針に基づく対象学校の運営及び当該運営への必要な支援に関し，対象学校の所在する地域の住民，対象学校に在籍する生徒，児童又は幼児の保護者その他の関係者の理解を深めるとともに，対象学校とこれらの者との連携及び協力の推進に資するため，対象学校の運営及び当該運営への必要な支援に関する協議の結果に関する情報を積極的に提供するよう努めるものとする。

⑥　学校運営協議会は，対象学校の運営に関する事項(次項に規定する事項を除く。)について，教育委員会又は校長に対して，意見を述べることができる。

⑦　学校運営協議会は，対象学校の職員の採用その他の任用に関して教育委員会規則で定める事項について，当該職員の任命権者に対して意見を述べることができる。この場合において，当該職員が県費負担教職員(第55条1項又は第61条第1項の規定により市町村委員会がその任用に関する事務を行う職員を除く。)であるときは，市町村委員会を経由するものとする。

⑧　対象学校の職員の任命権者は，当該職員の任用に当たつては，前項の規定により述べられた意見を尊重するものとする。

⑨　教育委員会は，学校運営協議会の運営が適正を欠くことにより，対象学校の運営に現に支障が生じ，又は生ずるおそれがあると認められる場合においては，当該学校運営協議会の適正な運営を確保するために必要な措置を講じなければならない。

⑩　学校運営協議会の委員の任免の手続及び任期，学校運営協議会の議事の手続その他学校運営協議会の運営に関し必要な事項について

は，教育委員会規則で定める。

●教職員等による児童生徒性暴力等の防止等に関する法律

□**第1条**〔目的〕

この法令は，教育職員等による児童生徒性暴力等が児童生徒等の権利を著しく侵害し，児童生徒等に対し生涯にわたって回復し難い心理的外傷その他の心身に対する重大な影響を与えるものであることに鑑み，児童生徒等の尊厳を保持するため，児童生徒性暴力等の禁止について定めるとともに，教育職員等による児童生徒性暴力等の防止等に関し，基本理念を定め，国等の責務を明らかにし，基本指針の策定，教育職員等による児童生徒性暴力等の防止に関する措置並びに教育職員等による児童生徒性暴力等の早期発見及び児童生徒性暴力等への対処に関する措置等について定め，あわせて，特定免許状失効者等に対する教育職員免許法(昭和24年法律第147号)の特例等について定めることにより，教育職員等による児童生徒性暴力等の防止等に関する施策を推進し，もって児童生徒等の権利利益の擁護に資することを目的とする。

□**第2条第3項**〔定義〕

この法律において「児童生徒性暴力等」とは，次に掲げる行為をいう。

一　児童生徒等に性交等(刑法(明治40年法律第45号)第177条に規定する性交等をいう。以下この号において同じ。)をすること又は児童生徒等をして性交等をさせること(児童生徒等から暴行又は脅迫を受けて当該児童生徒等に性交等をした場合及び児童生徒等の心身に有害な影響を与えるおそれがないと認められる特別の事情がある場合を除く。)。

二　児童生徒等にわいせつな行為をすること又は児童生徒等をしてわいせつな行為をさせること(前号に掲げるものを除く。)。

三　児童買春，児童ポルノに係る行為等の規制及び処罰並びに児童の保護等に関する法律(平成11年法律第52号。次号において「児童ポルノ法」という。)第5条から第8条までの罪に当たる行為をすること(前二号に掲げるものを除く。)。

四　児童生徒等に次に掲げる行為(児童生徒等の心身に有害な影響を与

えるものに限る。)であって児童生徒等を著しく羞恥させ，若しくは児童生徒等に不安を覚えさせるようなものをすること又は児童生徒等をしてそのような行為をさせること(前三号に掲げるものを除く。)。

イ　衣服その他の身に着ける物の上から又は直接に人の性的な部位(児童ポルノ法第2条第3項第三号に規定する性的な部位をいう。)その他の身体の一部に触れること。

ロ　通常衣服で隠されている人の下着又は身体を撮影し，又は撮影する目的で写真機その他の機器を差し向け，若しくは設置すること。

五　児童生徒等に対し，性的羞恥心を害する言動であって，児童生徒等の心身に有害な影響を与えるものをすること(前各号に掲げるものを除く。)。

□**第4条**〔基本理念〕

①　教育職員等による児童生徒性暴力等の防止等に関する施策は，教育職員等による児童生徒性暴力等が全ての児童生徒等の心身の健全な発達に関係する重大な問題であるという基本的認識の下に行われなければならない。

②　教育職員等による児童生徒性暴力等の防止等に関する施策は，児童生徒等が安心して学習その他の活動に取り組むことができるよう，学校の内外を問わず教育職員等による児童生徒性暴力等を根絶することを旨として行われなければならない。

③　教育職員等による児童生徒性暴力等の防止等に関する施策は，被害を受けた児童生徒等を適切かつ迅速に保護することを旨として行われなければならない。

④　教育職員等による児童生徒性暴力等の防止等に関する施策は，教育職員等による児童生徒性暴力等が懲戒免職の事由(解雇の事由として懲戒免職の事由に相当するものを含む。)となり得る行為であるのみならず，児童生徒等及びその保護者からの教育職員等に対する信頼を著しく低下させ，学校教育の信用を傷つけるものであることに鑑み，児童生徒性暴力等をした教育職員等に対する懲戒処分等について，適正かつ厳格な実施の徹底を図るための措置がとられることを旨として行われなければならない。

⑤　教育職員等による児童生徒性暴力等の防止等に関する施策は，国，地方公共団体，学校，医療関係者その他の関係者の連携の下に行われなければならない。

□**第9条**〔学校の責務〕

学校は，基本理念にのっとり，関係者との連携を図りつつ，学校全体で教育職員等による児童生徒性暴力等の防止及び早期発見に取り組むとともに，当該学校に在籍する児童生徒等が教育職員等による児童生徒性暴力等を受けたと思われるときは，適切かつ迅速にこれに対処する責務を有する。

□**第10条**〔教育職員等の責務〕

教育職員等は，基本理念にのっとり，児童生徒性暴力等を行うことがないよう教育職員等としての倫理の保持を図るとともに，その勤務する学校に在籍する児童生徒等が教育職員等による児童生徒性暴力等を受けたと思われるときは，適切かつ迅速にこれに対処する責務を有する。

●児童虐待の防止等に関する法律

□**第2条**〔児童虐待の定義〕

この法律において，「児童虐待」とは，保護者(親権を行う者，未成年後見人その他の者で，児童を現に監護するものをいう。以下同じ。)がその監護する児童(18歳に満たない者をいう。以下同じ。)について行う次に掲げる行為をいう。

一　児童の身体に外傷が生じ，又は生じるおそれのある暴行を加えること。

二　児童にわいせつな行為をすること又は児童をしてわいせつな行為をさせること。

三　児童の心身の正常な発達を妨げるような著しい減食又は長時間の放置，保護者以外の同居人による前二号又は次号に掲げる行為と同様の行為の放置その他の保護者としての監護を著しく怠ること。

四　児童に対する著しい暴言又は著しく拒絶的な対応，児童が同居する家庭における配偶者に対する暴力(配偶者(婚姻の届出をしていないが，事実上婚姻関係と同様の事情にある者を含む。)の身体に対する

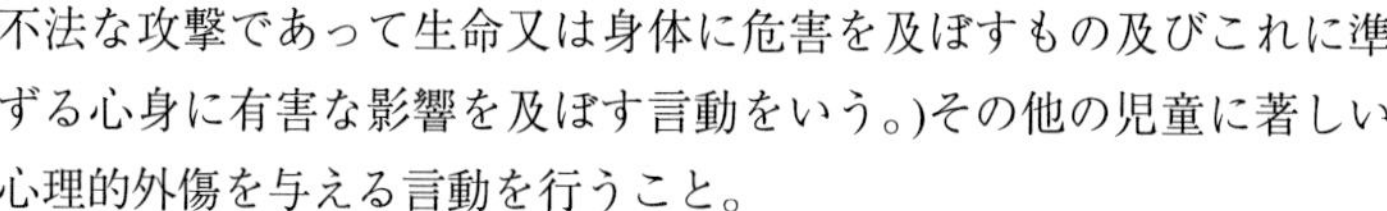

不法な攻撃であって生命又は身体に危害を及ぼすもの及びこれに準ずる心身に有害な影響を及ぼす言動をいう。)その他の児童に著しい心理的外傷を与える言動を行うこと。

●いじめ防止対策推進法

□第1条〔目的〕

この法律は，いじめが，いじめを受けた児童等の教育を受ける権利を著しく侵害し，その心身の健全な成長及び人格の形成に重大な影響を与えるのみならず，その生命又は身体に重大な危険を生じさせるおそれがあるものであることに鑑み，児童等の尊厳を保持するため，いじめの防止等(いじめの防止，いじめの早期発見及びいじめへの対処をいう。以下同じ。)のための対策に関し，基本理念を定め，国及び地方公共団体等の責務を明らかにし，並びにいじめの防止等のための対策に関する基本的な方針の策定について定めるとともに，いじめの防止等のための対策の基本となる事項を定めることにより，いじめの防止等のための対策を総合的かつ効果的に推進することを目的とする。

□第2条〔定義〕

この法律において「いじめ」とは，児童等に対して，当該児童等が在籍する学校に在籍している等当該児童等と一定の人的関係にある他の児童等が行う心理的又は物理的な影響を与える行為(インターネットを通じて行われるものを含む。)であって，当該行為の対象となった児童等が心身の苦痛を感じているものをいう。

② この法律において「学校」とは，学校教育法(昭和22年法律第26号)第1条に規定する小学校，中学校，義務教育学校，高等学校，中等教育学校及び特別支援学校(幼稚部を除く。)をいう。

③ この法律において「児童等」とは，学校に在籍する児童又は生徒をいう。

④ この法律において「保護者」とは，親権を行う者(親権を行う者のないときは，未成年後見人)をいう。

□第3条〔基本理念〕

いじめの防止等のための対策は，いじめが全ての児童等に関係する問題であることに鑑み，児童等が安心して学習その他の活動に取り組むことができるよう，学校の内外を問わずいじめが行われなくなるようにすることを旨として行われなければならない。

② いじめの防止等のための対策は，全ての児童等がいじめを行わず，及び他の児童等に対して行われるいじめを認識しながらこれを放置することがないようにするため，いじめが児童等の心身に及ぼす影響その他のいじめの問題に関する児童等の理解を深めることを旨として行われなければならない。

③ いじめの防止等のための対策は，いじめを受けた児童等の生命及び心身を保護することが特に重要であることを認識しつつ，国，地方公共団体，学校，地域住民，家庭その他の関係者の連携の下，いじめの問題を克服することを目指して行われなければならない。

□第8条〔学校及び学校の教職員の責務〕

学校及び学校の教職員は，基本理念にのっとり，当該学校に在籍する児童等の保護者，地域住民，児童相談所その他の関係者との連携を図りつつ，学校全体でいじめの防止及び早期発見に取り組むとともに，当該学校に在籍する児童等がいじめを受けていると思われるときは，適切かつ迅速にこれに対処する責務を有する。

□第9条〔保護者の責務等〕

保護者は，子の教育について第一義的責任を有するものであって，その保護する児童等がいじめを行うことのないよう，当該児童等に対し，規範意識を養うための指導その他の必要な指導を行うよう努めるものとする。

② 保護者は，その保護する児童等がいじめを受けた場合には，適切に当該児童等をいじめから保護するものとする。

③ 保護者は，国，地方公共団体，学校の設置者及びその設置する学校が講ずるいじめの防止等のための措置に協力するよう努めるものとする。

④ 第1項の規定は，家庭教育の自主性が尊重されるべきことに変更を加えるものと解してはならず，また，前3項の規定は，いじめの防止等に関する学校の設置者及びその設置する学校の責任を軽減するものと解してはならない。

□**第15条〔学校におけるいじめの防止〕**

学校の設置者及びその設置する学校は，児童等の豊かな情操と道徳心を培い，心の通う対人交流の能力の素地を養うことがいじめの防止に資することを踏まえ，全ての教育活動を通じた道徳教育及び体験活動等の充実を図らなければならない。

② 学校の設置者及びその設置する学校は，当該学校におけるいじめを防止するため，当該学校に在籍する児童等の保護者，地域住民その他の関係者との連携を図りつつ，いじめの防止に資する活動であって当該学校に在籍する児童等が自主的に行うものに対する支援，当該学校に在籍する児童等及びその保護者並びに当該学校の教職員に対するいじめを防止することの重要性に関する理解を深めるための啓発その他必要な措置を講ずるものとする。

□**第16条〔いじめの早期発見のための措置〕**

学校の設置者及びその設置する学校は，当該学校におけるいじめを早期に発見するため，当該学校に在籍する児童等に対する定期的な調査その他の必要な措置を講ずるものとする。

② 国及び地方公共団体は，いじめに関する通報及び相談を受け付けるための体制の整備に必要な施策を講ずるものとする。

③ 学校の設置者及びその設置する学校は，当該学校に在籍する児童等及びその保護者並びに当該学校の教職員がいじめに係る相談を行うことができる体制(次項において「相談体制」という。)を整備するものとする。

④ 学校の設置者及びその設置する学校は，相談体制を整備するに当たっては，家庭，地域社会等との連携の下，いじめを受けた児童等の教育を受ける権利その他の権利利益が擁護されるよう配慮するものとする。

□**第23条〔いじめに関する措置〕**

学校の教職員，地方公共団体の職員その他の児童等からの相談に応じる者及び児童等の保護者は，児童等からいじめに係る相談を受けた場合において，いじめの事実があると思われるときは，いじめを受けたと思われる児童等が在籍する学校への通報その他の適切な措置をとるものとする。

② 学校は，前項の規定による通報を受けたときその他当該学校に在籍する児童等がいじめを受けていると思われるときは，速やかに，当該児童等に係るいじめの事実の有無の確認を行うための措置を講ずるとともに，その結果を当該学校の設置者に報告するものとする。

③ 学校は，前項の規定による事実の確認によりいじめがあったことが確認された場合には，いじめをやめさせ，及びその再発を防止するため，当該学校の複数の教職員によって，心理，福祉等に関する専門的な知識を有する者の協力を得つつ，いじめを受けた児童等又はその保護者に対する支援及びいじめを行った児童等に対する指導又はその保護者に対する助言を継続的に行うものとする。

④ 学校は，前項の場合において必要があると認めるときは，いじめを行った児童等についていじめを受けた児童等が使用する教室以外の場所において学習を行わせる等いじめを受けた児童等その他の児童等が安心して教育を受けられるようにするために必要な措置を講ずるものとする。

⑤ 学校は，当該学校の教職員が第3項の規定による支援又は指導若しくは助言を行うに当たっては，いじめを受けた児童等の保護者といじめを行った児童等の保護者との間で争いが起きることのないよう，いじめの事案に係る情報をこれらの保護者と共有するための措置その他の必要な措置を講ずるものとする。

⑥ 学校は，いじめが犯罪行為として取り扱われるべきものであると認めるときは所轄警察署と連携してこれに対処するものとし，当該学校に在籍する児童等の生命，身体又は財産に重大な被害が生じるおそれがあるときは直ちに所轄警察署に通報し，適切に，援助を求めなければならない。

□第25条〔校長及び教員による懲戒〕

校長及び教員は，当該学校に在籍する児童等がいじめを行っている場合であって教育上必要があると認めるときは，学校教育法第11条の規定に基づき，適切に，当該児童等に対して懲戒を加えるものとする。

●こども基本法

□**第1条**〔目的〕

この法律は，日本国憲法及び児童の権利に関する条約の精神にのっとり，次代の社会を担う全てのこどもが，生涯にわたる人格形成の基礎を築き，自立した個人としてひとしく健やかに成長することができ，心身の状況，置かれている環境等にかかわらず，その権利の擁護が図られ，将来にわたって幸福な生活を送ることができる社会の実現を目指して，社会全体としてこども施策に取り組むことができるよう，こども施策に関し，基本理念を定め，国の責務等を明らかにし，及びこども施策の基本となる事項を定めるとともに，こども政策推進会議を設置すること等により，こども施策を総合的に推進することを目的とする。

□**第2条**〔定義〕

この法律において「こども」とは，心身の発達の過程にある者をいう。

② この法律において「こども施策」とは，次に掲げる施策その他のこどもに関する施策及びこれと一体的に講ずべき施策をいう。

一 新生児期，乳幼児期，学童期及び思春期の各段階を経て，おとなになるまでの心身の発達の過程を通じて切れ目なく行われるこどもの健やかな成長に対する支援

二 子育てに伴う喜びを実感できる社会の実現に資するため，就労，結婚，妊娠，出産，育児等の各段階に応じて行われる支援

三 家庭における養育環境その他のこどもの養育環境の整備

□**第3条**〔基本理念〕

こども施策は，次に掲げる事項を基本理念として行われなければならない。

一 全てのこどもについて，個人として尊重され，その基本的人権が保障されるとともに，差別的取扱いを受けることがないようにすること。

二 全てのこどもについて，適切に養育されること，その生活を保障されること，愛され保護されること，その健やかな成長及び発達並びにその自立が図られることその他の福祉に係る権利が等しく保障

されるとともに，教育基本法(平成18年法律第120号)の精神にのっとり教育を受ける機会が等しく与えられること。

三　全てのこどもについて，その年齢及び発達の程度に応じて，自己に直接関係する全ての事項に関して意見を表明する機会及び多様な社会的活動に参画する機会が確保されること。

四　全てのこどもについて，その年齢及び発達の程度に応じて，その意見が尊重され，その最善の利益が優先して考慮されること。

五　こどもの養育については，家庭を基本として行われ，父母その他の保護者が第一義的責任を有するとの認識の下，これらの者に対してこどもの養育に関し十分な支援を行うとともに，家庭での養育が困難なこどもにはできる限り家庭と同様の養育環境を確保することにより，こどもが心身ともに健やかに育成されるようにすること。

六　家庭や子育てに夢を持ち，子育てに伴う喜びを実感できる社会環境を整備すること。

教育法規　日本国憲法

実施問題

【1】次の「日本国憲法」の前文についての記述ア～オのうち，下線部の内容が正しいものの組合せとして最も適切なものを，以下の①～⑤のうちから選びなさい。

ア　日本国民は，正当に選挙された国会における代表者を通じて行動し，われらとわれらの子孫のために，国民相互の協和による成果と，わが国全土にわたつて自由のもたらす恵沢を確保し，政府の行為によつて再び戦争の惨禍が起ることのないやうにすることを決意し，ここに主権が国民に存することを宣言し，この憲法を確定する。

イ　そもそも国政は，国民の厳粛な信託によるものであつて，その権威は国民に由来し，その権力は国民の代表者がこれを行使し，その福利は国民がこれを享受する。

ウ　日本国民は，恒久の平和を念願し，人間相互の関係を支配する崇高な使命を深く自覚するのであつて，平和を愛する諸国民の公正と信義に信頼して，われらの安全と生存を保持しようと決意した。

エ　われらは，平和を維持し，専制と隷従，圧迫と偏狭を地上から永遠に除去しようと努めてゐる国際社会において，名誉ある地位を占めたいと思ふ。

オ　われらは，すべての日本国民が，ひとしく恐怖と欠乏から免かれ，平和のうちに生存する権利を有することを確認する。

① ア と ウ
② ア と オ
③ イ と エ
④ イ と オ
⑤ ウ と エ

2024年度　神奈川県・横浜市・川崎市・相模原市　難易度 ■□□□□

【2】次の(1)～(3)は，「日本国憲法」(昭和21年11月公布)の条文の一部を基にしたものである。(a)～(c)内に当てはまるものを語群から選ぶとき，正しい組合せとなるものを解答群から一つ選び，番号で答

えよ。

(1) すべて公務員は，全体の(a)であつて，一部の(a)ではない。
(第15条2)

(2) 思想及び(b)の自由は，これを侵してはならない。
(第19条)

(3) 配偶者の選択，財産権，相続，住居の選定，離婚並びに婚姻及び家族に関するその他の事項に関しては，法律は，(c)と両性の本質的平等に立脚して，制定されなければならない。 (第24条2)

【語　群】 ア 労働者　イ 奉仕者　ウ 良心
エ 表現　オ 個人の尊厳　カ 基本的人権

【解答群】
1 a－ア b－ウ c－オ
2 a－ア b－ウ c－カ
3 a－ア b－エ c－オ
4 a－ア b－エ c－カ
5 a－イ b－ウ c－オ
6 a－イ b－ウ c－カ
7 a－イ b－エ c－オ
8 a－イ b－エ c－カ

▌2024年度 ▌愛知県 ▌難易度

【3】次の文は，日本国憲法第26条の一部である。(ア)(イ)にあてはまる語句の適切な組合せを①～④から選び，番号で答えよ。

第26条2 すべて国民は，法律の定めるところにより，その保護する子女に(ア)教育を受けさせる義務を負ふ。(イ)教育は，これを無償とする。

① ア 普通　イ 初等
② ア 普通　イ 義務
③ ア 学校　イ 初等
④ ア 学校　イ 義務

▌2024年度 ▌神戸市 ▌難易度

【4】次のア～オの中で日本国憲法の条文(一部抜粋)として下線部の正しいものはいくつありますか。

ア　第3条　天皇の国事に関するすべての行為には，内閣の助言と承認を必要とし，国会が，その責任を負ふ。

イ　第44条　両議院の議員及びその選挙人の資格は，法律でこれを定める。但し，人種，信条，性別，社会的身分，門地，教育，財産又は収入によつて差別してはならない。

ウ　第60条　予算は，さきに衆議院に提出しなければならない。

エ　第68条　内閣総理大臣は，国務大臣を任命する。但し，その過半数は，国会議員の中から選ばれなければならない。

オ　第98条　この憲法は，国の普遍法規であつて，その条規に反する法律，命令，詔勅及び国務に関するその他の行為の全部又は一部は，その効力を有しない。

①　1つ　　②　2つ　　③　3つ　　④　4つ　　⑤　5つ

2024年度　長野県　難易度

解答・解説

【1】③

○解説○　アは「諸国民との協和」，ウは「崇高な理想」，オは「全世界の国民」が正しい文言である。

【2】5

○解説○　(1)　日本国憲法第15条第2項は，日本国憲法下における公務員の本質を規定している。　(2)　日本国憲法第19条は，思想及び良心の自由を保障した条文で，言い換えると内心の自由を保障した規定である。　(3)　日本国憲法第14条は法の下の平等を定めるが，これを受けて日本国憲法第24条は，家族関係における法的平等の実現を定めている。なお，同条において用いられている両性という言葉の解釈について，ジェンダー平等の観点で議論が交わされている。

【3】②

○解説○ 日本国憲法第26条は，第1項で国民一般に教育を受ける権利を保障し，第2項では，保護する子女に普通教育を受けさせる義務を保護者に課すとともに義務教育の無償について定めている。いずれも教員採用試験では頻出の条文であるため，条文中の文言を暗記しておくことが望ましい。

【4】③

○解説○ 正しいのはイ・ウ・エの3つである。 ア 日本国憲法第3条は天皇の国事行為について定めており，「その責任を負ふ」のは「内閣」である。 オ 日本国憲法第98条第1項は憲法の最高性を定めており，下線部は「最高法規」が正しい。

教育法規　教育基本法

実施問題

【1】次の文は，教育基本法の前文です。文中の(　ア　)～(　オ　)にあてはまる語句を，以下のA～Oから一つずつ選び，その記号を書きなさい。

> 我々日本国民は，たゆまぬ努力によって築いてきた(　ア　)国家を更に発展させるとともに，世界の平和と人類の(　イ　)の向上に貢献することを願うものである。
>
> 我々は，この理想を実現するため，個人の尊厳を重んじ，(　ウ　)を希求し，公共の精神を尊び，豊かな(　エ　)を備えた人間の育成を期するとともに，伝統を継承し，新しい文化の創造を目指す教育を推進する。
>
> ここに，我々は，(　オ　)の精神にのっとり，我が国の未来を切り拓く教育の基本を確立し，その振興を図るため，この法律を制定する。

A　感性と自立心　　B　児童憲章　　C　民主的で創造的な
D　福祉　　E　生活　　F　日本国憲法
G　世界人権宣言　　H　真実と正義　　I　真理と正義
J　人間性と創造性　　K　主体的で創造的な　　L　科学
M　想像性と実行力　　N　民主的で文化的な　　O　真理と公正

2024年度　岩手県　難易度■■■■□□

【2】次の文は，教育基本法の条文である。[　ア　]，[　イ　]にあてはまる語句の組合せとして正しいものを①～⑥から一つ選べ。

> (教育の目的)
>
> 第1条　教育は，[　ア　]を目指し，平和で[　イ　]な国家及び社会の形成者として必要な資質を備えた心身ともに健康な国民の育成を期して行われなければならない。

	ア	イ
①	学力の伸長	民主的
②	個人の自立	平等
③	人格の完成	民主的
④	学力の伸長	平等
⑤	人格の完成	文化的
⑥	個人の自立	文化的

2024年度 島根県 難易度

【3】次の文は，教育基本法の一部である。文中の[　ア　]～[　エ　]に当てはまることばを以下のa～lから選び，その記号を書きなさい。

第2条　教育は，その目的を実現するため，学問の自由を尊重しつつ，次に掲げる目標を達成するよう行われるものとする。
一　幅広い知識と[　ア　]を身に付け，真理を求める態度を養い，豊かな情操と[　イ　]を培うとともに，健やかな身体を養うこと。

第6条
2　前項の学校においては，教育の目標が達成されるよう，教育を受ける者の心身の発達に応じて，体系的な教育が[　ウ　]に行われなければならない。この場合において，教育を受ける者が，学校生活を営む上で必要な[　エ　]を重んずるとともに，自ら進んで学習に取り組む意欲を高めることを重視して行われなければならない。

a　道徳心　b　創造性　c　配慮　d　個別的　e　表現力
f　人格　g　規律　h　組織的　i　自主性　j　支援
k　伝統　l　教養

2024年度 福島県 難易度

【4】次の文は，「教育基本法」(略)の条文の一部である。文中のA～Dのア，イの組合せとして正しいものはどれか。

第2条　教育は，その目的を実現するため，学問の自由を尊重しつつ，次に掲げる目標を達成するよう行われるものとする。

一　幅広い知識と教養を身に付け，真理を求める態度を養い，豊かな情操と(A　ア　公共心　イ　道徳心)を培うとともに，健やかな身体を養うこと。

二　個人の(B　ア　価値　イ　意志)を尊重して，その能力を伸ばし，創造性を培い，自主及び自律の精神を養うとともに，職業及び生活との関連を重視し，勤労を重んずる態度を養うこと。

三　正義と責任，男女の平等，自他の敬愛と協力を重んずるとともに，(C　ア　奉仕　イ　公共)の精神に基づき，主体的に社会の形成に参画し，その発展に寄与する態度を養うこと。

四　生命を尊び，自然を大切にし，環境の保全に寄与する態度を養うこと。

五　(D　ア　歴史　イ　伝統)と文化を尊重し，それらをはぐくんできた我が国と郷土を愛するとともに，他国を尊重し，国際社会の平和と発展に寄与する態度を養うこと。

	A	B	C	D
1.	ア	イ	イ	ア
2.	イ	イ	ア	ア
3.	ア	ア	イ	ア
4.	イ	ア	イ	イ
5.	ア	ア	ア	イ

▌2024年度 ▌岡山市 ▌難易度

【5】次の文は，教育基本法第3条である。(　ア　)(　イ　)にあてはまる語句の適切な組合せを①～④から選び，番号で答えよ。

第3条　国民一人一人が，自己の人格を磨き，豊かな人生を送ることができるよう，その生涯にわたって，あらゆる(　ア　)に，あらゆる(　イ　)において学習することができ，その成果を適切に生かすことのできる社会の実現が図られなければならない。

①　ア　機会　　イ　場所　　②　ア　年齢　　イ　方法
③　ア　機会　　イ　方法　　④　ア　年齢　　イ　場所

▌2024年度 ▌神戸市 ▌難易度

【6】次の(1)～(3)は，「教育基本法」(平成18年12月改正)の条文の一部を基にしたものである。(a)～(c)内に当てはまるものを語群から選ぶとき，正しい組合せとなるものを解答群から一つ選び，番号で答えよ。

(1) すべて国民は，ひとしく，その(a)を受ける機会を与えられなければならず，人種，信条，性別，社会的身分，経済的地位又は門地によって，教育上差別されない。 (第4条)

(2) 国及び地方公共団体は，障害のある者が，その障害の状態に応じ，(b)教育を受けられるよう，教育上必要な支援を講じなければならない。 (第4条2)

(3) 国及び地方公共団体は，能力があるにもかかわらず，(c)によって修学が困難な者に対して，奨学の措置を講じなければならない。 (第4条3)

【語　群】
ア 能力に応じた教育　イ 状況に応じた支援
ウ 最低限の　エ 十分な
オ 年齢的理由　カ 経済的理由

【解答群】
1 a－ア　b－ウ　c－オ
2 a－ア　b－ウ　c－カ
3 a－ア　b－エ　c－オ
4 a－ア　b－エ　c－カ
5 a－イ　b－ウ　c－オ
6 a－イ　b－ウ　c－カ
7 a－イ　b－エ　c－オ
8 a－イ　b－エ　c－カ

▌2024年度 ▌愛知県 ▌難易度 ■

【7】次の文章は，「教育基本法(平成18年法律第120号)」の第5条である。[A]～[D]に当てはまる語句の組合せとして正しいものを，以下の①～⑤の中から一つ選べ。

第5条　[　A　]は，その保護する子に，別に法律で定めるところにより，普通教育を受けさせる義務を負う。
2　義務教育として行われる普通教育は，各個人の有する能力を伸ばしつつ社会において[　B　]に生きる基礎を培い，また，国家及び社会の形成者として必要とされる基本的な資質を養うことを目的として行われるものとする。
3　国及び地方公共団体は，義務教育の機会を保障し，その[　C　]するため，適切な役割分担及び相互の協力の下，その実施に責任を負う。
4　国又は地方公共団体の設置する学校における義務教育については，[　D　]を徴収しない。

①　A　保護者　B　自立的　C　水準を確保　D　授業料
②　A　保護者　B　計画的　C　教育を遂行　D　授業料
③　A　保護者　B　自立的　C　教育を遂行　D　教育費
④　A　国民　B　計画的　C　教育を遂行　D　教育費
⑤　A　国民　B　自立的　C　水準を確保　D　授業料

2024年度　岐阜県　難易度

【8】次は，「教育基本法　第5条」の一部です。文中の[　①　]，[　②　]にあてはまる語句の組み合わせとして正しいものを，以下の1～4の中から1つ選びなさい。

国民は，その保護する子に，別に法律で定めるところにより，[　①　]教育を受けさせる義務を負う。
2　義務教育として行われる[　①　]教育は，各個人の有する能力を伸ばしつつ社会において[　②　]的に生きる基礎を培い，また，国家及び社会の形成者として必要とされる基本的な資質を養うことを目的として行われるものとする。

1　①　普通　②　文化　2　①　普通　②　自立
3　①　学校　②　自立　4　①　学校　②　文化

2024年度　埼玉県・さいたま市　難易度

【9】次は，教育基本法の条文の一部である。文中の下線部①～④のうち，正しくないものを一つ選べ。

> 第6条　法律に定める学校は，公の性質を有するものであって，国，①地方公共団体及び法律に定める法人のみが，これを設置することができる。
>
> 2　前項の学校においては，②教育の目標が達成されるよう，教育を受ける者の心身の発達に応じて，③専門的な教育が組織的に行われなければならない。この場合において，教育を受ける者が，学校生活を営む上で必要な④規律を重んずるとともに，自ら進んで学習に取り組む意欲を高めることを重視して行われなければならない。

▌2024年度 ▌秋田県 ▌難易度 ■□□□□

【10】次の文章は，教育基本法(平成18年法律第120号)の第6条である。(A)～(E)に当てはまる語句の組合せとして正しいものはどれか。

第6条　(A)に定める学校は，公の性質を有するものであって，国，地方公共団体及び(A)に定める法人のみが，これを設置することができる。

2　前項の学校においては，教育の目標が達成されるよう，教育を受ける者の(B)に応じて，(C)な教育が(D)に行われなければならない。この場合において，教育を受ける者が，学校生活を営む上で必要な規律を重んずるとともに，(E)に取り組む意欲を高めることを重視して行われなければならない。

	A	B	C	D	E
1.	法律	資質と能力	体系的	計画的	知識と技能の習得
2.	法律	心身の発達	民主的	計画的	知識と技能の習得
3.	法律	心身の発達	体系的	組織的	自ら進んで学習
4.	条例	資質と能力	民主的	組織的	自ら進んで学習
5.	条例	心身の発達	体系的	計画的	知識と技能の習得

▌2024年度 ▌岡山県 ▌難易度 ■■□□□

【11】次は，「教育基本法」第6条である。(　　)に入る正しい言葉の組み合わせを選びなさい。

> 第6条　法律に定める学校は，公の性質を有するものであって，国，地方公共団体及び法律に定める(　ア　)のみが，これを設置することができる。
>
> 2　前項の学校においては，教育の(　イ　)が達成されるよう，教育を受ける者の心身の(　ウ　)に応じて，体系的な教育が(　エ　)的に行われなければならない。この場合において，教育を受ける者が，学校生活を営む上で必要な(　オ　)を重んずるとともに，自ら進んで学習に取り組む意欲を高めることを重視して行われなければならない。

①　ア　法人　イ　目標　ウ　発達　エ　組織　オ　規律
②　ア　団体　イ　目標　ウ　成長　エ　段階　オ　校則
③　ア　法人　イ　目標　ウ　成長　エ　段階　オ　校則
④　ア　団体　イ　目的　ウ　成長　エ　組織　オ　規律
⑤　ア　法人　イ　目的　ウ　発達　エ　組織　オ　規律

▌2024年度 ▌長野県 ▌難易度

【12】次の記述は，「教育基本法」(平成18年12月公布)及び「学校教育法」(令和4年6月改正)の条文の一部である。空欄[　ア　]～[　エ　]に当てはまるものの組合せとして最も適切なものを，以下の①～⑤のうちから選びなさい。

教育基本法

第13条　学校，家庭及び地域住民その他の関係者は，教育におけるそれぞれの[　ア　]を自覚するとともに，相互の[　イ　]に努めるものとする。

学校教育法

第43条　小学校は，当該小学校に関する保護者及び地域住民その他の関係者の[　ウ　]を深めるとともに，これらの者との[　イ　]の推進に資するため，当該小学校の[　エ　]その他の学校運営の状況に関する情報を積極的に提供するものとする。

① ア 立場と義務 イ 連絡調整 ウ 認識
エ 教育方針
② ア 立場と義務 イ 連携及び協力 ウ 理解
エ 教育活動
③ ア 役割と責任 イ 連携及び協力 ウ 理解
エ 教育活動
④ ア 役割と責任 イ 連絡調整 ウ 認識
エ 教育方針
⑤ ア 立場と義務 イ 連携及び協力 ウ 理解
エ 教育方針

▌2024年度▌神奈川県・横浜市・川崎市・相模原市▌難易度

【13】次の文は，教育基本法第14条及び15条である。文中の下線部A～Cの語句が正しいものを○，誤っているものを×としたとき，正しい組合せを，以下の1～5の中から1つ選べ。

第14条　良識ある公民として必要な政治的教養は，教育上尊重されなければならない。

2 A法律に定める学校は，特定の政党を支持し，又はこれに反対するための政治教育その他政治的活動をしてはならない。

第15条　宗教に関するB信仰の自由，宗教に関する一般的な教養及び宗教の社会生活における地位は，教育上尊重されなければならない。

2 C国及び地方公共団体が設置する学校は，特定の宗教のための宗教教育その他宗教的活動をしてはならない。

	A	B	C
1.	×	×	×
2.	×	×	○
3.	○	○	○
4.	○	○	×
5.	○	×	○

▌2024年度▌和歌山県▌難易度

【14】教育基本法の条文として適切なものは，次の1～5のうちのどれか。

1 すべて国民は，法律の定めるところにより，その能力に応じて，ひとしく教育を受ける権利を有する。

2 法律に定める学校の教員は，自己の崇高な使命を深く自覚し，絶えず研究と修養に励み，その職責の遂行に努めなければならない。

3 すべて国民は，法律の定めるところにより，その保護する子女に普通教育を受けさせる義務を負ふ。義務教育は，これを無償とする。

4 学校には，校長及び相当数の教員を置かなければならない。

5 国及びその機関は，宗教教育その他いかなる宗教的活動もしてはならない。

2024年度 東京都 難易度

【15】「教育は，人格の完成を目指し，平和で民主的な国家及び社会の形成者として必要な資質を備えた心身ともに健康な国民の育成を期して行われなければならない。」と規定している法令として適切なものを，次のア～エから1つ選びなさい。

ア 日本国憲法　イ 学校教育法　ウ 教育基本法

エ 地方公務員法

2024年度 兵庫県 難易度

解答・解説

【1】ア N　イ D　ウ I　エ J　オ F

○解説○ 教育基本法は，日本国憲法の精神にのっとり，教育の基本原則を定めたもの。昭和22(1947)年に制定されたが，社会状況の変化や教育全般に生じる諸問題等を踏まえ，平成18年(2006)年に全面的に改正された。文部科学省では，「教育基本法は，日本国憲法に基づく戦後の新しい教育理念を宣明するとともに，その後に続く教育関係諸法令制定の根拠となる教育の基本を確立する重要な法律であり，これを踏まえ，その趣旨を明らかにするために，特に前文が設けられた」と説明している。このように前文は非常に重要なものであるのでぜひ暗記しておきたいが，次のように文脈から判断して正答にたどり着くことも可能である。　ア　文脈より該当するのはC・K・Nのいずれかである。このうち「国家」を修飾する語として適切なのは，Nの民主的で文化的なである。　イ　世界の平和と対になる表現であり，向上という表現と整合性のとれる語句として考えられるのはDの福祉のみである。　ウ「希求」するものとして該当するのは，H・I・Oのいずれかである。このうち真実という言葉は教育基本法では用いられておらず，公正についても教育行政のあり方に言及するのみである。したがって正答はIの真理と正義である。　エ「豊かな」という言葉が修飾するのが適当なのは，A・J・Mのいずれかである。このうちJの人間性，創造性以外の語は教育基本法上では用いられていない。　オ　法体系を考えたときに，教育基本法の上位に位置するものであるから，Fの日本国憲法であることがわかる。

【2】③

○**解説**○ 教育基本法は，教育を受ける権利を国民に保障した日本国憲法に基づき，日本の公教育の在り方を全般的に規定する法律で，法の基調をなしている主義と理想とを宣言する前文と18の条文から構成されている。教育の目的を示した教育基本法第1条と教育の目標を示した教育基本法第2条は，今回の学習指導要領の前文の冒頭に明示されている。

【3】ア　l　　イ　a　　ウ　h　　エ　g

○**解説**○ ア・イ　教育基本法第2条は，教育の目標について定めている。同法第1条及び第2条は学校教育の目的や目標であり，学習指導要領はこれらに基づいて定められており，現行の学習指導要領の前文には，教育基本法第1条及び第2条が明記されている。　ウ・エ　同法第6条は，学校教育について定めている。その第2項は，学校教育では規律を重んじることや，児童生徒の学習意欲を高めることが重要であることを示している。

【4】4

○解説○ 今回の学習指導要領の前文には，教育の目的を示した教育基本法第1条とともに，教育の目標を示した教育基本法第2条の全文が掲載されている。特にこの2つの条文は教育の基本となる重要な条文であり，すべて暗記しておく必要がある。

【5】①

○解説○ 教育基本法第3条は生涯学習の理念について示した条文である。国民一人一人が，子ども期のみならず成人期まで含めた「あらゆる機会」に，学校や職場，地域などの「あらゆる場所」で学習ができる生涯学習社会の実現を図ることが掲げられている。教育基本法は本条以外も頻出であり，すべての条文を学習しておくことが望ましい。

【6】4

○解説○ 日本国憲法第14条は法の下の平等を定めるが，これを受けて，特に教育関係における平等の実現，言い換えると「教育の機会均等」を定めた規定が教育基本法第4条である。その第1項に関しては，文言について日本国憲法第14条との違いを押さえておきたい。第2項は障害者に関する規定である。第3項に関しては，この規定を受けて学校教育法第19条が，特に就学援助について規定していることを押さえておきたい。

【7】⑤

○解説○ 教育基本法は，教育を受ける権利を国民に保障した日本国憲法に基づき，日本の公教育の在り方を全般的に規定する法律である。同法第5条は，義務教育に関する規定である。第1項で普通教育を受けさせる義務を規定し，第2項で普通教育の目的が規定されている。第3項では国・地方公共団体の役割が規定され，第4項では国公立学校の授業料無償が規定されている。義務教育に関しては，学校教育法でも就学義務や就学援助の規定が設けられており，それらもしっかり確認しておきたい。

【8】2

○解説○ 教育基本法第5条は，義務教育について規定した条文である。第1項では，保護する子に普通教育を受けさせる義務を国民に課している。第2項では，義務教育として行われる普通教育の目的が示されている。なお，第1項にある「別に法律で定める」の法律とは，学校教育法を指している。

【9】③

○解説○ 教育基本法第6条は，学校教育に関する規定である。第1項で学校の設置主体が公の性質を有するものと規定し，第2項で学校教育の基本的な役割や教育を受ける者の学習権の尊重を求めることを規定している。③は「専門的」ではなく，正しくは「体系的」である。「専門」という言葉は，教育基本法や学校教育法では，高等学校以上，特に大学教育において使用されていることも覚えておくとよい。

【10】3

○解説○ 教育基本法第6条は，学校教育について定めた条文である。教育を行う主たる機関として学校の法的性格，及び学校の基礎をゆるぎないものとし，学校の性格にふさわしい活動が行われるための設置者の資格について明示された条文である。教員採用試験においては頻出の条文であり，全文暗記しておくことが望ましい。

【11】①

○解説○ 教育基本法は，教育を受ける権利を国民に保障した日本国憲法に基づき，日本の公教育の在り方を全般的に規定する法律で，第6条は学校教育について定めている。なお，同条第1項にある「公の性質」とは，「学校の事業の性質が公のものであり，それが国家公共の福利のために尽くすことを目的とするべきものであって，一部の者の利益のために仕えてはならないこと」を意味している。ただし，「公の性質」は公共性を意味するもので，必ずしも国あるいは地方公共団体の運営を意味してはいない。

【12】③

○解説○ 教育基本法第13条は，学校，家庭及び地域住民等の相互の連携協力に関する規定である。学習指導要領，教育振興基本計画，及び文部科学省の答申等は，学校と保護者・地域住民との連携をさまざまな面で重視しているが，その法的な根拠ともいえる。学校教育法第43条は，そうした保護者・地域住民への積極的な情報提供に関する規定である。その前条である学校教育法第42条は学校評価の根拠規定であり，両条をセットにしてその文言や内容を習得しておきたい。

【13】5

○解説○ Bは「信仰の自由」ではなく「寛容の態度」が正しい。
A　教育基本法第14条第2項で「法律の定める学校」と規定されているため，学校教育法第1条に規定する「学校」では，私立学校を含めて特定の政党等のための政治教育は禁止される。　C　教育基本法第15条第2項で「国及び地方公共団体が設置する学校」と規定されているため，私立学校では特定の宗教のための宗教教育は許容されることになる。このことは時折出題されるので必ずおさえておきたい。

【14】2

○解説○ 2は教員について定めた教育基本法第9条第1項である。類似した条文として，教育公務員特例法第21条第1項があげられるので区別して覚えること。なお，1は日本国憲法第26条第1項，3は日本国憲法第26条第2項，4は学校教育法第7条，5は日本国憲法第20条第3項である。

【15】ウ

○解説○ 教育基本法は，教育を受ける権利を国民に保障した日本国憲法に基づき，日本の公教育の在り方を全般的に規定する法律で，法の基調をなしている主義と理想とを宣言する前文と18の条文から構成されている。問題文にある引用は，教育の目的を定めた教育基本法第1条である。

教育法規　学校教育に関する法規

実施問題

【1】次のア～エの文章は，学校教育にかかわる法令の記載内容の一部である。[　A　]～[　D　]に当てはまる語句の組合せとして正しいものを，以下の①～⑤の中から一つ選べ。

> ア　この法律で，学校とは，[　A　]，小学校，中学校，義務教育学校，高等学校，中等教育学校，特別支援学校，大学及び高等専門学校とする。
>
> (学校教育法　第1条)
>
> イ　すべて職員は，全体の奉仕者として[　B　]の利益のために勤務し，且つ，職務の遂行に当つては，全力を挙げてこれに専念しなければならない。
>
> (地方公務員法　第30条)
>
> ウ　学校には，健康診断，[　C　]，保健指導，救急処置その他の保健に関する措置を行うため，保健室を設けるものとする。
>
> (学校保健安全法　第7条)
>
> エ　教育公務員は，その職責を遂行するために，絶えず研究と[　D　]に努めなければならない。
>
> (教育公務員特例法　第21条)

① A　幼稚園　B　社会　C　カウンセリング　D　修養
② A　幼稚園　B　社会　C　健康相談　D　学習
③ A　幼稚園　B　公共　C　健康相談　D　修養
④ A　認定こども園　B　社会　C　カウンセリング　D　学習
⑤ A　認定こども園　B　公共　C　カウンセリング　D　修養

2024年度　岐阜県　難易度

【2】次の(1)～(3)に答えよ。

(1)　学校教育法第1条に定められた学校に該当しないものを，次のア～オから一つ選べ。

ア．小学校　　イ．中学校　　ウ．高等学校　　エ．特別支援学校
オ．専修学校

(2)　学校教育法施行規則第28条で定められた，20年間保存しなければならない表簿を，次のア～オから一つ選べ。

ア．出席簿　　イ．健康診断に関する表簿
ウ．指導要録の学籍に関する記録　　エ．職員の名簿
オ．学校日誌

(3)　教科用図書，教科用図書以外の教材に関する記述として誤っているものを，次のア～エから一つ選べ。

ア．教科用図書とは，教科の主たる教材として，教授の用に供せられる児童又は生徒用図書で，文部科学大臣の検定を経たものに限られる。

イ．教科用図書の内容には，学習指導要領に示す内容等に照らして不必要なものは取り上げていないこととされている。

ウ．小学校における教科用図書の使用義務を定めた法の規定は，中学校，高等学校及び特別支援学校に準用される。

エ．教育委員会は，学校における教科用図書以外の教材の使用について，あらかじめ届け出させ，又は承認を受けさせることとする定めを設けるものとする。

▌2024年度▌山梨県▌難易度■■■

【3】次は，「学校教育法」第9条の条文である。下線部の中で誤っているものはいくつありますか。

> 第9条　次の各号のいずれかに該当する者は，校長又は教員となることができない。
> 一　<u>懲役</u>以上の刑に処せられた者
> 二　教育職員免許法第10条第1項第二号又は第三号に該当することにより免許状がその効力を失い，当該失効の日から<u>五年</u>を経過しない者

三　教育職員免許法第11条第1項から第3項までの規定により免許状取上げの処分を受け，十年を経過しない者
四　日本国憲法施行の日以後において，日本国憲法又はその下に成立した政府を暴力で破壊することを主張する政党その他の団体を結成し，又はこれに加入した者

①　1つ　②　2つ　③　3つ　④　4つ　⑤　5つ

2024年度　長野県　難易度

【4】次の条文は，ある法令の一部である。これを読んで，(1)，(2)の問いに答えなさい。

第11条　校長及び教員は，教育上必要があると認めるときは，[　ア　]の定めるところにより，児童，生徒及び学生に懲戒を加えることができる。ただし，[　イ　]を加えることはできない。
第21条　義務教育として行われる普通教育は，教育基本法(平成18年法律第120号)第5条第2項に規定する目的を実現するため，次に掲げる目標を達成するよう行われるものとする。
一　学校内外における社会的活動を促進し，自主，自律及び協同の精神，規範意識，公正な判断力並びに公共の精神に基づき[　ウ　]に社会の形成に参画し，その発展に寄与する態度を養うこと。
(第二号～第十号省略)
第33条　小学校の教育課程に関する事項は，第29条及び第30条の規定に従い，[　ア　]が定める。
第48条　中学校の教育課程に関する事項は，第45条及び第46条の規定並びに次条において読み替えて準用する第30条第2項の規定に従い，[　ア　]が定める。

(1)　文中の[　ア　]～[　ウ　]に当てはまることばを書きなさい。ただし，同じ記号には同じことばが入るものとする。
(2)　この法令の名称を略さずに書きなさい。

2024年度　福島県　難易度

【5】次は，学校教育法の条文の一部である。文中の(　　)からあてはまるものをそれぞれ一つずつ選べ。

> 第11条　校長及び教員は，教育上必要があると認めるときは，文部科学大臣の定めるところにより，児童，生徒及び学生に懲戒を加えることができる。ただし，(　①　制裁　　②　体罰　)を加えることはできない。
> 第12条　学校においては，別に法律で定めるところにより，幼児，児童，生徒及び学生並びに職員の健康の保持増進を図るため，(　③　健康診断　　④　保健指導　)を行い，その他その保健に必要な措置を講じなければならない。
> 第19条　経済的理由によつて，就学困難と認められる学齢児童又は学齢生徒の保護者に対しては，(　⑤　都道府県　　⑥　市町村　)は，必要な援助を与えなければならない。

2024年度 | 秋田県 | 難易度 ■□□□□

【6】次は，「学校教育法　第11条」の全文です。文中の[　①　]，[　②　]にあてはまる語句の組み合わせとして正しいものを，以下の1～4の中から1つ選びなさい。

> 校長及び教員は，[　①　]必要があると認めるときは，[　②　]の定めるところにより，児童，生徒及び学生に懲戒を加えることができる。ただし，体罰を加えることはできない。

1　①　生徒指導上　　②　学校の管理運営に関する規則
2　①　生徒指導上　　②　文部科学大臣
3　①　教育上　　②　学校の管理運営に関する規則
4　①　教育上　　②　文部科学大臣

2024年度 | 埼玉県・さいたま市 | 難易度 ■■□□□

【7】次の文章は，学校教育法，学校教育法施行規則の一部である。文中の[　1　]，[　2　]にあてはまる語を，以下の①から⑤までの中から一つずつ選び，記号で答えよ。

学校教育法

第19条　経済的理由によつて，就学困難と認められる学齢児童又は学齢生徒の保護者に対しては，[　1　]は，必要な援助を与えなければならない。

学校教育法施行規則

第43条　小学校においては，調和のとれた学校運営が行われるためにふさわしい[　2　]の仕組みを整えるものとする。

[　1　]　①　都道府県　②　市町村　③　国
④　学校　⑤　文部科学省

[　2　]　①　役割分担　②　校務分掌　③　委員会制
④　教員組織　⑤　業務遂行

▌2024年度 ▌沖縄県 ▌難易度 ■■■□□

【8】次の(1)～(5)の文は，学校の管理運営に関する記述です。内容が正しいものには○印，誤っているものには×印を書きなさい。

(1)　校長及び教員は，教育上必要があると認めるときは，文部科学大臣の定めるところにより，児童，生徒及び学生に懲戒を加えることができる。ただし，体罰を加えることはできない。

(2)　児童虐待を受けたと思われる児童を発見した者は，十分な調査を行い，確かな情報を得たうえで事実が複数回認められたときに福祉事務所と児童相談所に通告しなければならない。

(3)　学校においては，児童生徒等の安全の確保を図るため，当該学校の実情に応じて，危険等発生時において当該学校の職員がとるべき措置の具体的内容及び手順を定めた対処要領を作成するものとする。

(4)　校長は，感染症の予防上必要があるときは，臨時に，学校の全部または一部の休業を行うことができる。

(5)　学校は，当該学校におけるいじめの防止等に関する措置を実効的に行うため，当該学校の複数の教職員，心理，福祉等に関する専門的な知識を有する者その他の関係者により構成されるいじめの防止等の対策のための組織を置くものとする。

▌2024年度 ▌岩手県 ▌難易度 ■■■■□

【9】次の文は，学校教育法第34条の一部である。文中の下線部A～Cの語句が正しいものを○，誤っているものを×としたとき，正しい組合せを，以下の1～5の中から1つ選べ。なお，この条文の条項は，中学校，義務教育学校，高等学校，中等教育学校，特別支援学校にも準用されている。

第34条　小学校においては，文部科学大臣の検定を経た教科用図書又は文部科学省が著作の$_A$名義を有する教科用図書を$_B$使用しなければならない。

②　前項に規定する教科用図書(以下この条において「教科用図書」という。)の内容を文部科学大臣の定めるところにより記録した$_C$デジタル教科書(電子的方式，磁気的方式その他人の知覚によつては認識することができない方式で作られる記録であつて，電子計算機による情報処理の用に供されるものをいう。)である教材がある場合には，同項の規定にかかわらず，文部科学大臣の定めるところにより，児童の教育の充実を図るため必要があると認められる教育課程の一部において，教科用図書に代えて当該教材を使用することができる。

	A	B	C
1.	○	○	×
2.	○	×	○
3.	○	×	×
4.	×	×	○
5.	×	○	×

▌2024年度 ▌和歌山県 ▌難易度

【10】次の条文は，「学校教育法」の一部である。条文の(　a　)，(　b　)にあてはまる語句の組合せとして，最も適当なものを選びなさい。

第37条　小学校には，校長，教頭，教諭，(　a　)及び(　b　)を置かなければならない。

第60条　高等学校には，校長，教頭，教諭及び(　b　)を置かなければならない。

① a 栄養教諭 b 事務職員
② a 養護教諭 b 事務職員
③ a 養護教諭 b 栄養教諭
④ a 事務職員 b 養護教諭
⑤ a 栄養教諭 b 養護教諭

2024年度 千葉県・千葉市 難易度

【11】次の文は，学校に関する諸法令条文の一部である。文中の(a)～(d)に当てはまる語句の正しい組合せはどれか。以下の1～6から1つ選べ。

学校教育法(昭和22年法律第26号)

第37条 ④ 校長は，(a)をつかさどり，所属職員を監督する。

学校教育法施行規則(昭和22年文部省令第11号)

第52条 小学校の教育課程については，この節に定めるもののほか，教育課程の基準として(b)が別に公示する小学校学習指導要領によるものとする。

学校保健安全法(昭和33年法律第56号)

第7条 学校には，健康診断，健康相談，(c)，救急処置その他の保健に関する措置を行うため，保健室を設けるものとする。

学校図書館法(昭和28年法律第185号)

第6条 学校には，前条第一項の司書教諭のほか，学校図書館の運営の改善及び向上を図り，児童又は生徒及び(d)による学校図書館の利用の一層の促進に資するため，専ら学校図書館の職務に従事する職員(次項において「学校司書」という。)を置くよう努めなければならない。

1 a－校務 b－文部科学大臣 c－保健指導 d－教員
2 a－教育 b－教育委員会 c－保健指導 d－地域住民
3 a－教育 b－教育委員会 c－健康観察 d－教員
4 a－教育 b－文部科学大臣 c－健康観察 d－地域住民
5 a－校務 b－教育委員会 c－保健指導 d－地域住民
6 a－校務 b－文部科学大臣 c－健康観察 d－教員

2024年度 奈良県 難易度

解答・解説

【1】③

○**解説**○ ア 学校教育法第1条に掲げられている学校は，公の性質を有するものとされ，国・地方公共団体・学校法人のみが設置を許される学校で，一条校と呼ばれる。 イ 公務員が「全体の奉仕者」であることは，日本国憲法第15条第2項にあるので，そちらとあわせておぼえておくとよい。 ウ 健康相談については，同法第8条に規定されている。健康相談を行う主体は「学校」であるため，学校医や学校歯科医のみならず，養護教諭，学級担任等が行うものも入ることをおさえておきたい。 エ 「研修」に関する条文。ここでは「研究と修養」で「研修」となる，とおぼえておくとよいだろう。

【2】(1) オ (2) ウ (3) ア

○**解説**○ (1) 専修学校は，学校教育法第124条を根拠に設置される教育施設で，「職業若しくは実際生活に必要な能力を育成し，又は教養の向上を図ることを目的として組織的な教育を行う」学校と規定されている。 (2) 学校教育法施行規則第28条第2項では，備え付けなくてはならない概ねの表簿の保存期間は5年としているが，「ただし，指導要録及びその写しのうち入学，卒業等の学籍に関する記録については，その保存期間は，20年間とする」と規定されている。 (3) 学校教育法第34条第1項は，「小学校においては，文部科学大臣の検定を経た教科用図書又は文部科学省が著作の名義を有する教科用図書を使用しなければならない」と定めており，教科書には，文部科学省の検定を経た教科書(文部科学省検定済教科書)と，文部科学省が著作の名義を有する教科書(文部科学省著作教科書)とがある。なお，イは教科書の質・量の充実に関連する教科用図書検定基準，エは地方教育行政の組織及び運営に関する法律第33条第2項で，それぞれ規定された内容である。

【3】③

○**解説**○ 学校教育法第9条は，校長又は教員の欠格事由を定めている。

その第一号の下線部は「禁錮」，第二号の下線部は「三年」，第三号の下線部は「三年」が，それぞれ正しい。第4号の二つの下線部はどちらも正しい。以上より，誤りは3つである。　なお，教育職員免許法では，第10条に免許状の効力の失効，第11条に免許状の取上げについて，それぞれ規定されている。

【4】(1)　ア　文部科学大臣　　イ　体罰　　ウ　主体的　　(2)　学校教育法

○**解説**○　学校教育法は教育基本法に基づいて，学校制度の基本を規定した法律である。その第11条は，懲戒の規定及び体罰の禁止を定めている。「文部科学大臣の定めるところ」とは同法施行規則第26条を指しており，その詳細が規定されている。同法第21条は，義務教育として行われる普通教育の目標を定めている。その第一号にある「公共の精神に基づき主体的に社会の形成に参画し，その発展に寄与する態度を養うこと」は，教育の目標を定めた教育基本法第2条にも同じ文言が示されているので，確認しておくとよい。学校教育法第33条と第48条は，小学校の教育課程，中学校の教育課程について，それぞれ定めている。この学校教育法第33条，第48条が，小学校及び中学校の学習指導要領の法的根拠とされている。

【5】②，③，⑥

○**解説**○　学校教育法第11条は教職員の懲戒権ならびに体罰禁止の規定であり，その詳細は同法施行規則第26条に規定されている。同法第12条は学校保健の健康診断に関する規定で，「別に法律で定める」とあるのは学校保健安全法のことである。同法第19条は，就学援助制度の法的根拠となっている規定である。必要な援助の責務は，「市町村」が負っていることを押さえておく必要がある。

【6】4

○**解説**○　学校教育法第11条は，教育上必要がある場合の校長・教員の懲戒権を認める一方で，体罰の禁止を規定した条文である。空欄②になっている「文部科学大臣の定めるところにより」は，省令である学校教育法施行規則第26条を指している。この条文も，あわせて理解しておきたい。

【7】1 ② 2 ②

○**解説**○ 学校教育法第19条は，経済的な理由により小中学校等への就学が困難な児童生徒の保護者に対して，学用品費や給食費等の支援を行う就学援助に関する規定である。市町村が実施主体であることに注意すること。学校教育法施行規則第43条は，校務分掌に関する規定である。校務分掌とは，学校運営に係る一切の業務を全教職員で分担することである。

【8】(1) ○ (2) × (3) ○ (4) × (5) ○

○**解説**○ (1) 学校教育法第11条の条文である。「文部科学大臣の定めるところにより」については学校教育法施行規則第26条が対応している。体罰と懲戒の区別については，平成25年の文部科学省通知「体罰の禁止及び児童生徒理解に基づく指導の徹底について」で周知が図られている。 (2) 児童虐待の防止等に関する法律第6条第1項に照らして誤りである。同規定では，「速やかに」通告しなければならないとしている。 (3) 学校保健安全法第29条第1項の条文である。これに関して文部科学省では，平成30年2月に「学校の危機管理マニュアル作成の手引」を，令和3年6月に「学校の『危機管理マニュアル』等の評価・見直しガイドライン」を，それぞれ公開している。 (4) 学校保健安全法第20条に照らして誤りである。同条では，「学校の全部又は一部の休業を行うことができる」のは，校長ではなく学校の設置者としている。なお，感染症に関する児童生徒等の出席停止については，同法第19条で校長が行うことができると定められていることをおさえておきたい。 (5) いじめ防止対策推進法第22条の条文である。この条文について，文部科学省が平成29年3月に改定した「いじめの防止等のための基本的な方針」では，「特定の教職員で問題を抱え込まず学校が組織的に対応することにより，複数の目による状況の見立てが可能となる」ことに加えて，「外部専門家等が参加しながら対応することなどにより，より実効的ないじめの問題の解決に資することが期待されることから，規定された」と説明している。

【9】1

○解説○ Cは「電磁的記録」が正しい。学校教育法第34条第1項は小学校等が文部科学省検定済教科書あるいは文部科学省著作名義教科書を使用する義務があることを規定しているが，同第2項と第3項はそうした紙ベースの教科書にかえてデジタル教科書を使用することを許容する規定である。ただし，条文上は「デジタル教科書」となっておらず「電磁的記録」になっていること(そもそも第1項は「教科書」となっておらず，「教科用図書」になっていることに注意)，また第2項は「教育課程の一部」となっているのに対し，教科用図書を使用して学習することが困難な児童を前提にしている第3項は「教育課程の全部又は一部において」となっていることに注意が必要である。

【10】②

○解説○ 小学校と高等学校それぞれに，原則として設置しなければならない教職員について問われた問題である。養護教諭については，高等学校では任意設置であり，義務ではないことに注意しよう。

【11】1

○解説○ a　学校教育法第37条第4項は，校長の職務を定めている。b　学校教育法施行規則第52条は，小学校における教育課程について定めている。これが小学校学習指導要領の法的根拠となっている。c　学校保健安全法第7条は，保健室について定めている。　d　学校図書館法は，昭和28(1953)年に議員立法により成立した法律で，同法第6条は学校司書の設置を努力義務としている。なお，学校図書館法第5条で必置とされる司書教諭は，教諭として採用された者が学校内の役割としてその職務を担当し，学校図書館資料の選択・収集・提供や子どもの読書活動に対する指導，さらには，学校図書館の利用指導計画を立案し，実施の中心となるなど，学校図書館の運営・活用について中心的な役割を担うものである。

教育法規　教職員に関する法規

実施問題

【1】次の条文は，地方公務員法の一部である。下線部a～dそれぞれにおいて，正しければ○，誤りであれば正しいことばを書きなさい。

> 第29条　職員が次の各号のいずれかに，該当する場合には，当該職員に対し，懲戒処分として$_a$訓告，減給，停職又は免職の処分をすることができる。
> 一　この法律若しくは第57条に規定する特例を定めた法律又はこれらに基づく条例，地方公共団体の規則若しくは地方公共団体の機関の定める規程に違反した場合
> 二　職務上の$_b$義務に違反し，又は職務を怠つた場合
> 三　全体の奉仕者たるにふさわしくない$_c$非行のあつた場合
> (第2項～第4項省略)
> 第33条　職員は，その職の$_d$信頼を傷つけ，又は職員の職全体の不名誉となるような行為をしてはならない。

2024年度　福島県　難易度

【2】次の文は，ある法令の条文の一部である。以下の(1)，(2)の問いに答えなさい。

> 職員は，その職の[　ア　]を傷つけ，又は職全体の[　イ　]となるような行為をしてはならない。

(1)　規定されている法令の正式名称を書きなさい。
(2)　文中の[　ア　]，[　イ　]に当てはまることばを書きなさい。

2024年度　福島県　難易度

【3】次の文章は，地方公務員法，教育公務員特例法の条文の一部である。文中の[　1　]，[　2　]にあてはまる語を，以下の①から⑤までの中から一つずつ選び，記号で答えよ。

地方公務員法

第33条　職員は，その職の[　1　]を傷つけ，又は職員の職全体の不

名誉となるような行為をしてはならない。

教育公務員特例法

第21条　教育公務員は，その職責を遂行するために，絶えず研究と[2]に努めなければならない。

[1]　① 信用　② 信頼　③ 威厳　④ 意義
⑤ 社会的地位

[2]　① 勉強　② 修行　③ 鍛錬　④ 修養
⑤ 学習

▌2024年度 ▌沖縄県 ▌難易度 ■■■□□□

【4】職員の服務に関する記述として，法令に照らして適切なものは，次の1～5のうちのどれか。

1　職員は，法律又は条例に特別の定がある場合を除く外，その勤務時間及び職務上の注意力のすべてをその職責遂行のために用い，当該地方公共団体がなすべき責を有する職務にのみ従事しなければならない。

2　条件附採用期間中の職員及び臨時的に任用された職員については，懲戒の規定は適用されない。

3　職員は，政党その他の政治的団体の結成に関与し，若しくはこれらの団体の役員となることができる。

4　職員は，勤務条件の維持改善を図ることを目的として，職員団体を結成し，又はこれに加入することができ，争議行為を行ってよい。

5　職員は，勤務時間外であれば，任命権者の許可を受けることなく，自ら営利を目的とする私企業を営み，又は報酬を得て事業若しくは事務に従事できる。

▌2024年度 ▌東京都 ▌難易度 ■■■□□

【5】次の文は，服務に関するものである。地方公務員法に照らして正しいものを①～⑤から一つ選べ。

①　職員は，その職務を遂行するに当って，法令，条例，地方公共団体の規則及び地方公共団体の機関の定める規程に従い，且つ，任命権者の身分上の命令に忠実に従わなければならない。

② 職員は，職務上知り得た秘密を漏らしてはならない。ただし，その職を退いた後は，この限りではない。

③ 職員は，法律又は条例に特別の定がある場合を除く外，その勤務時間及び職務上の注意力のすべてをその職責遂行のために用い，当該地方公共団体がなすべき責を有する職務にのみ従事しなければならない。

④ 職員は，その職全体の信頼を毀損し，又は職員の不利益となるような行為をしてはならない。

⑤ 職員は，法律の定めるところにより，服務の宣誓をしなければならない。

2024年度 島根県 難易度■■■□□

【6】次の文は，地方公務員法第30条である。(　ア　)(　イ　)にあてはまる語句の適切な組合せを①～④から選び，番号で答えよ。

第30条　すべて職員は，(　ア　)として公共の(　イ　)のために勤務し，且つ，職務の遂行に当つては，全力を挙げてこれに専念しなければならない。

① ア　全体の奉仕者　　イ　福祉
② ア　公務員　　イ　福祉
③ ア　全体の奉仕者　　イ　利益
④ ア　公務員　　イ　利益

2024年度 神戸市 難易度■■□□□

【7】次は，「地方公務員法　第35条」の全文です。文中の[　①　]，[　②　]にあてはまる語句の組み合わせとして正しいものを，以下の1～4の中から1つ選びなさい。

> 職員は，法律又は条例に特別の定がある場合を除く外，その勤務時間及び職務上の[　①　]のすべてをその[　②　]遂行のために用い，当該地方公共団体がなすべき責を有する職務にのみ従事しなければならない。

1 ① 注意力　② 職責　　2 ① 注意力　② 責務

3 ① 能力 ② 責務 4 ① 能力 ② 職責

▌2024年度 ▌埼玉県・さいたま市 ▌難易度 ■■■■□□□

【8】次の文は，教育公務員特例法第1条である。文中の(a)～(c)にあてはまる語句の組合せとして正しいものを，以下の1～4のうちから1つ選びなさい。

> この法律は，教育を通じて国民全体に奉仕する教育公務員の(a)とその責任の特殊性に基づき，教育公務員の任免，人事評価，給与，分限，懲戒，(b)及び(c)等について規定する。

1 a 職務 b 服務 c 研修
2 a 権利 b 服務 c 福祉
3 a 権利 b 退職 c 研修
4 a 職務 b 退職 c 福祉

▌2024年度 ▌宮城県・仙台市 ▌難易度 ■■□□□□

【9】次は，教育公務員特例法の条文の一部である。文中の(ア)～(ウ)にあてはまる語句の正しい組合せを以下の①～⑥から一つ選べ。

> 第1条 この法律は，教育を通じて国民全体に奉仕する教育公務員の職務とその責任の(ア)に基づき，教育公務員の任免，人事評価，給与，分限，懲戒，服務及び研修等について規定する。
> 第22条 教育公務員には，研修を受ける機会が与えられなければならない。
> 2 教員は，(イ)に支障のない限り，(ウ)の承認を受けて，勤務場所を離れて研修を行うことができる。
> 3 (略)

① ア 重要性 イ 業務 ウ 本属長
② ア 重要性 イ 授業 ウ 任命権者
③ ア 重要性 イ 業務 ウ 任命権者

④　ア　特殊性　　イ　授業　　ウ　本属長
⑤　ア　特殊性　　イ　業務　　ウ　本属長
⑥　ア　特殊性　　イ　授業　　ウ　任命権者

2024年度　秋田県　難易度

【10】次の文章は，「教育公務員特例法」(令和4年6月改正)の抜粋である。(a)〜(c)にあてはまる語句の組み合わせとして正しいものを，①〜⑥の中から一つ選びなさい。

(この法律の趣旨)
第1条　この法律は，教育を通じて(a)に奉仕する教育公務員の(b)とその責任の特殊性に基づき，教育公務員の任免，人事評価，給与，分限，懲戒，服務及び(c)等について規定する。

	a	b	c
①	国民全体	職務	研修
②	国民全体	使命	権利
③	学校	職務	福利厚生
④	学校	使命	権利
⑤	地域社会	使命	福利厚生
⑥	地域社会	職務	研修

2024年度　三重県　難易度

【11】次のア〜オの中で，教育公務員特例法第4章「研修」に規定されている内容として，正しいものの組合せはどれか。①〜⑤のうちから1つ選びなさい。

ア　教育公務員は，その職責を遂行するために，絶えず研究と修養に努めなければならない。

イ　校長は，教論等の研修について，それに要する施設，研修を奨励するための方途その他研修に関する計画を樹立し，その実施に努めなければならない。

ウ　教員は，授業に支障のない限り，本属長の承認を受けずに，勤務場所を離れて研修を行うことができる。

エ　教育公務員は，任命権者の定めるところにより，現職のままで，長期にわたる研修を受けることができる。

オ　公立の小学校，中学校，義務教育学校，高等学校，中等教育学校，特別支援学校，幼稚園及び幼保連携型認定こども園の教諭等の研修実施者は，当該教諭等に対して，その採用の日から1年間の教諭又は保育教諭の職務の遂行に必要な事項に関する実践的な研修(初任者研修)を実施しなければならない。

①　ア　イ　ウ　　②　ア　ウ　エ　　③　ア　エ　オ

④　イ　ウ　オ　　⑤　イ　エ　オ

▌2024年度 ▌群馬県 ▌難易度 ■□□□□

【12】次の文は，教職員の研修に関する法律の条文の一部です。(　ア　)～(　オ　)にあてはまる語句を，以下のA～Oから一つずつ選び，その記号を書きなさい。

【地方公務員法　第39条】

職員には，その(　ア　)のために，研修を受ける機会が与えられなければならない。

【教育公務員特例法　第21条】

教育公務員は，その職責を遂行するために，絶えず(　イ　)に努めなければならない。

【教育公務員特例法　第22条】

教員は，授業に支障のない限り，(　ウ　)を受けて，勤務場所を離れて研修を行うことができる。

【教育公務員特例法　第22条の3】

公立の小学校等の校長及び教員の任命権者は，指針を参酌し，その地域の実情に応じ，当該校長及び教員の職責，経験及び適性に応じて向上を図るべき校長及び教員としての(　エ　)を定めるものとする。

【教育公務員特例法　第23条】

公立の小学校等の教諭等の研修実施者は，当該教諭等に対して，その採用の日から(　オ　)の教諭又は保育教諭の職務の遂行に必要な事項に関する実践的な研修を実施しなければならない。

A　本属長の承認
B　業務効率の推進及び増進
C　探究と修養
D　研究と修練
E　服務管理者の承認
F　半年間
G　五年間
H　本属長の命令
I　勤務能率の発揮及び増進
J　資質に関する指標
K　一年間
L　研修に関する内容
M　職務遂行の推進及び改善
N　能力に関する目標
O　研究と修養

2024年度　岩手県　難易度

【13】公立学校の教職員の職務又は配置に関する記述として，法令に照らして適切なものは，次の1～5のうちのどれか。

1　校長は，校務を整理し，必要に応じ児童・生徒の教育をつかさどる。
2　副校長は，校長に事故があるときはその職務を代理し，校長が欠けたときはその職務を行う。
3　主幹教諭は，児童・生徒の教育をつかさどり，並びに教諭その他の職員に対して，教育指導の改善及び充実のために必要な指導及び助言を行う。
4　指導教諭は，校長及び副校長を助け，命を受けて校務の一部を整理し，並びに児童・生徒の教育をつかさどる。
5　学年主任は，校長の監督を受け，教育計画の立案その他の教務に関する事項について連絡調整及び指導，助言に当たる。

2024年度　東京都　難易度

【14】教職員の採用及び任用等に関する記述として，法令に照らして適切なものは，次の1～5のうちのどれか。

1　免許状を有する者が，公立学校の教員であって懲戒免職の処分を受けたときは，その免許状はその効力を失うが，当該失効の日から2年を経過すれば，免許状を再び取得することができる。
2　教員の採用は，選考によるものとし，公立学校にあっては，教員の任命権者である校長が行う。

3　公立学校の教諭の採用は，全て条件付のものとし，当該教諭がその職において6月を勤務し，その間その職務を良好な成績で遂行したときに正式採用になる。

4　公立の小学校等の校長及び教員の給与は，これらの者の職務と責任の特殊性に基づき条例で定めるものとする。

5　公立学校の教員の休職の期間は，結核性疾患のため長期の休養を要する場合の休職においては，満2年とするが，任命権者が認めるときは，満4年まで延長することができる。

▌2024年度 ▌東京都 ▌難易度 ■■■□□

【15】教員免許状に関する記述内容について，正しいものの組合せはどれか。①～⑤のうちから1つ選びなさい。

ア　教員免許状には，普通免許状，特別免許状，臨時免許状の3種類があり，いずれも文部科学省から授与される。

イ　普通免許状には，専修免許状(大学院修了相当)，一種免許状(大学卒業相当)，二種免許状(短期大学卒業相当)の3つの区分があり，この区分によって指導可能な範囲に違いがある。

ウ　既に普通免許状を有する場合は，一定の教員経験を評価し，通常より少ない単位数の修得により，上位区分，隣接学校種，同校種他教科の免許状の授与を受けることができる。

エ　令和4年の法改正により，普通免許状及び特別免許状のうち令和4年7月1日の時点で有効な免許状(休眠状態のものも含む。)については，同日以降，有効期間の定めのないものとなった。

①　ア　イ　　②　ア　ウ　　③　イ　ウ　　④　イ　エ
⑤　ウ　エ

▌2024年度 ▌群馬県 ▌難易度 ■■□□□

【16】教員の服務に関する説明として，正しいものには○印を，誤っているものには×印を書きなさい。

(1)　教員は，職務を遂行するに当たって法令や上司の命令よりも，教員個々の判断が優先される。

(2)　教員は，在職中に，勤務している学校の児童・生徒の知り得た秘密を第三者に漏らしてはならないが，その職を退いたあとも，同様である。

(3) 勤務する地域の内外を問わず，特定の政党や候補者への投票を呼びかけることはできない。

(4) 勤務時間外ならば，自分の判断で自由にアルバイトをして収入を得てもかまわない。

(5) 教員は，勤務時間中は職務に専念しなければならないが，授業がないときに調査等に出かけることは，上司の承認を得ずに自分の判断で行ってかまわない。

▌2024年度 ▌岩手県 ▌難易度

【17】飲酒運転は，道路交通法で禁止されている違法な行為であるとともに，重大な交通事故に直結する極めて悪質・危険な行為である。また，自分の意志で防ぐことができる行為であり，とりわけ児童生徒に遵法精神を説くべき教育公務員の飲酒運転は，公務員全体の信用を失墜させるばかりでなく，児童生徒を裏切ることにもなり，絶対に許されず，決して行ってはならない。

次のア～エで述べられているA～Dの各教諭の行為について，不適切なもののみをすべて挙げているものはどれか。1～5から一つ選べ。

ア A教諭は，午後7時頃に自動車で実家に行き，飲酒を伴う食事をした。A教諭は食事中に350mLの缶ビールを3本飲んだので，乗ってきた自動車は実家で預かってもらい，自転車に乗って午後10時頃に帰宅した。

イ B教諭は，大学時代の先輩のEさんと午後8時頃に自宅近くの居酒屋に行った。それぞれ生ビールを中ジョッキで3杯ずつ飲んだ後，B教諭はEさんに「職場に忘れ物をしたから，自動車を貸してほしい。」と言われたので，一緒に自宅へ戻り，自身が所有している自動車を貸した。Eさんは午後10時頃に借りた自動車を運転して職場に向かった。

ウ C教諭は，友人のFさんと食事をするため，午後7時頃に自動車で飲食店まで行った。C教諭は飲酒をするつもりはなかったが，久しぶりにFさんと再会したので，自動車運転代行業者を予約した後，ワインをグラスで6杯飲んだ。午後10時頃，C教諭は予約していた自動車運転代行業者に運転を代行させて帰宅した。

エ　D教諭は，友人のGさんの家で午後8時頃に食事をし，D教諭は日本酒を2合，Gさんは日本酒を3合飲んだ。帰り際にD教諭は，Gさんに「車で送ってあげる。」と言われたので，自身を送るようお願いし，午後11時頃にGさんが運転する自動車に同乗して帰宅した。

1　イ　エ
2　ア　ウ
3　ア　イ　エ
4　イ　ウ　エ
5　ア　イ　ウ　エ

▌2024年度 ▌大阪府・大阪市・堺市・豊能地区 ▌難易度

【18】次の記述ア～オは，教育公務員の政治的行為の制限等について述べたものである。教育公務員の服務等に関する法規に基づき，正しく述べているものの組合せとして最も適切なものを，以下の①～⑤のうちから選びなさい。

ア　公立学校の教育公務員は，その勤務時間内は職務に専念する義務が課されているため，勤務時間内において，政治的行為が制限されているが，勤務時間外においては，制限されない。

イ　公立学校の教育公務員について制限されている政治的行為は，公立学校の教育公務員以外の地方公務員について制限されている政治的行為とは異なるものであり，かつ，その制限の地域的範囲は勤務地域の内外を問わずに全国に及ぶ。

ウ　公立学校の教育公務員は，公の選挙において，選挙の当日，その選挙権を行使することは禁止されている。

エ　公立学校の教育公務員は，特定の候補者を支持するため，教員等の地位を利用して，その候補者の後援団体を結成したり，その団体の構成員となることを勧誘することは禁止されている。

オ　公立学校の教育公務員は，学校における児童生徒及び保護者に対する面接指導の際，自分の支持する政党や候補者の名を挙げることは禁止されている。

① ア と イ と オ　② ア と ウ と エ
③ イ と ウ と エ　④ イ と エ と オ
⑤ ウ と エ と オ

▌2024年度 ▌神奈川県・横浜市・川崎市・相模原市 ▌難易度

解答・解説

【1】a 戒告　b ○　c ○　d 信用

○**解説**○ a 地方公務員法第29条は，懲戒処分を規定している。懲戒は公務員に非違行為があったときに行われる処分で，「戒告」「減給」「停職」「免職」の4つがある。 d 同法第33条は，信用失墜行為の禁止を定めている。信用失墜行為の禁止は，職務の内外を問わず公務員がその身分を有することによって守るべき身分上の義務の一つである。

【2】(1) 地方公務員法　(2) ア 信用　イ 不名誉

○**解説**○ 出題の条文は，地方公務員の信用失墜行為の禁止を規定した地方公務員法第33条で，身分上の義務の1つである。地方公務員には，職務上の義務と身分上の義務がある。職務上の義務は，職務遂行に関して守るべき義務である。一方身分上の義務は，職務の内外を問わず，職員としての身分を有する限り守らなければならない義務で，第33条の信用失墜行為の禁止や第34条の秘密を守る義務などがある。第34条については，職を退いた後も秘密を守る義務が課せられている。服務に関する規定である第30条～第35条は特に出題頻度が高いので，条文の文言は暗記しておく必要がある。

【3】1 ①　2 ④

○**解説**○ 1 地方公務員法第33条は，秘密を守る義務について規定している。本条に限らず，公務員の服務について規定した地方公務員法の条文はいずれも頻出であり，条文中の文言等を暗記しておくことが望ましい。　2　教育公務員特例法第21条は，研修について定めた条文である。職責の遂行のために研究と修養が必要であるという内容は，教育基本法第9条第1項にもあるため，あわせて学習しておきたい。

【4】1

○**解説**○ 教員の服務についてだが，一般的に公立学校の教員は都道府県(または市)で採用されるため，地方公務員法(地公法)が適用される。さらに，教員は業務の特殊性から教育公務員特例法(教特法)も適用される。関係としては地公法を踏まえ教特法が存在するため，地公法と教特法が内容的に矛盾した場合は教特法が優先する。　1　地公法第35条を参照。　2　地公法による懲戒の規定は「一般職に属するすべての地方公務員に適用する」「この法律の規定は，法律に特別の定がある場合を除く外，特別職に属する地方公務員には適用しない」としている(地公法第4条)。特別職とは「就任について公選又は地方公共団体の議会の選挙，議決若しくは同意によることを必要とする職」等であり，問題にある職員は一般職である。よって，懲戒規定が適用される。3　地公法第36条第1項を参照。「職員は，政党その他の政治的団体の結成に関与し，若しくはこれらの団体の役員となつてはならず，」とある。　4　地公法第37条第1項を参照。「職員は，地方公共団体の機関が代表する使用者としての住民に対して同盟罷業，怠業その他の争議行為をし，又は地方公共団体の機関の活動能率を低下させる怠業的行為をしてはならない。」とある。　5　地公法第38条第1項を参照。「職員は，任命権者の許可を受けなければ，商業，工業又は金融業その他営利を目的とする私企業を営むことを目的とする会社その他団体の役員その他人事委員会規則で定める地位を兼ね，若しくは自ら営利企業を営み，又は報酬を得ていかなる事業若しくは事務にも従事してはならない」としており，これは勤務時間外でも適用される。

【5】③

○**解説**○ ①　地方公務員法第32条で，「任命権者の身分上の命令」が誤りで，正しくは「上司の職務上の命令」である。　②　同法第34条第1項で，職員は，その職を退いた後も職務上知り得た秘密を漏らしてはならないことが示されている。 ③ 職務に専念する義務を定めた同法第35条である。 ④ 同法第33条で,「職員は,その職の信用を傷つけ,又は職員の職全体の不名誉となるような行為をしてはならない」と定めている。 ⑤ 同法第30条で,「法律の定めるところ」が誤りで,正しくは「条例の定めるところ」である。 なお,同法第32条及び第35条は職務上の義務であり,同法第33条及び第34条第1項は身分上の義務(職務の内外を問わず守るべき義務)である。

【6】③

○**解説**○ 本条文は服務の根本基準について定めたものである。地方公務員法は本条文以外にも公務員の服務について定めた条文は頻出であるため,あわせて学習しておきたい。また,「全体の奉仕者」については,日本国憲法第15条第2項,国家公務員法第96条第1項,教育公務員特例法第1条にも同種の条文があり,注意しておきたい。

【7】1

○**解説**○ 地方公務員法第35条は,職務に専念する義務について規定した条文である。地方公務員には,職務上の義務と身分上の義務がある。職務上の義務は,職務遂行に関して守るべき義務で,第35条はその一つである。一方身分上の義務は,職務の内外を問わず,職員としての身分を有する限り守らなければならない義務で,第33条の信用失墜行為の禁止や第34条の秘密を守る義務などがある。服務に関する規定である第30条～第35条は特に出題頻度が高いので,条文の文言は暗記しておく必要がある。

【8】1

○**解説**○ 出題の教育公務員特例法第1条は,この法律の目的を定めた条文である。教育公務員の多くは地方公務員であり,そうした者は地方公務員法の適用をまず受ける。しかし,教育公務員の職務や責任につき一般的な公務員とは異なる特殊性があるので,所定の事項について別の規定を設けている。特に,出題の「服務」と「研修」について規定が異なることは,教員の基礎知識ともいえることなので,かならず押さえておきたい。もし両者の規定につき矛盾抵触がある場合は，教育公務員特例法が優先的に適用されることになる。

【9】④

○**解説**○ 教育公務員特例法は，地方公務員法の特別法として位置付けられており，地方公務員法に優先される。教育公務員特例法第1条の「特殊性」は，一般公務員とは異なることを意味しており，例えば，教員の職務が児童生徒との人格的な触れ合いを通じてその成長を促す営みであることや，勤務態様についても中心的な業務である授業だけでなく，非定型の多様な業務が求められることに基づく。また，同法第4章(第20条～第25条の2)は研修を規定しているが，近年，教師の学びの充実が求められ，研修についても改革が進められているので，確認しておくとよい。

【10】①

○**解説**○ 教育公務員特例法は，公立学校教員に適用される地方公務員に対する特例を定めた法律で，第1条は同法の趣旨を定めている。なお同法第2条は，教育公務員を「この法律において『教育公務員』とは，地方公務員のうち，学校であつて地方公共団体が設置するものの学長，校長第(園長を含む以下同じ。)，教員及び部局長並びに教育委員会の専門的教育職員をいう」と定義している。

【11】③

○**解説**○ イ　第21条第2項を参照。「校長」ではなく「教育公務員の研修実施者」が正しい。　ウ　第22条第2項を参照。「本属長の承認を受けずに」ではなく「本属長の承認を受けて」が正しい。

【12】ア　I　イ　O　ウ　A　エ　J　オ　K

○**解説**○ 出題の条文はいずれも頻出であるので暗記しておきたい。

ア　文脈上該当するのは，B・I・Mのいずれかである。地方公務員法第1条では，同法の目的の一つとして「地方公共団体の行政の民主的かつ能率的な運営」を保障することが挙げられている。したがって能率という言葉が地方公務員法における一つのキーワードであることがわかる。 イ 教育公務員においては，研究と修養をもって研修を指す，ということはおさえておく。 ウ 文脈より該当するのはAかHである。設問【10】の(5)の解説で述べたように，空所ウの正答はAの本属長の承認である。 エ 資質の向上に関する指標については，地方公務員法では言及がなく，教育公務員に特有の規定である。
オ 「初任者研修」は地方公務員法では定めがなく，教育公務員に特有の規定である。その他，地方公務員法第22条において地方公務員は「6か月間の条件付採用期間」があると定められているのに対して，教育公務員特例法第12条において教育公務員では「1年間の条件付任用期間」があると定められていることを，おさえておきたい。

【13】2

○**解説**○ 教職員の職務等は学校教育法第37条，学校教育法施行規則第44条などを参照すること。 1 校長の職務は「校務をつかさどり，所属職員を監督する」であり，問題の職務は教頭のものである。
3，4 それぞれの職務が逆である。 5 学年主任の職務は「校長の監督を受け，当該学年の教育活動に関する事項について連絡調整及び指導，助言に当たる」であり，問題の職務は教務主任のものである。

【14】4

○**解説**○ 1 教育職員免許法第5条第1項第四号を参照。授与条件の例外規定では「当該失効の日から3年を経過しない者」となっている。
2 教育公務員特例法第11条を参照。公立学校の教員の採用は選考によるものとし，その選考は校長及び教員の任命権者である教育委員会の教育長が行うとされている。 3 地方公務員のいわゆる使用期間は6月だが，教員の場合，教育公務員特例法第12条によって1年とされている。 4 教育公務員特例法第13条第1項の規定である。 5 同法第14条第1項を参照。公立学校教員において結核性疾患のため長期の休養を要する場合の休職においては満2年，特に必要があると認めるときは，予算の範囲内において，その休職の期間を満3年まで延長することができるとされている。

【15】⑤

○解説○ ア　教員免許状は都道府県教育委員会から授与される。　イ　区分によって指導可能な範囲に違いはないとしている。

【16】(1)　×　　(2)　○　　(3)　○　　(4)　×　　(5)　×

○解説○ 公立学校の教諭は，地方公務員と教育公務員という2つの身分を持つ。服務とは，公務員がその身分に伴って守るべき義務・規律のこと。　(1)　地方公務員法第32条が適用される。同条では「上司の職務上の命令に忠実に従わなければならない」ことが規定されている。(2)　地方公務員法第34条第1項が適用される。　(3)　教育公務員特例法第18条第1項が適用される。一般に公務員では，地方公務員法第36条第2項が適用され，属する地方公共団体の区域外においては投票を呼びかけることが認められている。しかし公立学校の教育公務員は，教育公務員特例法第18条第1項によって，国家公務員法が適用される。国家公務員法第102条第1項では，「(前略)選挙権の行使を除く外，人事院規則で定める政治的行為をしてはならない」と定めている。ここでの人事院規則とは人事院規則14－7(政治的行為)を指す。同規則では，投票をよびかける行為が政治的行為の一つとして挙げられており，この規定は属する地方公共団体に限定されていない。　(4)　公立学校の教諭の場合は，教育公務員特例法第17条第1項が適用される。同項では「本務の遂行に支障がない」ことが任命権者に認められた場合に限り，別の仕事に従事することを認めている。　(5)　公立学校の教諭の場合は，地方公務員法第35条によって，勤務時間中は職務に専念する義務が生じる。授業がないときも勤務時間中である。ただし，例えば公立学校の教員の研修については，教育公務員特例法第22条第2項で「授業に支障のない限り，本属長の承認を受けて」行うことができると，定められている。なおここでの本属長とは，一般に校長を指す。

【17】3

○解説○ ア　道路交通法第65条第1項は「何人も，酒気を帯びて車両等を運転してはならない」と定めており，この「車両等」には自転車も含まれる。　イ　同法同条第2項は，酒気を帯びて車両を運転する可能性のある者に車両を提供してはならないことを定めており，B教諭はEさんが酒気を帯びていることを認識しつつ自動車を貸している。

エ　同法同条第4項は，運転者が酒気を帯びていることを知りながら，依頼してその車に同乗してはならないことを定めており，D教諭の行為はこれに該当する。

【18】④

○**解説**○ ア「勤務時間外においては，制限されない」という箇所が誤りである。政治的行為の制限(地方公務員法第36条，国家公務員法第102条)は，勤務時間内外問わずその制限を受ける，身分上の義務のひとつである。　イ　教育公務員特例法第18条は「公立学校の教育公務員の政治的行為の制限については，当分の間，地方公務員法第36条の規定にかかわらず，国家公務員の例による」と規定し，教育公務員は国家公務員同様に全国においてその制限を受けることと規定されている。　ウ　正当な参政権の行使であり，選択肢のような行使は禁止されていない。　エ「教職員等の選挙運動の禁止等について(通知)」(令和5年2月24日)は「公務員がその地位を利用して選挙運動をすることは全面的に禁止され，また，その地位を利用して候補者の推薦，後援団体の結成に参画するなどの行為も地位を利用した選挙運動とみなされること(公職選挙法第136条の2)」と説明し，その行為が公職選挙法等に違反する旨を指摘している。　オ　エに関する解説中の通知の別紙資料は，この記述の行為についても公職選挙法等に違反する例として挙げている。

教育制度に関する法規

実施問題

【1】次の条文は，「義務教育の段階における普通教育に相当する教育の機会の確保等に関する法律」の一部である。条文の(a)～(c)にあてはまる語句の組合せとして，最も適当なものを選びなさい。

> 第3条　教育機会の確保等に関する施策は，次に掲げる事項を基本理念として行われなければならない。
> 一　全ての児童生徒が豊かな学校生活を送り，安心して教育を受けられるよう，学校における環境の確保が図られるようにすること。
> 二　(a)が行う多様な学習活動の実情を踏まえ，個々の(a)の状況に応じた必要な支援が行われるようにすること。
> 三　(a)が安心して教育を十分に受けられるよう，学校における環境の整備が図られるようにすること。
> 四　義務教育の段階における普通教育に相当する教育を十分に受けていない者の意思を十分に尊重しつつ，その年齢又は(b)その他の置かれている事情にかかわりなく，その能力に応じた教育を受ける機会が確保されるようにするとともに，その者が，その教育を通じて，社会において自立的に生きる基礎を培い，豊かな人生を送ることができるよう，その教育水準の維持向上が図られるようにすること。
> 五　国，地方公共団体，教育機会の確保等に関する活動を行う(c)の団体その他の関係者の相互の密接な連携の下に行われるようにすること。

①　a　児童生徒　　b　信条　c　民間
②　a　児童生徒　　b　国籍　c　国外
③　a　不登校児童生徒　b　信条　c　民間
④　a　不登校児童生徒　b　国籍　c　国外

⑤ a 不登校児童生徒 b 国籍 c 民間

2024年度 千葉県・千葉市 難易度

【2】公立学校の学期や休業日等に関する記述として，法令に照らして適切なものは，次の1～5のうちのどれか。

1 区市町村又は都道府県の設置する義務教育諸学校の学期にあっては，当該学校を設置する地方公共団体の長が定める。

2 授業終始の時刻は，区市町村の設置する学校にあっては当該区市町村の教育委員会が，都道府県の設置する学校にあっては当該都道府県の教育委員会が定める。

3 小学校，中学校及び高等学校の全ての学年は，4月2日に始まり，翌年3月31日に終わる。

4 教育委員会が必要と認める場合であっても，国民の祝日に授業日を定め，その日に授業を行うことはできない。

5 非常変災その他急迫の事情があるときは，校長は，臨時に授業を行わないことができる。

2024年度 東京都 難易度

【3】次の各文は，「義務教育の段階における普通教育に相当する教育の機会の確保等に関する法律」の条文である。空欄A～Cに，以下のア～カのいずれかの語句を入れてこれらの条文を完成させる場合，正しい組合せはどれか。1～5から一つ選べ。

第8条 国及び地方公共団体は，全ての児童生徒が豊かな学校生活を送り，安心して教育を受けられるよう，[A]の構築を図るための取組，児童生徒の置かれている環境その他の事情及びその意思を把握するための取組，学校生活上の困難を有する個々の児童生徒の状況に応じた支援その他の学校における取組を支援するために必要な措置を講ずるよう努めるものとする。

第12条 国及び地方公共団体は，不登校児童生徒が[B]において行う学習活動の状況，不登校児童生徒の心身の状況その他の不登校児童生徒の状況を継続的に把握するために必要な措置を講ずるものとする。

第13条　国及び地方公共団体は，不登校児童生徒が[　B　]において行う多様で適切な学習活動の重要性に鑑み，個々の不登校児童生徒の[　C　]を踏まえ，当該不登校児童生徒の状況に応じた学習活動が行われることとなるよう，当該不登校児童生徒及びその保護者(学校教育法第16条に規定する保護者をいう。)に対する必要な情報の提供，助言その他の支援を行うために必要な措置を講ずるものとする。

ア　学校や家庭以外の様々な場所や場面でのICT活用も踏まえた支援体制
イ　児童生徒と学校の教職員との信頼関係及び児童生徒相互の良好な関係
ウ　学校以外の場
エ　保健室，相談室等の学校内の施設
オ　休養の必要性
カ　課題の重大性

	A	B	C
1	イ	エ	オ
2	ア	ウ	オ
3	イ	ウ	オ
4	ア	エ	カ
5	イ	ウ	カ

2024年度 | 大阪府・大阪市・堺市・豊能地区 | 難易度

【4】次の文章は，教員免許更新制に関する規定を廃止した経緯や背景を文部科学省が示したものである。文章中の(　a　)，(　b　)にあてはまる語句の組合せとして正しいものを，以下の1～4のうちから1つ選びなさい。

近年，社会の変化が早まり，非連続化するとともに，オンライン研修の拡大や平成28年の(　a　)の改正による研修の体系化の進展など教師の研修を取り巻く環境が大きく変化している中で，今後ますます個別最適な学びや「現場の経験」を重視した学びなどを進めることが必要となる。

現状の免許更新制は，10年に1度講習の受講を求めるものであるが，常に教師が最新の知識技能を学び続けていくことと整合的ではない。また，免許状更新講習は共通に求められる内容を中心としており，個別最適な学びなど今後求められる学びの姿とは方向性が異なっている。

よって，(　b　)の一部を改正し，教員免許更新制を廃止する。

1	a　教育基本法	b	教育職員免許法
2	a　教育職員免許法	b	教育公務員特例法
3	a　教育公務員特例法	b	教育基本法
4	a　教育公務員特例法	b	教育職員免許法

2024年度　宮城県・仙台市　難易度

【5】教科用図書等に関する記述として，法令に照らして適切なものは，次の1～5のうちのどれか。

1　学校は，毎年度，義務教育諸学校の児童及び生徒が各学年の課程において使用する教科用図書を購入し，義務教育諸学校の設置者に無償で給付するものとする。

2　11月に転学した児童又は生徒は，転学後に使用する教科用図書が転学前に給与を受けた教科用図書と同一の場合であっても，当該教科用図書が再度無償で給与される。

3　教科用図書以外の教材は，有益適切なものであっても，これを使用することができない。

4　義務教育諸学校において使用する教科用図書の採択は，当該教科用図書を使用する年度の前年度の9月30日までに行わなければならない。

5　都道府県の教育委員会は，毎年，文部科学大臣の指示する時期に，教科書展示会を開かなければならない。

2024年度　東京都　難易度

【6】教育委員会に関する記述として，法令に照らして適切なものは，次の1～5のうちのどれか。

1 教育長は，当該地方公共団体の長の被選挙権を有する者で，人格が高潔で，教育行政に関し識見を有するもののうちから，地方公共団体の長が，議会の同意を得て，任命する。

2 教育長の任期は4年とし，委員の任期は3年とする。教育長及び委員は，再任されることができる。

3 委員の任命に当たっては，委員の年齢，性別，職業等に著しい偏りが生じないように配慮するとともに，委員のうちに保護者である者が含まれないようにしなければならない。

4 教育委員会の会議は，公開しない。ただし，人事に関する事件その他の事件について，教育長又は委員の発議により，出席者の3分の2以上の多数で議決したときは，これを公開することができる。

5 教育委員会は，当該地方公共団体が処理する教育に関する事務で，管理し，及び執行するものには，文化財の保護に関することは含まれるが，ユネスコ活動に関することは含まれない。

▌2024年度 ▌東京都 ▌難易度 ■■■□□

【7】次の文章は，「教育職員免許法」(昭和24年法律第147号)の一部抜粋である。以下の問に答えよ。

> 第10条 免許状を有する者が，次の各号のいずれかに該当する場合には，その免許状はその効力を失う。
>
> 一 ①第5条第1項第三号又は第六号に該当するに至つたとき。
>
> 二 公立学校の教員であつて(②)の処分を受けたとき。
>
> 三 公立学校の教員(地方公務員法(昭和25年法律第261号)第29条の2第1項各号に掲げる者に該当する者を除く。)であつて同法第28条第1項第一号又は第三号に該当するとして分限免職の処分を受けたとき。
>
> 2 前項の規定により免許状が失効した者は，速やかに，その免許状を免許管理者に返納しなければならない。

問1 下線部①に定められているものを，次のア～ウから一つ選び，記号で答えよ。

ア　懲役以上の刑に処せられた者
イ　禁錮以上の刑に処せられた者
ウ　拘留以上の刑に処せられた者

問2　(　②　)に入る語句として正しいものを，次のア～エから一つ選び，記号で答えよ。

ア　懲戒戒告　　イ　懲戒停職　　ウ　懲戒免職　　エ　懲戒減給

2024年度 **鹿児島県** **難易度**

解答・解説

【1】⑤

○**解説**○ 義務教育の段階における普通教育に相当する教育の機会の確保等に関する法律は，不登校の児童生徒の教育機会の確保を特に目的として平成28年に制定された法律である。出題の第3条は，同法の基本理念を定めたもの。なお，この法律は，その教育機会の確保について，民間のフリースクールとの連携にも言及している(第3条第五号)。このことが空欄cの解答のカギになる。

【2】5

○**解説**○ 1　学校教育法施行令第29条を参照。学期については地方公共団体の長ではなく，教育委員会が定める。　2　学校教育法施行規則第60条を参照。授業終始の時刻を定めるのは，教育委員会ではなく，校長である。　3　学校教育法施行規則第59条を参照。学年の開始は4月2日ではなく4月1日が正しい。　4　学校教育法施行規則第61条を参照。本条文で土日，祝日の休業日が規定されているが，「当該学校を設置する地方公共団体の教育委員会が必要と認める場合は，この限りでない」としている。　5　学校教育法施行規則第63条を参照。授業を行わない場合，当該学校を設置する地方公共団体の教育委員会に報告しなければならないことも注意したい。

● 教育法規

【3】3

○**解説**○ 法律(略称は教育機会確保法)は，不登校の児童生徒に，学校外での多様な学びの場を提供することを目的として平成28(2016)年に成立した。学校復帰を大前提としていた従来の不登校対策を転換し，学校外での多様で適切な学習活動の重要性や，休養の必要性を認めた点が特徴である。第8条から第13条では，不登校児童生徒に対する教育機会の確保に必要な措置について規定されている。第8条は学校における取組への支援，第12条は学校以外の場における学習活動の状況等の継続的な把握，第13条は学校以外の場における学習活動等を行う不登校児童生徒に対する支援について，それぞれ規定している。

【4】4

○**解説**○ 出題された文章は，教員免許更新制廃止につき解説する文書等で見かけるものである(「文部科学省規制に関する評価書－令和3年度－」など)。教育公務員の研修に関する詳細は，教育公務員特例法第20条～第25条の2にかけて規定されている。教育公務員特例法に教員の研修についての詳細が規定されていることは，教員としての基礎知識なので，かならず押さえておきたい。

【5】5

○**解説**○ 1は義務教育諸学校の教科用図書の無償措置に関する法律第3条を参照。学校ではなく，「国」が正しい。　2　まず，同法第5条第2項で，学年の中途において転学した児童生徒への教科用図書(以下，教科書)は給与されないという原則をおさえておくこと。ただし，同条文では例外規定を設けており，その具体的条件として2月末日までの間に転学した児童生徒で，転学後に使用する教科書が転学前に給与を受けた教科書と異なる場合，と同法施行規則第1条で規定している。問題では転学前に給与を受けた教科書と転学後使用する教科書が同一であるため，給与されないこととなる。　3　学校教育法第34条第4項を参照。「教科用図書及び第2項に規定する教材以外の教材で，有益適切なものは，これを使用することができる」とされている。　4　義務教育諸学校の教科用図書の無償措置に関する法律施行令第14条第1項を参照。9月30日ではなく，8月31日までに行う。 5 教科書の発行に関する臨時措置法第5条第1項を参照。なお，展示会の具体的時期については同法施行規則第5条第1項で6月1日から7月31日までの間に行うものとし，毎年その開始の時期及び期間を指示する，としている。

【6】1

○**解説**○ 1 地方教育行政の組織及び運営に関する法律(地教行法)第4条1項の規定を参照。 2 地教行法第5条第1項を参照。教育長の任期は3年，委員の任期は4年が正しい。 3 地教行法第4条5項を参照。「地方公共団体の長は，第2項の規定による委員の任命に当たつては，委員の年齢，性別，職業等に著しい偏りが生じないように配慮するとともに，委員のうちに保護者である者が含まれるようにしなければならない」としている。 4 地教行法第14条第7項を参照。会議は原則公開であり，「人事に関する事件その他の事件について，教育長又は委員の発議により，出席者の3分の2以上の多数で議決したとき」は非公開にできるとしている。 5 地教行法第21条を参照。文化財の保護に関することは第十四号，ユネスコ活動に関することは第十五号に規定されている。

【7】問1 イ 問2 ウ

○**解説**○ 教育職員免許法第10条は免許状の失効について定めている。同法同条第1項第二号で失効の事由とされている懲戒免職は，公立学校の教員に適用される地方公務員法第29条で定められた懲戒の一つであり，地方公務員としての身分を失わせることである。なお，2022(令和4)年6月に，刑法の改正で懲役と禁錮が拘禁型に一本化されたことを受けて，教育職員免許法第5条第1項第三号も「禁錮以上の刑に処せられた者」から「拘禁刑以上の刑に処せられた者」と改められた。拘禁刑への改正は，2025年までに施行される予定である。また，2021(令和3)年公布の「教育職員等による児童生徒性暴力等の防止等に関する法律」では，児童生徒性暴力等を行ったことにより免許状が失効した者を「特定免許状失効者等」と定義し，再免許授与の要件を極めて厳しくしている。

教育法規　児童・生徒に関する法規

実施問題

【1】次の文は,「いじめ防止対策推進法」(平成25年　法律第71号)の一部である。これを読んで,問1,問2に答えなさい。

> 第1条　この法律は,いじめが,いじめを受けた児童等の教育を受ける権利を著しく侵害し,その[　1　]及び人格の形成に重大な影響を与えるのみならず,その生命又は身体に重大な危険を生じさせるおそれがあるものであることに鑑み,児童等の[　2　]を保持するため,いじめの防止等(いじめの防止,いじめの早期発見及びいじめへの対処をいう。以下同じ。)のための対策に関し,基本理念を定め,(中略)いじめの防止等のための対策を総合的かつ効果的に推進することを目的とする。
>
> 第11条　文部科学大臣は,関係行政機関の長と連携協力して,<u>いじめの防止等のための対策を総合的かつ効果的に推進するための基本的な方針</u>(以下「いじめ防止基本方針」という。)を定めるものとする。

問1　空欄1,空欄2に当てはまる語句の組合せを選びなさい。

ア　1－心身の健全な成長　　2－安全
イ　1－心身の健全な成長　　2－能力
ウ　1－心身の健全な成長　　2－尊厳
エ　1－就学機会の確保　　2－安全
オ　1－就学機会の確保　　2－尊厳

問2　下線部に関して,「いじめの防止等のための基本的な方針」(平成25年10月11日　文部科学大臣決定　最終改定　平成29年3月14日)に示されている内容として,適切なものの組合せを選びなさい。

①　いじめは,どの子供にも,どの学校でも起こりうることを踏まえ,全ての児童生徒を対象としたいじめの未然防止の観点が重要である。

②　やむを得ない事由のため,就学困難と認められる子供の保護者に対しては,学校の設置者は,その義務を猶予又は免除することができる。

③　学校の設置者は，いじめを早期に発見するため，当該学校に在籍する児童生徒に対する定期的なアンケート調査，個人面談，その他の必要な措置を講ずる。

④　各学校は，策定した学校いじめ防止基本方針の内容を，必ず入学時・各年度の開始時に児童生徒，保護者，関係機関等に説明する。

⑤　学校評価において，いじめの問題を取り扱うに当たっては，取組の達成状況を把握することが困難なことから，いじめの有無やその多寡のみを評価する。

ア　①②③　　イ　①②⑤　　ウ　①③④　　エ　②④⑤
オ　③④⑤

2024年度　北海道・札幌市　難易度

【2】次の文は，いじめ防止対策推進法の条文である。以下のア，イの各問いに答えよ。

いじめ防止対策推進法
第2条　この法律において「いじめ」とは，児童等に対して，当該児童等が在籍する学校に在籍している等当該児童等と一定の人的関係にある他の児童等が行う心理的又は物理的な影響を与える行為(インターネットを通じて行われるものを含む。)であって，当該行為の対象となった児童等が心身の(　①　)を感じているものをいう。
第15条　学校の設置者及びその設置する学校は，児童等の豊かな情操と道徳心を培い，心の通う(　②　)の能力の素地を養うことがいじめの防止に資することを踏まえ，全ての教育活動を通じた道徳教育及び体験活動等の充実を図らなければならない。

ア　(　①　)に入る適切な語句を答えよ。
イ　(　②　)に入る適切な語句を次の語群から選び，記号で答えよ。
語群　1　友人交流　　2　対人交流　　3　友人交際
　　4　対人交際

▌2024年度 ▌山口県 ▌難易度 ■■■■■

【3】「いじめ防止対策推進法」(平成25年6月公布)の「第8条」の「学校及び学校の教職員の責務」に関する内容として，最も適当なものを選びなさい。

① いじめの防止等のための対策を総合的に策定し，及び実施する責務を有する。

② 当該学校に在籍する児童等の保護者，地域住民，児童相談所その他の関係者との連携を図りつつ，学校全体でいじめの防止及び早期発見に取り組むとともに，当該学校に在籍する児童等がいじめを受けていると思われるときは，適切かつ迅速にこれに対処する責務を有する。

③ 児童等の教育について第一義的責任を有するものであって，その保護する児童等がいじめを行うことのないよう，当該児童等に対し，規範意識を養うための指導その他の必要な指導を行うよう努めるものとする。

④ いじめの防止等のための対策について，国と協力しつつ，当該地域の状況に応じた施策を策定し，及び実施する責務を有する。

⑤ その設置する学校におけるいじめの防止等のために必要な措置を講ずる責務を有する。

▌2024年度 ▌千葉県・千葉市 ▌難易度 ■■■■■

【4】次の文章は，「いじめ防止対策推進法(平成25年法律第71号)」の第19条である。空欄[　　]に当てはまる語句を，以下の①～⑤から1つ選び，番号で答えなさい。

> 学校の設置者及びその設置する学校は，当該学校に在籍する児童等及びその保護者が，発信された情報の高度の流通性，発信者の匿名性その他のインターネットを通じて送信される情報の特性を踏まえて，インターネットを通じて行われるいじめを防止し，及び効果的に対処することができるよう，これらの者に対し，必要な[　　]を行うものとする。

① 啓発活動　② 教育活動　③ 授業　④ 環境整備
⑤ 道徳活動

2024年度 熊本県 難易度 ■■■■■

【5】次の文章は，「いじめ防止対策推進法(平成25年法律第71号)」の一部である。[　A　]~[　E　]に当てはまる語句の組合せとして正しいものを，以下の①~⑤の中から一つ選べ。

> 第23条　学校の教職員，[　A　]の職員その他の児童等からの相談に応じる者及び児童等の[　B　]は，児童等からいじめに係る相談を受けた場合において，いじめの事実があると思われるときは，いじめを受けたと思われる児童等が在籍する学校への通報その他の適切な措置をとるものとする。
> 2　学校は，前項の規定による通報を受けたときその他当該学校に在籍する児童等がいじめを受けていると思われるときは，速やかに，当該児童等に係るいじめの事実の有無の確認を行うための措置を講ずるとともに，その結果を当該学校の[　C　]に報告するものとする。
> (中略)
> 6　学校は，いじめが犯罪行為として取り扱われるべきものであると認めるときは所轄[　D　]と連携してこれに対処するものとし，当該学校に在籍する児童等の生命，身体又は財産に重大な被害が生じるおそれがあるときは直ちに所轄[　D　]に通報し，適切に，援助を求めなければならない。
> 第26条　市町村の教育委員会は，いじめを行った児童等の[　B　]に対して学校教育法第35条第1項(同法第49条において準用する場合を含む。)の規定に基づき当該児童等の[　E　]を命ずる等，いじめを受けた児童等その他の児童等が安心して教育を受けられるようにするために必要な措置を速やかに講ずるものとする。

① A　教育委員会　B　保護者　C　設置者
　D　警察署　E　停学

② A 教育委員会 B 担任 C 学校長
D 児童相談所 E 出席停止
③ A 地方公共団体 B 担任 C 学校長
D 警察署 E 停学
④ A 地方公共団体 B 保護者 C 学校長
D 児童相談所 E 出席停止
⑤ A 地方公共団体 B 保護者 C 設置者
D 警察署 E 出席停止

▌2024年度 ▌岐阜県 ▌難易度 ■■■□□□

【6】いじめ防止対策推進法に関する次の記述ア～エのうち，正しいものを選んだ組合せとして適切なものは，以下の1～5のうちのどれか。

ア この法律において「いじめ」とは，児童等に対して，当該児童等が在籍する学校に在籍している等当該児童等と一定の人的関係にある他の児童等が行う心理的又は物理的な影響を与える行為であって，当該行為の対象となった児童等が心身の苦痛を感じているものをいい，インターネットを通じて行われるものは含まれない。

イ 学校の設置者又はその設置する学校は，いじめにより当該学校に在籍する児童等の生命，心身又は財産に重大な被害が生じた疑いがあると認めるときや，いじめにより当該学校に在籍する児童等が相当の期間学校を欠席することを余儀なくされている疑いがあると認めるときには，その事態に対処し，及び当該重大事態と同種の事態の発生の防止に資するため，速やかに，当該学校の設置者又はその設置する学校の下に組織を設け，質問票の使用その他の適切な方法により当該重大事態に係る事実関係を明確にするための調査を行うものとする。

ウ 学校は，いじめに係る通報を受けたときその他当該学校に在籍する児童等がいじめを受けていると思われるときは，速やかに，当該児童等に係るいじめの事実の有無の確認を行うための措置を講ずるとともに，その結果を当該学校の設置者に報告するものとする。

エ 学校は，いじめが児童等の心身に及ぼす影響，いじめを防止することの重要性，いじめに係る相談制度又は救済制度等について必要な広報その他の啓発活動を行うものとする。

1　ア・ウ　　2　ア・エ　　3　イ・ウ　　4　イ・エ　　5　ウ・エ

2024年度　東京都　難易度

【7】次は，「いじめ防止対策推進法　第28条」の一部です。文中の[　①　]，[　②　]にあてはまる語句の組み合わせとして正しいものを，以下の1～4の中から1つ選びなさい。

学校の設置者又はその設置する学校は，次に掲げる場合には，その事態(以下「重大事態」という。)に対処し，及び当該重大事態と同種の事態の発生の防止に資するため，速やかに，当該学校の設置者又はその設置する学校の下に組織を設け，質問票の使用その他の適切な方法により当該重大事態に係る事実関係を明確にするための調査を行うものとする。

一　いじめにより当該学校に在籍する児童等の[　①　]に重大な被害が生じた疑いがあると認めるとき。

二　いじめにより当該学校に在籍する児童等が相当の期間[　②　]を余儀なくされている疑いがあると認めるとき。

1　①　教育を受ける権利　　②　学校を欠席すること
2　①　教育を受ける権利　　②　心身の療養
3　①　生命，心身又は財産　　②　心身の療養
4　①　生命，心身又は財産　　②　学校を欠席すること

2024年度　埼玉県・さいたま市　難易度

【8】次の文は，「児童虐待の防止等に関する法律」に関する記述である。内容として正しくないものを，①～⑤から一つ選び，番号で答えなさい。

①　児童虐待を受けたと思われる児童を発見した者は，速やかに，これを市町村，都道府県の設置する福祉事務所若しくは児童相談所又は児童委員を介して市町村，都道府県の設置する福祉事務所若しくは児童相談所に通告するよう努めなければならない。

②　何人も，児童に対し，虐待をしてはならない。

③ 学校及び児童福祉施設は，児童及び保護者に対して，児童虐待の防止のための教育又は啓発に努めなければならない。

④ 児童の親権を行う者は，児童のしつけに際して，児童の人格を尊重するとともに，その年齢及び発達の程度に配慮しなければならず，かつ，体罰その他の児童の心身の健全な発達に有害な影響を及ぼす言動をしてはならない。

⑤ 児童の親権を行う者は，児童を心身ともに健やかに育成することについて第一義的責任を有するものであって，親権を行うに当たっては，できる限り児童の利益を尊重するよう努めなければならない。

▌2024年度 ▌熊本市 ▌難易度 ■■■□□

【9】「児童虐待の防止等に関する法律」に示されている内容として最も適切なものを，次の1～4のうちから1つ選びなさい。なお，ここにおける「児童」とは，18歳に満たない者をいう。

1 児童虐待を受けたと思われる児童を発見した者は，速やかに，市町村，都道府県の設置する福祉事務所若しくは児童相談所に通告しなければならない。

2 児童虐待があったと思われる場合，市町村，都道府県の設置する福祉事務所若しくは児童相談所に通告する前に，虐待の事実を必ず保護者に確認しなければならない。

3 児童から虐待の相談があった場合，守秘義務により市町村，都道府県の設置する福祉事務所若しくは児童相談所への通告はできないため，速やかに家庭を指導しなければならない。

4 児童虐待の事実が市町村，都道府県の設置する福祉事務所若しくは児童相談所からその児童の属する学校に通知された場合，学校は，児童の住所又は居所に立ち入らなければならない。

▌2024年度 ▌宮城県・仙台市 ▌難易度 ■■□□□

【10】次の文は，「こども基本法」(令和4年法律第77号)の条文の一部である。文中の(a)～(d)に当てはまる語句の正しい組合せはどれか。以下の1～6から1つ選べ。ただし，同じ記号には，同じ語句が入るものとする。

第3条　こども施策は，次に掲げる事項を基本理念として行われなければならない。

一　全てのこどもについて，個人として尊重され，その基本的人権が保障されるとともに，差別的取扱いを受けることがないようにすること。

二　全てのこどもについて，適切に養育されること，その生活を保障されること，(a)保護されること，その健やかな成長及び発達並びにその自立が図られることその他の福祉に係る権利が等しく保障されるとともに，教育基本法(平成18年法律第120号)の精神にのっとり教育を受ける機会が等しく与えられること。

三　全てのこどもについて，その年齢及び発達の程度に応じて，自己に直接関係する全ての事項に関して(b)を表明する機会及び多様な社会的活動に参画する機会が確保されること。

四　全てのこどもについて，その年齢及び発達の程度に応じて，その(b)が尊重され，その最善の(c)が優先して考慮されること。

五　こどもの養育については，(d)を基本として行われ，父母その他の保護者が第一義的責任を有するとの認識の下，これらの者に対してこどもの養育に関し十分な支援を行うとともに，家庭での養育が困難なこどもにはできる限り家庭と同様の養育環境を確保することにより，こどもが心身ともに健やかに育成されるようにすること。

六　家庭や子育てに夢を持ち，子育てに伴う喜びを実感できる社会環境を整備すること。

1　a－愛され　b－意見　c－利益　d－家庭
2　a－教育を受け　b－意見　c－利益　d－学校
3　a－愛され　b－意思　c－選択　d－家庭
4　a－愛され　b－意見　c－選択　d－学校
5　a－教育を受け　b－意思　c－選択　d－家庭
6　a－教育を受け　b－意思　c－利益　d－学校

2024年度 ｜ 奈良県 ｜ 難易度 ■■■

【11】次の文は，「こども基本法」(令和5年4月1日施行)の一部である。以下の(1)，(2)の各問いに答えなさい。

> 第3条　こども施策は，次に掲げる事項を基本理念として行われなければならない。
>
> 一　全てのこどもについて，個人として尊重され，その(　ア　)が保障されるとともに，差別的取扱いを受けることがないようにすること。
>
> 二　全てのこどもについて，適切に養育されること，その生活を保障されること，愛され保護されること，その健やかな成長及び発達並びにその自立が図られることその他の(　イ　)が等しく保障されるとともに，教育基本法(平成18年法律第120号)の精神にのっとり教育を受ける機会が等しく与えられること。
>
> 三　全てのこどもについて，その年齢及び発達の程度に応じて，自己に直接関係する全ての事項に関して(　ウ　)及び多様な社会的活動に参画する機会が確保されること。
>
> 四　全てのこどもについて，その年齢及び発達の程度に応じて，その意見が尊重され，その(　エ　)が優先して考慮されること。
>
> 五　こどもの養育については，家庭を基本として行われ，父母その他の保護者が第一義的責任を有するとの認識の下，これらの者に対してこどもの養育に関し十分な支援を行うとともに，家庭での養育が困難なこどもにはできる限り(　オ　)を確保することにより，こどもが心身ともに健やかに育成されるようにすること。
>
> 六　家庭や子育てに夢を持ち，子育てに伴う喜びを実感できる(　カ　)を整備すること。

(1)　文中の(　ア　)～(　ウ　)に当てはまる語句として正しいものを，次の1～6からそれぞれ1つ選びなさい。

1　意見を表明する機会　　2　最低限度の生活を営む権利

3　状況に応じた支援　　4　幸福な生活

5 福祉に係る権利　　　6 基本的人権

(2) 文中の(エ)～(カ)に当てはまる語句の組み合わせとして正しいものを，次の1～6から1つ選びなさい。

1 エ 心身の状況　　　オ 家庭と同様の養育環境
　カ 家庭環境

2 エ 最善の利益　　　オ 就学の機会
　カ 教育環境

3 エ 学習活動に対する支援　　　オ 教育を受ける機会
　カ 社会環境

4 エ 心身の状況　　　オ 教育を受ける機会
　カ 家庭環境

5 エ 最善の利益　　　オ 家庭と同様の養育環境
　カ 社会環境

6 エ 学習活動に対する支援　　　オ 就学の機会
　カ 教育環境

2024年度 名古屋市 難易度

【12】次の条文は，学校給食法の一部である。文中の[ア]～[エ]に当てはまることばを以下のa～hから選び，その記号を書きなさい。

> 第1条
> 　この法律は，学校給食が児童及び生徒の[ア]の健全な[イ]に資するものであり，かつ，児童及び生徒の食に関する正しい[ウ]と適切な[エ]力を養う上で重要な役割を果たすものであることにかんがみ，学校給食及び学校給食を活用した食に関する指導の実施に関し必要な事項を定め，もつて学校給食の普及充実及び学校における食育の推進を図ることを目的とする。

a 理解　b 身体　c 発達　d 知識　e 実践　f 成長
g 心身　h 判断

2024年度 福島県 難易度

【13】学校給食法第2条には学校給食の目標が示されている。その条文の記述として誤っているものはどれか。次の1～6から1つ選べ。

1　適切な栄養の摂取による健康の保持増進を図ること。

2　日常生活における食事について正しい理解を深め，健全な食生活を営むことができる判断力を培い，及び望ましい食習慣を養うこと。

3　学校生活を豊かにし，明るい社交性及び協同の精神を養うこと。

4　食生活が食にかかわる人々の様々な活動に支えられていることについての理解を深め，勤労を重んずる態度を養うこと。

5　我が国と地域の食文化に接することで，我が国と地域を愛する心を育てること。

6　食料の生産，流通及び消費について，正しい理解に導くこと。

▌2024年度 ▌奈良県 ▌難易度 ■■■■□□

【14】学校保健安全法に関する記述として適切なものは，次の1～5のうちのどれか。

1「学校の設置者は，児童生徒等の安全の確保を図るため，その設置する学校において，事故等により児童生徒等に生ずる危険を防止することができるよう，当該学校の施設及び設備並びに管理運営体制の整備充実その他の必要な措置をとらなければならない。」とされている。

2「学校においては，児童生徒等の安全の確保を図るため，当該学校の施設及び設備の安全点検を除いた学校生活その他の日常生活における安全に関する指導，職員の研修その他学校における安全に関する事項について計画を策定し，これを実施しなければならない。」とされている。

3「校長は，当該学校の施設又は設備について，児童生徒等の安全の確保を図る上で支障となる事項があると認めた場合には，遅滞なく，その改善を図るために必要な措置を講じ，又は当該措置を講ずることができないときは，文部科学大臣に対し，その旨を申し出るものとする。」とされている。

4「学校においては，児童生徒等の安全の確保を図るため，当該学校の実情に応じて，危険等発生時において当該学校の職員がとるべき措置の具体的内容及び手順を定めた対処要領を作成するものとする。」とされている。

5 「学校においては，児童生徒等の安全の確保を図るため，児童生徒等の保護者との連携を図るとともに，当該学校が所在する地域の実情に応じることなく，関係機関，関係団体，当該地域の住民その他の関係者との連携を図るよう努めるものとする。」とされている。

2024年度 東京都 難易度

【15】次の文は，学校保健安全法及び同法施行令に関するものである。誤っているものを①～⑤から一つ選べ。

① 出席停止の期間は，感染症の種類等に応じて，学校設置者の定める基準による。

② 学校の設置者は，感染症の予防上必要があるときは，臨時に，学校の全部又は一部の休業を行うことができる。

③ 学校においては，毎学年定期に，児童生徒等(通信による教育を受ける学生を除く。)の健康診断を行わなければならない。

④ 学校には，健康診断，健康相談，保健指導，救急処置その他の保健に関する措置を行うため，保健室を設けるものとする。

⑤ 校長は，感染症にかかつており，かかつている疑いがあり，又はかかるおそれのある児童生徒等があるときは，政令で定めるところにより，出席を停止させることができる。

2024年度 島根県 難易度

【16】次の文は，「学校保健安全法」(昭和33年　法律第56号)の一部である。(A)～(D)に当てはまる語句の組合せとして正しいものはどれか。

第26条　学校の設置者は，児童生徒等の安全の確保を図るため，その設置する学校において，事故，(A)，災害等(以下この条及び第29条第3項において「事故等」という。)により児童生徒等に生ずる危険を防止し，及び事故等により児童生徒等に危険又は危害が現に生じた場合(同条第1項及び第2項において「危険等発生時」という。)において適切に対処することができるよう，当該学校の施設及び設備並びに管理運営体制の整備充実その他の必要な措置を講ずるよう努めるものとする。

第27条　学校においては，児童生徒等の安全の確保を図るため，当該学校の施設及び設備の安全点検，児童生徒等に対する通学を含めた学校生活その他の日常生活における安全に関する指導，職員の研修その他学校における安全に関する事項について(　B　)を策定し，これを実施しなければならない。

第28条　校長は，当該学校の施設又は設備について，児童生徒等の安全の確保を図る上で支障となる事項があると認めた場合には，(　C　)，その改善を図るために必要な措置を講じ，又は当該措置を講ずることができないときは，当該学校の設置者に対し，その旨を申し出るものとする。

第29条

2　校長は，危険等発生時対処要領の職員に対する周知，(　D　)の実施その他の危険等発生時において職員が適切に対処するために必要な措置を講ずるものとする。

	A	B	C	D
1.	犯罪	指針	定期的に	訓練
2.	加害行為	計画	遅滞なく	訓練
3.	犯罪	計画	遅滞なく	啓発
4.	加害行為	計画	定期的に	訓練
5.	加害行為	指針	定期的に	啓発

▌2024年度 ▌岡山市 ▌難易度

【17】次の□内の文は「発達障害者支援法(平成16年法律第167号)」の一部を示そうとしたものである。文中のX，Y，Zの(　　)内にあてはまる語句の組合せとして正しいものは，以下の①～⑥のうちのどれか。一つ選んで，その番号を書け。

(定義)

第2条　この法律において「発達障害」とは，自閉症，アスペルガー症候群その他の広汎性発達障害，学習障害，注意欠陥多動性障害その他これに類する脳機能の障害であってその症状が通常低年齢において発現するものとして政令で定めるものをいう。

2　この法律において「発達障害者」とは，発達障害がある者であって発達障害及び(　X　)により日常生活又は社会生活に制限を受けるものをいい，「発達障害児」とは，発達障害者のうち(　Y　)未満のものをいう。

(基本理念)

第2条の2　発達障害者の支援は，全ての発達障害者が(　Z　)の機会が確保されること及びどこで誰と生活するかについての選択の機会が確保され，地域社会において他の人々と共生することを妨げられないことを旨として，行われなければならない。

2　発達障害者の支援は，(　X　)の除去に資することを旨として，行われなければならない。

① X－合理的配慮　Y－20歳　Z－社会参加
② X－合理的配慮　Y－18歳　Z－意思決定
③ X－合理的配慮　Y－20歳　Z－意思決定
④ X－社会的障壁　Y－18歳　Z－社会参加
⑤ X－社会的障壁　Y－20歳　Z－社会参加
⑥ X－社会的障壁　Y－18歳　Z－意思決定

2024年度 | 香川県 | 難易度

【18】次の文は，「発達障害者支援法」(平成28年6月改正)第2条の2である。文中の(　①　)～(　④　)に該当する語句の組み合わせとして正しいものを，以下の1～5から一つ選びなさい。

(基本理念)

第2条の2　発達障害者の支援は，全ての発達障害者が(　①　)の機会が確保されること及びどこで誰と生活するかについての(　②　)が確保され，地域社会において他の人々と共生することを妨げられないことを旨として，行われなければならない。

2　発達障害者の支援は，社会的障壁の(　③　)に資することを旨として，行われなければならない。

3 発達障害者の支援は，個々の発達障害者の性別，年齢，障害の状態及び生活の実態に応じて，かつ，医療，保健，福祉，教育，労働等に関する業務を行う関係機関及び民間団体相互の緊密な連携の下に，その(④)の支援に配慮しつつ，切れ目なく行われなければならない。

1 ① 社会活動 ② 選択の機会 ③ 解消
④ 自己決定
2 ① 社会活動 ② 選択の自由 ③ 除去
④ 意思決定
3 ① 社会参加 ② 選択の機会 ③ 除去
④ 意思決定
4 ① 社会参加 ② 選択の自由 ③ 解消
④ 意思決定
5 ① 社会参加 ② 選択の機会 ③ 解消
④ 自己決定

▌2024年度 ▌高知県 ▌難易度 ■■□□□

【19】次は，「教育職員等による児童生徒性暴力等の防止等に関する法律」(令和3年6月公布)の条文の一部を基にしたものである。(a)～(c)内に当てはまるものを語群から選ぶとき，正しい組合せとなるものを解答群から一つ選び，番号で答えよ。

この法律は，教育職員等による児童生徒性暴力等が児童生徒等の権利を著しく侵害し，児童生徒等に対し(a)にわたって回復し難い心理的外傷その他の心身に対する重大な影響を与えるものであることに鑑み，児童生徒等の(b)するため，児童生徒性暴力等の禁止について定めるとともに，教育職員等による児童生徒性暴力等の防止等に関し，基本理念を定め，国等の責務を明らかにし，基本指針の策定，教育職員等による児童生徒性暴力等の防止に関する措置並びに教育職員等による児童生徒性暴力等の早期発見及び児童生徒性暴力等への対処に関する措置等について定め，あわせて，特定免許状失効者等に対する(c)法(昭和24年法律第147号)の特例等について定めることにより，教育職員等による児童生徒性暴力等の防止等に関する施策を推進し，もって児童生徒等の権利利益の擁護に資することを目的とする。

(第1条)

【語　群】　ア　学齢期　　　　イ　生涯
ウ　成長を促進　　　エ　尊厳を保持
オ　教育職員免許　　カ　教育公務員特例

【解答群】
1　a－ア　b－ウ　c－オ
2　a－ア　b－ウ　c－カ
3　a－ア　b－エ　c－オ
4　a－ア　b－エ　c－カ
5　a－イ　b－ウ　c－オ
6　a－イ　b－ウ　c－カ
7　a－イ　b－エ　c－オ
8　a－イ　b－エ　c－カ

2024年度　愛知県　難易度

【20】次の文章は，教育職員等による児童生徒性暴力等の防止等に関する法律の条文の一部である。文中の[　1　]～[　3　]にあてはまる語を，以下の①から⑤までの中から一つずつ選び，記号で答えよ。

第4条　教育職員等による児童生徒性暴力等の防止等に関する施策は，教育職員等による児童生徒性暴力等が全ての児童生徒等の心身の健全な発達に関係する[　1　]であるという基本的認識の下に行われなければならない。

2　教育職員等による児童生徒性暴力等の防止等に関する施策は，児童生徒等が[　2　]学習その他の活動に取り組むことができるよう，[　3　]教育職員等による児童生徒性暴力等を根絶することを旨として行われなければならない。

[　1　]　①　人権侵害　　②　重大な問題
③　教育を受ける権利の侵害　　④　犯罪
⑤　違法行為

[　2　]　①　安心して　　②　主体的に
③　自律的に　　④　良好な環境のもと
⑤　積極的に

[3] ① 社会全体において　② 学校の内外を問わず
③ すべての学校において　④ 教員の勤務時間中において
⑤ 学校内において

▌2024年度 ▌沖縄県 ▌難易度 ■■■□□

【21】次の文は，教育職員等による児童生徒性暴力等の防止等に関する法律の一部である。文中の[　ア　]，[　イ　]に当てはまることばを書きなさい。

> 第10条　教育職員等は，基本理念にのっとり，児童生徒性暴力等を行うことがないよう教育職員等としての[　ア　]の保持を図るとともに，その勤務する学校に在籍する児童生徒等が教育職員等による児童生徒性暴力等を受けたと思われるときは，適切かつ[　イ　]にこれに対処する責務を有する。

▌2024年度 ▌福島県 ▌難易度 ■■■□□

【22】次の文は，「教育職員等による児童生徒性暴力等の防止等に関する法律」に関する記述である。適切でないものを①～④から選び，番号で答えよ。

① 教育職員等による児童生徒性暴力等は児童生徒等に対し生涯にわたって回復し難い心理的外傷その他の心身に対する重大な影響を与えるものである。

② 教育職員等による児童生徒性暴力等の防止等に関する施策は，児童生徒等が安心して学習その他の活動に取り組むことができるよう，学校内において教育職員等による児童生徒性暴力等を根絶することを旨として行われなければならない。

③ 教育職員等による児童生徒性暴力等が児童生徒等の権利を著しく侵害するものである。

④ 教育職員等は，基本理念にのっとり，児童生徒性暴力等を行うことがないよう教育職員等としての倫理の保持を図る責務を有する。

▌2024年度 ▌神戸市 ▌難易度 ■■■□□

【23】次の各文は，「子どもの貧困対策の推進に関する法律」の条文または条文の一部であるが，下線部については誤りの含まれているものがある。下線部A～Dの語句のうち，正しいものを○，誤っているものを×とした場合，正しい組合せはどれか。1～5から一つ選べ。

第2条　子どもの貧困対策は，社会のあらゆる分野において，子どもの年齢及び発達の程度に応じて，Aその意見が尊重され，その最善の利益が優先して考慮され，子どもが心身ともに健やかに育成されることを旨として，推進されなければならない。

2　子どもの貧困対策は，子ども等に対する教育の支援，生活の安定に資するための支援，職業生活の安定と向上に資するための就労の支援，経済的支援等の施策を，子どもの現在及び将来がBその資質によって左右されることのない社会を実現することを旨として，子ども等の生活及び取り巻く環境の状況に応じて包括的かつ早期に講ずることにより，推進されなければならない。

第10条　国及び地方公共団体は，C教育の機会均等が図られるよう，就学の援助，学資の援助，学習の支援その他の貧困の状況にある子どもの教育に関する支援のために必要な施策を講ずるものとする。

第11条　国及び地方公共団体は，貧困の状況にある子ども及びその保護者に対する生活に関する相談，D貧困の状況にある子どもに対する生活に必要な物資の提供その他の貧困の状況にある子どもの生活の安定に資するための支援に関し必要な施策を講ずるものとする。

	A	B	C	D
1	○	○	×	×
2	○	○	×	○
3	×	○	○	○
4	×	×	○	○
5	○	×	○	×

▌2024年度 ▌大阪府・大阪市・堺市・豊能地区 ▌難易度 ■■■□□

【24】次の条文は，「こども家庭庁設置法」(令和4年6月公布)の一部である。条文の(　a　)～(　c　)にあてはまる語句の組合せとして，最も適当なものを選びなさい。

第3条　こども家庭庁は，心身の発達の過程にある者(以下「こども」という。)が(　a　)した個人としてひとしく健やかに成長することのできる社会の実現に向け，子育てにおける家庭の役割の重要性を踏まえつつ，こどもの年齢及び発達の程度に応じ，その意見を尊重し，その(　b　)の利益を優先して考慮することを基本とし，こども及びこどものある家庭の福祉の増進及び保健の向上その他のこどもの健やかな成長及びこどものある家庭における子育てに対する支援並びにこどもの権利利益の(　c　)に関する事務を行うことを任務とする。 2　前項に定めるもののほか，こども家庭庁は，同項の任務に関連する特定の内閣の重要政策に関する内閣の事務を助けることを任務とする。 3　こども家庭庁は，前項の任務を遂行するに当たり，内閣官房を助けるものとする。

① a 自立　b 最大　c 擁護
② a 独立　b 最大　c 保護
③ a 自立　b 最善　c 保護
④ a 自立　b 最善　c 擁護
⑤ a 独立　b 最高　c 擁護

2024年度 千葉県・千葉市 難易度

【25】子ども・若者育成支援推進法に関する記述として適切なものは，次の1～5のうちのどれか。

1 子ども・若者育成支援は，「一人一人の子ども・若者が，健やかに成長し，社会とのかかわりを自覚しつつ，自立した個人としての自己を確立し，他者とともに次代の社会を担うことができるようになることを目指すこと。」を基本理念のひとつとして行われなければならないとされている。

2 「国及び地方公共団体は，子ども・若者育成支援に関し，広く国民一般の関心を高め，その理解と協力を得る必要はないが，社会を構成する多様な主体の参加による自主的な活動に資するよう，必要な啓発活動を積極的に行うものとする。」とされている。

3 「関係機関等は，修学又は就業を助けることに寄与するため，当該子ども・若者の家族その他子ども・若者が円滑な社会生活を営むことに関係する者に対し，相談及び助言その他の援助を行わなければならない。」とされている。

4 「学校は，関係機関等が行う支援を適切に組み合わせることによりその効果的かつ円滑な実施を図るため，単独で又は共同して，関係機関等により構成される子ども・若者支援地域協議会を置くよう努めるものとする。」とされている。

5 「本部は，子ども・若者育成支援推進本部長，子ども・若者育成支援推進副本部長及び子ども・若者育成支援推進本部員をもって組織し，本部の長は，子ども・若者育成支援推進本部長とし，文部科学大臣をもって充てる。」とされている。

2024年度 東京都 難易度

解答・解説

【1】問1　ウ　　問2　ウ

○**解説**○ 問1　いじめ防止対策推進法第1条はこの法律の「目的」を規定しており，前半部分はこの法律の趣旨などを説明し，後半部分はこの法律がどのようなことを規定しているか，その大枠を説明している。同法第11条の規定に基づき，問2で出題の「いじめの防止等のための基本的な方針」が策定された。　問2　②　出題された文書には，就学困難な場合についてふれている部分はない。　⑤「いじめの有無やその多寡のみを評価する」という部分が特に誤り。「日常の児童生徒理解，未然防止や早期発見，いじめが発生した際の迅速かつ適切な情報共有や，組織的な対応等が評価される」旨の記述がある。

【2】ア　苦痛　　イ　2

○**解説**○ ア　いじめ防止対策推進法において，いじめの定義は頻出であるのでよく学習しておくこと。注意点は，苦痛がいじめを受けた本人の主観性にかかっていること。つまり，客観的には些細に見えても，本人が苦痛を訴えたら「いじめ」が成立する。　イ　第15条は「学校におけるいじめの防止」に関する条文。問題文は第1項であり，第2項では学校と保護者や地域住民との連携，いじめ防止に関する啓発などが示されている。

【3】②

○**解説**○ ①は「国の責務」(いじめ防止対策推進法第5条)，③は「保護者の責務」(同法第9条第1項)，④は「地方公共団体の責務」(同法第6条)，⑤は「学校の設置者の責務」(同法第7条)について規定したもの。

【4】①

○**解説**○ いじめ防止対策推進法第19条はインターネットを通じて行われるいじめに対する対策の推進について定めている。いじめを定義した同法第2条で，いじめとは「インターネットを通じて行われるものを含む」と明記されていることに注意すること。

【5】⑤

○**解説**○ 第23条は学校における「いじめに対する措置」，第26条は「出席停止制度の適切な運用等」に関する条文である。本問について，空欄Bでは第23条の冒頭にある「学校の教職員」の中に「担任」が含まれること，空欄Cでは主語の「学校」に校長が含まれることを考慮すれば正答が絞られるだろう。

【6】3

○**解説**○ ア　第2条第1項を参照。いじめの定義(第2条第1項)は頻出なので，きちんと学習しておくこと。インターネットを通じて行われるものも，条件に合致していればいじめに該当する。　エ　第21条を参照。いじめの啓発活動に関する問題だが，主体は学校ではなく国及び地方公共団体である。なお，イは第28条，ウは第23条第2項を参照すること。

【7】4

○**解説**○ いじめ防止対策推進法第28条は，いじめの重大事態に対する学校の設置者又はその設置する学校による対処について定めた条文である。本条では，いじめによって，児童生徒の心身又は財産に重大な被害が生じた場合，あるいは，相当の期間学校を欠席することを余儀なくされた場合をいじめの重大事態とし，いずれかの疑いが認められたときには速やかに事実関係を明らかにするための調査を行うものとされている。いじめの重大事態に関しては，平成29(2017)年に最終改定された「いじめの防止等のための基本的な方針」及び同年に出された「いじめの重大事態の調査に関するガイドライン」も，あわせて学習しておきたい。

【8】①

○**解説**○ 児童虐待の防止等に関する法律第6条は「児童虐待を受けたと思われる児童を発見した者は，速やかに，これを市町村，都道府県の設置する福祉事務所若しくは児童相談所又は児童委員を介して市町村，都道府県の設置する福祉事務所若しくは児童相談所に『通告しなければならない』」と，通告義務を課している。

【9】1

○**解説**○ 1　児童虐待の防止等に関する法律(児童虐待防止法)第6条第1項に規定されている条文の一部であり，これが最も適切である。同法第6条第1項の正確な条文は次の通り。「児童虐待を受けたと思われる児童を発見した者は，速やかに，これを市町村，都道府県の設置する福祉事務所若しくは児童相談所又は児童委員を介して市町村，都道府県の設置する福祉事務所若しくは児童相談所に通告しなければならない」。　2　保護者に確認するというような規定はなく，むしろ，「学校・教育委員会等向け虐待対応の手引き」(令和2(2020)年6月改訂版　文部科学省)では，「確証がなくても通告すること」としている。

3 「守秘義務により」,「通告できない」という箇所が適切ではない。児童虐待防止法第6条第3項は「刑法の秘密漏示罪の規定その他の守秘義務に関する法律の規定は,第一項の規定による通告をする義務の遵守を妨げるものと解釈してはならない」と規定している。また,上述の「学校・教育委員会等向け虐待対応の手引き」においても,「通告は守秘義務違反に当たらないこと」としている。　4 児童虐待防止法は立入り及び調査につき規定しているが,その実施は「都道府県知事」から委任された「職員」(多くの場合は,児童相談所職員)が行うことになっている(児童虐待防止法第9条第1項)。学校が行うわけでない。

【10】1

○**解説**○ 令和4(2022)年に成立し令和5(2023)年4月に施行されたこども基本法は,こども施策を社会全体で総合的かつ強力に推進していくための包括的な基本法で,所管はこども家庭庁である。同法第3条第一号から第四号については,児童の権利に関する条約のいわゆる4原則,差別の禁止,生命,生存及び発達に対する権利,児童の意見の尊重,児童の最善の利益の趣旨を踏まえ,規定されている。また第五号,第六号については,こどもの養育を担う大人や社会環境に係る規定として,第五号ではこどもの養育について,第六号では子育てについて定められている。

【11】(1)　ア　6　　イ　5　　ウ　1　　(2)　5

○**解説**○ こども基本法は,こども施策を社会全体で総合的かつ強力に推進していくための包括的な基本法として,令和5(2023)年4月に施行された法律である。基本理念を定めた同法第3条の第一号から第四号については,「児童の権利に関する条約」のいわゆる四原則,「差別の禁止」,「生命,生存及び発達に対する権利」,「児童の意見の尊重」,「児童の最善の利益」の趣旨を踏まえ,規定されている。第五号と第六号は,子供を養育する大人や社会環境に係る規定で,第五号はこどもの養育について,第六号は子育てについての規定である。

【12】ア g　イ c　ウ a　エ h

○**解説**○　学校給食は，一部の都市の小学校で開始されたのが昭和22(1947)年のことで，昭和26(1951)年には全国すべての小学校を対象に実施されるようになった。学校給食法が成立したのは，昭和29(1954)年のことである。昭和31(1956)年には，中学校にも適用されるようになった。同法第1条は，学校給食の目標を定めている。学校給食に関しては，食育に関する取組を推進するために平成17(2005)年に制定された食育基本法や，平成18(2006)年に策定された「食育推進基本計画」(現在は第4次(令和3年3月))を学習しておきたい。

【13】5

○**解説**○　学校給食法第2条では，7つの学校給食の目標が示されている。5は，「我が国や各地域の優れた伝統的な食文化についての理解を深めること。」である。選択肢にないあと一つは，「食生活が自然の恩恵の上に成り立つものであることについての理解を深め，生命及び自然を尊重する精神並びに環境の保全に寄与する態度を養うこと。」である。なお，学校給食法は昭和29(1954)年施行の法律であり，また平成17(2005)年には食育基本法，平成18(2006)年には食育推進基本計画が制定され，子どもたちが食に関する正しい知識と望ましい食習慣を身に付けることができるよう，学校においても，食育を総合的，計画的に推進していくことが求められている。

【14】4

○**解説**○　1　学校保健安全法第26条を参照。本条文の内容は「しなければならない」(義務)ではなく，「努めるものとする」(努力義務)が正しい。　2　同法第27条を参照。「当該学校の施設及び設備の安全点検を除いた」ではなく，「当該学校の施設及び設備の安全点検，児童生徒等に対する通学を含めた」が正しい。　3　同法第28条を参照。当該措置を講ずることができない際の申し出先は，文部科学大臣ではなく，当該学校の設置者である。　4　同法等29条第1項を参照。　5　同法第30条を参照。「地域の実情に応じることなく」ではなく，「地域の実情に応じて」が正しい。

【15】①

○解説○ ① 学校保健安全法施行令第6条第2項で，「出席停止の期間は，感染症の種類等に応じて，文部科学省令で定める基準による」と定めている。それを受け，学校保健安全法施行規則第19条でその期間が定められている。 ②～⑤はいずれも学校保健安全法の条文で，②は臨時休業を規定した第20条，③は児童生徒等の健康診断を規定した第13条第1項，④は保健室を規定した第7条，⑤は出席停止を規定した第19条である。

【16】2

○解説○ 出題された学校保健安全法の条文は，いずれも「第3章 学校安全」に関するものである。第26条は学校安全に関する学校の設置者の責務，第27条は学校安全計画の策定等，第28条は学校環境の安全の確保，第29条は危険等発生時対処要領の作成等について規定した条文である。平成21(2009)年に，学校保健法の改正で学校保健安全法に改称された際に，それまで学校保健安全計画として保健計画と安全計画が一体的に取り扱われてきたものを，同改正により第5条に「学校保健計画」の策定と実施が，第27条に「学校安全計画」の策定及び実施がそれぞれ定められ，義務付けられた。また，同改正において，学校安全に関する第28条，第29条及び，地域の関係機関との連携による学校安全体制の強化を規定した第30条が新たに加えられた。

【17】④

○解説○ 発達障害者支援法は，これまで制度の谷間におかれていて，必要な支援が届きにくい状態となっていた「発達障害」を「自閉症，アスペルガー症候群その他の広汎性発達障害，学習障害，注意欠陥多動性障害その他これに類する脳機能障害であってその症状が通常低年齢において発現するもの」と定義し，支援の対象とした。なお，社会的障壁には施設や設備などによる障壁である「事物の障壁」，ルールや条件などによる障壁である「制度の障壁」，明文化されていないがマジョリティが従うしきたり，情報提供などの「慣行の障壁」，無知，偏見，無関心などの「観念の障壁」がある。

【18】3

〈解答〉解答のポイントは，法令は「社会的障壁」に対しては「除去」という文言を使用する一方，「解消」は「差別」などに対して用いられるということに気が付くかどうかである。例えば，障害者基本法において，その第4条第2項には「社会的障壁の除去は，(略)，その実施について必要かつ合理的な配慮がされなければならない。」と表現されている。一方，発達障害者支援法第12条(権利利益の擁護)には，「…その差別の解消，…」と表現されている。

【19】7

○解説○ 教育職員等による児童生徒性暴力等の防止等に関する法律第1条は，この法律の「目的」を規定している。この法律は，児童生徒に対する強制的なわいせつ行為といった教員の不祥事が後を絶たないために，令和3(2021)年6月に公布された法律である。令和4(2022)年4月より施行されている。この第1条の前半部分は，いじめ防止対策推進法第1条の前半部分と似ているので，その共通の語句や違いを意識しながらその文言等を頭に入れておきたい。

【20】1 ②　2 ①　3 ②

○解説○ 令和3(2021)年6月に公布された「教育職員等による児童生徒性暴力等の防止等に関する法律」は，教育職員等による児童生徒性暴力等を禁止し，児童生徒性暴力等の防止に関する基本理念や国等の責務を明らかにするとともに，児童生徒性暴力等により教員免許状が失効した者等に係るデータベースの整備等を含む児童生徒性暴力等の防止に関する措置等を定めている。出題されている第4条は，基本理念について示した条文である。その基本理念においては，児童生徒が安心して学習活動に取り組むことができるよう，学校の内外を問わず，教育職員等による児童生徒への性暴力を根絶させる施策を講じなければならないことが示されている。

● 教育法規

【21】ア　倫理　　イ　迅速

○**解説**○ 教育職員等による児童生徒性暴力等の防止等に関する法律は，令和3(2021)年に公布された。同法第10条は，教育職員等の責務を定めている。児童生徒等が教育職員等による児童生徒性暴力を受けたと思われるときは，適切・迅速に対処することが，教育職員等に課されている。また同法第22条では，児童生徒性暴力等を行ったことにより免許状が失効した者(特定免許状失効者)等については，再免許授与要件を極めて厳しく規定している。

【22】②

○**解説**○ 本法は教職員等による児童生徒性暴力等を禁止し，児童生徒性暴力等の防止に関する基本理念や国等の責務を明らかにするとともに，児童生徒性暴力等により教員免許状が失効した者等に係るデータベースの整備等を含む児童生徒性暴力等の防止に関する措置等を定めている。②は第4条第2項を参照。教育職員等による児童生徒への性暴力は「学校内において」ではなく「学校の内外を問わず」根絶していかなくてはならない。

【23】5

○**解説**○ 本法(略称は子どもの貧困対策法)は，子どもの将来がその生まれ育った環境によって左右されることのないよう，貧困の状況にある子どもが健やかに育成される環境を整備するとともに，教育の機会均等を図ることを目的として，平成25(2013)年に成立した。第2条はこの法律の基本理念，第10条は教育の支援，第11条は生活の安定に資するための支援について，それぞれ規定している。Bは「その資質によって」の部分が誤りで，「その生まれ育った環境によって」が正しい文言である。Dは「生活に必要な物資の提供」の部分が誤りで，「社会との交流の機会の提供」が正しい文言である。

【24】④

○**解説**○ こども家庭庁とは，少子化，児童虐待，いじめなど，子どもを取り巻く問題への対策を進めるために創設(2023年4月1日発足)された政府の機関である。こどもの最善の利益を第一とし，こどもの視点に立った当事者目線の政策(＝こどもまんなか社会)を強力に進めていくことを目指している。出題のこども家庭庁設置法は，こども家庭庁の設置と任務，明確な範囲の所掌事務を定め，その所掌する行政事務遂行に必要な組織等を定めている。同法第3条は，こども家庭庁の「任務」を定めた規定。

【25】1

○**解説**○ 子ども・若者育成支援推進法は教育，福祉，雇用等の関連分野における子ども・若者育成支援施策の総合的推進と，ニートやひきこもり等困難を抱える若者への支援を行うための地域ネットワークづくりの推進を図ることの2つを主な目的としている。 1 第2条第一号を参照。第2条では子ども・若者育成支援の基本理念として，7つ掲げられている。 2 第10条を参照。「理解と協力を得る必要はないが」ではなく「その理解と協力を得るとともに」が正しい。 3 第15条第2項を参照。「行わなければならない」ではなく「行うよう努めるものとする」が正しい。なお，本条文で支援の内容について「医療及び療養を受けることを助けること」「生活環境を改善すること」「修学又は就業を助けること」等があげられている。 4 第19条第1項を参照。「学校」ではなく「地方公共団体」が正しい。 5 子ども・若者育成支援推進本部は内閣総理大臣を本部長とし，全閣僚により構成されている。

教育法規　教育法規総合

実施問題

【1】次の文は，法律の条文の一部である。(　a　)～(　e　)にあてはまる語句を以下の①～④から1つずつ選びなさい。

○　すべて国民は，法律の定めるところにより，その(　a　)に応じて，ひとしく教育を受ける権利を有する。〔日本国憲法〕

○　国民は，その(　b　)する子に，別に法律で定めるところにより，普通教育を受けさせる義務を負う。〔教育基本法〕

○　職員は，職務上知り得た(　c　)を漏らしてはならない。その職を退いた後も，また，同様とする。〔地方公務員法〕

○　学校においては，(　d　)を徴収することができる。ただし，国立又は公立の小学校及び中学校，義務教育学校，中等教育学校の前期課程又は特別支援学校の小学部及び中学部における義務教育については，これを徴収することができない。

〔学校教育法〕

○　この法律は，教育職員等による児童生徒性暴力が児童生徒等の権利を著しく侵害し，児童生徒等に対し生涯にわたって回復し難い(　e　)外傷その他の心身に対する重大な影響を与えるものであることに鑑み，児童生徒等の尊厳を保持するため，児童生徒性暴力等の禁止について定めるとともに，教育職員等による児童生徒性暴力等の防止等に関し，基本理念を定め，国等の責務を明らかにし，基本指針の策定，教育職員等による児童生徒性暴力等の防止に関する措置並びに教育職員等による児童生徒性暴力等の早期発見及び児童生徒性暴力等への対処に関する措置等について定め，あわせて，特定免許状失効者等に対する教育職員免許法(昭和24年法律第147号)の特例等について定めることにより，教育職員等による児童生徒性暴力等の防止等に関する施策を推進し，もって児童生徒等の権利利益の擁護に資することを目的とする。

〔教育職員等による児童生徒性暴力等の防止等に関する法律〕

a ① 意欲 ② 身分 ③ 能力 ④ 資質
b ① 保護 ② 看護 ③ 養育 ④ 扶養
c ① 情報 ② 事実 ③ 機密 ④ 秘密
d ① 入学料 ② 授業料 ③ 使用料 ④ 検定料
e ① 精神的 ② 身体的 ③ 心理的 ④ 衝動的

2024年度 青森県 難易度

【2】次の表は，法令名と条項及び条文の一部を示したものである。表中の(　ア　)～(　オ　)に当てはまる法令名又は言葉を以下のA～Jから一つずつ選び，その記号を書け。

法令名	条項	条文
学校保健安全法	第20条	学校の(　ア　)は，感染症の予防上必要があるときは，臨時に，学校の全部又は一部の休業を行うことができる。
教育公務員特例法	第22条 第2項	教員は，授業に支障のない限り，(　イ　)の承認を受けて，勤務場所を離れて研修を行うことができる。
(　ウ　)	第17条 第1項	保護者は，子の満6歳に達した日の翌日以後における最初の学年の初めから，満12歳に達した日の属する学年の終わりまで，これを小学校，義務教育学校の前期課程又は特別支援学校の小学部に就学させる義務を負う。ただし，子が，満12歳に達した日の属する学年の終わりまでに小学校の課程，義務教育学校の前期課程又は特別支援学校の小学部の課程を修了しないときは，満15歳に達した日の属する学年の終わり(それまでの間においてこれらの課程を修了したときは，その修了した日の属する学年の終わり)までとする。
地方公務員法	第35条	職員は，法律又は条例に特別の定がある場合を除く外，その勤務時間及び職務上の(　エ　)のすべてをその職責遂行のために用い，当該地方公共団体がなすべき責を有する職務にのみ従事しなければならない。
		国民一人一人が，自己の人格を磨き，豊かな人生を送ることができるよう，その生涯にわたっ

（ オ ）	第3条	て，あらゆる機会に，あらゆる場所において学習することができ，その成果を適切に生かすことのできる社会の実現が図られなければならない。

A 注意力　B 日本国憲法　C 校長　D 任命権者
E 思考力　F 設置者　G 本属長　H 社会教育法
I 学校教育法　J 教育基本法

2024年度 愛媛県 難易度

【3】次の①～⑤の文は，それぞれある法規の条文である。法規の名称を正しく組み合わせているものはどれか，以下のア～オから1つ選びなさい。

① すべて国民は，法の下に平等であつて，人種，信条，性別，社会的身分又は門地により，政治的，経済的又は社会的関係において，差別されない。

② 教育は，人格の完成を目指し，平和で民主的な国家及び社会の形成者として必要な資質を備えた心身ともに健康な国民の育成を期して行われなければならない。

③ この法律で，学校とは，幼稚園，小学校，中学校，義務教育学校，高等学校，中等教育学校，特別支援学校，大学及び高等専門学校とする。

④ 学校においては，児童生徒等の心身の健康に関し，健康相談を行うものとする。

⑤ すべて職員は，全体の奉仕者として公共の利益のために勤務し，且つ，職務の遂行に当つては，全力を挙げてこれに専念しなければならない。

	①	②	③	④	⑤
ア	日本国憲法	教育基本法	学校教育法	健康増進法	地方教育行政の組織及び運営に関する法律
イ	日本国憲法	教育基本法	学校教育法	学校保健安全法	地方公務員法
ウ	日本国憲法	学校教育法	教育基本法	健康増進法	地方公務員法
エ	民法	教育基本法	学校教育法	学校保健安全法	地方教育行政の組織及び運営に関する法律
オ	民法	学校教育法	教育基本法	健康増進法	地方公務員法

2024年度 京都府 難易度

【4】次の法令について，以下の(1)～(4)の各問いに答えよ。

学校教育法施行令
第29条　公立の学校(大学を除く。以下この条において同じ。)の学期並びに夏季，冬季，学年末，農繁期等における休業日又は家庭及び地域における体験的な学習活動その他の学習活動のための休業日(次項において「体験的な学習活動等休業日」という。)は，市町村又は都道府県の設置する学校にあつては当該市町村又は都道府県の(　①　)が，公立大学法人の設置する学校にあつては当該公立大学法人の理事長が定める。
学校保健安全法
第7条　学校には，健康診断，(　②　)，保健指導，救急処置その他の保健に関する措置を行うため，保健室を設けるものとする。
地方公務員法
第34条　職員は，(　③　)知り得た秘密を漏らしてはならない。その職を退いた後も，また，同様とする。
教育公務員特例法
第21条　教育公務員は，その(　④　)を遂行するために，絶えず研究と修養に努めなければならない。

(1)　学校教育法施行令について，(　①　)に入る適切な語句を次の語群から選び，記号で答えよ。
語群　1　首長　　2　首長部局　　3　教育長　　4　教育委員会
(2)　学校保健安全法について，(　②　)に入る適切な語句を次の語群から選び，記号で答えよ。
語群　1　予防接種　　2　衛生管理　　3　健康相談
4　感染症対策
(3)　地方公務員法について，(　③　)に入る適切な語句を答えよ。
(4)　教育公務員特例法について，(　④　)に入る適切な語句を次の語群から選び，記号で答えよ。
語群　1　責務　　2　業務　　3　職責　　4　責任

2024年度　山口県　難易度

【5】次の問1～問6の文は，法令の条文の一部である。(①)～(⑥)のそれぞれに該当するものを，各文の以下に示した1～4から一つずつ選びなさい。

問1 天皇又は摂政及び国務大臣，国会議員，裁判官その他の公務員は，この憲法を(①)し擁護する義務を負ふ。(日本国憲法第99条)

1 遵守　2 尊重　3 理解　4 制定

問2 国民一人一人が，自己の人格を磨き，(②)人生を送ることができるよう，その生涯にわたって，あらゆる機会に，あらゆる場所において学習することができ，その成果を適切に生かすことのできる社会の実現が図られなければならない。(教育基本法第3条)

1 健やかな　2 充実した　3 豊かな　4 教養ある

問3 校長及び教員は，(③)上必要があると認めるときは，文部科学大臣の定めるところにより，児童，生徒及び学生に懲戒を加えることができる。ただし，体罰を加えることはできない。(学校教育法第11条)

1 生徒指導　2 教育　3 学校生活　4 学級経営

問4 この法律は，教育を通じて国民全体に奉仕する教育公務員の(④)に基づき，教育公務員の任免，人事評価，給与，分限，懲戒，服務及び研修等について規定する。(教育公務員特例法第1条)

1 教員としての高い専門性　2 教員に求められる高い信頼性
3 適性に職務を遂行する必要性　4 職務とその責任の特殊性

問5 全てのこどもについて，その年齢及び発達の程度に応じて，自己に直接関係する全ての事項に関して意見を表明する機会及び多様な(⑤)に参画する機会が確保されること。(こども基本法第3条第三号)

1 社会的活動　2 学びの機会　3 学校生活　4 体験活動

問6 教育職員等は，基本理念にのっとり，児童生徒性暴力等を行うことがないよう教育職員等としての(⑥)の保持を図るとともに，その勤務する学校に在籍する児童生徒等が教育職員等による児童生徒性暴力等を受けたと思われるときは，適切かつ迅速にこれに対処する責務を有する。(教育職員等による児童生徒性暴力等の防止等

に関する法律第10条)

1　倫理　　2　規律　　3　自覚　　4　信頼

▌2024年度 ▌高知県 ▌難易度

【6】次の1から4は，ある法規の条文またはその一部である。その法規名を以下のアからクのうちからそれぞれ一つ選べ。

1　学校，家庭及び地域住民その他の関係者は，教育におけるそれぞれの役割と責任を自覚するとともに，相互の連携及び協力に努めるものとする。

2　すべて国民は，法律の定めるところにより，その保護する子女に普通教育を受けさせる義務を負ふ。義務教育は，これを無償とする。

3　職員は，その職の信用を傷つけ，又は職員の職全体の不名誉となるような行為をしてはならない。

4　校長及び教員が児童等に懲戒を加えるに当つては，児童等の心身の発達に応ずる等教育上必要な配慮をしなければならない。

ア　学校教育法　　イ　学校教育法施行規則

ウ　教育基本法　　エ　教育公務員特例法

オ　日本国憲法　　カ　地方公務員法

キ　学校保健安全法　　ク　児童福祉法

▌2024年度 ▌栃木県 ▌難易度

【7】次の(1)～(10)の文は，法令等の条文の一部を抜粋したものである。文中の[　1　]～[　10　]に当てはまる語句を，それぞれ以下のa～eの中から一つずつ選びなさい。

(1)　義務教育として行われる普通教育は，各個人の有する能力を伸ばしつつ社会において[　1　]生きる基礎を培い，また，国家及び社会の形成者として必要とされる基本的な資質を養うことを目的として行われるものとする。(教育基本法第5条第2項)

a　意欲的に　　b　自立的に　　c　協調的に

d　希望をもって　　e　前向きに

(2)　小学校は，文部科学大臣の定めるところにより当該小学校の教育活動その他の学校運営の状況について評価を行い，その結果に基づき学校運営の改善を図るため必要な措置を講ずることにより，その

[　2　]の向上に努めなければならない。(学校教育法第42条)

a　学力　　b　組織力　　c　教育力　　d　教育水準

e　指導体制

(3)　小学校の教育課程については，この節に定めるもののほか，教育課程の[　3　]として文部科学大臣が別に公示する小学校学習指導要領によるものとする。(学校教育法施行規則第52条)

a　指針　　b　基準　　c　目標　　d　手引き　　e　展開例

(4)　[　4　]は，感染症の予防上必要があるときは，臨時に，学校の全部又は一部の休業を行うことができる。(学校保健安全法第二十条)

a　養護教諭　　b　保健主事　　c　学校の設置者

d　校長　　　　e　保健所

(5)　すべて職員は，全体の奉仕者として[　5　]のために勤務し，且つ，職務の遂行に当つては，全力を挙げてこれに専念しなければならない。(地方公務員法第30条)

a　公共の利益　　　b　地域社会　　c　住民

d　地方公共団体　　e　社会全体の利益

(6)　公立の小学校等の教諭等の研修実施者は，当該教諭等(臨時的に任用された者その他の政令で定める者を除く。)に対して，その採用(現に教諭等の職以外の職に任命されている者を教諭等の職に任命する場合を含む。)の日から一年間の教諭又は保育教諭の職務の遂行に必要な事項に関する[　6　]研修(次項において「初任者研修」という。)を実施しなければならない。(教育公務員特例法第23条第1項)

a　長期　　b　悉皆　　c　実践的な　　d　校内　　e　教員

(7)　教育職員等による児童生徒性暴力等の防止等に関する施策は，教育職員等による児童生徒性暴力等が全ての児童生徒等の心身の健全な発達に関係する[　7　]であるという基本的認識の下に行われなければならない。(教育職員等による児童生徒性暴力等の防止等に関する法律第4条第1項)

a　課題　　b　障害　　c　違法な行為　　d　悪質な非行

e　重大な問題

(8)　こども施策は，次に掲げる事項を基本理念として行われなければならない。

一　全てのこどもについて，個人として尊重され，その[　8　]が保障されるとともに，差別的取扱いを受けることがないようにすること。(こども基本法第3条，第二号以下略)

a　就学の機会　　　　b　教育を受ける権利
c　心身の健康　　　　d　安全・安心な風土
e　基本的人権

(9)　いじめの防止等のための対策は，いじめを受けた児童等の生命及び心身を保護することが特に重要であることを認識しつつ，国，地方公共団体，学校，地域住民，家庭その他の関係者の連携の下，いじめの問題を[　9　]することを目指して行われなければならない。(いじめ防止対策推進法第3条第3項)

a　根絶　　b　緩和　　c　解決　　d　共有　　e　克服

(10)　教育機会の確保等に関する施策は，次に掲げる事項を基本理念として行われなければならない。

一　全ての児童生徒が豊かな学校生活を送り，[　10　]教育を受けられるよう，学校における環境の確保が図られるようにすること。(義務教育の段階における普通教育に相当する教育の機会の確保等に関する法律第3条，第二号以下略)

a　充実した　　b　一定水準の
c　個に応じた　　d　主体的・対話的で深い学びを伴う
e　安心して

2024年度　茨城県　難易度

【8】次の1～4に答えなさい。

1　次の(1)～(3)は，日本国憲法，教育基本法の条文の全部又は一部です。空欄(　a　)～(　c　)にあてはまる言葉は何ですか。以下の①～⑤の中から，正しいものをそれぞれ1つずつ選び，その記号を答えなさい。

(1)　日本国憲法第13条
　すべて国民は，個人として尊重される。生命，自由及び(　a　)に対する国民の権利については，公共の福祉に反しない限り，立法その他の国政の上で，最大の尊重を必要とする。

(2) 教育基本法第3条

国民一人一人が，自己の人格を磨き，(b)人生を送ることができるよう，その生涯にわたって，あらゆる機会に，あらゆる場所において学習することができ，その成果を適切に生かすことのできる社会の実現が図られなければならない。

(3) 教育基本法第5条第2項

義務教育として行われる普通教育は，各個人の有する能力を伸ばしつつ社会において自立的に生きる基礎を培い，また，国家及び社会の形成者として必要とされる基本的な(c)を養うことを目的として行われるものとする。

a ① 教育 ② 思想 ③ 幸福追求
④ 文化的な生活 ⑤ 信条

b ① 文化的な ② 充実した ③ 豊かな
④ 自由な ⑤ 有意義な

c ① 資質 ② 知識 ③ 意識
④ 技能 ⑤ 教養

2 次の条文は，学校教育法第21条の一部です。空欄(a)～(d)にあてはまる言葉は何ですか。以下の①～⑥の中から，正しい組合せを1つ選び，その記号を答えなさい。

義務教育として行われる普通教育は，教育基本法(平成18年法律第120号)第5条第2項に規定する目的を実現するため，次に掲げる目標を達成するよう行われるものとする。

一 学校内外における社会的活動を促進し，自主，自律及び協同の精神，規範意識，公正な判断力並びに(a)に基づき主体的に社会の形成に参画し，その発展に寄与する態度を養うこと。

(中略)

五 (b)に親しませ，生活に必要な国語を正しく理解し，使用する基礎的な能力を養うこと。
六　生活に必要な数量的な関係を正しく理解し，(　c　)する基礎的な能力を養うこと。
(中略)
八　健康，安全で幸福な生活のために必要な習慣を養うとともに，運動を通じて(　d　)を養い，心身の調和的発達を図ること。
(略)

① a：寛容の精神　b：文学　c：処理　d：精神
② a：寛容の精神　b：読書　c：処理　d：精神
③ a：公共の精神　b：文学　c：活用　d：精神
④ a：寛容の精神　b：読書　c：活用　d：体力
⑤ a：公共の精神　b：文学　c：活用　d：体力
⑥ a：公共の精神　b：読書　c：処理　d：体力

3　次の条文は，教育公務員特例法第1条です。空欄(　a　)にあてはまる言葉は何ですか。以下の①～④の中から，正しいものを1つ選び，その記号を答えなさい。

この法律は，教育を通じて(　a　)に奉仕する教育公務員の職務とその責任の特殊性に基づき，教育公務員の任免，人事評価，給与，分限，懲戒，服務及び研修等について規定する。

① 子ども　② 児童　③ 国民全体　④ 社会

4　次の条文は，学校教育の情報化の推進に関する法律第3条の一部です。空欄(　a　)～(　c　)にあてはまる言葉は何ですか。以下の①～⑥の中から，正しい組合せを1つ選び，その記号を答えなさい。

(略)
3　学校教育の情報化の推進は，全ての児童生徒が，その家庭の経済的な状況，居住する地域，(　a　)の有無等にかかわらず，等しく，学校教育の情報化の恵沢を享受し，もって教育の機会均等が図られるよう行われなければならない。

4　学校教育の情報化の推進は，情報通信技術を活用した学校事務の効率化により，(　b　)の負担が軽減され，児童生徒に対する教育の充実が図られるよう行われなければならない。

(中略)

6　学校教育の情報化の推進は，児童生徒による情報通信技術の利用が児童生徒の(　c　)，生活等に及ぼす影響に十分配慮して行われなければならない。

①　a：障害　　b：学校の教職員　　c：学習
②　a：通信環境　　b：学校の教職員　　c：健康
③　a：障害　　b：教材作成　　c：学習
④　a：障害　　b：学校の教職員　　c：健康
⑤　a：通信環境　　b：教材作成　　c：健康
⑥　a：通信環境　　b：教材作成　　c：学習

▌2024年度 ▌広島県・広島市 ▌難易度

【9】次のA～Fは，ある法令の条文又はその一部である。以下の(1)～(3)の問いに答えなさい。

A　第11条
　校長及び教員は，教育上必要があると認めるときは，文部科学大臣の定めるところにより，児童，生徒及び学生に懲戒を加えることができる。ただし，［①］を加えることはできない。

B　第31条
　職員は，条例の定めるところにより，[　ア　]の宣誓をしなければならない。

C　第20条
　学校の設置者は，感染症の[　イ　]上必要があるときは，臨時に，学校の全部又は一部の休業を行うことができる。

D　第74条

特別支援学校においては，第72条に規定する目的を実現するための教育を行うほか，幼稚園，小学校，中学校，義務教育学校，高等学校又は中等教育学校の要請に応じて，第81条第1項に規定する幼児，児童又は生徒の教育に関し必要な[　ウ　]又は援助を行うよう努めるものとする。

E　第7条

学校(学校教育法第1条に規定する幼稚園，小学校，中学校，義務教育学校，高等学校，中等教育学校及び特別支援学校をいう。以下同じ。)の設置者は，基本理念にのっとり，その設置する学校に在籍する医療的ケア児に対し，[　エ　]を行う責務を有する。

F　第9条

法律に定める学校の教員は，自己の崇高な使命を深く自覚し，絶えず研究と修養に励み，その職責の遂行に努めなければならない。

(1)　条文Aの[　①　]に当てはまることばを書きなさい。

(2)　条文B～Eの[　ア　]～[　エ　]に当てはまることばを以下のa～iから選び，その記号を書きなさい。

a　命令　　b　助言　　c　職務　　d　対策

e　適切な支援　　f　予防　　g　指導　　h　財政上の措置

i　服務

(3)　条文Fが規定されている法令を書きなさい。(略称は不可)

2024年度　福島県　難易度■■■■□□

【10】次の法令について，以下の(1)～(4)の各問いに答えよ。

日本国憲法

第19条　思想及び(　①　)の自由は，これを侵してはならない。

教育基本法

第13条　学校，家庭及び地域住民その他の関係者は，教育におけるそれぞれの役割と(　②　)を自覚するとともに，相互の連携及び協力に努めるものとする。
学校教育法施行規則
第24条　校長は，その学校に在学する児童等の(　③　)(学校教育法施行令第31条に規定する児童等の学習及び健康の状況を記録した書類の原本をいう。以下同じ。)を作成しなければならない。
法令A
第7条　国民は，基本理念にのっとり，こども施策について関心と理解を深めるとともに，国又は地方公共団体が実施するこども施策に協力するよう努めるものとする。

(1)　日本国憲法について，(　①　)に入る適切な語句を答えよ。
(2)　教育基本法について，(　②　)に入る適切な語句を次の語群から選び，記号で答えよ。
語群　1　責任　　2　立場　　3　義務　　4　使命
(3)　学校教育法施行規則について，(　③　)に入る適切な語句を次の語群から選び，記号で答えよ。
語群　1　個別の指導計画　　2　個別の支援計画　　3　学齢簿
4　指導要録
(4)　法令Aに該当する法令名を次の語群から選び，記号で答えよ。
語群　1　子どもの貧困対策の推進に関する法律　　2　児童福祉法
3　子ども・子育て支援法　　4　こども基本法

▌2024年度▌山口県▌難易度■■■■□□

【11】次の(1)～(6)は，法令の条文の一部である。該当する法令名を，以下の①～⑩からそれぞれ1つずつ選び，番号で答えなさい。
(1)　国及び地方公共団体が設置する学校は，特定の宗教のための宗教教育その他宗教的活動をしてはならない。
(2)　部活動指導員は，中学校におけるスポーツ，文化，科学等に関する教育活動(中学校の教育課程として行われるものを除く。)に係る技術的な指導に従事する。
(3)　すべて国民は，法律の定めるところにより，その能力に応じて，ひとしく教育を受ける権利を有する。

(4) 職員は，その職の信用を傷つけ，又は職員の職全体の不名誉となるような行為をしてはならない。

(5) 教育公務員は，その職責を遂行するために，絶えず研究と修養に努めなければならない。

(6) 学校等は，基本理念にのっとり，家庭及び地域住民と連携し，及び協働して，子どもに生活のために必要な習慣を身に付けさせるとともに，自立心を育成し，心身の調和のとれた発達を図るよう努めるものとする。

① 日本国憲法　② 地方自治法
③ 教育基本法　④ 学校教育法
⑤ 学校教育法施行規則　⑥ 学校保健安全法
⑦ 教育公務員特例法　⑧ くまもと家庭教育支援条例
⑨ 地方公務員法
⑩ 地方教育行政の組織及び運営に関する法律

2024年度　熊本県　難易度

【12】次の各問いに答えなさい。

問1 次の(1)～(4)は法規の条文である。[1]～[4]に当てはまる語句を以下の①～⑫の中からそれぞれ1つずつ選び，番号で答えよ。ただし，[4]は法規の名称である。

(1) 教育基本法　第9条

法律に定める学校の教員は，自己の崇高な[1]を深く自覚し，絶えず研究と修養に励み，その職責の遂行に努めなければならない。

(2) 地方公務員法　第35条

職員は，法律又は条例に特別の定がある場合を除く外，その勤務時間及び職務上の[2]のすべてをその職責遂行のために用い，当該地方公共団体がなすべき責を有する職務にのみ従事しなければならない。

(3) 学校教育法施行規則　第43条(同規則第79条により中学校，第104条により高等学校，第113条により中等教育学校，第135条に

より特別支援学校にも準用)

小学校においては，[3]のとれた学校運営が行われるためにふさわしい校務分掌の仕組みを整えるものとする。

(4) [4]第12条

学校においては，別に法律で定めるところにより，幼児，児童，生徒及び学生並びに職員の健康の保持増進を図るため，健康診断を行い，その他その保健に必要な措置を講じなければならない。

① 能力　② 立場　③ 学校教育法
④ 目標　⑤ 秩序　⑥ 学校保健安全法
⑦ 調整　⑧ 学校保健安全法施行令　⑨ 注意力
⑩ 調和　⑪ 使命　⑫ 技能

問2　次のA～Eは，教育に関する法規の条文である。下線部が正しいものに○，誤っているものに×をつけたとき，正しい組合せを以下の①～⑥の中から1つ選び，番号で答えよ。

A．教育公務員特例法　第23条

公立の小学校等の教諭等の任命権者は，当該教諭等(臨時的に任用された者その他の政令で定める者を除く。)に対して，その採用(現に教諭等の職以外の職に任命されている者を教諭等の職に任命する場合を含む。附則第5条第1項において同じ。)の日から<u>一年間</u>の教諭又は保育教諭の職務の遂行に必要な事項に関する実践的な研修(以下「初任者研修」という。)を実施しなければならない。

B．教育職員免許法　第4条

免許状は，普通免許状，特別免許状及び<u>臨時免許状</u>とする。

C．学校保健安全法　第20条

<u>校長</u>は，感染症の予防上必要があるときは，臨時に，学校の全部又は一部の休業を行うことができる。

D．教育職員等による児童生徒性暴力等の防止等に関する法律　第10条

教育職員等は，基本理念にのっとり，児童生徒性暴力等を行うことがないよう教育職員等としての<u>責任感</u>の保持を図るとともに，その勤務する学校に在籍する児童生徒等が教育職員等による児童生徒性暴力等を受けたと思われるときは，適切かつ迅速にこれに対処する責務を有する。

E. 教育職員等による児童生徒性暴力等の防止等に関する法律　第13条

校長は，教育職員等に対し，児童生徒等の人権，特性等に関する理解及び児童生徒性暴力等の防止等に関する理解を深めるための研修及び啓発を行うものとする。

① A：×　B：×　C：×　D：○　E：○
② A：×　B：○　C：○　D：×　E：×
③ A：○　B：×　C：○　D：○　E：×
④ A：○　B：×　C：○　D：○　E：○
⑤ A：○　B：○　C：×　D：×　E：×
⑥ A：×　B：○　C：×　D：×　E：○

2024年度　長崎県　難易度

【13】次の(1)～(5)の各条文が記載されている法令名を以下の(ア)～(ク)からそれぞれ1つ選び，その記号で答えなさい。

(1) 小学校には，設置者の定めるところにより，学校評議員を置くことができる。

(2) すべて国民は，法律の定めるところにより，その保護する子女に普通教育を受けさせる義務を負ふ。義務教育は，これを無償とする。

(3) 校長及び教員は，教育上必要があると認めるときは，文部科学大臣の定めるところにより，児童，生徒及び学生に懲戒を加えることができる。ただし，体罰を加えることはできない。

(4) 学校には，健康診断，健康相談，保健指導，救急処置その他の保健に関する措置を行うため，保健室を設けるものとする。

(5) すべて職員は，全体の奉仕者として公共の利益のために勤務し，且つ，職務の遂行に当たっては，全力を挙げてこれに専念しなければならない。

(ア) 日本国憲法　(イ) 教育基本法
(ウ) 学校教育法　(エ) 地方公務員法
(オ) 学校教育法施行令　(カ) 学校教育法施行規則
(キ) 教育公務員特例法　(ク) 学校保健安全法

2024年度　佐賀県　難易度

●教育法規

【14】次の各条文の□に当てはまる語句を，それぞれ以下の選択肢から1つ選び，番号で答えなさい。

(1) 公務員を選定し，及びこれを罷免することは，□固有の権利である。〔日本国憲法第15条〕

1 内閣総理大臣　2 公共団体の首長　3 国民　4 議会
5 有権者

(2) □は，特定の政党を支持し，又はこれに反対するための政治教育その他政治的活動をしてはならない。〔教育基本法第14条第2項〕

1 国及び地方公共団体が設置する学校　2 公務員
3 法律に定める学校　4 教育公務員
5 教員

(3) すべて職員は，□として公共の利益のために勤務し，且つ，職務の遂行に当つては，全力を挙げてこれに専念しなければならない。〔地方公務員法第30条〕

1 公務員　2 全体の奉仕者　3 教育公務員　4 公人
5 専門家

(4) 教育公務員には，研修を受ける□が与えられなければならない。〔教育公務員特例法第22条〕

1 機会　2 時間　3 場所　4 環境　5 休暇

(5) 小学校は，文部科学大臣の定めるところにより当該小学校の教育活動その他の学校運営の状況について評価を行い，その結果に基づき□の改善を図るため必要な措置を講ずることにより，その教育水準の向上に努めなければならない。〔学校教育法第42条〕

1 教員の働き方　2 児童生徒への指導　3 教育環境
4 学校運営　5 教育課程

(6) □は，校長の監督を受け，教育計画の立案その他の教務に関する事項について連絡調整及び指導，助言に当たる。〔学校教育法施行規則第44条第4項〕

1 教務主任　2 副校長　3 教頭　4 学年主任
5 指導教諭

(7) こども施策は，次に掲げる事項を基本理念として行われなければならない。

一　全てのこどもについて，□として尊重され，その基本的人権が保障されるとともに，差別的取扱いを受けることがないようにすること。〔こども基本法第3条第一号〕

1　個人　　2　未成年　　3　保護すべき対象

4　幼児，児童，および，生徒　　5　青少年

(8)　子どもの貧困対策は，社会のあらゆる分野において，子どもの年齢及び発達の程度に応じて，その意見が尊重され，その最善の□が優先して考慮され，子どもが心身ともに健やかに育成されることを旨として，推進されなければならない。〔子どもの貧困対策の推進に関する法律第2条〕

1　学習環境　　2　支援　　3　権利　　4　家庭環境　　5　利益

(9)　教育職員等による児童生徒性暴力等の防止等に関する施策は，教育職員等による児童生徒性暴力等が全ての児童生徒等の心身の健全な発達に関係する□であるという基本的認識の下に行われなければならない。〔教育職員等による児童生徒性暴力等の防止等に関する法律第4条〕

1　犯罪行為　　2　懸念　　3　重要な課題　　4　違法行為

5　重大な問題

(10)　いじめの防止等のための対策は，いじめを受けた児童等の生命及び心身を保護することが特に重要であることを認識しつつ，国，地方公共団体，学校，地域住民，家庭その他の関係者の連携の下，いじめの問題を□することを目指して行われなければならない。〔いじめ防止対策推進法第3条第3項〕

1　克服　　2　軽減　　3　減少　　4　解決　　5　周知

(11)　学校教育の情報化の推進は，情報通信技術の特性を生かして，個々の児童生徒の能力，特性等に応じた教育，双方向性のある教育(児童生徒の主体的な学習を促す教育をいう。)等が学校の教員による適切な指導を通じて行われることにより，各教科等の指導等において，情報及び情報手段を□選択し，及びこれを活用する能力の体系的な育成その他の知識及び技能の習得等(心身の発達に応じて，基礎的な知識及び技能を習得させるとともに，これらを活用して課題を解決するために必要な思考力，判断力，表現力その他の能力を

育み，主体的に学習に取り組む態度を養うことをいう。)が効果的に図られるよう行われなければならない。〔学校教育の情報化の推進に関する法律第3条〕

1　適切に　　2　主体的に　　3　効果的に　　4　積極的に
5　慎重に

(12)　教育機会の確保等に関する施策は，次に掲げる事項を基本理念として行われなければならない。

一　全ての児童生徒が豊かな学校生活を送り，［　　］教育を受けられるよう，学校における環境の確保が図られるようにすること。〔義務教育の段階における普通教育に相当する教育の機会の確保等に関する法律第3条第一号〕

1　充実した　　2　安心して　　3　適切な　　4　個に応じた
5　能力に応じた

▌2024年度 ▌宮崎県 ▌難易度 ■■■□□

【15】次の文の(1)～(6)は，法令の条文の一部である。それぞれに該当する法令を，以下の①～⑨から一つずつ選び，番号で答えなさい。

(1)　教員は，授業に支障のない限り，本属長の承認を受けて，勤務場所を離れて研修を行うことができる。

(2)　校長及び教員は，教育上必要があると認めるときは，文部科学大臣の定めるところにより，児童，生徒及び学生に懲戒を加えることができる。ただし，体罰を加えることはできない。

(3)　すべて国民は，個人として尊重される。生命，自由及び幸福追求に対する国民の権利については，公共の福祉に反しない限り，立法その他の国政の上で，最大の尊重を必要とする。

(4)　法律に定める学校の教員は，自己の崇高な使命を深く自覚し，絶えず研究と修養に励み，その職責の遂行に努めなければならない。

(5)　学校の設置者は，感染症の予防上必要があるときは，臨時に，学校の全部又は一部の休業を行うことができる。

(6)　すべて職員は，全体の奉仕者として公共の利益のために勤務し，且つ，職務の遂行に当つては，全力を挙げてこれに専念しなければならない。

① 日本国憲法　② 教育基本法
③ 学校教育法　④ 学校教育法施行令
⑤ 学校教育法施行規則　⑥ 地方公務員法
⑦ 教育公務員特例法　⑧ 学校保健安全法
⑨ 地方教育行政の組織及び運営に関する法律

2024年度　熊本市　難易度

【16】次の(1)～(6)は，法令の条文の一部である。各文中の空欄[　　]に当てはまる語句を，以下の①～⑤からそれぞれ1つずつ選び，番号で答えなさい。

(1) 教育は，人格の完成を目指し，平和で民主的な国家及び社会の形成者として必要な資質を備えた心身ともに健康な[　　]の育成を期して行われなければならない。[関係法令：教育基本法第1条]

① 児童生徒　② 子ども　③ 成人　④ 国民
⑤ 人間

(2) 地方公共団体における教育行政は，[　　]の趣旨にのっとり，教育の機会均等，教育水準の維持向上及び地域の実情に応じた教育の振興が図られるよう，国との適切な役割分担及び相互の協力の下，公正かつ適正に行われなければならない。[関係法令：地方教育行政の組織及び運営に関する法律第1条の2]

① 日本国憲法　② 教育基本法　③ 学校教育法
④ 学習指導要領　⑤ 学校教育法施行規則

(3) 授業終始の時刻は，[　　]が定める。[関係法令：学校教育法施行規則第60条]

① 知事　② 首長　③ 教育委員会　④ 教育長
⑤ 校長

(4) 学校においては，別に法律で定めるところにより，幼児，児童，生徒及び学生並びに職員の健康の保持増進を図るため[　　]を行い，その他その保健に必要な措置を講じなければならない。[関係法令：学校教育法第12条]

① 健康診断　② 健康観察　③ 健康相談　④ 健康調査
⑤ 保健指導

(5) 地方公共団体は，この法律に基いて定められた給与，勤務時間その他の勤務条件が社会一般の情勢に適応するように，随時，適当な措置を講じなければならない。

2 [　　]は，随時，前項の規定により講ずべき措置について地方公共団体の議会及び長に勧告することができる。[関係法令：地方公務員法第14条]

① 人事院　② 人事委員会　③ 教育委員会
④ 監査事務局　⑤ 行政オンブズマン

(6) 公立の小学校等の教諭等の研修実施者は，当該教諭等に対して，その採用の日から[　　]の教諭又は保育教諭の職務の遂行に必要な事項に関する実践的な研修を実施しなければならない。[関係法令：教育公務員特例法第23条第1項]

① 一月間　② 三月間　③ 六月間　④ 一年間
⑤ 三年間

2024年度　熊本県　難易度

【17】次の(1)～(5)は，ある法令の条文を記したものである。各条文の(　　)に入る語句を以下の(ア)～(ソ)からそれぞれ1つ選び，その記号で答えなさい。

(1) 教員は，授業に支障のない限り，(　　)の承認を受けて，勤務場所を離れて研修を行うことができる。

(2) 職員は，職務上知り得た(　　)を漏らしてはならない。その職を退いた後も，また，同様とする。

(3) 免許状は，(　　)免許状，特別免許状及び臨時免許状とする。

(4) 学校においては，児童生徒等の安全の確保を図るため，当該学校の施設及び設備の安全点検，児童生徒等に対する(　　)を含めた学校生活その他の日常生活における安全に関する指導，職員の研修その他学校における安全に関する事項について計画を策定し，これを実施しなければならない。

(5) 学校には，学校図書館の専門的職務を掌らせるため，(　　)を置かなければならない。

(ア) 本属長　(イ) 放課後　(ウ) 学校の設置者
(エ) 司書補　(オ) 図書室　(カ) 成績

(キ) 教育長　(ク) 司書教諭　(ケ) 基本
(コ) 情報　(サ) 学校給食　(シ) 専修
(ス) 普通　(セ) 秘密　(ソ) 通学

2024年度 佐賀県 難易度

【18】次の(1)～(4)は，法令の条文の一部である。それぞれの(　　)に当てはまる語句を，以下の①～⑤から一つずつ選び，番号で答えなさい。

(1) 国及び地方公共団体は，能力があるにもかかわらず，(　　)理由によって修学が困難な者に対して，奨学の措置を講じなければならない。(教育基本法　第4条3)

① 社会的　② 宗教的　③ 政治的　④ 文化的
⑤ 経済的

(2) 学校及び学校の教職員は，基本理念にのっとり，当該学校に在籍する児童等の保護者，地域住民，児童相談所その他の関係者との連携を図りつつ，学校全体でいじめの(　　)に取り組むとともに，当該学校に在籍する児童等がいじめを受けていると思われるときは，適切かつ迅速にこれに対処する責務を有する。(いじめ防止対策推進法　第8条)

① 予防及び早期発見　② 防止及び早期解消
③ 予防及び再発防止　④ 防止及び早期発見
⑤ 発見及び早期解消

(3) 校長(学長を除く。)は，当該学校に在学する児童等について(　　)を作成しなければならない。(学校教育法施行規則　第25条)

① 学齢簿　② 個別の指導計画　③ 出席簿　④ 通知表
⑤ 健康診断票

(4) 全てのこどもについて，その年齢及び発達の程度に応じて，自己に直接関係する全ての事項に関して(　　)機会及び多様な社会的活動に参画する機会が確保されること。(こども基本法　第3条第三号)

① 環境を整える　② 学びを選択する
③ 目標を達成する　④ 意見を表明する
⑤ 教育を受ける

2024年度 熊本市 難易度

【19】次の(1)～(4)の各文について，(　A　)，(　B　)に入る語句の組合せとして正しいものをそれぞれア～エから一つずつ選び，記号で答えなさい。

(1)　教育基本法　前文

我々日本国民は，たゆまぬ努力によって築いてきた民主的で文化的な国家を更に発展させるとともに，世界の平和と人類の福祉の向上に貢献することを願うものである。

我々は，この理想を実現するため，(　A　)を重んじ，真理と正義を希求し，公共の精神を尊び，(　B　)と創造性を備えた人間の育成を期するとともに，伝統を継承し，新しい文化の創造を目指す教育を推進する。

ア　A：個人の人権　　B：豊かな人間性
イ　A：個人の尊厳　　B：豊かな人間性
ウ　A：基本的人権　　B：確かな人間性
エ　A：生命の尊厳　　B：確かな人間性

(2)　地方公務員法　第35条

職員は，法律又は条例に特別の定がある場合を除く外，その勤務時間及び職務上の(　A　)のすべてをその職責遂行のために用い，当該地方公共団体がなすべき責を有する職務にのみ(　B　)しなければならない。

ア　A：気力　　B：奉仕　　イ　A：集中力　　B：従事
ウ　A：注意力　　B：従事　　エ　A：能力　　B：奉仕

(3)　いじめ防止対策推進法　第8条

学校及び学校の教職員は，基本理念にのっとり，当該学校に在籍する児童等の保護者，地域住民，児童相談所その他の関係者との連携を図りつつ，(　A　)でいじめの防止及び早期発見に取り組むとともに，当該学校に在籍する児童等がいじめを受けていると思われるときは，適切かつ迅速にこれに対処する(　B　)を有する。

ア　A：学校全体　　B：責務　　イ　A：学校全体　　B：義務
ウ　A：該当学年　　B：職務　　エ　A：該当学年　　B：責任

(4)　義務教育の段階における普通教育に相当する教育の機会の確保等に関する法律　第3条　第四号

義務教育の段階における普通教育に相当する教育を十分に受けていない者の(　A　)を十分に尊重しつつ，その年齢又は国籍その他の置かれている事情にかかわりなく，その能力に応じた教育を受ける機会が確保されるようにするとともに，その者が，その教育を通じて，社会において(　B　)に生きる基礎を培い，豊かな人生を送ることができるよう，その教育水準の維持向上が図られるようにすること。

ア　A：希望　　B：前向き　　イ　A：希望　　B：自主的
ウ　A：意思　　B：積極的　　エ　A：意思　　B：自立的

2024年度　静岡県・静岡市・浜松市　難易度

【20】次の(1)～(12)の問いに答えよ。

(1)　次の文は，日本国憲法第19条である。文中の(　　)に入る語句として正しいものを，以下の1～5のうちから一つ選べ。

第19条　思想及び良心の自由は，これを(　　)。

1　侵してはならない　　　2　何人も侵してはならない
3　侵害してはならない　　4　保障する
5　何人にも保障する

(2)　次の文は，日本国憲法第23条である。文中の(　　)に入る語句として正しいものを，以下の1～5のうちから一つ選べ。

第23条　学問の自由は，これを(　　)。

1　侵してはならない　　　2　何人も侵してはならない
3　侵害してはならない　　4　保障する
5　何人にも保障する

(3)　次の文章は，教育基本法第15条である。文中の(　A　)，(　B　)に入る語句の正しい組合せを，以下の1～5のうちから一つ選べ。

> 第15条　宗教に関する寛容の態度，宗教に関する一般的な教養及び宗教の(　A　)における地位は，教育上尊重されなければならない。
>
> 2　(　B　)が設置する学校は，特定の宗教のための宗教教育その他宗教的活動をしてはならない。

	A	B
1	国民生活	国公立の学校及び学校法人
2	国民生活	国及び地方自治体
3	国民生活	国及び地方公共団体
4	社会生活	国及び地方自治体
5	社会生活	国及び地方公共団体

(4) 次の文章は，学校教育法第12条である。文中の(　　)に入る語句として正しいものを，以下の1～5のうちから一つ選べ。

> 第12条　学校においては，別に法律で定めるところにより，幼児，児童，生徒及び学生並びに職員の(　　)，健康診断を行い，その他その保健に必要な措置を講じなければならない。

1 健康の保持増進を図るため
2 健康で文化的な生活のため
3 健全な心身を維持するため
4 心身の健康を増進するため
5 心身の健康度を測るため

(5) 次の文章は，学校教育法第81条である。文中の(A)～(C)に入る語句の正しい組合せを，以下の1～5のうちから一つ選べ。

> 第81条　幼稚園，小学校，中学校，義務教育学校，高等学校及び中等教育学校においては，次項各号のいずれかに該当する幼児，児童及び生徒その他教育上特別の支援を必要とする幼児，児童及び生徒に対し，文部科学大臣の定めるところにより，障害による学習上又は生活上の困難を克服するための教育を行うものとする。
>
> ② 小学校，中学校，義務教育学校，高等学校及び中等教育学校には，次の各号のいずれかに該当する児童及び生徒のために，特別支援学級を置くことができる。
>
> 一 (A)
>
> 二 (B)

三　(　C　)
四　弱視者
五　難聴者
六　その他障害のある者で，特別支援学級において教育を行うことが適当なもの
③　前項に規定する学校においては，疾病により療養中の児童及び生徒に対して，特別支援学級を設け，又は教員を派遣して，教育を行うことができる。

	A	B	C
1	知的障害者	肢体不自由者	学習障害者
2	知的障害者	精神障害者	学習障害者
3	知的障害者	肢体不自由者	身体虚弱者
4	発達障害者	精神障害者	学習障害者
5	発達障害者	肢体不自由者	身体虚弱者

(6)　次の文は，児童福祉法第4条の一部である。文中の(　　)に入る語句として正しいものを，以下の1～5のうちから一つ選べ。

第4条　この法律で，児童とは，(　　)をいい，児童を左のように分ける。

1　満12歳以下の者
2　満15歳に満たない者
3　満15歳以下の者
4　満18歳に満たない者
5　満18歳以下の者

(7)　次の文章は，教科書の発行に関する臨時措置法第2条第1項である。文中の(　A　)～(　C　)に入る語句の正しい組合せを，以下の1～5のうちから一つ選べ。

> 第2条　この法律において「教科書」とは，小学校，中学校，義務教育学校，高等学校，中等教育学校及びこれらに準ずる学校において，教育課程の構成に応じて組織排列された教科の(　A　)として，教授の用に供せられる児童又は生徒用図書であって，文部科学大臣の(　B　)を経たもの又は文部科学省が著作の(　C　)を有するものをいう。

	A	B	C
1	中心的教材	認可	名義
2	中心的教材	検定	権利
3	主たる教材	検定	名義
4	主たる教材	認可	権利
5	主たる教材	検定	権利

(8)　次の文章は，発達障害者支援法第2条の2である。文中の(　A　)～(　C　)に入る語句の正しい組合せを，以下の1～5のうちから一つ選べ。

> 第2条の2　発達障害者の支援は，全ての発達障害者が(　A　)が確保されること及びどこで誰と生活するかについての選択の機会が確保され，地域社会において他の人々と共生することを妨げられないことを旨として，行われなければならない。
>
> 2　発達障害者の支援は，(　B　)の除去に資することを旨として，行われなければならない。
>
> 3　発達障害者の支援は，個々の発達障害者の性別，年齢，障害の状態及び生活の実態に応じて，かつ，医療，保健，福祉，教育，労働等に関する業務を行う関係機関及び民間団体相互の緊密な連携の下に，その(　C　)の支援に配慮しつつ，切れ目なく行われなければならない。

	A	B	C
1	社会参加の機会	生活上の差別	社会生活
2	社会参加の機会	社会的障壁	意思決定

3	教育を受ける機会	社会的障壁	社会生活
4	教育を受ける機会	社会的障壁	意思決定
5	教育を受ける機会	生活上の差別	意思決定

(9) 次の文章は，こども基本法第1条である。文中の(A)～(C)に入る語句の正しい組合せを，以下の1～5のうちから一つ選べ。

> 第1条 この法律は，日本国憲法及び(A)の精神にのっとり，次代の社会を担う全てのこどもが，生涯にわたる人格形成の基礎を築き，自立した個人としてひとしく健やかに成長することができ，心身の状況，置かれている環境等にかかわらず，その権利の擁護が図られ，将来にわたって幸福な生活を送ることができる社会の実現を目指して，社会全体としてこども施策に取り組むことができるよう，こども施策に関し，(B)を定め，国の責務等を明らかにし，及びこども施策の基本となる事項を定めるとともに，(C)を設置すること等により，こども施策を総合的に推進することを目的とする。

	A	B	C
1	教育基本法	政策目標	こども政策推進会議
2	教育基本法	基本理念	こども育成会議
3	児童の権利に関する条約	政策目標	こども育成会議
4	児童の権利に関する条約	基本理念	こども政策推進会議
5	児童の権利に関する条約	基本理念	こども育成会議

(10) 次の文章は，いじめ防止対策推進法第2条である。文中の(A)～(C)に入る語句の正しい組合せを，以下の1～5のうちから一つ選べ。

> (定義)
> 第2条 この法律において「いじめ」とは，児童等に対して，当該児童等が在籍する学校に在籍している等当該児童等と一定の人的関係にある他の児童等が行う心理的又は(A)

な影響を与える行為(インターネットを通じて行われるものを含む。)であって，当該行為の対象となった児童等が心身の(　B　)を感じているものをいう。

2　この法律において「学校」とは，学校教育法(昭和22年法律第26号)第1条に規定する小学校，中学校，義務教育学校，高等学校，中等教育学校及び特別支援学校(幼稚部を除く。)をいう。

3　この法律において「児童等」とは，学校に在籍する児童又は生徒をいう。

4　この法律において「保護者」とは，親権を行う者(親権を行う者のないときは，(　C　))をいう。

	A	B	C
1	身体的	苦痛	未成年後見人
2	身体的	悩み	身上監護者
3	物理的	悩み	身上監護者
4	物理的	苦痛	身上監護者
5	物理的	苦痛	未成年後見人

(11)　次の文章は，教育公務員特例法第21条である。文中の(　A　)～(　C　)に入る語句の正しい組合せを，以下の1～5のうちから一つ選べ。

第21条　教育公務員は，その(　A　)を遂行するために，絶えず研究と(　B　)に努めなければならない。

2　教育公務員の研修実施者は，教育公務員(公立の小学校等の校長及び教員(臨時的に任用された者その他の政令で定める者を除く。以下この章において同じ。)を除く。)の研修について，それに要する施設，研修を(　C　)するための方途その他研修に関する計画を樹立し，その実施に努めなければならない。

	A	B	C
1	職責	修養	奨励
2	職責	研鑽	遂行
3	業務	修養	遂行
4	業務	研鑽	奨励
5	業務	修養	奨励

(12) 次の文は，生涯学習の振興のための施策の推進体制等の整備に関する法律第3条に定められた，都道府県教育委員会が行う生涯学習の振興に資するための事業からのものである。事業として示されていないものを，次の1～5のうちから一つ選べ。

1 学校教育及び社会教育に係る学習並びに文化活動の機会に関する情報を収集し，整理し，及び提供すること。

2 地域住民の学習意欲を促し，受講者を増やすための広報・宣伝活動を行うこと。

3 地域の実情に即した学習の方法の開発を行うこと。

4 住民の学習に関する指導者及び助言者に対する研修を行うこと。

5 地域における学校教育，社会教育及び文化に関する機関及び団体に対し，これらの機関及び団体相互の連携に関し，照会及び相談に応じ，並びに助言その他の援助を行うこと。

2024年度 大分県 難易度

【21】次の文は，諸法令条文の一部である。文中の下線部a～dについて，正しいものを○，誤っているものを×としたとき，正しい組合せはどれか。以下の1～6から1つ選べ。

地方公務員法(昭和25年法律第261号)

第27条 全て職員の分限及び懲戒については，a<u>厳格</u>でなければならない。

教育公務員特例法(昭和24年法律第1号)

第12条 公立の小学校，中学校，義務教育学校，高等学校，中等教育学校，特別支援学校，幼稚園及び幼保連携型認定こども園(以下「小学校等」という。)の教諭，助教諭，保育教諭，助保育教諭及び講師(以下「教諭等」という。)に係る地方公務員法第22条に規定する採用については，同条中「6月」とあるのは「b1年」として同条の規定を適用する。

学校教育の情報化の推進に関する法律(令和元年法律第47号)

第3条　学校教育の情報化の推進は，情報通信技術の特性を生かして，個々の児童生徒の能力，特性等に応じた教育，双方向性のある教育(児童生徒の主体的な学習を促す教育をいう。)等が学校の教員による適切な指導を通じて行われることにより，各教科等の指導等において，情報及び情報手段を主体的に選択し，及びこれを活用する能力のc体系的な育成その他の知識及び技能の習得等(心身の発達に応じて，基礎的な知識及び技能を習得させるとともに，これらを活用して課題を解決するために必要な思考力，判断力，表現力その他の能力を育み，主体的に学習に取り組む態度を養うことをいう。)が効果的に図られるよう行われなければならない。

教育職員等による児童生徒性暴力等の防止等に関する法律(令和3年法律第57号)

第10条　教育職員等は，基本理念にのっとり，児童生徒性暴力等を行うことがないよう教育職員等としてのd誇りの形成を図るとともに，その勤務する学校に在籍する児童生徒等が教育職員等による児童生徒性暴力等を受けたと思われるときは，適切かつ迅速にこれに対処する責務を有する。

1　a－○　b－×　c－×　d－○
2　a－○　b－○　c－○　d－×
3　a－×　b－○　c－×　d－○
4　a－×　b－×　c－×　d－○
5　a－×　b－○　c－○　d－×
6　a－○　b－×　c－○　d－×

2024年度　奈良県　難易度

【22】次の(1)～(3)の各問いに答えよ。

(1)　次の文は，学校教育法の条文である。以下のア，イの各問いに答えよ。

> 学校教育法
>
> 第72条　特別支援学校は，視覚障害者，聴覚障害者，知的障害者，肢体不自由者又は病弱者(身体虚弱者を含む。以下同じ。)に対して，幼稚園，小学校，中学校又は高等学校に準ずる教育を施すとともに，障害による(　①　)上又は生活上の困難を克服し(　②　)を図るために必要な知識技能を授けることを目的とする。

ア　(　①　)に入る適切な語句を次の語群から選び，記号で答えよ。
　語群　1　発達　　2　学習　　3　社会　　4　運動

イ　(　②　)に入る適切な語句を次の語群から選び，記号で答えよ。
　語群　1　自活　　2　独立　　3　自立　　4　自営

(2)　次の文は，令和4年に改正された障害を理由とする差別の解消の推進に関する法律の条文である。以下のア，イの各問いに答えよ。

> 障害を理由とする差別の解消の推進に関する法律
>
> 第7条
>
> 2　行政機関等は，その事務又は事業を行うに当たり，障害者から現に(　①　)の除去を必要としている旨の意思の表明があった場合において，その実施に伴う負担が過重でないときは，障害者の権利利益を侵害することとならないよう，当該障害者の性別，年齢及び障害の状態に応じて，(　①　)の除去の実施について必要かつ(　②　)をしなければならない。

ア　(　①　)に入る適切な語句を次の語群から選び，記号で答えよ。
　語群　1　社会的困難　　2　社会的不安　　3　社会的障壁
　　　　4　心身の負荷

イ　(　②　)に入る適切な語句を次の語群から選び，記号で答えよ。
　語群　1　支援的な配慮　　2　支援的な対応
　　　　3　合理的な対応　　4　合理的な配慮

(3)　文部科学省は，平成29年3月に公表した「発達障害を含む障害のある幼児児童生徒に対する教育支援体制整備ガイドライン」において，各学校に対して特別支援教育に関する委員会(校内委員会)の設置を求めるとともに，その役割を定めている。この校内委員会の役割として適切でないものはどれか。次の語群から選び，記号で答えよ。

語群　1　児童等の障害の有無の判断
　　　2　児童等の教育的ニーズの把握
　　　3　児童等に対する支援内容の検討
　　　4　校内研修計画の企画・立案

▌2024年度 ▌山口県 ▌難易度

【23】次の(1)～(3)は，法規の条文の一部である。法規名を，以下のア～ケからそれぞれ一つ選べ。

(1)　法律に定める学校の教員は，自己の崇高な使命を深く自覚し，絶えず研究と修養に励み，その職責の遂行に努めなければならない。

(2)　公立の小学校等の校長及び教員の任命権者は，文部科学省令で定めるところにより，当該校長及び教員ごとに，研修の受講その他の当該校長及び教員の資質の向上のための取組の状況に関する記録(以下この条及び次条第2項において「研修等に関する記録」という。)を作成しなければならない。

(3)　職員は，職務上知り得た秘密を漏らしてはならない。その職を退いた後も，また，同様とする。

ア．日本国憲法　　　　イ．教育基本法
ウ．学校教育法　　　　エ．地方公務員法
オ．社会教育法　　　　カ．教育公務員特例法
キ．学校保健安全法　　ク．学校教育法施行令
ケ．学校教育法施行規則

▌2024年度 ▌山梨県 ▌難易度

【24】次の各条文の□に当てはまる語句を，それぞれ以下の選択肢から1つ選び，番号で答えなさい。

(1)　学校においては，別に法律で定めるところにより，幼児，児童，生徒及び学生並びに職員の健康の保持増進を図るため，健康診断を行い，その他その保健に必要な措置を講じなければならない。

〔[ ]第12条)〕

1 学校保健安全法　2 学校保健安全法施行令
3 学校保健安全法施行規則　4 学校教育法
5 学校教育法施行規則

(2) 保健主事は，校長の監督を受け，小学校における保健に関する事項の[ ]に当たる。〔学校教育法施行規則第45条第4項〕

1 業務　2 管理　3 対処　4 指導　5 事務

(3) 養護教諭その他の職員は，相互に連携して，健康相談又は児童生徒等の健康状態の日常的な[ ]により，児童生徒等の心身の状況を把握し，健康上の問題があると認めるときは，遅滞なく，当該児童生徒等に対して必要な指導を行うとともに，必要に応じ，その保護者(学校教育法第16条に規定する保護者をいう。第24条及び第30条において同じ。)に対して必要な助言を行うものとする。〔学校保健安全法第9条〕

1 聞き取り　2 観察　3 情報提供　4 記録　5 確認

(4) 学校においては，救急処置，健康相談又は保健指導を行うに当たつては，[ ]，当該学校の所在する地域の医療機関その他の関係機関との連携を図るよう努めるものとする。〔学校保健安全法第10条〕

1 必要に応じ　2 法令で定めるところにより
3 校長の監督のもと　4 毎年定期に
5 学校の設置者の定めるところにより

(5) 学校においては，前条の健康診断の結果に基づき，疾病の予防処置を行い，又は治療を指示し，並びに運動及び[ ]を軽減する等適切な措置をとらなければならない。〔学校保健安全法第14条〕

1 業務　2 学習　3 活動　4 作業　5 食事

2024年度　宮崎県　難易度

【25】次の文章は，学校教育法(昭和22年法律第26号)，地方教育行政の組織及び運営に関する法律(昭和31年法律第162号)及び教育公務員特例法(昭和24年法律第1号)の条文の一部である。下線部A～Eについて，正しいものを○，誤っているものを×としたとき，その組合せとして正

しいものはどれか。

○学校教育法

第9条　次の各号のいずれかに該当する者は，校長又は教員となることができない。

三　教育職員免許法第11条第1項から第3項までの規定により免許状取上げの処分を受け，A五年を経過しない者

四　日本国憲法施行の日以後において，日本国憲法又はその下に成立したB政府を暴力で破壊することを主張する政党その他の団体を結成し，又はこれに加入した者

○地方教育行政の組織及び運営に関する法律

第39条　市町村立学校職員給与負担法第1条及び第2条に規定する学校の校長は，所属の県費負担教職員の任免その他の進退に関する意見をC都道府県委員会に申し出ることができる。

第43条

3　県費負担教職員の任免，D分限又は懲戒に関して，地方公務員法の規定により条例で定めるものとされている事項は，都道府県の条例で定める。

○教育公務員特例法

第25条　公立の小学校等の教諭等の任命権者は，児童，生徒又は幼児(以下「児童等」という。)に対する指導が不適切であると認定した教諭等に対して，その能力，E適性等に応じて，当該指導の改善を図るために必要な事項に関する研修(以下「指導改善研修」という。)を実施しなければならない。

	A	B	C	D	E
1.	○	×	○	○	×
2.	○	○	○	×	×
3.	×	×	○	×	○
4.	×	○	×	×	○
5.	×	○	×	○	○

▌2024年度▌岡山県▌難易度■■■■□□

【26】次のA～Cは，それぞれ，ある法律等の条文の一部抜粋である。以下の問に答えよ。

A	第33条　職員は，その職の(　①　)を傷つけ，又は職員の職全体の不名誉となるような行為をしてはならない。
B	第3条　こども施策は，次に掲げる事項を基本理念として行われなければならない。 一　全てのこどもについて，個人として尊重され，その(　②　)が保障されるとともに，差別的取扱いを受けることがないようにすること。
C	第26条　すべて国民は，法律の定めるところにより，その能力に応じて，ひとしく(　③　)を受ける権利を有する。

問1　(　①　)～(　③　)に入る語句として正しいものを，次のア～クからそれぞれ一つずつ選び，記号で答えよ。

ア　信頼　　イ　教育　　ウ　支援　　エ　学問
オ　福祉　　カ　基本的人権　　キ　信用　　ク　社会的活動

問2　A～Cが規定されている法律等の名称として正しいものを，次のア～カからそれぞれ一つずつ選び，記号で答えよ。

ア　日本国憲法　　イ　教育基本法
ウ　学校教育法　　エ　地方公務員法
オ　こども基本法　　カ　いじめ防止対策推進法

▌2024年度 ▌鹿児島県 ▌難易度

【27】次のア～オの中で，法令の条文(一部抜粋)として下線部の正しいものはいくつありますか。

ア　第19条　小学校，中学校，義務教育学校，中等教育学校及び特別支援学校の校長は，常に，その学校に在学する学齢児童又は学齢生徒の<u>出席状況</u>を明らかにしておかなければならない。(学校教育法施行令)

イ　第24条　<u>校長</u>は，その学校に在学する児童等の指導要録を作成しなければならない。(学校教育法施行規則)

ウ　第30条　すべて職員は，全体の<u>奉仕者</u>として公共の利益のために

勤務し，且つ，職務の遂行に当つては，全力を挙げてこれに専念しなければならない。(地方公務員法)

エ　第34条　職員は，職務上知り得た<u>情報</u>を漏らしてはならない。その職を退いた後も，また，同様とする。(地方公務員法)

オ　第57条　小学校において，各学年の課程の<u>修了</u>又は卒業を認めるに当たつては，児童の平素の成績を評価して，これを定めなければならない。(学校教育法施行規則)

①　1つ　　②　2つ　　③　3つ　　④　4つ　　⑤　5つ

2024年度　長野県　難易度

【28】次の［　　］内のⅠ～Ⅴは，現在施行されている法令の条文からそれぞれ引用したものである。これらを読んで，以下の(1)～(5)の問いに答えよ。

Ⅰ　すべて国民は，法律の定めるところにより，その能力に応じて，ひとしく教育を受ける権利を有する。

2　すべて国民は，法律の定めるところにより，その保護する子女に(　　)を負ふ。義務教育は，これを無償とする。

【日本国憲法】

Ⅱ　良識ある公民として必要な(　X　)は，教育上尊重されなければならない。

2　法律に定める学校は，特定の政党を支持し，又はこれに反対するための(　Y　)その他(　Z　)をしてはならない。

【教育基本法】

Ⅲ　学校には，校長及び相当数の教員を置かなければならない。

【学校教育法】

Ⅳ　学校においては，児童生徒等及び職員の心身の健康の保持増進を図るため，児童生徒等及び職員の健康診断，環境衛生検査，児童生徒等に対する指導その他保健に関する事項について計画を策定し，これを実施しなければならない。

【学校保健安全法】

Ⅴ　学校その他の教育機関(営利を目的として設置されているものを除く。)において教育を担任する者及び授業を受ける者は，その授業の過程における利用に供することを目的とする場合には，その必要と認められる限度において，公表された著作物を複製し，若しくは公衆送信(自動公衆送信の場合にあつては，送信可能化を含む。以下この条において同じ。)を行い，又は公表された著作物であつて公衆送信されるものを受信装置を用いて公に伝達することができる。ただし，当該著作物の種類及び用途並びに当該複製の部数及び当該複製，公衆送信又は伝達の態様に照らし著作権者の利益を不当に害することとなる場合は，この限りでない。

【著作権法】

(1)　Ⅰの条文は，日本国憲法第26条を示そうとしたものである。文中の(　　)内にあてはまる語句は何か。次の①～④から一つ選んで，その番号を書け。

①　普通教育を受けさせる責任　　②　普通教育を受けさせる義務
③　義務教育を受けさせる責任　　④　義務教育を受けさせる義務

(2)　Ⅱの条文は，教育基本法第14条を示そうとしたものである。文中のX，Y，Zの(　　)内にあてはまる語句の組合せとして正しいものは，次の①～④のうちのどれか。一つ選んで，その番号を書け。

①　X－政治教育　　Y－政治的教養　　Z－政治的活動
②　X－政治的教養　　Y－政治教育　　Z－政治的活動
③　X－政治教育　　Y－政治的活動　　Z－政治的教養
④　X－政治的教養　　Y－政治的活動　　Z－政治教育

(3)　Ⅲの条文は，学校教育法第7条を示したものであり，学校にはさまざまな職務を担う教職員が置かれている。次の①～④の文のうち，それぞれの職務について正しく述べたものはどれか。一つ選んで，その番号を書け。

①　教務主任は，校長の監督を受け，教育計画の立案その他の教務に関する事項について連絡調整及び指導，助言に当たる職務を担っており，その職には教諭を充て，指導教諭を充てることはできない。

②　進路指導主事は，高等学校のみに置かれ，校長の監督を受け，

生徒の職業選択の指導その他の進路の指導に関する事項をつかさどり，当該事項について連絡調整及び指導，助言に当たる。

③ 学科主任は，すべての高等学校に置かれ，校長の監督を受け，生徒指導に関する事項をつかさどり，当該事項について連絡調整及び指導，助言に当たる。

④ 保健主事は，校長の監督を受け，保健に関する事項の管理に当たり，指導教諭，教諭又は養護教諭を充てることができる。

(4) Ⅳの条文は，学校保健安全法第5条を示したものであり，学校保健計画について規定している。次の①～④の文のうち，健康診断に関する記述として誤っているものはどれか。一つ選んで，その番号を書け。

① 健康診断は，毎学年，4月30日までに行わなければならない。

② 校長は，児童生徒が進学した場合においては，当該児童生徒の健康診断票を進学先の校長に送付しなければならない。

③ 校長は，児童生徒が転学した場合においては，当該児童生徒の健康診断票を転学先の校長に送付しなければならない。

④ 児童生徒の健康診断票は，5年間保存しなければならない。

(5) Ⅴの条文は，著作権法第35条第1項を示したものである。次のA～Dの文のうち，著作権法において学校における例外措置として著作権者の了解(許諾)を得ることなく一定の範囲で利用できる場合について正しく述べたものはどれとどれか。その組合せとして適切なものを，以下の①～④から一つ選んで，その番号を書け。

A 修学旅行の引率を行う教員が，修学旅行で使う資料の参考資料として，教員自身が個人で所有するすでに公表された市販のいくつかの旅行ガイドブックから名所・旧跡の記事を集めて簡易製本し，修学旅行に参加する児童生徒に配布する場合

B 児童生徒が，授業における「調べ学習」の発表用資料の中で，自分の考えを記述するにあたり，すでに公表された書籍の文章の一部分を引用し，かつその書籍の題名，著作者名などの出所を明示して，自らの考えを補強する場合

C 教員が，児童生徒に購入させていない市販されているドリルなどの教材をスキャンして電子ファイルにして，児童生徒に試験問

題として，インターネットなどによって送信する場合

D　学校の学芸会や文化祭で，ブラスバンド部が営利を目的とせず，かつ聴衆から鑑賞のための料金を受け取らず，さらに演奏する児童生徒に報酬が支払われないで，すでに公表された他人の作品を演奏する場合

①　AとB　　②　AとC　　③　BとD　　④　CとD

2024年度　香川県　難易度

解答・解説

【1】a　③　　b　①　　c　④　　d　②　　e　③

○**解説**○　a　1つ目の条文は日本国憲法第26条第1項で，すべての国民に教育を受ける権利を保障したものである。その同条第2項では，国民に対してその保護する子女に教育を受けさせる義務を課している。また，義務教育は無償であることを定めている。　b　教育基本法第5条は義務教育を定め，その第1項で，日本国憲法第26条第2項で定めた「保護する子女に普通教育を受けさせる義務」を，改めて示している。　c　3つ目の条文は，地方公務員法第34条第1項である。身分上の義務の一つである「秘密を守る義務」についての規定である。　d　4つ目の条文は，学校教育法第6条である。日本国憲法第26条第2項は義務教育の無償，これを受けた教育基本法第5条第4項は「国又は地方公共団体の設置する学校における義務教育については，授業料を徴収しない」と規定している。これらの条文を受けて，授業料についての詳細を規定している。　e　5つ目の条文は，教育職員等による児童生徒性暴力等の防止等に関する法律第1条で，この法律の「目的」を定めた規定である。この法律は，児童生徒に対する強制的なわいせつ行為といった教員の不祥事が後を絶たないために，令和3(2021)年6月に公布され，令和4(2022)年4月より施行されている。

【2】ア F　イ G　ウ I　エ A　オ J

○解説○ いずれも頻出条文であるので，確実に正答できるよう整理しておきたい。　ア　学校保健安全法第20条は感染症予防のための臨時休業を定めた条文で，学校の設置者が主体であることが頻出である。　イ　教育公務員特例法第22条第2項は，いわゆる承認研修の規定であり，特にその研修は本属長(校長がこれに該当)の承認を受けることと，授業に支障のない場合に可能である点が頻出である。　ウ　日本国憲法第26条第2項，教育基本法第5条第1項及び学校教育法第16条を受けて保護者は保護する子についての就学義務を負うが，学校教育法第17条はその義務を負う期間を具体的に定めた規定である。　エ　地方公務員法第35条は職務上の義務のひとつである職務専念義務を定めた規定であり，勤務時間及び職務上の注意力のすべてをその職務遂行のために用いなければならないことが頻出である。　オ　教育基本法第3条は生涯学習の理念に関する条文である。

【3】イ

○解説○ ①　日本国憲法第14条第1項である。　②　教育基本法第1条である。「教育の目的」を規定している。　③　学校教育法第1条である。学校教育における「学校」に関する規定であり，これらの学校を一条校という。　④　学校保健安全法第8条である。　⑤　地方公務員法第30条である。

【4】(1)　4　(2)　3　(3)　職務上　(4)　3

○解説○ (1)　この種の条文では誰が何を定めるのか整理して理解すること。類似の条文としては，授業終始の時刻(学校教育法施行規則第60条)，非常変災等による臨時休業(学校教育法施行規則第63条)，感染症による出席停止(学校保健安全法第19条)，感染症による臨時休業(学校保健安全法第20条)などがある。　(2)　健康相談については同法第8条，第9条も参照すること。健康相談は養護教諭や学校医だけでなく，すべての教職員が行うこともおさえておくとよい。　(3)　守秘義務について規定した地方公務員法の条文である。本条に限らず地方公務員法の服務関係の条文は頻出であるため，条文中の文言等を学習しておくこと。　(4)　教育公務員の研修(研究と修養)について定めた条文である。教育公務員の研修は職責の遂行のために必要不可欠のものと位置づけられていることに注意したい。

【5】問1　2　　問2　3　　問3　2　　問4　4　　問5　1　　問6　1

○解説○　問1　日本国憲法第99条は，憲法尊重擁護の義務を定めている。その主体が公務員に限定され，国民全体ではないことも押さえておきたい。　問2　教育基本法第3条は，生涯学習の理念を定めている。同法には，「豊かな」という語句が第3条以外に，前文に「豊かな人間性」，第2条(教育の目標)に「豊かな情操と道徳心」という表現で用いられている。　問3　学校教育法第11条は校長・教員の懲戒権に関する規定である。「教育上必要があると認めるとき」に教員等が懲戒権を行使しうるとした規定だが，この条項で重要なポイントは，いかなる状況にあっても「体罰を加えることはできない」ということである。
問4　教育公務員特例法第1条は，この法律の趣旨を定めた規定である。教育公務員は地方公務員法の適用をまず受けるが(教育公務員が地方公務員の場合)，教育公務員は一般の公務員とは違う職務等の特殊性があるので，所定の事項につき地方公務員法とは異なる規律をする旨が説明されている。　問5　こども基本法は，令和5(2023)年4月1日から施行されている新法である。出題された第3条はこの法律の「基本理念」を定めている。この第3条と，「目的」を定めている第1条が今後頻出になると思われるので，両条を中心に読み込みたい。　問6　教育職員等による児童生徒性暴力等の防止等に関する法律第10条は，「教育職員等の責務」を定めている。この法律は，児童生徒に対する強制的なわいせつ行為といった教員の不祥事が後を絶たないために，令和3(2021)年6月に公布された法律である。

【6】1　ウ　　2　オ　　3　カ　　4　イ

○解説○　1　学校，家庭及び地域住民等の相互の連携協力を規定した，教育基本法第13条である。この規定によって，学校，家庭，地域間の連携，協力が互いに呼びかけやすくなった一方，「役割と責任を自覚する」とあることで互いの関わりにおける節度を求める理由にもなっている。 2 教育を受ける権利を保障した日本国憲法第26条第2項では，国民はその保護する子に普通教育を受けさせる義務と，義務教育の無償を定めている。第1項と第2項の条文をセットで押さえておく必要がある。 3 地方公務員による信用失墜行為の禁止を規定した地方公務員法第33条である。職務の内外を問わず，職員としての身分を有する限り守らなければならない身分上の義務の一つである。
4 懲戒については，学校教育法第11条では「校長及び教員は，教育上必要があると認めるときは，文部科学大臣の定めるところにより，児童，生徒及び学生に懲戒を加えることができる。ただし，体罰を加えることはできない」と定められ，同法施行規則第26条ではその詳細を規定している。関連した法規としてセットで押さえておく必要がある。

【7】(1) b (2) d (3) b (4) c (5) a (6) c
(7) e (8) e (9) e (10) e

○解説○ (1) 教育基本法第5条は義務教育について定めている。条文中の「普通教育」については，文部科学省が「普通教育とは通例，全国民に共通の，一般的・基礎的な，職業的・専門的でない教育を指すとされ，義務教育と密接な関連を有する概念である」としていることを覚えておきたい。 (2) 学校教育法第42条は，学校評価について規定している。学校評価は，子どもたちがより良い教育を享受できるよう，その教育活動等の成果を検証し，学校運営の改善と発展を目指すための取組である。 (3) 学校教育法施行規則第52条は小学校における教育課程について定めており，これが学習指導要領の法的根拠の一つである。 (4) 学校保健安全法第20条は感染症予防のための臨時休業について定めている。なお，感染症予防のための児童生徒の出席停止は校長の権限である(同法第19条)ので，混同しないように注意すること。
(5) 地方公務員法第30条(服務の根本基準)は地方公務員の職務専念義務を定めたもの。この義務は，地方公務員が勤務時間中に職務を遂行する上で守るべき職務上の義務の一つである。 (6) 教育公務員特例法第23条第1項は，初任者研修実施の法的根拠である。 (7)～(10)の条文は，それぞれの法律の基本理念を定めた部分である。 (7)の教育職員等による児童生徒性暴力等の防止等に関する法律は2021年に公布されたもの，(8)のこども基本法は2023年4月に施行されたもので，双方とも比較的新しい法律である。(9)のいじめ防止対策推進法は2013年に制定されたもので，制定からかなり年数が経過しているが，いまだにいじめ問題は大きな教育課題であり，出題が多い。(10)の義務教育の段階における普通教育に相当する教育の機会の確保等に関する法律は2017年2月に施行された議員立法による法律。

【8】1 a ③ b ③ c ① 2 ⑥ 3 ③ 4 ④

○**解説**○ 1 日本国憲法第13条は個人の尊重と公共の福祉，教育基本法第3条は生涯学習の理念，同法第5条第2項は義務教育として行われる普通教育の目的について定めている。 2 学校教育法第21条は教育基本法第5条第2項の規定を受け，義務教育として行われる普通教育の目標を定めている。 3 教育公務員特例法は，教育公務員の職務とその責任の特殊性に基づき，その任免・分限・懲戒・服務などについて地方公務員法に対する特例を規定する法律であり，公立学校教員に適用される。 4 学校教育の情報化の推進に関する法律は，全ての児童生徒がその状況に応じて効果的に教育を受けることができる環境の整備を図るため制定されたもの(令和元年6月28日施行)。同法第3条はその基本理念を定めている。

【9】(1) ① 体罰 (2) ア i イ f ウ b エ e
(3) 教育基本法

○**解説**○ (1) Aの条文は学校教育法第11条で，校長及び教員に児童生徒等に対する懲戒権を認め，体罰を禁止している。 (2) ア Bは地方公務員法第31条で，公立学校職員を含む地方公務員に対して服務の宣誓を課している。地方公務員には，職務上の義務と身分上の義務があり，この第31条は職務上の義務の一つである。 イ Cは学校保健安全法第20条で，感染症予防のための臨時休業の権限を学校の設置者に与えている。感染症における出席停止の権限を校長に与えた同法第19条と，区別して覚えておく必要がある。 ウ Dは学校教育法第74条で，特別支援学校が小学校，中学校，高等学校等の要請に応じて必要な助言又は援助を行うという「センター的機能」を果たす法的根拠である。　エ　Eは医療的ケア児及びその家族に対する支援に関する法律第7条で，学校の設置者は在籍する医療的ケア児に対して適切な支援を行う責務を定めている。　(3)　Fは教育基本法第9条第1項で，教員について定めている。

【10】(1)　良心　　(2)　1　　(3)　4　　(4)　4

○**解説**○ (1)　ここでいう「思想及び良心」とは個人が内面にもつものさしのようなもので，主義・主張，倫理的判断基準を指すとしている。「思想」と「良心」それぞれに意味はあるが，まとめて覚えておくほうがよいだろう。　(2)　教育基本法第13条は学校，家庭及び地域住民等の相互の連携協力について定めている。教育においては学校や家庭だけでなく，地域住民等にも有責性があり，それぞれが連携・協力を進めることを想定していることをおさえておきたい。なお，誤肢である「使命」は同法第9条で使われているので混同に注意しよう。

(3)　問題にある「学習及び健康の状況を記録した書類」がヒントになるだろう。出題は第1項であるが，進学・転学の際の手続きについて示した第2項，第3項，及び保存期間について定めた同法第28条第2項も確認しておくこと。　(4)　こども基本法は，こども施策を総合的に推進するために2022年6月に成立した法律である。本法は出題された条文以外でも出題される可能性が高いことから，全体的に学習を進めておくことが望ましい。

【11】(1)　③　　(2)　⑤　　(3)　①　　(4)　⑨　　(5)　⑦　　(6)　⑧

○**解説**○ (1)　宗教教育について定めた教育基本法第15条第2項である。

(2)　学校教育法施行規則第78条の2である。「部活動指導員」は，中学校・高等学校等において，校長の監督を受け，部活動の技術指導や大会への引率等を行うことを職務とする。2017(平成29)年の改正学校教育法施行規則施行により制度化された。　(3)　教育を受ける権利を保障した日本国憲法第26条第1項である。　(4)　信用失墜行為の禁止を定めた地方公務員法第33条で，これは勤務時間内外を問わず守らなければならない地方公務員の身分上の義務である。　(5)　研修について定めた教育公務員特例法第21条第1項である。　(6)　学校等の役割を定めた，くまもと家庭教育支援条例第7条である。熊本県はこの条例に基づき，家庭教育を支援し，子どもの健やかな成長に喜びを実感できる熊本の実現に努めている。

【12】問1　1　⑪　　2　⑨　　3　⑩　　4　③　　問2　正答なし

○解説○　問1　(1)　教育基本法第9条は教員について定めている。教育公務員特例法第21条(「教育公務員は，その職責を遂行するために，絶えず研究と修養に努めなければならない」)と似ているので注意。

(2)　地方公務員法は公立学校教員に適用され，その第35条は地方公務員の職務上の義務として，職務専念義務を定めている。　(3)　文部省令である学校教育法施行規則第43条は公務分掌について定めている。

(4)　学校教育法は日本の学校制度について定めた法律で，同法第12条は幼児，児童，生徒，学生及び職員の健康診断実施義務を定めている。児童生徒等については，さらに学校保健安全法第13条で毎学年定期の健康診断の実施が定められている。　問2　教育公務員特例法は令和5(2023)年4月1日に改正・施行されたが，Aの教育公務員特例法の条文は改正前のものである。よって，Aは条文そのものが誤りとなってしまい(下線部の「一年間」は正しいが)，正答はない。改正後の第23条第1項の条文は次の通り。「公立の小学校等の教諭等の研修実施者は，当該教諭等(臨時的に任用された者その他の政令で定める者を除く。)に対して，その採用(現に教諭等の職以外の職に任命されている者を教諭等の職に任命する場合を含む。)の日から一年間の教諭又は保育教諭の職務の遂行に必要な事項に関する実践的な研修(次項において「初任者研修」という。)を実施しなければならない」。同法におけるその他の改正箇所の詳細については，「教育公務員特例法及び教育職員免許法の一部を改正する法律等の施行について(通知)」(令和4年6月21日　文部科学省)を参照のこと。なお，本問のほかの選択肢については，Bの教育職員免許法第4条は正しい。Cの学校保健安全法第20条は「校長」ではなく「学校の設置者」，Dの教育職員等による児童生徒性暴力等の防止等に関する法律第10条は「責任感」ではなく「倫理」，Eの同法第13条の「校長」は「国及び地方公共団体」の誤りである。

【13】(1)　(カ)　(2)　(ア)　(3)　(ウ)　(4)　(ク)　(5)　(エ)

○**解説**○ (1)　学校教育法施行規則第49条第1項の条文である。学校評議員制度とは，校長が必要に応じて学校運営に関する保護者や地域住民の意向を聞くための制度である。　(2)　義務教育について定めた日本国憲法第26条第2項である。本条については，国民に教育を受ける権利を保障した第1項も重要であるので，あわせて学習しておくこと。(3)　校長・教員の懲戒権及び体罰の禁止を定めた学校教育法第11条である。　(4)　保健室の設置について規定した学校保健安全法第7条である。　(5)　服務の根本基準について規定した地方公務員法第30条である。

【14】(1)　3　(2)　3　(3)　2　(4)　1　(5)　4　(6)　1
(7)　1　(8)　5　(9)　5　(10)　1　(11)　2　(12)　2

○**解説**○ (1)　日本国憲法第15条第1項は公務員の選定罷免権を定めている。わが国は「国民主権」国家であることを確認したい。　(2)　教育基本法第14条は政治教育について定めている。第1項の「政治的教養」も今後出題される可能性があるので，おさえておくこと。　(3)　公立学校の教員は，主に都道府県(地方)公務員に該当するため，地方公務員法が適用される。また，教員は業務の特殊性から教育公務員特例法も適用されることに注意したい。本条文は日本国憲法第15条第2項とあわせておさえておきたい。　(4)　教育公務員特例法は教員における任免・分限・懲戒・服務などについて定めた法律で，地方公務員法と本法で矛盾が生じた場合は本法が優先される。第22条など研修に関する条文は特に頻出なので，十分に学習しておくこと。　(5)　学校教育法第42～43条は学校評価に関する規定であり，第42条は学校評価に関する根拠となる規定，第43条は学校の積極的な情報提供についての規定と位置づけている。　(6)　学校における役割は学校教育法第37条とあわせて学習すること。誤肢である副校長，教頭，指導教諭については学校教育法第37条に示されている。　(7)　こども基本法は日本国憲法および児童の権利に関する条約に則り，こども施策を社会全体で推進していくための基本法として，令和4年6月成立，令和5年4月に施行された法律である。第3条は基本理念に関する条文で，基本理念は6つで構成されている。今後も出題される可能性があるので，十分に学習しておきたい。　(8)　子どもの貧困対策の推進に関する法律を受け，平成26年8月に「子供の貧困対策に関する大綱」が閣議決定され，内閣府，文部科学省，厚生労働省などの関係省庁が連携して総合的に子どもの貧困対策に取り組んできた。現在では令和5年4月に設置されたこども家庭庁がそれを引き継ぎ，こどもの貧困の解消に向けて社会全体で取り組むため，企業やNPO等の団体を結びつけ，国や自治体が行う施策を促進させる「こどもの未来応援国民運動」などの取り組みを進めている。　(9)　本条文は，基本理念関する事項で第5項まである。なお，児童生徒性暴力等を行ったことにより免許状が失効等した者については，その後の事情から再免許を授与するのが適当である場合に限り，再免許を授与することができるとしていることも知っておくとよい。　(10)　いじめ防止対策推進法第3条は基本理念に関する条文。基本理念などはどの法令でも重要なので，十分に学習したい。なお，「令和3年度 児童生徒の問題行動・不登校等生徒指導上の諸課題に関する調査結果」によると，2021年度における宮崎県のいじめ認知件数は9,509件(国公私立　前年度比1311件減)で，6年ぶりに1万件を下回ったが，千人当たりの認知件数は78.2件(全国平均47.7件)で全国6番目の多さであった。　(11)　学校教育の情報化の推進に関する法律は情報通信技術の活用により，全ての児童生徒がその状況に応じて効果的に教育を受けることができる環境の整備を図るために制定された。基本理念ではデジタル教材以外の教材を活用した学習，体験学習等と適切に組み合わせること，全ての児童生徒が等しく学校教育の情報化の恵沢を享受し，もって教育の機会均等が図られること，等が示されている。
(12)　本法では基本理念に不登校の児童生徒に関するものが2つ(「不登校児童生徒が行う多様な学習活動の実情を踏まえ，個々の不登校児童生徒の状況に応じた必要な支援が行われるようにすること」，「不登校児童生徒が安心して教育を十分に受けられるよう，学校における環境の整備が図られるようにすること」)掲げられていることにも注意したい。

【15】(1) ⑦ (2) ③ (3) ① (4) ② (5) ⑧ (6) ⑥

○**解説**○ (1) 研修の機会について定めた教育公務員特例法第22条第2項である。 (2) 校長及び教員に懲戒権を認め，体罰を禁止した学校教育法第11条である。 (3) 幸福追求権を保障した日本国憲法第13条で，「知る権利」などの新しい人権の法的根拠でもある。 (4) 教員について定めた教育基本法第9条第1項である。 (5) 感染症予防のための臨時休業について定めた学校保健安全法第20条である。 (6) 地方公務員の職務専念義務を定めた地方公務員法第30条である。なお，この職務専念義務は職務上の義務であり，地方公務員が勤務時間中に職務を遂行する上で守るべき義務である。

【16】(1) ④ (2) ② (3) ⑤ (4) ① (5) ② (6) ④

○**解説**○ (1) 教育基本法第1条は教育の目的を定めている。同法は，教育を受ける権利を国民に保障した日本国憲法に基づき，日本の公教育の在り方を全般的に規定する法律で，法の基調をなしている主義と理想とを宣言する前文と18の条文から構成されている。 (2) 地方教育行政の組織及び運営に関する法律(地教行法) は，1956(昭和31)年に制定されたもので，教育委員会の設置，市町村立学校の教職員の身分，学校運営協議会の設置などの地方公共団体の教育行政の基本について規定している。出題の第1条の2は，同法の基本理念を定めたもの。

(3) 学校教育法施行規則は文部科学省令であり，法律である学校教育法，政令である同施行令を受け，学校教育に関する細部を定めている。

(4) 学校教育法第12条は，学校保健安全法等とともに，学校における健康診断の根拠法である。 (5) 地方公務員法第14条は，情勢適応の原則について規定している。 (6) 教育公務員特例法第23条は，初任者研修の根拠法である。なお教育公務員特例法は教育公務員の職務とその責任の特殊性に基づき，その任免・分限・懲戒・服務などについて地方公務員法に対する特例を規定する法律である。

【17】(1) (ア) (2) (セ) (3) (ス) (4) (ソ) (5) (ク)

○**解説**○ (1) 研修の機会について定めた教育公務員特例法第22条第2項

である。本条文における研修は，地方公務員法第35条に規定する職務専念義務が免除される研修を指す。また，公立学校の教諭等にとっての本属長とは校長を指す。　(2)　守秘義務について定めた地方公務員法第34条第1項である。公務員の身分上の義務は，公務員という身分を有することで発生する義務であるが，守秘義務に関しては，その特質上，退職後も課せられることに注意すること。　(3)　免許状の種類について定めた教育職員免許法第4条第1項である。　(4)　学校安全計画の策定を定めた学校保健安全法第27条である。学校安全計画とは，年間を通した安全に関する諸活動の総合的な基本計画であり，全ての学校に策定・実施が義務付けられている。　(5)　学校図書館法第5条第1項である。司書教諭とは，学校図書館資料の選択・収集・提供，子どもの読書活動に対する指導など学校図書館の専門的職務を担い，主幹教諭・指導教諭，教諭をもって充てる職である。

【18】(1)　⑤　　(2)　④　　(3)　③　　(4)　④

○**解説**○ (1)　教育基本法第4条第3項は教育の機会均等を保障している。この規定に基づき学校教育法第19条で，各市町村が経済的理由により就学が困難な児童生徒に対して，学用品代や給食費などの援助を行っている。　(2)　いじめ防止対策推進法第8条は学校及び学校の教職員の責務を定めている。学校及び学校の教職員には児童等がいじめを受けていると思われるときも対処する責務があるとされていることに注意。　(3)　学校教育法施行規則第25条は出席簿の作成義務を校長に課している。なお，同法規則第24条第1項では指導要録の作成を校長に課している。　(4)　こども基本法は，こども施策を社会全体で総合的かつ強力に推進していくための包括的な基本法として，2023(令和5)年4月に施行された法律で，同法第3条は基本理念を定めている。

【19】(1)　イ　　(2)　ウ　　(3)　ア　　(4)　エ

○**解説**○ (1)　教育基本法は，教育を受ける権利を国民に保障した日本国憲法に基づき，日本の公教育の在り方を全般的に規定する法律で，法の基調をなしている主義と理想とを宣言する前文と18の条文から構成されている。個人の尊厳とは，他をもって代えることができない人間として有する人格を意味する。　(2)　地方公務員法は，公立学校教員に適用される法律で，第35条は職務専念義務を定めている。なお，この義務は，地方公務員が勤務時間中に職務を遂行する上で守るべき職務上の義務の一つである。 (3) いじめ防止対策推進法は平成25年6月に公布された，いじめの防止等のための対策の基本となる事項を定めた法律で，第8条は学校及び学校の教職員の責務を定めている。 (4) 義務教育の段階における普通教育に相当する教育の機会の確保等に関する法律は，平成29年2月14日に施行された議員立法による法律で，第3条は基本理念を定めている。

【20】(1) 1 (2) 4 (3) 5 (4) 1 (5) 3 (6) 4
(7) 3 (8) 2 (9) 4 (10) 5 (11) 1 (12) 2

○解説○ (1)，(2) 日本国憲法の条文についての空欄補充問題である。いずれも基本であるので，文言を確実に覚えておくこと。 (3) 教育基本法第15条第2項では，その主語が「国及び地方公共団体」となっていることに留意する。つまり，私立学校における特定の宗教団体のための宗教教育は許容されている。 (4) 学校保健に関する最も基本的な規定である。この規定が学校教育法に存在することと，「別に法律で定めるところにより」という部分を受けて，その詳細は学校保健安全法で規定されていることをおさえておきたい。 (5) 特別支援学級の根拠条文である。第一号から第六号まで，どのような児童生徒が列挙されているか，おさえておきたい。 (6) 児童の定義については法令によって違いがあるが，教員採用試験で出題される条約・法令の多くが「満18歳未満の者」となっている(たとえば児童の権利に関する条約(子どもの権利条約)，児童虐待の防止等に関する法律(児童虐待防止法)など)。 (7) 出題の条文は，教科書の定義を示したもの。教科書に関する条文では，本条文のほか，小学校における教科書の使用義務を定めた学校教育法第34条第1項「小学校においては，文部科学大臣の検定を経た教科用図書又は文部科学省が著作の名義を有する教科用図書を使用しなければならない」が時折出題されるので，その文言等をおさえておきたい。 (8) 発達障害者支援法の基本理念を定めた条文である。 (9) こども基本法は令和5(2023)年4月1日に施行された法律で，第1条は同法の「目的」を定めた条文である。空欄Bに入る

「基本理念」については，同法第3条に規定されている。 (10) 未成年後見人は，未成年者に親権者がいない場合や，親権者が財産管理権を失った場合に未成年者を保護・支援する者で，家庭裁判所が選任する。 (11) 教育公務員特例法第21条第1項は教育公務員の研修の努力義務を定めた規定であり，頻出条文である。教員における研修が「研究と修養」であることは必ず理解しておきたい。 (12) 「生涯学習の振興のための施策の推進体制等の整備に関する法律」は，平成2(1990)年7月1日に施行された。条文中に宣伝や広報に関する記述はない。

【21】5

○**解説**○ a 地方公務員法第27条は，地方公務員の分限及び懲戒の基準が示されている。下線部は，正しくは「公正」である。 b 教育公務員特例法第12条は条件付き任用に関する規定で，通常の公務員は6か月の勤務状況を見て正式採用となるが，大学以外の公立学校の校長及び教員については，1年の勤務状況を見て正式採用となることが定められている。 c 学校教育の情報化の推進に関する法律第3条は，この法律の基本理念を規定している。 d 教育職員等による児童生徒性暴力等の防止等に関する法律第10条は，教育職員等の責務を規定している。下線部は，正しくは「倫理の保持」である。同法は令和3(2021)年6月に公布された法律で，教育職員等による児童生徒性暴力が頻繁に起きているという危機的状況であることから，教育職員等による児童生徒性暴力を根絶し，児童生徒等の尊厳を保持し権利利益を擁護することを目的とした法律である。

【22】(1) ア 2 イ 3 (2) ア 3 イ 4 (3) 1

○**解説**○ (1) 特別支援教育のねらいの一つとして「障害者の能力や可能性を最大限に伸ばし，自立し，社会参加するために必要な力を培う」ことがあげられる。また，通級による指導の中には学習障害なども含まれていることもおさえておくとよいだろう。 (2) 合理的配慮は障害者の権利に関する条約の中でおおよそ問題文の通りの内容が示されている。具体例については，文部科学省のホームページなどで示されているので，参照するとよい。 (3) 同資料では「障害の有無の判断を校内委員会や教員が行うものではないことに十分留意する必要があ」るとしている。なお，校内委員会の役割としては問題の他に「教育上特別の支援を必要とする児童等を早期に発見するための仕組み作り」等があげられている。

【23】(1) イ　(2) カ　(3) エ

○解説○ (1) 教員について定めた教育基本法第9条第1項である。この規定は，平成18(2006)年の教育基本法改正において，旧法第6条第2項から独立して，教員の条として設けられた。教員の資質向上を図ることが必要であることから，「絶えず研究と修養に励み」等の文言が加えられている。 (2) 研修等に関する記録について定めた教育公務員特例法第22条の5第1項である。教育公務員特例法は，教育公務員の職務とその責任の特殊性に基づき，その任免・分限・懲戒・服務などについて地方公務員法に対する特例を規定する法律である。 (3) 地方公務員に守秘義務を課した地方公務員法第34条第1項である。この規定は身分上の義務の一つで，退職後にもその義務が課されていることに注意したい。地方公務員には，職務上の義務と身分上の義務があり，身分上の義務は，職務の内外を問わず，職員としての身分を有する限り守らなければならない義務である。

【24】(1) 4　(2) 2　(3) 2　(4) 1　(5) 4

○解説○ (1) 学校教育法第12条は児童生徒等及び職員の健康診断について定めている。児童生徒等の健康診断を定めた学校保健安全法第13条と区別して覚えること。 (2) 保健主事の役割としては，学校保健と学校全体の活動に関する調整，学校保健計画の作成と実施，学校保健に関する組織活動の推進など，学校保健に関する事項の管理があげられる。特に，学校保健計画の作成は養護教諭ではなく保健主事であることは頻出なので，おさえておくこと。 (3)(4) 学校保健安全法第9条は保健指導に関する条文だが，健康観察の根拠条文でもあることに注意したい。健康観察は養護教諭だけ行うものではなく，学校の教職員，特にクラス担任による観察が重要であることをおさえておこう。
(5) なお，児童生徒の健康診断については，期日，検査方法，事後措置などが学校保健安全法施行規則で定められている。こちらも頻出なので，セットで学習するとよい。

【25】5

○解説○ A・B　学校教育法第9条は，校長・教員の欠格事由について規定した条文である。下線部Aは「五年」ではなく，「三年」が正しい。C・D　地方教育行政の組織及び運営に関する法律第39条は，校長の所属教職員の進退に関する意見の申出，第43条は服務の監督について規定した条文である。下線部Cは，「都道府県委員会」ではなく「市町村委員会」が正しい。　E　教育公務員特例法第25条は，指導改善研修について規定した条文である。

【26】問1　①　キ　②　カ　③　イ　問2　A　エ　B　オ　C　ア

○解説○ A　公立学校教員に適応される地方公務員法第33条で，地方公務員に職務の内外を問わずその身分を有することによって守るべき義務である「信用失墜行為の禁止」を定めている。　B　子ども基本法は，こども施策を社会全体で総合的かつ強力に推進していくための包括的な基本法として，2022(令和4)年6月に成立し，2023(令和5)年4月に施行された。出題は同法第3条で，基本理念を定めている。　C　日本国憲法第26条第1項で，教育を受ける権利を保障している。

【27】④

○解説○ 正しいのは，ア，イ，ウ，オの各下線部の4つである。　エ　地方公務員法第34条第1項は，地方公務員の守秘義務について定めており，下線部は「秘密」が正しい。地方公務員法は地方公務員に3つの職務上の義務と，5つの身分上の義務を課している。職務上の義務は公務員が勤務時間中に職務を遂行する上で守るべき義務であり，身分上の義務は職務の内外を問わず公務員がその身分を有することによって守るべき義務である。守秘義務は身分上の義務であるが，「退職後も同様とする」とされていることに注意が必要である。

【28】(1)　②　(2)　②　(3)　④　(4)　①　(5)　③

○解説○ (1)　日本国憲法第26条は教育を受ける権利と受けさせる義務を

定めている。これを受け教育基本法第5条第1項は「国民は，その保護する子に，別に法律で定めるところにより，普通教育を受けさせる義務を負う」と定め，学校教育法第16条は「保護者は，次条に定めるところにより，子に9年の普通教育を受けさせる義務を負う」としている。 (2) 教育基本法第14条は政治教育について定めている。ここにある政治的教養とは「現在民主政治上の各種制度についての知識」などを指す。 (3) 職務については学校教育法だけでなく，学校教育法施行規則などの法令でも示されているので注意が必要である。
① 教務主任及び学年主任は「指導教諭又は教諭をもつて，これに充てる」としている(学校教育法施行規則第44条第3項)。 ② 進路指導主事は中学校，高等学校などに設置することができる(学校教育法施行規則第71条第1項など)。 ③ 学科主任は「2以上の学科を置く高等学校……」が対象となっている(学校教育法施行規則第81条第1項など)。
(4) ① 学校保健安全法施行規則第5条第1項は「法第13条第1項の健康診断は，毎学年，6月30日までに行うものとする」としている。
(5) 著作権法第32条は「公表された著作物は，引用して利用することができる。この場合において，その引用は，公正な慣行に合致するものであり，かつ，報道，批評，研究その他の引用の目的上正当な範囲内で行なわれるものでなければならない」としており，Bは正しい。また，同法第38条第1項は「公表された著作物は，営利を目的とせず，かつ，聴衆又は観衆から料金を受けない場合には，公に上演し，演奏し，上映し，又は口述することができる。ただし，当該上演，演奏，上映又は口述について実演家又は口述を行う者に対し報酬が支払われる場合は，この限りでない」としており，Dは正しい。

教育原理

要点整理

●学習理論

□直観教授

事物などに直接ふれさせる体験や経験を通して行う教授法。コメニウスやペスタロッチによって広められた。

□開発教授法

注入教授法に対立するもので，ペスタロッチの開発教育に基づき，自然の順序に従って諸能力を開発することを目的とする教授法。わが国へはオスウィーゴー師範学校に学んだ高嶺秀夫によって紹介された。

□五段階教授法

ツィラーやラインによって定式化され，わが国でも広く実践に移された古典的な教授段階説。ヘルバルトは教授の一般的段階として，明瞭・連合・系統・方法の四段階を設けたが，ヘルバルトの弟子のツィラーはこれを分析・総合・連合・系統・方法とした。ラインはさらにこれを改変し，予備・提示・比較・統括・応用の五段階とした。

□問題解決学習

生活経験における問題の解決過程を学習形態として組織したもの。主として，デューイの学習理論を基礎とし，アメリカ新教育運動の発展の中から望ましい単元学習の在り方を示すものとして開発されてきた。その過程は一般に，①問題に直面する，②問題の所在を明らかにする，③解決のための試案を作成する，④解決試案を推理によって検証する，⑤解決試案を行動によって検証する，以上の5段階からなる。学問中心の系統学習や抽象的知識の詰め込み学習の反省に基づいて，児童・生徒が自ら直面する生活上の問題に取り組み，それを自発的に解決する過程の中で創造的な反省的思考を身につけていくことにねらいがおかれる。

□プロジェクト・メソッド

構案法ともいい，実際の作業を中心とした問題解決的な学習指導法である。20世紀初頭にアメリカで起こり，キルパトリックなどにより

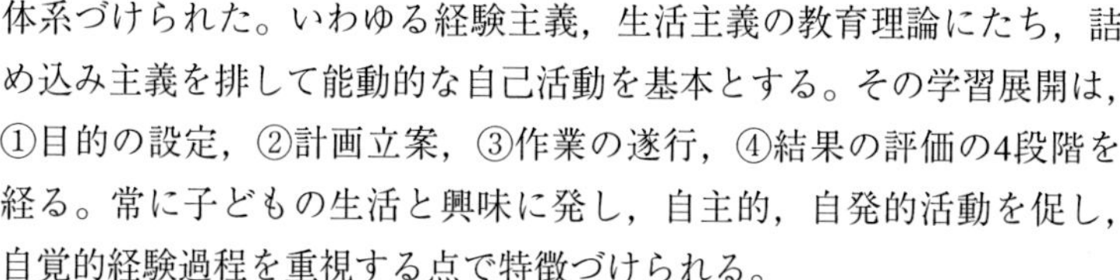

体系づけられた。いわゆる経験主義，生活主義の教育理論にたち，詰め込み主義を排して能動的な自己活動を基本とする。その学習展開は，①目的の設定，②計画立案，③作業の遂行，④結果の評価の4段階を経る。常に子どもの生活と興味に発し，自主的，自発的活動を促し，自覚的経験過程を重視する点で特徴づけられる。

□ウィネトカ・プラン

1919年以降，アメリカのウォッシュバーンを中心にウィネトカの小・中学校で始められた新しい授業方式。自学学習，学習の個別化を目指した。教育課程は全児童・生徒が学習する共通必修科目と，その他の集団的・創造的・社会的活動の2つからなる。

□ドルトン・プラン

1920年にアメリカのパーカーストがマサチューセッツ州ドルトンのハイスクールで組織的に試みた新しい授業方式。自由と協働が根本原理。

□単元学習

広く単元(学習または教育すべき経験または教材の一定のまとまり)による学習。

□モリソン・プラン

アメリカの教育学者モリソンが1920年頃考案した学習指導法。学習は教材の習得ではなく，教材の習得を通して生き方あるいは適応のしかたを学ぶことであるとするもの。

□ヴァージニア・プラン

アメリカのヴァージニア州教育委員会がカスウェルやキャンベルの協力を得て1934年に作成したコア・カリキュラムの代表的なもの。このプランは社会機能法ともいわれ，わが国最初の社会科学習指導要領(昭和22年)に大きな影響を与えた。

□イエナ・プラン

第一次大戦後のドイツにおいて1925年以後，ペーターゼンの指導のもとにイエナ大学付属学校で展開された学校教育計画。2～3学年合同の合科教授，作業教育を実施。また，学校を協同体としてとらえ，父母と教師とが自主的に経営した。

□範例教授方式

1951年，西ドイツで開催された中等教育改革のための会議において決議された教育内容精選の考え方。伝統的な教授観の特徴である既成知識の伝達という考え方を否定し，生徒たちの知的，精神的な力をどのようにして回復させるかということが問題となり，少しの対象を徹底的に深く追究することが必要とされる。

□プログラム学習

スキナーが彼の反応形成理論に基づいて提唱した新しい学習方式。学習者が容易に学習できるように教材を小刻みな多数の項目(フレーム)に細分化し，適切な順序に配列したもの(プログラム教材)を，学習者に個別に与え，学習者は自分に適した速度で積極的に反応し，その反応の正誤が即時に確認できる仕組みになっている。プログラムの組み方には，項目が一定の順序で提示されるスキナー型(直進型)と，学習者の誤反応に即応してそれを矯正するためにいくつかの分岐が設けられているクラウダー型(分岐型)がある。

□ティーム・ティーチング

複数の教師が，協力して一定の責任分担のもとに，同じ生徒グループの指導を担当する教授方式。教職員組織の改編と授業の改造をねらいとする。1957年にアメリカで始まり，日本でも1963年頃からしだいに実践校が増加してきた。

□発見学習

ブルーナーにより提唱された，問題解決学習と系統学習の短所を補う現代的な学習法。知識や技術の創造的な探索・発見・発明の過程を，児童・生徒に「再発見」させることを目指すもの。これは，前もって子どもの発見的思考に見合うようにアレンジされた問題解決的教材を提供して，問題意識をもつ→事実や資料を検索→仮説をたてる→検証を経て一定の概念や法則へ到達する，という一連の主体的活動を導くところにねらいがある。

●人権教育

□同和・人権教育の歴史

- 1871(明4)　太政官布告第61号(解放令)。
- 1872(明5)　壬申戸籍。

・1902(明35)　備作平民会結成(岡山の三好伊平次)。
・1903(明36)　大日本同胞融和会(大阪)創立。全国的部落改善運動をめざす。
・1913(大2)　大江卓らが帝国公道会を創立。全国的同情融和運動の始まり。
・1918(大7)　米騒動。
・1922(大11)　全国水平社結成。部落民を中心とする解放運動が始まる。
・1925(大14)　中央融和事業協会結成。
・1946(昭21)　日本国憲法発布。部落解放全国委員会結成。→昭和30年部落解放同盟と改称。
・1951(昭26)　オールロマンス事件。これを契機に，行政闘争が活発化する。
・1952(昭27)　文部省「同和教育について」(次官通達)を出す。
・1955(昭30)　部落解放全国委員会を「部落解放同盟」と改称。
・1959(昭34)　同和問題閣僚懇談会が「同和対策要綱」を作成。
・1960(昭35)　全日本同和会結成。
・1965(昭40)　同和対策審議会答申。
・1969(昭44)　同和対策事業特別措置法施行(昭和54年3月限りの10年間の時限立法。期限後3年間延長される。)。
・1975(昭50)　地名総鑑事件。
・1982(昭57)　地域改善対策特別措置法施行(昭和62年3月限りの5年間の時限立法。)。
・1984(昭59)　地域改善対策協議会が「今後における啓発活動のあり方について」意見具申。
・1987(昭62)　「地域改善対策特定事業に係る国の財政上の特別措置に関する法律」(5年間の時限立法であったが，5年間の延長が2度行われ，平成14年3月31日まで有効。)。
・1991(平3)　地域改善対策協議会の意見具申「今後の地域改善対策について」。
・1992(平4)　地域改善対策特定事業に係る国の財政上の特別措置に関する法律の期限が切れるが，一部効力を継続。
・1994(平6)　「人権教育のための国連10年」を決議。

・1996(平8)　地域改善対策協議会の意見具申「同和問題の早期解決に向けた今後の方策の基本的な在り方について」，人権擁護施策推進法の制定。(平成9年5月施行，5年間の時限立法。)。
・1997(平9)　人権擁護施策推進法施行。
・2000(平12)　「人権教育及び人権啓発の推進に関する法律」が成立。
・2001(平13)　人権擁護推進審議会が「人権救済制度の在り方について」(答申)を提出。
・2002(平14)　「人権教育・啓発に関する基本計画」を策定。
・2004(平16)　「人権教育の指導方法等の在り方について」[第一次とりまとめ]
・2006(平18)　「人権教育の指導方法等の在り方について」[第二次とりまとめ]
国連「人権教育のための世界計画」決議。
・2008(平20)　「人権教育の指導方法等の在り方について」[第三次とりまとめ]
・2011(平23)　「人権教育・啓発に関する基本計画」を一部変更。
・2021(令和3)　「人権教育を取り巻く諸情勢について～人権教育の指導方法等の在り方について[第三次とりまとめ]策定以降の補足資料～」策定(令和4年改訂，その後令和5年3月改訂)

□同和対策事業特別措置法

同和対策審議会の答申を受けて，昭和44年に制定された法律であり，国及び地方公共団体が実施する同和問題解決の諸施策を制度的に保障した。当初10年間の時限立法として制定されたが，その後3年間延長された。

□地域改善対策特別措置法

同和対策事業特別措置法の失効により，昭和57年4月から施行された5年間の時限立法である。ここでは，それまでの「同和」という語が使われず，それに代わって「地域改善」という語が用いられている。

□地域改善対策特定事業に係る国の財政上の特別措置に関する法律

地域改善対策特別措置法が期限切れになったのを受け，昭和62年4月から施行された5年間の時限立法である。その後，平成4年に5年間の時限立法として延長され，さらに平成9年に同じく5年間の時限立法として，一部改正されたうえで再延長された。

□**部落差別の解消の推進に関する法律**

部落差別の解消を推進し，部落差別のない社会を実現することを目的として，2016(平成28)年に成立した。現在も部落差別が存在することを踏まえ，日本国憲法の理念にのっとり，部落差別は許されないという認識の下，これを解消することが重要な課題であることに鑑み，部落差別の解消に関し基本理念を定め，国と地方公共団体の責務を明らかにし，相談体制の充実等について定めた法律。

□**児童憲章**

1951年5月5日に，内閣総理大臣が招集した児童憲章制定会議によって制定された児童の教育と福祉に関する権利宣言である。前文と12条からなり，児童の生活保障，教育の保障，不当労働からの保護などを内容とする。

□**児童の権利宣言**

1959年に国連で採択された宣言で，前文と10条からなり，児童の優先的保護や教育の保障，差別扱いの禁止などを内容とする。

□**人種差別撤廃条約**

1965年に国連で採択された。我が国は，1995年に保留部分をもちながら批准した。

□**児童の権利に関する条約**

1989年に国連で採択された。我が国は，1994年に批准した。この条約では，児童は「保護の対象」から「権利を行使する主体」として認められることとなった。

□**人権教育のための国連10年**

1994年に国連は1995年から2004年の10年間を「人権教育のための国連10年」とすることを決議した。それに対応するかたちで，我が国でも1997年に「『人権教育のための国連10年』に関する国内行動計画」が制定された。また，2000年12月には，「人権教育及び人権啓発の推進に関する法律」が制定された。

□**人権教育の指導方法等の在り方について**

人権教育の指導方法等に関する調査研究会議は，人権についての知的理解を深めるとともに人権感覚を十分に身に付けることを目指して人権教育の指導方法等の在り方を中心に検討を行ってきた。そして，平成16年6月には，「人権教育の指導方法等の在り方について[第一次とりまとめ]」を公表し，人権教育とは何かということをわかりやすく示すとともに，学校教育における指導の改善・充実に向けた視点を示すこととした。

次いで，平成16年度以降は，都道府県・政令指定都市教育委員会の協力の下，人権教育の実践事例等を収集するとともに，これらを参考に，指導方法等の工夫・改善方策などについて主として理論的な観点からの検討を進め，平成18年1月には，[第二次とりまとめ]を公表した。

しかしながら，人権教育のより一層の充実を求める気運はその後も高まっており，これに対処するための実践的なノウハウ等の情報を求める要請も大きくなっている。

このような中にあって，本調査研究会議では，全国の学校関係者等が[第二次とりまとめ]の示した考え方への理解を深め，実践につなげていけるよう，さらなる検討を進めてきた。その成果として，掲載事例等の充実を図るとともに，「指導等の在り方編」と「実践編」の二編にこれを再編成し，第三次のとりまとめに至った。

□「人権教育を取り巻く諸情勢について～人権教育の指導方法等の在り方について[第三次とりまとめ]策定以降の補足資料～」(令和3年3月，令和5年3月改訂　学校教育における人権教育調査研究協力者会議)

本資料は，教育委員会や学校現場の人権教育担当者向けに，人権教育の指導方法等の在り方について[第三次とりまとめ]策定後の社会情勢の変化を踏まえ，第三次とりまとめを補足するものとして作成された参考資料である。学校における人権教育の指導方法等は，[第三次とりまとめ]で言及されているが，その理念や内容自体は変わるものではない。人権教育は，学校の教育活動全体を通じて推進することが大切であり，そのためには，人権尊重の精神に立つ学校づくりを進め，人権教育の充実を目指した教育課程の編成や，人権尊重の理念に立った生徒指導，人権尊重の視点に立った学級経営等が必要である。第三次とりまとめ策定後には，学習指導要領の改訂や，生徒指導提要の取りまとめ，学校における働き方改革，GIGAスクール構想などが進んでおり，学校を取り巻く情勢は大きく変化している。このような学校制度の改

革の趣旨を実現するためにも，人権教育のより一層の推進が不可欠である。

●特別支援教育

□特別支援教育の目的

特別支援教育とは，従来の特殊教育が対象とした障害だけでなく，LD，ADHD，高機能自閉症を含めて障害のある児童生徒の自立や社会参加に向けて，その一人一人の教育的ニーズを把握して，その持てる力を高め，生活や学習上の困難を改善又は克服するために，適切な教育や指導を通じて必要な支援を行うものである。各種検討会議や中央教育審議会の論議や試行を経て，平成18年6月の衆議院本会議において学校教育法の一部が改正され，特別支援学校への名称変更が成立した。

○学校教育法の一部改正関係(平成19年4月1日施行)

① 特別支援学校制度への名称変更

盲学校，聾学校及び養護学校を特別支援学校とした。

② 特別支援学校の目的

特別支援学校の目的として，「特別支援学校は，視覚障害者，聴覚障害者，知的障害者，肢体不自由者又は病弱者(身体虚弱者を含む。以下同じ。)に対して，幼稚園，小学校，中学校又は高等学校に準ずる教育を施すとともに，障害による学習上又は生活上の困難を克服し自立を図るために必要な知識技能を授けること」と規定した。

③ 特別支援学校の行う助言又は援助(センター機能)

特別支援学校においては，第72条の目的を実現するための教育を行うほか，幼稚園，小学校，中学校，義務教育学校，高等学校又は中等教育学校の要請に応じて，教育上特別の支援を必要とする児童，生徒又は幼児の教育に関し必要な助言又は援助を行うよう努めるものとした。

④ 小学校等における教育上特別の支援を必要とする児童等に対する教育

小学校，中学校，義務教育学校，高等学校，中等教育学校及び幼稚園においては，教育上特別の支援を必要とする児童，生徒及び幼

児に対し，障害による学習上又は生活上の困難を克服するための教育を行うものとした。(第81条第1項)

なお，「特殊学級」の名称を「特別支援学級」に変更するとともに，従前と同様，小学校，中学校，高等学校及び中等教育学校においては，特別支援学級を設けることができることとした。

□通級指導

通常の学級に在籍している軽度の障害のある児童・生徒に対して，特別の指導の場で障害に応じた指導をすること。

□ノーマライゼーション

近年，障害者福祉の理念として注目を集めているのが，「ノーマライゼーション(normalization)」の考え方であり，今日では福祉に関する新しい理念全体を表す言葉として，世界的に用いられるようになってきている。障害者が家庭において，又はそれに近い状態で生活することが望ましく，施設自体も地域社会に根ざしたものであるべきであるという考え方を示すものとして一般に理解されている。

□インクルーシブ教育システム

「障害者の権利に関する条約」第24条によれば，「インクルーシブ教育システム」(inclusive education system，署名時仮訳：包容する教育制度)とは，人間の多様性の尊重等の強化，障害者が精神的及び身体的な能力等を可能な最大限度まで発達させ，自由な社会に効果的に参加することを可能とするとの目的の下，障害のある者と障害のない者が共に学ぶ仕組みであり，障害のある者が「general education system」(署名時仮訳：教育制度一般)から排除されないこと，自己の生活する地域において初等中等教育の機会が与えられること，個人に必要な「合理的配慮」が提供されること等が必要とされている。

インクルーシブ教育システムにおいては，同じ場で共に学ぶことを追求するとともに，個別の教育的ニーズのある幼児児童生徒に対して，自立と社会参加を見据えて，その時点で教育的ニーズに最も的確に応える指導を提供できる，多様で柔軟な仕組みを整備することが重要である。小・中学校における通常の学級，通級による指導，特別支援学級，特別支援学校といった，連続性のある「多様な学びの場」を用意しておくことが必要である。

□合理的配慮

「障害者の権利に関する条約」第2条の定義において，「合理的配慮」とは，「障害者が他の者と平等にすべての人権及び基本的自由を享有し，又は行使することを確保するための必要かつ適当な変更及び調整であって，特定の場合において必要とされるものであり，かつ，均衡を失した又は過度の負担を課さないものをいう」とされている。なお，「負担」については，「変更及び調整」を行う主体に課される負担を指すとされている。

「合理的配慮」の決定・提供に当たっては，各学校の設置者及び学校が体制面，財政面をも勘案し，「均衡を失した」又は「過度の」負担について，個別に判断することとなる。各学校の設置者及び学校は，障害のある子供と障害のない子供が共に学ぶというインクルーシブ教育システムの構築に向けた取組として，「合理的配慮」の提供に努める必要がある。その際，現在必要とされている「合理的配慮」は何か，何を優先して提供する必要があるかなどについて，共通理解を図る必要がある。

□「文部科学省所管事業分野における障害を理由とする差別の解消の推進に関する対応指針について」(平成27年11月　文部科学省)

本指針は，障害を理由とする差別の解消の推進に関する法律第11条第1項の規定に基づき，また，障害を理由とする差別の解消の推進に関する基本方針に即して，同法第8条に規定する事項に関し，文部科学省が所管する分野における事業者(事業者とは，商業その他の事業を行う者，すなわち，目的の営利・非営利，個人・法人の別を問わず，同種の行為を反復継続する意思をもって行う者であり，個人事業者や対価を得ない無報酬の事業を行う者，学校法人，宗教法人，非営利事業を行う社会福祉法人及び特定非営利活動法人を含む。)が適切に対応するために必要な事項を定めたものである。

□「発達障害を含む障害のある幼児児童生徒に対する教育支援体制整備ガイドライン～発達障害等の可能性の段階から，教育的ニーズに気付き，支え，つなぐために～」(平成29年3月　文部科学省)

平成28年度には，発達障害者支援法の大幅な改正が行われるとともに，公立義務教育諸学校の学級編制及び教職員定数の標準に関する法律(義務標準法)が改正され，いわゆる通級による指導を担当する教員の基礎定数化が平成29年度からの10年間で計画的に進められることとなった。また，学習指導要領改訂において，通級による指導を受ける児童生徒や特別支援学級に在籍する児童生徒については，個別の教育支援計画や個別の指導計画を全員作成することとされるなど，特別支援教育を取り巻く状況は日々変化している。本ガイドラインは，こうした状況の変化や，これまでの間に培ってきた発達障害を含む障害のある児童等に対する教育支援体制の整備状況を踏まえ，平成16年に出された「小・中学校におけるLD(学習障害)，ADHD(注意欠陥／多動性障害)，高機能自閉症の児童生徒への教育支援体制の整備のためのガイドライン(試案)」を，下記の観点から見直したものである。

〈見直しの観点〉

1. 対象を，発達障害のある児童等に限定せず，障害により教育上特別の支援を必要とする全ての児童等に拡大。
2. 対象とする学校に，幼稚園及び高等学校等も加え，進学時等における学校間での情報共有(引継ぎ)の留意事項について追記。
3. 特別支援教育コーディネーター，いわゆる通級による指導の担当教員及び特別支援学級の担任など，関係者の役割分担及び必要な資質を明確化。
4. 校内における教育支援体制の整備に求められる養護教諭の役割を追記。
5. 特別支援学校のセンター的機能の活用及びその際の留意事項等を追記。

□「障害のある子供の教育支援の手引～子供たち一人一人の教育的ニーズを踏まえた学びの充実に向けて～」(令和3年3月　文部科学省)

今般，新しい時代の特別支援教育の在り方に関する有識者会議報告を踏まえ，平成25年10月に作成した「教育支援資料」の内容について，障害のある子供の就学先となる学校(小中学校等，特別支援学校)や学びの場(通常の学級・通級による指導・特別支援学級)の適切な選択に資するよう改訂を行うとともに，就学に係る一連のプロセスとそれを構成する一つ一つの取組の趣旨を，就学に関わる関係者の全てに理解してほしいことから，「障害のある子供の教育支援の手引」と名称を改定した。

この新たな手引では，障害のある子供の「教育的ニーズ」を整理するための考え方や，就学先の学校や学びの場を判断する際に重視すべき事項等の記載を充実するなど，障害のある子供やその保護者，市区町村教育委員会を始め，多様な関係者が多角的，客観的に参画しながら就学を始めとする必要な支援を行う際の基本的な考え方を記載している。

●情報教育

□情報活用能力の育成

「情報活用能力」は，世の中の様々な事象を情報とその結び付きとして捉え，情報及び情報技術を適切かつ効果的に活用して，問題を発見・解決したり自分の考えを形成したりしていくために必要な資質・能力である。より具体的に捉えれば，学習活動において必要に応じてコンピュータ等の情報手段を適切に用いて情報を得たり，情報を整理・比較したり，得られた情報を分かりやすく発信・伝達したり，必要に応じて保存・共有したりと

いったことができる力であり，さらに，このような学習活動を遂行する上で必要となる情報手段の基本的な操作の習得や，プログラミング的思考，情報モラル等に関する資質・能力等も含むものである。

このような情報活用能力を育成することは，将来の予測が難しい社会において，情報を主体的に捉えながら，何が重要かを主体的に考え，見いだした情報を活用しながら他者と協働し，新たな価値の創造に挑んでいくために重要である。

【情報教育の目標の3観点】

平成9年10月の「情報化の進展に対応した初等中等教育における情報教育の推進等に関する調査研究協力者会議」第 1 次報告「体系的な情報教育の実施に向けて」において，情報教育の目標を整理した3つの観点は以下のとおりである。

① 情報活用の実践力

課題や目的に応じて情報手段を適切に活用することを含めて，必要な情報を主体的に収集・判断・表現・処理・創造し，受け手の状況な

どを踏まえて発信・伝達できる能力

② 情報の科学的な理解

情報活用の基礎となる情報手段の特性の理解と，情報を適切に扱ったり，自らの情報活用を評価・改善するための基礎的な理論や方法の理解

③ 情報社会に参画する態度

社会生活の中で情報や情報技術が果たしている役割や及ぼしている影響を理解し，情報モラルの必要性や情報に対する責任について考え，望ましい情報社会の創造に参画しようとする態度

□学習指導要領のポイント(情報教育・ICT活用教育関係)

【小・中・高等学校共通のポイント(総則)】

○情報活用能力を，言語能力と同様に「学習の基盤となる資質・能力」と位置付け

総則において，児童生徒の発達の段階を考慮し，言語能力，情報活用能力(情報モラルを含む。)等の学習の基盤となる資質・能力を育成するため，各教科等の特性を生かし，教科等横断的な視点から教育課程の編成を図るものとすることを明記。【総則】

○学校のICT環境整備とICTを活用した学習活動の充実に配慮

総則において，情報活用能力の育成を図るため，各学校において，コンピュータや情報通信ネットワークなどの情報手段を活用するために必要な環境を整え，これらを適切に活用した学習活動の充実を図ることに配慮することを明記。【総則】

【小・中・高等学校別のポイント(総則及び各教科等)】

○小学校においては，文字入力など基本的な操作を習得，新たにプログラミング的思考を育成

各教科等の特質に応じて，児童がコンピュータで文字を入力するなどの学習の基盤として必要となる情報手段の基本的な操作を習得するための学習活動や，プログラミングを体験しながらコンピュータに意図した処理を行わせるために必要な論理的思考力を身に付けるための学習活動を計画的に実施することを明記。【総則】

○中学校においては，技術・家庭科(技術分野)においてプログラミング，情報セキュリティに関する内容を充実

「計測・制御のプログラミング」に加え，「ネットワークを利用した双方向性のあるコンテンツのプログラミング」等について学ぶ。

【技術・家庭科(技術分野)】

○高等学校においては，情報科において共通必履修科目「情報Ｉ」を新設し，全ての生徒がプログラミングのほか，ネットワーク(情報セキュリティを含む)やデータベースの基礎等について学習

「情報Ｉ」に加え，選択科目「情報Ⅱ」を開設。「情報Ｉ」において培った基礎の上に，情報システムや多様なデータを適切かつ効果的に活用し，あるいはコンテンツを創造する力を育成。【情報科】

□教育情報セキュリティポリシーに関するガイドライン(平成29年10月18日　文部科学省)

本ガイドラインは，地方公共団体が設置する学校を対象とする情報セキュリティポリシーの策定や見直しを行う際の参考として，教育情報セキュリティポリシーの考え方及び内容について解説したものである。

(1)　地方公共団体における教育情報セキュリティの考え方

教育情報セキュリティポリシーガイドラインは，以下の①～⑥の基本的考え方のもと，具体的な対策基準をまとめている。

①　組織体制を確立すること

②　児童生徒による機微情報へのアクセスリスクへの対応を行うこと

③　インターネット経由による標的型攻撃等のリスクへの対応を行うこと

④　教育現場の実態を踏まえた情報セキュリティ対策を確立させること

⑤　教職員の情報セキュリティに関する意識の醸成を図ること

⑥　教職員の業務負担軽減及びICTを活用した多様な学習の実現を図ること

(2)　技術的対策を中心とした教育情報システム全体の強靭性向上について

「教育情報セキュリティ対策推進チーム」では，昨今の標的型攻撃等に対応する観点から，総務省「新たな自治体情報セキュリティ対策

の抜本的強化に向けて」(平成27年11月24日)及び「教育情報セキュリティのための緊急提言」(「2020年代に向けた教育の情報化に関する懇談会」第5回(平成28年7月28日)取りまとめ)の考え方を踏まえ，技術的対策を中心とした教育情報システム全体の強靭性向上のための大きな方向性を以下のように整理した。

1　学校が保有する機微情報に対するセキュリティ強化

(主な対策)

①　児童生徒によるアクセスリスクからの回避

・校務系システムと学習系システム間の通信経路の論理的又は物理的な分離の徹底

②　インターネットリスクからの分断

・校務系システムとウェブ閲覧やインターネットメールなどのシステムとの通信経路の論理的又は物理的な分離の徹底

③　学習系システムへの機微情報保管の禁止

2　学校単位で機微情報を管理するリスクの低減

(主な対策)

①　機微情報を保管する校務系サーバの教育委員会による一元管理

・学習系サーバも，ネットワークの負荷・授業における安定的な稼動を前提として，将来的には教育委員会による一元管理が望ましい。

②　学校のインターネット接続環境のセンター集約によるセキュリティ対策強化

③　校務外部接続系サーバ及び学習系サーバ(機微な個人情報を保管する場合に限る)の暗号化等による安全管理措置の実施

3　教職員による人的な機微情報漏えいリスクの最小化

(主な対策)

①　管理されたUSB等の電磁的記録媒体以外の使用禁止

②　電磁的記録媒体の暗号化の徹底

※今後は，学習活動においてインターネットを介したアプリケーションを積極的に活用したり，校務系システムと学習系システムを連携させることを前提として学校が保有する情報を学習指導や生徒指導等の質の向上，学級・学校運営の改善に活用したりするこ

となどが期待されている。

このため，以下の2点については，文部科学省において平成29～31年度で実施予定の「次世代学校支援モデル構築事業」において実証し，ガイドラインに反映していく予定である。

(1) インターネットを介したASPサービスの利用における留意点

(2) データを活用した学校・学級の運営改善のための，校務系システムと学習系システムのセキュアな連携の在り方

□「教育の情報化に関する手引」について(文部科学省　令和元年12月，令和2年6月(追補版))

今回の学習指導要領の改訂に対応した「教育の情報化に関する手引」が作成された。今回改訂された学習指導要領においては，初めて「情報活用能力」を学習の基盤となる資質・能力と位置付け，教科等横断的にその育成を図ることとされた。あわせて，その育成のために必要なICT環境を整え，それらを適切に活用した学習活動の充実を図ることとしており，情報教育や教科等の指導におけるICT活用など，教育の情報化に関わる内容の一層の充実が図られた。平成2年6月には，追補版が公表された。

1. 教育の情報化に関する手引(追補版)の概要

新学習指導要領においては，初めて「情報活用能力」を学習の基盤となる資質・能力と位置付け，教科等横断的にその育成を図るとともに，その育成のために必要なICT環境を整え，それらを適切に活用した学習活動の充実を図ることとしており，情報教育や教科等の指導におけるICT活用など，教育の情報化に関わる内容の一層の充実が図られた。

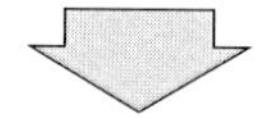

新学習指導要領の下で教育の情報化が一層進展するよう，学校・教育委員会が実際に取組を行う際に参考となる「手引」を作成。

2. 作成趣旨

▼新学習指導要領のほか，現時点の国の政策方針・提言，通知，各調査研究の成果，各種手引，指導資料等に基づき作成

▼現行の手引の内容を全面的に改訂・充実するとともに，「プログラミング教育」「デジタル教科書」「遠隔教育」「先端技術」「健康面への配慮」などの新規事項も追加

□「教育進化のための改革ビジョン」(令和4年2月　文部科学省)

1．背景

新型コロナウイルス感染症を契機として，様々な生活様式が変わり，また，デジタル化が急速に進む中，初等中等教育段階の教育政策について，「令和の日本型学校教育」の具体的な進め方等，教育進化のための改革方針を示すものである。

2．具体的な内容

○2つの基本理念

・誰一人取り残さず個々の可能性を最大限に引き出す教育

・教職員が安心して本務に集中できる環境

○4つの柱

①「リアル」×「デジタル」の最適な組合せによる価値創造的な学びの推進

②これまでの学校では十分な教育や支援が行き届かない子供への教育機会の保障

③地域の絆を深め共生社会を実現するための学校・家庭・地域の連携強化

④教職員が安心して本務に集中できる環境整備

○今後の施策の方向性

・個別最適な学びと協働的な学びの日常化

・特別な指導や支援が必要な子供への学びの場の提供

・全ての生徒の能力を伸長する高校教育の提供

・質の高い教職員集団の形成

・地域や企業の力を巻き込んだ学校運営や「リアルな体験」機会の充実

・教員研修の高度化，働き方改革の実効性を高める観点からの環境整備

□「学校教育情報化推進計画」(令和4年12月　文部科学省)

第1部　我が国における学校教育の情報化の方向性(総論)

1. 学校教育の情報化の現状と課題

緊迫する国際情勢の中で，国の通信基盤や国民のICT1リテラシーは，国民の生命や安全を守る上で重要な存在であることが再認識された。自然災害の多い我が国においても，こうした「ナショナルインフラ」ともいうべき通信基盤の整備やICTリテラシーの向上に戦略的に取り組むべきである。

(1) 児童生徒の資質・能力

子供たちの未来の成長を支えるとともに，国際的ルールを遵守する観点からも，情報社会において適正な活動を行うための基になる考え方と態度である情報モラルと必要な知識を習得させる必要がある。

(2) 教職員の指導力

令和4年度(2022年度)入学生から高等学校における「情報Ⅰ」が新たに必履修となる一方で，一部の地方では免許外教員の割合が多いなど，教師の確保と配置の適正化に課題がある。

(3) ICTの環境整備

令和4年度(2022年度)中に，全ての都道府県・政令市において，高校1年生の1人1台端末環境の整備が完了する見込みである。令和6年度(2024年度)までには，学年進行によって整備を進める自治体も含め，高校全学年の1人1台端末環境の整備が完了する予定である。

(4) 学校における働き方改革と組織・体制

OECDの調査によると，小・中学校ともに，日本の教師の1週間あたりの仕事時間の合計は参加国の中で最長であり，事務業務に係る時間が参加国の平均と比べて長い傾向にある(TALIS62018)。校務の情報化などICTの活用による校務効率化により，教師の事務業務にかける時間を減少させることが必要である。

2. 学校教育の情報化に関する基本的な方針(法第8条第2項第1号関係)

上記で記載した学校教育情報化の現状と課題に対応するため，以下の4つの基本的な方針を定めることとする。

(1) ICTを活用した児童生徒の資質・能力の育成

高等学校における「情報Ⅰ」の必履修化や，大学におけるデータサイエンス教育の充実などを踏まえ，高大接続の観点からも，小学校段階からの体系的な情報活用能力の育成が必要である。

(2) 教職員のICT活用指導力の向上と人材の確保

学校現場や教職員に対するICTの専門家による助言や支援が必須であることから，学校設置者は，教職員を支援する体制としてICT支援員の配置を充実させることが必要である。また，日本全国どの地域においても支援が行き届くようにするために，自治体間の連携を今後一層進める中で，市町村単位を越えた広域的な支援体制を構築することを目的とするGIGAスクール運営支援センターの機能を強化することが必要である。

(3) ICTを活用するための環境の整備

全ての児童生徒が，学校におけるICTの活用を「当たり前」で「日常的」なものとし，その家庭の経済的な状況，居住する地域，障害の有無等にかかわらず，ICTの恵沢を享受できる学校の教育環境を整備することが重要である。

(4) ICT推進体制の整備と校務の改善

教育長や校長がリーダーシップを発揮している地域や学校ほど，ICTの活用が進んでいるといった研究結果もあり，教育委員会や管理職が責任をもって教職員を支援する体制を築き，チームとしてGIGAスクール構想を推進することが重要である。

3．計画期間

本計画は，今後5年間に取り組むべき施策の方向性について示すものである。ただし，技術革新のスピードが速いICT分野の特性を踏まえ，必要に応じ随時更新を加えるとともに，策定から3年後を目途に見直しを行い，次期計画を策定するものとする。

●安全教育

□安全教育の流れ

安全教育は，日常生活における事件・事故，自然災害などの現状，原因及び防止方法について理解を深め，現在や将来に直面する安全の課題に対して，的確な思考・判断に基づく適切な意思決定や行動選択ができるようにする教育である。

平成13年11月に，安全教育，安全管理，組織活動の各内容を網羅して解説した総合的な資料として「学校安全資料『生きる力』をはぐくむ学校での安全教育」が作成された。その後，学校保健法の改正，学習指導要領の改訂を踏まえて平成22年3月に改訂されている。平成28年度に閣議決定された「第2次学校安全の推進に関する計画」で，国は，安全教育に関する各種参考資料の作成等に当たって，学校安全に関する変化や新たな状況などの現代的課題を踏まえる必要があるとされており，児童生徒等を取り巻く安全に関する状況が変化してきていることや，「学校事故対応に関する指針」(平成28年3月)の策定や学習指導要領の改訂等を踏まえ，平成31年3月に，各学校において，職員研修等に広く活用し，学校における安全教育の充実と適切な安全管理に役立てるように「学校安全資料『生きる力』をはぐくむ学校での安全教育」を改訂した。また令和4年2月7日には，中央教育審議会から「第3次学校安全の推進に関する計画の策定について」が答申され，学校安全に係る基本的方向性と具体的な方策を示し，各学校における安全に係る取組を総合的かつ効果的に推進することとした。本計画に基づき，安全で安心な学校環境の整備や，組織的な取組を一層充実させるとともに，安全教育を通じ，児童生徒等に，いかなる状況下でも自らの命を守り抜き，安全で安心な生活や社会を実現するために自ら適切に判断し主体的に行動する態度の育成を図ることが重要である。

言うまでもなく安全に対する取組は全ての世代において行われるべきであるが，学校安全の取組は，安全に関する資質・能力を身に付けた児童生徒等が将来社会人となり，様々な場面で活躍することを通じて，社会全体の安全意識の向上や安全で安心な社会づくりに寄与するという点で極めて重要な意義がある。

□「学校安全資料『生きる力』をはぐくむ学校での安全教育」(平成31年3月　文部科学省)

▼学校安全の意義

○　学校においては，幼児，児童及び生徒(以下「児童生徒等」という)の安全を確保するだけでなく，児童生徒等が生涯にわたって健康・安全で幸福な生活を送るための基礎を培うとともに，進んで安全で安心な社会づくりに参加し貢献できるような資質・能力を育てることが重要である。

○　全ての学校では，以下の目標に向かって，刻々と変化する自然状況や社会状況に対応し，児童生徒等を取り巻く多様な危険を的確に捉え，児童生徒等の発達の段階や学校段階，地域特性に応じた取組を継続的に着実に推進する必要がある。

① 全ての児童生徒等が，安全に関する資質・能力を身に付けることを目指す。

② 学校管理下における児童生徒等の事故に関し，死亡事故の発生件数については限りなくゼロとすることを目指すとともに，負傷・疾病の発生率については障害や重度の負傷を伴う事故を中心に減少傾向にすることを目指す。

▼学校安全の考え方

○　学校安全のねらいは，児童生徒等が自ら安全に行動し，他の人や社会の安全に貢献できる資質・能力を育成するとともに，児童生徒等の安全を確保するための環境を整えることである。

○　学校安全の領域は，「生活安全」「交通安全」「災害安全」などがあるが，従来想定されなかった新たな危機事象の出現などにも柔軟に対応し，学校保健や生徒指導など様々な関連領域と連携して取り組むことが重要である。

○　学校安全の活動は，安全教育，安全管理から構成されており，相互に関連付けて組織的に行うことが必要である。

○　学校における安全教育は，主に学習指導要領を踏まえ，学校の教育活動全体を通じて実施する。

○　学校における安全管理・組織活動は，主に学校保健安全法に基づいて実施する。

○　学校安全の推進に関する施策の方向性と具体的な方策は，5年ごとに策定する学校安全の推進に関する計画に定められている。

□「第3次学校安全の推進に関する計画について」(令和4年3月　文部科学省)

〈施策の基本的な方向性〉

○　学校安全計画・危機管理マニュアルを見直すサイクルを構築し，学校安全の実効性を高める

○　地域の多様な主体と密接に連携・協働し，子供の視点も踏まえた

安全対策を推進する
○　全ての学校における実践的・実効的な安全教育を推進する
○　地域の災害リスクを踏まえた実践的な防災教育・訓練を実施する
○　事故情報や学校の取組状況などデータを活用し学校安全を「見える化」する
○　学校安全に関する意識の向上を図る(学校における安全文化の醸成)

〈目指す姿〉
○　全ての児童生徒等が，自ら適切に判断し，主体的に行動できるよう，安全に関する資質・能力を身に付けること
○　学校管理下における児童生徒等の死亡事故の発生件数について限りなくゼロとすること
○　学校管理下における児童生徒等の負傷・疾病の発生率について障害や重度の負傷を伴う事故を中心に減少させること

〈学校安全を推進するための方策〉
1．学校安全に関する組織的取組の推進
○　学校経営における学校安全の明確な位置付け
○　セーフティプロモーションスクールの考え方も参考とし，学校安全計画を見直すサイクルの確立
○　今後想定される大規模災害など地域ごとのリスクを踏まえた危機管理マニュアルの見直し
○　学校における学校安全の中核を担う教職員の位置付けの明確化，研修の充実
○　教員養成における学校安全の学修の充実

2．家庭，地域，関係機関等との連携・協働による学校安全の推進
○　コミュニティ・スクール等の仕組みを活用した地域との協働による学校安全の推進
○　通学時の安全確保に関する地域の推進体制の構築，通学路交通安全プログラムの充実・強化等
○　SNSに係る被害，痴漢等を含む性被害の根絶に向けた防犯対策の促進

3．学校における安全に関する教育の充実

○　児童生徒等が自ら危険を予測し，回避する能力を育成する安全教育の充実，指導時間の確保
○　地域の災害リスク，正常性バイアスの学習を含めた実践的な防災教育の推進，関係機関(消防団等)との連携の強化
○　幼児期からの安全教育の充実，幼児期，特別支援学校における安全教育の好事例等の収集
○　ネット上の有害情報対策(SNSに起因する被害)，「教育職員等による児童生徒性暴力等の防止等に関する法律」等を踏まえた性犯罪・性暴力対策(生命(いのち)の安全教育)など，現代的課題に関する教育内容について，学校安全計画への位置付けを推進
4．学校における安全管理の取組の充実
○　学校における安全点検に関する手法の改善(判断基準の明確化，子供の視点を加える等)
○　学校設置者による点検・対策の強化(専門家との連携等)
○　学校施設の老朽化対策・水害対策，非構造部材の耐震対策の推進
○　重大事故の予防のためのヒヤリハット事例の活用
○　重大事故発生後の国への報告(学校事故対応に関する指針)に関する検討
5．学校安全の推進方策に関する横断的な事項等
○　学校安全に関する情報の見える化，共有，活用の推進(調査項目，調査方法の見直し等)
○　災害共済給付等データを活用した分かりやすい啓発資料の周知・効果的な活用
○　設置主体(国立・公立・私立)に関わらない，学校安全に関する研修等の情報・機会の提供
○　AIやデジタル技術を活用した，科学的なアプローチによる事故予防に関する取組の推進
○　学校安全を意識化する機会の設定の推進(各学校の教職員等の意識を高める日・週の設定)
○　国の学校安全に関する施策のフォローアップ体制の充実

教育原理　**学習理論**

実施問題

【1】バズ学習の説明文として誤っているものを，次の1～5のうちから一つ選べ。

1　バズ学習では，学級の中を複数の少人数グループに分けて，小集団で討議による問題解決を行わせる。

2　バズ学習はアロンソンが提唱した分担・教え合いによる協同学習である。

3　一般に，多人数による集団討議では自由な発言が疎外されたり，実質的に参加しない者が出てきたりするが，バズ学習ではそのような欠点を補うことができる。

4　バズ学習の授業の流れは，課題提示，個人学習，バズセッション，全体学習，教師のまとめ，が一般的である。

5　バズ集団メンバーの知能が高いことより，知能個人差が大きいことの方が，集団の構造的発達や学習効果に有利であるとされる。

2024年度 **大分県** **難易度**

【2】次の文は，学習の理論について述べたものである。文中の(　①　)，(　②　)に入る人物を以下のア～オから一つずつ選び，記号で答えなさい。

イヌの唾液腺の消化機能を研究する中で，学習とは刺激と反応の新たな結びつきであることを発見し，レスポンデント条件づけ(古典的条件づけ)理論を確立した(　①　)に対し，レバーを押すたびに餌が出る実験装置によってオペラント条件づけ(道具的条件づけ)を理論化したのが，スキナーである。

オペラント条件づけでは，学習者が受ける賞・罰の強化が学習成立に不可欠だった。しかし，人間は他人の経験を見たり聞いたりするだけでその経験を取り入れることができることを踏まえ，(　②　)は直接経験のみでなく，他の人が学習する場面を観察するという代理経験によっても学習が成立することを示した。

ア　ケーラー　　　イ　トールマン　　　ウ　パブロフ

エ　バンデューラ　　オ　ソーンダイク

▌2024年度 ▌静岡県・静岡市・浜松市 ▌難易度 ■■■□□

【3】次の□内の文は，教師と子どもの関係にかかわる現象に関する説明である。この現象の名称として，最も適当なものを，以下の選択肢から1つ選び，番号で答えなさい。

ローゼンタールらの小学校の実験によって示唆された，教師が高い期待をもつ学習者に対して，正答への賞賛やつまずきに対する支援など学力が高まることにつながる行動をとることで，当該学習者の能力の向上につながるという現象。

1　期待×価値理論　　2　ピグマリオン効果　　3　ハロー効果
4　ゴーレム効果　　5　発達加速現象

▌2024年度 ▌宮崎県 ▌難易度 ■■■□□

【4】次の(ア)～(エ)の記述について，最も関連する人物および学習を，それぞれの語群より選んだときの組合せを，以下の選択肢から1つ選び，番号で答えなさい。

(ア)　学習の認知説を学校の学習に適用した例であり，学習すべき法則や原理を学習者自らが自発的に見出すことを重視した学習である。理科の授業でしばしば用いられる仮説実験授業は，この学習の考え方に対応した授業方法である。

(イ)　子どもの個人差を考慮して，十分に注意深く体系的に授業を行い，学習する時間を十分に与えて子どもを援助すれば，どの子どもも学習内容が理解できるという考えをもとに展開された。

(ウ)　一斉授業にみられるような，子どもに授業内容を伝達し，授業内容の最終形態を子どもに直接与える授業において，子どもが学習材料を自分の知識に関連づけて理解する学習である。

(エ)　連合説を学校の学習に適用した例であり，ティーチング・マシンの普及とともに広まった。一般的には，スモール・ステップの原理，積極的反応の原理，即時確認の原理などの基本的な原理から構成されている。

【人物の語群】

Ⅰ：オーズベル

Ⅱ：ブルーナー

Ⅲ：スキナー

Ⅳ：ブルーム

【学習の語群】

A：プログラム学習

B：発見学習

C：完全習得学習

D：有意味受容学習

1 (ア)－Ⅳ－D　2 (イ)－Ⅱ－C　3 (ウ)－Ⅱ－B

4 (エ)－Ⅲ－A　5 (ア)－Ⅰ－B

2024年度 宮崎県 難易度

【5】次のア～ウの文に最も関連の深い語句を以下の語群からそれぞれ選び，記号で答えよ。

ア　キャッテルの提唱した2種類の知能のうち，教育や経験を通して獲得された知能。

語群　1　流動性知能　2　内省的知能　3　情動的知能

4　結晶性知能

イ　測定したい特性が正規分布曲線に従うという仮定に基づいて評価を行う方法。集団内での位置を示す指標としてz得点や偏差値が使用される。

語群　1　絶対評価　2　相対評価

3　ポートフォリオ評価　4　パフォーマンス評価

ウ　オペラント条件づけにおける強化と罰の一つであり，刺激の除去によって反応が増加すること。その代表例として，逃避行動や回避行動の増加や維持があげられる。

語群　1　正の強化　2　正の罰　3　負の強化　4　負の罰

2024年度 山口県 難易度

【6】次の①～⑤で説明されている学習(活動)の形態に関する記述のうち，誤っているものを一つ選べ。

① 一斉学習とは，学級の全員が一人の教師の下で，同一内容を同一進度で学習する学習形態である。

② 一斉学習では，学習者相互の関係は薄いものの，多人数を経済的に教育しうるので，義務教育制度の発達とともに学校の学習形態の主流となった。

③ 一斉学習では，それぞれの子どもの能力・学力・理解の正確な把握に基づいて，その実態に即した個別の教材の提示と多様な指導法によって，知識・技能の習得が目指される。

④ 小集団学習(活動)では，活動の種類によって主に学習班と生活班に分けられるが，その人数や期間は目的に応じてさまざまである。

⑤ 小集団学習(活動)は，少人数による対面的接触が密接なため，お互いの理解が容易でありかつ深めやすいなどの意義を有するが，成員間に協同的な人間関係が生まれるようにすることなど，教師の意図的，計画的な働きかけが不可欠である。

▌2024年度 ▌島根県 ▌難易度 ■■■□□

【7】「ある行動に対して満足な結果が得られれば，その状況と行動との結びつきは強まり，逆に不快な結果が得られるなら，その状況と行動との結びつきは弱まる」という「効果の法則」を唱えたアメリカの教育心理学者は誰か。次の①～⑤から1つ選び，番号で答えなさい。

① パブロフ　② スキナー　③ ソーンダイク

④ ケーラー　⑤ トールマン

▌2024年度 ▌熊本県 ▌難易度 ■■■□□

【8】教育活動の過程で，中間的成果を把握したり，活動状況をモニターしたりして，その時点で必要な手だてを講じたり，活動の軌道修正を図ったりする評価活動を何と言うか。次の①～⑤から1つ選び，番号で答えなさい。

① 絶対評価　② 相対評価　③ 診断的評価

④ 形成的評価　⑤ 総括評価

▌2024年度 ▌熊本県 ▌難易度 ■■■□□

【9】「反転授業」の説明文として誤っているものはどれか。次の1～6から1つ選べ。

1　反転授業とは，従来は教室の中で行われていた授業学習と，演習や課題など宿題として課される授業外学習とを入れ替えた教授学習の様式である。

2　反転授業は，アメリカで二人の教師が2007年に自身の講義を録画して授業前に視聴させ，授業中に理解度チェックや個別指導を行ったことをマスメディアが取り上げたことが契機になり，一般に知られるようになった。

3　反転授業は，学習者自己ペースの原理などの，スキナーが開発したプログラム学習の方法原理に基づいている。

4　反転授業の形態には，オンライン授業と対面式授業を組み合わせたブレンド型学習がある。

5　反転授業には，従来の授業相当分の学習をオンラインですることによって，知識の定着や応用力の育成を重視した対面授業の設計が可能になるという長所がある。

6　反転授業には，学習者が予習をしてくることが必須であるが，それを徹底することが困難であるという短所がある。

▌2024年度▌奈良県▌難易度■■■□□

【10】次の各文のうち，教授法・学習法に関する記述の内容として正しいものを○，誤っているものを×とした場合，正しい組合せはどれか。1～5から一つ選べ。

A　アメリカの心理学者であるソーンダイク(Thorndike, E. L.)は，児童生徒が当面している問題の解決への努力を通して，経験や知識を再構成し，発展させて子どもの自主的，創造的，批判的な思考能力を高めようとする「問題解決学習」という学習法を提唱した。

B　アメリカの心理学者であるブルーナー(Bruner, J. S.)は，学習者が能動的にその知識の生成過程をたどることにより，知識を発見し学習する「発見学習」という学習法を提唱した。

C　ドイツの心理学者であるケーラー(Köhler, W.)は，一斉指導の過程で，形成的評価を行い，一人一人の子どもの学習状況を診断しながら，個別指導の補充プログラムや深化プログラムを取り入れて再学習を行い，総括的評価を行うことにより，共通の到達目標基準を達成していく「完全習得学習」という学習法を提唱した。

D　アメリカの心理学者であるオーズベル(Ausubel, D. P.)は，新しく習得が求められる学習内容を，学習者自身がもつ内的な認知構造と意味づけて関連づけながら受け入れていく「有意味受容学習」という学習法を提唱した。

	A	B	C	D
1	○	×	○	×
2	×	○	×	○
3	×	○	○	×
4	○	○	×	×
5	○	×	×	○

▌2024年度 ▌大阪府・大阪市・堺市・豊能地区 ▌難易度

【11】次は，有意味受容学習について説明したものである。この学習法を提唱した人物をA群から，文中の(　　)にあてはまる語句をB群からそれぞれ一つずつ選べ。

> 有意味受容学習は，意味を有する教材を用い，学習されるべきすべての内容を明確に最終形態として呈示し，学習者は各自の認知構造に関連づけながら受容してゆく，学習に最適な教授法であるとする。受容には学習者の知識体系，認知構造の状態が関連すると考えられるので，受容されやすい情報の呈示が必要となる。適切な(　　)の導入によって，新しい学習が認知構造内に無理なく取り入れられるとする。

A郡　①　ブルーナー(Bruner,J.S.)　②　バートレット(BartLett,F.C.)
　　③　スキナー(Skinner,B.F.)　④　オーズベル(Ausubel,D.P.)

B群　⑤　即時フィードバック　⑥　先行オーガナイザー
　　⑦　モデリング　⑧　インプリンティング

▌2024年度 ▌秋田県 ▌難易度

【12】学習指導に関する記述として適切ではないものを，次の①～④のうちから選びなさい。

① ジグソー学習とは，グループの一人ひとりが知識をもち寄ることで，学習課題を完成させる方法であり，アロンソンらによって考案された。

② 発見学習とは，教師が知識を直接教えるのではなく，児童生徒が自らそれを発見し，習得することを意図した学習方法であり，ブルーナーによって提唱された。

③ プログラム学習とは，学習内容を細かいステップに分けて配列し，一人ひとりの学習者が各ステップを順番にこなしていくことで最終目標を達成できるようにする方法であり，スキナーによって考えられた。

④ 機械的学習とは，教師が児童生徒の既存知識と関連づけながら学習内容を教授していく方法であり，オーズベルによって提唱された。

▌2024年度 ▌神奈川県・横浜市・川崎市・相模原市 ▌難易度 ■□□□□

解答・解説

【１】2

○解説○ バズ学習は，アロンソンではなくフィリップスにより創案された。アロンソンはジグソー法を考案した。

【２】① ウ ② エ

○解説○ ① パブロフは，19世紀から20世紀に活躍した帝政ロシア・ソビエト連邦の生理学者であり，ノーベル生理学・医学賞を受賞した。
② バンデューラは，学習者自身の経験によらない学習として社会的学習理論を提唱し，ボボ人形実験によって，他の人が学習する場面を観察するという代理経験によっても学習が成立することを示した。
ア ケーラーはゲシュタルト心理学者であり，チンパンジーの行動実

験より洞察学習を提唱した。　イ　トールマンは学習における認知的側面の重要性を指摘し，目的論的行動主義を提唱した。　オ　ソーンダイクは，ネコの問題箱実験より試行錯誤学習を提唱した。

【3】2

○**解説**○　問題文中の「ローゼンタールらの小学校での実験によって示唆された」，「教師が高い期待を持つ学習者に……学力が高まることにつながる行動をとる」からピグマリオン効果とわかる。

【4】4

○**解説**○　(ア)　問題文中の「学習の認知説を学校の学習に適用した例」，「学習すべき法則や原理を学習者自らが自発的に見出すことを重視」に注目すると，「発見学習」とわかる。発見学習の提唱者はブルーナーである。　(イ)　問題文中の「子どもの個人差を考慮して，十分に注意深く体系的に授業を行い，学習する時間を十分に与えて子どもを援助すれば」に注目すると「完全習得学習」とわかる。発見学習の提唱者はブルームである。　(ウ)　問題文中の「子どもが学習材料を自分の知識に関連づけて理解する」に注目すると「有意味受容学習」とわかる。有意味受容学習の提唱者はオーズベルである。　(エ)　問題文中の「連合説を学校の学習に適用した例」「一般的には，スモール・ステップの原理，積極的反応の原理，即時確認の原理」からオペラント条件づけを応用した「プログラム学習」とわかる。プログラム学習の提唱者はスキナーである。

【5】ア　4　　イ　2　　ウ　3

○**解説**○　ア　キャッテルが提唱した知能は肢4の結晶性知能と肢1の流動性知能である。結晶性知能は個人の経験や学校での教育等による知識に基づく知能，流動性知能は臨機応変，問題解決に必要とされる知能である。問題解決場面で新規なアイディアを生み出したり，新しい環境に適応したりするときに発揮される知的能力であり，「フレキシブル」という言葉と結び付けて覚えるとよい。　イ　教育評価のうち，学級や全国の同一学年など当該の生徒が属している集団の中での相対的な位置で評価するのが相対評価である。相対的な位置の算出は統計学的枠組みを用いて行われる。なお，ある基準を達成できたかどうか(例えば，100点満点の試験で得点が80点以上であればA評価とする)で評価する方法が絶対評価であり，クラス全員がA評価ということが起こりうる。ポートフォリオ評価とは，レポートや作文などの学習成果のアウトプットや生徒の自己評価記録，教師の指導記録等をデータとして，当該児童の到達点や今後の課題等を評価する教育評価法，パフォーマンス評価は，スキルや知識がどの程度使いこなせるか(ようになったか)という基準による教育評価である。　ウ　オペラント条件づけでは，ある行動の結果生じた環境変化により，その行動が増加する場合，その環境変化を強化といい，逆に減少する場合の環境変化を罰という。また，エサや電気ショックが与えられる場合に「正の」という修飾語が用いられ，電気ショックが除去される場合には「負の」という修飾語が用いられる。以上より，「刺激の除去」という記述より「負の」という修飾語が適切で，「行動の増加」という記述より「強化」であることがわかる。

【6】③

○**解説**○ 主な学習形態には，一斉学習，小集団学習，個別学習などがある。一斉学習は，基礎的・基本的な事項の説明や指示などによって，教師から直接的に働きかけ，知識や技能を伝える際に効率的な学習形態である。③は個別学習についての記述である。一斉学習，小集団学習，個別学習を，指導の実情に応じて適切に組み合わせることで，学習効果を上げていくことが大切である。

【7】③

○**解説**○ ソーンダイクは，ネコの問題箱実験から試行錯誤学習を提唱し，その説明として，試行した反応のうち効果のあったものが繰り返され定着し，逆に錯誤のみもたらす効果のない反応は行われなくなっていくという効果の法則を唱えた。なお，①のパブロフは条件反射を発見したロシア・ソビエト連邦の生理学者，②のスキナーはオペラント条件づけを体系化したアメリカの心理学者，④のケーラーはゲシュタルト心理学の創始者のひとりであり，洞察学習を提唱したドイツの心理学者，⑤のトールマンは，認知的な考えを取り入れた目的論的行動主義を唱えたアメリカの心理学者である。

【8】④

○**解説**○ 形成的評価は，単元や学期の途中など，学習が形成されていくプロセスの中で行われる評価であり，児童生徒の理解の程度や，それを受けて授業の改善や軌道修正が可能になる。問題文中の「教育活動の過程」，「中間的成果を把握」，「活動状況をモニター」，「活動の軌道修正」に注目すると，④形成的評価であることがわかる。なお，①絶対評価は，予め設定された評価基準に到達できたかどうかで評価する教育評価法であり，②相対評価は，当該の児童生徒が所属している集団内での順位づけによる教育評価法，③診断的評価は，学年・学期はじめや単元はじめに行われ，前提となる基礎学力等を「診断する」教育評価法，⑤総括評価は，学年・学期おわりや単元のおわりに行われる総合評価であり，児童生徒にどの程度の学力がついたかを査定することを目的とする教育評価法である。

【9】3

○**解説**○ 反転授業とは，授業に先立って自宅において動画などで学習し，授業ではその知識を活用して学ぶ活動を行う新しいスタイルの授業であり，アクティブラーニング(能動学習)の一つであるといえる。

3　スキナーが提唱したのはプログラム学習で，児童生徒にプログラムを与えて，個別に自分のペースで学習を進めながら，自発的に目標に到達させる学習方法である。

【10】2

○**解説**○ A「問題解決学習」を提唱した人物としては，アメリカの哲学者・教育学者であるデューイが有名である。ソーンダイクは，学習を試行錯誤の過程とみなす結合主義的学習理論や教育測定運動の中心人物として知られている。　C「完全習得学習」を提唱したのは，アメリカの教育心理学者のブルームである。ケーラーが提唱したのは「洞察学習」で，状況を観察・理解することで問題解決に至り学習が成立するとした。

【11】A群…④　B群…⑥

○解説○ 学習理論の観点からいえば，ブルーナーは発見学習を体系的に提起し，バートレットはスキーマの概念を提唱し，スキナーはオペラント条件付けの理論を元にプログラム学習を考案した人物である。また，即時フィードバックは，プログラム学習の一環として，学習者への問題提起(刺激)→学習者の反応(行動)→反応に対する即時フィードバック(報酬or罰)という流れに位置づくもの。モデリングは，自分自身の体験だけでなく，他者の体験を観察・模倣することによっても学習することを説いた理論。インプリンティングは，刷り込みや刻印づけともいい，動物が生まれてから早い時期にみられる学習の一形式をいう。

【12】④

○解説○「機械的学習」という箇所が誤りで，正しくは「有意味受容学習」である。オーズベルは，学習のタイプを有意味学習と機械的学習に整理した。機械的学習は，新しい学習を学ぶたびに，繰り返しによって機械的に記憶する学習を指す。一方，有意味学習は，未知の問題や新しい課題に取り組む際に既知の知識を関連付けながら活用した学びを指す。有意味受容学習を行うためには，学習に先立って関連する情報を与えることが必要となる。その情報を「先行オーガナイザー」と呼ぶ。

教育原理　特別支援教育

実施問題

【1】次の文章は,「『令和の日本型学校教育』の構築を目指して～全ての子供たちの可能性を引き出す,個別最適な学びと,協働的な学びの実現～」(令和3年1月26日中央教育審議会答申)の「第Ⅱ部　各論　4. 新時代の特別支援教育の在り方について　(1)　基本的な考え方」の一部である。文中[　1　]～[　3　]にあてはまる語を,それぞれ以下の①から⑤までの中から一つずつ選び,記号で答えよ。

○　特別支援教育は,障害のある子供の自立や社会参加に向けた主体的な取組を支援するという視点に立ち,子供一人一人の[　1　]を把握し,その持てる力を高め,生活や学習上の困難を改善又は克服するため,適切な指導及び必要な支援を行うものである。また,特別支援教育は,[　2　]子供も含めて,障害により特別な支援を必要とする子供が在籍する全ての学校において実施されるものである。

○　一方で,少子化により学齢期の児童生徒の数が減少する中,特別支援教育に関する理解や認識の高まり,障害のある子供の就学先決定の仕組みに関する制度の改正等により,通常の学級に在籍しながら[　3　]による指導を受ける児童生徒が大きく増加しているなど,特別支援教育をめぐる状況が変化している。また,今般の新型コロナウイルス感染症の拡大による臨時休業により特別支援学校を始めとする学校が障害のある子供にとってのセーフティネットとしての役割を果たすなど,社会全体で特別支援教育が果たしている機能や役割等が再認識されるとともに,特別支援学校等だけでその全ての期待に応えることの難しさなど,今後の課題も明らかになりつつある。

[　1　]　①　教育的ニーズ　②　意向　③　気持ち　④　希望　⑤　個性

[　2　]　①　いじめの被害を受けている　②　不登校の　③　生徒指導上配慮が必要である　④　外国にルーツのある　⑤　発達障害のある

[　3　]　①　通級　②　ICT

③ オンライン　④ 特別支援教育を行う支援員
⑤ 特別支援学校

2024年度 沖縄県 難易度

【2】次の各文のうち，「『令和の日本型学校教育』の構築を目指して～全ての子供たちの可能性を引き出す，個別最適な学びと，協働的な学びの実現～(答申)」(令和3年1月　中央教育審議会)の中の，関係機関の連携強化による切れ目ない支援の充実に関する記述の内容として誤っているものはどれか。1～5から一つ選べ。

1　特別支援教育を受けてきた子供の指導や合理的配慮の状況等を，個別の教育支援計画等を活用し，学校間で適切に引き継ぎ，各学校における障害に配慮した適切な指導につなげることが重要である。その際，個別の指導計画との趣旨の違いに留意しながら，共通して引き継がれるべき事項をより明確にするとともに，統合型校務支援システムの活用を図るなど教育のデジタル化の動向も踏まえた環境整備を行うことが必要である。

2　早期からのキャリア教育では，保護者や身近な教師以外の大人とのコミュニケーションの機会や，自己肯定感を高める経験，産業構造や進路を巡る環境の変化等の現代社会に即した情報等について理解を促すような活動が自己のキャリア発達を促す上で重要であることから，その実施に当たっては，地域の就労関係機関との連携等による機会の確保の充実が必要である。

3　特別な支援が必要な子供に対して，幼児教育段階からの一貫した支援を充実する観点からも保健・医療・福祉・教育部局と家庭との一層の連携や，保護者も含めた情報共有や保護者支援のための具体的な連携体制の整備を進める必要がある。その際，提供される合理的配慮がそれぞれ異なる点に留意し，障害のある子供に対する支援に係る情報や相談窓口の情報については，その子供の保護者にのみ情報提供を行うことが重要である。

4　就職後の定着を図るため，関係機関・関係者間で必要な配慮等の確実な引継ぎがなされるよう，教育における個別の教育支援計画と，福祉におけるサービスの利用計画や事業所の個別支援計画，労働における移行支援計画とが一体的に情報提供や情報共有ができるような仕組みの検討や，就職時及び就職後のアフターケアなどの就労支援の充実が必要である。

5　医療的ケアが必要な子供への対応については，安心して学校で学ぶことができるよう，また，その保護者にも安全・安心への理解が得られるよう，学校長の管理下において，一丸となって学校における医療的ケアの実施体制を構築していくことが重要である。その際，新型コロナウイルス感染症をはじめとする感染症への対応についても留意するとともに，災害発生時にも必要な医療的ケアを継続できるよう，平時から準備を整えることが重要である。

2024年度 ▎大阪府・大阪市・堺市・豊能地区 ▎難易度

【3】次の文は，「『令和の日本型学校教育』の構築を目指して～全ての子供たちの可能性を引き出す，個別最適な学びと，協働的な学びの実現～(答申)」(令和3年1月　中央教育審議会)の特別支援教育を担う教師の専門性向上についての記述である。適切でないものを①～④から選び，番号で答えよ。

① 全ての教師には，障害の特性等に関する理解と指導方法を工夫できる力や，個別の教育支援計画・個別の指導計画などの特別支援教育に関する基礎的な知識・合理的配慮に対する理解等が必要である。

② 障害のある人や子供との触れ合いを通して，障害者が日常生活又は社会生活において受ける制限は本人の障害の特性により起因しており，社会における様々な理解と支援によって克服されるという考え方，いわゆる「社会モデル」の考え方を踏まえ，障害による学習上又は生活上の困難について本人の障害の特性を踏まえて捉え，それに対する必要な支援の内容を社会の人々と共に考えていくような資質・能力の育成が求められる。

③ 目の前の子供の障害の状態等により，障害による学習上又は生活上の困難さが異なることを理解し，個に応じた分かりやすい指導内容や指導方法の工夫を検討し，子供が意欲的に課題に取り組めるようにすることが重要である。その際，困難さに対する配慮等が明確

ならない場合などは，専門的な助言又は援助を要請したりするなどして，主体的に問題を解決していくことができる資質や能力が求められる。

④　管理職や特別支援教育コーディネーター等が中心となり，全ての教師が日々の勤務の中で必要な助言や支援を受けられる体制を構築することが重要である。

▌2024年度 ▌神戸市 ▌難易度 ■■■□□

【4】「共生社会の形成に向けたインクルーシブ教育システム構築」について説明した次の文のうち，正しいものの組合せはどれか。①～⑤のうちから1つ選びなさい。

ア 「インクルーシブ教育システム」とは，「障害者の権利に関する条約」の中で提唱された，障害のある者と障害のない者が共に学ぶ仕組みである。

イ 「インクルーシブ教育システム」を構築することにより，就学基準に該当する障害のある子どもは，原則，特別支援学校に就学する仕組みに改められた。

ウ 「インクルーシブ教育システム」を推進していくためには，多様な学びの場として，通常の学級，通級による指導，特別支援学級，特別支援学校それぞれの環境整備の充実を図っていくことが必要である。

エ 医療的ケアを必要とする子どもについては，必ず特別支援学校に就学する仕組みになっている。

オ 「インクルーシブ教育システム」の理念の下では，障害のある子どもと障害のない子どもが，できるだけ同じ場で共に学ぶことを目指すため，授業内容を理解することよりも一緒に活動することを優先させた授業づくりが求められる。

①　ア　イ　②　ア　ウ　③　イ　エ　④　ウ　オ
⑤　エ　オ

▌2024年度 ▌群馬県 ▌難易度 ■■□□□

【5】次の文は,「新しい時代の特別支援教育の在り方に関する有識者会議報告」(令和3年1月　文部科学省)の「Ⅲ. 特別支援教育を担う教師の専門性の向上　1. 全ての教師に求められる特別支援教育に関する専門性」の一部である。文中の(　①　)~(　④　)に該当する語句の組み合わせとして正しいものを,以下の1~5から一つ選びなさい。

全ての教師には,障害の特性等に関する理解と(　①　)を工夫できる力や,個別の教育支援計画・個別の指導計画などの特別支援教育に関する基礎的な知識,合理的配慮に対する理解等が必要である。

加えて,障害のある人や子供との(　②　)を通して,障害者が日常生活又社会生活において受ける制限は,障害により起因するものだけではなく,社会における様々な(　③　)と相対することによって生ずるものという考え方,いわゆる「(　④　)」の考え方を踏まえ,障害による学習上又は生活上の困難について本人の立場に立って捉え,それに対する必要な支援の内容を一緒に考え,本人自ら合理的配慮を意思表明できるように促していくような経験や態度の育成が求められる。

1　①　指導方法　②　交流　③　差別　④　個人モデル
2　①　指導方法　②　触れ合い　③　障壁　④　社会モデル
3　①　対応方法　②　交流　③　障壁　④　個人モデル
4　①　対応方法　②　触れ合い　③　差別　④　社会モデル
5　①　対応方法　②　触れ合い　③　障壁　④　個人モデル

▌2024年度 ▌高知県 ▌難易度 ■■■□□

【6】次の文は,「障害のある子供の教育支援の手引~子供たち一人一人の教育的ニーズを踏まえた学びの充実に向けて~」(令和3年6月　文部科学省)から一部を抜粋したものである。(　①　)~(　⑤　)に入る語句を以下の(ア)~(シ)からそれぞれ1つ選び,その記号で答えなさい。

障害のある子供が,(　①　)として,生涯にわたって様々な人々と関わり,主体的に社会参加しながら心豊かに生きていくことができるようにするためには,教育,医療,福祉,保健,労働等の各分野が一体となって,社会全体として,その子供の(　②　)を生涯にわたって教育支援していく体制を整備することが必要である。

　このため，早期から始まっている教育相談・支援を就学期に円滑に引き継ぎ，障害のある子供一人一人の精神的及び身体的な能力等をその可能な最大限度まで発達させ，学校卒業後の地域社会に主体的に参加できるよう移行支援を充実させるなど，(　③　)教育支援が強く求められる。

　障害のある子供一人一人の(　④　)を把握・整理し，適切な指導及び必要な支援を図る特別支援教育の理念を実現させていくためには，早期からの教育相談・支援，就学相談・支援，就学後の継続的な教育支援の全体を「(　③　)教育支援」と捉え直し，(　⑤　)教育支援計画の作成・活用等の推進を通じて，子供一人一人の(　④　)に応じた教育支援の充実を図ることが，今後の特別支援教育の更なる推進に向けた基本的な考え方として重要である。

(ア)　選択　　(イ)　特質　　(ウ)　自立
(エ)　個別の　　(オ)　統合的な　　(カ)　多面的な
(キ)　地域社会の一員　　(ク)　生育環境　　(ケ)　社会の形成者
(コ)　教育的ニーズ　　(サ)　一貫した　　(シ)　柔軟な

■2024年度■佐賀県■難易度■■■□□

【7】次の文章は，「障害のある子供の教育支援の手引」(令和3年6月　文部科学省)の第2編　就学に関する事前の相談・支援，就学先決定，就学先変更のモデルプロセスの「第4章　就学後の学びの場の柔軟な見直しとそのプロセス　2　個に応じた適切な指導の充実」の一部である。文中の(　A　)～(　D　)に入る語句の正しい組合せを，以下の1～5のうちから一つ選べ。なお，同じ記号には同じ語句が入るものとする。

　障害のある子供一人一人に応じた適切な指導を充実させるためには，各学校や学びの場で編成されている(　A　)を踏まえ，個別の指導計画を作成し，各教科等の指導目標，指導内容及び指導方法を明確にして，適切かつきめ細やかに指導することが必要である。
　個別の指導計画は，(B)において，通級による指導，特別支援学級，特別支援学校での作成が義務付けられている。また，通常の学級に在籍する障害のある子供等の各教科等の指導に当たっても，個別の指導計画の作成に努めることが示されている。
　この個別の指導計画に基づいて，障害のある子供に対する各教科や(C)等の指導が行われるが，〈略〉個別の指導計画の計画(Plan)―実践(Do)―評価(Check)―(D)(Action)のサイクルにおいて，学習状況や結果を適宜，適切に確認して評価を行い，それを踏まえた必要な(D)を行うことが大切である。

	A	B	C	D
1	年間指導計画	学習指導要領	特別活動	改善
2	教育課程	学習指導要領	自立活動	改善
3	教育課程	学校教育法	自立活動	改善
4	教育課程	学習指導要領	特別活動	実行
5	年間指導計画	学校教育法	特別活動	実行

▌2024年度 ▌大分県 ▌難易度 ■■■□□

【8】「障害のある子供の教育支援の手引～子供たち一人一人の教育的ニーズを踏まえた学びの充実に向けて～(令和3年6月　文部科学省初等中等教育局特別支援教育課)」で述べられている就学に関する新しい支援の方向性として最も適切なものを，次の①～⑤の中から一つ選べ。

① インクルーシブ教育システムの構築のためには，障害のある子供と障害のない子供が，可能な限り異なる場で，それぞれの発達の程度に合わせて学ぶことを目指すことが必要である。

② インクルーシブ教育システムを構築するための環境整備として，子供一人一人の自立と社会参加を見据えて，その時点での教育的ニーズに最も的確に応える指導を提供できる，多様で柔軟な仕組みを整備することが重要である。

③ 教育的ニーズに最も的確に応える指導を行うためには，通級によ

る指導ではなく，小中学校等における通常の学級，特別支援学級や，特別支援学校といった，連続性のある「多様な学びの場」を用意していくことが必要である。

④　教育的ニーズを整理するには，障害の状態等，特別な指導内容，性別の三つの観点を踏まえることが大切である。

⑤　本人や保護者の意見ではなく，教育学，医学，心理学等専門的見地からの意見，学校や地域の状況等を踏まえた総合的な観点から，就学先の学校や学びの場を判断することが必要である。

2024年度　岐阜県　難易度

【9】次の文章は，「障害のある子供の教育支援の手引～子供たち一人一人の教育的ニーズを踏まえた学びの充実に向けて～」(令和3年6月　文部科学省)の「第2編　就学に関する事前の相談・支援，就学先決定，就学先変更のモデルプロセス」「第6章　就学に関わる関係者に求められるもの～相談担当者の心構えと求められる専門性～」「3　関係者に求められること」「(4)　学校関係者に求められること」の抜粋である。(　a　)～(　c　)にあてはまる語句の組み合わせとして正しいものを，①～⑥の中から一つ選びなさい。

小中学校等及び特別支援学校についても，就学前からの支援を受け継ぐ機関として，障害のある子供への教育支援に対し，幅広く関与していく姿勢が求められる。また，障害のある子供への義務教育の実施を担当する責任はもちろん，就学後における障害の状態等の変化に対しても，各学校の関係者が主体的に子供の(　a　)の変化の把握等のフォローを行っていく必要がある。

これらの前提として，全ての教員は，特別支援教育に関する一定の知識・技能を有していることが求められる。特に，(　b　)に関する一定の知識・技能は，多くの小中学校等の通常の学級に(　b　)の可能性のある子供の多くが在籍していることから，必須である。

また，特別支援学校については，小中学校等の教員への支援機能，特別支援教育に関する相談・情報提供機能，障害のある子供への指導・支援機能，関係機関等との連絡・調整機能，小中学校等の教員に対する研修協力機能，障害のある子供への施設設備等の提供機能といった(　c　)機能を有しており，その一層の充実を図るとともに，更なる専門性の向上に取り組む必要がある。

	a	b	c
①	教育的ニーズ	知的障害	センター的
②	実態	発達障害	補助的
③	教育的ニーズ	発達障害	センター的
④	実態	知的障害	補助的
⑤	教育的ニーズ	発達障害	補助的
⑥	実態	発達障害	センター的

2024年度　三重県　難易度

【10】「障害のある子供の教育支援の手引～子供たち一人一人の教育的ニーズを踏まえた学びの充実に向けて～(令和3年6月　文部科学省)」では，障害のある子供の教育支援の基本的な考え方について，次のとおり述べられている。文中の(　①　)～(　④　)に入る語句を以下のア～クから一つずつ選び，記号で答えなさい。ただし，同じ番号の(　　)には同じ語句が入る。

障害のある子供が，地域社会の一員として，生涯にわたって様々な人々と関わり，主体的に社会参加しながら心豊かに生きていくことができるようにするためには，教育，医療，福祉，保健，労働等の各分野が一体となって，社会全体として，その子供の自立を生涯にわたって教育支援していく体制を整備することが必要である。

このため，早期から始まっている(　①　)・支援を就学期に円滑に引き継ぎ，障害のある子供一人一人の精神的及び身体的な能力等をその可能な最大限度まで発達させ，学校卒業後の地域社会に主体的に参加できるよう移行支援を充実させるなど，(　②　)が強く求められる。

障害のある子供一人一人の教育的ニーズを把握・整理し，適切な指導及び必要な支援を図る特別支援教育の理念を実現させていくためには，早期からの(　①　)・支援，就学相談・支援，就学後の継続的な教育支援の全体を「(　②　)」と捉え直し，(　③　)の作成・活用等の推進を通じて，子供一人一人の教育的ニーズに応じた教育支援の充実を図ることが，今後の特別支援教育の更なる推進に向けた基本的な考え方として重要である。

(　③　)の作成・活用等により，障害のある子供一人一人について，

・教育的ニーズの整理*
・支援の目標や(　④　)を含む必要な支援の内容の検討*
・関係者間の情報共有の促進と共通認識の醸成*
・家庭や医療，福祉，保健，労働等の関係機関との連携強化*
・教育的ニーズと必要な支援の内容の定期的な見直し等による継続的な支援*

などの効果が期待でき，その取組を強力に推進していくことは，特別支援教育の理念の実現につながるものである。

(注)　＊は引用文の体裁を変更している。

ア　基礎的環境整備　　イ　一貫した教育支援
ウ　切れ目ない支援　　エ　個別の教育支援計画
オ　特別な指導　　カ　教育上の合理的配慮
キ　個別の指導計画　　ク　教育相談

2024年度　静岡県・静岡市・浜松市　難易度

【11】次の文章は，「障害のある子供の教育支援の手引～子供たち一人一人の教育的ニーズを踏まえた学びの充実に向けて～」(令和3年6月　文部科学省)からの抜粋である。文章中の空欄(　①　)～(　④　)に当てはまる語句を正しく組み合わせているものはどれか，以下のア～オから1つ選びなさい。

学校教育は，障害のある子供の自立と社会参加を目指した取組を含め，「(　①　)」の形成に向けて，重要な役割を果たすことが求められている。そのためにも「(　①　)」の形成に向けた(　②　)構築のための特別支援教育の推進が必要とされている。

(　②　)の構築のためには，障害のある子供と障害のない子供が，可能な限り同じ場で共に学ぶことを目指すべきであり，その際には，それぞれの子供が，授業内容を理解し，学習活動に参加している(　③　)をもちながら，充実した時間を過ごしつつ，(　④　)を身に付けていけるかどうかという最も本質的な視点に立つことが重要である。

	①	②	③	④
ア	共生社会	インクルーシブ教育システム	実感・達成感	生きる力
イ	共生社会	インクルーシブ教育システム	自己肯定感	自ら学ぶ力
ウ	共生社会	合理的配慮体制	実感・達成感	自ら学ぶ力
エ	協働社会	インクルーシブ教育システム	実感・達成感	自ら学ぶ力
オ	協働社会	合理的配慮体制	自己肯定感	生きる力

▌2024年度▌京都府▌難易度■■■□□□

【12】「障害のある子供の教育支援の手引～子供たち一人一人の教育的ニーズを踏まえた学びの充実に向けて～」(令和3年6月　文部科学省)の「第1編　障害のある子供の教育支援の基本的な考え方」に示されている合理的配慮についての説明として誤っているものを，次の1～5から1つ選べ。

1. 障害のある子供が，他の子供と平等に「教育を受ける権利」を享有・行使することを確保するために行われる。
2. 日本の学校教育においては，学校の設置者及び学校が必要かつ適当な変更・調整を行う。
3. 障害のある子供に対し，その状況に応じて，学校教育を受ける場合に個別に必要とされるものである。
4. 合理的配慮の提供は，国の行政機関・地方公共団体・独立行政法人等では法律上の義務である。
5. 合理的配慮の決定・提供に当たっては，各学校の設置者及び学校の体制面，財政面における負担には関係なく行われる。

▌2024年度▌和歌山県▌難易度■■□□□□

【13】次は，「障害のある子供の教育支援の手引～子供たち一人一人の教育的ニーズを踏まえた学びの充実に向けて～」(令和3年6月　文部科学省初等中等教育局特別支援教育課)の一部です。文中の[　①　]，[　②　]にあてはまる語句の組み合わせとして正しいものを，以下の1～4の中から1つ選びなさい。

> 2　早期からの一貫した教育支援
>
> (1)　早期からの教育相談・支援の重要性
>
> (中略)
>
> 乳児期から幼児期にかけて子供が専門的な教育相談・支援が受けられる体制を，医療，福祉，保健等との連携の下に早急に確立することが必要であり，児童発達支援センター等の[　①　]施設等の資源の積極的・効果的な活用により，高い教育効果が期待できる。
>
> 乳幼児健康診査や[　②　]等と就学前の療育・相談との連携，認定こども園・幼稚園・保育所等と小学校や義務教育学校前期課程(以下単に「小学校」という。)との連携，子供家庭支援ネットワークを中心とした事業など，教育委員会と福祉部局とが早期から連携して，子供の発達支援や子育て支援の施策を行うことで，支援の担い手を多層的にすることが重要である。

1　①　障害児通所支援　②　保健師訪問
2　①　障害児通所支援　②　5歳児健康診査
3　①　児童福祉　②　保健師訪問
4　①　児童福祉　②　5歳児健康診査

2024年度　埼玉県・さいたま市　難易度

【14】次の文は，「令和4年版障害者白書」(令和4年7月内閣府)に記載されている「特別支援教育の概要」の一部である。文中の(　ア　)～(　オ　)に当てはまる言葉を書け。

> 障害のある子供については，その能力や可能性を最大限に伸ばし，(　ア　)や社会参加に必要な力を培うため，一人一人の(　イ　)に応じ，多様な学びの場において適切な指導を行うとともに，必要な支援を行う必要がある。現在，特別支援学校や小・中学校の特別支援学級，「(　ウ　)による指導」においては，特別の教育課程や少人数の学級編制の下，特別な配慮により作成された教科書，専門的な知識・経験のある教職員，障害に配慮した施設・設備等を活用して指導が行われている。特別支援教育は，(　エ　)も含めて，特別な支援を必要とする子供が在籍する全ての学校において実施されるものであり，通常の学級に在籍する障害のある児童生徒に対しても，(　オ　)の提供を行いながら，必要な支援を行う必要がある。

2024年度 ▌愛媛県 ▌難易度 ■■□□□

【15】次の文は「令和4年版　障害者白書」(令和4年6月　内閣府)における「第3章　社会参加へ向けた自立の基盤づくり　第1節　障害のある子供の教育・育成に関する施策」の一部である。次の(1)～(3)の各問いに答えなさい。

(1) 文中の(　ア　)～(　カ　)に当てはまる語句として正しいものを，以下の1～12からそれぞれ1つずつ選びなさい。

> 特別支援学校及び①特別支援学級においては，検定済教科書又は文部科学省著作の教科書以外の図書(いわゆる「一般図書」)を教科書として使用することができる。
> また，文部科学省においては，拡大教科書など，障害のある児童生徒が使用する教科用特定図書等の普及を図っている。
> 具体的には，できるだけ多くの(　ア　)の児童生徒に対応できるよう標準的な規格を定めるなど，教科書発行者による拡大教科書の発行を促しており，2021年度に使用された，小・中学校の検定済教科書に対応した標準規格の拡大教科書は，ほぼ全点発行されている。また，教科書発行者が発行する拡

大教科書では学習が困難な児童生徒のために，一人一人のニーズに応じた拡大教科書などを製作する(　イ　)などに対して，教科書デジタルデータの提供を行っている。このほか，通常の検定済教科書において一般的に使用される文字や図形等を認識することが困難な②発達障害等のある児童生徒に対しては，教科書の文字を音声で読み上げるとともに，読み上げ箇所がハイライトで表示される(　ウ　)等の音声教材を提供できるよう，関係協力団体(大学・特定非営利活動法人等)に効率的な製作方法等の調査研究を委託し，成果物である音声教材を無償提供するなど，その普及推進に努めている。

さらには，近年の教育の情報化に伴い，2020年度から実施されている新学習指導要領を踏まえた「主体的・(　エ　)で深い学び」の視点からの授業改善や，障害等により教科書を使用して学習することが困難な児童生徒の学習上の支援のため，2018年に「学校教育法」(昭和22年法律第26号)等の改正等を行い，2019年度より，視覚障害や発達障害等の障害等により(　オ　)を使用して学習することが困難な児童生徒の学習上の困難を低減させる必要がある場合には，教育課程の全部において，(　オ　)に代えて(　カ　)を使用することができることとなった。これに関し，文部科学省では，2021年度において，特別支援学校及び特別支援学級を含む全国約4割の小中学校等に，(　カ　)を1教科分提供する事業等を実施した。

1　弱視　　2　協働的
3　データ管理機関　　4　マルチメディアデイジー教材
5　点字教科書　　6　視聴覚教材
7　紙の教科書　　8　学習者用デジタル教科書
9　難聴　　10　対話的
11　言語指導の教科書　　12　ボランティア団体

(2)　下線部①特別支援学級に在籍する児童生徒については，「小学校学習指導要領解説」(平成29年7月　文部科学省)及び「中学校学習指導要領解説」(平成29年7月　文部科学省)において個別の教育支援計画を全員について作成するとしている。この2つの学習指導要領解説の中で示されている個別の教育支援計画の意義，位置付け及び作成や活用上の留意点として，正しくないものを次の1～4から1つ選びなさい。

1　障害の状態等に応じた指導内容や指導方法の工夫を検討する際の情報として個別の指導計画に生かしていくこと。
2　進路先に在学中の支援の目的や教育的支援の内容を伝えること。
3　一人一人の実態等に応じた具体的な指導目標及び指導内容を設定すること。
4　支援の内容を整理したり，関連付けたりするなど関係機関の役割を明確にすること。

(3)　下線部②発達障害について，「発達障害者支援法の一部を改正する法律」(平成28年8月　文部科学省)において，「基本理念の新設について(第2条の2関係)」に示されている発達障害者の支援に関する内容のうち，正しくないものを次の1～4から1つ選びなさい。

1　全ての発達障害者が社会参加の機会が確保されること。
2　社会的障壁の除去に資することを旨として行われなければならないこと。
3　成年後見制度を利用しなければならないこと。
4　どこで誰と生活するかについての選択の機会が確保され，地域社会において他の人々と共生することを妨げられないこと。

2024年度　名古屋市　難易度■■■■□□

【16】次のA～Dの文は，「交流及び共同学習ガイド」(平成31年3月改訂　文部科学省)の一部である。正しいものを○，誤っているものを×としたとき，その組合せとして正しいものはどれか。

A　幼稚園，小学校，中学校，義務教育学校，高等学校，中等教育学校(以下「小・中学校等」という。)及び特別支援学校等が行う，障害のある子供と障害のない子供，あるいは地域の障害のある人とが触れ合い，共に活動する交流及び共同学習は，障害のある子供にとっても，障害のない子供にとっても，経験を深め，社会性を養い，豊かな人間性を育むとともに，お互いを尊重し合う大切さを学ぶ機会となるなど，大きな意義を有するものです。

B　交流及び共同学習は，学校卒業後においても，障害のある子供にとっては，様々な人々と共に助け合って生きていく力となり，積極的な職業選択につながるとともに，障害のない子供にとっては，障害のある人に必要な場合には事情を聴いて手助けをしたり，自立的な行動を見守ったりする態度や，人々の多様な在り方を理解し，障害のある人と共に支え合う意識の醸成につながると考えます。

C　交流及び共同学習は，相互の触れ合いを通じて豊かな人間性を育むことを目的とする交流の側面と，教科等のねらいの達成を目的とする共同学習の側面があり，この二つのうちどちらかを選択し，重点的に推進していく必要があります。

D　交流及び共同学習の内容としては，例えば，特別支援学校と小・中学校等が，学校行事やクラブ活動，部活動，自然体験活動，ボランティア活動などを合同で行ったり，文通や作品の交換，コンピュータや情報通信ネットワークを活用してコミュニケーションを深めたりすることなどが考えられます。

	A	B	C	D
1.	○	×	○	×
2.	○	×	×	○
3.	×	○	×	○
4.	×	×	○	○
5.	○	○	×	×

2024年度　岡山市　難易度 ■■■□□

【17】「交流及び共同学習ガイド」(文部科学省　平成31年3月)に示された，交流及び共同学習に関する記述として適切なものは，次の1～5のうちのどれか。

1　交流及び共同学習は，相互の触れ合いを通じて豊かな人間性を育むことを目的とする共同学習の側面と，教科等のねらいの達成を目的とする交流の側面があり，この二つの側面を分かちがたいものとして捉え，推進していく必要がある。

2　交流及び共同学習の実施に当たっては，学校の教職員，子供たち，保護者など当該活動に関わる関係者が，取組の意義やねらい等について，十分に理解し，共通理解をもって進めることが大切である。

3 交流及び共同学習が一体的な活動とならないよう，事前学習・事後学習を含めて単発の交流やその場限りの活動を計画することが大切である。

4 障害のない子供たちや関係者に対する事前学習においては，子供たちが主体的に取り組む活動にするため，障害について形式的に理解させる程度にとどめるようにする。

5 活動後には，交流及び共同学習のねらいの達成状況，子供たちの意識や行動の変容を評価するが，その後の日常の生活における変容はとらえる必要はない。

▌2024年度 ▌東京都 ▌難易度 ■■■■□□

【18】「共生社会の形成に向けたインクルーシブ教育システム構築のための特別支援教育の推進(報告)」(平成24年7月文部科学省)に示されているインクルーシブ教育システム構築のための特別支援教育の推進の説明として誤りを含むものを，次の1～4のうちから1つ選びなさい。

1 障害のある子どもが，その能力や可能性を最大限に伸ばし，自立し社会参加することができるよう，医療，保健，福祉，労働等との連携を強化し，社会全体の様々な機能を活用して，十分な教育が受けられるよう，障害のある子どもの教育の充実を図ることが重要である。

2 障害のある子どもが，地域社会の中で積極的に活動し，その一員として豊かに生きることができるよう，地域の同世代の子どもや人々の交流等を通して，地域での生活基盤を形成することが求められている。

3 特別支援教育に関連して，障害者理解を推進することにより，周囲の人々が，障害のある人や子どもと共に学び合い生きる中で，公平性を確保しつつ社会の構成員としての基礎を作っていくことが重要である。

4 障害のある子どもと障害のない子どもが共に学ぶ場においては，それぞれの子どもが，充実した時間を過ごしつつ，等しい能力を身に付けられるようにしていくことが重要である。

▌2024年度 ▌宮城県・仙台市 ▌難易度 ■□□□□

【19】次は，「発達障害を含む障害のある幼児児童生徒に対する教育支援体制整備ガイドライン　～発達障害等の可能性の段階から，教育的ニーズに気付き，支え，つなぐために～」(平成29年3月　文部科学省)の一部です。文中の[　①　]，[　②　]にあてはまる語句の組み合わせとして正しいものを，以下の1～4の中から1つ選びなさい。

> (2)　[　①　]の作成とそのねらい
>
> 　教育上特別の支援を必要とする児童等の適切な指導及び必要な支援に当たっては，個別の教育支援計画における一人一人の教育的ニーズや支援内容等を踏まえ，当該児童等に関わる教職員が協力して，各教科等における指導の目標や内容，配慮事項等を示した[　①　]を作成しつつ，必要な支援を行うことが有効です。
>
> 　作成は[　②　]が中心となって行うこととなりますが，学校と家庭が一貫した支援を行えるよう，[　①　]に記載された指導・支援内容等について保護者と共有することで，支援の効果を高めることが期待されます。

1　①　個別の指導計画　　②　通常の学級の担任
2　①　個別の指導計画　　②　特別支援教育コーディネーター
3　①　年間運営計画　　②　通常の学級の担任
4　①　年間運営計画　　②　特別支援教育コーディネーター

▌2024年度 ▌埼玉県・さいたま市 ▌難易度 ■■■□□

【20】次の文は，「学校教育法施行規則の一部を改正する省令の施行について(通知)」(平成30年8月27日)の「第3　留意事項」で示された内容の一部を抜粋したものである。

以下の(1)，(2)の問いに答えなさい。

> 1　個別の教育支援計画に関する基本的な考え方
>
> (1)　個別の教育支援計画は，障害のある児童生徒等一人一人

に必要とされる［①］を正確に把握し，長期的な視点で幼児期から学校卒業後までを通じて，一貫した的確な支援を行うことを目的に作成するものであること。

(2) 個別の教育支援計画の作成を通して，児童生徒等に対する支援の[ア]を長期的な視点から設定することは，学校が[イ]の編成の基本的な方針を明らかにする際，全教職員が共通理解すべき重要な情報となるものであること。

4 個別の教育支援計画の引継ぎ

障害のある児童生徒等については，学校生活のみならず，家庭生活や[ウ]での生活も含め，長期的な視点に立って幼児期から学校卒業後までの一貫した支援を行うことが重要であることから，各学校においては，個別の教育支援計画について，本人や保護者の[エ]を得た上で，進学先等に適切に引き継ぐよう努めること。

(1) 文中の［①］に当てはまることばを書きなさい。

(2) 文中の[ア]～[エ]に当てはまることばを次のa～iから選び，その記号を書きなさい。

a 理解　b 方法　c 日常　d 教育課程　e 内容
f 地域　g 目標　h 同意　i 教育計画

2024年度 福島県 難易度■■■□□

【21】次の文は，「学校教育法施行規則」(昭和22年文部省令第11号)の条文の一部である。文中の(a)～(c)に当てはまる語句の正しい組合せはどれか。以下の1～6から1つ選べ。ただし，同じ記号には，同じ語句が入るものとする。

第140条 小学校，中学校，義務教育学校，高等学校又は中等教育学校において，次の各号のいずれかに該当する児童又は生徒((a)児童及び生徒を除く。)のうち当該障害に応じた特別の指導を行う必要があるものを教育する場合には，文部科学大臣が別に定めるところにより(略)，特別の(b)によることができる。

一 言語障害者

二　自閉症者
三　情緒障害者
四　弱視者
五　難聴者
六　(　c　)
七　注意欠陥多動性障害者
八　その他障害のある者で，この条の規定により特別の(　b　)による教育を行うことが適当なもの

1　a－通常の学級の　b－教育課程　c－学習障害者
2　a－特別支援学級の　b－指導計画　c－知的障害者
3　a－通常の学級の　b－指導計画　c－学習障害者
4　a－特別支援学級の　b－教育課程　c－学習障害者
5　a－通常の学級の　b－指導計画　c－知的障害者
6　a－特別支援学級の　b－教育課程　c－知的障害者

2024年度　奈良県　難易度

【22】次の文は，インクルーシブ教育，ユニバーサルデザイン，合理的配慮について説明したものである。誤っているものを①～⑤から一つ選べ。

①　「障害者の権利に関する条約」の第24条では，障害のある児童生徒がそれぞれの障害に基づいて無償のかつ義務的な特別支援教育を提供されることなど，障害者が，それぞれのニーズに応じた教育を公教育制度の下で確保されることが定められている。

②　ユニバーサルデザイン2020行動計画で取り組む「心のバリアフリー」とは，様々な心身の特性や考え方を持つすべての人々が，相互に理解を深めようとコミュニケーションをとり，支え合うことである。

③　各人が「心のバリアフリー」を体現するためには，障害のある人への社会的障壁を取り除くのは社会の責務であるという「障害の社会モデル」を理解すること，障害のある人(及びその家族)への差別を行わないよう徹底すること，自分とは異なる条件を持つ多様な他者とコミュニケーションを取る力を養い，すべての人が抱える困難

や痛みを想像し共感する力を培うことがポイントとなる。

④ 「合理的配慮」とは，障害のある子どもが，他の子どもと平等に「教育を受ける権利」を享有・行使することを確保するために，学校の設置者及び学校が必要かつ適当な変更・調整を行うことであり，障害のある子どもに対し，その状況に応じて，学校教育を受ける場合に個別に必要とされるものであり，学校の設置者及び学校に対して，体制面，財政面において，均衡を失した又は過度の負担を課さないものである。

⑤ 「合理的配慮」は，一人一人の障害の状態や教育的ニーズ等に応じて決定されるものであり，設置者・学校と本人・保護者により，発達の段階を考慮しつつ，「合理的配慮」の観点を踏まえ，「合理的配慮」について可能な限り合意形成を図った上で決定し，提供されることが望ましく，その内容を個別の教育支援計画に明記することが望ましい。

▌2024年度 ▌島根県 ▌難易度

【23】次の①～⑤で説明されている特別支援教育に関する記述のうち，誤っているものを一つ選べ。

① 障害のある子供の学びの場については，障害者の権利に関する条約に基づく「インクルーシブ教育システム」の理念の実現に向け，障害のある子供と障害のない子供が可能な限り共に教育を受けられるように条件整備が行われている。

② 障害のある子供の自立と社会参加を見据え，一人一人の教育的ニーズに最も的確に応える指導を提供できるよう，通常の学級，通級による指導，特別支援学級，特別支援学校といった明確に分離された学びの場の整備が行われている。

③ 小学校，中学校等において，対象となる障害種がある児童生徒に対し，障害による学習上又は生活上の困難を克服するために特別支援学級が設置されている。

④ 小学校，中学校，高等学校等において，通常の学級に在籍し，通常の学級での学習におおむね参加でき，一部特別な指導を必要とする児童生徒に対して，障害に応じた特別の通級による指導が行われ

ている。

⑤　小学校，中学校，高等学校等でも，障害のある児童生徒が通常の学級に在籍しており，個々の障害に配慮しつつ通常の教育課程に基づく指導が行われている。

2024年度　島根県　難易度

【24】バリアフリーに関する次の問に答えよ。

問1　「ユニバーサルデザイン2020行動計画」(ユニバーサルデザイン2020関係閣僚会議　平成29年)において，心のバリアフリーを体現するためのポイントとして次のように①～③の3点が示されている。(　A　)～(　C　)に入る語句を，以下のア～カからそれぞれ一つずつ選び，記号で答えよ。

> ①　障害のある人への社会的障壁を取り除くのは(　A　)の責務であるという「障害の(　A　)モデル」を理解すること。
> ②　障害のある人(及びその家族)への差別(不当な差別的取扱い及び(　B　)の不提供)を行わないよう徹底すること。
> ③　自分とは異なる条件を持つ多様な他者とコミュニケーションを取る力を養い，すべての人が抱える困難や痛みを想像し(　C　)する力を培うこと。

ア　医学　　イ　合理的配慮　　ウ　協調　　エ　包括的支援
オ　社会　　カ　共感

問2　マークとその説明の組合せとして正しいものを，次のア～エから二つ選び，記号で答えよ。

	マーク	説　明
ア		肢体不自由であることを理由に免許に条件を付されている方が運転する車に表示するマーク
イ		聞こえが不自由なことを表すと同時に，聞こえない人・聞こえにくい人への配慮を表すマーク
ウ		聴覚障害であることを理由に免許に条件を付されている方が運転する車に表示するマーク
エ		「身体内部に障害がある人」を表しているマーク

2024年度　鹿児島県　難易度

【25】ICF(国際生活機能分類)に関する説明として適当なものを，次の①～④から二つ選べ。

① 障害の捉えについて，疾病等に基づく個人の様々な状態をインペアメント，ディスアビリティ，ハンディキャップの概念を用いて分類した。

② 人間の生活機能は，「心身機能・身体構造」，「活動」，「参加」の三つの要素で構成されており，それらの生活機能に支障がある状態を「障害」と捉えている。

③ 2001年5月に，WHO(世界保健機構)の総会において採択された。

④ 2006年12月に，国際連合総会において採択された。

▌2024年度 ▌秋田県 ▌難易度 ■■■□□

【26】次は，「通常の学級に在籍する特別な教育的支援を必要とする児童生徒に関する調査結果(令和4年12月　文部科学省)」について説明したものである。文中の(　　)からあてはまるものをそれぞれ一つずつ選べ。

○ 小学校・中学校において，学習面又は行動面で著しい困難を示すとされた児童生徒の割合は(　①　2.2%　　②　8.8%　)である。

○ 学習面，各行動面で著しい困難を示すとされた児童生徒数の割合は，小学校，中学校とも学年が上がるにつれて(　③　高くなる　④　低くなる　)傾向にある。

▌2024年度 ▌秋田県 ▌難易度 ■■■□□

【27】特別支援教育に関して，次の1・2に答えなさい。

1 次の条文は，障害者基本法第16条第3項です。空欄(　a　)にあてはまる言葉は何ですか。以下の①～④の中から，正しいものを1つ選び，その記号を答えなさい。

国及び地方公共団体は，障害者である児童及び生徒と障害者でない児童及び生徒との(　a　)を積極的に進めることによつて，その相互理解を促進しなければならない。

① インクルーシブ教育　　② 交流及び共同学習
③ グループ学習　　④ 共同参画授業

2　次の文章は，平成29年3月告示の小学校学習指導要領　総則　児童の発達の支援　の一部です。空欄(　a　)・(　b　)にあてはまる言葉は何ですか。以下の①～⑥の中から，正しい組合せを1つ選び，その記号を答えなさい。

> 特別支援学級において実施する特別の教育課程については，次のとおり編成するものとする。
> (ア)　障害による学習上又は生活上の困難を克服し自立を図るため，特別支援学校小学部・中学部学習指導要領第7章に示す(　a　)を取り入れること。
> (イ)　児童の障害の程度や学級の実態等を考慮の上，各教科の目標や内容を(　b　)の目標や内容に替えたり，各教科を，知的障害者である児童に対する教育を行う特別支援学校の各教科に替えたりするなどして，実態に応じた教育課程を編成すること。

①　a：生活科　　b：通級による指導
②　a：生活科　　b：下学年の教科
③　a：自立訓練　　b：通級による指導
④　a：自立訓練　　b：下学年の教科
⑤　a：自立活動　　b：通級による指導
⑥　a：自立活動　　b：下学年の教科

2024年度　広島県・広島市　難易度■■■■□□

【28】次の各問いに答えなさい。

(1)　「障害のある子供の教育支援の手引」(令和3年6月　文部科学省)の「第1編　3　今日的な障害の捉えと対応」について，次の[　　]内の文の記号に当てはまる語句を，それぞれ以下の選択肢から1つずつ選び，番号で答えなさい。ただし，同じ記号には同じ語句が入るものとする。

> 障害者が日常・社会生活で受ける制限とは，心身の機能の障害のみならず，社会における様々な障壁と相対することによって生ずるものという考え方，すなわち，いわゆる

> 「(ア)」の考え方を踏まえた障害の捉え方については，WHOにおいてICFが採択されてから，引き続き，「障害者差別解消法」や(イ)2020行動計画等においても「障害者の(ア)」の考え方が大切にされていることに留意する必要がある。

ア

1 生活モデル　2 教育的ニーズ　3 社会モデル

4 インクルーシブ　5 医学モデル

イ

1 ユニバーサルデザイン　2 バリアフリー

3 ノーマライゼーション　4 インクルーシブ

5 社会参加

(2) 学校教育法第72条について，次の□内の文の( )に当てはまる語句を，以下の選択肢から1つ選び，番号で答えなさい。

> 障害による学習上又は生活上の困難を克服し自立を図るために必要な( )ことを目的とする。

1 知識を習得させる　2 技能を習得させる

3 資質・能力を育む　4 習慣・態度を養う

5 知識技能を授ける

(3) 学校教育法第72条における特別支援学校において，教育の対象となる障害の区分として，誤っているものを，次の選択肢から1つ選び，番号で答えなさい。

1 視覚障害　2 聴覚障害　3 知的障害　4 情緒障害

5 肢体不自由　6 病弱(身体虚弱を含む)

(4) 「障害のある子供の教育支援の手引」(令和3年6月 文部科学省)の「第1編 1 障害のある子供の教育に求められること (2) 就学に関する新しい支援の方向性」で示されている内容について，誤っているものを，次の選択肢から1つ選び，番号で答えなさい。

1 それぞれの子供が，授業内容を理解し，学習活動に参加している実感・達成感をもちながら，充実した時間を過ごしつつ，生きる力を身に付けていけるかどうかという最も本質的な視点に立つことが重要である。

2 小中学校等における通常の学級，通級による指導，特別支援学級や，特別支援学校といった，段階的で「個別最適化された学びの場」を用意していくことが必要である。

3 教育的ニーズとは，子供一人一人の障害の状態や特性及び心身の発達の段階等を把握して，具体的にどのような特別な指導内容や教育上の合理的配慮を含む支援の内容が必要とされるかということを検討することで整理されるものである。

4 把握・整理した，子供一人一人の障害の状態等や教育的ニーズ，本人及び保護者の意見，教育学，医学，心理学等専門的見地からの意見，学校や地域の状況等を踏まえた総合的な観点から，就学先の学校や学びの場を判断することが必要である。

5 対象となる子供の教育的ニーズを整理する際，最も大切にしなければならないことは，子供の自立と社会参加を見据え，その時点でその子供に最も必要な教育を提供することである。

▌2024年度 ▌宮崎県 ▌難易度

【29】次の(1)～(4)の各問いに答えなさい。

(1) 次のA，Bの文は，文部科学省「共生社会の形成に向けたインクルーシブ教育システム構築のための特別支援教育の推進(報告)」(平成24年7月23日)の一部である。文中の空欄[ア]～[エ]に当てはまる語句を，以下の語群の①～⑤からそれぞれ1つずつ選び，番号で答えなさい。

A 「共生社会」とは，これまで必ずしも十分に社会参加できるような環境になかった障害者等が，積極的に参加・[ア]していくことができる社会である。それは，誰もが相互に[イ]と個性を尊重し支え合い，人々の多様な在り方を相互に認め合える[ウ]の社会である。このような社会を目指すことは，我が国において最も積極的に取り組むべき重要な課題である。

B 障害者の権利に関する条約第24条によれば，「インクルー

> シブ教育システム」とは，人間の多様性の尊重等の強化，障害者が精神的及び身体的な能力等を可能な最大限度まで発達させ，自由な社会に効果的に参加することを可能とするとの目的の下，障害のある者と障害のない者が共に学ぶ仕組みであり，障害のある者が「教育制度一般」から排除されないこと，自己の生活する地域において初等中等教育の機会が与えられること，個人に必要な「[　エ　]」が提供される等が必要とされている。

(語群)

ア	① 寄与	② 貢献	③ 行動	④ 参画	⑤ 発信
イ	① 人権	② 尊厳	③ 人格	④ 他者	⑤ 特性
ウ	① 全員参加型	② 自由参加型	③ 一部参加型	④ 自主参加型	⑤ 本人参加型
エ	① 学びの場	② サービス	③ 合理的配慮	④ 教育的支援	⑤ 環境整備

(2)　文部科学省「通常の学級に在籍する特別な教育的支援を必要とする児童生徒に関する調査結果(令和4年)」において，小学校・中学校の通常の学級に在籍する児童生徒のうち，「知的発達に遅れはないものの学習面又は行動面で著しい困難を示す」とされた児童生徒数の割合(推定値)を，次の①～⑤から1つ選び，番号で答えなさい。

①　2.2%　　②　5.4%　　③　6.4%　　④　8.8%　　⑤　10.5%

(3)　次の文は，発達障害者支援法第2条の抜粋である。文中の空欄[　　]に当てはまる語句を，以下の①～⑤から1つ選び，番号で答えなさい。

> この法律において「発達障害」とは，自閉症，アスペルガー症候群その他の広汎性発達障害，[　　]，注意欠陥多動性障害その他これに類する脳機能の障害であってその症状が通常低年齢において発現するものとして政令で定めるものをいう。

①　知的障害　　②　高次脳機能障害　　③　肢体不自由
④　病弱　　⑤　学習障害

(4)　次の特別支援教育に関する各文のうち，誤っているものを①～⑤から1つ選び，番号で答えなさい。

①　小学校，中学校，義務教育学校，高等学校及び中等教育学校に

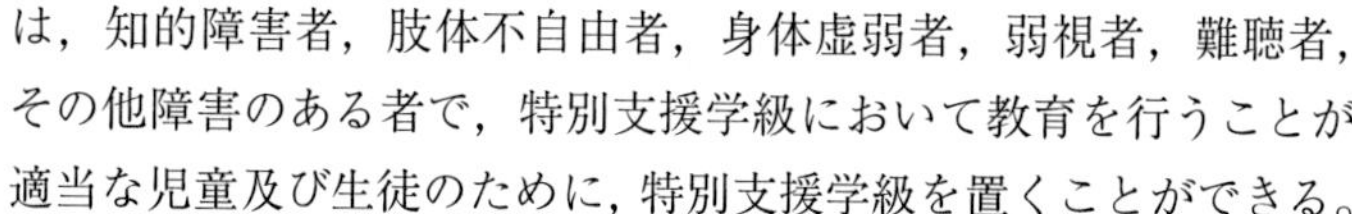

は，知的障害者，肢体不自由者，身体虚弱者，弱視者，難聴者，その他障害のある者で，特別支援学級において教育を行うことが適当な児童及び生徒のために，特別支援学級を置くことができる。

② 「交流及び共同学習」とは，大部分の授業を小学校，中学校，義務教育学校，高等学校又は中等教育学校の通常の学級で受けながら，一部，障害に応じた特別の指導を特別な場で受ける指導形態のことである。

③ 障害のある児童生徒に対して，通級による指導を行い，特別の教育課程を編成する場合には，特別支援学校小学部・中学部学習指導要領又は特別支援学校高等部学習指導要領に示す自立活動の内容を参考とする。

④ 特別支援学校は，小学校又は中学校等の要請により，障害のある児童若しくは生徒又は当該児童若しくは生徒の教育を担当する教師等に対して必要な助言又は援助を行うなど，地域における特別支援教育のセンターとしての役割を果たすように努めること。

⑤ 各学校の校長は，特別支援教育のコーディネーター的な役割を担う教員を「特別支援教育コーディネーター」に指名し，校務分掌に明確に位置付けること。

2024年度 熊本県 難易度

【30】次の表は，障害のある子供の教育に関する制度の改正について年代順にまとめたものである。これを見て，問1，問2に答えなさい。ただし，条約及び法律の名称については，国の機関で使用される略称による。

2006年12月 (平成18年)	国連総会において ［　1　］ 採択	全ての障害者によるあらゆる人権及び基本的自由の完全かつ平等な享有を促進し、保護し、及び確保すること並びに障害者の固有の尊厳の尊重を促進することを目的とした。
2007年4月 (平成19年)	改正学校教育法 施行	特別な場で教育を行う「特殊教育」から、子供一人一人の教育的ニーズに応じた適切な指導及び必要な支援を行う「特別支援教育」へ転換が行われた。
2011年8月 (平成23年)	改正障害者基本法 施行	国及び地方公共団体は、可能な限り障害者である児童及び生徒が、障害者でない児童及び生徒とともに教育を受けられるよう配慮しなければならないこととした。
2016年4月 (平成28年)	［　2　］ 施行	「不当な差別的取扱い」を禁止し、「合理的配慮の提供」及び「環境の整備」を行うこととした。

● 教育原理

問1　空欄1，空欄2に当てはまる適切な語句の組合せを選びなさい。

ア　1－障害者権利条約　　2－障害者総合支援法

イ　1－児童の権利条約　　2－障害者差別解消法

ウ　1－障害者権利条約　　2－障害者自立支援法

エ　1－児童の権利条約　　2－障害者総合支援法

オ　1－障害者権利条約　　2－障害者差別解消法

問2　下線部に関して，「新しい時代の特別支援教育の在り方に関する有識者会議報告」(令和3年1月)に示されている内容として，適切なものの組合せを選びなさい。

①　障害のある子供と障害のない子供が，年間を通じて計画的・継続的に共に学ぶ活動の更なる拡充を図る。

②　障害のある子供の教育的ニーズの変化に応じ，学びの場を変えられるよう，多様な学びの場の間で教育課程が円滑に接続することによる学びの連続性の実現を図る。

③　学びの場の判断については，教育支援委員会を起点に様々な関係者が多角的，客観的に検討することとし，その際，学校の意向を第一に尊重する。

④　高等学校においては，発達障害を含む障害のある生徒の入学者数が特定できないことから，個別の教育支援計画や個別の指導計画を作成・活用する必要はない。

⑤　全ての教師には，障害の特性等に関する理解と指導方法を工夫できる力や，特別支援教育に関する基礎的な知識，合理的配慮に対する理解等が必要である。

ア　①②③　　イ　①②⑤　　ウ　①③④　　エ　②④⑤

オ　③④⑤

2024年度 | 北海道・札幌市 | 難易度 ■■■□□

解答・解説

【1】1 ①　2 ⑤　3 ①

○**解説**○「『令和の日本型学校教育』の構築を目指して～全ての子供たちの可能性を引き出す，個別最適な学びと，協働的な学びの実現～(答申)」は，中央教育審議会が令和3(2021)年1月26日に答申したもので，2020年代を通じて実現を目指す学校教育を「令和の日本型学校教育」とし，その姿を「全ての子供たちの可能性を引き出す，個別最適な学びと，協働的な学び」とした。出題部分にあるように，通級による指導を受けている児童生徒は近年大きく増加しており，文部科学省の「令和3年度通級による指導実施状況調査結果」によると，通級指導を受けている全国の小中学生や高校生は令和3(2021)年度183,880人で，5年前の平成28(2016)年度の98,311人と比べて約2倍(約187%)に増加し，過去最多となっている。

【2】3

○**解説**○ 本答申は，AIやビッグデータ等の最先端技術の高度化や新型コロナウイルス感染症の拡大といった社会の急激な変化の中で，学校の役割や課題を踏まえ，子どもたちの資質・能力の確実な育成を図ることを目的としたものである。第Ⅰ部の総論と第Ⅱ部の各論で構成され，この問題文は第Ⅱ部各論の「新時代の特別支援教育の在り方について」の中で論じられたものである。3について，「その子供の保護者にのみ情報提供を行う」が誤りで，「障害の有無にかかわらず全ての保護者に周知されるよう情報提供を行う」ことが求められている。

【3】②

○**解説**○ 本資料によると，「社会モデル」の考え方とは「障害のある人や子供との触れ合いを通して，障害者が日常生活又は社会生活において受ける制限は障害により起因するものだけでなく，社会における様々な障壁と相対することによって生ずるものという考え方」とある。

【4】②

○解説○ インクルーシブ教育については「共生社会の形成に向けたインクルーシブ教育システム構築のための特別支援教育の推進(報告)」が参考になるので，参照するとよい。　イ　就学については「就学基準に該当する障害のある子どもは特別支援学校に原則就学するという従来の就学先決定の仕組みを改め，障害の状態，本人の教育的ニーズ，本人・保護者の意見，教育学，医学，心理学等専門的見地からの意見，学校や地域の状況等を踏まえた総合的な観点から就学先を決定する仕組みとすることが適当」としている。　エ「必ず特別支援学校に就学する仕組みになっている」とはいえない。　オ　いわゆる交流及び共同学習における，本質的な視点について「基本的な方向性としては，障害のある子どもと障害のない子どもが，できるだけ同じ場で共に学ぶことを目指すべきである。その場合には，それぞれの子どもが，授業内容が分かり学習活動に参加している実感・達成感を持ちながら，充実した時間を過ごしつつ，生きる力を身に付けていけるかどうか」とともに学ぶ時間，内容理解ともに重視している。

【5】2

○解説○ 個人モデルは，障害者が困難に直面するのは「その人に障害があるから」であり，個人の工夫や努力，治療などによって克服するという考え方である。一方社会モデルは社会が障害(障壁)をつくっており，それを取り除くのは社会の責務だとする考え方である。言い換えると，さまざまな社会の仕組みが健常者を基準にしており，そうした社会の仕組みが障害者に不利を強いていると捉えるのである。近年様々な障害者に関する問題で，社会モデルの視点から考察することが主張されている。

【6】①　(キ)　②　(ウ)　③　(サ)　④　(コ)　⑤　(エ)

○解説○ ①　問題文内にも示されているように，障害のある子どもの教育支援の一つのゴールとして「地域社会に主体的に参加できるよう」にすることが挙げられている。　②　障害のある子どもの自立と社会参加，というのは一つのキーワードとしておさえておく。　③　問題文における「早期から」,「引き継ぎ」,「卒業後」という文脈から，正答は「一貫した」であることがわかる。 ④ 文書のタイトルにも挙げられているように「教育的ニーズ」はキーワードである。一人ひとり異なる教育的ニーズを正確に把握し適切な対応をすることが求められている。 ⑤ 「個別の教育支援計画」で一つの用語としておさえておく。個別の教育支援計画とは，就学移行期に作成されるものであり，就学前の支援を引き継ぎ，本人や保護者の意向を踏まえつつ，新たな就学先における支援の内容の充実を図るものである。

【7】2

○**解説**○ 小学校や中学校の通級による指導を受けている，あるいは特別支援学級に在籍している児童生徒については，個別の指導計画や個別の教育支援計画を作成しなければならない旨が学習指導要領に明記されていることと，個別の指導計画の計画(Plan)—実践(Do)—評価(Check)—改善(Action)のサイクルを必ずおさえておきたい。

【8】②

○**解説**○ ①「可能な限り異なる場」ではなく,「可能な限り同じ場」が正しい。 ③「通級による指導ではなく」が誤り。「通級による指導」も「多様な学びの場」の一つとなっている。 ④「性別」ではなく,「教育上の合理的配慮を含む必要な支援の内容」が正しい。 ⑤ 就学先の学校や学びの場については,「子供一人一人の障害の状態等や教育的ニーズ，本人及び保護者の意見，教育学，医学，心理学等専門的見地からの意見，学校や地域の状況等」を踏まえて，総合的な見地から判断される。

【9】③

○**解説**○「障害のある子供の教育支援の手引～子供たち一人一人の教育的ニーズを踏まえた学びの充実に向けて～」は，令和3(2021)年1月に取りまとめられた「新しい時代の特別支援教育の在り方に関する有識者会議報告」を受けて，令和3(2021)年6月に文部科学省が作成したもの。文部科学省の「通常の学級に在籍する特別な教育的支援を必要とする児童生徒に関する調査結果(令和4年)」によると，通常の学級に在籍する小中学生の8.8%に学習や行動に困難のある発達障害の可能性があり，2012年の前回調査(6.5%)より増えており，全ての教員が特別支援教育についての知識を十分に身に付けることが求められている。特別支援学校のセンター的機能に関しては，平成17(2005)年12月の中央教育審議会答申「特別支援教育を推進するための制度の在り方について」において，その具体的な内容が，小・中学校等の教員への支援機能など6項目にわたって示されている。

【10】① ク　② イ　③ エ　④ カ

○**解説**○「障害のある子供の教育支援の手引～子供たち一人一人の教育的ニーズを踏まえた学びの充実に向けて～」は，令和3年1月に取りまとめられた「新しい時代の特別支援教育の在り方に関する有識者会議報告」を受けて，同年6月に文部科学省が作成したもの。引用部分にある個別の教育支援計画とは，関係機関の連携による乳幼児期から学校卒業後まで一貫した支援を行うための教育的支援の目標や内容等を盛り込んだもののことで，個別の指導計画とは，児童生徒一人一人のニーズに応じた指導目標や内容，方法等を示したものである。違いを区別してしっかりと覚えたい。

【11】ア

○**解説**○「第1編　障害のある子供の教育支援の基本的な考え方」の「1 障害のある子供の教育に求められること　(2)　就学に関する新しい支援の方向性」からの出題である。　①・②　インクルーシブ教育実現は共生社会の形成のためであることは特別支援教育の基礎知識である。　③　誤肢の「自己肯定感」とは，ありのままの自分を肯定する感覚であるので，「実感・達成感」を選択したい。　④「生きる力」は重要なキーワードの一つである。

【12】5

○**解説**○ 5は「体制面，財政面における負担には関係なく行われる」という部分が誤り。合理的配慮の決定・提供に当たっては，各学校の設置者及び学校が体制面，財政面をも勘案し，「均衡を失した」又は「過度の」負担について，個別に判断することとなる。なお，出題の

「障害のある子供の教育支援の手引」(令和3年6月　文部科学省)には，「共生社会の形成に向けたインクルーシブ教育システム構築のための特別支援教育の推進(報告)」(平成24年7月)に示された「合理的配慮」の定義が引用されているので，併せて確認しておきたい。すなわち，「合理的配慮」とは，「障害のある子どもが，他の子どもと平等に『教育を受ける権利』を享有・行使することを確保するために，学校の設置者及び学校が必要かつ適当な変更・調整を行うことであり，障害のある子供に対し，その状況に応じて，学校教育を受ける場合に個別に必要とされるもの」のことである。

【13】2

○**解説**○ この手引は，平成25(2013)年にとりまとめられた「教育支援資料」を改訂し，障害のある子供の就学相談や学びの場の検討等の内容をより充実させたものである。　①　平成24(2012)年の児童福祉法改正によって，障害種別で分かれていた施設体系は，「障害児通所支援」と「障害児入所支援」にまとめられた。「障害児通所支援」では，児童発達支援センターなどによる児童発達支援のほか，医療型児童発達支援，放課後等デイサービス，保育所等訪問支援などが実施されている。　②　5歳児健康診査は，3歳検診までに発達の問題を指摘されなかった軽度の発達の遅れ，偏り，対人関係の問題を明らかにすることを目的としている。

【14】ア　自立　　イ　教育的ニーズ　　ウ　通級　　エ　発達障害　オ　合理的配慮

○**解説**○ 出題箇所は，「令和4年版障害者白書」における「第3章　社会参加へ向けた自立の基盤づくり　第1節　障害のある子供の教育・育成に関する施策　1　特別支援教育の充実」の冒頭部分である。問われていることは特別支援教育の基礎知識であり，頻出の「特別支援教育の推進について(通知)」(平成19年4月1日)などの内容を理解していれば，解答できる問題である。なお，出題は令和4年版からであるが，令和5(2023)年8月現在，令和5年版障害者白書がすでに公表されている。同白書には，通級指導を受けている児童生徒の総数や，特別支援学校等の児童生徒の増加の状況等，最新の数値が記載されているので，最新版に目を通して現状を把握しておくとよい。

【15】(1) ア 1　イ 12　ウ 4　エ 10　オ 7　カ 8
(2) 3　(3) 3

○**解説**○ (1) 障害者白書は，障害者基本法第13条に基づき，平成6(1994)年から政府が毎年国会に提出する「障害者のために講じた施策の概況に関する報告書」で，所管は内閣府。　ア 空欄の後の文に「拡大教科書」とあることから，「弱視」と分かる。　ウ マルチメディアデイジー教材とは音声と一緒に，文字や画像が表示されるデジタル教材で，表記された文書を音声で聞きながら，画面上で絵や写真を見ることができる。　エ 「主体的・対話的で深い学び」は，現行の学習指導要領(平成29年告示)における基本的な考え方である。　オ・カ これまでの学校教育は，紙の教科書や副教材だけに頼ってきたが，ICT教育の進展とともに，デジタル教科書や様々なデジタル副教材が開発され，個に応じた指導や特別支援教育における指導をはじめ，幅広く活用が進んでいる。　(2) 「個別の教育支援計画」は，障害のある児童生徒の一人一人のニーズを正確に把握し，長期的な視点で乳幼児期から学校卒業後までを通じて一貫して的確な教育的支援を行うことを目的とする計画である。3は「個別の指導計画」のことである。
(3) 発達障害者支援法は平成28(2016)年に改正され，法律の目的と用語の定義が変更されるとともに，基本理念が新設される等の改正が行われた。　3 成年後見制度とは，知的障害・精神障害・認知症などによってひとりで決めることに不安や心配のある人に対し，様々な契約や手続をする際に支援する制度のことである。権利利益の擁護を定めた同法第12条には示されているが，基本理念の新設に関する内容には含まれていない。

【16】2

○**解説**○ 学習指導要領では，障害のある子どもと障害のない子どもが活動を共にする機会(交流及び共同学習)を積極的に設けるよう示されており，そのため文部科学省は小学校，中学校等における障害のある子どもと障害のない子どもとの交流及び共同学習が積極的に取り組まれるように「交流及び共同学習ガイド」を作成し，公開している(最新版は平成31(2019)年3月改訂)。 B 出題の資料には，「交流及び共同学習は，学校卒業後においても，障害のある子供にとっては，様々な人々と共に助け合って生きていく力となり，積極的な社会参加につながるとともに，障害のない子供にとっては，障害のある人に自然に言葉をかけて手助けをしたり，積極的に支援を行ったりする行動や，人々の多様な在り方を理解し，障害のある人と共に支え合う意識の醸成につながると考えます」と記述されている。 C 出題の資料には，「交流及び共同学習は，相互の触れ合いを通じて豊かな人間性を育むことを目的とする交流の側面と，教科等のねらいの達成を目的とする共同学習の側面があり，この二つの側面を分かちがたいものとして捉え，推進していく必要があります」と記述されている。

【17】2

○**解説**○ 1 「共同の側面」と「交流の側面」が逆である。 3 本資料によると，「交流及び共同学習が単発の交流やその場限りの活動とならないよう，事前学習・事後学習も含めて一体的な活動を計画することが大切」としている。また，「イベントのような形で行う場合は，時間や費用などを考慮し，日常において無理なく継続的に行えるものを計画することが大切」とある。 4 本資料では「充実した活動を行うためには，事前に，子供たちや活動に関わる関係者に対し，担当する教職員が活動のねらいを明確にし，理解を深めておくことが大切」としており，障害のない子供たちや関係者に対する事前学習の例として「障害についての正しい知識，障害のある子供たちへの適切な支援や協力の仕方についての理解を促すことなど」としている。 5 活動後は「活動のねらいの達成状況，子供たちの意識や行動の変容を評価し，今後の取組に生かす」とされている。

【18】4

○**解説**○ インクルーシブ教育においては，個別の教育的ニーズを把握し，一人一人に適切な指導及び支援を行うことが大切である。したがって，「等しい能力を身に付けられるようにしていくことが重要である」という部分は誤り。出題の資料の「1 共生社会の形成に向けて」の項では，「生きる力を身に付けていけるかどうか，これが最も本質的な視点であり，そのための環境整備が必要である」と示されている。

【19】1

○解説○ 本ガイドラインは，平成28(2016)年度の発達障害者支援法の大幅な改正，通級による指導を担当する教員の基礎定数化，学習指導要領改訂による個別の支援計画や個別の指導計画の作成・活用の義務化など，特別支援教育を取り巻く環境が変化する中で，平成16(2004)年のガイドラインを見直したものである。問題文は，個別の指導計画の作成とそのねらいについて記述された部分である。個別の指導計画は，児童生徒一人一人の障害の状態等に応じたきめ細かな指導が行えるよう，学校における教育課程や指導計画，当該児童生徒の個別の教育支援計画を踏まえて，より具体的に児童生徒一人一人の教育的ニーズに対応して，指導目標や指導内容・方法を盛り込んだものである。個別の指導計画は，学級の担任や特別支援教育コーディネーターを中心に，全ての教師の理解と協力の下で作成される。また，保護者と共有することも大切である。

【20】(1) ① 教育的ニーズ　(2) ア g　イ d　ウ f　エ h

○解説○ (1) 「個別の教育支援計画」は，障害のある児童生徒の一人一人のニーズを正確に把握し，長期的な視点で乳幼児期から学校卒業後までを通じて一貫して的確な教育的支援を行うことを目的とする計画である。特別支援教育は，障害のある児童生徒一人一人の教育的ニーズに応じて，適切な指導や必要な支援を行うものである。このため，子どもの障害の状態等の変化に伴う教育的ニーズの変化を的確に把握し，その変化に対応するために，個別の教育支援計画や個別の指導計画の活用が重要となる。　(2) 平成30(2018)年8月に改正された学校教育法施行規則において，規則第134条の2で特別支援学校に在学する幼児児童生徒について，個別の教育支援計画を作成することとし，当該計画の作成に当たっては，当該幼児児童生徒又は保護者の意向を踏まえつつ，関係機関等と当該幼児児童生徒の支援に関する必要な情報の共有を図ることとされた。またこの規定について，同規則第139条の2,

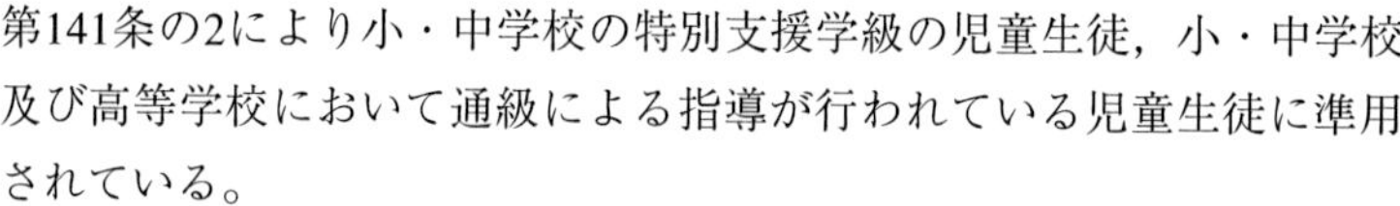
第141条の2により小・中学校の特別支援学級の児童生徒，小・中学校及び高等学校において通級による指導が行われている児童生徒に準用されている。

【21】4

○**解説**○ 学校教育法施行規則第140条は，通級による指導について定めている。通級による指導は，通常の学級に在籍している障害のある児童生徒に対して，各教科等の大部分の授業を通常の学級で行いながら，一部の授業について当該児童・生徒の障害に応じた特別の指導を特別の指導の場(通級指導教室)で行う教育形態である。通級による指導の対象として，知的障害者が含まれていないのは，知的障害者には，生活に結びつく実際的・具体的な内容を継続して指導することが必要で，一部を特別の指導で行うといった指導形態にはなじまないためである。なお，平成30(2018)年4月1日施行の学校教育法施行規則の一部を改正する省令により，小学校，中学校，義務教育学校及び中等教育学校の前期課程において実施されている，いわゆる「通級による指導」を，高等学校及び中等教育学校の後期課程においても実施できるようになった。

【22】①

○**解説**○ 障害者の権利に関する条約」第24条では，「障害者が障害に基づいて一般的な教育制度から排除されないこと及び障害のある児童が障害に基づいて無償のかつ義務的な初等教育から又は中等教育から排除されないこと」，「障害者が，他の者との平等を基礎として，自己の生活する地域社会において，障害者を包容し，質が高く，かつ，無償の初等教育を享受することができること及び中等教育を享受することができること」が示されている。

【23】②

○**解説**○ 共生社会の形成に向けたインクルーシブ教育システム構築のための特別支援教育の推進(報告)」(平成24年　中央教育審議会初等中等教育分科会)では，「インクルーシブ教育システムにおいては，同じ場で共に学ぶことを追求するとともに，個別の教育的ニーズのある幼児児童生徒に対して，自立と社会参加を見据えて，その時点で教育的ニーズに最も的確に応える指導を提供できる，多様で柔軟な仕組みを整備することが重要である。小・中学校における通常の学級，通級による指導，特別支援学級，特別支援学校といった，連続性のある『多様な学びの場』を用意しておくことが必要である」として示されている。

【24】問1　A　オ　　B　イ　　C　カ　　問2　ウ，エ

○**解説**○ 問1 「ユニバーサルデザイン2020行動計画」は，2020年東京オリンピック・パラリンピック競技大会を契機として，ユニバーサルデザイン化・心のバリアフリーを推進し，大会以降のレガシーとして残していくための施策を実行するため，政府がとりまとめたもの。共生社会の実現に向けた大きな二つの柱として，国民の意識やそれに基づくコミュニケーション等個人の行動に向けて働きかける取組(「心のバリアフリー」分野)と，ユニバーサルデザインの街づくりを推進する取組(街づくり分野)について基本的な考え方と具体例を示している。
問2　アは「耳マーク」，イは「身体障害者標識(身体障害者マーク)であり，アとイの説明が逆である。ウは「聴覚障害者標識(聴覚障害者マーク)」，エは「ハート・プラスマーク」である。

【25】②，③

○**解説**○ ICF(International Classification of Functioning，Disability and Health)は，人間の生活機能と障害の分類法である。これまでのWHO(世界保健機関)における国際障害分類(ICIDH)では，身体機能の障害による生活機能の障害(社会的不利)を分類するという考え方が中心であったのに対し，ICFは環境因子という観点を加え，例えば，バリアフリー等の環境を評価できるように構成されていることが特徴である。　①　障害について，「機能・形態障害(Impairment)」，「能力障害(Disability)」，「社会的不利(Handicap)」の3つのレベルから成る階層構造は，ICFの前身のICIDHで提起されたもので，いずれもマイナスの部分が対象とされていた。　④　採択された時期と機関としては，③が正解。

【26】②，④

○**解説**○ 本調査は，インクルーシブ教育システムの理念に基づいた特別支援教育を推進するためには，発達障害を含め障害のある児童生徒をめぐる状況を把握することが重要であるとの認識のもとに，通常の学級に在籍する特別な教育的支援を必要とする児童生徒の実態と支援の状況を明らかにすることを目的に行われたものである。前回調査は10年前に行われていることから，現在の状況を知るうえで貴重な資料であり，また，特別支援教育に関する問題は頻出のため，確認しておくとよい。

【27】1 ② 2 ⑥

○**解説**○ 1 障害者基本法第16条は教育について定めている。これを受け平成29年及び30年改訂の学習指導要領においても，特別支援学校の児童生徒と小・中学校等の児童生徒との交流及び共同学習が計画的，組織的に行われるよう明記された。文部科学省では，障害のある子どもと障害のない子どもとの交流及び共同学習の積極的な取組に役立つよう「交流及び共同学習ガイド」(平成31年3月改訂)を作成し，公開している。 2 a 障害による学習上又は生活上の困難を克服し自立を図るために必要な知識技能を授けるのが自立活動であり，特別支援学校小学部・中学部学習指導要領第7章では，「健康の保持」，「心理的な安定」，「人間関係の形成」，「環境の把握」，「身体の動き」，「コミュニケーション」の6つの内容を定めている。 b 本項は，特別支援学級において実施する特別の教育課程の編成に係る基本的な考え方について示したもの。対象となる児童の障害の種類や程度等によっては，障害のない児童に対する教育課程をそのまま適用することが必ずしも適当でない場合があることから，学校教育法施行規則第138条では「小学校，中学校若しくは義務教育学校又は中等教育学校の前期課程における特別支援学級に係る教育課程については，特に必要がある場合は，第50条第1項，第51条，第52条，第52条の3，第72条，第73条，第74条，第74条の3，第76条，第79条の5及び第107条の規定にかかわらず，特別の教育課程によることができる」と規定している。なお，誤肢である「通級による指導」とは，学校教育法施行規則第140条及び第141条に基づき，小・中学校の通常の学級に在籍する軽度の障害がある児童生徒に対して，各教科等の授業は通常の学級で行いつつ，障害に応じた特別の指導を「通級指導教室」といった特別の場で行う特別支援教育の一つの形態である。

【28】(1)　ア　3　イ　1　(2)　5　(3)　4　(4)　2

○**解説**○ (1)　ユニバーサルデザイン2020行動計画では，大きな2つの柱として，国民の意識やそれに基づくコミュニケーション等個人の行動に向けて働きかける取組(心のバリアフリー)と，ユニバーサルデザインの街づくりを推進する取組(街づくり分野)をあげている。目標は共生社会の実現であり，設置が内閣官房であることにも注意したい。(2)(3)　特別支援学校の目的に関する問題。ここでは対象となる障害，および教科教育と自立支援のための教育を行うことをおさえておこう。　(4)『段階的で「個別最適化された学びの場」』ではなく，『連続性のある「多様な学びの場」』が正しい。

【29】(1)　ア　②　イ　③　ウ　①　エ　③　(2)　④
(3)　⑤　(4)　②

○**解説**○ (1)　出題の「共生社会の形成に向けたインクルーシブ教育システム構築のための特別支援教育の推進(報告)」は，平成18(2006)年12月の第61回国連総会において採択された「障害者の権利に関する条約(障害者権利条約)」の批准に向け，日本における教育制度検討の一環として取りまとめられたものである。　(2)　出題の資料では，文部科学省が平成24(2012)年に実施した調査結果と，2022(令和4)年の調査結果との比較がなされている。平成24(2012)年調査では，小学校・中学校において「学習面又は行動面で著しい困難を示す」とされた児童生徒数の割合は約6.5%であったが，令和4(2022)年の調査結果は8.8%となっており，割合が増加していることがわかる。　(3)「発達障害者支援法」第2条第1項は発達障害について定義している。平成28(2016)年の改正において同法同条第2項に「社会的障壁」の語句が加筆された。
(4)　②は通級指導についての説明である。文部科学省作成の「交流及び共同学習ガイド」(平成31(2019)年改訂)では，交流及び共同学習の内

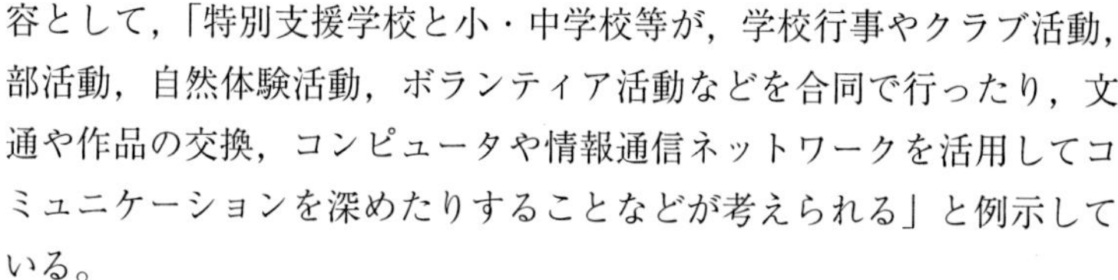

容として，「特別支援学校と小・中学校等が，学校行事やクラブ活動，部活動，自然体験活動，ボランティア活動などを合同で行ったり，文通や作品の交換，コンピュータや情報通信ネットワークを活用してコミュニケーションを深めたりすることなどが考えられる」と例示している。

【30】問1　オ　　問2　イ

○解説○　問1　2006年に障害者権利条約が国連総会において採択され，日本はこの条約を批准するため，障害者差別解消法を制定するなど国内法の整備がなされた。本問はそうした経緯を受験者が把握しているかを問う出題になっている。　1　誤肢である児童の権利条約は，1989(平成元)年に採択された。　2　誤肢である障害者自立支援法は2006(平成18)年に施行され，2012(平成24)年にその内容が一部改正され，また名称も障害者総合支援法になった(改正法は2013年施行)。障害者総合支援法は福祉サービスの給付や地域での生活支援に関わる人材育成などの，その総合的な支援について定めた法律である。

問2　③　後半部分は「その際，引き続き，本人や保護者の意向を可能な限り尊重すること」が正しい記述である。　④「高等学校においても発達障害を含む障害のある生徒が一定数入学していることを前提として，個別の教育支援計画や個別の指導計画を作成・活用し，適切な指導及び必要な支援を行うことが重要である」が正しい記述である。

教育原理　人権教育

実施問題

【1】次のア～オについて,「人権教育の指導方法等の在り方について[第三次とりまとめ]」(平成20年3月　人権教育の指導方法等に関する調査研究会議)で述べられているものの組合せとして正しいものを①～⑤から一つ選べ。

ア　人権教育は，人権に関する知的理解と人権感覚の涵養を基盤として，意識，態度，実践的な行動力など様々な資質や能力を育成し，発展させることを目指す総合的な教育である。

イ　人権教育により身に付けるべき知識は，自他の人権を尊重したり人権問題について考えたりする上で役立つ見方・考え方でなければならない。例えば，自由，責任，正義，個人の尊厳，権利，義務などの諸概念についての知識，人権の歴史や現状についての知識，国内法や国際法等々に関する知識，自他の人権を擁護し人権侵害の予防や解決策を検討するために必要な理論的知識等が含まれる。

ウ　人権教育が育成を目指す価値や態度には，人間の尊厳の尊重，自他の人権の尊重，多様性に対する肯定的評価，責任感，正義や自由の実現のために活動しようとする意欲などが含まれる。人権に関する知識や人権擁護に必要な諸技能を人権実現のための実践行動に結びつけるためには，このような価値や態度の育成が不可欠である。

エ　人権の本質やその重要性を実践的な知識として知るだけでは，必ずしも人権擁護の実現に十分であるとはいえない。人権に関わる事柄を直観的に感受するだけではなく，その内容を認知的に捉え，反省的に考察し，それを体系化することが求められる。そのような理解や体系化のためには，様々な技能の助けが必要である。

オ　人権教育が育成を目指す技能には，コミュニケーション技能，合理的・分析的に思考する技能や偏見や差別を見きわめる技能，その他相違を認めて受容できるための諸技能，協力的・建設的に問題解決に取り組む技能，責任を負う技能などが含まれる。こうした諸技能が人権感覚を鋭敏にする。

①　ア・ウ・オ　　②　イ・エ・オ　　③　ア・イ・ウ

④　イ・ウ・エ　⑤　ア・ウ・エ

2024年度 島根県 難易度

【2】次の文は，「人権教育の指導方法等の在り方について[第三次とりまとめ]〜指導等の在り方編〜」(平成20年3月　人権教育の指導方法等に関する調査研究会議)の「第2章　第3節　1．(3)イ．人権尊重の理念の理解と研修を通じて身に付けたい資質や能力」の一部である。A〜Dの文について，下線部の正しいものを○，誤っているものを×としたとき，その組合せとして正しいものはどれか。

A　教職員は，児童生徒に直接ふれあいながら指導を行うことで，その心身の成長発達を促進し，支援するという役割を担っている。「教師が変われば子どもも変わる」と言われるように，教職員の言動は，日々の教育活動の中で児童生徒の心身の発達や人間形成に大きな影響を及ぼし，豊かな人間性を育成する上でもきわめて重要な意味を持つ。

B　人権教育においては，個々の児童生徒の大切さを強く自覚し，一人の人間として接するという教職員の姿勢そのものが，指導の重要要素となる。教職員の人権尊重の態度によって，児童生徒に安心感や自信を生むことにもなる。

C　教職員においては，児童生徒の心の痛みに気付き，善悪を正しく判断できる確かな人権感覚を身に付けるよう，常に自己研鑽を積まなければならない。教育活動や日常の生活場面の中で，言動に潜む決めつけや偏見がないか，一人一人を大切にしているかを繰り返し点検し，自らの人権意識を絶えず見つめ直す必要がある。

D　情報化の進展に伴う新たな人権課題の実態について知ること，IT関連の知識・技能を習得することなど，時代の変化への対応等のために必要となる能力を兼ね備えることも重要である。

	A	B	C	D
1.	○	○	○	×
2.	×	×	×	○
3.	○	○	×	○
4.	○	×	×	×

5. ×　○　○　×

2024年度 岡山市 難易度■■■■□□

【3】次の文は,「人権教育の指導方法等の在り方について[第三次とりまとめ]」(平成20年3月　文部科学省)の一部である。文中の(　①　)～(　④　)に該当する語句の組み合わせとして正しいものを,以下の1～5から一つ選びなさい。

学校において人権教育を進めていく際には,人権教育が目指す諸能力を総体的・構造的にとらえた上で,その指導内容を構成することが必要である。人権教育が育成を目指す資質・能力は,知識的側面,価値的・態度的側面及び(　①　)的側面の3つの側面として捉えることができるが,(　②　)における系統的な指導内容として,これらの側面の育成を総合的に位置付けることが望ましい。

一方,学校教育における各教科等やその分野・領域にはそれぞれ独自の目標やねらいがあり,指導に当たっては,この目標やねらいを達成させることが,第一義的に求められることは言うまでもない。このような中にあって,人権教育をいかにして総合的に位置付け,実践するかについては,なお,様々な工夫や検討が求められるところである。

現代社会における人権尊重の理念の徹底の重要性にかんがみれば,児童生徒に対しては,人権に関わる資質・能力を(　③　)身に付けさせる必要があり,人権教育の指導内容についても,総合的な内容構成が目指されることになるが,同時に,育成すべき資質・能力の特定の側面に焦点を当て,(　④　)的,具体的な指導内容を構成してこれを実施していくことも,必要かつ有効な方法となる。

1　①　技能　②　学校全体　③　トータルに　④　個別
2　①　生活　②　学校全体　③　個に応じて　④　実践
3　①　技能　②　学校全体　③　個に応じて　④　実践
4　①　技能　②　生徒指導　③　個に応じて　④　個別
5　①　生活　②　生徒指導　③　トータルに　④　実践

2024年度 高知県 難易度■■□□□

【4】次の文章は,「人権教育の指導方法等の在り方について[第三次とりまとめ]～指導等の在り方編～」(平成20年3月人権教育の指導方法等に

関する調査研究会議)の一部抜粋である。(①)～(③)に入る語句として正しいものを，以下のア～カからそれぞれ一つずつ選び，記号で答えよ。

> 自分の人権を守り，他者の人権を守ろうとする意識・意欲・態度を促進するためには，人権に関する知的理解を深めるとともに，(①)を育成することが必要である。知的理解を深めるための指導を行う際にも，人権についての知識を単に一方的に教え込んだり，個々に学習させたりするだけでは十分でなく，児童生徒ができるだけ主体的に，他の児童生徒とも協力し合うような方法で学習に取り組めるよう工夫することが求められる。(①)を育成する基礎となる価値的・態度的側面や技能的側面の資質・能力に関しては，なおさらのこと，言葉で説明して教えるというような指導方法で育てることは到底できない。例えば，自分の人権を大切にし，他の人の人権も同じように大切にする，人権を弁護したり，自分とちがう考えや行動様式に対しても寛容であったり，それを尊重するといった価値・態度や，コミュニケーション技能，(②)な思考技能などのような技能は，ことばで教えることができるものではなく，児童生徒が自らの経験を通してはじめて学習できるものである。つまり，児童生徒が自ら主体的に，しかも学級の他の児童生徒たちとともに学習活動に参加し，協力的に活動し，(③)ことを通してはじめて身に付くといえる。民主的な価値，尊敬及び寛容の精神などは，それらの価値自体を尊重し，その促進を図ろうとする学習環境の中で，またその学習過程を通じて，はじめて有効に学習されるのである。したがって，このような能力や資質を育成するためには，児童生徒が自分で「感じ，考え，行動する」こと，つまり，自分自身の心と頭脳と体を使って，主体的，実践的に学習に取り組むことが不可欠なのである。

ア　体験する　　イ　自尊感情　　ウ　人権感覚　　エ　理解する
オ　批判的　　カ　客観的

2024年度　鹿児島県　難易度

【5】次のA，Bの文は，「人権教育を取り巻く諸情勢について～人権教育の指導方法等の在り方について[第三次とりまとめ]策定以降の補足資料～」(令和3年3月　学校教育における人権教育調査研究協力者会議(令和5年3月改訂))から抜粋したものである。文中の(　a　)～(　d　)に当てはまる語句の正しい組合せはどれか。以下の1～6から1つ選べ。

A　人権教育の意義や概念は，「人権教育・啓発推進法」や「人権教育・啓発に関する基本計画」(平成14年3月15日閣議決定)，第三次とりまとめで既に言及されているが，国民の意識や社会情勢の変化に伴い，その重要性は更に高まっている。個別的な人権課題のうち，学校にとっても最も関わりの深い「(　a　)」について，令和2年度はコロナ禍の影響で児童生徒間の直接の対面によるやり取りの機会が減少したこともあり，いじめの認知件数や重大事態の件数，暴力行為の発生件数は一時的に減少したものの，令和3年度にはいずれの件数ともに前年度より増加した。また，不登校児童生徒数は9年連続，児童相談所における児童虐待相談対応件数は31年連続で増加している。また，「(　a　)」以外の個別的な人権課題でも，「障害者虐待の防止，障害者の養護者に対する支援等に関する法律」(平成23年法律第79号)や「障害を理由とする差別の解消の推進に関する法律」(平成25年法律第65号)，「本邦外出身者に対する不当な差別的言動の解消に向けた取組の推進に関する法律」(平成28年法律第68号)，「(　b　)の解消の推進に関する法律」(平成28年法律第109号)，「アイヌの人々の誇りが尊重される社会を実現するための施策の推進に関する法律」(平成31年法律第16号)等，立法措置が相次いでいる。これらの法律の中には，差別の解消のための教育の必要性が明記されているものも存在している。こうした情勢を踏まえ，学校種を問わず，全ての学校において，人権教育のより一層の推進が必要とされている。

B　学校における人権教育の指導方法等は，第三次とりまとめで言及されているが，その理念や内容自体は変わるものではない。人権教育は，学校の(　c　)を通じて推進することが大切であり，そのためには，人権尊重の精神に立つ学校づくりを進め，人権教育の充実を目指した教育課程の編成や，人権尊重の理念に立った生徒指導，人権尊重の視点に立った学級経営等が必要である。他方，特に近年では，学習指導要領の改訂や，生徒指導提要の改訂，学校における働き方改革，(　d　)などが進んでおり，学校を取り巻く情勢は大きく変化している。このような学校制度の改革の趣旨を実現するためにも，人権教育のより一層の推進が不可欠である。

1　a－子供
　b－部落差別
　c－教育活動全体
　d－GIGAスクール構想
2　a－インターネットによる人権侵害
　b－女性差別
　c－ホームルーム活動
　d－ヤングケアラーへの対策
3　a－ハラスメント
　b－ハンセン病患者に対する差別
　c－授業
　d－GIGAスクール構想
4　a－いじめ問題
　b－性同一性障害者に対する差別
　c－課外活動
　d－新型コロナウイルスなどの感染症対策
5　a－いじめ問題
　b－部落差別
　c－教育活動全体
　d－外国人児童生徒等の受け入れ
6　a－子供
　b－女性差別
　c－ホームルーム活動
　d－新型コロナウイルスなどの感染症対策

2024年度 ｜ 奈良県 ｜ 難易度

【6】次の各文は,「人権教育及び人権啓発の推進に関する法律」の条文であるが,下線部については誤りの含まれているものがある。下線部A～Dの語句のうち,正しいものを○,誤っているものを×とした場合,正しい組合せはどれか。1～5から一つ選べ。

第1条　この法律は,人権の尊重の緊要性に関する認識の高まり,A社会的身分,門地,人種,信条又は性別による不当な差別の発生等の人権侵害の現状その他人権の擁護に関する内外の情勢にかんがみ,人権教育及び人権啓発に関する施策の推進について,B学校,地域,家庭及び関係諸機関の役割を明らかにするとともに,必要な措置を定め,もって人権の擁護に資することを目的とする。

第2条　この法律において,人権教育とは,人権尊重の精神の涵養を目的とする教育活動をいい,人権啓発とは,C国民の間に人権尊重の理念を普及させ,及びそれに対する国民の理解を深めることを目的とする広報その他の啓発活動(人権教育を除く。)をいう。

第3条　国及び地方公共団体が行う人権教育及び人権啓発は,学校,地域,家庭,職域その他の様々な場を通じて,国民が,Dその社会の中での立場や職業に応じ,人権尊重の理念に対する理解を深め,これを体得することができるよう,多様な機会の提供,効果的な手法の採用,国民の自主性の尊重及び実施機関の中立性の確保を旨として行われなければならない。

	A	B	C	D
1	○	×	○	×
2	○	×	×	○
3	×	○	○	×
4	×	×	○	○
5	×	○	×	○

▌2024年度 ▌大阪府・大阪市・堺市・豊能地区 ▌難易度 ■■■■□□

【7】次の表は,条約・法令名と条項及びその条文の一部を示したものである。表中の(　ア　)～(　オ　)に当てはまる条約・法令名又は言葉を以下のA～Jから一つずつ選び,その記号を書け。

条約・法令名	条項	条文
障害者の権利に関する条約	第24条 第2項 (a)	障害者が障害に基づいて一般的な(　ア　)から排除されないこと及び障害のある児童が障害に基づいて無償のかつ義務的な初等教育から又は中等教育から排除されないこと。
(　イ　)	第16条 第4項	国及び地方公共団体は，障害者の教育に関し，調査及び研究並びに人材の確保及資質の向上，適切な教材等の提供，学校施設の整備その他の環境の整備を促進しなければならない。
障害を理由とする差別の解消の推進に関する法律	第7条 第1項	行政機関等は，その事務又は事業を行うに当たり，障害を理由として障害者でない者と不当な差別的取扱いをすることにより，障害者の(　ウ　)を侵害してはならない。
学校教育法 施行令	第22条の3	法第75条の政令で定める視覚障害者，聴覚障害者，知的障害者，肢体不自由者又は病弱者の障害の程度は，次の表に掲げるとおりとする。 肢体不自由者 一　肢体不自由の状態が補装具の使用によつても歩行，(　エ　)等日常生活における基本的な動作が不可能又は困難な程度のもの 二　肢体不自由の状態が前号に掲げる程度に達しないもののうち，常時の医学的観察指導を必要とする程度のもの
学校教育法 施行規則	第140条	小学校，中学校，義務教育学校，高等学校又は中等教育学校において，次の各号のいずれかに該当する児童又は生徒(特別支援学級の児童及び生徒を除く。)のうち当該障害に応じた特別の指導を行う必要があるものを教育する場合には，文部科学大臣が別に定めるところにより，(中略)特別の教育課程によることができる。 一　言語障害者 二　(　オ　)者 三　情緒障害者 四　弱視者 五　難聴者 六　学習障害者 七　注意欠陥多動性障害者

		八 その他障害のある者で，この条の規定により特別の教育課程による教育を行うことが適当なもの

A 姿勢保持　B 障害者基本法　C 基本的人権
D 権利利益　E 知的障害　F 教育制度
G 社会生活　H 自閉症　I 障害者総合支援法
J 筆記

2024年度 愛媛県 難易度

【8】次の文章は，人権教育及び人権啓発の推進に関する法律(平成12年法律第147号)の第1条及び第2条である。(　A　)～(　E　)に当てはまる語句の組合せとして正しいものはどれか。

第1条　この法律は，人権の尊重の緊要性に関する認識の高まり，社会的身分，門地，人種，信条又は(　A　)による不当な差別の発生等の人権侵害の現状その他人権の(　B　)に関する内外の情勢にかんがみ，人権教育及び人権啓発に関する施策の推進について，国，地方公共団体及び国民の(　C　)を明らかにするとともに，必要な措置を定め，もって人権の(　B　)に資することを目的とする。

第2条　この法律において，人権教育とは，人権尊重の精神の(　D　)を目的とする教育活動をいい，人権啓発とは，国民の間に人権尊重の理念を普及させ，及びそれに対する国民の(　E　)を深めることを目的とする広報その他の啓発活動(人権教育を除く。)をいう。

	A	B	C	D	E
1.	年齢	擁護	義務	助長	意識
2.	性別	擁護	責務	涵養	理解
3.	性別	問題解決	義務	助長	意識
4.	性別	擁護	責務	涵養	意識
5.	年齢	問題解決	義務	涵養	理解

2024年度 岡山県 難易度

【9】次の文は，人権に関する法令の条文である。以下の(1)，(2)の各問いに答えよ。

日本国憲法
第13条　すべて国民は，個人として尊重される。生命，自由及び幸福追求に対する国民の権利については，公共の(　①　)に反しない限り，立法その他の国政の上で，最大の尊重を必要とする。
人権教育及び人権啓発の推進に関する法律
第3条　国及び地方公共団体が行う人権教育及び人権啓発は，学校，地域，家庭，職域その他の様々な場を通じて，国民が，その発達段階に応じ，人権尊重の理念に対する理解を深め，これを(　②　)することができるよう，多様な機会の提供，効果的な手法の採用，国民の自主性の尊重及び実施機関の中立性の確保を旨として行われなければならない。

(1)　(　①　)に入る適切な語句を答えよ。
(2)　(　②　)に入る適切な語句を次の語群から選び，記号で答えよ。
語群　1　習得　　2　体得　　3　実践　　4　実感

2024年度 | 山口県 | 難易度

【10】次の文章は，障害を理由とする差別の解消の推進に関する法律の一部である。文中の[　1　]，[　2　]にあてはまる語を，それぞれ以下の①から⑤までの中から一つずつ選び，記号で答えよ。

第1条　この法律は，[　1　](昭和45年法律第84号)の基本的な理念にのっとり，全ての障害者が，障害者でない者と等しく，基本的人権を享有する個人としてその尊厳が重んぜられ，その尊厳にふさわしい生活を保障される権利を有することを踏まえ，障害を理由とする差別の解消の推進に関する基本的な事項，行政機関等及び事業者における障害を理由とする差別を解消するための措置等を定めることにより，障害を理由とする差別の解消を推進し，もって全ての国民が，障害の有無によって分け隔てられることなく，相互に人格と個性を尊重し合いながら[　2　]する社会の実現に資することを目的とする。

[　1　]　①　日本国憲法

② 身体障害者福祉法
③ 発達障害者支援法
④ 障害者の日常生活及び社会生活を総合的に支援するための法律
⑤ 障害者基本法

[2] ① 共助 ② 生活 ③ 発展 ④ 共生
⑤ 共栄

▌2024年度 ▌沖縄県 ▌難易度 ■■■□□

【11】次の文は，法令の条文の一部である。(1)，(2)の各問いに答えなさい。

幼稚園，小学校，中学校，義務教育学校，高等学校及び中等教育学校においては，次項各号のいずれかに該当する幼児，児童及び生徒その他教育上特別の支援を必要とする幼児，児童及び生徒に対し，文部科学大臣の定めるところにより，障害による学習上又は生活上の困難を克服するための教育を行うものとする。 ② 小学校，中学校，義務教育学校，高等学校及び中等教育学校には，次の各号のいずれかに該当する児童及び生徒のために，(ア)を置くことができる。 一 知的障害者 二 肢体不自由者 三 身体虚弱者 四 弱視者 五 難聴者 六 その他障害のある者で，(ア)において教育を行うことが適当なもの

(1) 該当する法令を，①～⑤から一つ選び，番号で答えなさい。

① 日本国憲法 ② 教育基本法
③ 学校教育法 ④ 地方教育行政の組織及び運営に関する法律
⑤ 障害者差別解消法

(2) (　ア　)に当てはまる語句を，①～⑤から一つ選び，番号で答えなさい。

① 適応指導教室　② 交流学級　③ 院内学級

④ 通級指導教室　⑤ 特別支援学級

■2024年度 ■熊本市 ■難易度■■■□□

【12】次の文は，「障害を理由とする差別の解消の推進に関する法律」の条文の一部である。文中の(　①　)～(　④　)に該当する語句の組み合わせとして正しいものを，以下の1～5から一つ選びなさい。

第1条

この法律は，障害者基本法(昭和45年　法律第84号)の基本的な理念にのっとり，全ての障害者が，障害者でない者と等しく，基本的人権を享有する(　①　)としてその尊厳が重んぜられ，その尊厳にふさわしい(　②　)を保障される権利を有することを踏まえ，障害を理由とする差別の解消の推進に関する基本的な事項，行政機関等及び事業者における障害を理由とする差別を解消するための措置等を定めることにより，障害を理由とする差別の解消を推進し，もって全ての国民が，障害の有無によって(　③　)ことなく，相互に人格と(　④　)を尊重し合いながら共生する社会の実現に資することを目的とする。

	①	②	③	④
1	① 個人	② 人権	③ 差別される	④ 多様性
2	① 個人	② 生活	③ 分け隔てられる	④ 個性
3	① 国民	② 人権	③ 分け隔てられる	④ 多様性
4	① 国民	② 生活	③ 差別される	④ 個性
5	① 国民	② 生活	③ 差別される	④ 多様性

■2024年度 ■高知県 ■難易度■■□□□

【13】令和4年12月に示された「生徒指導提要」では，「児童の権利に関する条約」に留意するよう記載されている。この条約の4つの原則として適切でないものを，次のア～エから1つ選びなさい。

ア　児童の最善の利益

イ　気候変動に具体的な対策を講じる義務

ウ　生命・生存・発達に対する権利

エ　意見を表明する権利

▌2024年度 ▌兵庫県 ▌難易度

【14】次の文章は，障害者の権利に関する条約の条文の一部である。文中の[　1　]，[　2　]にあてはまる語を，それぞれ以下の①から⑤までの中から一つずつ選び，記号で答えよ。

第8条　意識の向上

1　締約国は，次のことのための即時の，効果的なかつ適当な措置をとることを約束する。

(a)　障害者に関する社会全体(各家庭を含む。)の意識を向上させ，並びに障害者の権利及び[　1　]に対する尊重を育成すること。

(b)　あらゆる活動分野における障害者に関する定型化された観念，偏見及び有害な慣行(性及び年齢に基づくものを含む。)と戦うこと。

(c)　障害者の能力及び[　2　]に関する意識を向上させること。

[　1　]　①　義務　②　立場　③　存在　④　基本的人権　⑤　尊厳

[　2　]　①　資質　②　社会参加　③　貢献　④　自立　⑤　自由

▌2024年度 ▌沖縄県 ▌難易度

【15】次の文は，「児童の権利に関する条約」(平成元年　国連総会にて採択)の一部である。(　ア　)～(　ウ　)に当てはまる語句の組合せとして適切なものを，以下の①～⑥から一つ選び，番号で答えなさい。

第28条

1　締約国は，教育についての児童の権利を認めるものとし，この権利を漸進的にかつ機会の平等を基礎として達成するため，特に，

(a)　初等教育を(　ア　)ものとし，すべての者に対して無償のものとする。

(b)　種々の形態の中等教育(一般教育及び職業教育を含む。)の発展を奨励し，すべての児童に対し，これらの中等教育が

利用可能であり，かつ，これらを利用する機会が与えられるものとし，例えば，無償教育の導入，必要な場合における財政的援助の提供のような適当な措置をとる。

(c) すべての適当な方法により，(　イ　)，すべての者に対して高等教育を利用する機会が与えられるものとする。

(d) すべての児童に対し，教育及び職業に関する情報及び指導が利用可能であり，かつ，これらを利用する機会が与えられるものとする。

(e) 定期的な登校及び(　ウ　)を奨励するための措置をとる。

	ア	イ	ウ
①	基礎的な	試験の結果に応じ	中途退学率の減少
②	基礎的な	能力に応じ	いじめ発生数の減少
③	選択可能な	試験の結果に応じ	児童虐待件数の減少
④	選択可能な	年齢に応じ	いじめ発生数の減少
⑤	義務的な	年齢に応じ	児童虐待件数の減少
⑥	義務的な	能力に応じ	中途退学率の減少

2024年度 | 熊本市 | 難易度

【16】「子どもの権利条約(児童の権利に関する条約)」は，世界中全ての子どもの基本的人権を保障するために定められた条約である。この条約の基本的な考え方は，4つの原則で表されている。「差別の禁止(差別のないこと)」，「子どもの最善の利益(子どもにとって最もよいこと)」，「生命，生存及び発達に対する権利(命を守られ成長できること)」とあと一つは何か。次の①～④から一つ選んで，その番号を書け。

① 子どもの意見の尊重(意見を表明し参加できること)
② 勤労の権利(勤労の権利を有すること)
③ 虐待の禁止(虐待を受けず，虐待があれば保護されること)
④ 戦争に巻き込まれず平和に生きる権利(平和に生活できること)

2024年度 | 香川県 | 難易度

【17】次の文は，「人権教育・啓発に関する基本計画」(平成14年3月閣議決定(策定)，平成23年4月閣議決定(変更))の「第4章　2　各人権課題に対する取組　(2)子ども」の一部である。(　ア　)，(　イ　)に当てはまる語句を，以下の①～⑤からそれぞれ一つ選び，番号で答えなさい。

> ○　学校教育及び社会教育を通じて，憲法及び教育基本法の精神に則り，人権尊重の意識を高める教育の一層の推進に努める。学校教育については，(　ア　)の充実に向けた指導方法の研究を推進するとともに，幼児児童生徒の人権に十分に配慮し，一人一人を大切にした教育指導や学校運営が行われるように努める。その際，自他の権利を大切にすることとともに，社会の中で果たすべき義務や自己責任についての指導に努めていく。社会教育においては，子どもの人権の重要性について正しい認識と理解を深めるため，公民館等における各種学級・講座等による(　イ　)の充実に努める。(文部科学省)

①　人権教育　　②　人権啓発　　③　知識理解　　④　参加体験
⑤　学習機会

2024年度 ▌熊本市 ▌難易度

【18】次の文は，「人権教育・啓発に関する基本計画」(平成14年3月15日閣議決定)の「第3章　人権教育・啓発の基本的在り方」の一部である。文中の下線部a～eについて，正しいものを○，誤っているものを×としたとき，正しい組合せはどれか。以下の1～6から1つ選べ。

○　人権とは，人間の尊厳に基づいて各人が持っている固有の権利であり，社会を構成するすべての人々が個人としての$_{a}$生存と自由を確保し，社会において幸福な生活を営むために欠かすことのできない権利である。

○　人権教育・啓発は，幼児から高齢者に至る幅広い層を対象とするものであり，その活動を効果的に推進していくためには，人権教育・啓発の対象者の$_{b}$家庭環境を踏まえ，地域の実情等に応じて，ねばり強くこれを実施する必要がある。

特に，人権の意義や重要性が知識として確実に身に付き，人権問題を直感的にとらえる感性や日常生活において人権への配慮がその態度や行動に現れるようなc人権感覚が十分に身に付くようにしていくことが極めて重要である。

○　人権教育・啓発の手法については，「法の下の平等」，「個人の尊重」といった人権一般のd普遍的な視点からのアプローチと，具体的な人権課題に即したe固有的な視点からのアプローチとがあり，この両者があいまって人権尊重についての理解が深まっていくものと考えられる。

1　a－○　b－×　c－○　d－×　e－×
2　a－×　b－○　c－×　d－○　e－×
3　a－○　b－×　c－○　d－○　e－×
4　a－×　b－○　c－×　d－○　e－○
5　a－○　b－○　c－×　d－×　e－○
6　a－×　b－×　c－○　d－×　e－○

2024年度　奈良県　難易度

【19】次の(1)～(7)は，人権に関する文章である。各文中の空欄[　　]に当てはまる語句を，以下の①～⑤からそれぞれ1つずつ選び，番号で答えなさい。

(1)　「日本国憲法」の第11条には，「国民は，すべての基本的人権の享有を妨げられない。この憲法が国民に保障する基本的人権は，侵すことのできない[　　]として，現在及び将来の国民に与へられる。」と示されている。

①　普遍的な権利　②　永遠の権利　③　恒久の権利
④　持続的な権利　⑤　永久の権利

(2)　「教育基本法」の前文には「我々は，この理想を実現するため，個人の[　　]を重んじ，真理と正義を希求し，公共の精神を尊び，豊かな人間性と創造性を備えた人間の育成を期するとともに，伝統を継承し，新しい文化の創造を目指す教育を推進する。」と述べられている。

①　自由　②　尊厳　③　意思　④　価値　⑤　人格

(3)　「人権教育及び人権啓発の推進に関する法律」の第3条には，「国及び地方公共団体が行う人権教育及び人権啓発は，学校，地域，家庭，職域その他の様々な場を通じて，国民が，その発達段階に応じ，人権尊重の[　　]に対する理解を深め，これを体得することができるよう，多様な機会の提供，効果的な手法の採用，国民の自主性の尊重及び実施機関の中立性の確保を旨として行われなければならない。」と示されている。

① 概念　② 意義　③ 理念　④ 内容　⑤ 精神

(4) 令和5年4月1日に施行された「[　　]」の第3条第1項には，「全てのこどもについて，個人として尊重され，その基本的人権が保障されるとともに，差別的取扱いを受けることがないようにすること。」と示されている。

① こども基本法　② こども保護条例
③ こどもの権利条約　④ こどもの擁護に関する条例
⑤ こどもの権利憲章

(5) 「熊本県人権教育・啓発基本計画【第4次改定版】(令和2年12月)」では，人権教育・啓発の定義について「全ての県民を対象として，あらゆる場，あらゆる機会を捉えて行われるもので，自らの尊厳に気づくとともに，[　　]を容認する「共生の心」を育み，県民が物事を人権の視点で捉え，それを自分のこととして考え，行動できる態度を身につけることができるようになるための教育・啓発」としている。

① 個性　② 特性　③ 差異性　④ 多様性
⑤ 特異性

(6) 「くまもとの教職員像～「認め，ほめ，励まし，伸ばす」くまもとの教職員～(平成17年4月5日)」の「1　教職員としての基本的資質」には，「①　教育的愛情と[　　]」を掲げている。

① 豊かな心　② 人権意識　③ 人権への配慮
④ 感受性　⑤ 人権感覚

(7) 令和2年6月29日に公布・施行された「熊本県[　　]の解消の推進に関する条例」の第1条には，「現在もなお，[　　]が存在する」と示されている。(空欄は同じ言葉)

① ハンセン病問題　② 障がいを理由とする差別

③　部落差別　　④　インターネットによる人権侵害
⑤　不当な差別的言動

2024年度　熊本県　難易度

【20】次の各問いに答えなさい。

問1　次のA，Bの文は，人権に関する法律の条文である。[　1　]，[　2　]に当てはまる語句を以下の①～⑥の中からそれぞれ1つずつ選び，番号で答えよ。

> A　人権教育及び人権啓発の推進に関する法律　第3条
> 　国及び地方公共団体が行う人権教育及び人権啓発は，学校，地域，家庭，職域その他の様々な場を通じて，国民が，その発達段階に応じ，人権尊重の理念に対する理解を深め，これを体得することができるよう，多様な機会の提供，効果的な手法の採用，国民の[　1　]の尊重及び実施機関の中立性の確保を旨として行われなければならない。
> B　障害を理由とする差別の解消の推進に関する法律　第5条
> 　行政機関等及び事業者は，社会的障壁の除去の実施についての必要かつ[　2　]な配慮を的確に行うため，自ら設置する施設の構造の改善及び設備の整備，関係職員に対する研修その他の必要な環境の整備に努めなければならない。

①　合理的　　②　思想　　③　自主性　　④　良心　　⑤　十分
⑥　総合的

問2　次の文は，「人権教育の指導方法等の在り方について[第三次とりまとめ]」(平成20年3月　人権教育の指導方法等に関する調査研究会議)から一部抜粋したものである。[　1　]～[　3　]に当てはまる語句を以下の①～⑨の中からそれぞれ1つずつ選び，番号で答えよ。

> 　人権感覚とは，人権の価値やその重要性にかんがみ，人権が[　1　]され，実現されている状態を感知して，これを望ましいものと感じ，反対に，これが侵害されている状態を感知して，それを許せないとするような，価値志向的な感覚である。「価値志向的な感覚」とは，[　2　]にとってきわめて重要

な価値である人権が守られることを肯定し，侵害されることを否定するという意味において，まさに価値を志向し，価値に向かおうとする感覚であることを言ったものである。このような人権感覚が健全に働くとき，自他の人権が尊重されていることの「妥当性」を肯定し，逆にそれが侵害されることの「問題性」を認識して，人権侵害を解決せずにはいられないとする，いわゆる人権意識が芽生えてくる。つまり，価値志向的な人権感覚が知的認識とも結びついて，問題状況を変えようとする人権意識又は意欲や態度になり，自分の人権とともに他者の人権を守るような[　3　]行動に連なると考えられるのである。

① 人間　② 表現　③ 実践　④ 保護　⑤ 探究
⑥ 毀損　⑦ 万物　⑧ 擁護　⑨ 生物

2024年度 長崎県 難易度

解答・解説

【1】①

○解説○「人権教育の指導方法等の在り方について[第三次とりまとめ]」は，文部科学省が設置した調査研究会議がとりまとめたもので，人権教育とは何かということをわかりやすく示すとともに，学校教育における指導の改善・充実に向けた視点を人権教育の実践事例とともに示したものである。提示された内容は，その「第1章　学校教育における人権教育の改善・充実の基本的考え方」「1．人権及び人権教育」「(4)人権教育を通じて育てたい資質・能力」に記述されたものである。イ「1　知識的側面」の項目の中で，「人権教育により身に付けるべき知識は，自他の人権を尊重したり人権問題を解決したりする上で具体的に役立つ知識でもなければならない。例えば，自由，責任，正義，個人の尊厳，権利，義務などの諸概念についての知識，人権の歴史や現状についての知識，国内法や国際法等々に関する知識，自他の人権を擁護し人権侵害を予防したり解決したりするために必要な実践的知識等が含まれる」と記述されている。　エ「3　技術的側面」の項目の中で，「人権の本質やその重要性を客観的な知識として知るだけでは，必ずしも人権擁護の実践に十分であるとはいえない。人権に関わる事柄を認知的に捉えるだけではなく，その内容を直感的に感受し，共感的に受けとめ，それを内面化することが求められる。そのような受容や内面化のためには，様々な技能の助けが必要である」と記述されている。

【2】3

○**解説**○「人権教育の指導方法等の在り方について[第三次とりまとめ]」は，文部科学省が設置した調査研究会議が取りまとめたもので，人権教育とは何かということをわかりやすく示すとともに，学校教育における指導の改善・充実に向けた視点を人権教育の実践事例とともに示したものである。　C　下線部分は，正しくは「互いの人権が尊重されているかを」である。令和3(2021)年には，「人権教育の指導方法等の在り方について[第三次とりまとめ]補足資料」が出されているので，目を通しておきたい。

【3】1

○**解説**○ 平成16(2004)年に「人権教育の指導方法等の在り方について[第一次とりまとめ]」を公表した後，[第二次とりまとめ]を経て，平成20(2008)年に「指導等の在り方編」と「実践編」の二編にこれを再編成して，[第三次とりまとめ]が公表された。その「指導等の在り方編」の「第2章　学校における人権教育の指導方法等の改善・充実」「第2節　人権教育の指導内容と指導方法」からの出題である。人権教育が育成を目指す資質・能力は，知識，価値・態度及び技能の3つの側面から総合的(トータル)に位置付けることが望ましいとしている。一方，特定の側面に焦点を当てて，個別的，具体的な指導内容を構成して実施することも有効であるとしている。

【4】① ウ　② オ　③ ア

○解説○ 出題の資料における「第2節　人権教育の指導内容と指導方法　3．指導方法の在り方　(1)　人権教育における指導方法の基本原理」からの引用である。このとりまとめは人権教育を通じて培われるべき資質・能力を，知識的側面，価値的・態度的側面，技能的側面の三側面からとらえ，自分の人権を守り，他者の人権を守ろうとする意識・意欲・態度を促進するためには，人権に関する知識理解を深めるとともに，自分の大切さとともに他の人の大切さを認める「人権感覚」を育成することが必要であるとしている。

【5】1

○解説○「人権教育を取り巻く諸情勢について～人権教育の指導方法等の在り方について[第三次とりまとめ]策定以降の補足資料～」は，教育委員会や学校現場の人権教育担当者向けに，人権教育の指導方法等の在り方について[第三次とりまとめ]策定後の社会情勢の変化を踏まえ，第三次とりまとめを補足するものとして作成した参考資料で，定期的に改訂が行われている。　a　学校において人権の対象の中心となる存在は，子供である。　b　部落差別解消推進法は，国が差別の解消を目指して平成28(2016)年に交付，施行した人権三法のうちの一つである。　c　人権教育は教育活動全体を通して推進することが大切であることは，人権教育・啓発に関する基本計画にも明記されている。　d　GIGAスクール構想とは令和元(2019)年12月に文部科学省が打ち出したもので，1人1台端末と，高速大容量の通信ネットワークを一体的に整備し，多様な子どもたちを誰一人取り残すことなく，公正に個別最適化され，資質・能力が一層確実に育成できる教育環境を実現し，教師・児童生徒の力を最大限に引き出そうとすることを意図した取組である。

【6】1

○解説○ Bは「国，地方公共団体及び国民の責務」，Dは「その発達段階」が正しい文言である。この法律(略称は人権教育啓発推進法)は人権の擁護を図るために，人権教育及び人権啓発に関する施策の推進について，国・地方公共団体及び国民の責務を明らかにしたもので，平成

12(2000)年に制定された。この法律において，国には，基本計画の策定と政府による国会への年次報告，地方公共団体への人権擁護に関する事業委託などによる財政措置などを求めている。

【7】ア F　イ B　ウ D　エ J　オ H

○**解説**○ ア～ウ　障害者の権利に関する条約(障害者権利条約)は平成18(2006)年の国連総会で採択された。本条約を日本が批准するために，平成23(2011)年に障害者基本法が改正され，そして平成25(2013)年に障害を理由とする差別の解消の推進に関する法律(障害者差別解消推進法)が制定されるなど，国内法が整備された。なお，障害者の権利に関する条約第24条を受けて，障害者基本法第16条はインクルーシブ教育の実現について規定している。　エ　学校教育法施行令第22条の3は，学校教育法第75条の「第72条に規定する視覚障害者，聴覚障害者，知的障害者，肢体不自由者又は病弱者の障害の程度は，政令で定める」との規定を受けて，各障害者の障害の程度を詳細に規定した条文である。特別支援学校教諭志望者対象の専門試験でも出題される条文なので，その内容等を理解しておきたい。　オ　学校教育法施行規則第140条は通級による指導に関する規定であり，本条については通級による指導の対象となる児童生徒を把握しておきたい。

【8】2

○**解説**○「人権教育及び人権啓発の推進に関する法律」は平成12(2000)年，それまでの人権教育の取組の一層の推進を目指し制定された。本法は，人権教育及び人権啓発の基本理念を規定し，国・地方公共団体・国民の責務を明確化するとともに，国による基本計画の策定及び年次報告を義務付けている。出題された第1条はこの法律の目的，第2条は人権教育・人権啓発の定義について定めたものである。

【9】(1)　福祉　(2)　2

○**解説**○ (1)「公共の福祉」とは社会全体の共通の利益のこと。つまり，自分の権利を行使することで，他人の権利を侵害する行為は「公共の福祉に反する」こととなり調整が求められる。　(2)　本条文は基本理念に関するもの。なお，本法で人権教育は「人権尊重の精神の涵養を目的とする教育活動」，人権啓発は「国民の間に人権尊重の理念を普及させ，及びそれに対する国民の理解を深めることを目的とする広報その他の啓発活動」としている(第2条)。こちらも出題可能性があるので，おさえておくとよい。

【10】1 ⑤　2 ④

○**解説**○ 障害を理由とする差別の解消の推進に関する法律は，障害を理由とする差別の解消の推進に関する基本的事項や行政機関等における措置等を定めることにより，全ての国民が障害の有無によって分け隔てられることのない共生社会の実現を目指すことを目的に，平成25(2013)年に制定された法律である。第1条は，法の目的について示した条文である。本法は，障害者基本法の差別の禁止の基本原則を具体化したものである。なお，令和3(2021)年の改正により，事業者による障害者への合理的配慮の義務化などが規定された。

【11】(1) ③　(2) ⑤

○**解説**○ (1) 学校教育法第81条は特別支援学級設置の根拠法である。(2) 「適応指導教室」は主に不登校児童生徒に対する指導・教育を行うために，教育委員会が学校外に設置している施設，② 「交流学級」は，通常の学級が，交流及び共同学習で，特別支援学級(学校)と共に学習すること，③ 「院内学級」とは学校教育法第81条第3項の規定に基づき病院内に設置される学級，④ 「通級指導教室」とは，学校教育法施行規則第140条の規定に基づき通常学級に在籍しつつ，週に何時間かある通級による指導の時間だけ通級に移動して，一人一人の困難や課題に合わせた支援・指導を受けるという形式の特別支援教育である。

【12】2

○**解説**○ 障害を理由とする差別の解消の推進に関する法律第1条は，この法律の「目的」を定めた条文であり，具体的にはこの法律の目的や趣旨，そしてどのようなことが規定されているかを大まかに説明している規定である。「障害を理由とする差別の解消の推進に関する基本方針」が同法の第二章(第6条)に，「行政機関等及び事業者における障害を理由とする差別を解消するための措置」は同法の第三章(第7条～

第13条)に，それぞれ規定されている。

【13】イ

〇**解説**〇 イは気候変動枠組条約である。「児童の権利に関する条約」の4つの原則は，差別の禁止，児童の最善の利益，生命・生存・発達に対する権利，意見を表明する権利である。

【14】1 ⑤　2 ③

〇**解説**〇 障害者の権利に関する条約は，障害者の人権及び基本的自由の享有の促進・保護，及び障害者の固有の尊厳の尊重を促進することを目的に，2006年の国連総会において採択された。日本は2007年に署名，2014年に批准している。出題された第8条は，障害者の権利や尊厳に関する社会全体の意識の向上について示している。

【15】⑥

〇**解説**〇「児童の権利に関する条約(子どもの権利条約)」は，子どもの基本的人権を国際的に保障するために定められた条約。18歳未満の児童(子ども)を，権利を持つ主体と位置づけ，おとなと同様ひとりの人間としての人権を認めるとともに，成長の過程で特別な保護や配慮が必要な子どもならではの権利も定めている。前文と本文54条からなり，子どもの生存，発達，保護，参加という包括的な権利を実現・確保するために必要となる具体的な事項を規定している。

【16】①

〇**解説**〇「子どもの権利条約(児童の権利に関する条約)」は，子どもの基本的人権を国際的に保障するために定められた条約で，1989年の第44回国連総会において採択され，1990年に発効し，日本は1994年に批准した。出題の4つの原則はあらゆる子どもの権利の実現を考える時に合わせて考えることが大切とされる考え方で，2023年4月施行の「こども基本法」にも取り入れられている。

【17】ア ①　イ ⑤

〇**解説**〇「人権教育・啓発に関する基本計画」は，2000(平成12)年施行の人権教育及び人権啓発の推進に関する法律(人権教育・啓発推進法)第7条の規定に基づき，法務省及び文部科学省が中心となって策定された。国の人権教育・啓発の総合的かつ計画的な推進施策についての指針を示すものである。2011(平成23)年に本計画の一部が変更され，各人権課題に対する取組に北朝鮮当局による拉致問題が加筆されている。文部科学省はこの基本計画の中で，そのほかにも「性別に基づく固定的な役割分担意識を是正し，人権尊重を基盤とした男女平等観の形成を促進するため，家庭，学校，地域など社会のあらゆる分野において男女平等を推進する教育・学習の充実を図る。また，女性の生涯にわたる学習機会の充実，社会参画の促進のための施策を充実させる」としている。

【18】3

○**解説**○「人権教育・啓発に関する基本計画」は，人権教育及び人権啓発の推進に関する法律第7条の規定に基づき,法務省及び文部科学省が中心となって，平成14(2002)年に策定された，国の人権教育・啓発の総合的かつ計画的な推進施策についての指針である。bの下線部は「発達段階」，eの下線部は「個別的」である。なお，同基本計画は平成23(2011)年に一部変更され，「第4章　人権教育・啓発の推進方策」「各人権課題に対する取組」に，「北朝鮮当局による拉致問題等」が加筆されている。

【19】(1)　⑤　(2)　②　(3)　③　(4)　①　(5)　④　(6)　⑤　(7)　③

○**解説**○ (1)　日本国憲法第11条は，日本国憲法の基本原理の一つである基本的人権について定めている。　(2)　教育基本法の前文にある「個人の尊厳とは，「他をもって代えることのできない人間としての人格を意味するものである。　(3)「人権教育及び人権啓発の推進に関する法律」は平成12(2000)年施行の法律で，人権の擁護に資することを目的に人権教育・啓発の推進に係る国，地方公共団体及び国民の責務を明らかにするとともに，必要な措置を定めたものであり，同法第3条は同法の基本理念を定めている。　(4)　こども基本法は，こども施策を社会全体で総合的かつ強力に推進していくための包括的な基本法として施行された。同法第3条は基本理念を定めている。　(5)「熊本県人権教育・啓発基本計画」は人権をめぐる施策推進の指針で，人権をめぐる状況の変化に対応するため，概ね3年をめどに改定され，令和2(2020)年の第4次改定では「人権の重要課題」としてきた12項目に，新たに「災害と人権」の項目が加えられた。また熊本県の独自人権課題として水俣病が取り上げられている。なお，本計画の計画期間は令和2年度から令和5年度までの4年間となっている。適宜熊本県のホームページを確認し，第5次改定版が策定され次第，入手されたい。(6)「くまもとの教職員像～『認め，ほめ，励まし，伸ばす』くまもとの教職員～」には，教職員としての基本的資質として，「教育的愛情と人権感覚」，「使命感と向上心」，「組織の一員としての自覚」の3つが示されている。　(7)「熊本県部落差別の解消の推進に関する条例」は2020(令和2)年に制定されたもので，同条例第1条は同条例の基本理念を定めている。

【20】問1　1　③　　2　①　　問2　1　⑧　　2　①　　3　③

○**解説**○ 問1　A　人権教育及び人権啓発の推進に関する法律(人権教育・啓発推進法)は平成12(2000)年に施行された法律で，同法第3条は基本理念を定めている。　B　障害を理由とする差別の解消の推進に関する法律(障害者差別解消法)は平成28年4月から施行された。出題の第5条は，「社会的障壁の除去の実施についての必要かつ合理的な配慮に関する環境の整備」について規定したもの。　問2「人権教育の指導方法等の在り方について[第三次とりまとめ]」は平成20年に取りまとめられたもので，「第1章　学校教育における人権教育の改善・充実の基本的考え方」の「1. 人権及び人権教育　(3)　人権感覚とは」からの引用出題。なお，令和3(2021)年3月には，本資料を補足するために「人権教育を取り巻く諸情勢について～人権教育の指導方法等の在り方について[第三次とりまとめ]策定以降の補足資料～」(学校教育における人権教育調査研究協力者会議)が出されているので，併せて目を通しておいてほしい。

教育原理　情報教育

実施問題

【1】次の文は,「教育の情報化に関する手引(追補版)」(令和2年6月　文部科学省)に関するものである。文中の(a)~(c)にあてはまる語句の組合せとして，最も適当なものを選びなさい。

> (1)　教育の情報化について
> 「教育の情報化」とは，情報通信技術の，時間的・空間的制約を超える，(a)を有する，カスタマイズを容易にするといった特長を生かして，教育の質の向上を目指すものであり，具体的には次の3つの側面から構成され，これらを通して教育の質の向上を図るものである。
> ①　(b):子供たちの情報活用能力の育成
> ②　教科指導におけるICT活用:ICTを効果的に活用した分かりやすく深まる授業の実現等
> ③　校務の情報化:教職員がICTを活用した(c)によりきめ細やかな指導を行うことや，校務の負担軽減等

① a 双方向性　b プログラミング教育　c 集計作業
② a 公開性　b 情報教育　c 情報共有
③ a 専門性　b プログラミング教育　c 業務の効率化
④ a 双方向性　b 情報教育　c 情報共有
⑤ a 公開性　b 情報モラル教育　c 集計作業

2024年度　千葉県・千葉市　難易度

【2】次の文は,「教育の情報化に関する手引(追補版)」(令和2年6月　文部科学省)の記述の一部である。(　　)に当てはまる語句を，以下の①~⑤から一つ選び，番号で答えなさい。

> 今日の社会は，生活のあらゆる場面でICTを活用することが当たり前の世の中となっている。さらに，人工知能(AI)，ビッグデータ，IoT(Internet of Things)，ロボティクス等の先端技術が高度化してあらゆる産業や社会生活に取り入れられ，社会の在り方

そのものが劇的に変わる「Society5.0」時代の到来が予想されている。
　このような時代において次代を切り拓く子供たちには，情報活用能力をはじめ，言語能力や数学的思考力などこれからの時代を生きていく上で基盤となる資質・能力を確実に育成していく必要があり，そのためにもICT等を活用して，「(　　)」や学校における働き方改革を実現していくことが不可欠である。

① 主体的に選択し活用していく力の育成
② 社会に開かれた教育課程
③ 児童生徒の状況に応じた支援
④ 公正に個別最適化された学び
⑤ 学びに向かう力

2024年度　熊本市　難易度

【3】「教育の情報化に関する手引(追補版)」(令和2年6月　文部科学省)の「第3章　プログラミング教育の推進」に示されている内容として，A～Eについて，正しいものを○，誤っているものを×としたとき，その組合せとして正しいものはどれか。

A　コンピュータをより適切かつ効果的に活用していくためには，その仕組みを知ることが重要である。コンピュータは人がその仕組みを知ることによって動作するが，端的に言えば，その仕組みが「プログラム」であり，仕組みを知ることが「プログラミング」である。

B　プログラミング教育は，障害のある子供たちも含め，その可能性を広げることにもつながる。プログラミングの能力を開花させ，創造力を発揮して，起業する若者や特許を取得する子供も現れており，将来の社会で活躍できるきっかけとなることや，新たな価値の創造が期待できる。

C　プログラミング教育のねらいを実現するためには，各学校において，プログラミングによってどのような力を育てたいのかを明らかにし，必要な指導内容を教科等横断的に配列して，計画的，組織的に取り組むこと，さらに，その実施状況を評価し改善を図り，育てたい力や指導内容の配列などを見直していくこと(カリキュラム・マネジメントを通じて取り組むこと)が重要である。

D　プログラミング的思考とは,「自分が意図する一連の活動を実現するために,どのような動きの組合せが必要であり,一つ一つの動きに対応した記号を,どのように組み合わせたらいいのか,記号の組合せをどのように改善していけば,より意図した活動に近づくのか,といったことを論理的に考えていく力」である。

E　プログラミング教育で育む資質・能力は,特に理数系の学習の基盤となる資質・能力であり,全ての学校段階の学習指導要領の総則において,情報活用能力を育成することと規定されていることを踏まえておきたい。

	A	B	C	D	E
1.	×	○	×	×	○
2.	○	×	×	○	×
3.	×	○	○	○	×
4.	○	×	○	○	○
5.	×	○	○	×	○

▌2024年度 ▌岡山県 ▌難易度 ■■■□□

【4】次の文は,「教育の情報化に関する手引(追補版)」(令和2年6月　文部科学省)から抜粋したものである。(　A　),(　B　)に入る語句を,以下の(ア)～(オ)からそれぞれ1つ選び,その記号で答えなさい。

(1)　教育の情報化について

「教育の情報化」とは,情報通信技術の,時間的・空間的制約を超える,(　A　)を有する,カスタマイズを容易にするといった特長を生かして,教育の質の向上を目指すものであり,具体的には次の3つの側面から構成され,これらを通して教育の質の向上を図るものである。

①　情報教育:子供たちの情報活用能力の育成

②　教科指導におけるICT活用:ICTを効果的に活用した分かりやすく深まる授業の実現等

③　校務の情報化:教職員がICTを活用した情報共有によ

> りきめ細やかな指導を行うことや，校務の負担軽減等あわせて，これらの教育の情報化の実現を支える基盤として，
> ・教師のICT活用指導力等の向上
> ・学校のICT環境の整備
> ・教育情報(　B　)の確保
> の3点を実現することが極めて重要である。

(ア)　信頼性　　(イ)　双方向性　　(ウ)　公共性
(エ)　セキュリティ　　(オ)　機会均等

2024年度 佐賀県 難易度

【5】「教育の情報化に関する手引(追補版)」(令和2年6月文部科学省)に示されている内容として誤りを含むものを，次の1～4のうちから1つ選びなさい。

1　情報活用能力は，世の中の様々な事象を情報とその結び付きとして捉え，情報及び情報技術を適切かつ効果的に活用して，問題を発見・解決したり自分の考えを形成したりしていくために必要な資質・能力である。

2　情報活用能力を育成することは，将来の予測が難しい社会において，情報を主体的に捉えながら，何が重要かを主体的に考え，見いだした情報を活用しながら他者と協働し，新たな価値の創造に挑んでいくために重要である。

3　情報技術は人々の生活にますます身近なものとなっていくと考えられるが，学校教育の中では，情報を活用する知識と技術を身に付けることは求められていない。

4　学校生活の中でICTを活用する機会が増加し，児童生徒の姿勢や目などの体調の変化に配慮する取組を進めることが重要となっている。

2024年度 宮城県・仙台市 難易度

【6】「学校教育法等の一部を改正する法律(平成30年法律第39号)」により，学習者用デジタル教科書を使用することができるようになった。文部科学省が示している「教育の充実を図るため，紙の教科書に代えて学習者用デジタル教科書を使用する際の基準」として正しくないものを，次の①～⑤の中から一つ選べ。

① 紙の教科書と学習者用デジタル教科書を適切に組み合わせた教育課程を編成すること。

② 児童生徒がそれぞれ紙の教科書を使用できるようにしておくこと。

③ 学習者用デジタル教科書は教室に設置された電子黒板においてのみ使用すること。

④ 採光・照明等に関し児童生徒の健康保護の観点から適切な配慮がなされていること。

⑤ コンピュータ等の故障により学習に支障が生じないよう適切な配慮がなされていること。

▌2024年度 ▌岐阜県 ▌難易度

【7】次の文は，学校教育の情報化の推進に関する法律の条文である。[　ア　]～[　ウ　]にあてはまる語句の組合せとして正しいものを①～⑤から一つ選べ。

(基本理念)

第3条　学校教育の情報化の推進は，情報通信技術の特性を生かして，個々の児童生徒の能力，特性等に応じた教育，[　ア　]のある教育(児童生徒の主体的な学習を促す教育をいう。)等が学校の教員による適切な指導を通じて行われることにより，各教科等の指導等において，情報及び情報手段を主体的に選択し，及びこれを活用する能力の体系的な育成その他の知識及び技能の習得等(心身の発達に応じて，基礎的な知識及び技能を習得させるとともに，これらを活用して課題を解決するために必要な思考力，判断力，表現力その他の能力を育み，主体的に学習に取り組む態度を養うことをいう。)が効果的に図られるよう行われなければならない。

2 学校教育の情報化の推進は，デジタル教科書その他のデジタル教材を活用した学習その他の情報通信技術を活用した学習とデジタル教材以外の教材を活用した学習，[イ]等とを適切に組み合わせること等により，多様な方法による学習が推進されるよう行われなければならない。

(中略)

5 学校教育の情報化の推進は，児童生徒等の[ウ]の適正な取扱い及びサイバーセキュリティ(サイバーセキュリティ基本法(平成26年法律第104号)第2条に規定するサイバーセキュリティをいう。第17条において同じ。)の確保を図りつつ行われなければならない。

	ア	イ	ウ
①	双方向性	言語学習	通信技術
②	一方向性	言語学習	個人情報
③	双方向性	体験学習	通信技術
④	一方向性	体験学習	個人情報
⑤	双方向性	体験学習	個人情報

2024年度 島根県 難易度

【8】次の文は，「『令和の日本型学校教育』の構築を目指して(答申)」(令和3年1月　中央教育審議会)の記述である。文中の[ア]～[ウ]にあてはまる語句の組合せとして正しいものを①～⑤から一つ選べ。

GIGAスクール構想により配備される1人1台の[ア]は，シンプルかつ安価なものであり，この[ア]からネットワークを通じて[イ]にアクセスし[イ]上のデータ，各種サービスを活用することを前提としている。このため，学校内のみならず学校外とつなぐネットワークが高速大容量であること，地方公共団体等の学校の設置者が整備する教育情報[ウ]ポリシー等において，[イ]の活用を禁止せず，必要な[ウ]対策を講じた上でその活用を進めることが必要である。

	ア	イ	ウ
①	端末	クラウド	セーフティ
②	端末	ホームページ	セキュリティ
③	PC	クラウド	セーフティ
④	PC	ホームページ	セーフティ
⑤	端末	クラウド	セキュリティ

▌2024年度 ▌島根県 ▌難易度

【9】次の(1)～(3)は，『「令和の日本型学校教育」の構築を目指して～全ての子供たちの可能性を引き出す，個別最適な学びと，協働的な学びの実現～(答申)』(令和3年1月，中央教育審議会)において示された『5. 「令和の日本型学校教育」の構築に向けたICTの活用に関する基本的な考え方』の「(1)　学校教育の質の向上に向けたICTの活用」の一部である。空欄[　　]にあてはまることばを，以下のア～エからそれぞれ一つ選べ。

(1)　ICTの活用により新学習指導要領を着実に実施し，学校教育の質の向上につなげるためには，[　　]を充実させつつ，各教科等において育成を目指す資質・能力等を把握した上で，特に「主体的・対話的で深い学び」の実現に向けた授業改善に生かしていくことが重要である。また，従来はなかなか伸ばせなかった資質・能力の育成や，他の学校・地域や海外との交流など今までできなかった学習活動の実施，家庭など学校外での学びの充実などにもICTの活用は有効である。

ア．授業評価　　イ．教科指導　　ウ．教育課程
エ．カリキュラム・マネジメント

(2)　1人1台の端末環境を生かし，端末を日常的に活用することで，ICTの活用が特別なことではなく「当たり前」のこととなるようにするとともに，ICTにより現実の社会で行われているような方法で児童生徒も学ぶなど，学校教育を現代化することが必要である。児童生徒自身がICTを「[　　]」として自由な発想で活用できるよう環境を整え，授業をデザインすることが重要である。

ア．文房具　　イ．デジタル教材　　ウ．学習支援ツール

エ．通信機器

(3) 不登校，病気療養，障害，あるいは日本語指導を要するなどにより[　　]が必要な児童生徒に対するきめ細かな支援，さらには個々の才能を伸ばすための高度な学びの機会の提供等に，ICTの持つ特性を最大限活用していくことが重要である。

ア．特別な指導　　イ．特別な支援　　ウ．専門的な支援

エ．補助的な支援

2024年度 山梨県 難易度

【10】「『令和の日本型学校教育』の構築を目指して～全ての子供たちの可能性を引き出す，個別最適な学びと，協働的な学びの実現～(答申)(令和3年1月26日　中央教育審議会)」では，遠隔・オンライン教育を含むICTを活用した学びの在り方について，次のとおり述べられている。文中の(　①　)～(　⑤　)に入る語句を以下のア～コから一つずつ選び，記号で答えなさい。

○　学校教育におけるICTの活用に当たっては，新学習指導要領の趣旨を踏まえ，各教科等において育成するべき資質・能力等を把握し，心身に及ぼす影響にも留意しつつ，まずはICTを日常的に活用できる環境を整え，児童生徒が「(　①　)」として活用できるようにし，「主体的・対話的で深い学び」の実現に向けた授業改善に生かしていくことが重要である。

(略)

○　なお，ICTの活用に当たっては，(　②　)を考えながら活用することが重要であり，ICTを活用すること自体が(　③　)しないようにするとともに，例えば旧来型の学習観に基づく(　④　)等に偏ったICTの活用に陥らないように注意する必要がある。また，(　⑤　)を共有することで得られるものが失われる危険もあるため，その活用方法については，教師と児童生徒との具体的関係の中でしっかりと見極めることが必要である。

ア　文房具　　　　　　　イ　データ

ウ　操作スキルの向上　　エ　問題解決的な学習

オ　空間や時間　　　　　カ　教具

キ　目的化　　　　　　　ク　形式化
ケ　機械的なドリル学習　コ　教育効果

▌2024年度▌静岡県・静岡市・浜松市▌難易度 ■■■□□

【11】次の文章は，「文部科学白書」(令和3年度　文部科学省)の「第2部　第11章　ICTの活用の推進　第1節　教育の情報化」の一部である。(　A　)～(　E　)に当てはまる語句の組合せとして正しいものはどれか。

(4)　学校における先端技術の効果的な活用

(　A　)を生かしたデジタルならではの学びを進めるためには，学校ICT環境を基盤として，先端技術を効果的に活用していくことが重要です。ICT環境や先端技術を活用する意義としては，①学びにおける(　B　)などの制約を取り払うこと，②(　C　)学びや支援，③学びの(　D　)の共有や(　D　)の生成，④(　E　)の効率化などが挙げられます。

	A	B	C	D	E
1.	1人1台端末	時間・空間	個別最適の	知見	校務
2.	GIGAスクール構想	時間・空間	個別最適の	知見	事務処理
3.	1人1台端末	個人差	個別最適の	情報	事務処理
4.	1人1台端末	時間・空間	きめ細かな	知見	校務
5.	GIGAスクール構想	個人差	きめ細かな	情報	校務

▌2024年度▌岡山県▌難易度 ■■■□□

【12】次の文は，リーフレット「GIGAスクール構想の実現へ」(文部科学省)に記載されている「GIGAスクール構想」についての説明の一部である。(　A　)～(　D　)に当てはまる語句の組合せとして正しいものはどれか。

(　A　)と，高速大容量の通信ネットワークを一体的に整備することで，特別な支援を必要とする子供を含め，多様な子供たちを誰一人取り残すことなく，公正に(　B　)され，(　C　)が一層確実に育成できる教育(　D　)環境を実現する

	A	B	C	D
1.	1人1台端末	個別最適化	資質・能力	ICT
2.	1人1台端末	完全習得	資質・能力	DX
3.	電子黒板	完全習得	確かな学力	DX
4.	電子黒板	個別最適化	確かな学力	ICT
5.	1人1台端末	個別最適化	資質・能力	DX

2024年度 岡山市 難易度

【13】学校は，児童生徒，保護者等から様々な個人情報を収集・管理しており，教員はこれらの個人情報を適正に取り扱う必要がある。個人情報の管理を誤ると，個人のプライバシーを侵害し，大きな被害の発生につながるだけでなく，学校の信用も失墜させることから，教員は関係法令や校内のルールを遵守しなければならない。

次のア～エで述べられているA～Dの各教諭の行為について，不適切なもののみをすべて挙げているものはどれか。1～5から一つ選べ。

ア　A教諭は，「T警察署です。そちらの学校の生徒Eさんが喧嘩騒ぎを起こしました。生徒Eさんの保護者に連絡したいので，連絡先を教えてください。」と電話を受けた。A教諭は電話を切らずにそのまま生徒Eの保護者の連絡先を電話の相手に口頭で伝えた。

イ　B教諭は，学校に出入りしている教材教具の販売業者Fが職員室に来たので，「教材のサンプルを持ってきてほしい。」と依頼した。B教諭は自分の机にあった紙にいくつか持ってきてほしい教材名を書き，販売業者Fへ渡した。数時間後，販売業者Fから「もらった紙の裏に生徒の名前や連絡先が書かれていた。」と電話を受けた。

ウ　C教諭は，担任するクラスの生徒全員の定期テストの結果を一覧表にまとめる作業を校務端末で行っていた。しかし，思いのほか作業がはかどらず，他の業務が立て込んできたことから，やむを得ず帰宅後に作業の続きをするために，定期テストの答案用紙とともに作業中のデータを保存したUSBメモリーを無許可で学校外に持ち出したところ，帰宅途中に立ち寄った飲食店で置き引きにあい紛失した。

エ　D教諭は，担任するクラスの児童の保護者全員に連絡文書を配付する際，あらかじめ緊急連絡用に収集していた保護者のメールアドレスを利用して電子メールで送信しようと考えた。D教諭は電子メールの宛先(To)に保護者全員のメールアドレスを入力した後，連絡文書を添付して一斉に送信した。

1　ア　イ　ウ
2　ア　イ　エ
3　ア　ウ　エ
4　イ　ウ　エ
5　ア　イ　ウ　エ

▌2024年度 ▌大阪府・大阪市・堺市・豊能地区 ▌難易度■■□□□

【14】次は，「第3期教育振興基本計画」(平成30年6月15日　閣議決定)の「第1部　我が国における今後の教育政策の方向性　Ⅲ．2030年以降の社会を展望した教育政策の重点事項」の一部です。文中の[　①　]，[　②　]にあてはまる語句の組み合わせとして正しいものを，以下の1～4の中から1つ選びなさい。

> ○　AIの発展によって近い将来多くの職種がコンピューターに代替されるとの指摘がある時代だからこそ，[　①　]を主体的に使いこなす力だけでなく，他者と協働し，人間ならではの[　②　]や創造性を発揮しつつ新しい価値を創造する力を育成することが一層重要になる。これからの教育は，こうした人間の「可能性」を最大化することを幼児期から高齢期までの生涯にわたる教育の一貫した理念として重視しなければならない。

1　①　ICT　　　　　②　感性
2　①　ICT　　　　　②　知性
3　①　インターネット　②　知性
4　①　インターネット　②　感性

▌2024年度 ▌埼玉県・さいたま市 ▌難易度■■□□□

解答・解説

【1】④

○**解説**○ ICTの活用や，人工知能(AI)，ビッグデータ，IoT(Internet of Things)，ロボティクス等，先端技術の高度化に伴い，社会の在り方そのものが変わる「Society5.0」時代が到来しつつある。未来を拓く子どもたちがこれからの時代を生きていく上で基盤となる資質・能力を育成するために，「教育の情報化」は喫緊の課題となっている。出題の3つの側面とその内容を必ず押さえておきたい。

【2】④

○**解説**○「教育の情報化に関する手引」は，現行学習指導要領の下で教育の情報化が一層進展するよう，教師による指導をはじめ学校・教育委員会の具体的な取組に資するように，令和元(2019)年12月に文部科学省が作成し公表したものである。その後，文部科学省が環境整備関連予算の具体的な進め方を示したことを踏まえ，更新や追加等を行った追補版が令和2(2020)年6月に公表された。問題文中の「Society 5.0」とは，サイバー空間(仮想空間)とフィジカル空間(現実空間)を高度に融合させたシステムにより，経済発展と社会的課題の解決を両立する，人間中心の社会(Society)のことで，平成28(2016)年1月閣議決定された第5期科学技術基本計画において，日本が目指すべき未来社会の姿として初めて提唱されたものである。

【3】3

○**解説**○「教育の情報化に関する手引」は，文部科学省が新学習指導要領の下での教育の情報化の一層の進展のため，学校・教育委員会が実際に取組を行う際に参考となるように，令和元(2019)年に作成・公表したもので，その公表以降，文部科学省は環境整備関連予算の具体的な進め方を示したこと等から，これらを踏まえた時点更新やイラストの追加を行い，出題の追補版が令和2(2020)年6月に出されている。

A　2文目は，「コンピュータは人が命令を与えることによって動作するが，端的に言えば，この命令が『プログラム』であり，命令を与えることが『プログラミング』である」が正しい。 E 前半部分は，「プログラミング教育で育む資質・能力は，全ての学習の基盤となる資質・能力である情報活用能力の一部であり」が正しい。

【4】A （イ） B （エ）

○**解説**○ A 双方向性とは，距離に関わりなく相互に情報の受信・発信のやりとりができる，ということを意味している。この特徴をいかすことで，遠隔授業や，瞬時の情報共有が可能となる。 B 教育の情報化を進める上では，情報が関係者以外に漏れることのないような対策を講じることが必要不可欠である。したがって，学校にICT機器を導入し教員がそれらを扱えるようになる，というだけに留まらず，セキュリティの確保は重要となってくる。

【5】3

○**解説**○「教育の情報化に関する手引(追補版)」の「第2章 情報活用能力の育成」の冒頭部分からの出題である。この部分には，「情報技術は人々の生活にますます身近なものとなっていくと考えられるが，そうした情報技術を手段として学習や日常生活に活用できるようにしていくことも重要となる」との記述がある。3の文中にある「情報を活用する知識と技術を身に付けることは求められていない」のような消極的なことは，記述されていない。

【6】③

○**解説**○ 出題の基準は，学校教育法第34条第2項に基づき定められたものである。学習者用デジタル教科書の使用については，「児童生徒がそれぞれのコンピュータにおいて」使用することとなっている。なお，選択肢以外にも，「児童生徒の学習及び健康の状況の把握に特に意を用いること」や「学習者用デジタル教科書を使用した指導方法の効果を把握し，その改善に努めること」が示されている。

【7】⑤

○**解説**○「学校教育の情報化の推進に関する法律」は，全ての児童生徒がその状況に応じて効果的に教育を受けることができる環境の整備を図るため制定され，令和元(2019)年6月に施行されたもので，第3条は基本理念を定めている。 ア 情報通信技術の特性の一つとして，双方向性を有することがある。 イ 情報通信技術を活用した学習とは対照的となる学習としては，体験学習などがある。 ウ 情報化の推進にあっては，漏洩等のリスクが懸念される個人情報の適正な取扱いの確保等は，確実に図りつつ行われなければならない。

【8】⑤

○**解説**○「『令和の日本型学校教育』の構築を目指して(答申)」は，中央教育審議会が令和3(2021)年1月26日に答申したもので，2020年代を通じて実現を目指す学校教育を「令和の日本型学校教育」とし，その姿を「全ての子供たちの可能性を引き出す，個別最適な学びと，協働的な学び」とした。その中にある「GIGA人スクール構想」とは令和元(2019)年12月に文部科学省が打ち出したもので，1人1台端末と，高速大容量の通信ネットワークを一体的に整備することで，特別な支援を必要とする子供を含め，多様な子供たちを誰一人取り残すことなく，公正に個別最適化され，資質・能力が一層確実に育成できる教育ICT環境を実現するというものである。 ア・イ GIGAスクール構想で整備される端末は，クラウドの利用が前提となり，クラウド上で動く学習用ツールを活用することが推奨されている。 ウ ICTの活用には，情報漏洩や改ざんなどを防ぐためのセキュリティ対策が不可欠となる。

【9】(1) エ (2) ア (3) イ

○**解説**○ (1) 「カリキュラム・マネジメント」とは，学校教育に関わる様々な取組を，教育課程を中心に据えながら組織的かつ計画的に実施し，教育活動の質の向上を図っていくことである。「主体的・対話的で深い学び」とともに，現行学習指導要領の重要なキーワードである。 (2) 児童生徒にはICTを，手段として積極的に活用していくことが求められている。端末を日常的に活用することでICTの活用が特別なことではなく当たり前のこととなるようにすること，つまり児童生徒自身がICTを「文房具」として自由な発想で活用できるよう環境を整え，授業をデザインすることが求められている。　(3)　特別支援教育におけるICTの活用例としては，教科指導における読みや書き，思考の整理などにおける困難を軽減・解消するための読み上げ機能や書き込み機能の活用，プレゼンテーションツールの活用などが挙げられる。不登校や病気療養などにより特別な支援が必要な児童生徒に対しては，主に遠隔教育システムの活用が挙げられる。

【10】①　ア　　②　コ　　③　キ　　④　ケ　　⑤　オ

○**解説**○「『令和の日本型学校教育』の構築を目指して～全ての子供たちの可能性を引き出す，個別最適な学びと，協働的な学びの実現～(答申)」における「第Ⅱ部　各論」の「6. 遠隔・オンライン教育を含むICTを活を用した学びの在り方について」の項からの引用出題。文中の「ICTを活用すること自体が目的化しないように」という表現に注意しよう。これは，児童生徒がICTを活用するのは，情報を収集・選択したり，文章，図や表にまとめたり，表現したりする際に，あるいは，繰り返し学習によって知識の定着や技能の習熟を図る際に，ICTを活用することによって，教科内容のより深い理解を促すように活用することを示している。

【11】4

○**解説**○「文部科学白書」は文部科学省が発表する報告書で，教育・文化・科学技術・スポーツ振興などにおける状況をまとめ，基本理念と施策を述べるものである。なお，令和4年度の「文部科学白書」における「学校における先端技術の効果的な活用」の項目においては，活用の目的と手段が再整理され，「『個別最適な学び』と『協働的な学び』の一体的な充実のためには，1人1台端末等の学校ICT環境を基盤としつつ，先端技術を効果的に活用していくことが重要である」という表現に変わっている。また活用の意義として，②は「個別最適できめ細かな学びや支援」という表現に改善されている。最新の資料を確認しておきたい。

【12】1

○解説○「GIGAスクール構想」とは令和元(2019)年12月に文部科学省が打ち出したもので，1人1台端末と，高速大容量の通信ネットワークを一体的に整備し，多様な子供たちを誰一人取り残すことなく，公正に個別最適化され，資質・能力が一層確実に育成できる教育ICT環境を実現することによって，教師・児童生徒の力を最大限に引き出すというものである。空欄に当たる語句は，この構想のキーワードともいえる。なおこのGIGAは，Global and Innovation Gateway for Allの略である。

【13】5

○解説○ ア～エはいずれも，「個人情報の保護に関する法律」の定める「あらかじめ本人の同意を得ないで，個人データを第三者に提供してはならない」に反している。　ア　A教諭は，保護者の同意なくその連絡先を第三者に伝えている。　イ　B教諭も，結果的に生徒本人の同意なく，第三者の販売業者に名前や連絡先を伝えたことになる。　ウ　定期テストの結果も生徒の個人情報であり，C教諭が無許可でデータを学校外に持ち出した行為は不適切。さらに，持ち出したデータを紛失したことは，個人情報漏洩の可能性がある。　エ　電子メールの宛先(To)に入力されたメールアドレスは送信された人すべてに開示されるため，D教諭の行為は保護者の同意なくメールアドレスを第三者に教えていることになる。

【14】1

○解説○ 教育振興基本計画は，教育基本法第17条第1項に基づき，教育振興に関する施策の総合的・計画的な推進を図ることを目的として，政府が策定する計画である。内容は今後の教育政策の方向性を論じた第1部と，今後5年間の教育政策の目標と施策群を論じた第2部で構成されており，問題文は第1部の「Ⅲ．2030年以降の社会を展望した教育政策の重点事項」の一つとして論じられたものである。なお，教育振興基本計画は5年ごとに新たな計画が策定されており，令和5(2023)年6月には第4期の計画が公表されたので，今後はそれを確認しておくとよい。

教育原理　学校安全・安全教育

実施問題

【1】学校安全に関して，次の1・2に答えなさい。

1　次の条文は，学校保健安全法第30条です。空欄(　a　)にあてはまる言葉は何ですか。以下の①～⑤の中から，正しいものを1つ選び，その記号を答えなさい。なお，同じ記号には同じ言葉が入ります。

> 学校においては，児童生徒等の安全の確保を図るため，児童生徒等の保護者との(　a　)を図るとともに，当該学校が所在する地域の実情に応じて，当該地域を管轄する警察署その他の関係機関，地域の安全を確保するための活動を行う団体その他の関係団体，当該地域の住民その他の関係者との(　a　)を図るよう努めるものとする。

①　情報共有　　②　交流　　③　協力　　④　意思疎通
⑤　連携

2　次の文章は，「学校安全資料『生きる力』をはぐくむ学校での安全教育」(文部科学省　平成31年3月)の第1章　総説　第4節　危機管理マニュアル　ポイント　です。空欄(　a　)～(　c　)にあてはまる言葉は何ですか。以下の①～⑤の中から，正しい組合せを1つ選び，その記号を答えなさい。

> ○　危機管理マニュアルは，(　a　)で危険等が発生した際，教職員が円滑かつ的確な対応を図ることを目的とするもので，教職員の役割等を明確にし，児童生徒等の安全を確保する体制を確立するために必要な事項を全教職員が共通に理解することが必要である。
>
> ○　危機管理マニュアルを作成する際には，各学校の実情に応じて想定される危険を明確にし，事前・発生時・事後の三段階の危機管理を想定して，児童生徒等の(　b　)や身体を守る方策について検討する。併せて，全ての教職員，保護者や関係機関・関係団体等の参画や周知が重要である。

○　作成後も，全国各地において発生する様々な事故等・自校を取り巻く安全上の課題やその対策について，訓練，評価，(　c　)を繰り返し行っていくことが必要である。

①　a：学校管理下　　b：健康　　c：検証
②　a：学校管理下　　b：生命　　c：改善
③　a：学校管理下　　b：健康　　c：改善
④　a：学校の施設内　　b：生命　　c：検証
⑤　a：学校の施設内　　b：健康　　c：改善

2024年度　広島県・広島市　難易度

【2】学校安全に関して，次の1・2に答えなさい。

1　次の条文は，学校保健安全法第28条です。空欄(　a　)にあてはまる言葉は何ですか。以下の①～⑤の中から，正しいものを1つ選び，その記号を答えなさい。

校長は，当該学校の施設又は設備について，児童生徒等の安全の確保を図る上で支障となる事項があると認めた場合には，(　a　)，その改善を図るために必要な措置を講じ，又は当該措置を講ずることができないときは，当該学校の設置者に対し，その旨を申し出るものとする。

①　遅滞なく　　②　当該年度内に
③　必要に応じて　　④　法令の定めるところにより
⑤　文部科学大臣の定めるところにより

2　次の文章は，「学校安全資料『生きる力』をはぐくむ学校での安全教育」(文部科学省　平成31年3月)の第1章　総説　第2節　学校安全の考え方　ポイント　の一部です。空欄(　a　)～(　c　)にあてはまる言葉は何ですか。以下の①～⑤の中から，正しい組合せを1つ選び，その記号を答えなさい。

(略)

○　学校安全の領域は，「生活安全」「交通安全」「災害安全」などがあるが，従来想定されなかった(　a　)の出現などにも柔軟に対応し，学校保健や生徒指導など様々な関連領域と連携して取り組むことが重要である。

○　学校安全の活動は，安全教育，安全管理から構成されており，相互に関連付けて(　b　)に行うことが必要である。

○　学校における安全教育は，主に学習指導要領を踏まえ，学校の(　c　)を通じて実施する。

(略)

① a：自然災害　b：組織的　c：教育活動全体
② a：新たな危機事象　b：組織的　c：教育活動全体
③ a：自然災害　b：組織的　c：特別活動
④ a：新たな危機事象　b：計画的　c：特別活動
⑤ a：自然災害　b：計画的　c：教育活動全体

2024年度　広島県・広島市　難易度

【3】次の文は，「学校安全資料『生きる力』をはぐくむ学校での安全教育」(文部科学省，平成31年3月)の「学校安全の定義」の一部である。以下のア，イの各問いに答えよ。

学校安全は，学校保健，(　①　)とともに学校健康教育の3領域の1つであり，それぞれが独自の機能を担いつつ，相互に関連を図りながら，児童生徒等の健康や安全を確保するとともに，生涯にわたり，自らの心身の健康を育み，安全を確保することのできる基礎的な素養を育成していくために一体的に取り組まれている。

学校安全のねらいは，児童生徒等が，自他の(　②　)を基盤として，自ら安全に行動し，他の人や社会の安全に貢献できる資質・能力を育成するとともに，児童生徒等の安全を確保するための環境を整えることである。

ア　(　①　)に入る適切な語句を答えよ。

イ　(　②　)に入る適切な語句を次の語群から選び，記号で答えよ。

語群　1　危機管理　　2　生命尊重　　3　安全確認
　　　4　生存意欲

2024年度 ▌山口県 ▌難易度

【4】次の文は「第3次学校安全の推進に関する計画」(文部科学省，令和4年3月)の「2．施策の基本的な方向性」の一部である。以下のア，イの各問いに答えよ。

> これまでの取組や課題を踏まえ，第3次計画期間において取り組むべき施策の基本的な方向性は以下のとおりとする。
>
> ○　学校安全計画・危機管理マニュアルを見直すサイクルを構築し，学校安全の実効性を高める
>
> ○　地域の多様な主体と密接に連携・協働し，(　①　)の視点を加えた安全対策を推進する
>
> ○　全ての学校における実践的・実効的な安全教育を推進する
>
> ○　地域の災害リスクを踏まえた実践的な防災教育・訓練を実施する
>
> ○　事故情報や学校の取組状況などデータを活用し学校安全を「(　②　)化」する
>
> ○　学校安全に関する意識の向上を図る(学校における安全文化の醸成)

ア　(　①　)に入る適切な語句を次の語群から選び，記号で答えよ。

語群　1　地域　　2　学校　　3　保護者　　4　子供

イ　(　②　)に入る適切な語句を次の語群から選び，記号で答えよ。

語群　1　見える　　2　多様　　3　意識　　4　デジタル

2024年度 ▌山口県 ▌難易度

【5】「第3次学校安全の推進に関する計画(令和4年3月25日　文部科学省)」では，地域の災害リスクを踏まえた実践的な防災教育の充実について，次のとおり述べられている。文中の(　①　)～(　④　)に入る語句を以下のア～クから一つずつ選び，記号で答えなさい。

新学習指導要領において「社会に開かれた教育課程」の実現を図ることとされる中，防災教育についても，地域の防災リーダーなどの資格者やボランティアなどの人材，公民館における防災講座なども(　①　)として活用することが重要である。消防署と学校の連携のみならず，地域に密着して「(　②　)」の役割を担っている消防団，自主防災組織，自治会やまちづくり組織等の地域コミュニティの活動と，学校における防災教育を関連付けることや，防災・減災に専門性を持つ大学・NPO等が学校における避難訓練をはじめとする防災教育に参画するなど，地域の実情に応じた防災教育を進めることも重要である。

また，避難訓練については，例えば，大地震の発生を想定した訓練では，余震等を伴うことを訓練で再現しているか，高確率で停電が発生することを想定して校内放送を使用しない訓練を行っているか，悪天候時や揺れの渦中など校庭に集合することが合理的ではない場合を想定して訓練を行っているかなど，学校現場における訓練が(　③　)なものとなっていないことが指摘されている。災害の発生が学校の教育活動中ではない場合も想定し，児童生徒等が様々な場所にいる場合にも自らの判断で安全に対処できる力を身に付けられるようにするため，児童生徒等が安全教育で身に付けた力を発揮し行動する場として避難訓練を位置付け，訓練を通して児童生徒等が(　④　)を振り返り課題を見付け改善を図る課題解決の学習の流れとなるよう意図的計画的に実施し，より実効性のある訓練になるよう見直しを図る必要がある。

ア　周囲の状況　　イ　現実的　　ウ　教育資源　　エ　身近
オ　共助　　カ　自らの行動　　キ　教材　　ク　自助

▌2024年度 ▌静岡県・静岡市・浜松市 ▌難易度 ■■■■□□

【6】次の各文のうち，「第3次学校安全の推進に関する計画の策定について(答申)」(令和4年2月　中央教育審議会)の中の，地域の災害リスクを踏まえた実践的な防災教育の充実に関する記述の内容として正しいも

のを○，誤っているものを×とした場合，正しい組合せはどれか。1～5から一つ選べ。

A　防災教育は，単に生命を守る技術の教育として狭く捉えるのではなく，どのような児童生徒等の資質・能力を育みたいのかという視点から「防災を通した教育」と広く捉えることも必要である。

B　防災教育には，災害時に自分と周囲の人の命を守ることができるようになるという効果とともに，児童生徒等の主体性や社会性，郷土愛や地域を担う意識を育む効果や，地域と学校が連携して防災教育に取り組むことを通じて大人が心を動かされ，地域の防災力を高める効果も期待される。

C　消防署と学校の連携のみならず，地域に密着して「共助」の役割を担っている消防団，自主防災組織，自治会やまちづくり組織等の地域コミュニティの活動と，学校における防災教育を関連付けることや，防災・減災に専門性を持つ大学・NPO等が学校における避難訓練をはじめとする防災教育に参画するなど，地域の実情に応じた防災教育を進めることも重要である。

D　避難訓練については，必ず校内放送を使用し，児童生徒等が安全に避難できるよう教職員が適時適切に指示することが重要である。また，集合場所を校庭に限定するなど，児童生徒等が避難経路を確認できるよう意図的計画的に実施し，より実効性のある訓練になるよう見直しを図る必要がある。

	A	B	C	D
1	×	○	○	×
2	×	○	×	○
3	○	×	×	×
4	○	×	×	○
5	○	○	○	×

2024年度　大阪府・大阪市・堺市・豊能地区　難易度

【7】次の文は，「第3次学校安全の推進に関する計画の策定について(答申)」(令和4年2月　中央教育審議会)の「3．学校における安全に関する教育の充実」に関する記述である。[　1　]，[　2　]に当てはまる語

句を以下の①～⑥の中からそれぞれ1つずつ選び，番号で答えよ。

> 学校における安全教育の目標は，日常生活全般における安全確保のために必要な事項を実践的に理解し，自他の[　1　]尊重を基盤として，[　2　]を通じて安全な生活を送る基礎を培うとともに，進んで安全で安心な社会づくりに参加し貢献できるような資質・能力を育成することを目指すものである。

①　生命　　②　生涯　　③　人権　　④　学校生活　　⑤　尊厳
⑥　教育活動全体

2024年度　長崎県　難易度

【8】次の記述ア～ウは，それぞれ「学校安全資料『生きる力』をはぐくむ学校での安全教育」(文部科学省　平成31年3月)に示された，「学校における安全教育」の「生活安全」，「交通安全」，「災害安全」のいずれかの領域の内容に関するものである。ア～ウと，以下の領域A～Cとの組合せとして適切なものは，あとの1～5のうちのどれか。

ア　道路の歩行や道路横断時の危険の理解と安全な行動の仕方
イ　学校，家庭，地域等日常生活の様々な場面における危険の理解と安全な行動の仕方
ウ　地域の防災活動の理解と積極的な参加・協力

A　生活安全
B　交通安全
C　災害安全

1　ア－A　イ－B　ウ－C　　2　ア－A　イ－C　ウ－B
3　ア－B　イ－A　ウ－C　　4　ア－B　イ－C　ウ－A
5　ア－C　イ－A　ウ－B

2024年度　東京都　難易度

【9】「学校の『危機管理マニュアル』等の評価・見直しガイドライン」(令和3年6月文部科学省)に示されている不審者侵入防止の観点からの安全管理として誤りを含むものを，次の1～4のうちから1つ選びなさい。

1　学校への不審者侵入を防止する上では，①校門，②校舎への入口，という2段階のチェック体制を強化することが重要である。

2　不審者侵入防止のチェック体制としては，学校内外の施設設備・器具の安全点検と，校門・校舎入口の施錠管理，来訪者等の管理，校内巡回などがある。

3　校門等の施錠管理については，時間帯別一利用者別に利用箇所を限定するとともに，校門等の解錠・施錠時刻やその担当者などを定めておくことが大切である。

4　来訪者・保護者について，受付場所を明確化するとともに案内の掲示等を行うことや，名簿や受付票への記載などいわゆる入退管理の手順・方法を定めておくことが大切である。

2024年度　宮城県・仙台市　難易度

【10】次は，『「生きる力」をはぐくむ学校での安全教育』(平成31年3月　文部科学省)第1章　総説　第2節　学校安全の考え方　の一部である。(　　)に入る正しい言葉の組み合わせを選びなさい。

○　学校安全のねらいは，児童生徒等が自ら安全に行動し，他の人や社会の安全に貢献できる資質・能力を育成するとともに，児童生徒等の安全を確保するための(　ア　)を整えることである。

○　学校安全の領域は，「生活安全」「交通安全」「災害安全」などがあるが，従来想定されなかった新たな危機事象の出現などにも柔軟に対応し，学校保健や(　イ　)など様々な関連領域と連携して取り組むことが重要である。

○　学校安全の活動は，安全教育，安全管理から構成されており，相互に関連付けて組織的に行うことが必要である。

○　学校における安全教育は，主に学習指導要領を踏まえ，学校の(　ウ　)全体を通じて実施する。

○　学校における安全管理・組織活動は，主に(　エ　)に基づいて実施する。

○　学校安全の推進に関する施策の方向性と具体的な方策は，(　オ　)ごとに策定する学校安全の推進に関する計画に定められている。

① ア 環境 イ 生徒指導 ウ 教育活動
エ 学校保健安全法 オ 5年
② ア 生活 イ 生活指導 ウ 特別活動
エ 学校安全法 オ 10年
③ ア 生活 イ 生徒指導 ウ 教育活動
エ 学校安全法 オ 5年
④ ア 環境 イ 生徒指導 ウ 特別活動
エ 学校安全法 オ 10年
⑤ ア 環境 イ 生活指導 ウ 教育活動
エ 学校保健安全法 オ 5年

▍2024年度 ▍長野県 ▍難易度

解答・解説

【1】1 ⑤ 2 ②

○解説○ 1 学校保健安全法は学校における児童・生徒及び職員の健康の保持増進や安全の確保に必要な事項を定めた法律で，第30条は地域の関係機関等との連携について規定している。 2 「学校安全資料『生きる力』をはぐくむ学校での安全教育」は，安全教育，安全管理，組織活動の各内容を網羅して解説した総合的な資料である。近年，児童生徒等を取り巻く安全に関する状況が変化してきていることや，「学校事故対応に関する指針」(平成28年3月)の策定や学習指導要領の改訂等(平成29・30年)を踏まえ，平成31年に出題の改訂2版が作成された。危機管理マニュアルは，学校保健安全法第29条(危険等発生時対処要領の作成等)で，学校に作成が義務づけられている。また「学校安全資料『生きる力』をはぐくむ学校での安全教育」では「危険等発生時対処要領(危機管理マニュアル)は，危険等が発生した際に教職員が円滑かつ的確な対応を図るために作成するものであること。内容としては，不審者の侵入事件や防災をはじめ各学校の実情に応じたものとすること。また，作成後は，毎年度適切な見直しを行うことが必要であること。」としている。

【2】1 ①　2 ②

○**解説**○ 1　学校保健安全法は学校における児童・生徒及び職員の健康の保持増進や安全の確保に必要な事項を定めた法律で，第28条は学校環境の安全の確保について規定している。　2「学校安全資料『生きる力』をはぐくむ学校での安全教育」は，安全教育，安全管理，組織活動の各内容を網羅して解説した総合的な資料である。近年，児童生徒等を取り巻く安全に関する状況が変化してきていることや，「学校事故対応に関する指針」(平成28年3月)の策定や学習指導要領の改訂等(平成29年・30年)を踏まえ，平成31年に出題の改訂2版が作成された。その中では，学校安全の領域として「生活安全」，「交通安全」，「災害安全」の3つの領域をあげ，「生活安全」では日常生活で起こる事件・事故災害，「交通安全」では様々な交通場面における危険と安全，「災害安全」では地震，津波，火山活動，風水(雪)害のような自然災害はもちろん，火災や原子力災害を取り扱っている。a「新たな危機事象」とは，近年のスマートフォンやSNSの普及など，児童生徒等を取り巻く環境の変化や，学校を標的とした事象のことである。

【3】ア　学校給食　イ　2

○**解説**○ 学校健康教育の3領域は，保健体育審議会答申「生涯にわたる心身の健康の保持増進のための今後の健康に関する教育及びスポーツの振興の在り方について」で示されて以来，今日まで踏襲されている基礎的な考え方である。学校安全の領域としては「生活安全」「交通安全」「災害安全」の3つがあり，活動は「安全教育」「安全管理」「組織活動」の3つで構成されている。

【4】ア　4　イ　1

○**解説**○ ア　子供の視点を加えた安全対策について，本資料では「国立教育政策研究所による調査からは，教職員と比較して児童生徒の方が日常的な事故等に対し危険を感じる度合いが高いことが示されており，安全点検に子供の視点を加えることで，事故の要因に対する気付きや学校内での問題意識の共有を推進することができる」と記されている。　イ　情報を保有するに留まり，十分な利活用が進んでいないという点を踏まえ，情報を「見える化」する動きが見られるようになっている。

【5】① ウ　② オ　③ イ　④ カ

〇**解説**〇「第3次学校安全の推進に関する計画」(計画期間：令和4年度から令和8年度までの5年間)は，学校保健安全法第3条に基づき，各学校における安全に係る取組を総合的かつ効果的に推進するため，令和4年3月25日に閣議決定されたもの。本問は，その「Ⅱ　学校安全を推進するための方策」の「3．学校における安全に関する教育の充実」からの引用出題で，文中の「社会に開かれた教育課程」とは，「社会の変化に目を向け，教育が普遍的に目指す根幹を堅持しつつ，社会の変化を柔軟に受け止めていく」教育課程のことであり，「カリキュラム・マネジメント」,「アクティブ・ラーニング」,「主体的・対話的で深い学び」とともに，現行学習指導要領のキーワードである。

【6】5

〇**解説**〇 平成20(2008)年に成立した学校保健安全法は，国に「学校安全の推進に関する計画」を定めるよう命じており，この答申は第3次計画の基になったものである。この答申において，避難訓練については，学校現場における訓練が現実的なものになるように，また，児童生徒等が自らの判断で安全に対処できる力を身につけられるようにすることが求められている。したがって，災害により停電が発生し校内放送が使用できない場合や，悪天候時や地震による揺れの渦中など校庭に集合することが合理的でない場合を想定した訓練が必要になる。

【7】1 ①　2 ②

〇**解説**〇「第3次学校安全の推進に関する計画の策定について(答申)」は，「第3次学校安全の推進に関する計画」(計画期間：令和4年度～令和8年度)において取り組むべき学校安全に係る施策の基本的な方向性，目指す姿を示したものである。なお学校安全の活動は，「生活安全」,「交通安全」,「災害安全」の各領域を通じて，自ら安全に行動したり，他の人や社会の安全のために貢献したりできるようにすることを目指す「安全教育」，児童生徒等を取り巻く環境を安全に整えることを目指す「安全管理」，これらの活動を円滑に進めるための「組織活動」という3つの主要な活動から構成されている。

【8】3

○解説○ 本資料では，学校安全の領域として「生活安全」「交通安全」「災害安全」の3つの領域をあげ，「生活安全」では日常生活で起こる事件・事故災害，「交通安全」では様々な交通場面における危険と安全，「災害安全」では地震，津波，火山活動，風水(雪)害のような自然災害はもちろん，火災や原子力災害を取り扱っている。

【9】1

○解説○「学校の『危機管理マニュアル』等の評価・見直しガイドライン」の「解説編　2-2-4-1　不審者侵入の防止」の項では，「学校への不審者侵入を防止する上で，①校門，②校門から校舎入口まで，③校舎への入口，という3段階の観点を持つことが重要」である旨が示されている。3段階のチェック体制を具体化することが重要で，②が特に盲点になることが指摘されている。

【10】①

○解説○ 学校安全のねらいは，児童生徒等が，自他の生命尊重を基盤として自ら安全に行動し，他の人や社会の安全に貢献できる資質・能力を育成するとともに，児童生徒等の安全を確保するための環境を整えることである。学校安全の領域としては，「生活安全」「交通安全」「災害安全」の3つの領域が挙げられる。学校安全の活動は，安全教育，安全管理，組織活動の3つの主要な活動で構成されている。安全教育は主に学校教育法に基づいて編成された学習指導要領を踏まえて教育活動全体を通して実施され，安全管理・組織活動は主に学校保健安全法に基づいて実施される。また，学校安全の推進に関する施策の方向性と具体的な方策は，おおむね5年ごとに閣議決定される「学校安全の推進に関する計画」に定められており，これらを踏まえて学校安全の取組を進めていく必要がある。令和4(2022)年3月には,「第3次学校安全の推進に関する計画」が策定された。

教育時事

要点整理

●教育時事略年表

2023(令和5)年6月……「教育振興基本計画」閣議決定

2023年3月……中教審「『令和の日本型学校教育』を担う質の高い教師の確保のための環境整備に関する総合的な方策について」(諮問)

2023年3月……中教審「次期教育振興基本計画について」(答申)

2022(令和4)年12月……中教審「『令和の日本型学校教育』を担う教師の養成・採用・研修等の在り方について～「新たな教師の学びの姿」の実現と，多様な専門性を有する質の高い教職員集団の形成～」(答申)

2022年12月……中教審「『令和の日本型学校教育』を担う教師の養成・採用・研修等の在り方について～『新たな教師の学びの姿』の実現と，多様な専門性を有する質の高い教職員集団の形成～」(答申)

2022年12月……改訂版「生徒指導提要」公表

2021(令和3)年6月…「障害のある子供の教育支援の手引～子供たち一人一人の教育的ニーズを踏まえた学びの充実に向けて～」公表

2021年3月…中教審「第3次学校安全の推進に関する計画の策定について」答申

2021年1月…中教審「『令和の日本型学校教育』の構築を目指して～全ての子供たちの可能性を引き出す，個別最適な学びと，協働的な学びの実現～」答申

2019(令和元)年10月…「不登校児童生徒への支援の在り方について」通知

2019年5月…文部科学省「学校・教育委員会等向け虐待対応の手引き」

2019(平成31)年4月…文部科学省「障害者活躍推進プラン」

2019年3月…文部科学省「学校安全資料『生きる力』をはぐくむ学校での安全教育」

2019年3月…中教審「小学校，中学校，高等学校及び特別支援学校等における児童生徒の学習評価及び指導要録の改善等について」通知

2019年1月…「新しい時代の教育に向けた持続可能な学校指導・運営体制

の構築のための学校における働き方改革に関する総合的な方策について」答申

2018(平成30)年6月…「第3期教育振興基本計画」閣議決定

2018年3月…高等学校新学習指導要領　告示

2018年3月…中教審「第3期教育振興基本計画について」答申

2018年2月…心のバリアフリー学習推進会議「学校における交流及び共同学習の推進について～「心のバリアフリー」の実現に向けて～」

2017(平成29)年4月…「義務教育の段階における普通教育に相当する教育の機会の確保等に関する基本指針の策定について」通知

2017年3月…幼稚園教育要領，小学校，中学校新学習指導要領　告示

2017年2月…中教審「第2次学校安全の推進に関する計画の策定について」答申

2017年1月…中教審教育振興基本計画部会「第3期教育振興基本計画の策定に向けた基本的な考え方について」報告

2016(平成28)年12月…中教審「幼稚園，小学校，中学校，高等学校及び特別支援学校の学習指導要領等の改善及び必要な方策等について」答申

2016年5月…中教審「個人の能力と可能性を開花させ，全員参加による課題解決社会を実現するための教育の多様化と質保証の在り方について」答申

2016年3月……中教審「学校教育法第百十条第二項に規定する基準を適用するに際して必要な細目を定める省令の改正について」答申

2015(平成27)年12月……中教審「新しい時代の教育や地方創生の実現に向けた学校と地域の連携・協働の在り方と今後の推進方策について」答申

2015年12月……中教審「これからの学校教育を担う教員の資質能力の向上について ～学び合い，高め合う教員育成コミュニティの構築に向けて～」答申

2015年12月……中教審「チームとしての学校の在り方と今後の改善方策について」答申

2015年11月……「文部科学省所管事業分野における障害を理由とする差

別の解消の推進に関する対応指針について」通知
2015年3月……小学校，中学校，特別支援学校学習指導要領一部改正
2014(平成26)年10月……中教審「道徳に係る教育課程の改善等について」答申
2013(平成25)年12月……中教審「今後の地方教育行政の在り方について」答申
2013年10月……「いじめ防止基本方針の策定について」通知
2013年4月……中教審「第2期教育振興基本計画について」答申
2013年3月……「体罰の禁止及び児童生徒理解に基づく指導の徹底について」通知
2013年1月……中教審「今後の青少年の体験活動の推進について」答申
2012(平成24)年9月……「いじめ，学校安全等に関する総合的な取組方針～子どもの「命」を守る～」公表
2012年8月……中教審「教職生活の全体を通じた教員の資質能力の総合的な向上方策について」答申
2012年3月……中教審「学校安全の推進に関する計画の策定について」答申
2011(平成23)年4月……「教育の情報化ビジョン～21世紀にふさわしい学びと学校の創造を目指して～」公表
2011年1月……中教審「今後の学校におけるキャリア教育・職業教育の在り方について」答申
2010(平成22)年12月……「OECD生徒の学習到達度調査(PISA)2009年度調査の結果について」報告
2010年10月……「教育の情報化に関する手引」公表
2010年7月……「学校評価ガイドライン〔平成22年改訂〕」公表
2010年5月……「小学校，中学校，高等学校及び特別支援学校等における児童生徒の学習評価及び指導要録の改善等について」通知
2010年3月……文部科学省初等中等教育局児童生徒課「生徒指導提要」公表
2010年3月……「児童生徒の学習評価の在り方について」報告
2010年1月……「児童虐待防止に向けた学校等における適切な対応の徹底

について」通知

2009(平成21)年3月……高等学校，特別支援学校学習指導要領　告示

2009年1月……「学校における携帯電話の取扱い等について」通知

2008(平成20)年10月……中教審「大学設置基準等の改正について」答申

2008年4月……中教審「教育振興基本計画について－「教育立国」の実現に向けて－」答申

2008年4月……改正教育3法(学校教育法，地方教育行政法，教員免許法および教育公務員特例法)が施行

2008年3月……幼稚園教育要領，小学校，中学校学習指導要領　告示

2008年2月……中教審「新しい時代を切り拓く生涯学習の振興方策について～知の循環型社会の構築を目指して～」答申

2008年1月……教育再生会議「社会総がかりで教育再生を～教育再生の実効性の担保のために～」(最終報告)

2008年1月……中教審「幼稚園，小学校，中学校，高等学校及び特別支援学校の学習指導要領等の改善について」答申

2008年1月……中教審「子どもの心身の健康を守り，安全・安心を確保するために学校全体としての取組を進めるための方策について」答申

●教育時事キーワード

□生きる力

変化の激しいこれからの社会を生きる子どもたちに身に付けさせたい「確かな学力」，「豊かな人間性」，「健康と体力」の3つの要素からなる力のこと。平成20年，21年に行われた前回の改訂においては，新しい知識・情報・技術が社会のあらゆる領域で重要性を増す，いわゆる知識基盤社会において，確かな学力，豊かな心，健やかな体の調和を重視する「生きる力」を育むことがますます重要になっているという認識が示された。平成29年，30年3月に告示された今回の改訂では，知・徳・体にわたる「生きる力」を子供たちに育むために「何のために学ぶのか」という各教科等を学ぶ意義を共有しながら，授業の創意工夫や教科書等の教材の改善を引き出していくことができるようにするため，全ての教科等の目標及び内容を「知識及び技能」，「思考力，

判断力，表現力等」，「学びに向かう力，人間性等」の3つの柱で再整理している。

□確かな学力

知識や技能はもちろんのこと，これに加えて，学ぶ意欲や自分で課題を見付け，自ら学び，主体的に判断し，行動し，よりよく問題解決する資質や能力等まで含めたもの。

□ゆとり教育

平成8年7月の中央教育審議会答申(第一次答申)「21世紀を展望した我が国の教育の在り方について」で，子どもに「生きる力」を育むために子どもたちをはじめ，社会全体に「ゆとり」が重要であるとされた。具体的には，平成14年度の完全学校週5日制の実施，教育内容の厳選により時間的・精神的な「ゆとり」が目指された。平成20年，21年に告示された学習指導要領では，再度授業時間数が見直された。

□学力の3要素

①知識・技能の確実な習得，②(①を基にした)思考力，判断力，表現力，③主体性を持って多様な人々と協働して学ぶ態度を指す。高大接続改革では，高校教育で学力の3要素を確実に育成し，大学入学者選抜において，それを多面的に評価することが求められている。

□アクティブ・ラーニング

教員による一方向的な講義形式の教育とは異なり，学修者の能動的な学修への参加を取り入れた教授・学習法の総称。学修者が能動的に学修することによって，認知的，倫理的，社会的能力，教養，知識，経験を含めた汎用的能力の育成を図る。発見学習，問題解決学習，体験学習，調査学習等が含まれるが，教室内でのグループ・ディスカッション，ディベート，グループ・ワーク等も有効なアクティブ・ラーニングの方法である。平成29年，30年告示の学習指導要領においては，子供たちが，これからの時代に求められる資質・能力を身に付け，生涯にわたって能動的に学び続けたりすることができるようにするため，教師によるアクティブ・ラーニングの視点からの授業改善が求められている。

□カリキュラム・マネジメント

教科等横断的な視点を踏まえて教育課程を編成・実施し，評価して

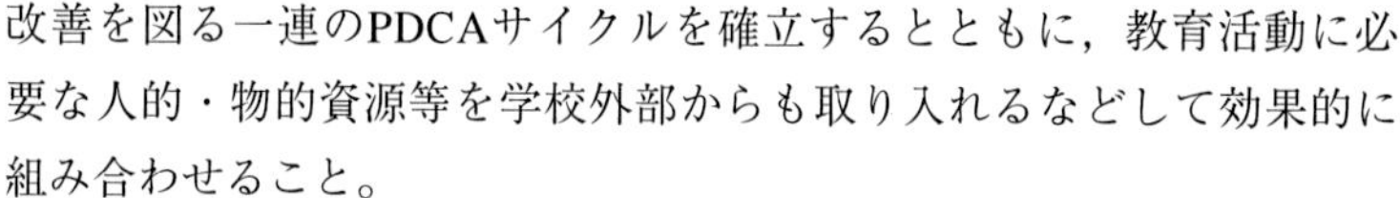

改善を図る一連のPDCAサイクルを確立するとともに，教育活動に必要な人的・物的資源等を学校外部からも取り入れるなどして効果的に組み合わせること。

□総合的な学習の時間

平成10年，11年に告示された学習指導要領が全面実施された平成14年度から取り入れられるようになった。変化の激しい社会に対応して，自ら課題を見付け，自ら学び，自ら考え，主体的に判断し，よりよく問題を解決する資質や能力を育てることなどをねらいとすることから，思考力・判断力・表現力等が求められる「知識基盤社会」の時代においてますます重要な役割を果たすものである。これまで学校が地域や学校，児童生徒の実態等に応じて，教科等の枠を超えた横断的・総合的な学習とすることと同時に，探究的な学習や協働的な学習とすることが重要であるとしてきた。特に，探究的な学習を実現するため，「①課題の設定→②情報の収集→③整理・分析→④まとめ・表現」の探究のプロセスを明示し，学習活動を発展的に繰り返していくことを重視してきた。平成29年，30年3月告示の学習指導要領においては，探究的な学習の過程を一層重視し，各教科等で育成する資質・能力を相互に関連付け，実社会・実生活において活用できるものとするとともに，各教科等を越えた学習の基盤となる資質・能力を育成するとしている。

□いじめ

令和4(2022)年度の小・中・高等学校及び特別支援学校における小・中・高・特別支援学校におけるいじめの認知件数は681,948件(前年度615,351件)で，前年度から66,597件(11.1％)増加した。児童生徒1,000人当たりのいじめの認知件数は53.3件(前年度47.7件)であった。平成26年度以降認知件数の増加が続いていたが，令和2年度は全校種で大幅な減少となっていたが，令和3年度から増加しはじめ，令和4年度は過去最高の件数を記録した。令和2年度が減少した要因として，新型コロナウイルス感染症の影響により，生活環境が変化し児童生徒の間の物理的な距離が広がったこと，日常の授業におけるグループ活動や，学校行事，部活動など様々な活動が制限され，子供たちが直接対面してやり取りをする機会やきっかけが減少したことや年間授業日数が少ない学校もあったことがあげられる。令和3年度から新たな日常生活が戻ってきたことで，いじめ件数が増加したと考えられる。

□暴力行為

令和4(2022)年度の小・中・高等学校における暴力行為の発生件数は95,426件(前年度76,441件)であり，前年度から18,985件(12.9%)増加した。児童生徒1,000人当たりの発生件数は7.5件(前年度6.0件)であった。小学校における暴力行為は近年大幅に増加しており，新型コロナウイルス感染症による学校生活への影響により令和2年度は減少したものの，日常生活を取り戻していく中で，再び上昇したと考えられる。

□不登校

令和4(2022)年度の小・中学校における不登校児童生徒数は299,048人(前年度244,940人)であり，前年度から54,108人(12.2%)増加し，在籍児童生徒に占める不登校児童生徒の割合は3.2%(前年度2.6%)であった。また高等学校における不登校児童生徒数は60,575人(前年度50,985人)であり，前年度から9,590人(11.9%)増加し，在籍児童生徒に占める不登校児童生徒の割合は1.4%(前年度1.2%)であった。過去5年間の傾向として，高等学校では年度によって異なるが，小学校・中学校においては不登校児童生徒数及びその割合は増加している。不登校児童生徒数は10年連続で増加している。生活環境の変化により生活リズムが乱れやすい状況や，学校生活において様々な制限がある中で交友関係を築くことなど，登校する意欲が湧きにくい状況にあったこと等も背景として考えられる。

□児童虐待

令和4(2022)年度中に，全国232か所の児童相談所が児童虐待相談として対応した件数は219,170件(速報値)件で，前年度から11,510件(5.5%)増加し，これまでで最多の件数となっている。主な増加要因としては，心理的虐待に係る相談対応件数の増加(令和3年度：124,724件→令和4年度：129,484件(＋4,760件))，警察等からの通告の増加(令和3年度：103,104件→令和4年度：112,965(＋9,861件))がある。令和3年度と比して児童虐待相談対応件数が増加した自治体への聞き取りとして，関係機関の児童虐待防止に対する意識や感度が高まり，関係機関からの通告が増えている。また心理的虐待が増加した要因として，児童が同居する家庭における配偶者に対する暴力がある事案(面前DV)について，

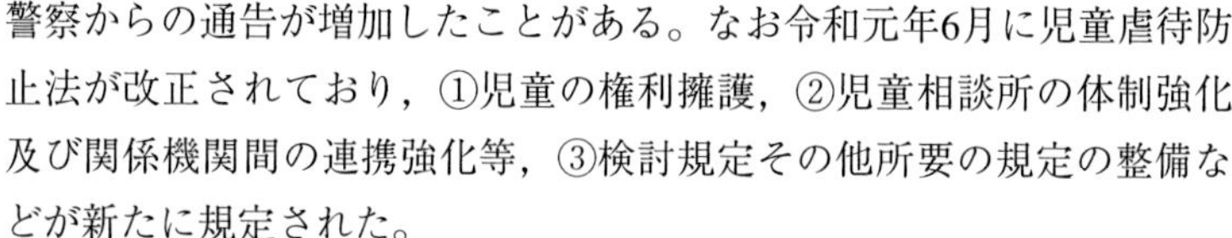

警察からの通告が増加したことがある。なお令和元年6月に児童虐待防止法が改正されており，①児童の権利擁護，②児童相談所の体制強化及び関係機関間の連携強化等，③検討規定その他所要の規定の整備などが新たに規定された。

□中央教育審議会

中央省庁等改革の一環として，従来の中央教育審議会を母体としつつ，生涯学習審議会，理科教育及び産業教育審議会，教育課程審議会，教育職員養成審議会，大学審議会，保健体育審議会の機能を整理・統合して，平成13年1月6日付けで文部科学省に設置された。審議会の主な所掌事務として，①文部科学大臣の諮問に応じて教育の振興及び生涯学習の推進を中核とした豊かな人間性を備えた創造的な人材の育成に関する重要事項を調査審議し，文部科学大臣に意見を述べる，②文部科学大臣の諮問に応じて生涯学習に係る機会の整備に関する重要事項を調査審議し，文部科学大臣又は関係行政機関の長に意見を述べる，③法令の規定に基づき審議会の権限に属させられた事項を処理する，がある。

□教育再生実行会議

21世紀の日本にふさわしい教育体制を構築し，教育の再生を実行に移していくため，内閣の最重要課題の一つとして位置づけられた教育改革の推進を提言する諮問機関のこと。令和3年6月には，第12次提言「ポストコロナ期における新たな学びの在り方について」が公表された。

□教育振興基本計画

教育基本法第17条第1項に基づき政府が策定する教育の振興に関する総合計画である。平成20年4月の中央教育審議会答申で，教育の果たすべき使命を踏まえ，教育の目標や理念の実現に向けて，「教育立国」を宣言し，教育を重視し，その振興に向け社会全体で取り組むことが必要であるとされた。なお平成25年6月には「第2期教育振興基本計画」(対象期間：平成25～29年度)が閣議決定され，4つの基本的方向性が示された。第1期計画が学校段階等の縦割りで整理していたのに対して，第2期計画では，各学校間や，学校教育と職業生活等との円滑な接続を重視し，「社会を生き抜く力の養成」など，生涯の各段階を貫く4つの基本的方向性を設定している。平成28年4月に中央教育審議会から「第

3期教育振興基本計画の策定について」が諮問され，検討事項として，①2030年以降の社会の変化を見据えた教育の目指すべき姿，②①を踏まえた教育政策の基本的方針，目指すべき方向性等，③教育投資の効果や必要性を社会に対して示すための方策，があげられた。平成29年1月には，現行計画の課題や計画策定に向けての考え方をまとめた「第3期教育振興基本計画の策定に向けた基本的な考え方について(報告)」が出され，平成30年3月8日に中央教育審議会から「第3期教育振興基本計画について」が出され，同年6月15日に「第3期教育振興基本計画」が閣議決定された。令和5年3月には，「持続可能な社会の創り手の育成」及び「日本社会に根差したウェルビーイングの向上」を掲げた，5つの基本的方針と16の教育政策の目標，基本施策及び指標を示した「次期教育振興基本計画について」が中教審から答申され，令和5年3月には「教育振興基本計画」(対象期間：令和5年度～9年度)」が閣議決定された。

□学校評価

平成19年6月に学校教育法が改正され，その第42条で小学校の教育活動その他の学校運営状況についての評価(自己評価)とその結果に基づく学校運営の改善と教育水準の向上が努力義務化され，更に同法施行規則第66条で自己評価とその結果の公表が義務化された。また，同法第43条で小学校に対する保護者・地域住民・関係者の理解を深め，連携・協力に資するため，教育活動その他の学校運営状況に関する情報提供の積極的提供が義務化された。同法施行規則第67条では，小学校の関係者評価(自己評価に対する保護者など学校関係者による評価)が努力義務化され，その結果の公表が努力義務化された。更に同法施行規則第68条で，学校関係者評価の結果の設置者への報告が努力義務化された。学校評価には，以上の他に，外部の専門家等が行う客観的な第三者評価があるが，これは(努力)義務ではない。以上の学校評価について，文部科学省は具体的な実施方法に関するガイドラインを策定した。まず平成18年3月に「義務教育諸学校における学校評価ガイドライン」を，平成20年1月に「学校評価ガイドライン[改訂]」を，平成21年3月に「学校関係者評価を活かしたよりよい学校づくりに向けて(学校関係者評価参照書)」を，そして平成22年7月に「学校評価ガイドライン[平成22年改訂]」を策定・公表した。これらのガイドラインには，学校評価の目的・定義・流れ，自己評価・学校関係者評価・第三者評価の実施・公表・報告の方法などについて詳細に解説してある。また義務教育学校並びに小中一貫型小学校及び小中一貫型中学校の発足にともない，小中一貫教育を実施する学校における学校評価の留意点をガイドラインに盛り込んだ「学校評価ガイドライン[平成28年改訂]」が出された。

□キャリア教育

一般に，キャリア教育は，「児童生徒一人一人に，望ましい職業観・勤労観及び職業に関する知識や技能を身に付けさせるとともに，自己の個性を理解し，主体的に進路を選択する能力・態度を育てる教育」と定義されている。キャリア教育を進めるに当たっては，次のようなねらいをもつことが大切である。①幼児児童生徒一人一人のキャリア発達を支援する。②「働くこと」への関心・意欲を高め，学習意欲の向上を図る。③職業人・社会人として必要な資質や能力を高める。④働くことの意義を理解させ，自立意識をはぐくみ，豊かな人間性を育成する。学校教育においてキャリア教育を推進していくためには，その意義を明確にし，学校の教育活動全体を通して，組織的，系統的に取り組んでいくことが重要である。平成23年1月に「今後の学校におけるキャリア教育・職業教育の在り方について」が中央教育審議会から答申された。この答申においては，幼稚園，小学校，中学校，高等学校，中等教育学校，特別支援学校，大学，高等専門学校，専修学校(専門課程，高等課程)の各学校段階，また，初等中等教育及び高等教育を通じて，組織的・体系的にキャリア教育・職業教育を行う必要性及びその方途を述べている。そして，キャリア教育は，「一人一人の社会的・職業的自立に向け，必要な基礎となる能力や態度を育てることを通して，キャリア発達を促す教育」と定義された。

□キャリア・パスポート

児童生徒が，小学校から高等学校までのキャリア教育に関わる諸活動について，特別活動の学級活動及びホームルーム活動を中心として，各教科等と往還し，自らの学習状況やキャリア形成を見通したり振り返ったりしながら，自身の変容や成長を自己評価できるよう工夫されたポートフォリオのこと。

□道徳の教科化

平成26年10月，文部科学大臣の諮問機関である中央教育審議会より，「道徳に係る教育課程の改善等について」が答申された。この答申を踏まえ，学校教育法施行規則と学習指導要領が一部改正され，小・中学校における週1時間の「道徳の時間」が，「特別の教科　道徳」として再編されることとなった。その要点は次の通りである。①小・中学校の「道徳の時間」が「特別の教科　道徳」になる。②検定教科書の導入(最短で平成28年度末に検定終了，29年度の採択を経て30年度から使用)。③学習評価は記述式で行い，数値による相対評価は行わない。④平成27年3月，学校教育法施行規則と学習指導要領が一部改正され，正式に「特別の教科　道徳」となった。⑤授業時間は現行のまま年間35時間(ただし，小学校1年生は年間34時間)。⑥「特別の教科　道徳」が検定済教科書に基づいて完全実施されたのは，小学校は平成30年度から，中学校は平成31年度からである。ただし，平成27年4月以降，各学校の判断で新学習指導要領の内容を反映した授業(移行措置)が可能となっている。

□全国学力・学習状況調査

文部科学省が国公私立の小6と中3の児童生徒を対象に国語と算数・数学の2教科(ただし，平成24年度に理科が追加され，理科は3年毎に実施されることとなった。)で実施するテスト。平成19年度から悉皆調査として開始されたが，民主党政権時代の平成22年度は抽出調査とされた(抽出校以外は希望参加で，全国で7割ほどが参加)。また，平成23年度は東日本大震災の影響で中止された。平成26年度以降は再び悉皆調査に戻された。

□学校安全

日常生活における事件・事故，自然災害などの現状，原因及び防止方法について理解を深め，現在や将来に直面する安全の課題に対して，的確な思考・判断に基づく適切な意思決定や行動選択ができるようにすること。学校保健安全法を参照しておこう。

□義務教育学校

平成27年の学校教育法の一部改正により，小中9年間の義務教育学校が正式に制度化された。改正学校教育法では，従来の小・中学校に加え，小学校から中学校までの義務教育9年間を一貫して行う小中一貫校を「義務教育学校」として新たな学校の種類に規定した。義務教育学校の修業年限は9年としているが，学校教育制度の多様化や弾力化を推進するため，カリキュラム編成などは柔軟に対応するとしている。義務教育学校の教員については，小・中学校の免許状を併有する者とし，一方の免許状を有する者については当分の間，前期課程または後期課程の主幹教諭，指導教諭，教諭，講師になることができるとしている。

□高大接続改革

グローバル化の進展，技術革新，国内の生産年齢人口の急減などに伴い，予見困難な時代の中で新たな価値を創造していく力を育てることを目的に，高等学校教育，大学教育，大学入学者選抜を通じて学力の3要素を確実に育成・評価するための三者一体的な改革。大学共通テストや高校生のための学びの基礎診断もこれに該当する。

□チーム学校

外部の専門家や講師らを支援スタッフとして学校に入れて，教職員とともに「チーム」で子どもたちを指導していくという考え方。スクールカウンセラーのほか，スクールソーシャルワーカー，部活動指導員，ICT(情報通信技術)支援員，就職支援コーディネーターらも含まれる。これにより，教員は授業など子どもへの指導に今まで以上に専念できるようになる。平成27年12月に中央教育審議会から「チームとしての学校の在り方と今後の改善方策について」が答申され，その中で「チームとしての学校」を実現するため「専門性に基づくチーム体制の構築」，「学校のマネジメント機能の強化」，「教員一人一人が力を発揮できる環境の整備」の3つの視点に沿って検討を行い，学校のマネジメントモデルの転換を図っていくことが必要であるとしている。

□学校運営協議会

保護者や地域住民が学校の様々な課題解決に参画し，それぞれの立場で主体的に子供たちの成長を支えていくための仕組みである。コミュニティ・スクールを導入し，放課後関係者が学校運営協議会の委員になることなどにより，学校関係者と放課後関係者が情報や課題を共有したり，教育目標や目指すべき子供像について協議を行うなど，学校・家庭・地域の連携・協働体制を構築することが重要である。学校運営協議会制度の導入により，地域の力を学校運営に生かす，「地域とともにある学校づくり」を推進する。これにより，子供が抱える課題を地域ぐるみで解決する仕組みを構築し，質の高い学校教育の実現を図る。学校運営協議会の主な役割としては，教育委員会が，学校運営協議会を置く学校を指定し，①校長の作成する学校運営の基本方針を承認すること(必須)，②学校運営について，教育委員会又は校長に意見を出すことができること(任意)，③教職員の任用に関して，教育委員会に意見を出すことができること(任意)等がある。

□部活動ガイドライン

一部の部活動において教員の長時間労働や生徒の過重な負担がある現状を踏まえ，スポーツ庁は「運動部活動の在り方に関する総合的なガイドライン」(平成30年3月)を策定した。そこでは週2日以上の休養日や平日の活動は2時間以内にすることなどが示された。また文化庁も「文化部活動の在り方に関する総合的なガイドライン」(平成30年12月)を策定しており，平日の活動時間は長くとも2時間程度などを示している。

□Society5.0

サイバー空間(仮想空間)とフィジカル空間(現実空間)を高度に融合させたシステムにより，経済発展と社会的課題の解決を両立する，人間中心の社会のこと。

□ICT教育

教育におけるICT(情報通信技術)の活用を指す。ICT教育は，子供の主体的・協働的な学び(アクティブ・ラーニング)や，一人ひとりの子供の能力・資質に応じた個別学習，子供達がお互いに教え・学び合う協働学習の効果的なツールとして期待されている。また，ICT，教育は，遠隔地や不登校児の教育機会の確保にも有用である。教育以外にもICTによる学校の環境整備は，教員の校務の負担軽減などで活用されている。

□デジタル教科書

平成29年，30年告示の学習指導要領の実施を見据えてデジタル教科書を導入することができるよう，文科省は，平成30年，通常国会に学

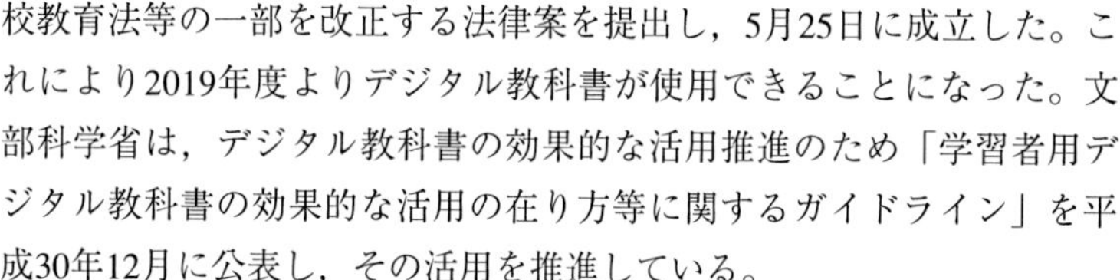
校教育法等の一部を改正する法律案を提出し，5月25日に成立した。これにより2019年度よりデジタル教科書が使用できることになった。文部科学省は，デジタル教科書の効果的な活用推進のため「学習者用デジタル教科書の効果的な活用の在り方等に関するガイドライン」を平成30年12月に公表し，その活用を推進している。

□プログラミング教育

2020年度より小学校でプログラミング教育が必修化された。文部科学省は，「小学校プログラミング教育の手引き」を策定し，同教育の基本的な考え方をわかりやすく解説している。また，文部科学省・総務省・経済産業省が連携して「未来の学びコンソーシアム」を立ち上げ，プログラミング教育のポータルサイトを設置した。そこでは教材情報や実施事例を公開している。

□主権者教育

平成27年6月の公職選挙法の改正により選挙権年齢が満18歳以上に引き下げられ，生徒は高等学校在籍中に選挙権を行使できるようになった。さらに，平成30年6月の民法改正により，令和4年度から民法に規定する成年年齢が満18歳へと引き下げられたことで，18歳から一人で有効な契約をすることができるようになるなど，高校生にとって政治や社会は一層身近なものになるとともに，自ら考え，積極的に国家や社会の形成に参画する環境が整いつつある。主権者教育とは，このような社会の変化に伴い，学校において主権者として求められる力を育成する教育のことをいう。主権者教育を推進していくためには，平成29年及び30年に公示された学習指導要領の下，小学校・中学校の段階から，子供たちに主権者として必要な資質・能力を身に付けていくことが，これまで以上に重要となる。また主権者教育を推進する上では，正解が一つに定まらない論争的な課題に対して，児童生徒が自分の意見を持ちつつ，異なる意見や対立する意見を整理して議論を交わしたり，他者の意見と折り合いを付けたりする中で，納得解を見いだしながら合意形成を図っていく過程が重要となる。

□令和の日本型学校教育

文部科学省が，2020年代に実現するのが望ましいと考える教育の姿を指す。「個に応じた指導」と「協働的な学び」によって全ての子供たちの可能性を引き出すことを目的としている。幼児教育・義務教育・高等学校教育で，下記のような教育を目指すべきとされている。

・幼児教育：小学校との滞りない接続/PDCAサイクルの構築による質の高い教育の提供など
・義務教育：先端技術の活用による資質・能力の確実な育成や協働的な学び合い/地域の構成員の一人としての意識の育成など
・高等学校教育：社会的・職業的な自立および社会形成に主体的に参画するために必要となる資質・能力の育成/実社会の課題解決に活かすための探究的な学びや，STEAM教育などの教科横断的な学びなど

令和の学校教育では，学校における働き方改革やGIGAスクール構想の実現を加速させることにより，新しい時代の学校教育実現を目指す。

□35人学級

「公立義務教育諸学校の学級編制及び教職員定数の標準に関する法律の一部を改正する法律」が，令和3年3月31日に公布され，同年4月1日に施行された。今回の改正は，Society5.0時代の到来や子供たちの多様化が一層進展するなどの状況下において，安全・安心な教育環境の下，誰一人取り残すことなく，全ての子供たちの可能性を引き出す教育への転換を図るものである。個別最適な学びと協働的な学びを実現することが必要であることから，一人一人の教育的ニーズに応じたきめ細かな指導を可能とする指導体制を整備するため，公立の小学校の学級編制の標準を，約40年ぶりに一律に引き下げることとした。具体的には，学年進行により，現行の40人から35人に段階的に引き下げる措置を講ずるものである。

□教科担任制

2020年6月，文部科学省は，個別最適化された学びを実現する観点から2022年を目処に小学校高学年から教科担任制を導入すべきとの見解を示した。教科担任制の導入では，ICTの効果的な活用や授業の質の向上を目指している。さらに，教師の授業時間の削減，授業準備の効率化によって教師が抱える負担の軽減を図ることもねらいの1つである。しかし教科担任制の導入には，小学校高学年の教科担任制を踏ま

えた小学校教員養成課程と免許制度等の大幅な見直しという課題もある。教科指導の専門性を持った教師によるきめ細かな指導と中学校の学びに繋がる系統的な指導の充実を図る観点から，外国語，理科，算数及び体育について優先的に専科指導の対象とすべき教科とすることが適当とされている。

□学びの保障

新型コロナウイルス感染症対策と子供たちの健やかな学びの保障の両立を目指すものである。感染症対策を講じつつ，学校教育が協働的な学び合いの中で行われる特質を持つことに鑑み，学校教育ならではの学びを大事にしながら教育活動を進め，最大限子供たちの健やかな学びを保障し，学習指導要領の目指す学びを着実に実現するものである。

□ウェルビーイング

身体的・精神的・社会的に良い状態にあることをいい，短期的な幸福のみならず，生きがいや人生の意義などの将来にわたる持続的な幸福を含む概念である。また多様な個人がそれぞれ幸せや生きがいを感じるともに，個人を取り巻く場や地域，社会が幸せや豊かさを感じられる良い状態にあることも含む包括的な概念である。

□STEAM教育

「各教科での学習を実社会での問題発見・解決にいかしていくための教科横断的な教育」と定義されている。STEAM教育の目的には，人材育成の側面と，STEAMを構成する各分野が複雑に関係する現代社会に生きる市民の育成の側面とがある。各教科等の知識・技能等を活用することを通じた問題解決を行うものであることから，課題の選択や進め方によっては生徒の強力な学ぶ動機付けにもなる。一方で，STEAM教育を推進する上では，多様な生徒の実態を踏まえる必要がある。科学技術分野に特化した人材育成の側面のみに着目してSTEAM教育を推進すると，例えば，学習に困難を抱える生徒が在籍する学校においては実施することが難しい場合も考えられ，学校間の格差を拡大する可能性が懸念される。教科等横断的な学習を充実することは学習意欲に課題のある生徒たちにこそ非常に重要であり，生徒の能力や関心に応じたSTEAM教育を推進する必要がある。

教育時事　答申関係

実施問題

【1】次の文章は,「道徳に係る教育課程の改善等について(答申)」(平成26年10月21日　中央教育審議会)からの抜粋である。文章中の空欄(①)~(④)に当てはまる語句を正しく組み合わせているものはどれか,以下のア～オから1つ選びなさい。

> なお,道徳教育をめぐっては,児童生徒に(①)を押し付けようとするものではないかなどの批判が一部にある。しかしながら,道徳教育の本来の使命に鑑みれば,(①)を押し付けたり,(②)言われるままに行動するよう指導したりすることは,道徳教育が目指す方向の対極にあるものと言わなければならない。むしろ,(③)の,時に対立がある場合を含めて,誠実にそれらの価値に向き合い,道徳としての問題を(④)こそ道徳教育で養うべき基本的資質であると考えられる。

	①	②	③	④
ア	多様な価値観	自らの意見をもたず	特定の価値観	考え続ける姿勢
イ	多様な価値観	主体性をもたず	特定の価値観	解決する力
ウ	特定の価値観	自らの意見をもたず	多様な価値観	解決する力
エ	特定の価値観	主体性をもたず	多様な価値観	考え続ける姿勢
オ	特定の価値観	主体性をもたず	多様な価値観	解決する力

2024年度　京都府　難易度

【2】次の文は,「道徳に係る教育課程の改善等について(答申)」(平成26年10月21日　中央教育審議会)の一部である。文中の(a)~(f)に当てはまる語句の正しい組合せはどれか。以下の1～6から1つ選べ。

教育基本法においては,教育の目的として,人格の(a)を目指すことが示されている。人格の(b)となるのが道徳性であり,その道徳性を育てることが道徳教育の(c)である。平成25年12月の「道徳教育の充実に関する懇談会」報告では,道徳教育について,「自立した一人の人間として人生を他者とともに(d)生きる人格を形成することを目指すもの」と述べられている。道徳教育においては，人間尊重の精神と生命に対する畏敬の念を前提に，人が互いに尊重し(e)して社会を形作っていく上で(f)に求められるルールやマナーを学び，規範意識などを育むとともに，人としてよりよく生きる上で大切なものとは何か，自分はどのように生きるべきかなどについて，時には悩み，葛藤しつつ，考えを深め，自らの生き方を育んでいくことが求められる。

1 a－伸長 b－核 c－目標 d－豊かに e－協働 f－個々人
2 a－完成 b－核 c－使命 d－豊かに e－協力 f－個々人
3 a－完成 b－基盤 c－使命 d－よりよく e－協働 f－共通
4 a－伸長 b－基盤 c－使命 d－よりよく e－協力 f－個々人
5 a－伸長 b－核 c－目標 d－よりよく e－協力 f－共通
6 a－完成 b－基盤 c－目標 d－豊かに e－協働 f－共通

2024年度 奈良県 難易度

【3】次の文は，「チームとしての学校の在り方と今後の改善方策について(答申)」(平成27年12月 中央教育審議会)について述べたものである。文中の[ア]～[オ]にあてはまる語句の組合せとして正しいものを①～⑤から一つ選べ。

「チームとしての学校」像は，校長のリーダーシップの下，[ア]，日々の教育活動，学校の資源が一体的にマネジメントされ，教職員や学校内の多様な人材が，それぞれの専門性を生かして能力を発揮し，子供たちに必要な資質・能力を確実に身に付けさせることができる学校である。我が国の学校の教員は，従来から，教育に関する専門性を共通の基盤として持ちつつ，それぞれ独自の得意分野を生かし，学校の中で，授業や生徒指導等の様々な教育活動の場面で「チームとして」連携・協働し，成果を上げてきた。一方，近年は，学校の多忙化等が指摘される中，教員が[イ]しているという指摘もある。今後，専門能力スタッフや地域の力の参画を得るに当たっては，まず，教員が「チームとして」教育活動に取り組むことが重要である。その上で，多様な専門性や経験を有する専門能力スタッフ等が学校の教育活動に参画することとなることから，教員も専門能力スタッフも「チームとしての学校」の一員として，目的を共有し，取組の方向性を揃えることが今まで以上に求められる。その際，関係者間の[ウ]が重要となるので，関係者間で十分なコミュニケーションを取ることができるようにする必要がある。ICT機器等も活用し，情報の重要性を勘案して，共有すればよいもの，[エ]することが必要なものなど，コミュニケーションの充実に取り組んでいくべきである。また，チーム体制を構築していくに当たっては，それぞれの職務内容，権限と責任を明確化することによって，チームを構成する個々人がそれぞれの立場・役割を認識し，[オ]を持ち学校の課題への対応や業務の効率的・効果的な実施に取り組んでいくことが重要である。

	ア	イ	ウ	エ	オ
①	教育目標	孤立化	情報共有	相談	当事者意識
②	教育目標	バーンアウト	情報共有	伝達	個々のビジョン
③	カリキュラム	バーンアウト	共通理解	伝達	当事者意識
④	カリキュラム	孤立化	共通理解	相談	個々のビジョン
⑤	カリキュラム	孤立化	情報共有	相談	当事者意識

2024年度 | 島根県 | 難易度

【4】次の文章は，「幼稚園，小学校，中学校，高等学校及び特別支援学校の学習指導要領等の改善及び必要な方策等について(答申)」(平成28年12月　中央教育審議会)の「第5章　5　別紙4」の一部である。下線部A～Eについて，正しいものを○，誤っているものを×としたとき，

その組合せとして正しいものはどれか。

○　健康・安全・食に関する資質・能力を，「知識・技能」，「思考力・判断力・表現力等」，「学びに向かう力・人間性等」の三つの柱に沿って整理すると，以下のようになると考えられる。

(知識・技能)

様々な健康課題，A自然災害や事件・事故等の危険性，健康・安全で安心な社会づくりの意義を理解し，健康で安全な生活や健全な食生活を実現するために必要な知識や技能を身に付けていること。

(思考力・判断力・表現力等)

自らの健康や食，安全の状況を適切に評価するとともに，B提示された情報や資料を基に，健康で安全な生活や健全な食生活を実現するために何が必要かを考え，適切にC意思決定し，行動するために必要な力を身に付けていること。

(学びに向かう力・人間性等)

健康や食，安全に関する様々な課題に関心を持ち，主体的に，D家族の健康で安全な生活や健全な食生活を実現しようとしたり，健康・安全で安心な社会づくりに貢献しようとしたりするE態度を身に付けていること。

	A	B	C	D	E
1.	○	○	○	×	×
2.	×	×	○	○	○
3.	○	×	○	×	○
4.	×	○	×	○	×
5.	○	×	×	×	○

2024年度　岡山県　難易度

【5】次の文章は，「幼稚園，小学校，中学校，高等学校及び特別支援学校の学習指導要領等の改善及び必要な方策等について(答申)」(平成28年12月21日　中央教育審議会)の第1部　学習指導要領等改訂の基本的な方向性の「第8章　子供一人一人の発達をどのように支援するか—子供の発達を踏まえた指導—2.学習指導と生徒指導」の一部である。文中の(　A　)~(　D　)に入る語句の正しい組合せを，以下の1~5の

うちから一つ選べ。

○ 生徒指導については，今回整理された資質・能力等も踏まえて，改めて，一人一人の生徒の健全な成長を促し，生徒自ら現在及び将来における自己実現を図っていくために必要な力の育成を目指すという意義を捉え直していくことが求められる。ともすれば，個別の問題行動等への対応にとどまりがちとも指摘されるが，どのような資質・能力の育成を目指すのかということや，一人一人の(A)の方向性等を踏まえながら，その機能が発揮されるようにしていくことが重要である。
○ また，学習指導においても，子供一人一人に応じた「主体的・対話的で深い学び」を実現していくために，子供一人一人の理解(いわゆる児童生徒理解)の深化を図るという生徒指導の基盤や，子供一人一人が(B)を感じられるようにすること，教職員と児童生徒の(C)や児童生徒相互の人間関係づくり，児童生徒の自己選択や自己決定を促すといった生徒指導の機能を生かして充実を図っていくことが求められる。
○ このように，学習指導と生徒指導とを分けて考えるのではなく，相互に関連付けながら充実を図ることが重要であり，そのことが，前述した(D)の充実にもつながるものと考えられる。

	A	B	C	D
1	進路選択	安心感	信頼関係	道徳教育
2	キャリア形成	自己存在感	信頼関係	学級経営
3	進路選択	安心感	ふれあい	学級経営
4	キャリア形成	安心感	信頼関係	学級経営
5	進路選択	自己存在感	ふれあい	道徳教育

2024年度 ▌大分県 ▌難易度 ■■■□□

【6】次の文章は，「幼稚園，小学校，中学校，高等学校及び特別支援学校の学習指導要領等の改善及び必要な方策等について(答申)」(平成28年12月21日　中央教育審議会)からの抜粋である。文章中の空欄(①)～(⑤)に当てはまる語句を正しく組み合わせているものは

どれか，以下のア～オから1つ選びなさい。

○　(　①　)を定める日本国憲法の下，民主主義を尊重し責任感をもって政治に参画しようとする国民を育成することは学校教育に求められる極めて重要な要素の一つであり，(　②　)歳への選挙権年齢の引下げにより，小・中学校からの体系的な(　③　)の充実を図ることが求められている。

○　また，(　③　)については，政治に関わる主体として適切な判断を行うことができるようになることが求められており，そのためには，政治に関わる主体としてだけではなく広く国家・社会の形成者としていかに社会と向き合うか，例えば，経済に関わる主体((　④　)等としての主体を含む)等として適切な生活を送ったり産業に関わったりして，社会と関わることができるようになることも前提となる。

○　こうした主権者として必要な資質・能力の具体的な内容としては，国家・社会の基本原理となる法やきまりについての理解や，政治，経済等に関する知識を習得させるのみならず，事実を基に多面的・多角的に考察し，公正に判断する力や，課題の解決に向けて，協働的に追究し根拠をもって主張するなどして合意を形成する力，よりよい社会の実現を視野に国家・社会の形成に主体的に参画しようとする力である。これらの力を教科横断的な視点で育むことができるよう，教科等間相互の連携を図っていくことが重要である。

○　これらの力を育んでいくためには，発達段階に応じて，家庭や学校，地域，国や国際社会の課題の解決を視野に入れ，学校の(　⑤　)を確保しつつ，例えば，小学校段階においては地域の身近な課題を理解し，その解決に向けて自分なりに考えるなど，現実の社会的事象を取り扱っていくことが求められる。

	①	②	③	④	⑤
ア	議会制民主主義	16	主権者教育	消費者	教科等指導時間
イ	議会制民主主義	18	キャリア教育	労働者	教科等指導時間
ウ	議会制民主主義	18	主権者教育	消費者	政治的中立性
エ	直接民主主義	16	キャリア教育	消費者	政治的中立性
オ	直接民主主義	18	主権者教育	労働者	教科等指導時間

▌2024年度 ▌京都府 ▌難易度 ■■■□□

【7】次の文は，「新しい時代の教育に向けた持続可能な学校指導・運営体制の構築のための学校における働き方改革に関する総合的な方策について(答申)」(平成31年　中央教育審議会)の一部である。これを読んで，問1，問2に答えなさい。

> (前略)教師のこれまでの働き方を見直し，教師が我が国の学校教育の蓄積と向かい合って自らの[　1　]とともに日々の生活の質や教職人生を豊かにすることで，自らの人間性や創造性を高め，子供たちに対して[　2　]を行うことができるようになることが学校における働き方改革の目的であり，そのことを常に原点としながら改革を進めていく必要がある。

問1　空欄1，空欄2に当てはまる適切な語句の組合せを選びなさい。

ア　1－健康を保持する　　2－効果的な教育活動
イ　1－健康を保持する　　2－計画的な進路指導
ウ　1－授業を磨く　　2－効果的な教育活動
エ　1－授業を磨く　　2－計画的な進路指導
オ　1－士気を高める　　2－効果的な教育活動

問2　下線部に関して，「新しい時代の教育に向けた持続可能な学校指導・運営体制の構築のための学校における働き方改革に関する総合的な方策について(答申)」(平成31年　中央教育審議会)に示されている内容として，適切なものの組合せを選びなさい。

①　休み時間における対応は，教師に児童生徒の事故等を防止する措置を講ずる注意義務等が生じるため，教師以外の学校職員がそ

の業務を担うことは適切ではない。

② 登下校時の見守り活動の日常的・直接的な実施は必ずしも教師が担わなければならないものではない。

③ 給食指導については，学習指導要領の特別活動として位置付けられ，その解説においても，学級担任の教師による指導が原則であると記載されている。

④ 定期テストの問題作成・採点，通知表・調査書・指導要録の作成等の学習評価，それに伴う成績処理については，スクール・サポート・スタッフ等を参画させるべきである。

⑤ 校内清掃は校内で行われるものではあるが，児童生徒が行う清掃の見守りは，教員免許を必ずしも必要とする業務ではない。

ア ①②③　イ ①②④　ウ ①④⑤　エ ②③⑤
オ ③④⑤

2024年度 | 北海道・札幌市 | 難易度

【8】次の文章は，「『令和の日本型学校教育』の構築を目指して(答申)」(令和3年1月26日　中央教育審議会)からの抜粋である。文章中の空欄(①)~(⑤)に当てはまる語句を正しく組み合わせているものはどれか，以下のア～オから1つ選びなさい。

○ また，キャリア教育の充実に当たっては，(①)を通じ，各教科等での指導を含む学校教育全体でその実践を行いつつ，総合的な学習の時間において教科等を(②)して自ら学習テーマを設定し探究する活動や，特別活動において自らの学習状況やキャリア形成が見通したり振り返ったりしながら，自身の変容や成長を自己評価する学習活動などを充実していくことが求められる。この中で，(③)等も活用し，児童生徒が自覚するまでに至っていない成長や変容に気付いて指摘したり，一人一人が自らの成長を(④)に認識できるように働きかけたりするなど，教師が(⑤)な関わりを持ち相互作用の中でキャリアを創り上げていくことが不可欠である。

	①	②	③	④	⑤
ア	幼稚園から中学校まで	横断	キャリア・コンサルタント	客観的	対話的
イ	幼稚園から中学校まで	選択	キャリア・パスポート	肯定的	誘導的
ウ	小学校から高等学校まで	横断	キャリア・コンサルタント	客観的	誘導的
エ	小学校から高等学校まで	横断	キャリア・パスポート	肯定的	対話的
オ	小学校から高等学校まで	選択	キャリア・パスポート	客観的	対話的

▌2024年度 ▌京都府 ▌難易度

【9】次は,「『令和の日本型学校教育』の構築を目指して～全ての子供たちの可能性を引き出す,個別最適な学びと,協働的な学びの実現～(答申)」(令和3年1月26日　中央教育審議会)の一部です。文中の[　　]にあてはまる語句として正しいものを,以下の1～4の中から1つ選びなさい。

> ○　学校における授業づくりに当たっては,「個別最適な学び」と「協働的な学び」の要素が組み合わさって実現されていくことが多いと考えられる。各学校においては,教科等の特質に応じ,地域・学校や児童生徒の実情を踏まえながら,授業の中で「個別最適な学び」の成果を「協働的な学び」に生かし,更にその成果を「個別最適な学び」に還元するなど,「個別最適な学び」と「協働的な学び」を一体的に充実し,[　　]に向けた授業改善につなげていくことが必要である。

1 「主体的・対話的で深い学び」の実現
2 基礎的・基本的な知識及び技能の確実な習得
3 生きる力の育成
4 創意工夫を生かした特色ある教育活動の展開

▌2024年度 ▌埼玉県・さいたま市 ▌難易度

【10】次の文章は,「『令和の日本型学校教育』の構築を目指して～全ての子供たちの可能性を引き出す,個別最適な学びと,協働的な学びの実現～(答申)」(令和3年1月26日　中央教育審議会)の第Ⅰ部　総論の「4 『令和の日本型学校教育』の構築に向けた今後の方向性」の一部

である。文中の(A)~(C)に入る語句の正しい組合せを，以下の1~5のうちから一つ選べ。

> ○ 家庭の経済状況や地域差，本人の特性等にかかわらず，全ての子供たちの知・徳・体を一体的に育むため，これまで日本型学校教育が果たしてきた，①学習機会と学力の保障，②社会の形成者としての(A)発達・成長の保障，③安全・安心な居場所・(B)としての身体的，精神的な健康の保障，という3つの保障を学校教育の本質的な役割として重視し，これを継承していくことが必要である。
>
> ○ その上で，「令和の日本型学校教育」を，社会構造の変化や感染症・災害等をも乗り越えて発展するものとし，「全ての子供たちの(C)を引き出す，個別最適な学びと，協働的な学び」を実現するためには，今後，以下の方向性で改革を進める必要がある。

	A	B	C
1	全人的な	セーフティネット	可能性
2	総合的な	セーフティネット	潜在能力
3	全人的な	リスクマネジメント	可能性
4	全人的な	リスクマネジメント	潜在能力
5	総合的な	リスクマネジメント	可能性

2024年度 大分県 難易度

【11】次の「『令和の日本型学校教育』の構築を目指して~全ての子供たちの可能性を引き出す，個別最適な学びと，協働的な学びの実現~(答申)」(令和3年1月26日　中央教育審議会)に関する各問いに答えなさい。

> 第I部　総論
>
> 1. 急激に変化する時代の中で育むべき資質・能力
>
> (中略)
>
> ○ 国際的な動向を見ると，国際連合が平成27(2015)年に設定した[D]な開発目標(SDGs)などを踏まえ，自然環境や資

源の有限性，貧困，イノベーションなど，地域や[　E　]規模の諸課題について，子供一人一人が自らの課題として考え，[　D　]な社会づくりにつなげていく力を育むことが求められている。また，経済協力開発機構(OECD)では子供たちが2030年以降も活躍するために必要な資質・能力について検討を行い，令和元(2019)年5月に“Learning Compass 2030”を発表しているが，この中で子供たちが[　F　]を実現していくために自ら主体的に目標を設定し，振り返りながら，責任ある行動がとれる力を身に付けることの重要性が指摘されている。

(中略)

第Ⅱ部　各論

(中略)

4．新時代の特別支援教育の在り方について

(1)　基本的な考え方

(中略)

○　また，障害者の権利に関する条約に基づく[　G　]教育システムの理念を構築し，特別支援教育を進展させていくために，引き続き，障害のある子供と障害のない子供が可能な限り共に教育を受けられる条件整備，障害のある子供の自立と社会参加を見据え，一人一人の教育的ニーズに最も的確に応える指導を提供できるよう，通常の学級，[　H　]による指導，特別支援学級，特別支援学校といった，連続性のある多様な学びの場の一層の充実・整備を着実に進めていく必要がある。

(以下略)

(1)　空欄[　D　][　E　][　F　]に当てはまる語句として適切な組み合わせはどれか。

①　D　持続可能　　E　地球　　F　ニューノーマル(New Normal)
②　D　持続可能　　E　地球　　F　ウェルビーイング(Well-being)
③　D　持続可能　　E　宇宙　　F　ニューノーマル(New Normal)

④　D　発展的　　E　宇宙　　F　ウェルビーイング(Well-being)
⑤　D　発展的　　E　地球　　F　ウェルビーイング(Well-being)

(2)　空欄[　G　][　H　]に当てはまる語句として適切な組み合わせはどれか。

①　G　インクルーシブ　　H　通級
②　G　インクルーシブ　　H　少人数学級
③　G　共生社会　　H　オンライン配信
④　G　レジリエンス　　H　通級
⑤　G　レジリエンス　　H　オンライン配信

▌2024年度 ▌長野県 ▌難易度

【12】次の文章は，「『令和の日本型学校教育』の構築を目指して～全ての子供たちの可能性を引き出す，個別最適な学びと，協働的な学びの実現～(答申)」(令和3年1月26日　中央教育審議会)の「第1部　総論」「4.『令和の日本型学校教育』の構築に向けた今後の方向性」の抜粋である。(　a　)～(　c　)にあてはまる語句の組み合わせとして正しいものを，①～⑤の中から一つ選びなさい。

○　現行の日本の学校教育制度では，所定の教育課程を一定年限の間に履修することでもって足りるとする(　a　)，履修した内容に照らして一定の学習の実現状況が期待される(　b　)，進学・卒業要件として一定年限の在学を要する(　c　)，進学・卒業要件として一定の課程の修了を要求する課程主義の考え方がそれぞれ取り入れられている。

○　全ての児童生徒への基礎・基本の確実な定着への要請が強い義務教育段階においては，進級や卒業の要件としては(　c　)を基本に置きつつも，教育課程を履修したと判断するための基準については，(　a　)と(　b　)の考え方を適切に組み合わせ，それぞれの長所を取り入れる教育課程の在り方を目指すべきである。高等学校においては，これまでも履修の成果を確認して単位の修得を認定する制度が採られ，また原級留置の運用もなされており，(　b　)・課程主義の要素がより多く取り入れられていることから，このような高等学校教育の特質を踏まえて教育課程の在り方を検討していく必要がある。

	a	b	c
①	履修主義	年齢主義	修得主義
②	年齢主義	修得主義	履修主義
③	年齢主義	履修主義	修得主義
④	履修主義	修得主義	年齢主義
⑤	修得主義	履修主義	年齢主義

▌2024年度 ▌三重県 ▌難易度

【13】次の文は,「『令和の日本型学校教育』の構築を目指して～全ての子供たちの可能性を引き出す,個別最適な学びと,協働的な学びの実現～(答申)」(令和3年1月　中央教育審議会)の「はじめに」の一部である。文中の(　①　)～(　③　)に該当する語句の組み合わせとして正しいものを,以下の1～5から一つ選びなさい。

日本の学校教育はこれまで,(　①　)と学力を保障するという役割のみならず,全人的な発達・成長を保障する役割や,人と安全・安心につながることができる居場所としての(　②　)な役割も担ってきた。この役割の重要性は今後も変わることはない。これまで,日本型学校教育が果たしてきた役割を継承しつつ,学校における働き方改革や(　③　)を強力に推進するとともに,新学習指導要領を着実に実施し,学校教育を社会に開かれたものとしていくこと,また,文部科学省をはじめとする関係府省及び教育委員会,首長部局,教職員,さらには家庭,地域等を含め,学校教育を支える全ての関係者が,それぞれの役割を果たし,互いにしっかりと連携することで,「令和の日本型学校教育」の実現に向けた必要な改革を果敢に進めていくことを期待するものである。

1　①　学習機会　②　家庭的　③　GIGAスクール構想
2　①　学習機会　②　家庭的　③　ICTの活用
3　①　学習機会　②　福祉的　③　GIGAスクール構想
4　①　教育を受ける権利　②　家庭的　③　ICTの活用
5　①　教育を受ける権利　②　福祉的　③　ICTの活用

▌2024年度 ▌高知県 ▌難易度

【14】「『令和の日本型学校教育』の構築を目指して～全ての子供たちの可能性を引き出す，個別最適な学びと，協働的な学びの実現～(答申)」(令和3年1月26日　中央教育審議会)の「はじめに」の内容として，適当でないものを選びなさい。

① 社会の変化が加速度を増し，複雑で予測困難となってきている中，子供たちの資質・能力を確実に育成する必要がある。

② この答申では，新学習指導要領に基づいて，一人一人の教師を主語にする学校教育の目指すべき姿を具体的に描いている。

③ 子供たちを支える伴走者である教師には，ICTも活用しながら，個別最適な学びと協働的な学びを充実し，子供たちの資質・能力を育成することが求められる。

④ 新型コロナウイルス感染症対策に伴い臨時休業が行われる中，教師による対面指導や，子供同士による学び合い，地域社会での多様な体験活動など，リアルな体験を通じて学ぶことの重要性も改めて注目された。

⑤ 日本の学校教育はこれまで，学習機会と学力を保証するという役割のみならず，全人的な発達・成長を保障する役割や，人と安全・安心につながることができる居場所としての福祉的な役割も担ってきた。この役割の重要性は今後も変わることはない。

▌2024年度 ▌千葉県・千葉市 ▌難易度 ■■■□□

【15】次の文章は，「『令和の日本型学校教育』を担う教師の養成・採用・研修等の在り方について～「新たな教師の学びの姿」の実現と，多様な専門性を有する質の高い教職員集団の形成～(答申)」(令和4年12月19日　中央教育審議会)の第Ⅰ部　総論の「1. 令和3年答申で示された，『令和の日本型学校教育』を担う教師及び教職員集団の姿」の一部である。文中の(　A　)～(　D　)に入る語句の正しい組合せを，以下の1～5のうちから一つ選べ。

○ 教師が技術の発達や新たなニーズなど学校教育を取り巻く環境の変化を(　A　)受け止め，教職生涯を通じて(　B　)を持ちつつ自律的かつ継続的に新しい知識・技能を学び続け，子供一人一人の学びを最大限に引き出す教師としての役割を果たしている。その際，子供の主体的な学びを支援する伴走者としての能力も備えている。

○　教員養成，採用，免許制度も含めた方策を通じ，多様な人材の教育界内外からの確保や教師の資質能力の向上により，質の高い教職員集団が実現されるとともに，教師と，総務・財務等に通じる専門職である事務職員，それぞれの分野や組織運営等に専門性を有する多様な外部人材や専門スタッフ等とがチームとなり，個々の教職員がチームの一員として(　C　)・協働的に取り組む力を発揮しつつ，校長の(　D　)の下，家庭や地域社会と連携しながら，共通の学校教育目標に向かって学校が運営されている。

	A	B	C	D
1	真摯に	危機感	専門的	監督
2	真摯に	探究心	専門的	監督
3	前向きに	危機感	組織的	監督
4	真摯に	探究心	専門的	リーダーシップ
5	前向きに	探究心	組織的	リーダーシップ

2024年度　大分県　難易度

【16】「『令和の日本型学校教育』の構築を目指して(答申)」(令和3年1月26日　中央教育審議会)について，次の文の(　　)に当てはまる語句を，以下の選択肢から1つ選び，番号で答えなさい。

「個別最適な学び」が「孤立した学び」に陥らないよう，これまでも「日本型学校教育」において重視されてきた，探究的な学習や体験活動などを通じ，子供同士で，あるいは地域の方々をはじめ多様な他者と協働しながら，あらゆる他者を価値のある存在として尊重し，様々な社会的な変化を乗り越え，持続可能な社会の創り手となることができるよう，必要な資質・能力を育成する「(　　)」を充実することも重要である。

1　協働的な学び　　2　共同学習　　3　プログラム学習

4　相関カリキュラム　　5　経験カリキュラム

2024年度 宮崎県 難易度

【17】令和3年1月に示された「令和の日本型学校教育の構築を目指して～全ての子供たちの可能性を引き出す，個別最適な学びと，協働的な学びの実現～　(答申)」の内容として適切でないものを，次のア～エから1つ選びなさい。

ア　小学校における教科担任制の導入は，教師の持ちコマ数の軽減や授業準備の効率化により，学校教育活動の充実や教師の負担軽減に資するものである。

イ　小学校，中学校，高等学校段階における1人1台端末環境の実現や学校内の通信ネットワーク環境の整備などにより，全国津々浦々の学校において指導・支援の充実等がなされている。

ウ　高等学校改革を取り上げた本提言において，STEAM教育は「各教科での学習を実社会での問題発見・解決にいかしていくための教科横断的な教育」とされている。

エ　特別支援教育は，発達障害のある子どもも含めて，障害により特別な支援を必要とする子どもが在籍する一部の学校において実施されるものである。

2024年度 兵庫県 難易度

【18】次の文は，「『令和の日本型学校教育』を担う教師の養成・採用・研修等の在り方について～『新たな教師の学びの姿』の実現と，多様な専門性を有する質の高い教職員集団の形成～(答申)」(令和4年12月19日　中央教育審議会)の一部である。次の問いに答えよ。ただし，同じ記号には，同じ語句が入るものとする。

高度な専門職である教師は，<u>自己の崇高な使命を深く自覚し，絶えず研究と修養に励み，その職責の遂行に努める義務</u>を負っており，学び続ける存在であることが社会からも期待されている。

既に，審議まとめでは，「新たな教師の学びの姿」として，

● 変化を前向きに受け止め，(　a　)を持ちつつ自律的に学ぶという「主体的な姿勢」

● 求められる知識技能が変わっていくことを意識した「継続的な学

び」

● 新たな領域の(　b　)を身に付けるなど強みを伸ばすための，一人一人の教師の個性に即した「個別最適な学び」

● 他者との対話や振り返りの機会を確保した「協働的な学び」

を示した。

具体的には，教師と任命権者・服務監督権者・学校管理職等との積極的な対話を踏まえながら，任命権者等が提供する学びの機会と，教師自らが主体的に求めていく多様な主体が提供する学びとが相まって，変化を前向きに受け止め，(　a　)を持ちつつ自律的に学ぶ教師が育っていくことを目指すことが必要である。

また，教師の学びの内容の多様性と，自らの日々の経験や他者から学ぶといった「(　c　)」も含む学びのスタイルの多様性を重視するということも重要である。この観点からも，教師の個別最適な学びの実現のみならず，協働的な学びを実現していくことが必要である。

(1) 下線部に関連して「自己の崇高な使命を深く自覚し，絶えず研究と修養に励み，その職責の遂行に努めなければならない」ことを規定した法令名はどれか。次の1～6から1つ選べ。

1 日本国憲法
2 教育基本法
3 教育公務員特例法
4 地方公務員法
5 地方教育行政の組織及び運用に関する法律
6 学校教育の水準の維持向上のための義務教育諸学校の教育職員の人材確保に関する特別措置法

(2) 文中の(　a　)，(　b　)に当てはまる語句の正しい組合せはどれか。次の1～6から1つ選べ。

1 a－持久力　b－資格
2 a－好奇心　b－専門性
3 a－探究心　b－資格
4 a－持久力　b－知識技能
5 a－好奇心　b－知識技能
6 a－探究心　b－専門性

(3) 文中の(c)に当てはまる語句はどれか。次の1～6から1つ選べ。

1 現場の経験
2 耳学問
3 日常知
4 インターネットからの学び
5 読書からの知見
6 こどもから学ぶこと

2024年度 奈良県 難易度

【19】中央教育審議会答申「『令和の日本型学校教育』を担う教師の養成・採用・研修等の在り方について～「新たな教師の学びの姿」の実現と，多様な専門性を有する質の高い教職員集団の形成～」(令和4年12月)の「第Ⅰ部 総論 4. 今後の改革の方向性」では，「高度な専門職である教師は，自己の崇高な使命を深く自覚し，絶えず研究と修養に励み，その職責の遂行に努める義務を負っており，学び続ける存在であることが社会からも期待されている。」とした上で，「新たな教師の学びの姿」が示されている。そこで示されている「学びの姿」の内容として誤っているものを，次の1～5の中から1つ選べ。

1. 変化を前向きに受け止め，探究心を持ちつつ自律的に学ぶという「主体的な姿勢」
2. 子供の主体的な学びを支援する「伴走者としての姿勢」
3. 求められる知識技能が変わっていくことを意識した「継続的な学び」
4. 新たな領域の専門性を身に付けるなど強みを伸ばすための，一人一人の教師の個性に即した「個別最適な学び」
5. 他者との対話や振り返りの機会を確保した「協働的な学び」

2024年度 和歌山県 難易度

【20】次の記述は，「「令和の日本型学校教育」の構築を目指して～全ての子供たちの可能性を引き出す，個別最適な学びと，協働的な学びの実現～(答申)」(令和3年1月26日 中央教育審議会)の「第Ⅰ部 総論 3. 2020年代を通じて実現すべき「令和の日本型学校教育」の姿(1)子供の

学び」の一部である。空欄[　ア　]～[　ウ　]に当てはまるものの組合せとして最も適切なものを，以下の①～⑤のうちから選びなさい。

学校における授業づくりに当たっては，「個別最適な学び」と「協働的な学び」の要素が組み合わさって実現されていくことが多いと考えられる。各学校においては，教科等の特質に応じ，[　ア　]を踏まえながら，授業の中で「個別最適な学び」の成果を「協働的な学び」に生かし，更にその成果を「個別最適な学び」に還元するなど，「個別最適な学び」と「協働的な学び」を[　イ　]，「主体的・対話的で深い学び」の実現に向けた授業改善につなげていくことが必要である。その際，家庭や地域の協力も得ながら[　ウ　]な体制を整え，教育活動を展開していくことも重要である。

① ア　児童生徒の興味・関心等　イ　一体的に充実し
　ウ　人的・物的
② ア　地域・学校や児童生徒の実情　イ　一体的に充実し
　ウ　持続可能
③ ア　児童生徒の興味・関心等　イ　相互に往還させ
　ウ　持続可能
④ ア　地域・学校や児童生徒の実情　イ　一体的に充実し
　ウ　人的・物的
⑤ ア　地域・学校や児童生徒の実情　イ　相互に往還させ
　ウ　人的・物的

▌2024年度 ▌神奈川県・横浜市・川崎市・相模原市 ▌難易度 ■■■□□

解答・解説

【1】エ

○解説○ 学校において深刻化するいじめ問題を踏まえ，平成26(2014)年に文部科学大臣は「道徳に係る教育課程の改善等について」中央教育審議会へ諮問した。出題の答申は，中央教育審議会が行った審議の結

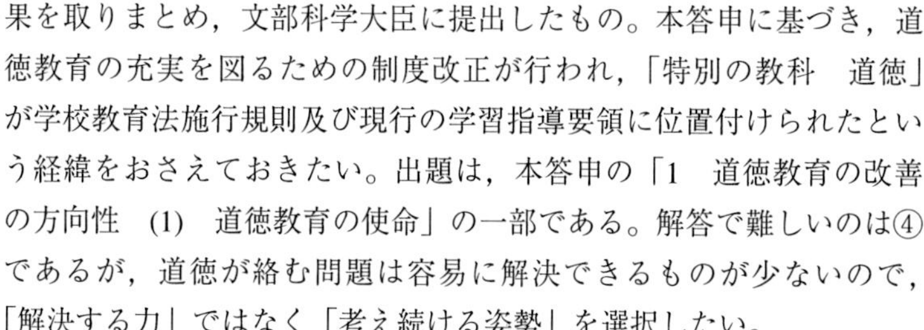

果を取りまとめ，文部科学大臣に提出したもの。本答申に基づき，道徳教育の充実を図るための制度改正が行われ，「特別の教科　道徳」が学校教育法施行規則及び現行の学習指導要領に位置付けられたという経緯をおさえておきたい。出題は，本答申の「1　道徳教育の改善の方向性　(1)　道徳教育の使命」の一部である。解答で難しいのは④であるが，道徳が絡む問題は容易に解決できるものが少ないので，「解決する力」ではなく「考え続ける姿勢」を選択したい。

【2】3

○**解説**○ 文部科学省が設置した「道徳教育の充実に関する懇談会」の報告(平成25年12月)では，道徳教育の改善・充実のための方策の一つとして，道徳の時間を，教育課程上「特別の教科 道徳」(仮称)として位置付け，道徳教育の改善・充実を図ることが提言された。それを受け，平成26(2014)年に中央教育審議会が答申したのが「道徳に係る教育課程の改善等について」である。これを踏まえ，平成27(2015)年3月に学校教育法施行規則が改正され，従来の「道徳の時間」が「特別の教科　道徳」とされるとともに，小学校学習指導要領，中学校学習指導要領及び特別支援学校小学部・中学部学習指導要領の一部改正の告示が公示された。　a　教育の目的を定めた教育基本法第1条には，「教育は，人格の完成を目指し，…」として示されている。　b・c　小学校学習指導要領解説特別の教科道徳編(平成29年7月)には，「人格の完成及び国民の育成の基盤となるものが道徳性であり，その道徳性を育てることが学校教育における道徳教育の使命である。」と記述されている。　d　道徳教育の目標は，「自己の生き方を考え，主体的な判断の下に行動し，自立した人間として他者とともによりよく生きるための基盤となる道徳性を養うこと」と，小学校学習指導要領(平成29年告示)総則に示されている。　e・f　提示された内容は，「道徳教育の充実に関する懇談会」報告に示されたものとして，学習指導要領解説特別の教科道徳編の「改訂の経緯」などにも記載されているので，確認しておくとよい。

【3】⑤

○解説○ 「チームとしての学校の在り方と今後の改善方策について(答申)」(平成27年12月　中央教育審議会)は，今後の在るべき姿としての「チームとしての学校」と，それを実現していくための改善方策について示したものである。答申の中では，これからの学校が教育課程の改善等を実現し，複雑化・多様化した課題を解決していくためには，学校の組織としての在り方や，学校の組織文化に基づく業務の在り方などを見直し，「チームとしての学校」を作り上げていくことが大切であることを示している。提示された文章の1文目が，「チームとしての学校」像を定義したものである。特に，「カリキュラム，日々の教育活動，学校の資源が一体的にマネジメントされ」る学校の実現を目指すところがポイントとなる。そのように学校がマネジメントされることによって，「教職員や学校内の多様な人材が，それぞれの専門性を生かして能力を発揮し，子供たちに必要な資質・能力を確実に身に付けさせることができる」としている。また答申では，「チームとしての学校」を実現するためには3つの視点に沿って施策を講じることが示され，その一つである「専門性に基づくチーム体制の構築」に関する内容が，2文目以降の記述である。この答申では，専門能力スタッフとしてスクールカウンセラー，スクールソーシャルワーカー，ICT支援員，学校司書，外国語指導助手(ALT)，部活動指導員，医療的ケアを行う看護師，言語聴覚士(ST)・作業療法士(OT)・理学療法士(PT)等の外部専門家，就職支援コーディネータ等が例示されている。

【4】3

○解説○ 本答申の第5章の5は，教育課程の中で育成を目指す資質・能力について整理した上で，「現代的な諸課題に対応して求められる資質・能力」について例示している箇所である。出題元となる「別紙4」は，上記の資質・能力のうち，「健康・安全・食に関する資質・能力」を，答申で示す「資質・能力の三つの柱」に沿って解説したものである。　B「必要な情報を収集し」が正しい。与えられた情報ではなく，主体的に必要な情報を考えて判断することが大切である。　D「自他」が正しい。健康で安全な生活や健全な食生活を実現する対象者は，ま

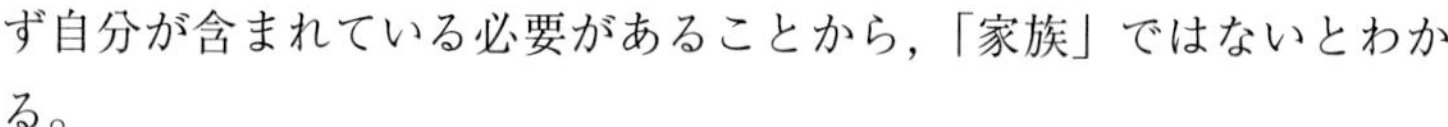

ず自分が含まれている必要があることから，「家族」ではないとわかる。

【5】2

○解説○ 平成29年及び平成30年3月告示の学習指導要領は，出題の答申を踏まえて改訂されたもの。よって，本答申の内容を詳細に記憶していなくても，学習指導要領に目を通していれば解答できる出題である。例えば，小中学校学習指導要領の「第1章　総則」の「第4　児童(生徒)の発達の支援」「1　児童(生徒)の発達を支える指導の充実」の項目(1)には，学級経営の充実に関して「教師と児童(生徒)との信頼関係及び児童(生徒)相互のよりよい人間関係を育てる」旨が，項目(2)には，生徒指導の充実に関して「自己の存在感を実感」という点が示されていることが，そして項目(3)には，キャリア教育の充実が説明されている。

【6】ウ

○解説○「幼稚園，小学校，中学校，高等学校及び特別支援学校の学習指導要領等の改善及び必要な方策等について(答申)」は，現行の学習指導要領の特徴等について説明したもので，本問はその「第5章　何ができるようになるか－育成を目指す資質・能力－　5. 現代的な諸課題に対応して求められる資質・能力」からの出題である。①について，直接民主主義は国民投票で国民が直接政治決定を行う仕組みであり，それに対し議会制民主主義(間接民主制)は代表者を選出し代表者が政治決定を行う仕組みである。日本国憲法は議会制民主主義を基本としている(前文等参照)。②について，選挙権は，改正公職選挙法の施行(平成28(2016)年)により，満20歳以上から満「18」歳以上に引き下げられた。

【7】問1　ウ　　問2　エ

○解説○ 問1 「第1章 学校における働き方改革の目的　2. 学校における働き方改革の目的」からの出題である。学校における働き方改革は，「教師が疲労や心理的負担を過度に蓄積して心身の健康を損なうことがないようにすることを通じて，自らの教職としての専門性を高め，より分かりやすい授業を展開するなど教育活動を充実することにより，より短い勤務でこれまで我が国の義務教育があげてきた高い成果を維持・向上することを目的とする」ものであることが示されている。
問2 ① 休み時間における対応について，答申は「学校における教育活動の間に設けられており，学校として児童生徒の安全を確保する必要がある。また，休み時間の様子の観察により，児童生徒の抱える課題への早期対応が可能となることからも学校が担うことが現実的である」としている。しかしながら，教員免許を必要とする業務ではないので「学校の業務だが，必ずしも教師が担う必要のない業務」に位置付けている。 ④ 答申は「学校教育法施行規則により作成が義務付けられている指導要録については，観点別に学習評価を実施することが現行制度上求められており，これに伴う定期テストの問題作成・採点，通知表・調査書・指導要録の作成等の学習評価，それに伴う成績処理については教師が行うべき業務である」としている。一方，「宿題等の提出状況の確認，簡単なドリルの丸付けなどの補助的業務は，教師との連携の上で，単なるボランティアではないスクール・サポート・スタッフ等を積極的に参画させるべきである」としている。

【8】エ

○**解説**○ 学校における「キャリア教育」については，現行の学習指導要領において，生徒が「社会的・職業的自立に向けて必要な基盤となる資質・能力を身に付けていくことができるよう」「キャリア教育の充実を図ること」と明記され，その必要性が改めて強調されている。本問は，「『令和の日本型学校教育』の構築を目指して(答申)」の第2部の「2. 9年間を見通した新時代の義務教育の在り方について (2) 教育課程の在り方」からの出題である。②について，総合的な学習の時間は「横断的・総合的な学習を行う」ので(総合的な学習の時間の「目標」参照)，「選択」ではなく，「横断」を選択したい。③で，キャリア・パスポートは，児童生徒が，小学校から高等学校までのキャリア教育に関わる諸活動について，特別活動の学級活動及びホームルーム活動を中心として，各教科等と往還し，自らの学習状況やキャリア形成を見通したり振り返ったりしながら，自身の変容や成長を自己評価できる

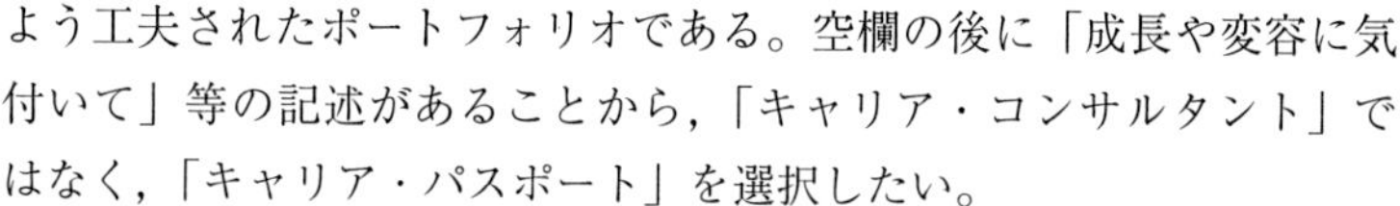
よう工夫されたポートフォリオである。空欄の後に「成長や変容に気付いて」等の記述があることから，「キャリア・コンサルタント」ではなく，「キャリア・パスポート」を選択したい。

【9】1

○**解説**○ 出題の答申は，2020年代を通じて実現を目指す学校教育を「令和の日本型学校教育」とし，その姿を「すべての子供たちの可能性を引き出す，個別最適な学びと，協働的な学び」として示した。「第Ⅰ部　総論」「3　2020年代を通じて実現すべき『令和の日本型学校教育』の姿」「(1)　子供の学び」の一部からの出題である。出題の答申の中心となる学びである「個別最適な学び」と「協働的な学び」を一体的に充実することによって，学習指導要領の今改訂の基本的な考え方の1つである「主体的・対話的で深い学びの実現に向けた授業改善」につなげていくことの重要性が示されている。

【10】1

○**解説**○ 日本の学校教育はこれまで，「学習機会と学力を保障するという役割」だけでなく，「全人的発達・成長を保障する役割」や，「人と安全・安心につながることができる居場所としての福祉的な役割」も担ってきた。これら3つの役割の重要性は今後も変わることはない。これまで，日本型学校教育が果たしてきた役割を継承しつつ，「令和の日本型学校教育」の実現に向けた必要な改革を進めていくことが望まれている。

【11】(1)　②　　(2)　①

○**解説**○「『令和の日本型学校教育』の構築を目指して(答申)」は，中央教育審議会が令和3(2021)年1月26日に答申したもので，2020年代を通じて実現を目指す学校教育を「令和の日本型学校教育」とし，その姿を「全ての子供たちの可能性を引き出す，個別最適な学びと，協働的な学び」とした。　(1)　D・E　2015年の国連サミットにおいて掲げられた，持続可能でよりよい社会の実現を目指す世界共通の国際目標は，「持続可能な開発目標(SDGs)」である。2030年を達成年限として，17のゴールと169のターゲットから構成されている。ゴールとしては，貧困や飢餓，教育などの社会面の開発アジェンダ，エネルギーや資源，働き方などの経済アジェンダ，地球規模で取り組むべき環境アジェンダなどの，世界が直面する課題が網羅的に示されている。 F OECDラーニング・コンパス2030は，教育の未来に向けての望ましい未来像を描いた，進化し続ける学習の枠組みであるとし，学びの羅針盤と訳されている。このラーニング・コンパスは，個人や社会のウェルビーイングに向けた方向性を示している。ウェルビーイングは，ここでは「私たちの望む未来」という表現で表されている。 (2) G 共生社会の形成に向けて，障害者の権利に関する条約に基づくインクルーシブ教育システムの理念が重要であり，その構築のために特別支援教育を着実に進めていく必要がある。 H 小・中学校の通常の学級には，障害のある児童生徒が在籍しており，これらの児童生徒に対して，各教科等の大部分の授業を通常の学級で行いながら，一部の授業について当該児童の障害に応じた特別の指導を特別の指導の場(通級指導教室)で行う教育が，通級による指導である。

【12】④

○**解説**○「『令和の日本型学校教育』の構築を目指して～全ての子供たちの可能性を引き出す，個別最適な学びと，協働的な学びの実現～」は中央教育審議会が令和3(2021)年1月に答申したもの。修得主義や課程主義は，一定の期間における学習状況や成果を問い，学習状況に応じた学習内容を提供するもので，個に応じた指導や能力別編制の指導などに適しているが，社会性の涵養など集団としての教育の在り方に課題がある。また，目標を実現しているかどうかが問われるため，期間が決まっている義務教育などではあまり取り入れられてこなかった。履修主義や年齢主義は，対象とする集団に対して一定の期間をかけて共通に教育を行うもので，修得主義や課程主義のように学習の速度は問われない。一方で，画一性や過度の同調性をもたらすといった課題がある。また，一定期間履修さえすれば，自動的に先に進むことができるため，どれだけ修得できたかが不明瞭なものとなっている。

【13】3

○**解説**○ 出題された答申は，これまでの日本型教育が，①学習機会と学力の保障，②社会の形成者としての全人的な発達・成長の保障，③安全・安心な居場所・セーフティネットとしての身体的，精神的な健康の保障，という3つの保障を実現してきたことを重視，これを継承していくことが必要であるとしており，これらのことを把握していると正答することができる。出題された答申は頻出であり，特に「第Ⅰ部総論」の「3. 2020年代を通じて実現すべき『令和の日本型学校教育』の姿」を中心に目を通しておきたい。

【14】②

○**解説**○「一人一人の教師を主語にする」という部分が誤りで，「一人一人の子供を主語にする」が正しい。

【15】5

○**解説**○ 出題の答申は，「令和の日本型学校教育」に関して，今後の教職員の在り方について解説したもの。本答申は，2024年度の教員採用試験において，複数の自治体で出題がみられたので，概要を把握しておきたい。

【16】1

○**解説**○ 本資料では，「個別最適な学び」と「協働的な学び」の関係について，「各学校においては，教科等の特質に応じ，地域・学校や児童生徒の実情を踏まえながら，授業の中で『個別最適な学び』の成果を『協働的な学び』に生かし，更にその成果を『個別最適な学び』に還元するなど，『個別最適な学び』と「協働的な学び」を一体的に充実し，『主体的・対話的で深い学び』の実現に向けた授業改善につなげていくことが必要である」としている。

【17】エ

○**解説**○ 中央教育審議会「『令和の日本型学校教育』の構築を目指して～全ての子供たちの可能性を引き出す，個別最適な学びと，協働的な学びの実現～(答申)」では，新時代の特別支援教育の在り方についての基本的な考えのひとつとして，「特別支援教育は，発達障害のある子供も含めて，障害により特別な支援を必要とする子供が在籍する全ての学校において実施されるものである」と示されている。

【18】(1) 2　(2) 6　(3) 1

○**解説**○ (1) 中央教育審議会の「『令和の日本型学校教育』を担う教師の養成・採用・研修等の在り方について～」は，令和3(2021)年に中央教育審議会が取りまとめた「『令和の日本型学校教育』の構築を目指して(答申)」を受けて，教師の養成・採用・研修等の在り方について今後の考え方を示したものである。第Ⅰ部総論と第Ⅱ部各論で構成され，出題されたのは第Ⅰ部総論「4　今後の改革の方向性」「(1)『新たな教師の学びの姿』の実現」「①教職生活を通じた『新たな学びの姿』の実現」の記述の一部である。下線部は，教員について定めた教育基本法第9条第1項に規定された文言が用いられている。 (2) 「『令和の日本型学校教育』の構築を目指して(答申)」(中央教育審議会)では，一人一人の子供を主語にし，「全ての子供たちの可能性を引き出す，個別最適な学びと，協働的な学び」の充実を通じて，「主体的・対話的で深い学び」を実現するという学校教育の目指すべき姿を示しており，子供たちの学び(授業観・学習観)の転換を目指している。出題の答申においては，「個別最適な学び，協働的な学びの充実を通じて『主体的・対話的で深い学び」を実現することは，児童生徒の学びのみならず，教師の学びにも求められる命題である」としている。つまり，令和の日本型学校教育を実現するためには，子供たちの学びの転換とともに，教師自身の学び(研修観)の転換を図る必要があることが示されている。 (3) 現場の経験の学びとしては，各学校において行われる校内研修や授業研究などが，同僚との学び合いを含む場として重要である。

【19】2

○**解説**○ 2は，出題の答申ではなく，令和3年1月26日に出された中央教育審議会答申「『令和の日本型学校教育』の構築を目指して～全ての子供たちの可能性を引き出す，個別最適な学びと，協働的な学びの実現～」に示された，実現すべき「教職員の姿」のひとつである。出題の答申は，「令和の日本型教育」につき，今後の教職員の在り方について示したもので，これも頻出になると思われるので，概要だけでも把握しておきたい。

【20】④

○解説○ 出題された答申は頻出の資料であり，「3. 2020年代を通じて実現すべき『令和の日本型学校教育』の姿」では，「個別最適な学び」と「協働的な学び」それぞれについて説明している部分が特に出題されている。本問はその部分ではなく，一連の説明のまとめにあたる部分からの出題である。なお，選択肢には「相互に往還させ」との言葉があがっているが，「理論と実践の往還」ということが近年重視されており，中央教育審議会答申「『令和の日本型学校教育』を担う教師の養成・採用・研修等の在り方について」(令和4年12月19日)においてもそのことが盛り込まれていることは，今後出題される可能性があるので押さえておきたい。

実施問題

【1】次の文章は，小学校学習指導要領(平成29年3月告示)，中学校学習指導要領(平成29年3月告示)，高等学校学習指導要領(平成30年3月告示)の第1章　総則の「第3(高等学校では第3款)　教育課程の実施と学習評価」の一部である。文中の(　A　)～(　C　)に入る語句の正しい組合せを，以下の1～5のうちから一つ選べ。ただし，中学校，高等学校においては，本文中の「児童」を「生徒」と読み替える。また，高等学校においては，「各教科等」を「各教科・科目等」と読み替える。

> 2　学習評価の充実
> 　学習評価の実施に当たっては，次の事項に配慮するものとする。
> (1)　児童のよい点や進歩の状況などを(　A　)に評価し，学習したことの意義や価値を実感できるようにすること。また，各教科等の目標の実現に向けた学習状況を把握する観点から，単元や題材など内容や時間のまとまりを(　B　)評価の場面や方法を工夫して，学習の過程や成果を評価し，指導の改善や学習意欲の向上を図り，資質・能力の育成に生かすようにすること。
> (2)　創意工夫の中で学習評価の妥当性や(　C　)が高められるよう，組織的かつ計画的な取組を推進するとともに，学年や学校段階を越えて児童の学習の成果が円滑に接続されるように工夫すること。

	A	B	C
1	重点的	予測しながら	信頼性
2	重点的	見通しながら	公平性
3	積極的	見通しながら	公平性
4	積極的	予測しながら	信頼性
5	積極的	見通しながら	信頼性

▌2024年度▌大分県▌難易度■■■□□□

【2】次は，「義務教育の段階における普通教育に相当する教育の機会の確保等に関する基本指針」(平成29年3月　文部科学省)の「1．教育機会の確保等に関する基本的事項」の「(3)基本的な考え方」の一部です。文中の[　①　]～[　③　]にあてはまる語句の組み合わせとして正しいものを，以下の1～4の中から1つ選びなさい。

> まず，全ての児童生徒にとって，魅力あるより良い学校づくりを目指すとともに，いじめ，暴力行為，体罰等を許さないなど安心して教育を受けられる学校づくりを推進することが重要である。
>
> 不登校は，取り巻く環境によっては，どの児童生徒にも起こり得るものとして捉え，不登校というだけで[　①　]であると受け取られないよう配慮し，児童生徒の最善の利益を最優先に支援を行うことが重要である。
>
> 不登校児童生徒が行う[　②　]な学習活動の実情を踏まえ，個々の不登校児童生徒の状況に応じた必要な支援が行われることが求められるが，支援に際しては，登校という結果のみを目標にするのではなく，児童生徒が自らの進路を主体的に捉えて，[　③　]に自立することを目指す必要がある。なお，これらの支援は，不登校児童生徒の意思を十分に尊重しつつ行うこととし，当該児童生徒や保護者を追い詰めることのないよう配慮しなければならない。

1　①　問題行動　　②　複雑　　③　精神的
2　①　問題行動　　②　多様　　③　社会的
3　①　不適応行動　②　多様　　③　社会的
4　①　不適応行動　②　複雑　　③　精神的

2024年度 埼玉県・さいたま市 難易度

【3】「児童生徒の自殺予防に向けた困難な事態，強い心理的負担を受けた場合等における対処の仕方を身に付ける等のための教育の推進について(通知)」(平成30年1月23日　文部科学省)に関する次の①～④の文のうち，内容として誤っているものを1つ選び，番号で答えよ。

①　自殺予防教育は，高度な専門性が要請されることから，担任教師

主体で行うことはせずに，養護教諭やスクールカウンセラー，保健師，社会福祉士，民生委員等を活用する必要がある。

② SOSの出し方に関する教育は，命や暮らしの危機に直面したとき，誰にどうやって助けを求めればよいか具体的かつ実践的な方法を学ぶ教育である。

③ SOSの出し方に関する教育の実施に当たっては，児童生徒の発達段階に応じた内容とし，各学校の実情に合わせて教材や授業方法を工夫する必要がある。

④ 児童生徒の自殺を予防するためには，SOSの出し方のみならず，心の危機に陥った友人の感情を受け止めて，考えや行動を理解しようとする姿勢などの，傾聴の仕方も教えることが望ましい。

2024年度 長崎県 難易度

【4】次の文章は，「大学等及び社会教育における消費者教育の指針」(平成30年7月10日改訂文部科学省)の一部である。文章中の(a)～(c)にあてはまる語句の組合せとして正しいものを，以下の1～4のうちから1つ選びなさい。

> 消費者教育の推進に関する法律において，「消費者教育は，幼児期から高齢期までの各段階に応じて体系的に行われるとともに，(a)その他の消費者の特性に配慮した適切な方法で行われなければならない」とされている。
>
> 消費者教育は，(b)において行えば十分というものではなく，幼児期から高齢期まで，生涯にわたっての教育が必要である。
>
> (中略)
>
> 学校教育においては，児童生徒の発達段階に応じ，消費生活や消費者問題について指導がなされているところであるが，加えて，(c)との連携を図りながら，学校教育及び社会教育において消費者教育を更に推進することが必要である。

1 a 年齢，障害の有無 b 小・中・高等学校
  c 家庭や地域社会

2 a 性別，年齢 b 小・中学校

c　地方自治体や地域社会

3　a　年齢，障害の有無　　b　小・中学校

c　地方自治体や地域社会

4　a　性別，年齢　　　　　b　小・中・高等学校

c　家庭や地域社会

2024年度　宮城県・仙台市　難易度

【5】次の文は，「公立学校の教師の勤務時間の上限に関するガイドライン」(平成31年1月25日　文部科学省)において「勤務時間」の対象となる「在校時間等，外形的に把握することができる時間」に関するものである。誤っているものを①～⑤から一つ選べ。

① 校内に在校して学習指導，生徒指導，校務などに従事している時間。

② 所定の勤務時間外に校内において自らの判断に基づいて自らの力量を高めるために行う自己研鑽の時間。

③ 校外において，職務として行う研修に参加している時間。

④ 時間外勤務命令に基づくもの以外で，児童生徒等の校外への引率等の職務に従事している時間。

⑤ 各地方公共団体で定める方法によるテレワーク等による時間。

2024年度　島根県　難易度

【6】次の各文のうち，「外国人児童生徒受入れの手引　改訂版」(2019年3月　文部科学省)の中の，外国人児童生徒等の多様な背景に関する記述の内容として誤っているものはどれか。1～5から一つ選べ。

1　母語の違いは，それぞれの出身国による。ただし，同じ国内でも公用語と民族語，地域による言語の差異，多様な言語の存在など，さらに多様になることもまれではない。こうした地域から日本に来た子供たちの場合，母語はその国籍だけでは判断できない。

2　近年，学校生活で配慮すべき事項として宗教的な背景の違いがある。例えば，イスラム教圏の子供たちの場合，給食や体育についても配慮が必要であり，また，学校において宗教的な実践であるラマダン(断食月)の行事を児童生徒が行うかどうかなどについても保護

者と事前に相談を行い，判断する必要がある。これらの場面では，基本的には保護者の宗教的な判断を尊重すべきことが多く，受入れ初期に共通理解をしておくことが重要になってくる。

3　現在では，日本で生まれ，日本で育った外国籍の子供たちも多く，こうした子供たちと，新たに来日した子供たちへの支援，指導上の配慮は異なる。日本育ちの子供の場合には，外国籍であったり，家庭での言語，文化の背景などが異なっていたりしても，日本での生活のみの経験者であり，日本語を使う機会が多いので，日本語の指導をする必要はない。

4　外国人児童生徒等の指導に当たっては，その家族的な背景を考えることが重要である。例えば，南米からの日系人家族の場合，来日が始まった当初とは異なり，比較的長期にわたり滞在することが多くなっている。また，中国残留邦人家族の場合も，留学生や企業等の派遣とは異なり，永住を念頭に置いて滞日している場合が多いようである。

5　来日前の就学，学習経験についても把握する必要がある。日本の学校は，教科の学習から生活指導，食事や余暇の過ごし方まで広範に指導することが特色であるが，国や地域によっては，学校の役割が日本と比べて限定的であることも多く，来日した子供にとっては，音楽や体育などの教科が初めての経験であることもある。

2024年度　大阪府・大阪市・堺市・豊能地区　難易度■■■□□□

【7】次は，「小学校，中学校，高等学校及び特別支援学校等における児童生徒の学習評価及び指導要録の改善等について(通知)」(平成31年3月文部科学省)の一部を基にしたものである。(　a　)～(　c　)内に当てはまるものを語群から選ぶとき，正しい組合せとなるものを解答群から一つ選び，番号で答えよ。

学習評価の結果の活用に際しては，各教科等の児童生徒の学習状況を(　a　)に捉え，各教科等における学習状況を分析的に把握することが可能な(　a　)学習状況の評価と，各教科等の児童生徒の学習状況を(　b　)に捉え，教育課程全体における各教科等の学習状況を把握することが可能な(　c　)の双方の特長を踏まえつつ，その後の指導の改善等を図ることが重要である。

【語　群】　ア　能力別　　イ　観点別　　ウ　部分的
　　　　　　エ　総括的　　オ　偏差値　　カ　評定

【解答群】　1　a－ア　b－ウ　c－オ
　　　　　　2　a－ア　b－ウ　c－カ
　　　　　　3　a－ア　b－エ　c－オ
　　　　　　4　a－ア　b－エ　c－カ
　　　　　　5　a－イ　b－ウ　c－オ
　　　　　　6　a－イ　b－ウ　c－カ
　　　　　　7　a－イ　b－エ　c－オ
　　　　　　8　a－イ　b－エ　c－カ

■2024年度■愛知県■難易度■■■■■

【8】次の(1)～(3)は，「外国人児童生徒等の教育の充実について(報告)」(令和2年3月外国人児童生徒等の教育の充実に関する有識者会議)の一部を基にしたものである。(　a　)～(　c　)内に当てはまるものを語群から選ぶとき，正しい組合せとなるものを解答群から一つ選び，番号で答えよ。

(1)　外国人児童生徒等の教育に関しては，単に日本語指導を行うだけではなく，児童生徒の文化的背景を踏まえた学校生活への適応や(　a　)の観点から，日本語と教科の統合指導，生活指導等を含めた総合的・多面的な指導を含むものである。

(2)　外国人の子供たちが日本における生活の基礎を身に付け，その能力を伸ばし，未来を切り拓くことができるようにすることは，(　b　)に基づく確固とした権利であり，「誰一人取り残さない」という発想に立ち，社会全体としてその環境を提供できるようにしなければならない。

(3)　日本語の能力が十分でない外国人児童生徒等は，言葉のハンディから，学習や(　c　)関係の形成に困難を抱えがちである。このため，適切な指導・支援の下で将来への現実的な展望が持てるよう，学校の内外を通じ，日本語教育のみならず，キャリア教育や相談支援などを包括的に提供する必要がある。

【語　群】　ア　学力保障　　　イ　健康保持
　　　　　　ウ　出入国管理法　エ　国際人権規約
　　　　　　オ　交友　　　　　カ　利害

【解答群】　1　a－ア　b－ウ　c－オ
　　　　　　2　a－ア　b－ウ　c－カ
　　　　　　3　a－ア　b－エ　c－オ
　　　　　　4　a－ア　b－エ　c－カ
　　　　　　5　a－イ　b－ウ　c－オ
　　　　　　6　a－イ　b－ウ　c－カ
　　　　　　7　a－イ　b－エ　c－オ
　　　　　　8　a－イ　b－エ　c－カ

2024年度　愛知県　難易度

【9】次の文は，「感染症や災害の発生等の非常時にやむを得ず学校に登校できない児童生徒の学習指導について(通知)」(令和3年2月　文部科学省)に関する記述である。適切でないものを①～④から選び，番号で答えよ。

①　学校教育は教師と児童生徒との関わり合いや児童生徒同士の関わり合い等を通じて行われるものであり，学校においてはこのことを踏まえ，非常時に臨時休業又は出席停止等により児童生徒がやむを得ず学校に登校できない場合であっても，児童生徒の学習の機会を確保することができるよう，平常時から非常時を想定した備えをしておくことが重要である。

②　感染症や災害の発生等の非常時においても，当該感染症や災害等の状況に応じて，地域や学校，児童生徒の実情等を踏まえながら，まずは学校において可能な限り感染リスクを低減させ，あるいは安全を確保した上で，学校運営の方針について保護者の理解を得ながら，早期に教育活動を再開させ，児童生徒が登校して学習できるようにすることが重要である。

③　家庭の事情等により特に配慮を要する児童生徒に対しては，ICT環境の整備のため特段の配慮措置を講じたり，地域における学習支援の取組の利用を促したりする必要があり，感染症予防上，特別に

登校させたりすることがないよう留意すべきである。

④　学習指導を行う際には，感染症や災害等の状況に応じて，地域や学校，児童生徒の実情等を踏まえながら，主たる教材である教科書に基づいて指導するとともに，教科書と併用できる教材等(例えばデジタル又はアナログの教材，オンデマンド動画，テレビ放送等)を組み合わせたり，ICT環境を活用したりして指導することが重要である。また，課題を配信する際には児童生徒の発達の段階や学習の状況を踏まえ，適切な内容や量となるよう留意する。

2024年度　神戸市　難易度

【10】次の文章は，「学習指導要領の趣旨の実現に向けた個別最適な学びと協働的な学びの一体的な充実に関する参考資料」(令和3年3月版　文部科学省)「4．教育課程の実施と学習評価」「(1)　主体的・対話的で深い学びの実現に向けた授業改善」の抜粋である。[　1　]～[　3　]にあてはまる語句として正しいものを，語群①～⑦の中からそれぞれ一つ選びなさい。

個別最適な学びを充実していく上では，基礎的・基本的な知識・技能の習得が重要であることは言うまでもありませんが，[　1　]や学びに向かう力等こそ，家庭の経済事情など，子供を取り巻く環境を背景とした差が生まれやすい能力であるとの指摘もあることに留意が必要です。主体的・対話的で深い学びを実現し，[　2　]や幅広い資質・能力の育成に向けた効果的な取組を展開していくことによって，学校教育が個々の家庭の経済事情等に左右されることなく，子供たちに必要な力を育んでいくことが求められます。例えば，児童生徒の学習意欲を向上する観点からは，[　3　]や一人一人の学習状況を児童生徒に伝えること等が重要となります。

《語群》

①　情報活用能力　　②　学びの動機付け
③　思考力，判断力，表現力等　　④　自己肯定感
⑤　協働的な学び　　⑥　教科等を学ぶ本質的な意義

⑦ 学級経営

▌2024年度 ▌三重県 ▌難易度 ■■■■□□

【11】文部科学省は，「学習者用デジタル教科書の効果的な活用の在り方等に関するガイドライン」(令和3年3月改訂　文部科学省)において，紙の教科書と学習者用デジタル教科書の運用方法を明示している。次のa～dは，そこで示された紙の教科書と学習者用デジタル教科書の制度上の取り扱いに関する取り決めである。その内容が正しいものを○，誤っているものを×としたとき，正しい組合せはどれか。以下の1～6から1つ選べ。

a　紙の教科書は，各学校において使用しなければならない。

b　学習者用デジタル教科書は，各学校において使用しなければならない。

c　学習者用デジタル教科書は，義務教育段階では児童生徒に対し無償で給付される。

d　学習者用デジタル教科書は，紙の教科書の検定を経た後，さらに文部科学大臣の検定を経る必要はない。

1	a－×	b－○	c－○	d－×
2	a－×	b－×	c－○	d－○
3	a－×	b－○	c－×	d－○
4	a－○	b－×	c－×	d－○
5	a－○	b－○	c－○	d－×
6	a－○	b－×	c－×	d－×

▌2024年度 ▌奈良県 ▌難易度 ■■■■□□

【12】次の文は，「教育データの利活用に係る論点整理(中間まとめ)」(令和3年3月　教育データの利活用に関する有識者会議)の一部抜粋である。文中の(　①　)～(　③　)に該当する語句の組み合わせとして正しいものを，以下の1～5から一つ選びなさい。

2.　教育データの定義

～中略～

(1)　年齢・段階

○　初等中等教育段階の学校教育における児童生徒(学習者)の教

育・学習に関するデータ(「(①)データ」)を基本とする。

(2) 主体

① 児童生徒(学習者)に関するデータ(学習面：学習履歴／スタディ・ログ，生活・健康面：ライフ・ログ)

② 教師の指導・支援等に関するデータ(アシスト・ログ)

③ 学校・学校設置者(地方自治体等)に関するデータ(運営・行政データ)

(3) 対象

○ 個々の子供の学びによる変容を記録し，活用していく観点から，(②)データ(テストの点数等)だけではなく，(③)データ(成果物，主体的に学習に取り組む態度，教師の見取り等)も対象とする。

○ なお，(②)データ，(③)データの両面において，それぞれデータの内容，粒度，利活用の目的等によって議論すべき点を区分することが必要である。

1 ① 総括的 ② 形成的 ③ 診断的
2 ① 総括的 ② 分析的 ③ 診断的
3 ① 公教育 ② 診断的 ③ 分析的
4 ① 公教育 ② 定量的 ③ 定性的
5 ① 公教育 ② 定性的 ③ 定量的

2024年度 高知県 難易度

【13】「校則の見直し等に関する取組事例について(事務連絡)」(令和3年6月8日 文部科学省)の「別添2 校則について」に関する次の①～④の文のうち，内容として誤っているものを1つ選び，番号で答えよ。

① 校則は，学校が教育目的を実現していく過程において，児童生徒が遵守すべき学習上，生活上の規律として定められるものである。

② 校則は，学校教育法に定められており，学校が教育目的を達成するために必要かつ合理的範囲内において制定するものである。

③ 校則は，児童生徒の行動などに一定の制限を課することができ，校則を制定する権限は，学校運営の責任者である校長にあるとされている。

④ 校則の内容は，社会通念に照らして合理的とみられる範囲内で，学校や地域の実態に応じて適切に定められることとなるので，学校種や児童生徒の実情，地域の状況，校風など，学校がその特色を生かし，創意工夫ある定め方ができる。

▌2024年度 ▌長崎県 ▌難易度 ■■■□□

【14】「義務教育9年間を見通した教科担任制の在り方について(報告)」(令和3年7月　義務教育9年間を見通した指導体制の在り方等に関する検討会議)に示されている教科担任制導入の趣旨・目的として誤っているものを，次の1～5から一つ選びなさい。

1　教材研究の深化等により，高度な学習を含め，教科指導の専門性を持った教師が多様な教材を活用してより熟練した指導を行うことが可能となり，授業の質が向上する。

2　小・中学校間の連携による小学校から中学校への円滑な接続(中1ギャップの解消等)を図る。

3　複数教師(学級担任・専科教員)による多面的な児童理解を通じた児童の心の安定に資する。

4　小学校1年生から専門的な教科指導を行うことで，児童の興味関心を高め，学習成果の向上を図る。

5　教師の持ちコマ数の軽減や授業準備の効率化により，学校の教育活動の充実や教師の負担軽減に資する。

▌2024年度 ▌高知県 ▌難易度 ■■□□□

【15】次の文章は，「特別支援学級及び通級による指導の適切な運用について(通知)」(令和4年4月27日　文部科学省)の一部である。文中の(　A　)～(　D　)に入る語句の正しい組合せを，以下の1～5のうちから一つ選べ。なお，同じ記号には同じ語句が入るものとする。

> 特別支援教育は，共生社会の形成に向けて，障害者の(　A　)に関する条約に基づくインクルーシブ教育システムの理念を構築することを旨として行われることが重要です。また，インクルーシブ教育システムの理念の構築に向けては，障害のある子供と障害のない子供が可能な限り同じ場でともに学ぶことを追

求するとともに，障害のある子供の自立と(　B　)を見据え，一人一人の(　C　)ニーズに最も的確に応える指導を提供できるよう，多様で柔軟な仕組みを整備することが重要です。

これらを踏まえれば，小・中学校や特別支援学校等が行う，障害のある子供と障害のない子供，あるいは地域の障害のある人とが触れ合い，共に活動する「交流及び(　D　)学習」が大きな意義を有することは言うまでもありません。また，障害者基本法においても，「国及び地方公共団体は，障害者である児童及び生徒と障害者でない児童及び生徒との交流及び(　D　)学習を積極的に進めることによって，その相互理解を促進しなければならない」とされているところです。

	A	B	C	D
1	福祉	進路実現	教育的	体験
2	権利	進路実現	医療的	体験
3	福祉	社会参加	教育的	体験
4	権利	社会参加	教育的	共同
5	権利	進路実現	医療的	共同

▌2024年度 ▌大分県 ▌難易度

【16】次の文章は，「教育公務員特例法及び教育職員免許法の一部を改正する法律等の施行について(通知)」(令和4年6月21日　文部科学省)に示されている「改正の趣旨」の一部である。(　A　)～(　E　)に当てはまる語句の組合せとして正しいものはどれか。

グローバル化や情報化の進展により，教育を巡る状況の変化も速度を増している中で，教師自身も高度な専門職として新たな知識技能の修得に継続的に取り組んでいく必要が高まっている。また，(　A　)研修の拡大や研修の体系化の進展など，教師の研修を取り巻く環境も大きく変化してきた。

このような社会的変化，学びの環境の変化を受け，(　B　)を実現するこれからの「新たな教師の学びの姿」として，教職生涯を通じて探究心を持ちつつ(　C　)に学び続けること，一人一人の教師の個性に即した(　D　)の提供，校内研修等の教師同士の学び合いなどを通じた(　E　)の機会確保が重要となる。

	A	B	C	D	E
1.	オンライン	GIGAスクール	持続的	OJT	協働的な学び
2.	オンライン	令和の日本型学校教育	主体的	個別最適な学び	協働的な学び
3.	大学等での	GIGAスクール	持続的	個別最適な学び	協働的な学び
4.	オンライン	令和の日本型学校教育	主体的	OJT	ワークショップ
5.	大学等での	GIGAスクール	持続的	OJT	ワークショップ

▌2024年度 ▌岡山県 ▌難易度 ■■■■□□

【17】次の①～⑤から，「公立の小学校等の校長及び教員としての資質の向上に関する指標の策定に関する指針」(令和4年　文部科学省告示第115号)に記載されている内容として正しいものをすべて選べ。

① 教員等の資質の向上を図るに当たっては，校内研修や授業研究・保育研究などの「現場の経験」を重視した学びを中心として，教育公務員特例法第20条第1項の研修実施者や様々な主体が行う校外研修によって最適に補完される組合せにより実施されることが重要である。

② 校内研修等は，それぞれの学校の教育課題に対応した協働的な学びを学校組織全体で行い，その成果を教職員間で共有することにより，学校の組織力を高め，効果的な学校教育活動の実施にも資するものであり，校長のリーダーシップの下，より活性化させていくことが求められる。

③ 研修の実施に当たっては，対面・集合型で行われるもの，同時双方向型のオンラインで行われるもの，オンデマンド型のオンラインで行われるものなど，様々な実施方法が想定される。特に，近年の情報化の進展等により，オンラインによる研修が急速に広まっており，その利点を最大限に生かすとともに，主として知識伝達型の学びであるかどうか，協議やグループワーク形式により学びを深めるものであるかどうかなど，研修の内容・態様に応じて，これらの方法を適切に組み合わせる必要がある。

④ 研修を実施する際には，受講そのものを目的化するのではなく，その成果がどのように職務に生かされるかという視点を常に持ちな

がら行われなければならない。このため，成果の確認方法を，研修の性質に応じて明確化することが重要であり，特に研修実施者が実施する体系的かつ計画的に行われる研修については，成果の確認方法をあらかじめ明確化した上で実施することが極めて重要である。

⑤　日々の授業・保育(以下「授業等」という。)の改善など「現場の経験」を重視した学びでは，設置自治体の教育委員会の指導主事等が，当該校における学校教育課題や教員のニーズ等を踏まえて研修・研究テーマを適切に設定するとともに，定期的な授業等の観察や指導助言を訪問して実施するなど，適切な関与を行うことにより，組織的に状況を確認し，教員の資質の向上を支えることが重要である。

▌2024年度 ▌島根県 ▌難易度

【18】「日本語指導が必要な児童生徒の受入状況等に関する調査(令和3年度)」(令和4年10月　文部科学省)において示されている内容として誤っているものを，次の1～5から一つ選びなさい。

1　日本語指導が必要な児童生徒数は，前回調査より減少した。

2　日本語指導が必要な外国籍の児童生徒を言語別にみると，ポルトガル語を母語とする者の割合が全体の約4分の1を占め，最も多い。

3　日本語指導が必要な外国籍の児童生徒のうち，学校において特別の配慮に基づく指導を受けている者の割合と人数は前回調査より増加した。

4　日本語指導が必要な日本国籍の児童生徒を言語別にみると，日本語を使用する者の割合が最も多く，二番目がフィリピノ語であった。

5　進路状況では，大学などに進学した生徒は，前回から改善しているものの，全高校生等に対する割合は依然として低い。

▌2024年度 ▌高知県 ▌難易度

【19】次の文は，「企業等と連携した子供のリアルな体験活動の推進について～子供の体験活動推進に関する実務者会議論点のまとめ～」(令和4年12月　子供の体験活動推進に関する実務者会議)の一部である。文中の(　①　)～(　④　)に該当する語句の組み合わせとして正しいものを，以下の1～5から一つ選びなさい。

(1) 体験活動の定義

○ 体験活動については，平成19年の中央教育審議会答申において，「体験を通じて何らかの学習が行われることを目的として，体験する者に対して(　①　)・計画的に提供される体験」と定義している。
　また，平成25年の中央教育審議会答申においては，体験活動の内容を大きく，「生活・(　②　)体験活動」，「自然体験活動」，「社会体験活動」の3つに分類している。

(2) 体験活動の効果・意義

○ 体験活動については，学校教育法，社会教育法，いじめ防止対策推進法等にその促進等について記載されているとともに，現行の学習指導要領(平成29年3月)においても，体験活動等を通じて，(　③　)や創造性の涵養を目指した教育の充実に努めることとされている。

○ 体験活動の効果については，例えば，生活・(　②　)体験の一つである「お手伝い」については，家庭でお手伝いを多くすることによって，自尊感情や自分の感情を調整するといった精神的な回復力，勉強が楽しいといった(　④　)の高まり等によい影響が見られることが明らかになっているほか，自然体験活動については，子供の頃に家庭や青少年教育施設等で自然体験活動を多く行った者ほど，自己肯定感，自律性，協調性や積極性といったいわゆる非認知能力が高くなる傾向がみられることが明らかになっている。

1 ① 教育的 ② 文化 ③ 豊かな心 ④ 学習効果
2 ① 意図的 ② 伝統 ③ 道徳性 ④ 学習意欲
3 ① 教育的 ② 伝統 ③ 豊かな心 ④ 学習効果
4 ① 意図的 ② 文化 ③ 豊かな心 ④ 学習意欲
5 ① 教育的 ② 伝統 ③ 道徳性 ④ 学習意欲

▌2024年度 ▌高知県 ▌難易度 ■■■□□

【20】次の文は，「子供の読書活動推進に関する有識者会議　論点まとめ～全ての子供たちの読む喜びを育む読書活動の推進～」(令和4年12月文部科学省)の一部である。文中の(　①　)～(　④　)に該当する語句の組み合わせとして正しいものを，以下の1～5から一つ選びなさい。

○　子供の読書への関心を高めるためには，友人等の同世代の者とのつながりをこれまで以上に一層生かし，子供同士での本の紹介や話し合い，(　①　)といった協働的な活動の実施が有効と考えられる。こうした活動は，読む本の幅を広げるきっかけとなったり，他者の異なる考えを知り，それを(　②　)したり改めて自分自身の考えを見つめ直す経験ができるといった効果が期待できる。

○　(　③　)子供たち誰もが参加できる活動とすることも重要である。例えば，読み聞かせやお話(ストーリーテリング)等の取組に，手話を添えたり，手遊びや歌をまじえたり，様々な言語を併用したりすることが考えられる。その際，地域の図書館や学校で行う場合は，ボランティア人材の協力を得ることが有効と考えられる。

○　必要に応じ，既存の取組に(　④　)を効果的に活用することで，子供たちにとって読書活動がより身近で魅力あるものとなる可能性がある。

1　①　批判　　②　受容　　③　異年齢の
　　④　ICT

2　①　批評　　②　議論　　③　異年齢の
　　④　ICT

3　①　批評　　②　受容　　③　多様な
　　④　ICT

4　①　批判　　②　議論　　③　多様な
　　④　アクティブラーニング

5　①　批判　　②　受容　　③　異年齢の
　　④　アクティブラーニング

2024年度　高知県　難易度

【21】次の文章は,「子どもの読書活動の推進に関する基本的な計画」(令和5年3月28日閣議決定　中央教育審議会)の第2章　基本的方針の一部である。文中の(　A　)~(　D　)に入る語句の正しい組合せを,以下の1~5のうちから一つ選べ。

> 社会の変化が加速度を増し,複雑で予測困難となっている時代において,子どもたちは,自分の良さや可能性を認識するとともに,あらゆる他者を価値のある存在として尊重し,多様な人々と協働しながら様々な社会的変化を乗り越え,豊かな人生を切り拓き,(　A　)社会の創り手となることが求められる。
>
> こうした子どもたちの資質・能力を育む上で,読解力や想像力,思考力,表現力等を養う読書活動の推進は不可欠である。子どもたちは,読書を通じて,多くの知識を得たり,多様な(　B　)への理解を深めたりすることができる。また,心に残る名作などの文学作品に加え,自然科学・社会科学関係の書籍や新聞,図鑑等の資料を読み深めることを通じて,自ら学ぶ楽しさや知る(　C　)を体得し,更なる探究心や真理を求める態度が培われる。
>
> また,読むこと自体の楽しさ,それによる充実感,満足感を得ることが重要である。子どもの頃のそうした楽しかった体験は,(　D　)学習意欲やウェルビーイング(Well-being)につながるとともに,将来,その体験を子どもたちと共有していきたいという動機となり,世代を超えた読書活動の推進の循環が形成されることが期待される。

	A	B	C	D
1	民主的な	文化	意義	学校生活における
2	民主的な	文化	喜び	学校生活における
3	持続可能な	地域	意義	学校生活における
4	民主的な	地域	喜び	生涯にわたる
5	持続可能な	文化	喜び	生涯にわたる

▌2024年度 ▌大分県 ▌難易度 ■■■■□□

【22】次の文は，「教育データの利活用に係る留意事項(第1版)」(令和5年3月　文部科学省)におけるⅢ．総集編「1．個人情報の適正な取扱い」の一部(抜粋)である。文中の空欄(　ア　)～(　エ　)に当てはまる語句の組合せとして，正しいものはどれか。

> 個人情報の適正な取扱いに当たっては，公立学校の教育データについて，学校の組織編制，教育課程，学習指導，生徒指導及び職業指導といった法令(条例を含みます。以下同じ。)に定める所掌事務や業務を遂行するために必要な場合に限って保有したうえで，個人情報保護法における(　ア　)の特定及び明示，変更等の整理を行う必要があります。
>
> なお，個人情報の取扱いに当たっては個人情報保護法に準拠していれば十分というわけではなく，(　イ　)も求められます。個人情報保護法第3条においては，個人情報がプライバシーを含む個人の人格と密接な関連を有するものであり，個人が「個人として(　ウ　)される」ことを定めた憲法第13条の下，慎重に取り扱われるべきことを示すとともに，個人情報を取り扱う者は，その目的や態様を問わず，このような個人情報の性格と(　エ　)を十分認識し，その適正な取扱いを図らなければならないとの基本理念を示しています。

① ア　利用目的　イ　情報モラル　ウ　尊敬
　エ　信頼性

② ア　利用条件　イ　情報モラル　ウ　尊敬
　エ　重要性

③ ア　利用目的　イ　プライバシーの保護　ウ　尊敬
　エ　重要性

④ ア　利用条件　イ　プライバシーの保護　ウ　尊重
　エ　信頼性

⑤ ア　利用目的　イ　プライバシーの保護　ウ　尊重
　エ　重要性

2024年度　群馬県　難易度

解答・解説

【1】5

○解説○ 学校教育における評価はマイナス評価ではなく，よい点を積極的に評価することや，その評価したことをふまえ今後の指導を改善していくことが示されており，頻出の部分である。

【2】2

○解説○ 義務教育の段階における普通教育に相当する教育の機会の確保等に関する法律第3条はこの法律の基本理念を定めており，その解説ともいえる部分からの出題である。 ① 不登校児童生徒への支援に当たっては，不登校は学校生活その他の様々な要因によって生じるものであり，不登校が当該児童生徒に起因するものと一般に受け取られないよう，また，不登校というだけで問題行動であると受け取られないよう配慮することが必要であることを指摘している。 ②・③ 支援に際しては，登校という結果のみを目標にするのではなく，児童生徒が自らの進路を主体的に捉えて，社会的に自立することを目指す必要があることを指摘している。

【3】①

○解説○ 近年，自殺者全体の総数は減少傾向にあるものの，児童生徒の自殺者数は高止まり状況にある。さらに，若者がSNSに投稿した自殺願望がきっかけとなり，事件に巻き込まれる事例も発生している。こうしたことを踏まえ，文部科学省では「児童生徒の自殺予防に向けた困難な事態，強い心理的負担を受けた場合等における対処の仕方を身に付ける等のための教育の推進について(通知)」を，各都道府県教育委員会等に発出した。①について，本通知では，自殺予防教育は「子供の最も身近な存在である担任教師主体でなされることが望ましい」と述べられているので誤り。ただし，同時に，養護教諭，スクールカウンセラー等がティームティーチングという形でクラスに入ることのメリット等に言及していることに注意する。②～④について，SOSの出し方に関する教育を実施するに当たっては，保健師，社会福祉士，民生委員等を活用することも有効であることが述べられている。

【4】1

○**解説**○「第1　消費者教育に関する基本的な考え方　2　消費者教育の目的を達成するための戦略」からの出題である。頻出とはいえない分野からの出題であるが，思考力を働かせ，なんとか正答したい。たとえば，aについては，「性別」かそれとも「障害の有無」かが問題になるが，消費者教育が特に提供されなくてはならないのは契約の場面における判断能力に支障がある知的障害者であろうことを推測して，「年齢，障害の有無」の方を選択したい。

【5】②

○**解説**○「公立学校の教師の勤務時間の上限に関するガイドライン」は，「学校における働き方改革」の総合的な方策の一環として制定された。「学校における働き方改革」は，限られた時間の中で，教師の専門性を生かしつつ，授業改善や児童生徒等に接する時間を十分確保し，教師が自らの授業を磨くとともにその人間性や創造性を高め，児童生徒等に対して効果的な教育活動を持続的に行うことができる状況を作り出すことを目指して進められている。このガイドラインにおいては在校時間等，外形的に把握することができる時間を対象とし，具体的には，教師等が校内に在校している在校時間を対象とすることを基本としている。なお，所定の勤務時間外に校内において，自らの判断に基づいて自らの力量を高めるために行う自己研鑽の時間その他業務外の時間については，自己申告に基づき除かれる。

【6】3

○**解説**○ 本手引きは，外国人児童生徒等の教育にかかわる人に向けて，具体的な取組の指針を明示して，外国人児童生徒等に対する支援の継続性の確保や担当者同士の協力・連携の強化を図ることを目的に作成されている。3について，一見課題がないように見える日本で育った外国籍の子供たちの中にも，学習に耐えうる日本語の力が培われていないことがあり，まずはしっかりと子供の実態を把握し，その上で指導する必要があることが述べられている。

【7】8

○解説○ 現在の各教科の学習評価については，学習状況を分析的に捉える「観点別学習状況の評価」と，これらを総括的に捉える「評定」の両方について，学習指導要領に定める目標に準拠した評価として実施するものとされている。また，道徳科など，観点別学習状況の評価や評定には示しきれない児童生徒一人一人のよい点や可能性，進歩の状況については，「個人内評価」として実施するものとされている。学習評価については，まずこれらのことを押さえておく必要がある。ここでは，学習評価の結果の活用についても，「観点別学習状況の評価」と「評定」の双方の特長を踏まえた上で，その後の指導改善を図ることの重要性が示されている。学習評価に関しては，「児童生徒の学習評価の在り方について(報告)」(平成31年1月　中央教育審議会 初等中等教育分科会教育課程部会)等を参照するとよい。

【8】3

○解説○ 日本語指導を必要とする児童生徒は，平成30年度の調査で5万人を超える状況となっており，母語の多様化も進行し，今後更なる在留外国人の増加が見込まれる。このような状況の中，外国人材を適正に受け入れ，共生社会の実現を図るという観点から，重点的に取り組むべき施策が示されたが，さらなる充実を検討すべく提言されたのが，この報告である。　a　(1)は，「Ⅰ　検討の背景」からの抜粋である。外国人指導生徒等の教育に関しては，文化的背景を踏まえた学校生活への適応や学力保障の観点から，総合的・多面的な指導が求められている。　b・c　(2)及び(3)は，「Ⅱ　基本的な考え方」における「取組の方向性」からの抜粋である。国際人権規約は，1966年の国連総会において採択，1976年に発効された。世界人権宣言の内容を基礎として，これを条約化したものである。外国人児童生徒が日本語の能力が十分でない段階では，学習上の困難のほかに，他の児童生徒との交流，つまり交友関係を形成することが困難である。そのため，日本語教育以外に，相談支援などの提供が必要となる。

【9】③

○**解説**○ 出題されている通知は，新型コロナウィルス等の感染症や自然災害等でやむを得ず登校できない児童生徒への学習指導について示したものである。本通知では，平常時からの準備や，児童生徒が登校できない場合の学習指導の基本的考え方や対応の在り方について示している。③については，「特別に登校させたりすることがないよう留意」ではなく，「特別に登校させたりするなどの対応をとることが必要である」と示されている。

【10】1 ③　2 ②　3 ⑥

○**解説**○「学習指導要領の趣旨の実現に向けた個別最適な学びと協働的な学びの一体的な充実に関する参考資料」は，令和3(2021)年1月に中央教育審議会が「教育課程部会における審議のまとめ」を取りまとめたことを受け，文部科学省が作成したもの。この資料では，「幼稚園，小学校，中学校，高等学校及び特別支援学校の学習指導要領等の改善及び必要な方策等について(答申)」(平成28年12月　中央教育審議会)，「『令和の日本型学校教育』の構築を目指して～全ての子供たちの可能性を引き出す，個別最適な学びと，協働的な学びの実現～(答申)」(令和3年1月　中央教育審議会)や教育課程部会における審議のまとめとの関係を整理し，学習指導要領に基づいた児童生徒の資質・能力の育成に向けて，ICT環境を最大限活用し，「個別最適な学び」と「協働的な学び」を一体的に充実し，主体的・対話的で深い学びの実現に向けた授業改善につなげるとともに，カリキュラム・マネジメントの取組を一層進めるに当たり，留意することが重要と考えられる内容を，学習指導要領の総則の構成に沿ってまとめている。

【11】4

○**解説**○「学習者用デジタル教科書の効果的な活用の在り方等に関するガイドライン」(令和3年3月改訂　文部科学省)は，学校・教育委員会等が学習者用デジタル教科書の導入を検討し，また，実際に使用する際に参考となるよう，その効果的な活用の在り方や，導入に当たっての留意点等について，実践事例の調査研究結果等も踏まえ，有識者による検討の成果をまとめたものであり，GIGAスクール構想による1人

1台端末環境等の整備が進められていること等を踏まえ改訂された。b・c　学習者用デジタル教科書は，紙の教科書と異なり，その使用が義務付けられてはいない。採択に関しては紙の教科書について行われる。また，紙の教科書が無償給与される一方，学習者用デジタル教科書は無償給与されない。学習者用デジタル教科書を使用するかどうか，どのように使用するかは，地域や学校及び児童生徒の実態に応じて判断される。なお，学校教育法第34条第2項に規定する教材の使用について定める件の一部改正が行われ，学習者用デジタル教科書を各教科等の授業時数の制限なく使用することが可能となった。

【12】4

○**解説**○　そもそも定量的は数値・数量で表せるものであり，一方の定性的は数値・数量で表せない質的なものである。したがって，テストの点数等は定量的データで，成果物や主体的に取り組む態度などは定性的データである。

【13】②

○**解説**○　出題の資料「校則の見直し等に関する取組事例について(事務連絡)」は，文部科学省初等中等教育局児童生徒課が教育委員会や学校における校則の見直し等に関する取組事例をまとめ，各県教育委員会等に示したもの。校則の見直しは，児童生徒の校則に対する理解を深め，校則を自分たちのものとして守っていこうとする態度を養うことにもつながり，児童生徒の主体性を培う機会にもなることを踏まえている。②は「学校教育法に定められており」という箇所が誤り。本資料の「別添2　校則について」において，「校則について定める法令の規定は特にないが，判例では，学校が教育目的を達成するために必要かつ合理的範囲内において校則を制定し，児童生徒の行動などに一定の制限を課することができ，校則を制定する権限は，学校運営の責任者である校長にあるとされている」との記述がある。

【14】4

○**解説**○　出題された報告は，小学校における教科担任制を小学校高学年から推進する旨を示している。　4「各教科等の学習が高度化する小

学校高学年から教科担任制を導入できるようにする」と示されている。

【15】4

○解説○ 障害者の権利に関する条約にインクルーシブ教育の実現が盛り込まれていることから，空欄Aには「権利」を補充できる。また，特別支援教育の定義(「特別支援教育」とは，障害のある幼児児童生徒の自立や社会参加に向けた主体的な取組を支援するという視点に立ち，幼児児童生徒一人一人の教育的ニーズを把握し，その持てる力を高め，生活や学習上の困難を改善又は克服するため，適切な指導及び必要な支援を行うものである)から，空欄Bに「社会参加」，空欄Cに「教育的」を補充できる。さらに，「交流及び共同学習」が，インクルーシブ教育システムを構築するうえで重要な教育活動であり，学習指導要領にも示されているキーワードであることから，空欄Dには「共同」を補充できる。

【16】2

○解説○ 令和4(2022)年，教育公務員特例法及び教育職員免許法が一部改正され，教員免許状更新制度が廃止されるとともに，教員の資質向上を担保する取組として，研修等に関する記録の作成が義務づけられ，記録に基づいて指導・助言が行われるようになった。出題された資料は，この改正の周知を図るために出された通知である。出題箇所は，本通知の冒頭，改正の趣旨について説明した箇所である。

【17】②，③，④

○解説○ 教育公務員特例法第22条の2第1項は，公立の小学校等の校長及び教員の計画的かつ効果的な資質の向上を図るため，同法第22条の3第1項に規定する指標の策定に関する指針を定めることを，文部科学大臣に義務付けている。出題の文書は，その文部科学大臣が定める指針の全部が改正されたことから，改正された内容を告示したものである。 ①「教員等の資質の向上を図るに当たっては，校内研修や授業研究・保育研究などの『現場の経験』を重視した学びと法第20条第1項の研修実施者や様々な主体が行う校外研修とが最適な組合せにより実施されることが重要である」と記載されている。 ⑤「日々の授業・保育の改善など『現場の経験』を重視した学びでは，校長等の学校管理職が，自校における学校教育課題や教員のニーズ等を踏まえて研修・研究テーマを適切に設定するとともに，定期的な授業等の観察や指導助言を実施するなど，適切な関与を行うことにより，組織的に状況を確認し，学校組織全体で教員の資質の向上を支えることが重要である」と記載されている。

【18】1

○**解説**○ 1　出典の資料によると，「日本語指導が必要な児童生徒数は58,307人で，前回調査より7,181人増加(14.0％増)」している。

【19】4

○**解説**○ 本問でも言及されている中央教育審議会答申「今後の青少年の体験活動の推進について」(平成25年1月21日)において，「生活・文化体験活動」は放課後の遊びやお手伝い，野遊び，スポーツ，部活動，地域や学校における年中行事，「自然体験活動」は登山，キャンプ，ハイキング等の野外活動，又は星空観察，動植物観察などの自然・環境に係る学習活動，「社会体験活動」はボランティア活動や職場体験活動などの例を挙げている。また，体験活動は例えば，小学校学習指導要領(平成29年告示)総則「第1　小学校教育の基本と教育課程の役割」において，「道徳教育や体験活動，多様な表現や鑑賞の活動等を通して，豊かな心や創造性の涵養を目指した教育の充実に努めること。」と示されている。「豊かな心」は，道徳教育との組合せの中で表現された言葉であることが分かる。

【20】3

○**解説**○ 出題された「子供の読書活動推進に関する有識者会議　論点まとめ～全ての子供たちの読む喜びを育む読書活動の推進～」(令和4年12月　文部科学省)は，子どもの読書活動の推進に関する法律に基づく，次期「子供の読書活動の推進に関する基本的な計画」の策定に向けての諸論点をまとめたものである。　②　空欄は，直前にある「他者の異なる考え」を受ける語句である。したがって，「他者の異なる考えを『受容』する」が適切で，「議論」は当てはまらないと分かる。

③　同項目における例として，「手話を添えたり，手遊びや歌をまじえたり，様々な言語を併用」とあり，障害のある子供や日本語以外の言語を母国語とする子供をまじえての活動を想定しているので，「多様な」が当てはまる。　④　空欄の後に「効果的に活用する」とあり，空欄には効果的に活用する手段となる「ICT」が当てはまる。

【21】5

○**解説**○ 出題の計画は，子どもの読書活動の推進に関する施策の総合的かつ計画的な推進を図るための基本方針を示すもので，おおむね5年ごとに策定される。学習指導要領前文をヒントに空欄Aに「持続可能な」，教育基本法第3条(生涯学習の理念)をヒントに空欄Dに「生涯にわたる」が入ると判断できれば正答できる。

【22】⑤

○**解説**○ 本資料では「教育委員会・学校において教育データを取り扱う場合には，個人情報等の適正な取扱いを確保することが必要」としており，個人情報の取扱いにあたっては，「個人情報の保護と有用性に関する個人情報保護法の考え方を十分に踏まえて，個人情報の保護と適正かつ効果的な活用のバランスを考慮した取組が求めら」れるとしている。

教育時事　教育時事全般

実施問題

【1】次は，「次期教育振興基本計画について(答申)」(令和5年3月，中央教育審議会)の「Ⅱ．今後の教育政策に関する基本的な方針」で示された「5つの基本的な方針」のうち「②誰一人取り残さず，全ての人の可能性を引き出す共生社会の実現に向けた教育の推進」についての「共生社会の実現に向けた教育の方向性」の一部である。空欄[　1　]～[　3　]にあてはまることばを，ア～ケからそれぞれ一つ選べ。

○「令和の日本型学校教育」答申で提言された「個別最適な学びと協働的な学びの一体的充実」は，多様な子供の状況に応じた学びを進めるとともに，多様な他者と学び合う機会を確保するものであり，共生社会の実現に向けて必要不可欠な教育政策の方向性である。また，障害者の権利に関する条約に基づく[　1　]教育システムを推進していくことも重要である。

○　児童生徒に対する生徒指導は，学習指導と並んで，共生社会実現に向けた資質・能力の育成に重要な意義を有するものである。児童生徒が自発的・主体的に自らを発達させていくことが尊重され，その過程を学校や教職員が支えていくという[　2　]的生徒指導を重視していくことが求められる。また，児童生徒が将来において社会的な自己実現ができるような資質・能力・態度を形成するように働きかけるための教育相談も，生徒指導と一体化させ，全教職員が一致して取組を進めることが求められる。

○　個人と社会のウェルビーイングの実現の観点からは，保護者や地域住民等が学校運営に当事者として参画する[　3　]や，地域住民等の参画により地域と学校が連携・協働する地域学校協働活動を一体的に推進するとともに，地域の多様な人材を活用した家庭教育支援チームの活動を推進していくことが効果的である。

ア．分離　　　　　イ．コミュニティ・スクール
ウ．PTA活動　　　エ．学校評議員会
オ．共感　　　　　カ．インクルーシブ
キ．発達支持　　　ク．リカレント

ケ．自立支援

2024年度 山梨県 難易度

【2】令和5年3月8日に，中央教育審議会から「次期教育振興基本計画について　(答申)」が示されました。次の文は，この答申に示された「目標11　教育DXの推進・デジタル人材の育成」の「基本施策」の内容を表しているものです。文中の(　ア　)～(　ウ　)にあてはまる語句を，以下のA～Iから一つずつ選び，その記号を書きなさい。

○　個別最適な学びと(　ア　)の一体的な充実を図り，教育の質を向上させていくため，EdTechも含む，1人1台端末を用いた効果的な実践例の創出・横展開，デジタル教科書・教材・ソフトウェアの活用の促進，ICT支援員の配置の充実など，ICTの活用の日常化に向けて国策としてGIGAスクール構想を強力に推進する。

○　学習指導要領において学習の基盤なる資質・能力として位置付けられた(　イ　)育成のために，GIGAスクール構想によって整備された端末の利活用の日常化を促進するとともに，EdTechをはじめとした教育産業の力も活用しつつ，優れた事例の創出を図る。

○　(　イ　)育成のために，ICTの活用事例提供，小学校から高等学校までの(　ウ　)の充実に向けた研修，(　イ　)調査の結果公表など総合的に推進し，教師の指導力向上を図る。

A　情報分析能力　　B　主体的・対話的な学び
C　情報活用能力　　D　プログラミング教育
E　情報モラル教育　　F　協働的な学び
G　アクティブ・ラーニング　　H　集団の一斉的な学び
I　情報処理能力

2024年度 岩手県 難易度

【3】次の文章は,「次期教育振興基本計画について(答申)」(令和5年3月8日　中央教育審議会)のⅡ　今後の教育政策に関する基本的な方針(総括的な基本方針・コンセプト)の「(2)日本社会に根差したウェルビーイングの向上」の一部である。文中の(　A　)～(　D　)に入る語句の正しい組合せを,以下の1～5のうちから一つ選べ。なお,同じ記号には同じ語句が入るものとする。

○　ウェルビーイングとは身体的・精神的・社会的に(　A　)状態にあることをいい,短期的な幸福のみならず,(　B　)や人生の意義など将来にわたる持続的な幸福を含むものである。また,個人のみならず,個人を取り巻く場や地域,社会が持続的に(　A　)状態であることを含む包括的な概念である。
○　ウェルビーイングの捉え方は国や地域の文化的・社会的背景により異なり得るものであり,一人一人の置かれた状況によっても多様なウェルビーイングの求め方があり得る。
○　すなわち,ウェルビーイングの実現とは,多様な個人それぞれが幸せや(　B　)を感じるとともに,地域や社会が幸せや(　C　)を感じられるものとなることであり,教育を通じて日本社会に根差したウェルビーイングの(　D　)を図っていくことが求められる。

	A	B	C	D
1	満たされた	安心安全	豊かさ	形成
2	良い	生きがい	豊かさ	向上
3	満たされた	生きがい	一体感	形成
4	良い	安心安全	一体感	向上
5	良い	生きがい	一体感	形成

▌2024年度 ▌大分県 ▌難易度 ■■■■■□□

【4】「次期教育振興基本計画について(答申)」(令和5年3月8日　中央教育審議会)について,次の文の(　　)に当てはまる語句を,以下の選択肢から1つ選び,番号で答えなさい。

我が国の教育をめぐる現状・課題・展望を踏まえ，本計画では2040年以降の社会を見据えた教育政策におけるコンセプトとも言うべき総括的な基本方針として「持続可能な社会の創り手の育成」及び「日本社会に根差した(　　)の向上」を掲げる。両者は今後我が国が目指すべき社会及び個人の在り様として重要な概念であり，これらの相互循環的な実現に向けた取組が進められるよう教育政策を講じていくことが必要である。

1　働き方　　2　ウェルビーイング　　3　幸福感　　4　生きがい
5　学力

2024年度　宮崎県　難易度■■■□□

【5】次の文章は，中央教育審議会「次期教育振興基本計画について(答申)(令和5年3月)」の一部である。空欄[　ア　]～[　エ　]に当てはまる最も適当な語句を，以下の語群の①～⑤からそれぞれ1つずつ選び，番号で答えなさい。

Ⅱ．今後の教育政策に関する基本的な方針

(総括的な基本方針・コンセプト)

○　上述の我が国の教育をめぐる現状・課題・展望を踏まえ，本計画では[　ア　]年以降の社会を見据えた教育政策におけるコンセプトとも言うべき総括的な基本方針として「[　イ　]な社会の創り手の育成」及び「日本社会に根差した[　ウ　]の向上」を掲げる。両者は今後我が国が目指すべき社会及び個人の在り様として重要な概念であり，これらの相互[　エ　]的な実現に向けた取組が進められるよう教育政策を講じていくことが必要である。

(語群)

ア	① 2030	② 2035	③ 2040	④ 2045	⑤ 2050
イ	① 持続可能	② エイジフリー	③ 包摂的	④ 予測困難	⑤ 民主的
ウ	① 学校教育の質	② リテラシー	③ 教職員の資質・能力	④ ウェルビーイング	⑤ 地域の教育力
エ	① 依存	② 扶助	③ 補完	④ 循環	⑤ 作用

2024年度　熊本県　難易度■■■□□

【6】次の文は,「次期教育振興基本計画について(答申)」(令和5年3月8日中央教育審議会)の一部である。このなかでは,五つの基本的な方針が示され,二つ目の方針として「誰一人取り残さず,全ての人の可能性を引き出す共生社会の実現に向けた教育の推進」が挙げられている。次の問いに答えよ。

○　誰一人取り残さず,相互に多様性を認め,高め合い,他者のウェルビーイングを思いやることができる教育環境を個々の状況に合わせて整備することで,つらい様子の子供が笑顔になり,その結果として自分の目標を持って学習等に取り組むことができる場面を一つでも多く作り出すことが求められる。

○　その際,支援を必要とする子供やマイノリティの子供の他の子供との差異を「弱み」として捉え,そこに着目して支えるという視点だけではなく,そうした子供たちが持っている「長所・強み」に着目し,(　①　)を引き出して発揮させていく視点(エンパワメント)を取り入れることも大切である。このことにより,マイノリティの子供の尊厳を守るとともに,周りの子供や大人が多様性を尊重することを学び,誰もが違いを乗り越え共に生きる共生社会の実現に向けたマジョリティの変容にもつなげていくことが重要である。

○　また,一人一人のニーズに合わせた教育資源の配分を行うという「公平,公正」の考え方も重要となる。「多様性」,「包摂性」に「公平,公正」を加え頭文字を取った(　②　)の考え方も重視されてきている。

(1)　文中の(　①　)に当てはまる語句はどれか。次の1～6から1つ選べ。

1　潜在能力　　2　個性　　3　協調性　　4　学力　　5　可能性
6　希望

(2)　下線部に関する答申中の説明について,次の文中の(　a　),(　b　)に当てはまる語句の正しい組合せはどれか。以下の1～6から1つ選べ。ただし,同じ記号には,同じ語句が入るものとする。

ウェルビーイングとは身体的・精神的・社会的に(　a　)にあることをいい,短期的な幸福のみならず,(　b　)や人生の意義など将来にわたる持続的な幸福を含むものである。また,個人のみならず,個人を取り巻く場や地域，社会が持続的に(　a　)であることを含む包括的な概念である。

1　a－満たされた状態　　b－豊かな暮らし
2　a－適度に整った状態　　b－生きがい
3　a－良い状態　　b－健康
4　a－満たされた状態　　b－健康
5　a－良い状態　　b－生きがい
6　a－適度に整った状態　　b－豊かな暮らし

(3)　文中の(　②　)に当てはまる語句はどれか。次の1～6から1つ選べ。

1　ESD　　2　OECD　　3　VUCA　　4　STEAM　　5　DX
6　DE&I

▌2024年度 ▌奈良県 ▌難易度

【7】「OECD生徒の学習到達度調査(PISA)」に関する記述として適切なものは，次の1～5のうちのどれか。

1　PISA調査は，2000年の調査開始以降，2年ごとに実施されている。
2　PISA調査は，読解力，数学的リテラシー，科学的リテラシーの3分野について継続して調査を実施しており，2018年調査では，科学的リテラシーが中心分野として設定された。
3　2018年調査では，我が国の読解力の平均得点はOECD平均より高得点のグループに位置し，前回調査の平均得点より上昇した。
4　科学的リテラシーは，2006年調査以降の我が国の習熟度レベル別の推移において，OECD平均の割合に対してレベル1以下の低得点層が少なく，レベル5以上の高得点層が多い。
5　2018年調査の生徒質問調査において，我が国の生徒は「読書は，大好きな趣味の一つだ」に対して肯定的に回答した割合がOECD平均より少ない。

▌2024年度 ▌東京都 ▌難易度

【8】「令和4年度　全国学力・学習状況調査の結果」(国立教育政策研究所　令和4年7月)に示された，小学校の調査結果に関する記述として適切なものは，次の1～5のうちのどれか。

1　国語の「書くこと」については，文章の構成や展開について感想や意見を伝え合うことを通して自分の文章のよさを見付けることはできている。

2　国語の「話すこと・聞くこと」については，必要なことを質問して話の中心を捉えることに課題がある。

3　算数の「変化と関係」については，日常生活の場面に即して，数量が変わっても割合は変わらないことを理解することはできている。

4　算数の「データの活用」については，目的に合う円グラフを選び，読み取った情報を答えることに課題がある。

5　理科の「観察，実験などに関する技能」については，実験の過程や得られた結果を適切に記録したものを選ぶことに課題がある。

▌2024年度 ▌東京都 ▌難易度

【9】教育諸課題に対する取組について，正しいものの組合せはどれか。①～⑤のうちから1つ選びなさい。

ア　スタディ・ログとは，学習者が学習を進めていく過程をデジタル化し，コンピュータ上で仮想的に学習体験を行うアルゴリズムのことである。

イ　MEXCBT(メクビット)とは，児童生徒の学びの保障の観点から，学校や家庭において学習やアセスメントができる文部科学省が開発したコンピュータ使用型調査のことである。

ウ　リカレント教育とは，複数の教科(科目)で1つのテーマを共有し，各教科(科目)の知識等を総合的に活用し，課題解決に向けて学びを深める教育のことである。

エ　民法の改正により，成年年齢が20歳から18歳に引き下げられ，18歳から喫煙や飲酒なども可能となったため，教科(科目)を横断して消費者教育や健康教育の充実が求められている。

オ　学校は，児童生徒や学校，地域の実態を適切に把握し，教育課程に基づき組織的かつ計画的に教育活動の質の向上を図っていく，カリキュラム・マネジメントの充実に努めていく必要がある。

①　ア　イ　　②　ア　ウ　　③　イ　オ　　④　ウ　エ

⑤　エ　オ

▌2024年度 ▌群馬県 ▌難易度■■■■

【10】こども家庭庁に関する記述について，正しいものの組合せはどれか。

ア　こどもが，自立した個人としてひとしく健やかに成長することができる社会の実現に向けて設置された行政組織である。

イ　こどもの視点に立って，こどもの年齢及び発達の程度に応じて，その意見を尊重し，その最善の利益を優先して考慮することを基本とする。

ウ　こども政策の具体的な実施を中心的に担っている地方自治体の取組を促進するために，こども家庭庁が地方自治体に代わり，その取組を担う。

エ　こども家庭庁への民間人の登用や出向を積極的に行うとともに，民間団体等からの政策提案を積極的に取り入れる。

オ　こども家庭庁が行う事務は，こどもの保健の向上及び虐待の防止のみを行う。

①　ア　イ　ウ　②　ア　イ　エ　③　ア　エ　オ
④　イ　ウ　オ　⑤　ウ　エ　オ

▌2024年度 ▌群馬県 ▌難易度■■■■

解答・解説

【1】1　カ　2　キ　3　イ

○解説○ 1 「障害者の権利に関する条約に基づく」とあることから，「インクルーシブ(教育システム)」である。インクルーシブ教育システムは，障害のある者と障害のない者が共に学ぶ仕組みである。

2　生徒指導提要(令和4年　文部科学省)では，生徒指導を2軸3類4層の構造で表し，4層のうち最も課題性の低い発達支持的生徒指導は，児童生徒に向き合う際の基本的な立ち位置による指導を対象とする層である。　3「保護者や地域住民等が学校運営に当事者として参画する」とあることから，「コミュニティ・スクール」である。地方教育行政の組織及び運営に関する法律第47条の5の規定によって，各自治体の教育委員会は学校ごとにコミュニティ・スクール(学校運営協議会)を置くことの努力義務が課せられている。ウェルビーイングとは，身体的な健康，精神的な健康，社会的に良好な状態，これらすべてが満たされた状態を意味する概念である。

【2】ア　F　　イ　C　　ウ　D

○解説○　ア　次期教育振興基本計画では，個別最適な学びと協働的な学びとが両輪となって機能することが求められている。　イ　学習の基盤となる資質・能力について，学習指導要領では「言語能力，情報活用能力(情報モラルを含む)，問題発見・解決能力等」が挙げられている。　ウ　選択肢イが情報活用能力であることを踏まえると，ウの正答はDのプログラミング教育であることがわかる。

【3】2

○解説○　出題の答申に基づき，新しい教育振興基本計画(「第4期教育振興基本計画」に相当するもの)が令和5(2023)年6月16日に閣議決定されている。今後，出題の可能性が高いので，「ウェルビーイング」の内容等を必ずおさえておきたい。

【4】2

○解説○　なお，本資料において「ウェルビーイング」とは「身体的・精神的・社会的に良い状態にあることをいい，短期的な幸福のみならず，生きがいや人生の意義など将来にわたる持続的な幸福を含むもの」と定義している。

【5】ア　③　　イ　①　　ウ　④　　エ　④

○解説○　中央教育審議会「次期教育振興基本計画について(答申)」(令和5(2023)年3月8日)は，教育基本法第17条第1項に基づき策定される「第四期教育振興基本計画(令和5～9(2023～2027)年)」について，中央教育審議会が答申したものである。その中にある「ウェルビーイング(Well-being)」は，経済的な豊かさのみならず，精神的な豊かさや健康までを含めて幸福や生きがいを捉える考え方であることが示されている。また，経済協力開発機構(OECD)が提唱する「ラーニング・コンパス 2030(学びの羅針盤 2030)」にも言及しており，「ラーニング・コンパス」によれば，個人と社会のウェルビーイングとは「私たちの望む未来(Future We Want)」であり，社会のウェルビーイングは共通の「目的地」であるとされていることが示されている。

【6】(1)　5　　(2)　5　　(3)　6

○**解説**○ (1)　中央教育審議会の「次期教育振興基本計画について(答申)」は，令和5(2023)年6月16日に閣議決定された第4期教育振興基本計画(計画年度2023～2027年度)について検討して答申されたものである。出題されたのは，「Ⅱ　今後の教育政策に関する基本的な方針」で示された5つの基本的な方針のうちの「②誰一人取り残さず，全ての人の可能性を引き出す共生社会の実現に向けた教育の推進」に関する記述の一部である。　(2)　ウェルビーイングは，OECDのPISA2015年調査国際結果報告書において，「生徒が幸福で充実した人生を送るために必要な，心理的，認知的，社会的，身体的な働きと潜在能力である」と定義されている。　(3)　Diversity(多様性)，Equity(公平・公正) and Inclusion(包摂性)の頭文字をとって，DE&Iと略される。多様性と包摂性(D&I)は，社会・政治・経済の課題として認知が広がってきていたが，そこにEquity(公平・公正)を取り入れ，誰もが公平に活躍できる機会が得られる環境を調整することで多様性や包摂性をより強化し，より持続可能な社会を実現していくことができるとしている。

【7】4

○**解説**○ 1　PISAは義務教育終了段階の15歳の生徒が，それまでに身に付けてきた知識や技能を，実生活の様々な場面で直面する課題にどの程度活用できるかを測ることで，3年ごとに実施される。　2　2018年の中心分野は読解力であった。　3　読解力は，OECD平均より高得点のグループに位置するが，前回より平均得点・順位が統計的に有意に低下した。　5　日本は，OECD平均と比較すると，読書を肯定的にとらえる生徒の割合が多い傾向にあり，日本は45.2％(3.2ポイント増)，OECD平均は33.7％(0.4ポイント増)であった。

【8】4

○**解説**○ 1「文章に対する感想や意見を伝え合い，自分の文章のよいところを見付けることに課題がある」が正しい。 2「必要なことを質問し，話し手が伝えたいことや自分が聞きたいことの中心を捉えることはできている」が正しい。 3「数量が変わっても割合は変わらないことを理解することに課題がある」が正しい。 5「観察，実験などに関する技能については，実験の過程や得られた結果を適切に記録したものを選ぶことはできている」と分析されている。

【9】③

○**解説**○ ア スタディ・ログは学習履歴，学習評価，学習到達度を指す。 ウ リカレント教育は学校教育からいったん離れて社会に出た後も，それぞれの人の必要なタイミングで再び教育を受け，仕事と教育を繰り返すこと。 エ「18歳から喫煙や飲酒なども可能となったため」という部分が誤りで，喫煙と飲酒は成人年齢引き下げ後も20歳以上の者でないと不可である。

【10】②

○**解説**○ こども政策の具体的な実施を中心的に担っているのは地方自治体である。一方，こども家庭庁の役割としては，国における政策決定，及びこども政策の司令塔機能として，政府のこども政策を一元的に推進することがあげられおり，取組の代理等については示されていない。役割の例として，「こどもの保健の向上」，「こどもの虐待の防止」，「こどもの保育及び養護」や「こどものある家庭における子育ての支援体制の整備」など，こども政策全般に関してその事務を行うこととしている。

学習指導要領

要点整理

●学習指導要領の変遷

□昭和22年版

昭和22年3月教育基本法，学校教育法公布により新教育制度がスタート。学校教育法施行規則の下で学習指導要領を刊行。一般編，各教科編とから成り，「試案」という語が付せられていた。

小学校…○修身，地理，日本歴史を廃止し，新しく社会科を設けた。○小学校で男女共修家庭科を設けた。○「自由研究」の時間を設けた。

中学校…必修科目と選択科目から成り，職業科が置かれる。選択科目は週計4時間。

高　校…昭和26年版まで教育課程の形が整わなかった。

□昭和26年版

昭和22年版の内容を受け継ぐもの。小・中とともに高校の教育課程も含まれる。「試案」の形式を継続。

小学校…○教科を4領域に分け，配当時間を総時間数に対する比率で示した。○家庭科を5・6年で実施。○毛筆習字は国語の一部として4年から課す。○「自由研究」が廃止され，「教科以外の活動」に発展解消。

中学校…○授業時間数に幅をもたせる。○「職業科」が「職業・家庭科」となる。○「自由研究」を「特別教育活動」とする。

高　校…通常課程は3年，定時制は4年となる。普通課程，職業課程とも5科目を必修とし，85単位を修得することとした。

□昭和31年版(改訂高校学習指導要領)

高校のみ30年に改訂版を作成。

○普通課程で，個性に応じた分化学習を行う。

○社会・数学・理科の科目の履習範囲を広くした。

○必修教科・科目の増設とコース制の導入。

○「試案」の語が削除される。

○特別教育活動の目標に公民的資質の向上を加える。

□昭和33年版

試案であった学習指導要領に法的基準性，拘束性をもたせた「告示」形式となる。一般編・各教科編の区別がなくなり，各一冊にまとめられた。道徳を1つの領域として各教科，「道徳」，「特別教育活動」，「学校行事」より編成された。経験主義的学習から，系統学習を中心とした。

小学校…「道徳の時間」を設ける。国語・算数の時間増。社会科では日本地理と歴史が行われ，音楽では「君が代」が指導され，学校行事の内容で国旗の掲揚と君が代の斉唱が望ましいとされた。

中学校…「道徳の時間」，数学の充実，技術・家庭科の設置を行い，技術・家庭科は男女別に学ぶことにする。内容を系統性をもたせたものとする。

高　校…小・中との一貫性に配慮する。現代国語・「倫理・社会」の新設，社会・数学・理科の科目増，理科の4領域必修，外国語の必修化。

□昭和43年版

世界的な教育人口の増加，高度経済成長における教育体制の再編成。それまでの4領域から，各教科，道徳，特別活動の3領域とする。公民的資質を高め，科学技術の高度化に応じる能力を養い，高校の国民教育化の波に即応する。理数系の教科で教育内容の現代化を図る。

小学校…教材の取り扱いについて，系統化を進める。道徳・体育を教育活動全体を通じて行う。

中学校…クラブ活動が必修となり，特別活動の時数を増やす。社会科では地理と日本史を並行して，政・経・社が「公民的分野」となる。数学・理科・外国語については能力別指導を可能とした。

高　校…数学一般・基礎理科・初級英語が設けられ，学科では看護，理数が新設された。クラブ活動の必修化，体育と道徳の重視。

□昭和52年版

学力不振，非行などが増加し，つめ込み教育に対する見直しが図られる。改善の趣旨は，①人間性豊かな児童生徒を育てること。②ゆとりあるしかも充実した学校生活が送れるようにすること。③国民として必要とされる基礎的・基本的内容を重視する。

小学校…各教科が現在の8教科となる。1単位45分，授業は年間35週以上とする。

中学校…必修教科8教科，選択6教科である。1単位50分で，年間35週以上とする。国語の学習活動が弾力的にできるようにする。「集合・論理」などいくつかの項目を削除。技術・家庭科の選択方法に弾力性を持たせた。

高　校…1単位時間50分とし，1学年35単位時間の授業をもって1単位とする。特別活動中ホームルームとクラブ活動を週当たり1単位時間以上必修とした。学校の主体性において弾力的な運用を可能にし，生徒の選択の幅を大きくした。習熟度別学級編成の導入。

□平成元年版

情報化や国際化などの社会的変化に主体的に対応できるような，次代を担う国民の育成が期された。改善の趣旨は，①豊かな心をもち，たくましく生きる人間の育成，②自ら学ぶ意欲と社会の変化に主体的に対応できる能力の育成，③国民として必要とされる基礎的・基本的な内容を重視し，個性を生かす教育の充実，④国際理解を深め，我が国の文化と伝統を尊重する態度の育成，である。

小学校…低学年において社会科と理科が統合され，それに伴って「生活科」が新設された。

中学校…選択履修の幅が拡大された。習熟度別指導の導入。「技術・家庭科」に「情報基礎」が加わる。

高　校…社会科を「地理歴史科」と「公民科」に再編し，「世界史」を必修とした。「家庭科」を男女必修とした。

□平成10・11年版

学習指導要領の改訂は，国際化，情報化，科学技術創造立国化，環境問題，少子高齢化社会など社会の変化と最近の子どもの意識・価値観・行動の変化に対応するほか，2002年からの学校週5日制の完全実施を視野に置いて行われた。そのねらいは次の4項目である。

① 豊かな人間性や社会性，国際社会に生きる日本人としての自覚を育成すること。

② 自ら学び，自ら考える力を育成すること。

③ ゆとりのある教育活動を展開する中で，基礎・基本の確実な定着を図り，個性を生かす教育を充実すること。

④　各学校が創意工夫を生かし特色ある教育，特色ある学校づくりを進めること。

小学校…①低学年では，基本的な生活習慣や善悪の判断などの指導を徹底。②ボランティア活動の重視。③人物・文化遺産中心の歴史学習の徹底。

中学校…①歴史の大きな流れをつかむことを重視する歴史学習に改善。②外国語学科の必修化と，聞く話す教育の実施。③技術・家庭科で情報に関する内容を必修化。④選択学習の幅を一層拡大。

高等学校…①コンピュータや情報通信ネットワーク，インターネット等を生徒が活用できるようにするための学習「情報」を新設し，必修とする。②障害者や高齢者に対する適切な介護ができるよう，専門教科・科目に「福祉」を新設。

□平成15年版(一部改正)

○一部改正の概要

(1)　学習指導要領の基準性を踏まえた指導の一層の充実

①　学習指導要領に示しているすべての児童生徒に指導する内容等を確実に指導した上で，児童生徒の実態を踏まえ，学習指導要領に示していない内容を加えて指導することができることを明確にした。(小学校学習指導要領第1章第2の2等)

②「内容の取扱い」のうち，内容の範囲や程度を明確にしたり，学習指導が網羅的・羅列的にならないようにするための事項は，すべての児童生徒に対して指導する内容の範囲や程度等を示したものであり，学校において特に必要がある場合等には，これらの事項にかかわらず指導することができることを明確にした。(小学校学習指導要領第1章第2の2，第2章等)

(2)　総合的な学習の時間の一層の充実

①　総合的な学習の時間のねらいとして，各教科等で身に付けた知識や技能等を相互に関連付け，学習や生活に生かし，それらが総合的に働くようにすることを加えて規定した。(小学校学習指導要領第1章第3の2等)

②　各学校において総合的な学習の時間の目標及び内容を定める必要があることを規定した。(小学校学習指導要領第1章第3の3等)

③　各学校において総合的な学習の時間の全体計画を作成する必要があることを規定した。(小学校学習指導要領第1章第3の4等)

④　総合的な学習の時間の学習活動を行うに当たっての配慮事項を明確にした。(小学校学習指導要領第1章第3の6等)

(3)　個に応じた指導の一層の充実

個に応じた指導の充実のための指導方法等の例示として，小学校については，学習内容の習熟の程度に応じた指導，補充的な学習や発展的な学習などの学習活動を取り入れた指導等を，中学校については，補充的な学習や発展的な学習などの学習活動を取り入れた指導等を加えた。(小学校学習指導要領第1章第5の2等)

○一部改正に関連する事項

①　各学校においては，学年や学期，月ごと等に授業時数の実績の管理や学習の状況の把握を行うなど，教育課程の実施状況等について自ら点検及び評価を行い，教育課程を適切に実施するために必要な指導時間を確保するよう努める必要があることとした。また，年間の行事予定や各教科の年間指導計画等について，保護者や地域住民等に対して積極的に情報提供を進める必要があることとした。

②　指導内容の確実な定着を図るため必要がある場合には，指導方法・指導体制の工夫改善を図りながら，学校教育法施行規則に定める各教科等の年間授業時数の標準を上回る適切な指導時間を確保するよう配慮することとした。

○学習指導要領や学力についての基本的な考え方等

○　学習指導要領の基本的なねらいは［生きる力］の育成。各学校では，家庭，地域社会との連携の下，［生きる力］を知の側面からとらえた［確かな学力］育成のための取組の充実が必要。

○「総合的な学習の時間」等を通じて学びへの動機付けを図るとともに，子どもの実態や指導内容等に応じて「個に応じた指導」を柔軟かつ多様に導入することなどの工夫による「わかる授業」を行い，子どもたちの学習意欲を高めることがとりわけ重要。

○　全国的・地域的な調査により，［確かな学力］の総合的な状況を把握し，各学校における指導の充実・改善や教育課程の基準の不断の見直しが必要。

□平成20年版

現行学習指導要領の理念である「生きる力」をはぐくむこと。この理念は新しい学習指導要領に引き継がれる。

○「生きる力」

① 基礎・基本を確実に身に付け，いかに社会が変化しようと，自ら課題を見つけ，主体的に判断し，行動し，よりよく問題を解決する資質や能力

② 自らを律しつつ，他人とともに協調し，他人を思いやる心や感動する心などの豊かな人間性

③ たくましく生きるための健康や体力　など

○「生きる力」をはぐくむという理念を実現するためのこれまでの手立てに課題

① 「生きる力」の意味や必要性についての共通理解

② 授業時数の確保　など

教育基本法や学校教育法の改正などを踏まえ，「生きる力」をはぐくむという学習指導要領の理念を実現するため，その具体的な手立てを確立する観点から学習指導要領を改訂する。

○学習指導要領改訂のポイント

① 改正教育基本法等を踏まえた学習指導要領改訂

② 「生きる力」という理念の共有

③ 基礎的・基本的な知識・技能の習得

④ 思考力・判断力・表現力等の育成

⑤ 確かな学力を確立するために必要な時間の確保

⑥ 学習意欲の向上や学習習慣の確立

⑦ 豊かな心や健やかな体の育成のための指導の充実

□平成27年版(一部改正)

○一部改正の概要

① 平成30・31年度より一斉実施する。

② 平成27年度より移行措置期間として先行実施可能とする。

③ 領域の一つであった「道徳」を「特別の教科　道徳」とし，通称「道徳科」になった。

④　道徳教育の目標は，自己の生き方を考え，主体的な判断の下に行動し，自立した人間として他者と共によりよく生きるための基盤となる道徳性を養うこととした。

⑤　数値などによる評価は行わない。

⑥　道徳教育の目標を踏まえ，道徳教育の全体計画を作成し，校長の方針の下に，道徳教育の推進を主に担当する教師(道徳教育推進教師)を中心に，全教師が協力して道徳教育を展開する。

⑦「特別の教科　道徳」(道徳科)の目標は，総則に示す道徳教育の目標(上述)に基づき，よりよく生きるための基盤となる道徳性を養うため，道徳的諸価値についての理解を基に，自己を見つめ，物事を多面的・多角的に考え，自己の生き方についての考えを深める学習を通して，道徳的な判断力，心情，実践意欲と態度を育てることとした。

□平成29年版

○教育課程の基準の改善の基本的な考え方

・教育基本法，学校教育法などを踏まえ，我が国のこれまでの教育実践の蓄積を活かし，豊かな創造性を備え持続可能な社会の創り手となることが期待される子供たちが急速に変化し予測不可能な未来社会において自立的に生き，社会の形成に参画するための資質・能力を一層確実に育成すること。その際，子供たちに求められる資質・能力とは何かを社会と共有し，連携する「社会に開かれた教育課程」を重視した。

・知識及び技能の習得と思考力，判断力，表現力等の育成のバランスを重視する現行学習指導要領の枠組みや教育内容を維持した上で，知識の理解の質をさらに高め，確かな学力を育成すること。

・先行する特別教科化など道徳教育の充実や体験活動の重視，体育・健康に関する指導の充実により，豊かな心や健やかな体を育成すること。

・新たに「前文」を設け，新学習指導要領等を定めるに当たっての考え方を，明確に示した。

○知識の理解の質を高め資質・能力を育む「主体的・対話的で深い学び」の実現

▽「何ができるようになるか」を明確化

・子供たちに育む「生きる力」を資質・能力として具体化し，「何のために学ぶのか」という学習の意義を共有しながら，授業の創意工夫や教科書等の教材の改善を引き出していけるよう，各教科等の目標及び内容を，①知識及び技能，②思考力，判断力，表現力等，③学びに向かう力，人間性等の3つの柱で再整理した。

▽主体的・対話的で深い学びの実現に向けた授業改善

・我が国のこれまでの教育実践の蓄積に基づく授業改善の活性化により，児童生徒の知識の理解の質の向上を図り，これからの時代に求められる資質・能力を育んでいくことが重要である。そのため，小・中学校においては，これまでと全く異なる指導方法を導入しなければならないなどと浮足立つ必要はなく，これまでの教育実践の蓄積をしっかりと引き継ぎ，子供たちの実態や教科等の学習内容等に応じた指導の工夫改善を図る。

・上記の資質・能力の3つの柱が，偏りなく実現されるよう，単元や題材など内容や時間のまとまりを見通しながら，子供たちの主体的・対話的で深い学びの実現に向けた授業改善を行うこと。

○各学校におけるカリキュラム・マネジメントの確立

・教科等の目標や内容を見渡し，特に学習の基盤となる資質・能力(言語能力，情報活用能力，問題発見解決能力等)や豊かな人生の実現や災害等を乗り越えて次代の社会を形成することに向けた現代的な諸課題に対応して求められる資質・能力の育成のためには，教科等横断的な学習を充実する必要がある。

・また，主体的・対話的で深い学びの実現に向けた授業改善については，1単位時間の授業の中で全てが実現できるものではなく，単元など内容や時間のまとまりの中で，習得・活用・探究のバランスを工夫することが重要である。

・そのため，学校全体として，子供たちや学校，地域の実態を適切に把握し，教育内容や時間の適切な配分，必要な人的・物的体制の確保，実施状況に基づく改善などを通して，教育課程に基づく教育活動の質を向上させ，学習の効果の最大化を図るカリキュラム・マネジメントに努める。

● 学習指導要領

○小・中学校の教育内容の主な改善事項

①言語能力の確実な育成

・発達の段階に応じた，語彙の確実な習得，意見と根拠，具体と抽象を押さえて考えるなど情報を正確に理解し適切に表現する力の育成を図ること。

・学習の基盤としての各教科等における言語活動(実験レポートの作成，立場や根拠を明確にして議論することなど)を充実させた。

②情報活用能力の育成

・コンピュータや情報通信ネットワークなどの情報手段を活用するために必要な環境を整え，これらを適切に活用した学習活動の充実を図ること。

・小学校においては，各教科等の特質に応じて，コンピュータでの文字入力等の習得，プログラミング的思考の育成のための学習活動を実施すること。

③理数教育の充実

・前回改訂において2～3割程度授業時数を増加し充実させた内容を今回も維持した上で，日常生活等から問題を見いだす活動や見通しをもった観察・実験などを充実させた。

・必要なデータを収集・分析し，その傾向を踏まえて課題を解決するための統計教育や自然災害に関する内容を充実させた。

④伝統や文化に関する教育の充実

・古典など我が国の言語文化や，県内の主な文化財や年中行事の理解，我が国や郷土の音楽，和楽器，武道，和食や和服などの指導を充実させた。

⑤体験活動の充実

・生命の有限性や自然の大切さ，挑戦や他者との協働の重要性を実感するため，体験活動を充実させ，自然の中での集団宿泊体験活動や職場体験を重視した。

⑥外国語教育の充実

・小学校において，中学年で「外国語活動」を，高学年で「外国語科」を導入した。(なお，小学校の外国語教育の充実に当たっては，新教材の整備，研修，外部人材の活用などの条件整備を行い支援することとしている。)

・小・中・高等学校一貫した学びを重視し，外国語能力の向上を図る目標を設定するとともに，国語教育との連携を図り日本語の特徴や言語の豊かさに気付く指導を充実させた。

○道徳教育の充実

・平成27年の一部改正の内容は，道徳の時間を教育課程上，特別の教科である道徳(以下「道徳科」という。)として新たに位置付け，発達の段階に応じ，答えが一つではない課題を一人一人の児童生徒が道徳的な問題と捉え向き合う「考える道徳」,「議論する道徳」へと転換を図るものである。

・道徳科の内容項目について，いじめ問題への対応の充実や発達の段階をより一層踏まえた体系的なものに見直すとともに，問題解決的な学習や体験的な学習などを取り入れ，指導方法の工夫を行うことについて示した。

・道徳科における学習状況及び道徳性に係る成長の様子を継続的に把握し，指導の改善に生かす。ただし，数値による評価は行わない。具体的には，他の児童生徒との比較ではなく，児童生徒がいかに成長したかを積極的に受け止めて認め，励ます個人内評価として記述により行う。

・小学校で平成30年4月1日から，中学校で平成31年4月1日から施行する。

○特別支援教育に関する主な改善事項

・特別支援学級や通級による指導における個別の指導計画等を全員作成するとともに，通常学級における障害のある幼児児童生徒などについて，個別の指導計画等を作成し活用することに努める。

・各教科等の指導に当たり，学習上の困難に応じた指導内容や指導方法の工夫を計画的，組織的に行う。

●学習指導要領

学習指導要領改訂の方向性

新しい時代に必要となる資質・能力の育成と、学習評価の充実

学びを人生や社会に生かそうとする
学びに向かう力・人間性等の涵養

生きて働く**知識・技能**の習得

未知の状況にも対応できる
思考力・判断力・表現力等の育成

何ができるようになるか

よりよい学校教育を通じてよりよい社会を創るという目標を共有し、
社会と連携・協働しながら、未来の創り手となるために必要な資質・能力を育む
「社会に開かれた教育課程」の実現

各学校における「**カリキュラム・マネジメント**」の実現

何を学ぶか

新しい時代に必要となる資質・能力を踏まえた教科・科目等の新設や目標・内容の見直し

小学校の外国語教育の教科化、高校の新科目「公共」の新設など
各教科等で育む資質・能力を明確化し、目標や内容を構造的に示す
学習内容の削減は行わない※

※高校教育については、些末な事実的知識の暗記が大学入学者選抜で問われることが課題になっており、そうした点を克服するため、重要用語の整理等を含めた高大接続改革等を進める。

どのように学ぶか

主体的・対話的で深い学び（「アクティブ・ラーニング」）の視点からの学習過程の改善

生きて働く知識・技能の習得など、新しい時代に求められる資質・能力を育成
知識の量を削減せず、質の高い理解を図るための学習過程の質的改善

●前文

□ポイント

学習指導要領等は，時代の変化や子供たちの状況，社会の要請等を踏まえ，これまでおおよそ10年ごとに改訂されてきた。今回の改訂では，その理念を明確にし，社会で広く共有されるよう新たに前文が設けられ，次の事項が示されている。

1　教育基本法に規定する教育の目的や目標の明記とこれからの学校に求められること

①　学習指導要領は，教育基本法に定める教育の目的や目標の達成のため，学校教育の「不易」として，教育の目的及び目標を明記。

②　これからの学校には，急速な社会の変化の中で，持続可能な社

会の創り手となることができるようにすることを明記。

2 「社会に開かれた教育課程」の実現を目指すこと

よりよい学校教育を通してよりよい社会を創るという理念を学校と社会とが共有することが求めらており，それぞれの学校において，どのような資質・能力を身に付けられるようにするのかを教育課程において明確にしながら，社会との連携及び協働によりその実現を図る「社会に開かれた教育課程」の実現が重要となることを示している。

3 学習指導要領を踏まえた創意工夫に基づく教育活動の充実

それぞれの学校は，学習指導要領を踏まえ，各学校の特色を生かして創意工夫を重ね，児童生徒や地域の現状や課題を捉え，家庭や地域社会と協力して，教育活動の更なる充実を図っていくことが重要であることを示している。

●総則

□教育の基本と教育課程の役割

1 各学校においては，児童生徒の人間として調和のとれた育成を目指し，児童生徒の心身の発達の段階や特性及び学校や地域の実態を十分考慮して，適切な教育課程を編成する。

学校において教育課程は，学校の長たる校長が責任者となって編成することになっている。これは権限と責任の所在を示したものであり，学校は組織体であるから，教育課程の編成作業は，当然ながら全教職員の協力の下に行わなければならない。創意工夫を生かした教育課程を各学校で編成することが求められており，学級や学年の枠を超えて教師同士が連携協力することがますます重要となっている。

2 学校の教育活動を進めるに当たっては，各学校において，主体的・対話的で深い学びの実現に向けた授業改善を通して，創意工夫を生かした特色ある教育活動を展開する。

(1) 基礎的・基本的な知識及び技能を確実に習得

児童生徒が確かな学力を身に付けることができるよう，基礎的・基本的な知識及び技能の習得と，思考力，判断力，表現力等の育成，主体的に学習に取り組む態度の涵養を目指す教育の充実に努める。

(2) 道徳教育や体験活動，多様な表現や鑑賞の活動等を通して，豊かな心や創造性の涵養を目指した教育の充実

豊かな心や創造性(感性を豊かに働かせながら，思いや考えを基に構想し，新しい意味や価値を創造していく資質・能力)の涵養は，単元や題材など内容や時間のまとまりを見通した，主体的・対話的で深い学びの実現に向けた授業改善を通して実現が図られる。

(3) 学校における体育・健康に関する指導

体育・健康に関する指導を，児童生徒の発達の段階を考慮して，学校教育活動全体として取り組むことにより，健康で安全な生活と豊かなスポーツライフの実現を目指した教育の充実に努める。

3 上記2の(1)から(3)までに掲げる事項の実現を図り，豊かな創造性を備え持続可能な社会の創り手となることが期待される児童生徒に，生きる力を育むことを目指すに当たっては，学校教育全体並びに各教科，道徳科(小中のみ)，外国語活動(小学校のみ)，総合的な学習(高校は「探究」)の時間及び特別活動の指導を通してどのような資質・能力の育成を目指すのかを明確にしながら，教育活動の充実を図る。

4 各学校においては，教育課程に基づき組織的かつ計画的に教育活動の質の向上を図っていく「カリキュラム・マネジメント」に努める。カリキュラム・マネジメントは，学校教育に関わる様々な取組を，教育課程を中心に据えながら組織的かつ計画的に実施し，教育活動の質の向上につなげていくことであり，中央教育審議会答申の整理を踏まえ次の三つの側面から整理して示している。

・児童生徒や学校，地域の実態を適切に把握し，教育の目的や目標の実現に必要な教育の内容等を教科等横断的な視点で組み立てていく
・教育課程の実施状況を評価してその改善を図っていく
・教育課程の実施に必要な人的又は物的な体制を確保するとともにその改善を図っていく

□教育課程の編成

1 各学校の教育目標と教育課程の編成

各学校における教育課程の編成に当たって重要となる各学校の教育目標の設定と，教育課程の編成についての基本的な方針の家庭や地域との共有，総合的な学習の時間について各学校が定める目標との関連について示している。

2　教科等横断的な視点に立った資質・能力

教科等横断的な視点をもってねらいを具体化したり，他の教科等における指導との関連付けを図りながら，幅広い学習や生活の場面で活用できる力を育むことを目指したりしていく。

3　教育課程の編成における共通的事項

学習指導要領に示されている各教科，道徳科，外国語活動(※小学校のみ)及び特別活動の内容の取扱いについて示している。各学校においては，配当できる授業時数を考慮しつつ，児童生徒の心身の発達の段階や特性及び地域の実態を踏まえ，具体的な指導内容を確定し，適切に配置しなければならない。

4　学校段階等間の接続

□教育課程の実施と学習評価

1　主体的・対話的で深い学びの実現に向けた授業改善

単元や題材など内容や時間のまとまりを見通しながら，児童生徒の主体的・対話的で深い学びの実現に向けた授業改善を行うこと，その際，各教科等の「見方・考え方」を働かせ，各教科等の学習の過程を重視して充実を図ることが重要である。

2　学習評価の充実

学習評価は，学校における教育活動に関し，児童生徒の学習状況を評価するものである。「児童生徒にどういった力が身に付いたか」という学習の成果を的確に捉え，教師が指導の改善を図るとともに，児童生徒自身が自らの学習を振り返って次の学習に向かうことができるようにするためにも，学習評価の在り方は重要であり，教育課程や学習・指導方法の改善と一貫性のある取組を進めることが求められる。

□児童生徒の発達の支援

1　児童生徒の発達を支える指導の充実

学校は，児童生徒にとって伸び伸びと過ごせる楽しい場でなければならない。児童生徒一人一人は興味や関心などが異なることを前提に，児童生徒が自分の特徴に気付き，よい所を伸ばし，自己肯定感をもちながら，日々の学校生活を送ることができるようにすることが重要である。

児童生徒に学校で学ぶことと社会との接続を意識させ，一人一人の社会的・職業的自立に向けて必要な基盤となる資質・能力を育み，キャリア発達を促すキャリア教育の充実を図る。

2　特別な配慮を必要とする児童生徒への指導

特別支援教育に関する教育課程編成の基本的な考え方や個に応じた指導を充実させるための教育課程実施上の留意事項などが一体的に分かるよう，学習指導要領の示し方について充実を図ることとした。

□学校運営上の留意事項

1　教育課程の改善と学校評価等

教育課程の編成，実施，改善は教育活動や学校運営の中核となることを踏まえ，教育課程を中心として教育活動の質の向上を図るカリキュラム・マネジメントは学校評価と関連付けて実施することが重要である。

2　家庭や地域社会との連携及び協働と学校間の連携

教育活動の計画や実施の場面では，家庭や地域の人々の積極的な協力を得て児童生徒にとって大切な学習の場である地域の教育資源や学習環境を一層活用していく。

□道徳教育に関する配慮事項

1　各学校においては，道徳教育の全体計画を作成し，校長の方針の下に，全教師が協力して道徳教育を展開すること。全体計画の作成に当たっては，児童生徒や学校，地域の実態を考慮して重点目標を設定し，学習指導や特別活動の内容との関連及び家庭や地域社会との連携の方法を示すこと。

2　各学校においては，児童生徒の発達の段階や特性等を踏まえ，指導内容の重点化を図ること。その際，自立心や自律性，生命を尊重する心などをはじめ，小学校及び中学校の学習指導要領における道徳科の内容を基にした指導に留意すること。

3　学校や学級内の人間関係や環境を整えるとともに，集団宿泊活動やボランティア活動，自然体験活動，地域の行事への参加などの豊かな体験を充実すること。その際，いじめの防止や安全の確保等にも資するよう留意すること。

4　学校の道徳教育の全体計画や諸活動などの情報を積極的に公表したり，家庭や地域の人々の積極的な参加や協力を得るなど，家庭や地域社会との共通理解を深め，相互の連携を図ること。

●道徳教育

□道徳教育の教科化

文部科学省は平成27年3月，小中学校の学習指導要領を一部改正し，教科外の活動だった道徳を「特別の教科　道徳」として位置付けた。

検定教科書を使用した授業を，小学校で平成30年度，中学校で31年度から実施する。

「特別の教科　道徳」では，子供たちが討論などを通じて自分で課題の解決を探る学習手法を導入しており，これまでの教材を読むことが中心で形式化した現行授業からの脱却を図る。また新しい学習指導要領の内容を先取りした授業も可能となっている。

指導内容については，日本社会の急速な国際化を踏まえ，小学校3年生以上の指導内容とされていた「国への親しみや愛着」を小学校1年生からに前倒ししている。またインターネットを使ったいじめの急増に対応するため，指導が手薄になっている「情報モラル」の充実なども明記している。

□学習指導要領改訂の基本方針

平成28年12月の中央教育審議会の答申において，教育課程の基準の改善のねらいが示されるとともに，各教科等別の主な改善事項を示している。

答申の中で，「特別の教科　道徳」の改善の基本方針については，次のように示されている。

○　小・中学校では，平成27年3月に学習指導要領等の一部改正を行い，「特別の教科 道徳」を新たに位置付けており，それに基づき「考え，議論する」道徳の授業への転換を図るとともに，各教科等で「学びに向かう力，人間性等」を育てることで道徳性を養う。

○　高等学校では，特別活動及び公民科における「公共」「倫理」を中核的な指導場面として関連付けを図り，学校全体で人間としての在り方生き方に関する教育を進める。また，小中学校の内容とのつながりを意識しつつ生徒の実態に応じて重点化した全体計画を作成するとともに，新たに道徳教育推進教師を置くこととする。

○　いじめへの対応，情報モラル等の現代的な課題への対応に加え，積極的な社会参画，障害者理解（「心のバリアフリー」）に関する取組の充実を図る。

●特別活動

□学習指導要領改訂の基本方針

平成28年12月の中央教育審議会の答申において，教育課程の基準の改善のねらいが示されるとともに，各教科等別の主な改善事項を示している。このたびの小学校・中学校の特別活動の改訂は，これらを踏まえて行われたものである。

答申の中で，特別活動の改善の基本方針については，次のように示されている。

○　「人間関係形成」「社会参画」「自己実現」の3つの視点を踏まえて目標及び内容を整理し，各活動の趣旨をより明確化する。また，小・中・高等学校を通じて学級(ホームルーム)経営との関連を図ることを明確化する。

○　学級活動・ホームルーム活動の内容構成を見直し，小・中・高等学校を通じて，学級・ホームルームの課題を自分たちで見いだして解決に向けて話し合う活動を重視すること，学校教育全体で行うキャリア教育の中核的な役割を果たすことを明確化する。

○　主権者教育の視点，防災を含む安全教育，自然の中での集団宿泊活動の充実を図る。キャリア教育に関わる活動に関して記述し振り返る「キャリア・パスポート(仮称)」を作成し活用を図る。

●総合的な学習(探究)の時間

□総合的な学習の時間とは

総合的な学習(探究)の時間は，変化の激しい社会に対応して，自ら課題を見付け，自ら学び，自ら考え，主体的に判断し，よりよく問題を解決する資質や能力を育てることなどをねらいとすることから，思考力・判断力・表現力等が求められる「知識基盤社会」の時代においてますます重要な役割を果たすものである。

総合的な学習(探究)の時間については，その課題を踏まえ，基礎的・基本的な知識・技能の定着やこれらを活用する学習活動は，教科で行うことを前提に，体験的な学習に配慮しつつ，教科等の枠を超えた横断的・総合的な学習，探究的な活動となるよう充実を図る。このような学習活動は，子どもたちの思考力・判断力・表現力等をはぐくむとともに，各教科における基礎的・基本的な知識・技能の習得にも資するなど教科と一体となって子どもたちの力を伸ばすものである。

□学習指導要領改訂の基本方針

平成28年12月の中央教育審議会の答申において，教育課程の基準の改善のねらいが示されるとともに，各教科等別の主な改善事項を示している。このたびの小学校・中学校の総合的な学習の時間の改訂は，これらを踏まえて行われたものである。

答申の中で，総合的な学習の時間の改善の基本方針については，次のように示されている。

○　総合的な学習の時間の目標は，各学校の学校教育目標を踏まえて設定することとするなど，目標や内容の設定についての考え方を示す。

○　総合的な学習の時間を通して育成する資質・能力について，探究のプロセスを通じて働く学習方法(思考スキル)に関する資質・能力を例示するなどの示し方の工夫を行う。

○　高等学校の総合的な学習の時間を，小・中学校の成果を踏まえつつ，自己のキャリア形成の方向性と関連付けながら，生涯にわたって探究する能力を育むための総仕上げとして位置付ける。

○　名称を「総合的な探究の時間」とし，主体的に探究することを支援する教材の導入も検討する。

学習指導要領　変遷・総則

実施問題

【1】「学習指導要領」とは，全国どこの学校でも一定の水準が保てるよう，文部科学省が定めている教育課程(カリキュラム)の基準で，およそ10年に1度，改訂している。次の表は，「学習指導要領」が改訂された年と，その改訂の趣旨を表にしたものである。表中の(　①　)～(　③　)に該当する語句を，以下の1～9から一つずつ選びなさい。

改訂年	改訂の趣旨
昭和33～35年	教育課程の基準としての性格の明確化
昭和43～45年	教育内容の一層の向上（「教育内容の現代化」）
昭和52～53年	（　①　）学校生活の実現＝学習負担の適正化
平成元年	（　②　）に自ら対応できる心豊かな人間の育成
平成10～11年	基礎・基本を確実に身に付けさせ，自ら学び自ら考える力などの［生きる力］の育成
平成20～21年	「生きる力」の育成，基礎的・基本的な知識・技能の習得，（　③　）等の育成のバランス
平成29～30年	「生きる力」の育成を目指し資質・能力を三つの柱で整理，社会に開かれた教育課程の実現

1　競争から協調への　　2　ゆとりある充実した
3　楽しく学ぶ　　4　国際化社会
5　情報化社会　　6　社会の変化
7　思考力・判断力・表現力　　8　学びに向かう意欲
9　アクティブ・ラーニング能力

2024年度 | 高知県 | 難易度

【2】学習指導要領に関する事項

1　「小学校学習指導要領」の「第1章　総則　第2　教育課程の編成」に関する内容として，適当でないものを選びなさい。

①　学校教育全体や各教科等における指導を通して育成を目指す資質・能力を踏まえつつ，各学校の教育目標を明確にするとともに，教育課程の編成についての基本的な方針が家庭や地域とも共有されるよう努める。

②　児童の発達の段階を考慮し，言語能力，情報活用能力(情報モ

ラルを含む。), 問題発見・解決能力等の学習の基盤となる資質・能力を育成していくことができるよう, 各教科等の特質を生かし, 教科等横断的な視点から教育課程の編成を図る。

③ 各教科等の授業は, 年間35週(第1学年については34週)以上にわたって行うよう計画し, 週当たりの授業時数が児童の負担過重にならないようにするものとする。

④ 特別活動の授業のうち, 児童会活動, クラブ活動及び学校行事については, それらの内容に応じ, 年間, 学期ごと, 月ごとなどに適切な授業時数を充てるものとする。

⑤ 小学校の終わりまでに育ってほしい姿を踏まえた指導を工夫することにより, 幼稚園教育要領等に基づく幼児期の教育を通して育まれた資質・能力を踏まえて教育活動を実施し, 児童が主体的に自己を発揮しながら学びに向かうことが可能となるようにする。

2 次の文は,「中学校学習指導要領」の「第1章 総則 第1 中学校教育の基本と教育課程の役割」の一部である。文中の(a)～(c)にあてはまる語句の組合せとして, 最も適当なものを選びなさい。

> 道徳教育を進めるに当たっては, 人間尊重の精神と生命に対する畏敬の念を家庭, 学校, その他社会における具体的な生活の中に生かし, (a)をもち, 伝統と文化を尊重し, それらを育んできた我が国と郷土を愛し, 個性豊かな文化の創造を図るとともに, 平和で民主的な国家及び社会の形成者として, 公共の精神を尊び, 社会及び国家の発展に努め, 他国を尊重し, 国際社会の平和と発展や(b)に貢献し未来を拓く(c)のある日本人の育成に資することとなるよう特に留意すること。

① a 豊かな心 b 環境の保全 c 主体性
② a 豊かな心 b 環境の保全 c 協調性
③ a 豊かな心 b 地球的課題の解決 c 主体性
④ a 健やかな体 b 地球的課題の解決 c 協調性

⑤ a 健やかな体 b 地球的課題の解決 c 主体性

3 次の文は,「高等学校学習指導要領解説 総則編」の「第6章 生徒の発達の支援 第1節 生徒の発達を支える指導の充実 5 指導方法や指導体制の工夫改善など個に応じた指導の充実(第1章総則第5款1(5))」の一部である。文中の(a)~(c)にあてはまる語句の組合せとして,最も適当なものを選びなさい。

生徒が,(a)な知識及び技能の習得も含め,学習内容を確実に身に付けることができるよう,生徒や学校の実態に応じ,個別学習やグループ別学習,繰り返し学習,学習内容の(b)の程度に応じた学習,生徒の興味・関心等に応じた課題学習,補充的な学習や発展的な学習などの学習活動を取り入れることや,(c)の協力による指導体制を確保することなど,指導方法や指導体制の工夫改善により,個に応じた指導の充実を図ること。

① a 応用的・発展的 b 習熟 c 地域
② a 基礎的・基本的 b 進度 c 地域
③ a 基礎的・基本的 b 習熟 c 教師間
④ a 主体的・対話的 b 進度 c 学校間
⑤ a 主体的・対話的 b 意欲 c 教師間

4 「特別支援学校教育要領・学習指導要領解説 総則編(幼稚部・小学部・中学部)」の「第3編 小学部・中学部学習指導要領解説 第2章 教育課程の編成及び実施 第3節 教育課程の編成」に関する内容として,適当でないものを選びなさい。

① 教育課程の編成に当たっては,学校教育全体や各教科等における指導を通して育成を目指す資質・能力を踏まえつつ,各学校の教育目標を明確にするとともに,教育課程の編成についての基本的な方針が家庭や地域とも共有されるよう努めるものとする。

② 知的障害者である児童に対する教育を行う特別支援学校の小学部においては,生活,国語,算数,音楽,図画工作及び体育の各教科,道徳科,特別活動並びに自立活動については,特に示す場合を除き,全ての児童に履修させるものとする。また,外国語活

動については，児童や学校の実態を考慮し，必要に応じて設けることができる。

③　特別支援学校においては，児童又は生徒の障害の状態や特性及び心身の発達の段階等を考慮し，言語能力，情報活用能力，問題発見・解決能力等の学習の基盤となる資質・能力の育成や教科等横断的な視点から教育課程の編成を必ずしも図る必要がない。

④　中学部においては，特別支援学校高等部学習指導要領又は高等学校学習指導要領を踏まえ，高等部における教育又は高等学校教育及びその後の教育との円滑な接続が図られるよう工夫すること。

⑤　各学校においては，豊かな人生の実現や災害等を乗り越えて次代の社会を形成することに向けた現代的な諸課題に対応して求められる資質・能力を，教科等横断的な視点で育成していくことができるよう，各学校の特色を生かした教育課程の編成を図るものとする。

2024年度 | 千葉県・千葉市 | 難易度

【3】小学校・中学校学習指導要領(平成29年3月告示)，高等学校学習指導要領(平成30年告示)，特別支援学校小学部・中学部学習指導要領(平成29年4月告示)及び特別支援学校高等部学習指導要領(平成31年2月告示)について，次の各問いに答えなさい。

問1　次の文は，小学校学習指導要領総則の「小学校教育の基本と教育課程の役割」，中学校学習指導要領総則の「中学校教育の基本と教育課程の役割」，高等学校学習指導要領総則の「高等学校教育の基本と教育課程の役割」，特別支援学校小学部・中学部学習指導要領総則の「小学部及び中学部における教育の基本と教育課程の役割」及び特別支援学校高等部学習指導要領総則の「高等部における教育の基本と教育課程の役割」に関する記述の一部である。[　1　]，[　2　]に当てはまる語句を以下の①～⑥の中からそれぞれ1つずつ選び，番号で答えよ。ただし，同一番号には同一語句が入る。また，下線部については，中学校・高等学校・特別支援学校高等部においては≪　　≫で読み替えることとする。

小学校，中学校，高等学校

> 基礎的・基本的な知識及び技能を確実に習得させ，これらを活用して課題を解決するために必要な思考力，判断力，表現力等を育むとともに，主体的に学習に取り組む態度を養い，個性を生かし[　1　]との協働を促す教育の充実に努めること。その際，児童≪生徒≫の発達の段階を考慮して，児童≪生徒≫の言語活動など，学習の基盤をつくる活動を充実するとともに，家庭との連携を図りながら，児童≪生徒≫の[　2　]が確立するよう配慮すること。

特別支援学校小学部・中学部，特別支援学校高等部

> 基礎的・基本的な知識及び技能を確実に習得させ，これらを活用して課題を解決するために必要な思考力，判断力，表現力等を育むとともに，主体的に学習に取り組む態度を養い，個性を生かし[　1　]との協働を促す教育の充実に努めること。その際，児童又は生徒≪生徒≫の発達の段階を考慮して，児童又は生徒≪生徒≫の言語活動など，学習の基盤をつくる活動を充実するとともに，家庭との連携を図りながら，児童又は生徒≪生徒≫の[　2　]が確立するよう配慮すること。

①　学びに向かう姿勢　②　他の児童　③　基礎学力
④　地域住民　⑤　学習習慣　⑥　多様な人々

問2　次の文は，小学校学習指導要領総則，中学校学習指導要領総則，高等学校学習指導要領総則，特別支援学校小学部・中学部学習指導要領総則及び特別支援学校高等部学習指導要領総則の「教育課程の実施と学習評価」に関する記述の一部である。[　1　]～[　3　]に当てはまる語句を以下の①～⑨の中からそれぞれ1つずつ選び，番号で答えよ。ただし，同一番号には同一語句が入る。また，下線部については，小学校においては≪　　≫，高等学校においては＜　　＞，特別支援学校高等部においては【　　】で読み替えることとする。

小学校，中学校，高等学校

> 学習評価の実施に当たっては，次の事項に配慮するものとする。
> (1) 生徒≪児童≫のよい点や進歩の状況などを[1]に評価し，学習したことの意義や価値を実感できるようにすること。また，各教科等<各教科・科目等>の目標の実現に向けた学習状況を把握する観点から，単元や題材など内容や時間のまとまりを見通しながら評価の場面や方法を工夫して，学習の過程や成果を評価し，指導の改善や[2]の向上を図り，資質・能力の育成に生かすようにすること。
> (2) 創意工夫の中で学習評価の妥当性や信頼性が高められるよう，組織的かつ計画的な取組を推進するとともに，学年や学校段階を越えて生徒≪児童≫の学習の成果が円滑に[3]されるように工夫すること。

特別支援学校小学部・中学部，特別支援学校高等部

> 学習評価の実施に当たっては，次の事項に配慮するものとする。
> (1) 児童又は生徒【生徒】のよい点や可能性，進歩の状況などを[1]に評価し，学習したことの意義や価値を実感できるようにすること。また，各教科等【各教科・科目等又は各教科等】の目標の実現に向けた学習状況を把握する観点から，単元や題材など内容や時間のまとまりを見通しながら評価の場面や方法を工夫して，学習の過程や成果を評価し，指導の改善や[2]の向上を図り，資質・能力の育成に生かすようにすること。
> (中略)
> (3) 創意工夫の中で学習評価の妥当性や信頼性が高められるよう，組織的かつ計画的な取組を推進するとともに，学年や学校【学部】段階を越えて児童又は生徒【生徒】の学習の成果が円滑に[3]されるように工夫すること。

① 積極的　② 接続　③ 学習意欲　④ 共有

⑤ 指導計画　⑥ 分析　⑦ 厳格　⑧ 学力
⑨ 総合的

▌2024年度 ▌長崎県 ▌難易度 ■■■■□□

【4】次の文章は，学習指導要領の総則に示された体験活動に関する記述について，小学校，中学校，高等学校及び特別支援学校に共通した部分の抜粋である。文章中の空欄(　①　)～(　⑤　)に当てはまる語句を正しく組み合わせているものはどれか，以下のア～オから1つ選びなさい。

> 児童[*1]が(　①　)の有限性や(　②　)の大切さ，主体的に挑戦してみることや多様な他者と協働することの重要性などを(　③　)しながら理解することができるよう，各教科等[*2]の特質に応じた体験活動を重視し，(　④　)と連携しつつ体系的・(　⑤　)に実施できるよう工夫すること。
> ＊1　中学校，高等学校及び特別支援学校高等部では「生徒」，特別支援学校小学部・中学部では「児童又は生徒」
> ＊2　高等学校では「各教科・科目等」，特別支援学校高等部では「各教科・科目等又は各教科等」

	①	②	③	④	⑤
ア	生命	自然	実感	家庭や地域社会	継続的
イ	生命	自然	実感	自治体や企業	効果的
ウ	生命	自然	想像	家庭や地域社会	効果的
エ	自然	生命	想像	家庭や地域社会	継続的
オ	自然	生命	実感	自治体や企業	継続的

▌2024年度 ▌京都府 ▌難易度 ■□□□□

【5】次の文章は，平成29年告示の小学校学習指導要領及び中学校学習指導要領，平成30年告示の高等学校学習指導要領の「第1章　総則」の一部である。(　A　)～(　E　)に当てはまる語句の組合せとして，正しいものはどれか。

(小学校)

ア　障害のある児童などについては，(　A　)の助言又は援助を活用しつつ，個々の児童の障害の状態等に応じた指導内容や指導方法の工夫を組織的かつ計画的に行うものとする。

ウ　障害のある児童に対して，(　B　)を行い，特別の教育課程を編成する場合には，特別支援学校小学部・中学部学習指導要領第7章に示す(　C　)の内容を参考とし，具体的な目標や内容を定め，指導を行うものとする。その際，効果的な指導が行われるよう，各教科等と(　B　)との関連を図るなど，教師間の連携に努めるものとする。

エ　障害のある児童などについては，家庭，地域及び医療や福祉，保健，労働等の業務を行う関係機関との連携を図り，長期的な視点で児童への教育的支援を行うために，(　D　)を作成し活用することに努めるとともに，各教科等の指導に当たって，個々の児童の実態を的確に把握し，(　E　)を作成し活用することに努めるものとする。特に，特別支援学級に在籍する児童や(　B　)を受ける児童については，個々の児童の実態を的確に把握し，(　D　)や(　E　)を作成し，効果的に活用するものとする。

(中学校)

ア　障害のある生徒などについては，(　A　)の助言又は援助を活用しつつ，個々の生徒の障害の状態等に応じた指導内容や指導方法の工夫を組織的かつ計画的に行うものとする。

ウ　障害のある生徒に対して，(　B　)を行い，特別の教育課程を編成する場合には，特別支援学校小学部・中学部学習指導要領第7章に示す(　C　)の内容を参考とし，具体的な目標や内容を定め，指導を行うものとする。その際，効果的な指導が行われるよう，各教科等と(　B　)との関連を図るなど，教師間の連携に努めるものとする。

エ　障害のある生徒などについては，家庭，地域及び医療や福祉，保健，労働等の業務を行う関係機関との連携を図り，長期的な視点で生徒への教育的支援を行うために，(　D　)を作成し活用することに努めるとともに，各教科等の指導に当たって，個々の生徒の実態を的確に把握し，(　E　)を作成し活用することに努めるものとする。特に，特別支援学級に在籍する生徒や(　B　)を受ける生徒については，個々の生徒の実態を的確に把握し，(　D　)や(　E　)を作成し，効果的に活用するものとする。

(高等学校)

ア　障害のある生徒などについては，(　A　)の助言又は援助を活用しつつ，個々の生徒の障害の状態等に応じた指導内容や指導方法の工夫を組織的かつ計画的に行うものとする。

イ　障害のある生徒に対して，学校教育法施行規則第140条の規定に基づき，特別の教育課程を編成し，障害に応じた特別の指導(以下「(　B　)」という。)を行う場合には，学校教育法施行規則第129条の規定により定める現行の特別支援学校高等部学習指導要領第6章に示す(　C　)の内容を参考とし，具体的な目標や内容を定め，指導を行うものとする。その際，(　B　)が効果的に行われるよう，各教科・科目等と(　B　)との関連を図るなど，教師間の連携に努めるものとする。

ウ　障害のある生徒などについては，家庭，地域及び医療や福祉，保健，労働等の業務を行う関係機関との連携を図り，長期的な視点で生徒への教育的支援を行うために，(　D　)を作成し活用することに努めるとともに，各教科・科目等の指導に当たって，個々の生徒の実態を的確に把握し，(　E　)を作成し活用することに努めるものとする。特に，(　B　)を受ける生徒については，個々の生徒の障害の状態等の実態を的確に把握し，(　D　)や(　E　)を作成し，効果的に活用するものとする。

	A	B	C	D	E
1.	特別支援学校等	訪問による指導	補充的な学習	個別の指導計画	個別の教育支援計画
2.	特別支援学校等	通級による指導	自立活動	個別の教育支援計画	個別の指導計画
3.	養護教諭等	通級による指導	補充的な学習	個別の指導計画	個別の教育支援計画
4.	養護教諭等	訪問による指導	自立活動	個別の教育支援計画	個別の指導計画
5.	養護教諭等	通級による指導	補充的な学習	個別の教育支援計画	個別の指導計画

▌2024年度 ▌岡山県 ▌難易度

【6】「小学校学習指導要領(平成29年3月告示)」,「中学校学習指導要領(平成29年3月告示)」,「高等学校学習指導要領(平成30年3月告示)」の総則では，児童(生徒)の発達を支える指導の充実について，次のとおり述べられている。文中の(①)～(④)に入る語句を以下のア～クから一つずつ選び，記号で答えなさい。ただし，同じ番号の( )には同じ語句が入る。

(1) 学習や生活の基盤として，教師と児童(生徒)*1との信頼関係及び児童(生徒)*1相互の(①)人間関係を育てるため，日頃から学級(ホームルーム)*2経営の充実を図ること。また，主に集団の場面で必要な指導や援助を行う(②)と，個々の児童(生徒)*1の多様な実態を踏まえ，一人一人が抱える課題に個別に対応した指導を行う(③)の双方により，児童(生徒)*1の発達を支援すること。

(略)*3

(2) 児童(生徒)*1が，自己の存在感を実感しながら，(①)人間関係を形成し，有意義で充実した学校生活を送る中で，現在及び将来における自己実現を図っていくことができるよう，児童(生徒)*1理解を深め，(④)と関連付けながら，生徒指導の充実を図ること。

(注) ＊1 小学校学習指導要領は児童，中学校・高等学校学習指導要領は生徒と表記している。

(注) ＊2 小学校・中学校学習指導要領は学級，高等学校学習指導要領はホームルームと表記している。

(注) ＊3 小学校学習指導要領のみ該当する。

ア 好ましい　　イ 家庭生活　　ウ カウンセリング
エ 学習指導　　オ シェアリング　　カ よりよい
キ ピア・サポート　　ク ガイダンス

2024年度 ▌静岡県・静岡市・浜松市 ▌難易度 ■■■□□

【7】次は，小学校〈中学校・高等学校〉学習指導要領「第1章　総則」の一部である。空欄[1]～[3]にあてはまることばを，以下のア～ケからそれぞれ一つ選べ。

※〈　〉内は中学校・高等学校学習指導要領による。

2　学校の教育活動を進めるに当たっては，各学校において，第3〈款〉の1に示す主体的・対話的で深い学びの実現に向けた授業改善を通して，創意工夫を生かした特色ある教育活動を展開する中で，次の(1)から(3)までに掲げる事項の実現を図り，児童〈生徒〉に生きる力を育むことを目指すものとする。

(1)　略

(2)　道徳教育や体験活動，多様な表現や鑑賞の活動等を通して，豊かな心や[　1　]の涵(かん)養を目指した教育の充実に努めること。

中略

道徳教育を進めるに当たっては，人間尊重の精神と生命に対する畏敬の念を家庭，学校，その他社会における具体的な生活の中に生かし，豊かな心をもち，[　2　]を尊重し，それらを育んできた我が国と郷土を愛し，個性豊かな文化の創造を図るとともに，平和で民主的な国家及び社会の形成者として，公共の精神を尊び，社会及び国家の発展に努め，他国を尊重し，国際社会の平和と発展や[　3　]に貢献し未来を拓(ひら)く主体性のある日本人の育成に資することとなるよう特に留意すること。

(3)　略

ア．伝統と文化　　イ．責任感　　ウ．持続可能な社会
エ．経済の発展　　オ．環境の保全　　カ．創造性
キ．協調性　　ク．人権と文化　　ケ．個人の意見

▌2024年度 ▌山梨県 ▌難易度 ■■■□□

【8】次の文章は，平成29年告示の小学校学習指導要領及び中学校学習指導要領，平成30年告示の高等学校学習指導要領の「第1章　総則」の一部である。(　A　)～(　E　)に当てはまる語句の組合せとして正しいものはどれか。

(小学校)

各学校においては，第1の2の(2)に示す道徳教育の(　A　)を踏まえ，道徳教育の(　B　)を作成し，(　C　)の方針の下に，道徳教育の推進を主に担当する教師(以下「道徳教育推進教師」という。)を中心に，

(D)が協力して道徳教育を展開すること。なお，道徳教育の(B)の作成に当たっては，児童や学校，地域の実態を考慮して，学校の道徳教育の重点目標を設定するとともに，道徳科の指導方針，第3章特別の教科道徳の第2に示す内容との関連を踏まえた各教科，外国語活動，総合的な学習の時間及び(E)における指導の内容及び時期並びに家庭や地域社会との連携の方法を示すこと。

(中学校)

各学校においては，第1の2の(2)に示す道徳教育の(A)を踏まえ，道徳教育の(B)を作成し，(C)の方針の下に，道徳教育の推進を主に担当する教師(以下「道徳教育推進教師」という。)を中心に，(D)が協力して道徳教育を展開すること。なお，道徳教育の(B)の作成に当たっては，生徒や学校，地域の実態を考慮して，学校の道徳教育の重点目標を設定するとともに，道徳科の指導方針，第3章特別の教科道徳の第2に示す内容との関連を踏まえた各教科，総合的な学習の時間及び(E)における指導の内容及び時期並びに家庭や地域社会との連携の方法を示すこと。

(高等学校)

各学校においては，第1款の2の(2)に示す道徳教育の(A)を踏まえ，道徳教育の(B)を作成し，(C)の方針の下に，道徳教育の推進を主に担当する教師(「道徳教育推進教師」という。)を中心に，(D)が協力して道徳教育を展開すること。なお，道徳教育の(B)の作成に当たっては，生徒や学校の実態に応じ，指導の方針や重点を明らかにして，各教科・科目等との関係を明らかにすること。その際，公民科の「公共」及び「倫理」並びに(E)が，人間としての在り方生き方に関する中核的な指導の場面であることに配慮すること。

	A	B	C	D	E
1.	目的	年間計画	各学校	全教師	学校行事
2.	目的	全体計画	校長	教職員	特別活動
3.	目標	年間計画	校長	教職員	学校行事
4.	目標	全体計画	各学校	教職員	特別活動
5.	目標	全体計画	校長	全教師	特別活動

2024年度 岡山県 難易度

【9】次の文は，小学校学習指導要領(平成29年告示)解説「総則編」(平成29年7月文部科学省)の一部である。文中の(　ア　)～(　オ　)に当てはまる言葉を以下のA～Jから一つずつ選び，その記号を書け。なお，中学校学習指導要領(平成29年告示)解説「総則編」(平成29年7月文部科学省)においては，文中の児童は生徒と，高等学校学習指導要領(平成30年告示)解説「総則編」(平成30年7月文部科学省)においては，文中の児童は生徒と，さらには更にと表記されている。

> 特別支援教育において大切な視点は，児童一人一人の障害の状態等により，学習上又は生活上の困難が異なることに十分留意し，個々の児童の障害の状態等に応じた指導内容や指導方法の工夫を検討し，適切な指導を行うことであると言える。
>
> そこで，校長は，特別支援教育実施の責任者として，(　ア　)を設置して，(　イ　)を指名し，校務分掌に明確に位置付けるなど，学校全体の特別支援教育の体制を充実させ，効果的な学校運営に努める必要がある。その際，各学校において，児童の障害の状態等に応じた指導を充実させるためには，(　ウ　)等に対し専門的な助言又は援助を要請するなどして，計画的，組織的に取り組むことが重要である。
>
> こうした点を踏まえ，各教科等の指導計画に基づく内容や方法を見通した上で，(　エ　)指導内容や指導方法を計画的に検討し実施することが大切である。
>
> さらに，障害のある児童などの指導に当たっては，担任を含む全ての教師間において，個々の児童に対する配慮等の必要性を共通理解するとともに，(　オ　)に努める必要がある。

A　校内委員会　　　　B　専門アドバイザー
C　ケース会議　　　　D　特別支援教育コーディネーター
E　医療機関や福祉機関　　F　特別支援学校
G　個に応じた　　　　H　専門性の向上
I　教師間の連携　　　J　基礎的な

▌2024年度 ▌愛媛県 ▌難易度 ■■□□□

【10】次の文章は，平成29年告示の小学校学習指導要領及び中学校学習指導要領，平成30年告示の高等学校学習指導要領の「第1章　総則」の一部である。(A)～(E)に当てはまる語句の組合せとして正しいものはどれか。

(小学校)

児童が，学ぶことと自己の(A)とのつながりを見通しながら，社会的・(B)自立に向けて必要な基盤となる(C)を身に付けていくことができるよう，(D)を要としつつ各教科等の特質に応じて，(E)の充実を図ること。

(中学校)

生徒が，学ぶことと自己の(A)とのつながりを見通しながら，社会的・(B)自立に向けて必要な基盤となる(C)を身に付けていくことができるよう，(D)を要としつつ各教科等の特質に応じて，(E)の充実を図ること。

(高等学校)

生徒が，学ぶことと自己の(A)とのつながりを見通しながら，社会的・(B)自立に向けて必要な基盤となる(C)を身に付けていくことができるよう，(D)を要としつつ各教科・科目等の特質に応じて，(E)の充実を図ること。

	A	B	C	D	E
1.	将来	経済的	生きる力	特別活動	生徒指導
2.	将来	職業的	資質・能力	課外活動	キャリア教育
3.	生き方	職業的	生きる力	課外活動	生徒指導
4.	生き方	経済的	生きる力	課外活動	生徒指導
5.	将来	職業的	資質・能力	特別活動	キャリア教育

▌2024年度 ▌岡山県 ▌難易度

【11】次の文は，「小学校学習指導要領」(平成29年3月告示　文部科学省)，「中学校学習指導要領」(平成29年3月告示　文部科学省)，「特別支援学校小学部・中学部学習指導要領」(平成29年4月告示　文部科学省)，「高等学校学習指導要領」(平成30年3月告示　文部科学省)の「第1章 総則」では，「学習評価の充実」に関して，次のように記されている。

文中の(A)～(C)にあてはまる語句の正しい組合せを，以下の1～5の中から1つ選べ。なお，文中の「児童」は，「特別支援学校小学部・中学部学習指導要領」では「児童又は生徒」，「中学校学習指導要領」，「高等学校学習指導要領」では「生徒」と記されている。また「各教科等」は，「高等学校学習指導要領」では「各教科・科目等」と記されている。その他，「特別支援学校小学部・中学部学習指導要領」には一部異なる語句が含まれている。

児童のよい点や進歩の状況などを積極的に評価し，学習したことの(A)を実感できるようにすること。また，各教科等の目標の実現に向けた(B)を把握する観点から，単元や題材など内容や時間のまとまりを見通しながら評価の場面や方法を工夫して，学習の過程や成果を評価し，(C)や学習意欲の向上を図り，資質・能力の育成に生かすようにすること。

	A	B	C
1.	成就感や達成感	到達度	学力の形成
2.	成就感や達成感	到達度	指導の改善
3.	意義や価値	学習状況	学力の形成
4.	意義や価値	学習状況	指導の改善
5.	意義や価値	到達度	学力の形成

▌2024年度 ▌和歌山県 ▌難易度 ■□□□□

【12】次の文章は，平成29年告示の小学校学習指導要領及び中学校学習指導要領，平成30年告示の高等学校学習指導要領の「第1章　総則」の一部である。(A)～(E)に当てはまる語句の組合せとして正しいものはどれか。

(小学校)

(1) 各学校においては，児童の発達の段階を考慮し，(A)，情報活用能力(情報モラルを含む。)，(B)等の学習の基盤となる資質・能力を育成していくことができるよう，各教科等の特質を生かし，(C)視点から教育課程の編成を図るものとする。

(2) 各学校においては，児童や学校，(D)の実態及び児童の発達の段階を考慮し，豊かな人生の実現や災害等を乗り越えて次代の社会を形成することに向けた(E)に対応して求められる資質・能力を，(C)視点で育成していくことができるよう，各学校の特色を生かした教育課程の編成を図るものとする。

(中学校)

(1) 各学校においては，生徒の発達の段階を考慮し，(A)，情報活用能力(情報モラルを含む。)，(B)等の学習の基盤となる資質・能力を育成していくことができるよう，各教科等の特質を生かし，(C)視点から教育課程の編成を図るものとする。

(2) 各学校においては，生徒や学校，(D)の実態及び生徒の発達の段階を考慮し，豊かな人生の実現や災害等を乗り越えて次代の社会を形成することに向けた(E)に対応して求められる資質・能力を，(C)視点で育成していくことができるよう，各学校の特色を生かした教育課程の編成を図るものとする。

(高等学校)

(1) 各学校においては，生徒の発達の段階を考慮し，(A)，情報活用能力(情報モラルを含む。)，(B)等の学習の基盤となる資質・能力を育成していくことができるよう，各教科・科目等の特質を生かし，(C)視点から教育課程の編成を図るものとする。

(2) 各学校においては，生徒や学校，(D)の実態及び生徒の発達の段階を考慮し，豊かな人生の実現や災害等を乗り越えて次代の社会を形成することに向けた(E)に対応して求められる資質・能力を，(C)視点で育成していくことができるよう，各学校の特色を生かした教育課程の編成を図るものとする。

	A	B	C	D	E
1.	言語能力	問題発見・解決能力	教科等横断的な	地域	現代的な諸課題
2.	言語能力	課題発見力	カリキュラム・マネジメントの	保護者	現代的な諸課題
3.	非認知能力	課題発見力	カリキュラム・マネジメントの	地域	持続可能な社会の実現
4.	言語能力	課題発見力	教科等横断的な	地域	現代的な諸課題
5.	非認知能力	問題発見・解決能力	カリキュラム・マネジメントの	保護者	持続可能な社会のの実現

▌2024年度 ▌岡山県 ▌難易度

【13】次の文は，小学校学習指導要領(平成29年3月告示)，中学校学習指導要領(平成29年3月告示)及び高等学校学習指導要領(平成30年3月告示)の「第1章(高等学校では第1款)総則　第3　教育課程の実施と学習評価」の一部である。文中の(a)〜(c)に当てはまる語句の正しい組合せはどれか。以下の1〜6から1つ選べ。なお，文中の「児童」は，中学校及び高等学校の学習指導要領では「生徒」と表記されており，「各教科等」は，高等学校学習指導要領では「各教科・科目等」と表記されている。

学習評価の実施に当たっては，次の事項に配慮するものとする。

(1)　児童のよい点や進歩の状況などを(a)に評価し，学習したことの意義や価値を実感できるようにすること。また，各教科等の目標の実現に向けた(b)を把握する観点から，単元や題材など内容や時間のまとまりを見通しながら評価の場面や方法を工夫して，学習の過程や成果を評価し，指導の改善や学習意欲の向上を図り，資質・能力の育成に生かすようにすること。

(2)　創意工夫の中で学習評価の妥当性や(c)が高められるよう，組織的かつ計画的な取組を推進するとともに，学年や学校段階を越えて児童の学習の成果が円滑に接続されるように工夫すること。

1　a－積極的　b－到達度　c－客観性
2　a－積極的　b－学習状況　c－客観性
3　a－積極的　b－学習状況　c－信頼性
4　a－肯定的　b－到達度　c－客観性
5　a－肯定的　b－学習状況　c－信頼性
6　a－肯定的　b－到達度　c－信頼性

▌2024年度 ▌奈良県 ▌難易度 ■■■□□

【14】次の文は，小学校学習指導要領(平成29年告示)，中学校学習指導要領(平成29年告示)及び高等学校学習指導要領(平成30年告示)の一部である。文中の(a)にあてはまる語句として正しいものを，以下の1〜4のうちから1つ選びなさい。

第1章　総則　第3　教育課程の実施と学習評価
　1　主体的・対話的で深い学びの実現に向けた授業改善
　　(4)　児童(生徒)が(　a　)する活動を，計画的に取り入れるように工夫すること。

1　学習の内容を理解したり学習したことを応用したり
2　学習の内容を理解したり学習したことを振り返ったり
3　学習の見通しを立てたり学習したことを応用したり
4　学習の見通しを立てたり学習したことを振り返ったり

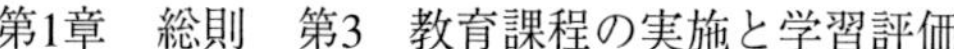
2024年度　宮城県・仙台市　難易度

【15】次の1・2に答えなさい。

1　以下の設問は，平成29年3月告示の小学校学習指導要領，平成29年4月告示の特別支援学校小学部・中学部学習指導要領から出題されています。なお，設問中の文章は小学校学習指導要領を基本にしています。文章中に「児童」とあるのは，特別支援学校小学部・中学部では「児童又は生徒」に，「小学校教育」とあるのは，特別支援学校小学部・中学部では「小学部及び中学部における教育」に，それぞれ読み替えなさい。

(1)　次の文は，学習指導要領　総則　小学校教育の基本と教育課程の役割　の一部です。空欄(　a　)にあてはまる言葉は何ですか。以下の①～④の中から，正しいものを1つ選び，その記号を答えなさい。

　道徳教育を進めるに当たっては，人間尊重の精神と生命に対する畏敬の念を家庭，学校，その他社会における具体的な生活の中に生かし，豊かな心をもち，伝統と文化を尊重し，それらを育んできた我が国と郷土を愛し，個性豊かな(　a　)を図るとともに，平和で民主的な国家及び社会の形成者として，公共の精神を尊び，社会及び国家の発展に努め，他国を尊重し，国際社会の平和と発展や環境の保全に貢献し未来を拓(ひら)く主体性のある日本人の育成に資することとなるよう特に留意すること。

① 学びの充実　② 学級集団の育成　③ 文化の創造
④ 人材の育成

(2) 次の文は，学習指導要領　総則　教育課程の実施と学習評価の一部です。空欄(　a　)にあてはまる言葉は何ですか。以下の①～⑤の中から，正しいものを1つ選び，その記号を答えなさい。

> 創意工夫の中で学習評価の(　a　)や信頼性が高められるよう，組織的かつ計画的な取組を推進するとともに，学年や学校段階を越えて児童の学習の成果が円滑に接続されるように工夫すること。

① 客観性　② 透明性　③ 妥当性　④ 具体性
⑤ 効率性

2 次の文章は，平成29年3月告示の小学校学習指導要領　特別活動　指導計画の作成と内容の取扱い　の一部です。空欄(　a　)～(　c　)にあてはまる言葉は何ですか。以下の①～⑥の中から，正しい組合せを1つ選び，その記号を答えなさい。

> 特別活動の各活動及び学校行事を見通して，その中で育む資質・能力の育成に向けて，児童の主体的・対話的で(　a　)の実現を図るようにすること。その際，よりよい人間関係の形成，よりよい集団生活の構築や社会への参画及び自己実現に資するよう，児童が集団や社会の形成者としての見方・考え方を働かせ，様々な集団活動に自主的，(　b　)に取り組む中で，互いのよさや個性，(　c　)を認め合い，等しく合意形成に関わり役割を担うようにすることを重視すること。

① a：深い学び　b：実践的　c：多様な考え
② a：深い学び　b：意欲的　c：意見の違い
③ a：深い学び　b：実践的　c：意見の違い
④ a：探究的な学び　b：意欲的　c：多様な考え
⑤ a：探究的な学び　b：実践的　c：多様な考え
⑥ a：探究的な学び　b：意欲的　c：意見の違い

2024年度 ｜ 広島県・広島市 ｜ 難易度 ■■■□□

【16】次の文は，平成29年3月告示の小学校学習指導要領，中学校学習指導要領の「総則」の一部である。(A)～(C)に当てはまる語句の組合せとして正しいものはどれか。ただし，中学校は「児童」を「生徒」と読み替えること。

基礎的・基本的な知識及び技能を確実に習得させ，これらを活用して課題を解決するために必要な思考力，判断力，表現力等を育むとともに，(A)に学習に取り組む態度を養い，個性を生かし多様な人々との協働を促す教育の充実に努めること。その際，児童の発達の段階を考慮して，児童の(B)など，学習の基盤をつくる活動を充実するとともに，家庭との連携を図りながら，児童の学習習慣が確立するよう配慮すること。

学校がその目的を達成するため，学校や地域の実態等に応じ，教育活動の実施に必要な(C)体制を家庭や地域の人々の協力を得ながら整えるなど，家庭や地域社会との連携及び協働を深めること。また，高齢者や異年齢の子供など，地域における世代を越えた交流の機会を設けること。

	A	B	C
1.	積極的	探究活動	組織的な支援
2.	実践的	言語活動	人的又は物的な
3.	主体的	表現活動	人的又は物的な
4.	実践的	探究活動	組織的な支援
5.	主体的	言語活動	人的又は物的な

2024年度 | 熊本市 | 難易度 ■■■□□

【17】次の文は，平成29年3月に文部科学省から示された小学校学習指導要領「総則」の小学校教育の基本と教育課程の役割に関する記述の一部である。空欄A～Dに，以下のア～クのいずれかの語句を入れてこの文を完成させる場合，正しい組合せはどれか。1～5から一つ選べ。

道徳教育や体験活動，多様な表現や鑑賞の活動等を通して，豊かな心や[A]の涵養を目指した教育の充実に努めること。

学校における道徳教育は，特別の教科である道徳(以下「道徳科」という。)を[　B　]学校の教育活動全体を通じて行うものであり，道徳科はもとより，各教科，外国語活動，総合的な学習の時間及び特別活動のそれぞれの特質に応じて，児童の発達の段階を考慮して，適切な指導を行うこと。

道徳教育は，教育基本法及び学校教育法に定められた教育の根本精神に基づき，自己の[　C　]を考え，主体的な判断の下に行動し，自立した人間として他者と共によりよく生きるための基盤となる[　D　]を養うことを目標とすること。

ア　社会性	イ　創造性	ウ　活用して	エ　要として
オ　生き方	カ　将来	キ　道徳性	ク　人間性

	A	B	C	D
1	ア	ウ	カ	キ
2	ア	エ	オ	ク
3	イ	ウ	オ	キ
4	イ	エ	オ	キ
5	ア	エ	カ	ク

▌2024年度 ▌大阪府・大阪市・堺市・豊能地区 ▌難易度 ■□□□□

【18】次の文は，「小学校学習指導要領解説　総則編」(平成29年7月　文部科学省)　第1章総説の1改訂の経緯及び基本方針に示される今回の改訂の基本方針の一部である。適切でないものを①～④から選び，番号で答えよ。

① 子供たちに求められる知識・技能とは何かを世界と共有し，連携する「世界に開かれた教育課程」を重視する。

② 知識及び技能の習得と思考力・判断力，表現力等の育成のバランスを重視する平成20年改訂の学習指導要領の枠組みや教育内容を維持した上で，知識の理解の質を更に高め，確かな学力を育成する。

③ 先行する特別教科化など道徳教育の充実や体験活動の重視，体育・健康に関する指導の充実により，豊かな心や健やかな体を育成する。

④ 教育基本法，学校教育法などを踏まえ，これまでの我が国の学校

教育の実践や蓄積を生かし，子供たちが未来社会を切り拓くための資質・能力を一層確実に育成することを目指す。

2024年度 神戸市 難易度

【19】次の記述は，「小学校学習指導要領解説　総則編」(平成29年7月)の「第3章　教育課程の編成及び実施　第1節　小学校教育の基本と教育課程の役割　4　カリキュラム・マネジメントの充実(第1章第1の4)」の一部である。空欄[　ア　]～[　ウ　]に当てはまるものの組合せとして最も適切なものを，以下の①～⑤のうちから選びなさい。

教育課程はあらゆる教育活動を支える基盤となるものであり，学校運営についても，教育課程に基づく教育活動をより効果的に実施していく観点から組織運営がなされなければならない。カリキュラム・マネジメントは，学校教育に関わる様々な取組を，教育課程を中心に据えながら組織的かつ計画的に実施し，[　ア　]の向上につなげていくことであり，本項においては，中央教育審議会答申の整理を踏まえ次の三つの側面から整理して示している。具体的には，

・児童や学校，地域の実態を適切に把握し，教育の目的や目標の実現に必要な教育の内容等を[　イ　]な視点で組み立てていくこと，
・教育課程の実施状況を[　ウ　]してその改善を図っていくこと，
・教育課程の実施に必要な人的又は物的な体制を確保するとともにその改善を図っていくこと

などを通して，教育課程に基づき組織的かつ計画的に各学校の[　ア　]の向上を図っていくことと定義している。

①　ア　教科等の授業力　イ　系統的かつ継続的　ウ　共有
②　ア　教科等の授業力　イ　教科等横断的　ウ　共有
③　ア　教育活動の質　イ　教科等横断的　ウ　評価
④　ア　教科等の授業力　イ　教科等横断的　ウ　評価
⑤　ア　教育活動の質　イ　系統的かつ継続的　ウ　評価

2024年度 神奈川県・横浜市・川崎市・相模原市 難易度

【20】次の文は，「中学校学習指導要領(平成29年告示)」の「第1章　第4　生徒の発達の支援」の一部である。(1)，(2)の各問いに答えなさい。

● 学習指導要領

(1) (a)に当てはまる語句を，以下の①～⑤から一つ選び，番号で答えなさい。

> 1 生徒の発達を支える指導の充実
> (1) 学習や生活の基盤として，教師と生徒との信頼関係及び生徒相互のよりよい人間関係を育てるため，日頃から(a)の充実を図ること。また，主に集団の場面で必要な指導や援助を行うガイダンスと，個々の生徒の多様な実態を踏まえ，一人一人が抱える課題に個別に対応した指導を行うカウンセリングの双方により，生徒の発達を支援すること。

① 授業　② 生徒指導　③ 発達支援　④ 学級経営
⑤ 生徒理解

(2) (b)に当てはまる語句を，以下の①～⑤から一つ選び，番号で答えなさい。

> 2 特別な配慮を必要とする生徒への指導
> (2) 海外から帰国した生徒などの学校生活への適応や，日本語の習得に困難のある生徒に対する日本語指導
> ア 海外から帰国した生徒などについては，学校生活への適応を図るとともに，外国における生活経験を生かすなどの適切な指導を行うものとする。
> イ 日本語の習得に困難のある生徒については，個々の生徒の実態に応じた指導内容や指導方法の工夫を組織的かつ計画的に行うものとする。特に，通級による日本語指導については，(b)に努め，指導についての計画を個別に作成することなどにより，効果的な指導に努めるものとする。

① 教師間の連携　② 関係機関との連携
③ 家庭との連携　④ 地域社会との連携
⑤ 学校間の連携

2024年度 ┃ 熊本市 ┃ 難易度 ■■■□□

【21】次の文は,「中学校学習指導要領」(平成29年　文部科学省)第1章「総則」の「第1　中学校教育の基本と教育課程の役割」の一部である。これを読んで,問1,問2に答えなさい。

> 4　各学校においては,生徒や学校,[　1　]の実態を適切に把握し,教育の目的や目標の実現に必要な教育の内容等を教科等横断的な視点で組み立てていくこと,教育課程の実施状況を[　2　]してその改善を図っていくこと,教育課程の実施に必要な人的又は物的な体制を確保するとともにその改善を図っていくことなどを通して,教育課程に基づき組織的かつ計画的に各学校の教育活動の質の向上を図っていくこと(以下「カリキュラム・マネジメント」という。)に努めるものとする。

問1　空欄1,空欄2に当てはまる適切な語句の組合せを選びなさい。

ア　1－学習状況　　2－評価
イ　1－学習状況　　2－調査
ウ　1－地域　　2－把握
エ　1－地域　　2－評価
オ　1－地域　　2－調査

問2　下線部に関して,「中学校学習指導要領解説総則編」(平成29年文部科学省)第1章に示されている内容として,適切なものの組合せを選びなさい。

①　教育課程の編成に当たっては,育成を目指す資質・能力を指導のねらいとして明確に設定していくことが求められていることに留意が必要である。

②　カリキュラム・マネジメントを効果的に進めるためには,何を目標として教育活動の質の向上を図っていくのかを明確にすることが重要である。

③　教育課程の実施に当たっては,各学校の実態を考慮することなく,人的又は物的な体制を一律に確保することが必要である。

④　各学校の教育課程は,校長,副校長や教頭が,教育課程に関する研究を重ね,創意工夫を加えて編成や改善を図っていくことが重要である。

⑤ 各学校においては，教育の目的や目標の実現に必要な教育の内容等を選択し，生徒の生活時間と教育の内容との効果的な組合せを考えながら，年間や学期，月，週ごとの授業時数を適切に定めることが求められる。

ア ①②④　イ ①②⑤　ウ ①③⑤　エ ②③④
オ ③④⑤

▌2024年度 ▌北海道・札幌市 ▌難易度 ■□□□□

【22】次の記述は，「高等学校学習指導要領解説　総則編」(平成30年7月)の「第3章　教育課程の編成　第1節　高等学校教育の基本と教育課程の役割　4　就業やボランティアに関わる体験的な学習の指導(第1章総則第1款4)」の一部である。空欄[ア]～[ウ]に当てはまるものの組合せとして最も適切なものを，以下の①～⑤のうちから選びなさい。

「就業やボランティアに関わる体験的な学習の指導」については，生徒を取り巻く生活環境の変化の中で，生徒の社会的な体験の機会が減少している状況を踏まえ，[ア]の自覚を深め，知・徳・体の調和のとれた人間形成を図るとともに，学校教育を地域社会に開かれたものにし，[イ]との連携を強めることを趣旨として示されてきたものである。今回の改訂においても，この基本的な趣旨を変えるものではなく，体験的な学習の指導がより具体性をもって，各教科・科目，総合的な探究の時間及び特別活動のそれぞれにおいて更に充実するよう，「就業やボランティアに関わる体験的な学習の指導」を進めると示したものである。このような体験的な学習は，高等学校段階の生徒にとって，[ウ]に対する理解と認識を深め，生徒が自己の在り方生き方を考える上でも極めて重要となっている。

① ア 社会の構成員として　イ 地域
　ウ 自分と社会の関わり
② ア 自らの役割や責務等　イ 社会教育
　ウ 自分と社会の関わり
③ ア 社会の構成員として　イ 地域
　ウ 職業選択

④　ア　社会の構成員として　　イ　社会教育
　　ウ　職業選択
⑤　ア　自らの役割や責務等　　イ　社会教育
　　ウ　職業選択

2024年度 神奈川県・横浜市・川崎市・相模原市 難易度

【23】高等学校学習指導要領総則の「教育課程の編成」に関する記述として適切なものは，次の1～5のうちのどれか。

1　卒業までに履修させる単位数の計は，各教科・科目の単位数並びに総合的な探究の時間の単位数を含めて74単位以上とし，単位については，1単位時間を50分とし，30単位時間の授業を1単位として計算することを標準とする。

2　各教科・科目等の授業時数等については，定時制の課程において，特別の事情がある場合には，ホームルーム活動の授業時数の一部を減じ，又はホームルーム活動及び生徒会活動の内容の一部を行わないものとすることができる。

3　各教科・科目等の内容等の取扱いのうち内容の範囲や程度等を示す事項は，当該科目を履修する全ての生徒に対して指導するものとする内容の範囲や程度等を示したものではないので，学校において必要がある場合には，この事項にかかわらず指導することができる。

4　学校においては，道徳教育を推進するために，生徒の特性や進路，学校や地域の実態等を考慮し，地域や産業界等との連携を図り，産業現場等における長期間の実習を取り入れるなどの就業体験活動の機会を積極的に設けるとともに，地域や産業界等の人々の協力を積極的に得るよう配慮するものとする。

5　生徒や学校の実態等に応じ，必要がある場合には，必履修教科・科目を履修させた後に，義務教育段階での学習内容の確実な定着を図ることを目標とした学校設定科目等を履修させるようにすること。

2024年度 東京都 難易度

【24】次は，「特別支援学校小学部・中学部学習指導要領」(平成29年告示)の「第7章　自立活動」の目標の一部を基にしたものである。(a)~(c)内に当てはまるものを語群から選ぶとき，正しい組合せとなるものを解答群から一つ選び，番号で答えよ。

個々の児童又は生徒が自立を目指し，障害による学習上又は生活上の困難を(a)的に改善・克服するために必要な知識，技能，態度及び(b)を養い，もって心身の(c)的発達の基盤を培う。

【語　群】　ア　意欲　　イ　主体　　ウ　習慣　　エ　興味・関心
　　　　　　オ　飛躍　　カ　調和

【解答群】
1　a－ア　b－ウ　c－オ
2　a－ア　b－ウ　c－カ
3　a－ア　b－エ　c－オ
4　a－ア　b－エ　c－カ
5　a－イ　b－ウ　c－オ
6　a－イ　b－ウ　c－カ
7　a－イ　b－エ　c－オ
8　a－イ　b－エ　c－カ

▌2024年度 ▌愛知県 ▌難易度 ■■■□□

【25】次の文章は，特別支援学校教育要領・学習指導要領解説　総則編(幼稚部・小学部・中学部)(平成30年3月)の「第3編　小学部・中学部学習指導要領解説　第2章　教育課程の編成及び実施　第2節　1　教育課程の編成の原則　(2)　教育課程の編成の原則」の一部である。文中の[1]~[3]にあてはまる語を，次の①から⑤までの中から一つずつ選び，記号で答えよ。

特別支援学校において個々の児童生徒の実態を考える場合，障害の状態とそれに起因する発達の遅れのみに目が向きがちであるが，それ以外にも情報[1]能力などの学習の基盤となる資質・能力，主体的に学習に取り組む態度も含めた[2]，適性，さらには[3]などの違いにも注目していくことが大切である。小学部及び中学部の段階は，6歳から15歳という心身の成長の著しい時期である。

小学部の児童はそれぞれ資質・能力や適性等が異なっている。そのため，児童の発達の過程などを的確に捉えるとともに，その学校あるいは学年などの児童の特性や課題について十分配慮して，適切な教育課程を編成することが必要である。

[1] ① 分析　② 活用　③ 処理
④ 獲得　⑤ 検索

[2] ① 学びに向かう力　② 生きる力　③ 学習能力
④ 確かな学力　⑤ 言語能力

[3] ① 障害の程度　② 障害の種類　③ 性格
④ 進路　⑤ 適正

2024年度 沖縄県 難易度

解答・解説

【1】① 2　② 6　③ 7

○解説○ 学習指導要領の変遷を問う問題である。この変遷については，昭和22年版では経験主義に基づいていたが，昭和33～35年版では教科の系統性が重視され，その後昭和43～45年版では教育課程の「現代化」が図られたことで教育内容が高度化，その結果多くの問題点が出てきたため，昭和52～53年版以降はその見直しの試行錯誤がなされたとの大枠を押さえたい。その上で，改訂ごとの特徴を押さえておくようにしたい。　① 昭和52～53年版は，昭和43～45年版における教育課程の現代化の見直しがなされ，ゆとりと充実が強調された。　② 平成元年版は，新しい学力観として社会の変化に自ら対応できる心豊かな人間の育成が示された。　③ 平成20～21年版では，基礎的・基本的な知識・技能の習得，思考力・判断力・表現力等の育成が示された。さらに確かな学力を確立するためとして，前回の改訂(平成10～11年版)において大幅に削減された授業時数が見直され，授業時数が増やされた。

【2】1 ⑤　2 ①　3 ③　4 ③

○**解説**○ 1 ⑤は，「小学校の終わりまでに育ってほしい姿」ではなく，「幼児期の終わりまでに育ってほしい姿」が正しい。「幼児期の終わりまでに育ってほしい姿」とは，幼児期の終わり，すなわち小学校入学までに育んでほしい姿や能力の目安で，小学校学習指導要領ではなく，幼稚園教育要領，保育所保育指針等に示されているもの。 2 出題の文は，道徳教育を進めるに当たっての留意事項を示したもの。「豊かな心」とは他者との共生や異なるものへの寛容さをもつなどの感性及びそれらを大切にする心，「環境の保全」とは身近な環境から地球規模の環境への豊かな想像力と，それを大切に守ろうとする態度，「主体性」とは自主的に考え，自律的に判断し，決断したことは積極的かつ誠実に実行し，その結果について責任をもつことができることを示している。 3 小中学校段階と比べて高等学校段階においては，生徒の特性や進路が非常に多様化している。生徒一人一人を尊重し，個性を生かす教育の充実を図るためには，指導方法や指導体制を工夫改善し，個に応じた指導の充実を図ることが必要である。個に応じた指導のための指導方法や指導体制については，生徒や学校の実態などに応じて，学校が一体となって工夫改善を進めていくことが重要である。 4 「教科等横断的な視点に立った資質・能力の育成」の項からの出題。③は，教科等横断的な視点から教育課程の編成を「必ずしも図る必要はない」という箇所が誤り。特別支援学校においても，そうした教育課程の編成を「図るものとする」旨が示されている。

【3】問1 1 ⑥　2 ⑤　問2 1 ①　2 ③　3 ②

○**解説**○ 問1 平成29(2017)年の学習指導要領改訂(高校等は平成30年)において，児童生徒等に育む力である「生きる力」を構成する確かな学力，豊かな心，健やかな体についての内容が整理されて明記された。出題の部分はそのうちの「確かな学力」に関して，児童生徒等が確かな学力を身に付けることができるよう述べた部分で，基礎的・基本的な知識及び技能の習得と，思考力，判断力，表現力等の育成，主体的に学習に取り組む態度の涵養を目指す教育の充実に努めることを示している。 問2 この部分は平成29年の学習指導要領改訂(高校等は平成30年)で大きく加筆された部分で，指導の評価と改善と学習評価の工夫について述べている。学習評価は，学校における教育活動に関し，児童の学習状況を評価するものであり，また評価の結果によって後の指導を改善し，さらに新しい指導の成果を再度評価するという，指導に生かす評価を充実させ，「指導と評価の一体化」を進めることが大切である。

【4】ア

○**解説**○ 出題箇所は，「総則」の「教育課程の実施と学習評価」における体験活動の指導に当たっての配慮事項である。従前の学習指導要領では，体験活動は言語活動とともに重要なものとして位置付けられたが，現行の学習指導要領においては，児童生徒を取り巻く環境等を踏まえ，児童生徒が生命の有限性や自然の大切さ，主体的に挑戦したり多様な他者と協働したりすることの重要性を実感しながら理解できるようにすることを重視している。集団の中で体系的・継続的な活動を行える学校という場を生かして，地域・家庭と連携・協働して，体験活動の機会を確保していくことが示された。

【5】2

○**解説**○ 小学校を例に挙げると，小学校学習指導要領(平成29年告示)「第1章　総則」「第4　児童の発達の支援」「2　特別な配慮を必要とする児童への指導」「(1)　障害のある児童などへの指導」からの出題である。アは，児童の障害の状態等に応じた指導の工夫に関する事項である。特別支援教育のセンター機能をもつ特別支援学校等の助言や援助を活用しながら，指導の工夫を行うことが示されている。ウは，通級による指導における特別の教育課程を編成する場合，自立活動の内容を参考に指導を行うことなどが示されている。エは，個別の教育支援計画や個別の指導計画の作成とそれらの活用について示されている。個別の教育支援計画は，障害のある児童生徒の長期的な視点に立って教育的支援を行うための計画であり，個別の指導計画は，障害のある児童生徒の実態に応じて適切な指導を行うための計画である。区別して覚えておく必要がある。

【6】① カ　② ク　③ ウ　④ エ

○解説○ 出題の部分は平成29年3月告示の学習指導要領(高等学校は平成30年告示)において新設された部分である。ガイダンスについては，児童生徒の発達の特性や教育活動の特性を踏まえて，あらかじめ適切な時期や機会を設定し，主に集団の場面で必要な指導や援助を行うものであり，カウンセリングについては，個々の児童生徒が抱える課題を受け止めながら，その解決に向けて，主に個別の会話・面談や言葉がけを通して指導や援助を行うものとされている。両者の違いを明確に覚えておきたい。

【7】1 カ　2 ア　3 オ

○解説○ 各校種の学習指導要領(平成29～30年告示)総則「第1(款)　小(中・高等)学校教育の基本と教育課程の役割」の2は，今回の学習指導要領改訂における根幹をなすともいうべき項目で，主体的・対話的で深い学びの実現に向けた授業改善を通して，知・徳・体のバランスのとれた「生きる力」の育成を目指すことが示されている。　1　その(2)では，教育基本法第2条の教育の目標にある「豊かな情操と道徳心を培う」に呼応した豊かな心や創造性の涵養に関する教育の充実が示されている。　2・3　道徳教育の目標に続けて，道徳教育を進めるに当たって留意すべき事項が示されている。「伝統と文化を尊重」することや「環境の保全に貢献(寄与)」することは，同じく教育基本法の教育の目標に示されているテーマでもある。

【8】5

○解説○ 小学校を例に挙げると，小学校学習指導要領(平成29年告示)「第1章　総則」「第6　道徳教育に関する配慮事項」からの出題である。「第1章　総則」の第1の2の(2)には，「道徳教育は，教育基本法及び学校教育法に定められた教育の根本精神に基づき，自己の生き方を考え，主体的な判断の下に行動し，自立した人間として他者と共によりよく生きるための基盤となる道徳性を養うこと」を目標とすることが示されている。道徳教育推進教師は校長のリーダーシップの下で，全体計画に基づく道徳教育のカリキュラム・マネジメントを担う者で，研修計画の充実や授業研究の活性化を図ることで教員の指導力を向上させるなど，校内の道徳教育のリーダーとしての役割を果たすものである。道徳教育推進教師を中心に，全教師が協力して道徳を展開することが重要である。

【9】ア　A　　イ　D　　ウ　F　　エ　G　　オ　I

○解説○ 小学校学習指導要領解説「総則編」における「第3章　教育課程の編成及び実施　第4節　児童の発達の支援　2　特別な配慮を必要とする児童への指導」(1)の一部からの出題である。小学校学習指導要領の第1章総則には，「第4　児童の発達の支援　2　(1)　障害のある児童などへの指導」の項に「障害のある児童などについては，特別支援学校等の助言又は援助を活用しつつ，個々の児童の障害の状態等に応じた指導内容や指導方法の工夫を組織的かつ計画的に行うものとする」との記述があるが，この記述の解説部分からの出題である。出題された解説部分のうち，小学校等においても特別支援教育推進のための校内委員会を設置し，またそのまとめ役として特別支援教育コーディネーターを指名することと，特別支援学校は小学校等の要請に応じて特別支援教育についての専門的な助言又は援助を行うことが予定されていること(いわゆる「特別支援学校のセンター的機能」)は，教員の基礎知識ともいえることなので把握しておきたい。

【10】5

○解説○ 小学校を例に挙げると，小学校学習指導要領(平成29年告示)「第1章　総則」「第4　児童の発達の支援」「1　児童の発達を支える指導の充実」からの出題で，キャリア発達を促すキャリア教育の充実を図ることが示されている。小学校・中学校学習指導要領では，今回の改訂で新設された事項である。また，今回の改訂では，小学校における特別活動の学級活動の内容に，「一人一人のキャリア形成と自己実現」が設けられ，キャリア教育の視点からの小・中・高等学校のつながりが明確にされた。なお，中央教育審議会はキャリア教育を，「一人一人の社会的・職業的自立に向け，必要な基盤となる能力や態度を育てることを通して，キャリア発達を促す教育」，職業教育は「一定又は特定の職業に従事するために必要な知識，技能，能力や態度を育てる教育」と定義している。

【11】4

○解説○ 学習指導要領総則における「学習評価の充実」の項には，学校教育における評価はマイナス評価ではなく，よい点を積極的に評価することや，その評価したことをふまえ今後の指導を改善していくことが示されており，頻出の部分である。その内容をしっかりと理解したい。

【12】1

○解説○ 小学校を例に挙げると，小学校学習指導要領(平成29年告示)「第1章　総則」「第2　教育課程の編成」「2　教科等横断的な視点に立った資質・能力の育成」からの出題で，すべての校種の学習指導要領において，今回の改訂で新設された事項である。(1)の事項は，児童(生徒)の日々の学習や生涯にわたる学習の基盤となる資質・能力を，教科等横断的な視点で育むための教育課程の編成を図ることが示されている。学習の基盤となる資質・能力とは，「言語能力，情報活用能力(情報モラルを含む)，問題発見・解決能力等」を指すことを押さえておくこと。(2)の事項は，現代的な諸課題に対応して求められる資質・能力を教科等横断的な視点で育成することが示されている。

【13】3

○解説○ 平成29～30年の学習指導要領改訂において，学習評価に関しては大きく加筆・変更された。児童生徒ごとのよい点や可能性，進歩の状況などを積極的に評価しようとする評価は個人内評価と呼ばれる。また，この部分について小学校学習指導要領解説総則編は「学習評価は児童の学習状況の把握を通して，指導の改善に生かしていくことが重要であり，学習評価を授業改善や組織運営の改善に向けた学校教育全体の取組に位置付けて組織的かつ計画的に取り組むことが必要である」としており，カリキュラム・マネジメントの一環としての指導と評価の一体化の必要性を指摘している。

【14】4

○解説○ 学習指導要領「第1章　総則　第3　教育課程の実施と学習評価」においては，「主体的・対話的で深い学びに向けた授業改善」との大原則をまず示し，これを踏まえて「言語活動の充実」,「見通しを立てたり振り返ったりする活動の工夫」,「体験活動の充実」,「自主的自発的な学習促進の工夫」,「学校図書館の利活用と読書活動の充実」といったことを説明している。この部分は，頻出なので，その内容をしっかりと理解したい。

【15】1　(1)　③　　(2)　③　　2　①

○解説○ 1　(1)　道徳教育を進めるに当たっての留意事項に関する出題である。空所を含む箇所「個性豊かな文化の創造を図る」について，小学校学習指導要領解説総則編(平成29年7月)では，「個性豊かな文化の継承・発展・創造のためには，先人の残した有形，無形の文化的遺産の中に優れたものを見いだし，それを生み出した精神に学び，それを継承し発展させることも必要である」,「日本人としての自覚をもって，文化の継承・発展・創造と社会の発展に貢献し得る能力や態度が養われなければならない」と説明している。　(2)「2　学習評価の充実」からの引用出題である。学習指導要領解説総則編では，学習評価の妥当性や信頼性を高めるために,「評価規準や評価方法等について事前に教師同士で検討するなどして明確にすること」,「評価に関する実践事例を蓄積し共有していくこと」,「評価結果についての検討を通じて評価に係る教師の力量の向上を図ること」を挙げ，学校としての組織的・計画的な取組が必要であると説明している。　2　出題の項は指導計画の作成に当たっての配慮事項の一部で，特別活動の指導計画の作成に当たり，児童の主体的・対話的で深い学びの実現を目指した授業改善を進めることとし，特別活動の特質に応じて，効果的な学習が展開できるように配慮すべき内容を示している。なお，平成29年の学習指導要領改訂で，特別活動において育成をめざす資質・能力が「人間関係形成」,「社会参画」,「自己実現」の3つの視点で整理されたことを併せて押さえておきたい。

【16】5

○解説○ A 第1段落は，平成29年告示の小学校学習指導要領「総則」の「第1」において，今回の改訂の柱と言える「主体的・対話的で深い学び」の実現に向けた授業改善を通して，育成を目指す力の一つ目として示された確かな学力に関する事項である。小学校における教育の目標を定めた学校教育法第30条第2項には，基礎的な知識及び技能を習得させ，思考力，判断力，表現力等の能力を育成し，主体的に学習に取り組む態度を養うことが示されている。 B 言語活動については，各学校において必要な言語環境を整えるとともに，国語科を要としつつ各教科等の特質に応じて，児童生徒の言語活動を充実することが大切である。 C 第2段落は，総則の「学校運営上の留意事項」の一つで，家庭や地域社会との連携及び協働と学校間の連携に関する事項である。学校がその目的を達成するためには，家庭や地域の人々とともに児童を育てていくという視点に立ち，家庭，地域社会との連携を深め，学校内外を通じた児童の生活の充実と活性化を図ることが大切である。

【17】4

○解説○ 小学校学習指導要領(平成29年告示)総則の「第1 小学校教育の基本と教育課程の役割」の2は，児童に生きる力を育むことを目指し，そのための具体的な項目として3点を挙げている。その(2)では道徳教育について取り上げ，豊かな心や創造性を育むことを目指し，道徳科を要として，学校教育全体を通じて道徳教育を行うことを示している。そして道徳教育固有の意義として，自己の生き方を考え，道徳性を養うことを目標とすることが示されている。

【18】①

○解説○ 今回の学習指導要領改訂では基本的ねらいの一つとして「子供たちに求められる資質・能力とは何かを社会と共有し，連携する『社会に開かれた教育課程』を重視すること」をあげている。「社会に開かれた教育課程」とは，「社会の変化に目を向け，教育が普遍的に目指す根幹を堅持しつつ，社会の変化を柔軟に受け止めていく教育課程」

を指す。

【19】③

○解説○ カリキュラム・マネジメントは，学校教育に関わる様々な取組を，教育課程を中心に据えながら組織的かつ計画的に実施し，教育活動の質の向上につなげていくことであり，中央教育審議会答申(平成28年12月)の整理を踏まえ，三つの側面から整理して示されている。その三つの側面が，教育の内容を教科等横断的な視点で組み立てていくこと，教育課程の実施状況を評価してその改善を図っていくこと，教育課程の実施に必要な人的・物的な体制を確保し改善を図ることによって教育活動の質の向上を図ること，であるとしている。カリキュラム・マネジメントとは何かということを，改めて確認しておくとよい。

【20】(1) ④ (2) ①

○解説○ (1) 出題の部分は平成29(2017)年の中学校学習指導要領改訂で新設された部分である。この部分について，中学校学習指導要領解説総則編は「学級経営を行う上で最も重要なことは学級の生徒一人一人の実態を把握すること，すなわち確かな生徒理解である。学級担任の教師の，日ごろのきめ細かい観察を基本に，面接など適切な方法を用いて，一人一人の生徒を客観的かつ総合的に認識することが生徒理解の第一歩である。日ごろから，生徒の気持ちを理解しようとする学級担任の教師の姿勢は，生徒との信頼関係を築く上で極めて重要であり，愛情をもって接していくことが大切である」と解説している。

(2) 出題の部分は平成29(2017)年の中学校学習指導要領改訂で大きく加筆された部分である。平成26(2014)年に学校教育法施行規則が改正され，日本語の習得に困難がある生徒に対し，日本語の能力に応じた特別の指導を行うための特別の教育課程を編成し，実施することが可能とされている。

【21】問1 エ 問2 イ

○解説○ 問1 本項は，各学校が教育課程に基づき組織的かつ計画的に各学校の教育活動の質の向上を図っていくことができるよう，カリキュラム・マネジメントとは何かを定義し，その充実について示したもの。カリキュラム・マネジメントは，学校教育に関わる様々な取組を，教育課程を中心に据えながら組織的かつ計画的に実施し，教育活動の質の向上につなげていくことであり，本項においては3つの側面から整理している。　問2　③　学習指導要領解説総則編では，「カリキュラム・マネジメントの充実」に関して，「生徒や学校，地域の実態を適切に把握すること」を留意点のひとつにあげている(その具体例として各種調査結果やデータ等に基づき，生徒の姿や学校及び地域の現状を定期的に把握することなどをあげている)。よって，「各学校の実態を考慮することなく」「一律に」という部分が特に誤り。　④「校長，副校長や教頭が」という部分が誤りで，「各教職員がそれぞれの分担に応じて」が正しい。

【22】①

○**解説**○ 就業やボランティアに関わる体験的な学習の指導については，適切に行うこととし，それらを通じて，「勤労の尊さ」，「創造することの喜び」の体得，「望ましい勤労観，職業観」の育成，「社会奉仕の精神」の涵養を図ることが示されている。就業体験活動については，中央教育審議会から平成20年1月に示された「幼稚園，小学校，中学校，高等学校及び特別支援学校の学習指導要領等の改善について(答申)」において，社会人・職業人として自立していくためには，生徒一人一人の勤労観，職業観を育てるキャリア教育を充実することが重要であり，その一環として小学校での職場見学，中学校での職場体験活動，高等学校での就業体験活動等を通じた体系的な指導を推進することが提言されている。

【23】2

○**解説**○ 1　単位については，1単位時間を50分とし，35単位時間の授業を1単位として計算することを標準とするとされている。　3「内容の取扱いのうち内容の範囲や程度等を示す事項は，当該科目を履修する全ての生徒に対して指導するものとする内容の範囲や程度等を示したものであり，学校において必要がある場合には，この事項にかかわらず指導することができる」とされている。　4「道徳教育」ではなく

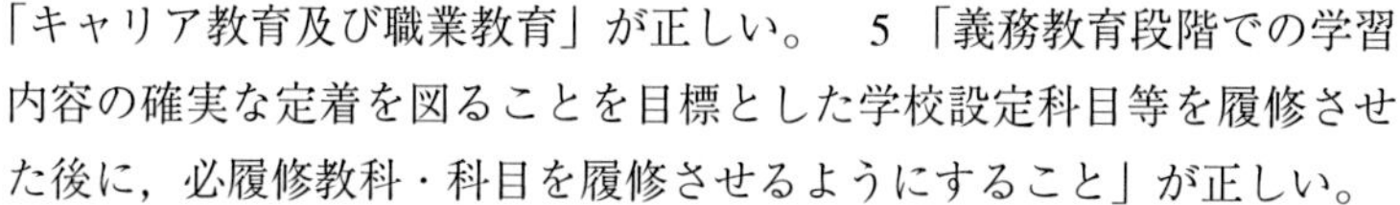

「キャリア教育及び職業教育」が正しい。　5「義務教育段階での学習内容の確実な定着を図ることを目標とした学校設定科目等を履修させた後に，必履修教科・科目を履修させるようにすること」が正しい。

【24】6

○**解説**○「自立活動」は，特別支援学校，特別支援学級，通級による指導の教育課程において，特別に設けられた領域である。特別支援学校における教育については，人間形成を図る上で障害による学習上又は生活上の困難を主体的に改善・克服し自立を図るために必要な知識，技能，態度を養うことから，その習慣形成に至るまでを目指している。「調和的発達の基盤を培う」とは，一人一人の児童生徒の発達の遅れや不均衡を改善したり，発達の進んでいる側面を更に伸ばすことによって遅れている側面の発達を促すようにしたりして，全人的な発達を促進することを意味している。

【25】1　②　　2　①　　3　④

○**解説**○ 1　空欄の前後に「情報」,「能力」があることから，今回の学習指導要領において学習の基盤となる資質・能力の一つである「情報活用能力」を表す「活用」が入ることがわかる。　2「主体的に学習に取り組む態度」も含めた語句であることから，育成を目指す資質・能力の一つに含まれる「学びに向かう力」が当てはまる。　3　障害の状態とそれに起因する発達の遅れ以外の注目する要素であることから,「進路」である。

実施問題

【1】次の文は，「幼稚園，小学校，中学校，高等学校及び特別支援学校の学習指導要領等の改善及び必要な方策等について(答申)」(平成28年12月21日　中央教育審議会)の一部である。文中の下線部a～fについて，正しいものを○，誤っているものを×としたとき，正しい組合せはどれか。以下の1～6から1つ選べ。

戦後我が国の道徳教育は，学校の$_{a}$教育活動全体を通じて行うという方針の下に進められてきた。小・中学校に関しては，各学年週1単位時間の「道徳の時間」が，$_{b}$平成元年告示の学習指導要領において設置され，学校における道徳教育の「$_{c}$要」としての役割を果たしてきた。

しかし，これまでの間，学校や児童生徒の実態などに基づき充実した指導を重ね，確固たる成果を上げている学校がある一方で，例えば，歴史的経緯に影響され，いまだに道徳教育そのものを忌避しがちな風潮があること，他教科に比べて軽んじられていること，$_{d}$発達の段階を踏まえた内容や指導方法となっていなかったり，主題やねらいの設定が不十分な単なる生活経験の話合いや読み物の登場人物の心情の読み取りのみに偏った形式的な指導が行われていたりする例があることなど，多くの課題が指摘されてきた。

このような状況を踏まえて行われた「特別の教科」化は，多様な価値観の，時には対立がある場合を含めて，誠実にそれらの$_{e}$価値に向き合い，道徳としての問題を考え続ける姿勢こそ道徳教育で養うべき基本的資質であるという認識に立ち，発達の段階に応じ，答えが一つではない道徳的な課題を一人一人の児童生徒が$_{f}$個人の問題と捉え，向き合う「考え，議論する道徳」へと転換を図るものである。小学校で平成30年度から，中学校で31年度から全面実施されることに向けて，全国の一つ一つの学校において，「考え，議論する道徳」への質的転換が，着実に進むようにすることが必要である。

1　a－○　b－×　c－○　d－○　e－○　f－×
2　a－○　b－○　c－○　d－×　e－×　f－○

3　a－×　b－×　c－×　d－○　e－×　f－○
4　a－○　b－×　c－×　d－○　e－○　f－○
5　a－×　b－○　c－○　d－×　e－○　f－×
6　a－×　b－○　c－×　d－×　e－×　f－×

2024年度　奈良県　難易度

【2】次の文は，小〈中〉学校学習指導要領(平成29年3月告示)「第3章　特別の教科　道徳　第3　指導計画の作成と内容の取扱い」の一部である。文中の[　ア　]～[　ウ　]に当てはまることばを書きなさい。

※中学校は〈　〉内で読み取る。

> 2　第2の内容の指導に当たっては，次の事項に配慮するものとする。
> (1)〈学級担任の教師が行うことを原則とするが，〉校長や教頭などの参加，他の教師との協力的な指導などについて工夫し，[　ア　]を中心とした指導体制を充実すること。
> (2)　道徳科が学校の教育活動全体を通じて行う道徳教育の[　イ　]としての役割を果たすことができるよう，計画的・発展的な指導を行うこと。(以下省略)
> ((3)～(7)省略)
> 3　教材については，次の事項に留意するものとする。
> (1)　児童〈生徒〉の発達の段階や特性，地域の実情等を考慮し，多様な教材の活用に努めること。特に，生命の尊厳，〈社会参画，〉自然，伝統と文化，先人の伝記，スポーツ，情報化への対応等の現代的な課題などを題材とし，児童〈生徒〉が[　ウ　]をもって多面的・多角的に考えたり，感動を覚えたりするような充実した教材の開発や活用を行うこと。
> ((2)省略)

2024年度　福島県　難易度

【3】次の文章は，中学校学習指導要領(平成29年告示)の「第3章　特別の教科　道徳　第3　指導計画の作成と内容の取扱い」の一部である。文中の[　1　]，[　2　]にあてはまる語を，以下の①から⑤までの中から一つずつ選び，記号で答えよ。

生徒が多様な感じ方や考え方に接する中で，考えを深め，判断し，表現する力などを育むことができるよう，自分の考えを基に討論したり書いたりするなどの[　1　]を充実すること。

生徒の発達の段階や特性等を考慮し，指導のねらいに即して，[　2　]な学習，道徳的行為に関する体験的な学習等を適切に取り入れるなど，指導方法を工夫すること。

[　1　]　①　「主体的・対話的で深い学び」
②　多様な集団活動
③　多面的・多角的に考え，判断する活動
④　言語活動
⑤　学習したことを振り返ったりする活動

[　2　]　①　探究的　②　問題解決的　③　課題解決的
④　協働的　⑤　対話的

▌2024年度 ▌沖縄県 ▌難易度 ■■■□□

【4】次の表は，道徳教育及び道徳の時間に関する小学校学習指導要領の主な改訂や一部改正の内容について年代順にまとめたものである。これを見て，問1，問2に答えなさい。

昭和33年（1958年）改訂	道徳教育は学校の教育活動全体を通じて行うことを明示
昭和43年（1968年）改訂	道徳の時間において、各教科及び［　1　］における道徳教育との関連を重視
平成元年（1989年）改訂	内容項目を四つの視点から再構成
平成20年（2008年）改訂	道徳の時間が道徳教育の要であることの明確化
平成27年（2015年）一部改正	「特別の教科　道徳」に、［　2　］を導入することなどを基本的な考え方として改正

問1　空欄1，空欄2に当てはまる適切な語句の組合せを選びなさい。

ア　1－特別活動　　　　2－検定教科書

イ　1－特別活動　　　　　　2－観点別評価
ウ　1－特別活動　　　　　　2－専科教員
エ　1－総合的な学習の時間　2－検定教科書
オ　1－総合的な学習の時間　2－観点別評価

問2　表に関する内容として，適切なものの組合せを選びなさい。

①　昭和33年の改訂では，道徳教育の徹底を図るため，道徳の時間を，毎学年，週1単位時間以上にわたって行うように計画することとした。

②　昭和43年の改訂では，「道徳教育の目標」と「道徳の時間の目標」の性格と役割が一層明確になるよう示された。

③　平成元年の改訂では，完全学校週5日制が実施されることに伴い，各学年の道徳の時間の授業時数について改正を行った。

④　平成20年の改訂では，道徳教育推進教師について，道徳教育の指導計画の作成に関することや，道徳の時間の充実と指導体制に関すること等の役割が例示された。

⑤　平成27年の一部改正では，道徳の時間を「特別の教科　道徳」として位置付け，学校における道徳教育は，「特別の教科　道徳」のみで指導することが示された。

ア　①②③　　イ　①②④　　ウ　①④⑤　　エ　②③⑤
オ　③④⑤

2024年度　北海道・札幌市　難易度

【5】次の文章は，小学校学習指導要領(平成29年告示)解説　特別活動編(平成29年7月)の「第1章　総説　2　特別活動改訂の趣旨及び要点」の一部である。文中の[　1　]，[　2　]にあてはまる語を，以下の①から⑤までの中から一つずつ選び，記号で答えよ。

特別活動は，様々な構成の集団から学校生活を捉え，課題の発見や解決を行い，よりよい集団や学校生活を目指して様々に行われる活動の総体である。その活動の範囲は学年・学校段階が上がるにつれて広がりをもっていき，そこで育まれた資質・能力は，社会に出た後の様々な集団や[　1　]の中で生かされていくことになる。このような特別活動の特質を踏まえ，これまでの目標を整理し，指導する上で重要な視点として「[　1　]形成」,「社会参画」,「[　2　]」の三つとして整理した。

[　1　]　①　人間関係　　②　地域的なつながり
　　　　③　組織　　　　④　コミュニティ
　　　　⑤　社会関係資本

[　2　]　①　自己開示　　②　自己受容
　　　　③　自己実現　　④　自己理解
　　　　⑤　自己尊重

2024年度 沖縄県 難易度

【6】次の文は,「小学校学習指導要領」(平成29年3月告示)の「第6章　特別活動　第3　指導計画の作成と内容の取扱い」,「中学校学習指導要領」(平成29年3月告示)の「第5章　特別活動　第3　指導計画の作成と内容の取扱い」「高等学校学習指導要領」(平成30年3月告示)の「第5章　特別活動　第3　指導計画の作成と内容の取扱い」の一部である。文中の(　①　)~(　③　)に該当する語句の組み合わせとして正しいものを,以下の1~5から一つ選びなさい。

2　内容の取り扱いに当たっては,次の事項に配慮するものとする。

(4)　(　①　)による交流を重視するとともに,幼児,(　②　),障害のある人々などとの交流や対話,障害のある幼児児童生徒との交流及び共同学習の機会を通して,協働することや,他者の役に立ったり(　③　)に貢献したりすることの喜びを得られる活動を充実すること。

1　①　異年齢集団　　②　高齢者　　③　地域
2　①　異年齢集団　　②　高齢者　　③　社会
3　①　異年齢集団　　②　有職者　　③　社会
4　①　全校児童生徒　②　有職者　　③　地域
5　①　全校児童生徒　②　高齢者　　③　地域

2024年度 高知県 難易度

【7】次の記述は,「中学校学習指導要領」(平成29年3月告示)「第5章 特別活動 第2 各活動・学校行事の目標及び内容〔学級活動〕 2 内容(3)一人一人のキャリア形成と自己実現」の一部である。空欄[ア]~[ウ]に当てはまるものの組合せとして最も適切なものを,以下の①~⑤のうちから選びなさい。

ア 社会生活,職業生活との接続を踏まえた主体的な学習態度の形成と学校図書館等の活用

現在及び将来の学習と自己実現とのつながりを考えたり,[ア]に学習する場としての学校図書館等を活用したりしながら,学ぶことと働くことの意義を意識して学習の見通しを立て,振り返ること。

イ 社会参画意識の醸成や勤労観・職業観の形成

社会の一員としての自覚や責任をもち,社会生活を営む上で必要なマナーやルール,[イ]や社会に貢献することについて考えて行動すること。

ウ 主体的な進路の選択と将来設計

目標をもって,生き方や進路に関する適切な情報を[ウ]・整理し,自己の個性や興味・関心と照らして考えること。

① ア 探究的 イ 地域 ウ 分析
② ア 自主的 イ 地域 ウ 分析
③ ア 自主的 イ 働くこと ウ 収集
④ ア 探究的 イ 地域 ウ 収集
⑤ ア 自主的 イ 働くこと ウ 分析

▌2024年度 ▌神奈川県・横浜市・川崎市・相模原市 ▌難易度 ■■■□□

【8】次は,小学校〈中学校・高等学校〉学習指導要領「第6章〈第5章〉特別活動」の「第2 各活動・学校行事の目標及び内容」で示された「学校行事」の種類とその内容の一部を整理した表である。空欄[1]~[3]にあてはまることばを,以下のア~コからそれぞれ一つ選べ。

※〈 〉内は中学校・高等学校学習指導要領による。

表

学校行事の種類	内　　容
[1] 的行事	学校生活に有意義な変化や折り目を付け，厳粛で清新な気分を味わい，新しい生活の展開への動機付けとなるようにすること。
文化的行事	平素の学習活動の成果を発表し，自己の向上の意欲を一層高めたり，文化や [2] に親しんだりするようにすること。
[3] ・体育的行事	心身の健全な発達や健康の保持増進，事件や事故，災害等から身を守る安全な行動や規律ある集団行動の体得，運動に親しむ態度の育成，責任感や連帯感の涵養，体力の向上などに資するようにすること。

ア．集団活動　イ．安全管理　ウ．教養　エ．健康管理
オ．伝統　カ．儀式　キ．芸術　ク．健康安全
ケ．式典　コ．社会体験

2024年度 山梨県 難易度

【9】次の文は，中学校学習指導要領(平成29年告示)における「総合的な学習の時間の目標」を示したものである。[　ア　]～[　オ　]にあてはまる語句の組合せとして正しいものを①～⑤から一つ選べ。なお，「小学校学習指導要領」(平成29年告示)，「高等学校学習指導要領」(平成30年告示)に関しても，同趣旨の文がある。

> 探究的な見方・考え方を働かせ，[　ア　]・総合的な学習を行うことを通して，よりよく[　イ　]を解決し，[　ウ　]を考えていくための資質・能力を次のとおり育成することを目指す。
>
> (1)　探究的な学習の過程において，[　イ　]の解決に必要な知識及び技能を身に付け，[　イ　]に関わる概念を形成し，探究的な学習のよさを理解するようにする。
>
> (2)　[　エ　]の中から問いを見いだし，自分で[　イ　]を立て，情報を集め，整理・分析して，まとめ・表現することができるようにする。
>
> (3)　探究的な学習に主体的・[　オ　]に取り組むとともに，互いのよさを生かしながら，積極的に社会に参画しようとする態度を養う。

	ア	イ	ウ	エ	オ
①	横断的	問題	自己の生き方	実社会や実生活	協働的
②	専門的	課題	よりよい社会の実現	過去の歴史	協力的
③	横断的	課題	よりよい社会の実現	過去の歴史	協働的
④	横断的	課題	自己の生き方	実社会や実生活	協働的
⑤	専門的	問題	自己の生き方	過去の歴史	協力的

2024年度 島根県 難易度

【10】次の文章は，高等学校学習指導要領(平成30年告示)の「第4章　総合的な探究の時間　第2　各学校において定める目標及び内容」の一部である。文中の[　1　]，[　2　]にあてはまる語を，以下の①から⑤までの中から一つずつ選び，記号で答えよ。

各学校において定める目標については，各学校における[　1　]を踏まえ，総合的な探究の時間を通して育成を目指す資質・能力を示すこと。

各学校において定める内容については，目標を実現するにふさわしい[　2　]，[　2　]の解決を通して育成を目指す具体的な資質・能力を示すこと。

[　1　]　①　生徒の実態や特性　②　地域の特色や要請
③　学校の伝統　④　保護者・教職員の願い
⑤　教育目標

[　2　]　①　地域や学校の特色に応じた課題
②　横断的・総合的な課題
③　探究課題
④　生徒の興味・関心に基づく課題
⑤　職業や自己の進路に関する課題

2024年度 沖縄県 難易度

解答・解説

【1】1

○解説○ 中央教育審議会の「幼稚園，小学校，中学校，高等学校及び特別支援学校の学習指導要領等の改善及び必要な方策等について(答申)」(平成28年12月)は，平成30(2018)年度の幼稚園での全面実施を皮切りにして使用される新しい学習指導要領等の姿と，その理念の実現のために必要な方策等を示したものである。　b　第二次世界大戦直後は，特定の道徳の時間はなく，学校教育全体を通じて道徳教育が行われることとされた。その後の昭和33(1958)年の学習指導要領改訂において，「道徳の時間」が教科外の特設の時間として設けられた。　f　下線部は「自分自身」である。

【2】ア　道徳教育推進教師　　イ　要　　ウ　問題意識

○解説○ ア　道徳教育推進教師については，小(中)学校学習指導要領(平成29年告示)総則に「道徳教育の目標を踏まえ，道徳教育の全体計画を作成し，校長の方針の下に，道徳教育の推進を主に担当する教師」として定義され，その道徳教育推進教師を中心として，全教師が協力して道徳教育を展開することが示されている。　イ　道徳科が学校の教育活動全体を通じて行う道徳教育の要としての役割を担うことは，同じく総則に「学校における道徳教育は，特別の教科である道徳を要として学校の教育活動全体を通じて行うもの」として示されている。
ウ　児童が問題意識をもって多面的・多角的に考えたり，感動を覚えたりするような，充実した教材の開発や活用が求められる。

【3】1　④　　2　②

○解説○ 1　道徳科においては，自分の考えを基に討論したり書いたりするなどの言語活動を生かして学習を展開することが，ねらいを達成する上で極めて重要である。　2　道徳科における問題解決的な学習とは，生徒一人一人が生きる上で出会う様々な道徳上の問題や課題を多面的・多角的に考え，主体的に判断し実行し，よりよく生きていくための資質・能力を養う学習である。各教科等と同様に，道徳科においても問題解決的な学習や体験的な学習を有効に活用することが重要である。

【4】問1 ア　問2 イ

○**解説**○ 問1 1 誤肢である「総合的な学習の時間」は，平成14(2002)年の学習指導要領改訂のときに導入された。 2 教科書検定基準では，道徳科の教科書の内容全体を通じて「問題解決的な学習や道徳的行為に関する体験的な学習について適切な配慮がされていること」が規定された。なお，道徳科の学習評価に関する基本的な考え方として，学習活動における児童生徒の「学習状況や道徳性に係る成長の様子」を，「観点別評価」ではなく「個人内評価」として丁寧に見取り，記述で表現することが適切であるとされていることを押さえておきたい。 問2 ③ 完全学校週5日制は，平成10(1998)年の小学校学習指導要領改訂に基づき，平成14(2002)年から実施されている。 ⑤ 学習指導要領の「第1章　総則」では，学校教育における道徳教育は，特別の教科である道徳(「道徳科」)を要として，学校の教育活動全体を通じて行うとしている。特別の教科である道徳のみで指導するのではない。

【5】1 ①　2 ③

○**解説**○ 平成29年告示の小学校学習指導要領では，特別活動において育成することを目指す資質・能力を「人間関係形成」，「社会参画」，「自己実現」の三つの視点から特別活動の目標及び内容が整理された。特別活動の目標については，上記の三つの視点を手掛かりとしながら，資質・能力を育成するための学習の過程として，「様々な集団活動に自主的，実践的に取り組み，互いのよさや可能性を発揮しながら集団や自己の生活上の課題を解決することを通して」資質・能力の育成を目指すこととして示されている。

【6】2

○**解説**○ 今回の学習指導要領改訂における特別活動については，学習指導の改善・充実を図るポイントの一つとして，異年齢集団による交流を重視するとともに，障害のある幼児児童生徒との交流及び共同学習など多様な他者との交流や対話について充実することが示された。交流や共同学習を通して，多様な人々の存在に気付き，共に力を合わせて生活することの大切さを学ぶ。そして，特別活動での活動は，互いに協力し合い，認め合う中で自分が他者の役に立つことができる存在であることを実感し，自信をもつ機会になっている。

【7】③

○**解説**○ ア　項目名に「主体的な学習態度の形成」という言葉が示されていることから，「主体的」と判断できる。　イ　項目名に「勤労観・職業観の形成」とあることから，「働くこと」と判断できる。
ウ　探究的な学習において，課題設定→情報の収集→整理・分析→まとめ・表現といった流れを重視していることを理解していれば，ここに当てはめて考え，「収集」を選択できるはずである。

【8】1　カ　　2　キ　　3　ク

○**解説**○ 各校種に共通の学校行事には，入学式，卒業式などの「儀式的行事」，学芸会，学習発表会，展覧会，音楽会などの「文化的行事」，避難訓練，運動会などの「健康安全・体育的行事」があることを理解しておく必要がある。

【9】④

○**解説**○ 総合的な学習の時間は，従前より，教科等の枠を超えた横断的・総合的な学習とすることと同時に，探究的な学習や経験的な学習とすることが重要であるとしており，今回の学習指導要領においてはそれらのことをより明確に目標に示している。さらに目標の改善として，実社会・実生活の中で総合的に活用できるものとなるよう改善を図ることや，課題を探究する中で協働して課題解決に取り組む活動などが行われるよう改善を図ることなどが示された。

【10】1　⑤　　2　③

○**解説**○ 1　総合的な探究の時間の目標は，学校の教育目標と直接的につながるという，他教科等にはない独自な特質を有している。

2　総合的な探究の時間の内容は,「探究課題」と「具体的な資質・能力」の二つによって構成されている。その二つは,「探究課題」が,生徒が何を学ぶかを表したものであり，各探究課題との関わりを通して,具体的にできることを明らかにしたものが「具体的な資質・能力」,という関係になっている。

教育心理

要点整理

●発達

□発達とは

発達とは，個体の発生から死に至るまでの変化の過程。

(1) 発達の要因

① 生得説：発達の要因として遺伝的要素を重視する立場(ゲゼル)

② 経験説：環境が決定的に影響すると考える立場(ロック・ワトソン)

③ 輻輳(ふくそう)説：遺伝と環境の影響が輻輳して発達に現れるとの立場(シュテルン)

④ 相互作用説：遺伝と環境は分離することはできず，両者が相互作用的に発達に働くとする，今日の考え方。例えば「環境閾値(いきち)説」(ジェンセン)等。

(2) 成熟と学習

発達的変化は，主として遺伝的に決定される「成熟」の側面と，特定の経験や活動などによって新しい行動などを獲得していく「学習」の側面の結果である。

① レディネス：ある学習をするのに必要な心身の準備が整った状態。学習とレディネスの関係をゲゼルは実験から「成熟優位」を唱えた。

② インプリンティング(刻印づけ)：大型鳥類の雛が孵化後短期間の間(臨界期)に動くものに対しての後追い行動が形成される(ローレンツ)。発達初期の経験が発達過程に重大な影響を与える。

③ 発達の最近接領域：教師や周りからの質問や補助，模倣や観察によって達しうる発達水準(ヴィゴツキー)。教育は現在の発達水準だけでなく，発達の最近接領域に基づいて行わなければならないという主張。

(3) 発達の原理

① 連続性　② 順序性　③ 方向性　④ 異速性

⑤ 個人差

(4) 発達段階

① 胎児期(9週〜出生)

② 新生児期(出生後4週)

③ 乳児期(0〜1歳)

④ 幼児期(1〜6歳)

⑤ 学童期(6〜12歳)

⑥ 青年期(12〜22歳)

⑦ 成人期(22〜60歳)

⑧ 老年期(65歳〜)

(5) ピアジェの認知発達理論

① 感覚運動期(〜2歳)

② 前操作期(〜7歳)

③ 具体的操作期(〜12歳)

④ 形式的操作期(12歳〜)

(6) エリクソンの心理社会的発達理論

青年期における「自我同一性(アイデンティティ)」の確立。心理的モラトリアム。

(7) フロイトの心理性的発達理論

□輻輳(ふくそう)説

シュテルンによって，精神発達の基礎として仮定された理論。精神発達は，生まれつきの素質のみの展開ではなく，また単に外部環境の影響だけで成立するものでもなく，内なる素質と外なる環境の両者の影響が輻輳(協合)してあらわれるものであるとする考え。

□環境閾値(いきち)説

ジェンセンは「環境は閾値要因として働く」と主張した。人が遺伝的可能性として持って生まれた素質は，最低限の環境条件が整わなければ顕現しないが，逆に環境を良くすればいくらでも発達が可能かというと，遺伝的素質に基づく限界があるということを提唱した。

□発達曲線

身体的または精神的発達のある側面について，年齢とともに変化する発達量を曲線で図示したもの。成長曲線ともいう。ふつう横軸に年齢またはそれに相当する段階をとり，縦軸に発達量を記載している。

発達量はパーセンテージで示す場合もある。

□アニミズム

生命のない事物・事象に，生命や意識などの生物的・心理的実在の属性を与える考え方。実念論(思考，言語，夢など，心理的産物に物理的実在を与える考え方)，人工論(すべての事物・事象は人間によってつくられたとする考え方。幼児の自己中心的心性に基づいて経験される両親への依存感情や両親の神格化などの社会関係意識から生じるといわれる)とともに，ピアジェが幼児の世界観の特徴として指摘したもの。アニミズムは，はじめはすべてに生命，意識を認め，次に動くものすべて，さらに自分の力で動くもの，最後に人間と動物だけにこれらの性質を認める，という4段階に区別されるものである。

□相貌的知覚

4歳半くらいまでの幼児の未発達な知覚の特性を，ウェルナーがこう呼んだ。

□ギャング・エイジ

徒党時代といわれ，児童中期から後期にかけて仲間意識が急速に発達し，大人の干渉から逃れた自由な自分たちだけの集団を形成する時期をいう。この集団は，自然発生的に形成され，数名の同性の友人から構成され，閉鎖的で，成員間の親密性・団結性が強いとともに，対外的には排他的，攻撃的である。外部の社会から承認されず，成員たちだけの約束やルール，隠語，秘密の事柄，集合場所などを決めているためギャングと呼ばれるが，社会性の発達のためにも，のちの異性との親密さの獲得のためにも重要な時期である。

●学習

□学習とは

学習とは，経験による比較的永続的な行動の変容である。

(1) 学習の理論

○連合理論：刺激と反応(S－R)間の結合の結果と捉える。

① 古典的条件づけ

パブロフの条件反射の考え方に基づく考え方。行動主義心理学を提唱したワトソンに受け継がれその中核理論となる。

② 道具的条件づけ

ソーンダイクは試行錯誤による学習を唱え，効果の法則を提唱した。

スキナーは，生体の自発的(オペラント)行動の生起頻度を強化によって条件づける組織的な研究を行った。彼は条件づけをレスポンデント条件づけとオペラント条件づけの2種類に分けて捉えた。

③ 観察学習

バンデューラは，学習者が実際に反応しなくても，モデルの観察を通して学習が成立するとした。この過程はモデリングとも呼ばれる。

○認知理論：環境の刺激間の関係から学習者の認知構造が変化すると捉える(S－S)。

① 洞察学習

ゲシュタルト心理学者の一人であるケーラーによって主張された。学習は試行錯誤によるのではなく，洞察(見通し)が成立することにあるとした。

② サイン・ゲシュタルト説

トールマンは，学習とは何をどうすればどうなるかがわかることであり，学習目標と手段との機能的関係が頭の中に認知地図として出来上がることを，迷路学習の実験から潜在学習を唱えた。

③ 情報処理論的学習モデル

学習者の知識の構造を重視する情報処理の考え方による認知心理学的アプローチ。心の仕組みや働きを情報処理的に捉え，どのように処理され，貯蔵されるのかを明らかにしようとする。学習を記憶への知識の貯蔵，その知識の構造，さらには知識を利用した処理の向上といった観点から捉える。

(2) 動機づけ

学習が行われるためには，学習者に学習への意欲，すなわち動機づけが必要となる。

① 動機の種類

○生物的動機：生命維持に不可欠な動機。ホメオスタシス性動機。飢，渇，睡眠，排泄など。生体外に報酬がある。

○内発的動機：生物的動機と同じく生得的だが，刺激の享受や活動自体が報酬となる動機。好奇動機，感性動機，認知動機，操作動機など。

○社会的動機：生得的でなく，経験を通して獲得される動機。達成動機，親和動機，獲得動機，承認動機，優越動機など。

② 内発的動機づけ

学習への動機づけには，報酬，賞罰などの外的な誘因を用いる外発的動機づけと，学習行動それ自体が報酬となる内発的動機づけがある。教育的にはできるだけ内発的動機づけによるものが好ましい。

③ 動機の階層

マズローは，動機間の関係を階層構造として捉えた。人間は，最も下位の生理的動機から，安全，愛情，自尊そして最上位の自己実現に向かって，下位の動機を満たしながらより上位の動機を追求していくとした。

(3) 学習指導法

① プログラム学習：スキナーによって唱えられたオペラント条件づけの理論に基づく学習方法。学習者個々の能力に対応でき，反応に対して即フィードバックできる点などが長所。ティーチングマシン。CAI(Computer Assisted Instruction)。

② 発見学習：ブルーナーが提唱した学習方法。学習者が自らの力で新しい知識を習得する，探究的な思考法を獲得することを目指す。自ら仮説を立て，確認，検証していく。発見を重視。

③ 有意味受容学習：オーズベルが提唱した学習方法。学習内容が学習者の認知構造の中に意味として関連づけられれば，講義形式の授業でもそれが効果的に行われるとした。学習内容に先立つ先行オーガナイザーが重要。

④ 完全習得学習(マスタリーラーニング)：ブルームが提唱。子どもの学習能力に応じて，指導時間や指導法を変えることによって，すべての学習者を一定の目標水準に到達させる。形成的評価を重視。

⑤ 適性処遇交互作用(ATI)：クローンバックが主張した考え。学習者の適性と学習指導方法との関係を考慮して最適で効果的な学習を図るべきとした。

□連合説(S−R)理論

結合説，連合理論ともいう。すべての行動は，刺激(S)を反応(R)に結びつける結合又は連合に基づくという説。学習は行動もすべて個々の(S)−(R)の結合(S−R結合)から成立すると考える。パブロフの条件反射説，ソーンダイクの試行錯誤説，スキナーのオペラント条件づけ，などが代表的。

□認知(S−S)理論

学習とは，環境に対する正しい認知構造の獲得のことであるとし，学習は，連合説のいうような機械的・受身的，あるいは要素的なものではなく，生体の中枢における認知構造の変化が本質的なものである。連合説のように徐々に学習が成立するのではなく，見通しにより飛躍的に解決に至るとする。ケーラーの洞察説，トールマンのサイン・ゲシュタルト説などが代表的。

□サイン・ゲシュタルト説

トールマンの学習および行動に関する理論で，学習とは刺激と反応とが1対1対応を起こすのではなく，記号−形態−期待の成立であり，これにしたがって環境は手段−目的関係の場を構成し，“仮説”的な認知構造，すなわち認知地図を形成するという主張。

□レディネス

レディネスとは準備とか用意の意で，ある行動の習得に必要な条件としての心身の準備が整っている状態をいう。学習のレディネスはふつう，子どもの知能の発達，知覚や注意や記憶の発達，興味の発達，運動能力の発達などを指すが，さらに子どもがすでに持っている経験も大切なレディネスとなる。レディネスが成立した時期に学習するのが最も効果的で，それより早すぎても遅すぎても適切な学習は期待できない。学習にはそれぞれ最適期があると主張されてきた。

□ピグマリオン効果

1968年ローゼンソールらによって提唱された教育効果のこと。生徒に対して教師が良い期待を抱くことで，生徒自身の知能，学力とも伸びるということが実験結果で得られた。必ずしも実験が正しいことは評価されていないが，周囲が期待をかけることで，子ども自身の自己評価も高まり，それがやる気につながって，学習能力が向上する可能性はある。

□**忘却曲線**

1885年，エビングハウスが，無意味綴りを用いて記憶したことが時間の経過とともにどのように忘れられていくかを研究し，発表した。忘却は始めは急激で次第に緩慢になることが明らかにされている。

□**オペラント条件づけ**

スキナーは，ネズミを使いレバー操作法による実験を行った結果に基づいて，2つの刺激の近接提示によって成立する条件づけをリスポデントな条件づけ(古典的条件づけに相当)，強化によって操作と反応が結合する条件づけをオペラント条件づけ(道具的条件づけに相当)と名づけた。プログラム学習は後者の原理により，学習者が学習目標に近づいた自発的反応を行ったときに強化を与えて，オペラント行動に対応する刺激を次第に学習目標に近づけて学習を効果的に達成させる方法。

●人格と適応

□**コンフリクト(葛藤)**

2つ以上の欲求が同時に存在して，そのいずれを選択するかに迷う状態をいう。レヴィンはコンフリクトには次の3つの場合があると考えた。

(1) 双方が積極的誘意性をもった2つの目標の間にはさまれて選択に迷う場合(接近－接近型)。

(2) 消極的誘意性をもった2つの目標の間にはさまれ進退きわまった場合(回避－回避型)。

(3) 同一の目標が積極的誘意性と消極的誘意性とを同時にもった場合(接近－回避型)。

□**フラストレーション**

一般に欲求が阻止された状態をいい，欲求不満，欲求阻止ともいう。また，フラストレーションに耐える能力をフラストレーション・トランス(欲求不満耐性)という。

□**質問紙法**

ある主題に関する多くの質問が印刷されている紙(質問紙)を多数の

人に配布して回答を求める方法。質問紙法には回答を手引書に示された方式に従って整理し，標準に照らして解釈するものと，回答を任意の方式で整理し結論づけていくものとの2つがある。現在数多くの質問紙法に基づくパーソナリティ・テストがあるが，これは前者に属する。後者はアンケートとよばれることもある。

□矢田部・ギルフォード性格検査(Y・G検査)

ギルフォードが考察したものを矢田部が日本版とした性格検査。120の質問からなり，12尺度で集計。12の性格特性。

□投影法

標準化された客観検査法に対して，被検者があいまいな刺激を自主的に認知し，それに表出させること(反応)により欲求不満，劣等感，認知様式，知能，人間関係などの人格診断を行う方法の総称である。種類として，(1)主に診断的意図をもつ検査形式のものに認知反応を中心とするロールシャッハ・テスト，ソンディテスト，TAT，CAT，PFT，SCT，単語連想法などがあり，図示的表出に依存するバウム・テスト，色彩ピラミッド法，HTP，箱庭テストなど，(2)治療的意図をもつ自由活動法として自由画，指絵法，人形遊び，心理劇などの方法の2つに大別される。

□ロールシャッハ・テスト

投影法を代表する人格検査。左右対称のインクのしみの形が描かれた10枚の図を見せ，何に見えるかを問う方式。

□TAT(thematic apperception test)

主題構成検査あるいは絵画統覚検査ともいわれ，投影法(パーソナリティ・テストの一種)の一種。紙芝居と似た絵を見せて自由に物語をつくらせ，その物語に表された心の内面(隠された欲求や葛藤 など)を知ろうとする検査。20枚(30枚＋白紙1枚で被検者の性別や年齢で20枚を選ぶ)の絵からなり，いずれも多義的な絵であるため，個々人によって異なった物語がつくられるよう構成されている。質問紙法が表面的な(意識される)性格特徴を測定するのに対して，TATはロールシャッハテストと並んで投影法の代表的な検査である。

□作業検査法

作業の仕方によって精神的傾向を見ようとする。代表的な例としては，内田・クレペリン精神作業検査がある。単位時間の加算作業によって得られる曲線型で判定する。

□内田・クレペリン精神作業検査

クレペリンが考案した連続加算法を元に内田勇三郎が開発。1桁の数の連続加算を行わせ，性格・適性を検査する。

□適応機制

フラストレーションや葛藤(コンフリクト)から生じる緊張状態を解消して自我を防衛し，安定化しようとする機制(メカニズム)のこと。適応機制には自我防衛機制(代償・補償・取り入れ(同一視)・合理化・昇華・置き換え・抑圧など)，逃避機制(逃避・退行・白昼夢・ヒステリーなど)，攻撃機制(怒り・攻撃など)が含まれる。

◆抑圧⇒不安を起こさせる衝動や感情を意識しないように，知らず知らずのうちに無意識界に抑えこむはたらき。主として性欲や他人への攻撃など，社会的に承認されない欲求が対象となる。

◆反動形成⇒抑圧された衝動や感情が行動に現れるのを防ぐために，それと正反対のものに置き換えるはたらき。本心を隠す仮面の意味をもち，大げさなことや強迫性が特徴。嫌いな人に対して極端に友好的な態度をとるなど。その逆の場合もある。

◆投射(投影)⇒不安の原因を他に押し付けて転嫁し，不安を和らげようとするはたらき。敵意をもつ人が逆に相手が自分に対して敵意を抱いていると思うなど，抑圧されている願望を他人のものとみなすこと。被害妄想等も投射によるところが大きい。

◆取り入れ⇒投射と逆の関係で，他人の行動や態度を自分の中に取り入れ，その人からの不安を抑えようとするはたらき。腕力のある子の態度をまねて，その子に対する恐怖を抑えるなど。自分は社会的に優れた個人や集団と同一的であると感じる同一視は，取り入れの一種である。これは，自我の発達や情緒の安定のために自然にはたらく心的作用といえる。

◆代償⇒ある欲求が阻止されたとき，それに代わる他の欲求を満足させることによって，自我の安定を図るはたらき。ある事柄で劣等感を感じているとき，他の事柄で優越感を得ようとするのは補償で，代償の一種である。

◆合理化⇒自分の真の動機を隠し，他のもっともらしい理屈をつけて自己の正当化を図ること。イソップ物語の酸っぱいブドウがその例。

◆置き換え⇒親への不満を弟妹などに向けて，弱い者いじめをするなど，欲求の対象を他の安全な対象に置き換える。

◆昇華⇒性欲や他人への攻撃等，社会的に承認されない欲求を，スポーツや芸術など，社会的に価値あるものへと向け変えるはたらき。

●集団

□ソシオメトリー

モレノによって創始された，人間の心的相互作用や集団構造などを分析・測定するための理論。成員間の牽引(attraction)と反発(repulsion)の強度や形態に焦点を合わせて個人の地位や集団の構造をソシオメトリックテストにより測定しし，その結果をソシオグラムやソシオメトリックスによって表す。ソシオグラムとは，ソシオメトリーの結果を図示したもので，これによって集団のなかの個人の位置が一目でわかる。

□ハロー効果

ある1つのことに成功した者やすぐれている者を，他の点でもすぐれているとみなしたりする傾向。光背効果ともいう。

●教育評価

□教育評価

(1)　教育測定と教育評価

教育の成果としての児童・生徒の変化を，一定の教育目標に照らして判定する。それは，指導目的，学習者の動機づけや自己評価，学校側の資料管理などが目的となる。対象を何らかの形で量的に記述する測定的側面が教育測定であり，それを評定し活用する評価的側面が教育評価である。

(2)　評価基準による分類

①　相対評価：個人の得点を集団成員の得点と比較することによってその相対的位置を明らかにし，学習効果を全体のなかで評価しようとする方法。相対評価による集団間の比較は，いずれの集団も等質

であることを条件とする。最近では，機械的な相対評価の適用に対する疑問や，相対評価そのものに対する批判が出てきている。

② 絶対評価：個人の得点そのものを評価の基準として考えようとする方法。これには次の2つの異なった意味がある。

1. 成就すべき水準を学年相当のカリキュラムによって立て，完全な成就度を100点法で示す場合。
2. 他人との比較的評価を行わないで個人内評価を行う場合。

後者は，ある個人の成就度を継時的に比較したり，同一個人の学習の諸領域や諸能力間の比較を行うような場合に用いられている。

③ 個人内評価：学力，能力，特性などを1人の個人の内部で比較したときにみられるパターンや構造を個人内差異といい，これに基づく教育的評価・判断を個人内評価という。たとえばある教科の学力について，その本人の過去の同種の学力との縦の比較，他の教科との横の比較，基礎的な知能との比較，その教科内の各観点間の比較，努力や興味あるいは環境条件との比較などがその個人に即して教育的に行われる評価をいう。

(3) 評価実施時期による分類

① 診断的評価：学習指導を開始する前に，個々の児童・生徒のレディネスを確認するために行う評価。

② 形成的評価：学習活動の進行中に行われ，個々の生徒の習得の程度や欠陥の発見，教師や生徒へのフィードバックのために行う評価。

③ 総括的評価：学習活動の区切りに，まとめの意味で実施し成績決定などにも使われる。

(4) 教育評価上での留意点

① ハロー効果(光背効果)：1つあるいは少数のある特徴によって，その他の特徴まで不当に(高くあるいは低く)評価しやすい傾向があること。

② 教師期待効果(ピグマリオン効果)：教師が期待をかけた児童・生徒が，実際にその期待のように変化する現象。

(5) 学級集団の構造

① ソシオメトリック・テスト：集団内の人間関係やその構造を理解・評価するためのもの。集団内の成員の社会的地位や集団の凝集

性が捉えられる。集団内の構造を視覚的に捉えたのがソシオグラム。モレノが考案した。

② ゲス・フー・テスト：生徒の行動特性・人格・能力を生徒の相互評価によって測定しようとする方法。ある望ましい特質をもつもの，または望ましくない特質をもつものを，自分が熟知しているクラスの仲間から数名選んで記述させる。望ましい方に書かれているごとにプラス1点，その逆にマイナス1点を与え，その代数和により個々の生徒を評価する。

●カウンセリング・心理療法

□ホスピタリズム

施設病ともいわれる。病院，乳児院や養護施設などで長期間育てられた子どもが，心身の発達や性格，人間関係などにさまざまな障害をもつことがある。体重の減少，睡眠障害，運動能力の低さ，他人に対する無関心，消極的，攻撃性などそれらの症状を総称してホスピタリズムという。その原因は，集団保育という施設そのものにあるのではなく，愛情の欠けた養育，母性愛欠乏によるものといわれる。ということは，施設でもゆきとどいた養育を与えればホスピタリズムは生じず，逆に本当の親子でも母親に母性が欠けていればホスピタリズムが生じる可能性もある。

□カウンセリング

クライエント(来談者)が問題への対処の仕方や適応の仕方を学んでいくプロセスや，それを通じてパーソナリティの成長をとげていくプロセスを援助するために，自由と安全の風土を提供する一種の人間関係をいう。

□ラポール(ラポート)

ラポートともいう。面接において，面接者と被面接者の間に，何でも打ち明けられ，お互いの話が十分理解される関係が成立し，信頼に基づく意思の疎通ができる状態をいう。

□サイコセラピー

心理療法，精神療法ともいう。心理的技法によって，心理的疾患の治療，行動障害の変容をもたらす治療法。その原因が心理的要因に基づく神経症症状，強い劣等感，抑うつ反応，恐怖・不安反応ばかりでなく，薬物中毒，素質的要因による障害なども対象とされる。心理療法には，①面接によって情報の提示・指示を主とする職業相談，適性相談，進路指導，②面接相談により個人の現象的自己に関わるカウンセリング技法，③精神分析，④治療の目標を行動障害の変容におく行動療法，⑤暗示によって障害を除こうとする暗示療法，催眠療法，⑥対人関係調整法，⑦作業療法，⑧遊戯療法，⑨心理劇などがある。

□スクールカウンセラー

平成7年度より当時の文部省が学校教育を受ける児童・生徒たちのいじめや非行等への対策として導入したカウンセラー制度により配置されるようになった人員のこと。近年，児童・生徒たちの心の悩みが複雑化してきており，教師だけでは対応できなくなっている。そのため，児童・生徒たちが悩みを打ち明けられる場として，校内にカウンセリング室を設置し，プロのカウンセラーを配置している。スクールカウンセラーの業務は，児童・生徒たちの不安や悩みの解消は勿論のこと，学校に対する提案や医療機関などとの連携，教員への研修，保護者からの相談など幅広く行われている。

□スクールアドバイザー

スクールカウンセラーと同様に，学校で心理相談業務に従事する専門家にスクールアドバイザーがある。スクールカウンセラーが文部省中心の事業として始まったのに対して，スクールアドバイザーは各地方自治体や教育委員会中心の事業として行われており，全ての都道府県で展開されているとは限らない。スクールアドバイザーは，悩みや心配ごとのある児童生徒の相談を受けたり，保護者との相談を行ったりしている。また，学校の生徒指導に関する助言等を行い，生徒指導に関して家庭や地域のパイプ的な役割を果たしている。

□スクールソーシャルワーカー

スクールソーシャルワークは20世紀初頭にアメリカでソーシャルワークの一分野として生まれた。子どもの人格を尊重し，子どもを取り巻く家族，教員，友人などや，地域環境にも配慮し，それらの関係の中で連携や調整をする。希薄になっている子どもと学校，家庭，地域との関係を再構築し，子どもの側に立って問題を解決するサポートシステムである。ソーシャルワーカーを養成している社会福祉学科でスクールソーシャルワークを取り入れ始めた大学もあり，スクールソーシャルワーカーを配置した地方自治体もある。スクールカウンセラーは，問題は個人の内面(心理)にあると考え，心理的な葛藤を治療行為によって解決しようとするが，スクールソーシャルワーカーは，個人と環境の双方を視野に入れて活動し，個人をエンパワメントしたり，環境を調整・改善し，権利擁護なども行う。

教育心理　発達

実施問題

【1】次の□内の文の記号に当てはまる語句の組合せを，以下の選択肢から1つ選び，番号で答えなさい。

> 子どもを社会的学習者ととらえた(　ア　)は，言語と思考の量的関係の発達に注目し，幼児の独語や周りに向けたものではない発話を，言語が思考として活用され始めたものと考えた。そして，頭の中であれこれと自分の行動を調節したり思考したりする手段として活用される言語を(　イ　)とよんだ。また，子どもの発達水準を現在の発達と，大人や能力の高い友達と協同して問題を解いた結果から判断される可能的発達水準に分け，それら二つの発達水準のずれを(　ウ　)とよんだ。

1　ア：ブロンフェンブレンナー　　イ：内言
　ウ：発達の臨界期
2　ア：ヴィゴツキー　　イ：喃語
　ウ：発達の最近接領域
3　ア：ヴィゴツキー　　イ：内言
　ウ：発達の最近接領域
4　ア：ブロンフェンブレンナー　　イ：喃語
　ウ：発達の最近接領域
5　ア：ヴィゴツキー　　イ：内言
　ウ：発達の臨界期

2024年度 ｜ 宮崎県 ｜ 難易度 ■■■

【2】次の文章は，ピアジェの認知発達理論についてまとめたものである。［　A　］～［　E　］に当てはまる語句の組合せとして最も適切なものを，以下の①～⑤の中から一つ選べ。

> ピアジェは，外界を認識する認知的枠組み([　A　])が，［　B　］(既存の［　A　］によって外界をとらえようとする)と［　C　］(既存の［　A　］を新しい経験に適応させるように変形

する)による均衡化を通して高次化していくと考えた。
　発達段階としては，まず，運動を通して外界の認識が成立する感覚運動期が，次に，前論理的，主観的，一次元的な理解を特徴とする[　D　]が，そして，具体的に理解できる範囲のものに関して，論理的な操作による思考や推理が可能になる具体的操作期が，最後に，抽象的な対象について，仮説検証的，論理的に考えることができるようになる[　E　]が想定されている。

① A 内的作業モデル　B 同化　C 調節　D 感覚操作期
　E 応用的操作期
② A 内的作業モデル　B 統合　C 生成　D 前操作期
　E 形式的操作期
③ A シェマ　B 統合　C 調節　D 感覚操作期
　E 応用的操作期
④ A シェマ　B 同化　C 調節　D 前操作期
　E 形式的操作期
⑤ A シェマ　B 統合　C 生成　D 感覚操作期
　E 応用的操作期

2024年度　岐阜県　難易度

【3】次のグラフは，スキャモン(Scammon, R. E.)の発達曲線を示している。A～Dの曲線に対応する類型を，それぞれ以下のア～エから選ぶ場合，正しい組合せはどれか。1～5から一つ選べ。

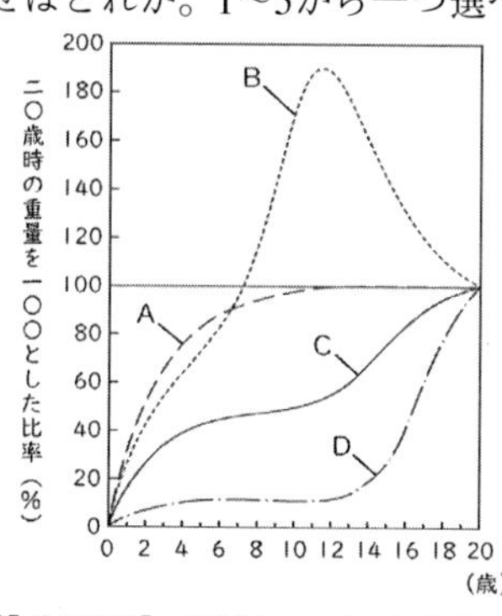

(黒田 祐二「【改訂版】実践につながる教育心理学」により作成)

ア	リンパ型	：	扁桃腺，リンパ腺，アデノイドなどの分泌組織の発達曲線
イ	神経型	：	脳髄，脊髄，感覚器官などの神経組織の発達曲線
ウ	一般型	：	骨格，筋肉，内臓諸器官などの全体的な身体組織の発達曲線
エ	生殖型	：	こう丸，卵巣，子宮などの生殖器官の発達曲線

	A	B	C	D
1	ウ	エ	ア	イ
2	イ	ア	ウ	エ
3	エ	ウ	イ	ア
4	ア	イ	エ	ウ
5	ウ	ア	イ	エ

▌2024年度 ▌大阪府・大阪市・堺市・豊能地区 ▌難易度

【4】次の表は，コールバーグ(Kohlberg,L.)が提唱した道徳性の発達段階とその心理的特徴をまとめたものである。表中の空欄(　ア　)～(　ウ　)に当てはまる語句の組合せとして，正しいものはどれか。①～⑤のうちから1つ選びなさい。

水　準	道徳性の発達段階	心理的特徴
水準1：前慣習的水準	段階1：（ア）道徳性	他者からほめられることがよいことで、罰せられることが悪いことであると判断する。
	段階2：（イ）道徳性	自己や他者の要求や利益を満たす行いこそがよい行いであると判断する。
水準2：慣習的水準	段階3：対人的規範の道徳性	家族、教師、仲間といった周囲の他者との対人関係を重視し、他者に認められる行いがよい行いであると判断する。
	段階4：（ウ）道徳性	社会的秩序を維持することを重視し、社会や集団の利益に貢献する行いがよい行いであると判断する。
水準3：後慣習的水準	段階5：人権と社会福祉の道徳性	権利の意味を正しく捉え、法律が集団の同意によって変更可能なものとみなす。
	段階6：普遍性を持つ一般的な倫理原則の道徳性	既存の法律よりも人間の相互信頼と自らの正義と公正の倫理原則に従った判断をする。

① ア　他律的な　　　イ　論理的な
　 ウ　集団主義的な
② ア　集団主義的な　イ　個人主義的な

ウ　社会システム重視の

③　ア　自律的な　　　　イ　論理的な

ウ　集団主義的な

④　ア　他律的な　　　　イ　個人主義的な

ウ　社会システム重視の

⑤　ア　自律的な　　　　イ　社会システム重視の

ウ　集団主義的な

2024年度　群馬県　難易度

【5】人間の発達段階について，次の(1)，(2)の問いに答えなさい。

(1)　文中の(　ア　)～(　ウ　)について，あてはまるものを，以下のA～Lから一つずつ選び，その記号を書きなさい。

> スキャモンは，身体の各器官・部位によって発達の過程が異なることに注目し，発達初期から大人までの発育量の推移を(　ア　)にまとめたが，人間の発達については様々な捉え方がある。例えば，その一生は乳児期，幼児期，児童期，青年期，成人期などに分けられるが，これは一般的な時期の区分である。一方，ある特定の機能の発達をなんらかの基準によって分けていくものが発達段階である。
>
> 発達段階としてよく知られているものに，①フロイトの性的側面からの発達段階や，②ピアジェの知能の発達の段階がある。また，コールバーグはピアジェの研究に基づき(　イ　)を明らかにした。
>
> また，ヴィゴツキーは，子供の精神発達の水準を2つに分けて考え，このうち子供が他者からの援助あるいは誘導により達成できる水準を(　ウ　)とし，教育の可能性を示唆している。

A　非認知能力　　　　B　コーピング研究

C　反射の発達段階　　D　生物学的パラメータ

E　身体的発達の段階　F　発達曲線

G　発達の最近接領域　H　対話的学びによる発達

I　共感的発達段階　　J　道徳性の発達段階

K　言語水準　　　　　L　共感的バイアス

(2) 文中の下線部①，②の研究者が唱えた発達段階として正しいものを，それぞれA～Dから一つずつ選び，その記号を書きなさい。

① フロイト

A 求愛期 → 咽頭期 → 手指期 → (潜伏期) → 生殖期

B 口唇期 → 肛門期 → 男根期 → (潜伏期) → 性器期

C 愛情期 → 認知期 → 接触期 → (潜伏期) → 交渉期

D 排泄期 → 接触期 → 自我期 → (潜伏期) → 完成期

② ピアジェ

A 感覚運動期 → 視覚運動期 → 前操作期 → 感覚成長期

B 心肺運動期 → 形式的操作期 → 聴覚運動期 → 知覚的操作期

C 感覚運動期 → 前操作期 → 具体的操作期 → 形式的操作期

D 心肺運動期 → 聴覚運動期 → 視覚運動期 → 具体的操作期

2024年度 | 岩手県 | 難易度

【6】次の①～⑤の文は，エリクソンの発達理論について述べたものである。内容が正しければ○，誤っていれば×とすると，○×を正しく組み合わせているものはどれか，以下のア～オから1つ選びなさい。

① 青年期は，発達課題である「自我同一性」を獲得するために，社会的な義務や責任を猶予されている準備期間(モラトリアム)であるといえる。

② 「同一性拡散」のあらわれとして，対人的関わりの失調(いわゆる対人不安)，否定的同一性の選択(いわゆる非行)，選択の回避と麻痺(いわゆるアパシー)などがある。

③ 「自律性」は，遊びを中心にして，自分で何かを解決したりいろいろな遊びに挑戦したりする，就学前期に身につく発達課題である。

④ 乳児期の赤ん坊は，母親から安定した養育を受けた経験を通して，「親密性」を身につけるが，それがうまくいかなかった場合「孤独」の危機に陥る。

⑤　学童期は学校教育を受けるようになり，それを通して「勤勉性」を身につける時期である。しかし，失敗体験も多くなり，「劣等感」を形成しやすい時期でもある。

	①	②	③	④	⑤
ア	○	○	×	×	○
イ	×	○	○	×	×
ウ	○	×	×	○	×
エ	×	×	○	×	○
オ	○	○	×	○	×

2024年度　京都府　難易度

【7】コールバーグ(Kohlberg,L.)の道徳性の発達段階における次の(　ア　)，(　イ　)に関する説明を(a)～(d)からそれぞれ一つずつ選び，その正しい組合せをあとの①～⑧から一つ選べ。

(　ア　)　道具主義的な相対主義志向
(　イ　)　普遍的な倫理的原理の志向

(a)　他者を喜ばせ，他者を助けるために「良く」ふるまい，それによって承認を受ける。

(b)　権威(親，教師，神)を尊重し，社会的秩序をそれ自身のために維持することにより，自己の義務を果たすことを求める。

(c)　報酬を手に入れ，愛情の返報を受ける仕方で行動することによって，自己の欲求の満足を求める。

(d)　実際の法や社会の規則を考えるだけでなく，正義について自ら選んだ基準と，人間の尊厳性への尊重を考える。自己の良心から非難を受けないような仕方で行為する。

①　ア　(a)　イ　(b)　　②　ア　(a)　イ　(c)
③　ア　(c)　イ　(d)　　④　ア　(b)　イ　(d)
⑤　ア　(b)　イ　(c)　　⑥　ア　(c)　イ　(a)
⑦　ア　(d)　イ　(a)　　⑧　ア　(d)　イ　(b)

2024年度　秋田県　難易度

【8】次の記述ア～エは，それぞれピアジェによる思考の発達段階に基づく四つの段階のいずれかを説明したものである。ア～エを発達の段階順に並べたものとして適切なものは，以下の1～5のうちのどれか。

ア　数，量，重さ，体積などの保存が獲得され，具体的事物を用いた場合に限って操作が可能になる段階。

イ　外界との相互作用は感覚機能と運動機能とによって直接行われる段階。

ウ　具体的な場面や出来事に頼らずに抽象的に推論できる段階。

エ　イメージや言語などの象徴機能が飛躍的に発達する段階。

1　ア　→　イ　→　ウ　→　エ
2　イ　→　ウ　→　ア　→　エ
3　イ　→　エ　→　ア　→　ウ
4　エ　→　イ　→　ウ　→　ア
5　エ　→　ア　→　イ　→　ウ

▌2024年度 ▌東京都 ▌難易度 ■■□□□

【9】次の記述は，青年期の発達について述べたものである。空欄[　ア　]～[　ウ　]に当てはまるものの組合せとして最も適切なものを，以下の①～⑤のうちから選びなさい。

エリクソンは，青年期の発達段階の主題として[　ア　]を挙げており，[　イ　]が必要であると考えられている。また，エリクソンは，[　ア　]において，ある程度その決定を未定にしておく期間を想定し，その期間を[　ウ　]と呼んでいる。

①　ア　アイデンティティの統合　　イ　親や大人の価値や信念の同一化
　　ウ　フォアクロージャー
②　ア　基本的信頼感の獲得　　イ　他者の承認
　　ウ　モラトリアム
③　ア　アイデンティティの統合　　イ　他者の承認
　　ウ　フォアクロージャー
④　ア　基本的信頼感の獲得　　イ　親や大人の価値や信念の同一化
　　ウ　モラトリアム
⑤　ア　アイデンティティの統合　　イ　他者の承認

ウ　モラトリアム

▌2024年度 ▌神奈川県・横浜市・川崎市・相模原市 ▌難易度 ■■■□□□

【10】次の記述は，発達上の特性について述べたものである。空欄[　ア　]～[　ウ　]に当てはまるものの組合せとして最も適切なものを，以下の①～⑥のうちから選びなさい。

[　ア　]は，不注意と多動性，衝動性によって特徴づけられている。不注意とは，気が散りやすいことなどを指す。多動性とは，手足を過度に動かすことなどを指す。衝動性とは，順番を守れないことなどを指す。

[　イ　]は，他者とのコミュニケーションの難しさと興味の幅の狭さ(こだわりの強さ)などにより説明される。また，感覚刺激に対する過剰・過小反応や偏食，時間・空間の見通しをもつといった想像力の弱さなどの特徴もみられる。

[　ウ　]は，知能の遅れはないが，読む，書く，計算するという基礎学習に関わる特定の機能に困難を示す状態のことである。

①　ア　SLD　　イ　ASD　　ウ　ADHD
②　ア　SLD　　イ　ADHD　　ウ　ASD
③　ア　ADHD　　イ　SLD　　ウ　ASD
④　ア　ADHD　　イ　ASD　　ウ　SLD
⑤　ア　ASD　　イ　ADHD　　ウ　SLD
⑥　ア　ASD　　イ　SLD　　ウ　ADHD

▌2024年度 ▌神奈川県・横浜市・川崎市・相模原市 ▌難易度 ■■■□□□

解答・解説

【1】3

○解説○ ア　問題文中の「子どもを社会的学習者ととらえた」から，他者との相互作用により知識や認知能力が発達していくと考えた心理学者ヴィゴツキーであることがわかる。なお，ブロンフェンブレンナーは，発達に関する生態学的システム理論の提唱者である。　イ　問題文中の「頭の中で…活用される言語」から内語とわかる。なお，喃語は「あう」，「ばばば」などの2語以上の連続する音である。　ウ　問題文がヴィゴツキーについての記述であることがわかれば，ヴィゴツキーの代表的理論である「発達の最近接領域」とわかる。

【2】④

○**解説**○　ピアジェの認知発達理論では，外界を認識する認知的枠組みをシェマという。ここでの「外界」の「認識」とは，自分の外の世界の経験的事実をどのように解釈し，推論していくかという認知能力である。経験的事実をシェマによって解釈・推論する，即ち既存のシェマによって外界を捉えようとするはたらきを同化という。また既存のシェマの同化だけでは解釈・推論できないときに，経験的事実に合わせてシェマ自体を変化させることを調節という。認知発達段階は，論理的操作が出来るかできないかで，まず大きく二分できる。論理操作が出来ない段階のうち，感覚運動期の次の段階である，前論理的，主観的，一元的理解を特徴とする認知発達段階を前操作期といい，論理操作が出来る段階のうち，具体的操作期の次の段階である，抽象的な対象について仮説検証的に思考できる段階を形式的操作期という。

【3】2

○**解説**○　ア　リンパ型は免疫系の発達曲線であると考えるとよい。出生直後はまだ免疫力は高くないが，出生後環境との相互作用により様々な病気に罹患していくことで免疫は急激に獲得されていき，思春期の始まり頃(12歳位)にピークに達し，以降成人(20歳時)のレベルへと収束していく。この特徴を表している曲線は，Bである。　イ　神経型は，脳神経系の発達曲線であると考えるとよい。脳神経系は出生後から機能し始め，様々な神経回路網が一気に形成されていき，12歳位には成人のレベルに達する。出生後から上に凸の曲線を描き，12歳位には100に達するのは，Aの曲線である。　ウ　一般型とは，おおむね身長・体重の発達曲線であると考えるとよい。身長や体重の増加は，出生後しばらくの時期と思春期の頃に顕著である。つまり，この二つの時期の勾配が急である曲線は，Cである。　エ　生殖型は，生殖器官の発達曲線であると考えるとよい。第二次性徴として特徴づけられるように，生殖器官の発達は，思春期以降(12歳位から後)急激に発達していく。12歳位からの急な傾きを示しているのは，Dの曲線である。

【4】④

○解説○　コールバーグの道徳性の発達理論は頻出である。道徳性の発達理論とは，人の道徳性は段階を得て発達するという考え方のこと。そして，その道徳性について3つの水準と6つの発達段階に分けたものである。

【5】(1)　ア　F　　イ　J　　ウ　G　　(2)　①　B　　②　C

○解説○　(1)　ア　スキャモンは，身体の各器官・部位によって発達が異なることに注目し，リンパ型，神経型，一般型，生殖型の発育量の推移を発達曲線にまとめた。　イ　コールバーグは，ジレンマ課題に対してなぜそのように判断するかという観点から，ピアジェが研究した子どもの道徳判断だけでなく，青年期や成人期までをも含めた道徳性の発達段階を明らかにした。　ウ　公開解答では発達の最近接領域(G)が正答であるが，一般にヴィゴツキーが提唱した発達の最近接領域とは，子どもが単独で取り組んだ時の達成水準と，子供が他者からの援助あるいは誘導により達成できる水準の差のことである。教育を大人との協同行為を通しての学習過程と考えれば，この差，即ち発達の最近接領域は「教育の可能性を示唆している」。　(2)　①　フロイトは，人間の心的活動の原動力は性的快感を得ることと結び付くと考え，身体のどの部位により性的快感がもたらされるかが発達段階を規定するとして，5つの発達段階を提唱した。発達段階の最初期は母乳を口唇で摂取することが性的快感に結び付く口唇期とし，最上位の発達段階として生殖行動の身体器官である性器によって性的快感がもたらされる性器期を考えた。なお，口唇期と性器期の間に肛門期，男根期，潜伏期の3段階を設定した。　②　ピアジェは認知発達を，まず記号操作ができるかできないかで大きく二分し，それぞれをさらに二分して

4段階を提唱した。認知発達の最初期は，記号操作以前の，感覚や身体運動により認知活動を専一に行う感覚運動期とし，認知発達の最上位の段階を，記号を，数学におけるように，形式的に操作ができる形式的操作期と考えた。感覚運動期以降は，前操作期，具体的操作期という2段階を設定した。

【6】ア

○**解説**○ ③「自律性」は，就学前期(4～5歳)の発達課題ではなく，幼児期(1.5歳～4歳)の発達課題である(就学前期の発達課題は「自主性」)。④「親密性」が発達課題になり，「孤独」が心理的危機になるのは成人初期である。乳児期の発達課題は「基本的信頼感」であり，心理的危機は「不信」である。

【7】③

○**解説**○ コールバーグの道徳性の発達理論では，道徳性の判断には3水準6段階の発達段階があるとした。その3水準は，外的，物理的な結果や力が道徳的価値の基礎になる「前慣習的水準」，よいあるいは正しい役割を遂行すること，慣習的な秩序や他者からの期待を維持することを道徳的価値の基礎に置く「慣習的水準」，妥当性や普遍性を持つ原則を志向し，自己の原則を維持することに道徳的な価値を置く「慣習以後の水準」であり，それぞれがさらに2段階に分かれる。

(a)「慣習的水準」のうち，対人的同調の段階(第3段階)である。

(b)「慣習的水準」のうち，法と秩序を志向する段階(第4段階)である。

(c)「前慣習的水準」のうち，「道具主義的な相対主義」を志向する段階(あるいは「報酬と取引の段階」)(第2段階)。　(d)「慣習以後の水準」のうち，普遍的な倫理的原理を志向する段階(第6段階)である。

【8】3

○**解説**○ アは「具体的事物を用いた場合に限って操作が可能」という記述から具体的操作段階，イは「感覚機能と運動機能によって直接行われる」とから感覚運動段階，ウは「具体的な場面や出来事に頼らずに」から形式的操作段階，エは「イメージや言語などの象徴機能が飛躍的に発達」から前操作段階であることがわかる。ピアジェによる思考の発達段階の順は，感覚運動段階，前操作段階，具体的操作段階，形式的操作段階である。

【9】⑤

○**解説**○ ア　青年期は，自分とは何者かについて考える時期，つまりアイデンティティの統合が発達課題である。基本的信頼感の獲得は，乳児期の発達課題である。　イ　アイデンティティの形成においては，自分自身の自覚という主観的側面と，重要な他者からのそれについての承認という社会的側面の重なりによって，はじめて成り立つものと考えられている。　ウ　モラトリアムは，心理学では，社会的成熟を達成するまで，さまざまな社会的な義務が猶予される期間を意味する。一方，フォアクロージャーは，早期完了ともいい，自分の目標と両親またはそれに準ずるものの目標との間に不協和がなく，明白な危機を経ず周囲の価値観をそのまま継承し，これに傾倒している状態などを意味する。

【10】④

○**解説**○ ア　ADHDは，注意欠如・多動症 Attention-Deficit / Hyperactivity Disorder の略である。　イ　自閉スペクトラム症 Autism Spectrum Disorder の略である。アメリカ精神医学会による診断基準であるDSM-5は，発達障害である自閉症やアスペルガー症候群，広汎性発達障害などをこのように総称している。　ウ　限局性学習症 Specific Learning Disorder の略である。学習障害(LD)のことであるが，前述のDSM-5はこのように表現している。

教育心理　学習

実施問題

【1】記憶に関する次の文中の(　①　)～(　③　)に該当する語句の組み合わせとして適切なものを，以下の1～5から一つ選びなさい。

感覚記憶に貯蔵された情報の中で注意された情報を，10数秒間保持する記憶の貯蔵庫を(　①　)という。ここで保持される情報量は限られており，大人で7±2個程度の範囲の数字を覚えることが可能とされ，さらに，その情報を頭の中や口頭で唱え続ける(　②　)により情報を保持することができる。なお，(　①　)は情報の貯蔵に加えて，情報の操作の機能も含めることにより，(　③　)とよばれることもある。

1　①　長期記憶　②　エピソード・バッファ
　③　手続き記憶
2　①　短期記憶　②　リハーサル
　③　ワーキングメモリ
3　①　短期記憶　②　エピソード・バッファ
　③　ワーキングメモリ
4　①　長期記憶　②　リハーサル
　③　ワーキングメモリ
5　①　短期記憶　②　リハーサル
　③　手続き記憶

■2024年度■高知県■難易度■■■□□

【2】次の文章は，集団での学習活動を重視した教授方法について説明したものである。A～Eについて，正しいものを○，誤っているものを×としたとき，その組合せとして正しいものはどれか。

A　ジグソー学習とは，集団を6人程度の小グループに分け，その成員が6分間自由に意見・考えを発表するものである。各人が自由に意見を述べつつ，全員が討議に参加することを特徴とする。

B　ポスターセッションとは，集団を発表する側の子どもと聞く側の子どもの二つに分け，発表する側は，同時にいくつかのグループが発表し，聞く側は，自分の興味に応じて，自由に会場内を動いて発表を聞くことができるものであり，一定の時間を決め，発表する側と聞く側が入れ替わるものである。

C　バズ・セッションとは，学習集団を5，6人の小グループに分け，小グループの人数と同数に分割された教材を一人一人が分担するものである。同じ教材を分担している者同士で新たな小グループを作り学習を進める。その後，元のグループに戻り自分の学習した内容を成員の間で互いに教え合う。

D　討議法とは，教師から子どもへの一方的な講義や説明による指導法ではなく，子ども同士の話し合いによって学習したり問題を解決したりする方法である。

E　ロール・プレイングとは，日常生活における役割を交換するなどして，それぞれの視点・立場から，その状況においてその人物はどのような発言をするか，どのような行為をするかを考えさせて，演技をさせるものである。

	A	B	C	D	E
1.	×	○	×	○	○
2.	○	○	×	×	○
3.	×	○	○	○	×
4.	○	×	○	○	×
5.	○	×	○	×	○

▌2024年度 ▌岡山県 ▌難易度

【3】学習される行動について，「行動の分類」，「学習の説朗」，「主な研究者」を正しく組み合わせているものはどれか，次のア～オから1つ選びなさい。

	行動の分類	学習の説明	主な研究者
ア	オペラント行動	生き物が自発する行動が学習される。	パヴロフ
イ	レスポンデント行動	環境からの刺激を受けて生じる，無意識的，不随意的な行動が学習される。	スキナー
ウ	オペラント行動	環境からの刺激を受けて生じる，無意識的，不随意的な行動が学習される。	スキナー
エ	レスポンデント行動	生き物が自発する行動が学習される。	パヴロフ
オ	オペラント行動	生き物が自発する行動が学習される。	スキナー

▌2024年度 ▌京都府 ▌難易度

【4】次のa～cは，学びに関する用語について述べたものである。それぞれの用語を語群から選ぶとき，正しい組合せとなるものを解答群から一つ選び，番号で答えよ。

a 「したいからする」や「知りたいから調べる」といった，ある行動を行うこと自体が目的となるような動機づけ

b 学習者の作品や活動内容に関するさまざまな学習記録を収集したもの，その中身やその入れ物のこと

c 自分自身の認知過程をモニターするコントロールメカニズムとそれを支える知識

【語　群】　ア　外発的動機づけ　　イ　内発的動機づけ
　　　　　ウ　ポートフォリオ　　エ　ルーブリック
　　　　　オ　メタ認知　　　　　カ　形式知

【解答群】
1 a－ア　b－ウ　c－オ
2 a－ア　b－ウ　c－カ
3 a－ア　b－エ　c－オ
4 a－ア　b－エ　c－カ
5 a－イ　b－ウ　c－オ
6 a－イ　b－ウ　c－カ
7 a－イ　b－エ　c－オ
8 a－イ　b－エ　c－カ

▌2024年度▌愛知県▌難易度■□□□□

【5】次の文中の(　A　)～(　C　)にあてはまる語句の正しい組合せを，以下の1～5の中から1つ選べ。

報酬を得るためや，罰を逃れるためといったことにより行動が動機づけられることを(　A　)という。その活動をすること自体が目的となって行動が動機づけられることを(　B　)という。(　B　)による行動に報酬を与えることで，これが低下してしまう現象を(　C　)という。

	A	B	C
1.	内発的動機づけ	外発的動機づけ	ハロー効果
2.	外発的動機づけ	内発的動機づけ	アンダーマイニング効果
3.	内発的動機づけ	達成動機	ハロー効果

4. 達成動機　　　　　内発的動機づけ　　アンダーマイニング効果
5. 外発的動機づけ　　達成動機　　　　　アンダーマイニング効果

2024年度 和歌山県 難易度

【6】次の文を読んで，問1，問2に答えなさい。

[　1　]の創始者であるスイスの精神科医ユング(1875～1961)は，無意識の創造性を重視し，人間の心は意識と無意識の相補作用による自動調節的体系であると主張した。そして，意識の中心点を自我，人間の心の中心を自己とし，その心の外的な現れを[　2　]と呼び，それは自己の適応的な人格の仮面であるとした。

問1　空欄1，空欄2に当てはまる適切なものの組合せを選びなさい。

ア　1－分析心理学　　　2－リビドー
イ　1－分析心理学　　　2－ペルソナ
ウ　1－分析心理学　　　2－ラポール
エ　1－行動主義心理学　2－リビドー
オ　1－行動主義心理学　2－ペルソナ

問2　下線部に関する記述として，適切なものの組合せを選びなさい。

①　ユング派の心理療法は，夢・箱庭・絵画などのイメージを積極的に取り扱い，現代の心理療法に大きな影響を与えている。

②　ユングは，意識には内向と外向の2つの態度と，思考，感情，感覚，直観の4つの機能があるとし，それらを組合せた8つの性格類型を考案した。

③　ユングは，一定の情動を中心に集合した精神的諸要素からなる複合体であるコンプレックスを，意識されたものにも無意識のものにも用いた。

④　ユングは，心理療法の土台となる基本的な考え方として，実在主義，独自性，全体性，社会性，現象論，目的論，機能主義，実践主義の8つを示している。

⑤　ユングが生活的概念と科学的概念の発達史の研究から導き出した「発達の最近接領域」の理論は，教授と発達との相互関係の問題の解明に大きく寄与した。

ア　①②③　　イ　①②⑤　　ウ　①③④　　エ　②④⑤

オ　③④⑤

▌2024年度 ▌北海道・札幌市 ▌難易度 ■■■■□□

【7】次の文中の(　A　)～(　D　)にあてはまる語句の正しい組合せを，以下の1～5の中から1つ選べ。

記憶の二重貯蔵モデルでは，外界からの刺激は目や耳といった器官から取り込まれ，一時的にとどまる。これを(　A　)という。この中で注意が向けられた情報は(　B　)へと送られ，数十秒間，保持される。この中で憶えておくことを何度も反復する(　C　)を行うことで，情報は(　D　)として定着し，数時間から数十年蓄えられることになる。

	A	B	C	D
1.	短期記憶	感覚記憶	リハーサル	長期記憶
2.	感覚記憶	長期記憶	チャンク	短期記憶
3.	短期記憶	感覚記憶	チャンク	長期記憶
4.	感覚記憶	短期記憶	リハーサル	長期記憶
5.	感覚記憶	短期記憶	チャンク	長期記憶

▌2024年度 ▌和歌山県 ▌難易度 ■■■□□□

【8】次のA～Dの文は，心理学の知能に関する理論について述べたものである。正しいものを○，誤っているものを×としたとき，正しい組合せはどれか。以下の1～6から1つ選べ。

A　サーストンは，知能に関する57種類の課題について因子分析を行った結果から，知能には7つの因子が存在するという，知能の多因子説を提唱した。

B　創造性を知能の一部であると考えたギルフォードは，創造性は与えられた情報から様々な方向に多数の解決策を生み出す「収束的思考」と，与えられた情報から単一の結論あるいは妥当な答えを求める「拡散的思考」の2つに分けられるとした。

C　スピアマンは，知能は全ての知的活動に共通して働く一般知能因子(g因子)と，個々の知的活動のみに特有な特殊因子(s因子)があることを見出し，知能の2因子説を提唱した。

D　知能についてキャッテルは，教育や文化的背景に大きく依存する知識や経験に基づく能力である「流動性知能」と，新しい場面や状況に適応する時に働く能力である「結晶性知能」の2つが存在すると考えた。

1　A－○　B－○　C－○　D－○
2　A－○　B－○　C－○　D－×
3　A－○　B－×　C－○　D－×
4　A－×　B－×　C－○　D－○
5　A－×　B－×　C－×　D－○
6　A－×　B－×　C－×　D－×

2024年度　奈良県　難易度

【9】学習に関する心理学に携わった人物に関する記述として適切なものは，次の1～5のうちのどれか。

1　トールマンは，ネズミの迷路学習において，迷路の特徴が目標へ到達する手段となり，目標までの路線図を予測して行動できるようになると考え，認知地図という概念を提唱した。
2　バンデューラは，レバーを押すと給餌される仕掛けを備えた装置を使ったネズミの研究から，自発的，随意的な行動に関する学習過程をオペラント条件付けで説明した。
3　パヴロフは，檻に入れた空腹のネコが，檻から脱出して餌を獲得する過程を観察し，問題解決学習は試行錯誤の繰り返しによるものと考えた。
4　ソーンダイクは，犬の唾液腺の活動を調べているときに，音を鳴らしただけで唾液を分泌する反射が起こるようになったことに気づき，条件反射と名づけた。
5　スキナーは，社会的学習理論において，他者が行う行動を観察しているだけで学習は成立するとして，モデリングと名づけた。

2024年度　東京都　難易度

【10】次の記述は，教師による児童生徒への影響について述べたものである。空欄[　ア　]に当てはまるものとして最も適切なものを，以下の①～⑤のうちから選びなさい。

児童生徒の能力に対して，教師が期待することで能力が向上することを[　ア　]という。

① ホーソン効果　② ハロー効果　③ ピグマリオン効果

④ ゴーレム効果　⑤ ナッジ効果

▌2024年度 ▌神奈川県・横浜市・川崎市・相模原市 ▌難易度

解答・解説

【1】2

○**解説**○ 古典的な記憶モデルとして，10数秒間程度の短い時間の短期記憶と，それ以上の長い時間の長期記憶が仮定されている。短期記憶の情報は，音韻的な繰り返しというリハーサルによって，長期記憶に転送される。近年では，短期記憶で情報を保持しながら，同時に処理するワーキングメモリの検討が多く行われている。エピソード・バッファは，今行っている作業を長期記憶から取り出し，それに関連した他の情報を一時的に保持する仕組みである。手続き記憶とは長期記憶の一種で，自転車の乗り方など，技能や手続き，ノウハウを保持するものを指す。

【2】1

○**解説**○ A　バズ・セッションの説明である。バズ・セッションとは，蜂がブンブン音を立てて飛び回っているかのように(この時の羽音が「バズ」である)，グループの成員全員が自由に意見・考えを活発に発表し合い学習していくという集団での学習活動を重視した教授法である。6人程度の小グループ，6分間の全員参加の自由討議という特徴から6・6討議ともいう。　C　ジグソー学習の説明である。ジグソー学習とは，あたかもグループの成員全員でジグソーパズルを完成させるように，グループの成員がそれぞれの学習結果(説明文にある「分割された教材」の新たな小グループでの学習結果である。これがパズルのピースに相当する)を互いに教えあい，学習(パズルに相当する)を完成させるという集団での学習活動を重視した教授法である。

【3】オ

○**解説**○ オペラント行動は，operate(動作する)をもとにスキナーがつくった用語で，オペラント行動は，生き物が自発する行動を刺激に応じて学習し，その学習に基づいて頻度が変化する行動を意味する。例えば，レバーを押すとエサが出る仕組みの箱の中にねずみを入れたら，ねずみはレバーを押すとエサが出てくることを学習し，自発的にレバーを押してエサをとるようになる行動のことである。一方，レスポンデント行動は，特定の刺激に誘発される行動を意味し，具体的には特定の刺激によって生ずる無意識的な反射などを意味する。その行動が形成されるレスポンデント条件付けを見出したのがパブロフである。

【4】5

○**解説**○ aは内発的動機づけ。外発的動機づけは，行動の要因が，評価や賞罰，競争などの外部の刺激によってもたらされる動機づけのことである。bはポートフォリオ。ルーブリックは成功の度合いを示す数レベル程度の尺度と，それぞれのレベルに対応するパフォーマンスの特徴を示した評価規準からなる評価規準表のことで，パフォーマンス課題等で用いられる。cはメタ認知。形式知は客観的に捉えることができ，言葉や構造をもって説明，表現できる知識のことをいい，主観的で言語化できない知識である暗黙知と対比される。

【5】2

○**解説**○「アンダーマイニング」はundermineの現在分詞型で，undermineにはひそかに傷つける，(…の)下を掘るといった意味がある。このアンダーマイニング効果(現象)とともに，誤肢である「ハロー効果」も頻出である。「ハロー効果」は「後光(後背)効果」ともいい，ある対象を評価するとき，好ましいあるいは好ましくない特徴を認めると，その顕著な特徴に引きずられて，他の特徴についても好ましいあるいは好ましくないと評価してしまい，その結果評価が歪められる傾向をいう。

●教育心理

【6】問1　イ　　問2　ア

○**解説**○ 問1　1　ユングは，当初，「構造論」や「神経症論」を確立したフロイトに師事したが，その後フロイトと決別し，分析心理学を創始した。誤肢の行動主義心理学の創始者は，ワトソンである。　2　誤肢のリビドーについては，フロイトはリビドーを「性欲」「性衝動」の意で用い，一方，ユングは人間に生得的に備わっている「本能」「エネルギー」の意で用いた。また，ラポールは親密な信頼関係を意味し，カウンセリングにおいて特に面接者と被面接者間でその構築の重要性が指摘される。　問2　④　ユングではなくアドラーの心理学(「自己決定性」，「目的論」，「全体論」，「認知論」，「対人関係論」)に関係した記述と思われる。　⑤「発達の最近接領域」の理論は，ユングではなくヴィゴツキーが提唱したもの。

【7】4

○**解説**○ 本問の記憶の二重貯蔵モデルは，アトキンソンとシフリンが1968年に提唱したもの。「チャンク」とは，短期記憶において記憶される情報の簡略化したまとまりの単位をいい，「リハーサル」等を行わないと，忘却されてしまう。

【8】3

○**解説**○ B　ギルフォードが提唱した収束的思考と拡散的思考の説明が逆になっている。　D　キャッテルが提唱した流動性知能と結晶性知能の説明が逆になっている。結晶性知能は高齢になっても安定しているのに対して，流動性知能は新しい環境に適応するための知能であり，10代後半から20代前半をピークにその後低下の一途をたどる知能であることが説明され，現在でも，この2つの知能の分類が，主に高齢期における知能の変化の説明として使われている。

【9】1

○**解説**○ 2　バンデューラは，社会的学習理論において，自分が直接経験しなくても，他者が行う行動を観察しているだけで学習は成立するというモデリングを提唱した。　3　パブロフは，犬に音と肉片の対提示を繰り返すと，音だけで唾液分泌がなされるようになるという条件反射を発見した。後にスキナーにより，レスポンデント条件付けと名付けられた。　4　ソーンダイクは，ネコの問題箱実験の観察結果から，問題解決学習は試行錯誤の繰り返しによると考えた。　5　スキナーは，ネズミのオペラント実験箱の実験結果から，自発的・随意的な行動の自発頻度は，それが引き起こす環境変化に制御されるというオペラント条件付けを提唱した。

【10】③

○**解説**○ ホーソン効果は，周囲からの注目を浴びることで，パフォーマンスが大きく向上する現象のことである。ピグマリオン効果は他者からの「期待」が原動力だが，ホーソン効果は，周囲の「注目」や「関心」が原動力という違いがある。ハロー効果は，ある対象を評価しようとするとき，一部の特徴に引きずられて他の特徴の評価がゆがめられる現象のことである。ゴーレム効果は，周囲からの期待や関心が低いことで，パフォーマンスが低下する現象である。ナッジ効果のナッジは，良い選択をするようにそっと後押しすることである。

教育心理　教育評価・防衛機制・人格・心理療法

実施問題

【1】次の(1)～(3)は，教育評価について述べたものである。空欄[　1　]～[　3　]にあてはまることばを，以下のア～エからそれぞれ一つ選べ。なお，同じ番号には，同じことばが入るものとする。

(1)　[　1　]は指導の過程における評価であり，ある短期間の授業の進行の過程で，当面の教育目標に対しての児童生徒の学習の達成状況などを中間的に把握する評価活動である。この[　1　]は，児童生徒の学習の達成状況を教師の学習指導に還元し，以後の新たな指導をより適切に，より効果的なものにすることなどを目的としている。

ア．診断的評価　　イ．総括的評価　　ウ．形成的評価

エ．到達度評価

(2)　ある特定の目的・テーマのもとに学習した内容を多様な評価手段を用いて収集した資料などにより，児童生徒と教師が共同で学習成果を評価する方法を[　2　]評価という。

[　2　]とは，学習者が学習の過程で収集した資料とそれに対する意見や感想，自己評価及び教師のコメント，ペーパーテストなどの様々な学習活動の成果をファイル化したものの総称である。

ア．ポートフォリオ　　イ．ルーブリック　　ウ．レディネス

エ．パフォーマンス

(3)　他者を評価する際に，ある側面における肯定的特徴が目立っていれば，全体的評価も肯定的な色合いを帯びることを[　3　]という。逆に，ある側面における否定的特徴が目立っていれば，全体的評価も否定的なものになることもある。[　3　]は後光効果や光背効果ともいわれる。

ア．ピグマリオン効果　　イ．ゴーレム効果　　ウ．ホーソン効果

エ．ハロー効果

2024年度　山梨県　難易度

【2】教員は児童生徒の学習状況を把握するために，学習の途中で評価をする必要があり，この評価をもとに指導計画を修正したり児童生徒へ

の補充的な学習や発展的な学習の指導をおこなったりする。この評価は何と呼ばれるか。次の①～④から一つ選んで，その番号を書け。

① 原則的評価　② 診断的評価　③ 形成的評価
④ 総括的評価

2024年度 香川県 難易度

【3】次は，自我の防衛機制について説明したものである。文中の下線部①～④のうち，適当でないものを一つ選べ。

・ 自分にとって価値のある他者の姿を自分の中に取り入れ，まるでその人になったかのようにふるまったり，その属性を身につけようとしたりすることを①<u>投影</u>という。
・ 欲求や感情の対象を，本来の対象より手に入りやすい対象や自分にとって危険でない対象に向けることを②<u>置き換え</u>という。
・ 受け入れがたい衝動，感情，記憶，思考などを意識の外に締め出すことを③<u>抑圧</u>という。
・ 自分の行動を正当化するために，社会的承認に値する，あるいは自分の良心に納得いくような理由づけをすることを④<u>合理化</u>という。

2024年度 秋田県 難易度

【4】適応機制に関する記述として適切なものは，次の1～5のうちのどれか。

1 抑圧とは，自己にとって都合の悪い欲求や感情を意識下に抑えつけて心理的安定をはかろうとするものである。
2 退行とは，欲求不満をもたらす状況から逃げることによって自己を守ろうとする方法である。
3 同一化とは，自分の行動や失敗を正当化するように理屈づけを行うことである。
4 反動形成とは，自己が許容することができない自己の欲求や感情を，他者の中に移しかえ，責めを他者に帰することである。
5 逃避とは，発達の前段階で欲求の充足に有効であった幼児的な行動様式に戻ることである。

2024年度 東京都 難易度

【5】次の表は，パーソナリティ検査について説明したものである。表中の(　①　)，(　②　)に入る語句を以下のア～オから一つずつ選び，記号で答えなさい。

検査名	説明
(①)	スイスの精神科医によって考案された。被検者にインクのしみのような模様が描かれている図版を示し，それが何に見えるかという問いに答えてもらうことで，外界の刺激をどのように取り入れ，意味づけ，反応するのかを見る。
(②)	質問紙形式の検査で，情緒安定性を表す6つの特性と向性を表す6つの特性の，合計12のパーソナリティ特性を測る尺度が含まれている。各特性10項目，全体で120項目からなり，3件法で回答し，特性ごとに得点が集計される。

ア　ロールシャッハ・テスト　　　イ　バウム・テスト
ウ　内田クレペリン精神作業検査　エ　ミネソタ多面人格目録
オ　矢田部ギルフォード性格検査

▌2024年度 ▌静岡県・静岡市・浜松市 ▌難易度 ■■■■□□

【6】心理学的アセスメント方法について，誤っているものを，次の選択肢から1つ選び，番号で答えなさい。

1　ソシオメトリック・テストは，モレノによって考案された方法であり，子ども同士で心理的距離を相互評定してもらう測定法である。

2　日本では，学級全体のもつ雰囲気や個性といった学級の場全体を捉えることができる学級風土質問紙が開発されている。

3　バーンの交流分析理論をもとに，デュセイが考案したエゴグラムは，CP，NP，A，FC，ACという5つの自我状態を測定し，これらのバランスを分析する質問紙法である。

4　内田クレペリン検査は，隣り合う1桁の数字を足し算する作業を行わせ，その作業量の多さや変化，誤答数を分析する作業検査法である。

5　コスタとマクレーの作成したNEO－PI－Rはパーソナリティ特性の5因子(ビッグ・ファイブ)を測定する質問紙法の検査である。

▌2024年度 ▌宮崎県 ▌難易度 ■■■■□□

【7】次の(1)～(5)は，心理検査についての説明です。説明の内容が正しいものには○印，誤っているものには×印を書きなさい。

(1)	ＷＰＰＳＩ知能診断検査
	ウエクスラー式知能検査の１つで，幼児・児童の知能を個別に精密に診断し，知能構造を明らかにする。知能障害の診断と指導に役立てる個別知能検査。
(2)	矢田部ギルフォード性格検査（ＹＧ）
	因子分析の手法により抽出された性格特性の質問項目に，「はい」「いいえ」「どちらともいえない」などの答えの中から最もあてはまると思うものを選ぶ質問紙法。個人の性格の全体構造を把握する。
(3)	ロールシャッハ・テスト
	インクのしみが何に見えるかといった反応から，個人のパーソナリティの査定と，心理的機能の特徴に基づく心理診断。言語的コミュニケーションが可能な年齢で行うことができる投影法心理検査。
(4)	内田クレペリン精神検査
	内向性－外向性尺度と神経症的傾向尺度の２つの性格特性を測定し，それぞれの尺度得点の組み合わせによっていくつかの性格像を描き出す質問紙法。
(5)	モーズレイ性格検査（ＭＰＩ）
	被検者の内的状態を把握するためのアセスメントに利用する。通常は「星と波テスト」「バウムテスト」とのテストバッテリーで用いることで，カウンセリングをいち早く促進させ深めることができる。

2024年度　岩手県　難易度 ■■■□□□

【8】パーソナリティに関する次の文中の(　①　)～(　③　)に該当する語句の組み合わせとして適切なものを，以下の1～5から一つ選びなさい。

パーソナリティのとらえかたには，大きく分けて二つある。クレッチマー(Kretschmer, E.)による体格と気質の関係について一般化した考えは(　①　)の代表例である。一方，(　②　)の代表例には，因子分析を用いて，新たなパーソナリティ検査を開発したキャッテル(Cattell, R.B.)の研究が挙げられる。現在，パーソナリティの構造に関する研究でもっとも有力視されているのが，ゴールドバーグ(Goldberg,L. R.)の提唱した(　③　)と呼ばれる考え方である。

1 ① 類型論 ② 実念論 ③ 16PF
2 ① 特性論 ② 類型論 ③ ビッグ・ファイブ
3 ① 類型論 ② 特性論 ③ ビッグ・ファイブ
4 ① 類型論 ② 特性論 ③ 16PF
5 ① 実念論 ② 特性論 ③ ビッグ・ファイブ

▌2024年度 ▌高知県 ▌難易度 ■■■□□

【9】次の文章は，心理検査のうち，パーソナリティ検査について説明したものである。A～Eについて，質問紙法について説明したものを○，そうではないものを×としたとき，その組合せとして正しいものはどれか。

A 測定したいパーソナリティに関連する質問項目について，「はい」「いいえ」の二つから回答を求めるものや，「非常に当てはまる」から「まったく当てはまらない」までいくつかの段階を設けて回答を求めるものなどがある。

B 質問紙法により行われる検査の一つに，Y－G性格検査がある。

C 被測定者が質問項目の意味を理解していない場合でも，信頼性のある回答を得ることができる。

D 所定の方法に基づいて得点を算出するので，被測定者のパーソナリティ傾向が数値として把握できたり，さまざまな統計解析を行ったりすることに適している。

E 被測定者に，自分をよく見せようとして，わざと虚偽の回答をされるようなことはなく，パーソナリティの深層の部分まで客観的に測定することができる。

	A	B	C	D	E
1.	○	○	×	○	×
2.	×	○	○	○	×
3.	○	×	×	○	○
4.	○	×	○	×	○
5.	×	○	×	○	○

▌2024年度 ▌岡山県 ▌難易度 ■■□□□

【10】次の文章は，心理療法についての説明である。それぞれの説明と療法の名称の組合せとして正しいものはどれか。

〔説明〕

A　モレノによって創始された。集団で劇を演じることを通じて葛藤や体験を表現させ，自己洞察へと導く一種の集団心理療法。

B　セラピストはクライエントに解釈を与えるのではなく，クライエントが本来持っている自分の能力に気づき，人間的に成長することを目的として，彼自身が「今，ここで」の自分を意識し，あるがままの自分になりきることができるように援助する。

C　イギリスのローウェンフェルトが子どもの治療法として考案した「世界技法」が原型となっている。ミニチュア玩具を素材として用い，砂箱の中に描き出される情景表現から心の内面的世界を捉え，かつ表現することにより心理的な調和を図ることを目的とする。

〔名称〕

ア　サイコドラマ　　イ　催眠療法

ウ　ゲシュタルト・セラピー　　エ　箱庭療法

オ　精神分析療法

	A	B	C
1.	ア	オ	エ
2.	ア	ウ	エ
3.	ア	ウ	イ
4.	ウ	オ	エ
5.	ウ	オ	イ

2024年度　岡山県　難易度

解答・解説

【1】(1)　ウ　　(2)　ア　　(3)　エ

○**解説**○ (1)　問題文中の「指導の過程における評価」,「中間的に把握する評価活動」等に注目すると，学習指導の過程において実施される形成的評価であることが分かる。形成的評価は，主に教師が選択した教材や活動が実際に効果的かを確認するために活用されている。　診断的評価は指導前に実施される教育評価で，指導開始時に児童生徒が持っている学力をみる。総括的評価は学習指導の終了時に実施する評価で，児童生徒の最終的な学習到達度をみる。到達度評価は，あらかじめ定められた目標を達成できたかどうかをみる評価である。現在行われている観点別学習状況評価は，学習指導要領の目標を踏まえて作成された観点別の評価規準を基に行われる到達度評価といえる。

(2)　問題文中の「多様な評価手段を用いて収集した資料」,「様々な学習活動の成果をファイル化」などに注目すると，ポートフォリオ評価であることが分かる。ポートフォリオ評価は，各教科の思考力，判断力，表現力等に関する評価や，総合的な学習の時間の評価などを中心に，活用が注目されている。ルーブリックは，評価水準である尺度と，尺度を満たした「特徴の記述」(評価規準)で構成され，パフォーマンス等の定性的な評価に適しているといわれている。レディネスは一般に，学習するための心身の準備状態を表すが，学校現場では，ある学習に必要な基礎的知識の理解度の把握を目的とする評価の名称として用いられている。パフォーマンス(評価)は，知識やスキルを使いこなすことを求める評価方法。レポートや展示物などの完成作品や，スピーチ，プレゼンテーション，実験の実施などの実演を評価する。

(3)　ハロー効果は，評価する対象がもつ顕著な特徴の印象に引きずられて，他の特徴についての評価までゆがめられる心理現象のことである。ピグマリオン効果は，教師等からの期待を受けることで学習成績が向上するような心理効果で，ゴーレム効果は，その逆の効果である。ホーソン効果は，他者からの注目を受けることでパフォーマンスが向上するという心理効果である。

【2】③

○**解説**○ 問題文中の「学習状況の把握」,「学習の途中での評価」に注目すると，学習が形成されていくプロセスの中で行われる③の形成的評価であることがわかる。なお，①の原則的評価は株式評価の用語，②の診断的評価は学習指導がなされる前に行われる教育評価であり，児童生徒がどの程度の学力を持っているか査定することを目的とする。④の総括的評価は学習指導がなされた後に行われる教育評価であり，その学習指導によって児童生徒にどの程度学力がついたかを査定することを目的とする。

【3】①

○**解説**○ 防衛機制は，欲求不満や葛藤から無意識に自分を守ろうとして働く心理メカニズムで，フロイトの精神分析から考え出されたものである。通常は，単独ではなく複数の要因が関連して作用している。①は「同一視」である。「投影」は，受け入れがたい自分の感情を相手のせいにすることをいう。他に，反動形成，退行，補償，昇華などがある。

【4】1

○**解説**○ 2　退行は，いわゆる「赤ちゃん返り」のこと。早期の発達段階で欲求の充足に有効であった行動様式に戻る適応機制である。

3　同一化は，自己にない優れた能力や名声をもつ他者を真似ることで，自分自身の価値を高めたりコンプレックスから逃れようとする適応機制である。　4　反動形成は，いわゆる「弱者のつっぱり」のこと。自分の行動や失敗を正当化するように，本心とは裏腹な言い訳などの理屈づけ等を行う適応機制である。　5　逃避は，欲求不満をもたらす状況から逃げてしまうという適応機制である。

【5】①　ア　　②　オ

○**解説**○ パーソナリティ検査には，複数の質問項目に被検査者が回答する質問紙法，曖昧で多義的な図，絵，文章を被検査者に示して反応させる投影法(描画法含む)，及び被検査者に一定の作業を行わせる作業検査法がある。 ① ロールシャッハ・テストはスイスの精神科医ヘルマン・ロールシャッハにより考案された。 ② 矢田部ギルフォード性格検査は，アメリカのギルフォードが開発したパーソナリティ検査を，矢田部達郎が日本版として標準化したもの。 イ バウム・テストは被検査者に木(バウム)を書かせることによる投影法のパーソナリティ検査であり，スイスの心理学者コッホが考案した。 ウ 内田クレペリン精神作業検査は，一定時間内に連続して足し算をさせるという作業検査法であり，ドイツの精神科医クレペリンが考案したパーソナリティ検査を内田勇三郎が日本版として標準化したものである。 エ ミネソタ多面人格目録は，健常者と精神医学上の患者の差が明確とされる10個の経験的な臨床尺度と，検査の妥当性を測定する4つの妥当性尺度からなる質問紙検査である。

【6】1

○**解説**○ ソシオメトリック・テストはモレノによって考案された方法ではあるが，「子ども同士で心理的距離を相互評価してもらう」のではなく，それぞれの子どもに対して，遠足や席替えなどの具体的場面で誰と一緒になりたいか，誰とは一緒になりたくないかを実名で書かせ，その結果を教師等がソシオマトリックスという表やソシオグラムという図にまとめて，集団の人間関係を把握する測定法である。

【7】(1) ○ (2) ○ (3) ○ (4) × (5) ×

○**解説**○ (1) WPPSIは，Wechsler Preschool and Primary Scale of Intelligence(ウェクスラー式幼児用知能検査)の略で，ウェクスラー式知能検査のうち，主に就学前の幼児・児童を対象とする知能検査である。 (2) 矢田部ギルフォード性格検査は，アメリカのギルフォードが開発したパーソナリティ検査を，矢田部達郎が日本版として標準化したものである。広く普及しているが，虚偽尺度(ライ・スケール)がなく，被検査者の回答の意図的な歪曲(よく見せようとする操作)に対して脆弱であるという面もある。 (3) ロールシャッハ・テストは，曖昧で多義的なインクの染みのような模様が描かれている図版を刺激として用いる投映法のパーソナリティ検査であり，スイスの精神科医ヘルマン・ロールシャッハにより考案された。 (4) 問題文の質問紙法は，内田クレペリン精神検査ではなく，アイゼンクが開発したパーソナリティ検査であり，モーズレイ人格検査(MPI)とよばれる。内田クレペリン精神検査は，一定時間内に連続して足し算をさせるという作業検査法であり，ドイツの精神科医クレペリンが考案したパーソナリティ検査を内田勇三郎が日本版として標準化したものである。 (5) 問題文中にある「通常は『星と波テスト』，『バウムテスト』とのテストバッテリーで用いる」テストとは，モーズレイ人格検査(MPI)ではなく，ワルテッグ描画テスト(Wartegg-Zeichen-Test；WZT)である。モーズレイ人格検査(MPI)については，(4)の解説を参照。

【8】3

○**解説**○ パーソナリティの理論としては，類型論と特性論が代表的のものとして挙げられる。類型論では，クレッチマーが体型による性格の違いを発見したほか，シェルドンは胎生期の胚葉発達においてどの部位が特に発達しているかによって類別した。一方特性論では，キャッテルが人の特性を定量化可能な共通特性と質的特性である独自特性に分類し，16PFという性格検査を作成した。現在最も有力視されているのは，人の特性を外向性，神経症的傾向，開放性，協調性，誠実性の5つの基本特性次元から捉えたビッグファイブ理論で，ゴールドバーグらが提唱した。

【9】1

○**解説**○ C 心理検査における信頼性とは，同じ項目の測定を何回も行っても同じ結果が得られるということである。被測定者が質問項目の意味を理解せず，その場その場で回答すると，回答が毎回異なることが生じてしまう等，信頼性のある回答は得られにくい。 E 矢田部－ギルフォード性格検査のように項目数が多くないものなどでは，被測定者が自分をよく見せようとしてわざと虚偽の回答をしているかをチェックできないものもある。また，パーソナリティ検査は，パーソナリティのおおまかな傾向を捉えるものであり，パーソナリティの深層の部分まで客観的に測定するものではない。

【10】2

○**解説**○ A　説明文の「集団で劇を演じる」という個所に注目する。集団で劇を演じることによる集団心理療法は，サイコドラマである。精神科医のモレノによって創始された。　B　説明文の「『今，ここで』の自分を意識し，あるがままの自分になりきる」という個所に注目する。ゲシュタルト・セラピーでの「ゲシュタルト」とは，「まとまった全体としての自分」や「自分が本来持っている能力に気づき自らひとつの全体として成長する」という意味での「全体」である。ウェルトハイマーやケーラーなどによる，いわゆる「ゲシュタルト心理学」の単なる応用ではないことに注意する。　C　説明文の「ミニチュア玩具を素材として用い，砂箱の中に描き出される情景表現」という表現に注目する。箱庭療法は，主に子どもの治療法として用いられていたが，今では子どもから高齢者まで広く様々な病態の被検査者を対象に用いられている。 イ　催眠療法は，クライエントを催眠状態に導き，被暗示性の亢進などの特異な心理的・生理的状態を利用する精神療法であるが，その有効性について評価が分かれている。 オ　精神分析療法は，自由連想法などの技法を用い無意識の作用を重視する，オーストリアのフロイトが体系化した精神療法である。

教育心理　人物・理論・総合問題

実施問題

【1】次の(1)～(5)は，教育に影響を与えた心理学についての説明です。関係の深い人物を，以下のA～Oから一つずつ選び，その記号を書きなさい。

(1)「実験心理学の父」と呼ばれ，原子が結びついて物質になるように，意識などの心のはたらきも，多くの要素が結びついて構成されているという「構成主義」を唱えた人物。

(2)　人の考え方や行動が，他者との関係性や，個人を取り巻く集団などに影響されることに注目したアメリカ人心理学者。B＝f(P・E)で表される「行動はその人の人間性と環境との相互作用で決まる」という法則を発表した。

(3)　リビドーは人によって自分の内面に向かうか外に向かうかの「内向型，外向型」があるとし，これに思考，感情，感覚，直感の4つの心の機能を結合させ，性格を8つのタイプの類型に分類したスイスの精神科医。

(4)　人間を「理性と感情」,「意識と無意識」のように対立する存在ではなく，個人というこれ以上分割できない最小単位であるとし，「個人心理学」という分野をつくりあげたオーストリアの精神科医。

(5)　ゲシュタルト心理学創始者の一人。「実際には物理的な運動は生じていないのに，動いているように見える」という「ファイ現象(仮現運動)」を実験的に示し,「運動視の実験的研究」を発表した。

A	ワトソン	B	マズロー	C	フェスティンガー
D	フロイト	E	オルポート	F	ナイサー
G	パブロフ	H	ヴント	I	レヴィン
J	アドラー	K	ヴェルトハイマー	L	ストーナー
M	ビネー	N	キャッテル	O	ユング

▌2024年度▐ 岩手県 ▌難易度

【2】次の(1)～(5)が説明する内容を以下の(ア)～(シ)からそれぞれ1つ選び，その記号で答えなさい。

(1) 人間や動物の行動を，心理学を用いて研究する「行動分析学」の創始者と言われており，プログラム学習を提唱したアメリカの心理学者。

(2) アメリカの心理学者ジョン・H・フラベルが定義し，小学校学習指導要領(平成29年告示)解説総則編の中では，「自分の思考や行動を客観的に把握し認識する」と表現されている概念。

(3) 「試行の積み重ねによって問題の解決に至ることから生じる学習」を提唱したアメリカの心理学者。

(4) 知識やスキルを使いこなす(活用する)ことを求めるような評価方法。

(5) 幼児期の遊びの大切さに気付き，世界最初の幼稚園を設立し，「幼児教育の父」と呼ばれたドイツの教育者。

(ア) ピアジェ　(イ) スキナー
(ウ) ソーンダイク　(エ) デューイ
(オ) エレン・ケイ　(カ) フレーベル
(キ) 自己認識　(ク) メタ認知
(ケ) モニタリング　(コ) ポートフォリオ評価
(サ) パフォーマンス評価　(シ) ルーブリック

▌2024年度 ▌佐賀県 ▌難易度 ■■□□□

【3】A群の人名とB群の説明の組合せとして正しいものを，あとの1～4のうちから1つ選びなさい。

【A群】

ア　エリクソン　イ　ヴィゴツキー　ウ　ローレンツ
エ　ハヴィガースト

【B群】

a　ハイイロガンのひなは孵化(ふか)してから最初に見たものを追うという特徴があることを研究し，それを「刷り込み」と呼んだ。

b　発達の連続的な変化に着目して区分された段階は発達段階とされている。個人が健全に成長するために，各段階で習得することが必要な課題を「発達課題」と呼んだ。

c　青年期は「自我アイデンティティの確立」が課題となっていると特徴づけ，自分と社会との両方に向き合い，自分作りに取り組む重要な時期と位置づけた。

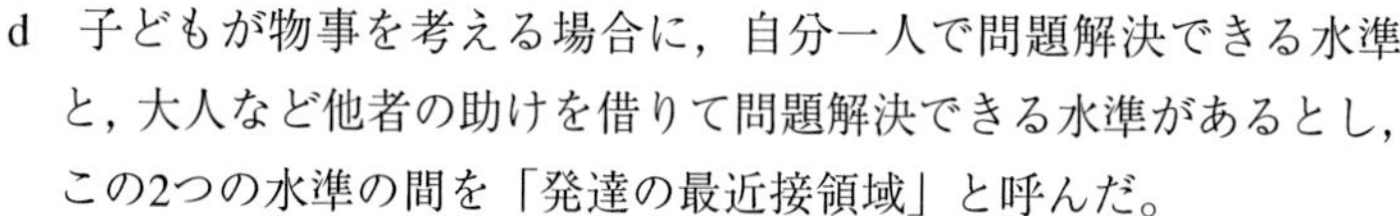

d　子どもが物事を考える場合に，自分一人で問題解決できる水準と，大人など他者の助けを借りて問題解決できる水準があるとし，この2つの水準の間を「発達の最近接領域」と呼んだ。

1　アーb　　イーd　　ウーc　　エーa
2　アーc　　イーa　　ウーb　　エーd
3　アーc　　イーd　　ウーa　　エーb
4　アーb　　イーc　　ウーa　　エーd

▌2024年度 ▌宮城県・仙台市 ▌難易度

【4】心理学に携わった人物に関する記述として適切なものは，次の1～5のうちのどれか。

1　ワトソンは，「我思う，ゆえに我あり」という言葉により，心身は心と物質の2つの独立した領域あるいは性質から構成されるという概念である二元論を定義した。
2　ヴントは，ライプツィヒ大学に世界で初となる心理学の実験室を開設した。
3　デカルトは，行動主義の創始者として知られ，観察可能な行動の研究を進めることを主張した。
4　ユングは，精神分析学を創始し，無意識をイド・自我・超自我に分割した理論を大成した。
5　フロイトは，リビドー及び無意識の概念について研究を進め，性格を内向性，外向性に分類した。

▌2024年度 ▌東京都 ▌難易度

【5】次の(1)～(5)の問いに答えよ。

(1)　次の文章について，(　　)に入る語句として正しいものを，以下の1～5のうちから一つ選べ。

エインズワースは，乳児のアタッチメント(愛着)の個人差を測定する実験方法として，(　　)を考案した。これは，乳児と養育者を実験室に入れ，養育者との分離や再会などの場面で乳児が見せる反応パターンを観察して類型化することにより，アタッチメントの特徴を記述しようとするものである。

1　選好注視法　　2　代理母親実験
3　三つ山課題　　4　ストレンジ・シチュエーション法
5　誤信念課題

(2)　次の文章について，(　　)に入る人名として正しいものを，以下の1～5のうちから一つ選べ。

問題解決場面において，「わかった」というひらめきによる洞察ではなく，とりうる手段をでたらめに行い，たまたまうまくいった行動が，何度か成功と失敗を繰り返すうちに定着するという過程によって成立することを，試行錯誤学習という。(　　)がネコを問題箱に入れて行った実験が有名。

1　バンデューラ　　2　スキナー　　3　パヴロフ　　4　ワトソン
5　ソーンダイク

(3)　次の文章について，(　　)に入る語句として正しいものを，以下の1～5のうちから一つ選べ。

(　　)とは人物評価を行うときに，はじめに一部の良い特性に注目すると，全体の評価も良くなってしまう現象。逆に，一部の悪い特性に注目すると，全体の評価も悪くなってしまうこともある。例えば，学業成績の良い子どもは，教師から成績とは関係のない性格も良いと評価されやすいといったことがある。

1　ハロー効果(光背効果)　　2　ピグマリオン効果　　3　メタ認知
4　投影　　5　バーナム効果

(4)　次の文章について，(　　)に入る語句として正しいものを，以下の1～5のうちから一つ選べ。

エリクソンは，人生を8つの発達段階に分けた心理社会的発達理論を提唱した。この理論では，各発達段階で達成すべき発達課題があるとされる。特に，青年期では(　　)の確立が発達課題になるとした。

1　自主性　　2　勤勉性　　3　基本的信頼感
4　アイデンティティ(自我同一性)　　5　統合

(5) 次の文章について，(　　)に入る語句として正しいものを，以下の1～5のうちから一つ選べ。

多様なとらえ方ができる，あいまいな刺激を見せて，それに対する反応をもとにパーソナリティを明らかにしようとする投映法(投影法)検査の1つで，左右対称のインク模様の図版を受検者に見せ，「何に見えるか」を問う検査を(　　)という。

1 TAT(主題構成検査)　2 ロールシャッハ・テスト
3 バウムテスト　4 SCT(文章完成法検査)
5 P－Fスタディ(絵画欲求不満検査)

2024年度 大分県 難易度

【6】次の各問いに答えよ。

問1 次の(1)～(3)の文と最も関係の深いものを以下の①～⑨の中からそれぞれ1つずつ選び，番号で答えよ。

(1) スピアマンは，知能の構成概念を明確にする目的で研究を行い，因子分析という数学的分析方法を利用して，人間の知能の構成概念を最初に明確にした。

(2) キャッテルは，一般知能因子(g因子)の下位分類として，教育や文化的背景に大きく依存する知識・経験に基づく能力の他に，推理を使って新奇な課題を解決する能力を想定した。

(3) 1905年，フランスで学校の授業についていけない子どもを特定し，補償教育を実施するために，はじめて知能検査が開発された。

① 多因子説　② 知性の構造モデル
③ 多重知能理論　④ 知能の2因子説
⑤ 流動性知能　⑥ ウェクスラー式知能検査
⑦ KABC－Ⅱ　⑧ ビネー式知能検査
⑨ 集団式知能検査

問2 ピアジェの提唱した認知発達理論において，自分を環境に合わせて変える働きのことを何というか。次の①～④の中から1つ選び，番号で答えよ。

① 同化　② 符号化　③ 調節　④ 均衡化

問3　次の①～④の文のうち，下線部の内容が誤っているものを1つ選び，番号で答えよ。

① 報酬を自発的な行動に対して与え続けて，後に報酬を取り去ると，自発的な行動の量が減るという現象をエンハンシング効果という。

② 学習者のもつ目立った特徴に引きずられて，その特徴だけでなく他のことまで同じように評価してしまうことをハロー効果という。

③ オペラント条件づけを理論的な背景とするシェーピングは，望ましい行動の形成やプログラム学習に応用されている。

④ 情報の一時的な貯蔵に加え，貯蔵した情報を使って課題を操作することも含む記憶をワーキングメモリという。

2024年度 ┃ 長崎県 ┃ 難易度

【7】次のA～Cの文は，アタッチメント(愛着)理論に関する研究をした人物について述べたものである。それぞれの記述と対応する人物についての正しい組合せはどれか。以下の1～6から1つ選べ。

A　乳児のアタッチメントの個人差を実験法により測定するストレンジ・シチュエーション法を考案した。この実験では，養育者との分離場面や再会場面を設定し，そこで乳児が見せる反応を分類することで，アタッチメントの特徴を観察する。

B　イギリスの児童精神科医で，アタッチメント理論の創始者。WHO(世界保健機関)に依託され，戦災孤児など施設で養育されている子ども(施設児)の研究を行った。この研究の中でマターナル・デプリベーションという概念を示し，大きな反響を呼んだ。

C　アカゲザルの幼体を対象に，代理母親への愛着形成に関する実験を行った。具体的には，授乳用の哺乳瓶を取り付けた針金製と布製の母親模型を用意し，半数の幼体は針金製，もう半数の幼体は布製の母親模型があるゲージに入れ，2体の母親模型への接触時間を比較した。

1　A－エインズワース　B－ボウルビィ　C－ハーロウ
2　A－エインズワース　B－ハーロウ　C－ボウルビィ

3 A－ボウルビィ B－エインズワース C－ハーロウ
4 A－ボウルビィ B－ハーロウ C－エインズワース
5 A－ハーロウ B－エインズワース C－ボウルビィ
6 A－ハーロウ B－ボウルビィ C－エインズワース

2024年度 奈良県 難易度

【8】次のA～Dの文は，リーダーシップ理論の1つであるPM理論について述べたものである。正しいものを○，誤っているものを×としたとき，正しい組合せはどれか。以下の1～6から1つ選べ。

A PM理論の提唱者は社会心理学者の三隅二不二である。

B PM理論では，リーダーシップ機能を集団活動の観点から課題解決または目標達成に関する機能である「P機能」と，集団の存続や維持に関する機能である「M機能」の二次元で捉える。

C リーダーがP機能とM機能のそれぞれを，平均値を基準としてより高く果たしている場合には，PとMを大文字で表し，より低い場合は小文字で表すことにより，4つのリーダーシップ・スタイル(PM型，Pm型，pM型，pm型)に類型化する。

D リーダーに従う集団のメンバーの意欲や満足度が最も高く，生産的になるのは，pm型である。

1 A－○ B－○ C－○ D－○
2 A－○ B－× C－× D－○
3 A－○ B－○ C－○ D－×
4 A－× B－○ C－○ D－×
5 A－× B－× C－× D－○
6 A－× B－× C－× D－×

2024年度 奈良県 難易度

【9】次のA～Dの文は，心理学に関係の深い人物について述べたものである。対応する人物の正しい組合せはどれか。以下の1～6から1つ選べ。

A 集団心理療法の創始者で，集団における人間関係を把握するためのソシオメトリック・テストやソシオグラムを考案した。

B　ラットやハトを用いて自発的反応の強化プロセスを記録する装置を使い，オペラント条件づけや行動形成(シェイピング)などの研究をした。

C　成功・失敗の原因帰属が達成動機に及ぼす影響の研究から，原因帰属の特性を記述する主要三次元として，原因の所在，安定性，統制可能性を提唱した。

D　精神分析の創始者で，無意識についての理論を提唱したほか，エディプス・コンプレックスや防衛機制に関する理論など多数の概念を提唱した。

1　A－フロイト　B－ワイナー　C－スキナー　D－モレノ
2　A－モレノ　B－スキナー　C－ワイナー　D－フロイト
3　A－フロイト　B－モレノ　C－スキナー　D－ワイナー
4　A－モレノ　B－フロイト　C－ワイナー　D－スキナー
5　A－スキナー　B－ワイナー　C－モレノ　D－フロイト
6　A－ワイナー　B－スキナー　C－フロイト　D－モレノ

▌2024年度 ▌奈良県 ▌難易度 ■■■□□□

【10】教育心理に関する記述として適切ではないものを，次の①～④のうちから選びなさい。

①　ピアジェは，発達について「感覚運動期」「前操作期」「具体的操作期」「形式的操作期」という4つの段階を提唱した。

②　フロイトは，心理的な葛藤や苦痛を回避するために無意識に生じる心の動きを「敬遠」「移動」「流動化」「人格形成」「解放」の5つに分類し，防衛機制として提唱した。

③　マズローは，「生理的欲求」「安全の欲求」「所属と愛情の欲求」「承認の欲求」「自己実現の欲求」という，5段階の欲求階層説を提唱した。

④　コールバーグは，道徳性の発達について「慣習以前の水準」「慣習的な水準」「慣習を超えた水準」という3つの水準に分けた。

▌2024年度 ▌神奈川県・横浜市・川崎市・相模原市 ▌難易度 ■□□□□

解答・解説

【1】(1) H　(2) I　(3) O　(4) J　(5) K

○**解説**○ (1) 1879年に世界初の心理学実験室を開設したといわれるヴントは「実験心理学の父」と称され，内観という方法で，心の要素の結合法則を明らかにしようとする構成主義を提唱した。 (2) ドイツ出身のアメリカの心理学者レヴィンは，個々の要素よりも全体を重視するゲシュタルト心理学を社会心理学に応用し，B＝f(P，E)の法則に代表される場の理論を提唱した(B：behavior(行動)，P：person(人間性・個性・価値観等)，E：environment(環境)であり，fはfunction (関数)を表す)。レヴィンは，グループダイナミクス(行動力学)の創始者でもある。 (3) フロイトの精神分析の強い影響を受けたスイスの精神科医ユングは，心のエネルギーであるリビドーの向かう方向と心の4機能を組み合わせたパーソナリティの類型論を提唱した。これはタイプ理論，向性論ともいわれる。 (4) オーストリアの精神科医アドラーは，個人をこれ以上分割できない最小の単位と考え，その個人がどうすれば最も生きやすくなるかという観点から個人心理学を創始した。

(5) ヴェルトハイマーは，いわゆるパラパラ漫画のように，物理的には生じていない運動を知覚する現象(ファイ現象，仮現運動)の研究を通して，ヴントが唱えた構成主義を批判し，ゲシュタルト心理学を創始した。なお，Aのワトソンは行動主義を提唱したアメリカの心理学者であり，Bのマズローは欲求階層説を提唱したアメリカの心理学者，Cのフェスティンガーは認知的不協和理論を提唱したアメリカの社会心理学者，Dのフロイトは精神分析を創始したオーストリアの精神科医，Eのオルポートはパーソナリティの特性論を提唱したアメリカの心理学者，Fのナイサーは認知心理学の名付け親といわれるアメリカの心理学者，Gのパブロフは古典的条件づけを発見しその理論を体系化したロシア・ソビエトの生理学者，Lのストーナーは集団意思決定におけるリスキー・シフト(集団社会現象)などの現象を発見したアメリカの社会心理学者，Mのビネーは知能検査の創始者といわれるフランスの心理学者，Nのキャッテルはスピアマンの一般知能因子を発展させ，その下位分類として，結晶性知能と流動性知能を提唱したアメリカの心理学者である。

【2】(1)　(イ)　　(2)　(ク)　　(3)　(ウ)　　(4)　(サ)　　(5)　(カ)

○解説○ (1)　問題文中の「『行動分析学』の創始者」，「プログラム学習を提唱」に注目すると(イ)のスキナーであることがわかる。なお，(ア)のピアジェは認知発達説を提唱したスイスの心理学者であり，(ウ)のソーンダイクについては(3)の解説参照。　(2)　提唱者のジョン・H・フラベルを知らなくても，問題文中の「自分の思考」を認知，「行動」を認知のアウトプットと捉え，「(それらを)客観的に把握し認識する」概念と理解すると(ク)の「メタ認知」であることがわかる。なお，(キ)の自己認識は，自分自身を客観的に把握し認識していることであり，(ケ)のモニタリングはメタ認知の機能の一つ(もうひとつはコントロール)，また学習理論では観察学習を指す。　(3)　問題文中の「試行の積み重ね」を，ある行動を試みたが失敗してしまったという経験を積み重ね，その末に別の行動をしたら成功したという経験をする，つまり試行錯誤の結果，正解が得られることと捉えると，学習の試行錯誤説を提唱した(ウ)のソーンダイクであることがわかる。　(4)　問題文中の「使いこなす(活用する)」に注目すると，(サ)のパフォーマンス評価であることがわかる。なお，(コ)のポートフォリオ評価は，完成されたレポートのみならず，その作成過程のメモや収集した資料など学習過程でのアウトプットすべてを対象に行う評価であり，(シ)のルーブリックは，学習のいくつかの評価項目のそれぞれの評価基準を文章で明示したものである。　(5)　問題文中の「世界最初の幼稚園を設立」，「幼児教育の父」に注目すると，(カ)のフレーベルであることがわかる。なお，(オ)のエレン・ケイは母性の視点から家庭教育の重要性を主張したスウェーデンの女性思想家であり，(エ)のデューイは，問題解決学習を提唱したアメリカの哲学者，心理学者である。

【3】3

○解説○ ア　エリクソンはアメリカ合衆国の心理学者で，自我の発達に着目して発達段階を8つにわけ，それぞれにつき心理・社会的危機を解決するための適応行動を示した。 イ ヴィゴツキーは旧ソ連の心理学者で,「発達の最近接領域」だけでなく,「内言」,「外言」といった概念を提唱したことも押さえておきたい。 ウ ローレンツはオーストリアの動物学者で,「刷り込み」(インプリンティング)につき研究を続け,そのことを世に広めたことで知られる。 エ ハヴィガーストはアメリカ合衆国の教育学者であり,人間の発達段階を6つにわけ,その段階でしなければならないこと,あるいはさせなければいけないことがあることを具体的に示した。

【4】2

○**解説**○ 1 ワトソンは,「こころ」よりも観察可能な「行動」を心理学の対象とする行動主義心理学の創始者である。 3 デカルトは,「こころ」と「肉体」は別物であるという心身二元論を提唱した。「我思う,ゆえに我あり」とは,世界のあらゆるものの存在を疑ったとしても,そのように疑っている我の存在は疑うことはできないということである。近代合理論の出発点とも言われる思想である。 4 ユングはフロイトが創始した精神分析学,特にリビドーや無意識の概念についてさらに研究を進め,パーソナリティ(性格)を,内向性,外向性に分類した。 5 フロイトは,ヒステリーの治療等から精神分析学を創始し,無意識の構造・機能論を大成した。

【5】(1) 4 (2) 5 (3) 1 (4) 4 (5) 2

○**解説**○ (1) 1はファンツ,2はハーロウ,3はピアジェの実験である。5の誤信念課題は,ウィマーとパーナーが提唱したもので,心の理論(自分と他人には「心」があると理解し,それぞれ異なる独立した心の状態があることを推測できる能力があるとする理論)に関しての実験である。 (2) 学習理論に関して,1のバンデューラは観察学習,2のスキナーはオペラント条件付け(道具的条件付け)及びこれを応用したプログラム学習,3のパヴロフはレスポンデント条件づけ(古典的条件づけ)を提唱した。4のワトソンについては,発達の要因として特に「経験」を重視したことをおさえておきたい。 (3) 2 ピグマリオン効果は教師に期待されると,子どもの能力がその方向に変化する現象。

3　メタ認知は認知活動に関する知識とその制御を意味し，具体的には学習方法に関する知識や，自分が学習しやすい方法を知っていることなどを意味する。　4　投射(投影)は，自分自身承認しがたい考え，感情や，満たしえない欲求をもっている場合に，それを他人に帰してしまうような無意識的な心の働きであり，防衛機制のひとつである。5　バーナム効果は，自分だけでなく誰にでも該当しうる曖昧な表現や記述にもかかわらず，まるで自分のことを言い当てられているように感じてしまう心理や現象を意味する。　(4)　1の自主性(自発性，積極性)が幼児後期の発達課題として通常示される(ちなみに自律性が幼児前期)。2の勤勉性は児童期，3の基本的信頼感は乳児期，5の統合は老年期の発達課題である。　(5)　いずれも投映法の心理検査である。1　TATは，人物を含む漠然とした状況を描いた図版を提示し，それをもとに，空想物語を作らせる。主題統覚検査ともいわれる。
3　バウムテストは，「実のなる木を描いてください」という指示で自由に樹木画を描かせる。　4　SCTは，不完全な文章を提示し，それに語・句・文章を加えて補完させる。　5　P−Fスタディは，欲求が阻止されている状況の絵が示され，一方の人が発した言葉に対して欲求不満状態の人が何というかを尋ねる。

【6】問1　(1)　④　　(2)　⑤　　(3)　⑧　　問2　③　　問3　①

○**解説**○　問1　(1)・(2)は知能の理論について，(3)は知能検査についての設問である。　(1)　イギリスの心理学者スピアマンは，人間の知能は単一の能力ではないという知能の構成概念を最初に明確にした人物。知能は，知的活動一般に共通に作用する一般知能因子(g因子)と，個別特殊な領域の知的活動に作用する特殊知能因子(s因子)の2つからなるという，「知能の2因子説」を提唱した。　(2)　キャッテルは，スピアマンの一般知能因子(g因子)をさらに発展させその下位分類として，結晶性知能と「流動性知能」を想定した。問題文中の「教育や文化的背景に大きく依存する知識・経験に基づく能力」が結晶性知能であり，「推理を使って新奇な課題を解決する能力」が流動性知能である。
(3)　世界で初めて開発された知能検査は，「ビネー式知能検査」である。ビネーはその後も検討を続け，被検者の子どもの知能がどの位の年齢に相当するかが分かる改訂版を完成させ，フランス以外のさまざまな国で使用され，改良されていった。　問2　ピアジェの提唱した認知発達理論において，子どもが自分の外の世界の経験的事実を解釈・推論していく枠組みをシェマという。「クルマとは，パパが乗っている白い自家用車である」というシェマを持つ子が，近所の家の赤いセダンや黄色いスポーツカーを見て，自分(の持っているシェマ)でクルマというもの(環境)を解釈していくというような働きを「同化」という。また，「自家用車やスポーツカーとは異なるトラックやトレーラーもクルマである」と教えられ，自分(の持っているシェマ)を環境に合わせて変える働きを「調節」という。この同化と調節を繰り返し，自分の外の世界をよりよく解釈・推論していく過程を「均衡化」という。なお，「符号化」は，記憶プロセスの記銘と同義語であり，記憶すべき情報を記憶に定着させる過程をいう。　問3　①は，「エンハンシング効果」ではなく「消去」の説明文である。「エンハンシング効果」とは，きっかけは外発的動機づけであっても，行動しているうちに動機づけが内発的になる現象のこと。例えば，ある大学生が，教員免許を取得すれば一般企業に就職する場合にも有利であると周囲から言われて，(外発的動機づけで)教職課程の履修を始めたが，勉強していくうちに強い興味を抱き勉強すること自体が楽しくなり，(内発的動機づけで)教職諸科目の勉強に一層打ち込み，主体的に教員免許の取得を目指すようになったような場合をいう。また，一般に「褒めて伸ばす」という言葉があるように，いわゆる「ダメ出し」ではなく，行為—結果ではなくプロセス自体を言語で褒めることによってモチベーションが上がる現象という意味でも用いられる。

【7】1

○解説○ アタッチメントとは，乳児期に自分と相互作用してくれる特定の人物との間に親密なきずなを形成しようとする愛着行動である。ボウルビィによって提唱された。マターナル・デプリベーションとは，子どもの発達初期に母子関係が欠如することで，母性剥奪とも呼ばれる。アメリカの心理学者エインズワースは，愛着の測定法として，ストレンジ・シチュエーション法を開発した。アメリカのハーロウは，アカゲザルの幼体を対象とした代理母親への愛着形成の実験的研究を行い，愛着形成には身体的接触による影響が大きいことを主張した。

【8】3

○解説○ D　PM理論では，選択肢Cにあるように，リーダーがP機能とM機能のそれぞれを，平均値より高く果たしている場合にはPとMを大文字で表し，より低い場合には小文字で表す。「リーダーに従うメンバーの意欲や満足度が最も高く生産的である」のは，リーダーがP機能とM機能のそれぞれを，平均値より高く果たしている場合であるから，両方とも大文字のPM型である。pm型は，P機能とM機能のどちらにも不安を抱えるタイプを表す。

【9】2

○解説○ A 「集団心理療法の創始者」，「ソシオメトリック・テストやソシオグラムを考案」に注目する。モレノは，サイコドラマによる集団心理療法を創始し，社会集団の分析法であるソシオメトリーを考案した。　B　スキナーは，オペラント条件づけの研究などから，ティーチング・マシンによるプログラム学習などの教育法に発展させた。C　達成課題における成功・失敗の原因帰属の研究を行ったのは，ワイナーである。　D　フロイトは，精神分析の創始者で，無意識の発見やリビドーに注目した性発達理論，防衛機制などを提唱したことで知られる。フロイトは，自我の働きによって無意識に抑え込んでいることを発見し，こうした自我の働きを防衛機制と呼んだ。

【10】②

○解説○ ②　フロイトは，精神の崩壊を防ぐために，さまざまな防衛機制を用いると説明した。のちにフロイトの娘であるアンナ・フロイトによって10種類の防衛機制に整理される。「退行」，「抑圧」，「反動形成」，「隔離(分離)」，「打ち消し」，「投射」，「取り入れ」，「自虐」，「転倒」，「昇華」である。

教育史

要点整理

●西洋教育史略年表

□前388	プラトン「アカデメイア」開設
□前335	アリストテレス「リュケイオン」開設
□784	カール大帝，宮廷学校(アルクイン)開設
□1050	サレルノ大学，国王の特許をうける
□1158	ボローニャ大学，特許をうける
□1180頃	パリ大学，特許をうける
□1423	ヴィットリーノ，学校開設
□1516	トマス・モア「ユートピア」
□1524	ルター，独・全市参事会員に所信表明
□1529	エラスムス「学習方法論」,「幼児教育論」
□1541	カルヴァン「ジュネーブ学校規程」
□1636	ハーバード大学創設
□1642	ゴータ教育令
□1657	コメニウス「大教授学」
□1693	ロック「教育に関する若干の考察」
□1762	ルソー「エミール」
□1763	フリードリッヒ2世「一般地方学事通則」
□1780	ペスタロッチ「隠者の夕暮」
□1803	カント「教育学講義」
□1806	ヘルバルト「一般教育学」
□1808	フィヒテ「ドイツ国民に告ぐ」
□1826	フレーベル「人間の教育」
□1837	フレーベル幼稚園開設
□1861	スペンサー「教育論(知育・徳育・体育論)」
□1894	イタール「アヴェロンの野生児」
□1899	ナトルプ「社会的教育学」
	デューイ「学校と社会」
□1900	エレン・ケイ「児童の世紀」

□1915　クループスカヤ「国民教育と民主主義」
□1919　ウィネトカ・プラン(米)
□1920　ドルトン・プラン(米)
□1924　イエナ・プラン(独)
□1936　マカレンコ「集団主義の教育」
□1947　ランジュヴァン・ヴァロン計画
□1959　ウッズホール会議
□1960　ブルーナー「教育の過程」
□1970　イリイチ「脱学校の社会」
□1973　国民教育基本法(ソ)
□1980　アメリカ連邦教育省発足
□1983　米国連邦政府報告書「危機に立つ国家」
□1988　教育改革法成立(英)
□1989　国連総会「子どもの権利条約」採択
□1992　ロシア連邦教育法(ロ)
□1994　教育改革振興法「2000年のアメリカ」(米)
□1999　ケルン憲章

●日本教育史略年表

□604　憲法17条制定
□701　大宝令で大学・国学制定
□818～819　最澄「山家学生式」を制定
□828　空海「綜芸種智院」を開設
□1247～76　北条実時，金沢文庫開設
□1432～39　上杉憲実，足利学校再興
□1630　昌平黌開設(林羅山家塾を改称)
□1641　中江藤樹「翁問答」
□1691　昌平黌を湯島に移し，昌平坂学問所と改称
□1710　貝原益軒「和俗童子訓」
□1790　異学禁令
□1817　広瀬淡窓「咸宜園」開設
□1838　緒方洪庵「適塾」開設

教育史

□1857　吉田松陰「松下村塾」開設
□1868　福澤諭吉「慶應義塾」開設
□1872　「学制」公布
□1879　教育令公布
□1880　改正教育令公布
□1885　初代文部大臣に森有礼就任
□1886　森文相，諸学校令公布
□1890　教育勅語発布
□1900　小学校令改正(義務無償4年)
□1907　小学校令改正(義務無償6年)
□1917～19　臨時教育会議
□1921　八大教育主張大講演会
□1941　「国民学校令」公布
□1943　中等学校令公布
□1946　第1次米国教育使節団来日
　教育刷新委員会発足
□1947　教育基本法，学校教育法公布
□1948　教育委員会法公布
□1956　地方教育行政法公布
□1965　中教審中間答申「期待される人間像」
□1977　学習指導要領改訂(ゆとりと充実)
□1978　中教審，教員資質向上につき答申
□1984　臨時教育審議会の設置
□1987　教育課程審議会，最終答申
□1989　「小・中・高等学校学習指導要領」改訂・告示(生活科の新設)
□1996　中教審「21世紀を展望した我が国の教育の在り方について」第1次答申
□1997　「教育改革プログラム」を首相に提出
　中教審「21世紀を展望した我が国の教育の在り方について」第2次答申
□1998　中教審「今後の地方教育行政の在り方について」答申，

「小・中学校学習指導要領」改訂・告示

□1999　「高等学校学習指導要領」「盲・聾・養護学校学習指導要領」改訂・告示

□2000　首相の私的諮問機関「教育改革国民会議」が初会合

●西洋教育史の重要項目

□市民革命期の教育

▼**ロック**(1632～1704)⇒イギリスの思想家，哲学者。啓蒙哲学の開拓者，イギリス経験論の大成者。「精神白紙説〈タブラ＝ラサ〉(精神は白紙のようなものであり，教育とはこの白紙に文字を書き込むようなものである。)」や「健全なる精神は健全なる身体に宿る」の言葉が知られている。『人間悟性論』など。

▼**ルソー**(1712～1778)⇒スイスのジュネーブに生まれる。啓蒙主義思想。フランスで活躍した思想家。『学問芸術論』,『人間不平等起源論』,『社会契約論』をもってアンシアン・レジームの文明社会を批判し，教育的主著『エミール』をもって，その冒頭のことば「すべては造物主の手から出る時は良いものである…」という信念のもとに「自然に従う」教育を主張した(主観的自然主義)。児童の自発性を尊重し(開発主義，児童中心主義)，自然界の書物と接触させることにより(直観の重視)人間本性の発達段階に従う(消極主義)教育を主張した。

▼**ペスタロッチ**(1746～1827)⇒スイスのチューリッヒ生まれの教育家。「生活が陶冶する」と言うように，生活の中での人間の知的・道徳的・技能的な能力の調和的な発達をめざし，直観教授を教育方法とする思想と実践を展開した。主著に『隠者の夕暮』(1780),『ゲルトルートは如何にしてその子らを教えるか』(1801)。

▼**ヘルバルト**(1776～1841)⇒ドイツの哲学者，教育学者。学問としての教育学を初めて確立。教育作用を，管理・教授・訓練に分け，特に教授を重視した。明瞭－連合－系統－方法という教授段階説を主張した。主著に『一般教育学』(1806),『教育学講義綱要』(1835)。

▼**フレーベル**(1782～1852)⇒ドイツの教育家で幼稚園の創設者。子どもの本質を神的なものとし，不断の創造によってその本質が展開されると考え，子どもの遊戯や作業を重視した。そのための教具として「恩

物」を考案した。1840年には世界最初の幼稚園を創設。主著に『人間の教育』(1826),『母の歌と愛撫の歌』(1844)。

□**新教育運動**

新教育運動とは，1880年代から1930年代にかけて，先進国における植民地政策推進とエリート育成の必要性を背景に，古典中心の伝統的中等学校の改革運動を出発点として，世界的規模で行われた教育改革運動である。その特徴は，民主主義的，児童中心主義的，生活経験主義的思潮を軸とし，そして大恐慌後は社会改革的教育理念と実践を試みたことにあった。

①イギリス

新教育運動の端緒は，セシル・レディ(1858～1932)によるアボッツホルムの新学校の開設(1889年秋)にある。それは，古典中心に紳士の教養に終始するパブリック・スクール教育を改組して，事務型エリートの育成をめざし，体育や労作，実用的学問(自然科学，現代外国語)を重視するものであった。この新学校の教育方針は，とくにハドレー(レディの協力者)の開設したビデールズの新学校によって普及していった。

②フランス

社会学者で歴史学者のドモラン(1852～1907)は，『新教育－ロッシュの学校』(1898)を著す一方，自らもビデールズ新学校を模してロッシュの学校を開設して,「現実世界」との触れ合いを重視する教育を行った。

③ドイツ

ドイツの新教育運動は「改革教育学」とも呼ばれ，教科中心の主知主義的ヘルバルト教育学に対する批判から始まり，種々の形態をとった。

▼**ケルシェンシュタイナー**(1854～1932)⇒教育学者，教育行政家。国民大衆を公民に育成する最良の手段は，技能の開発と生産性の向上と同時に勤勉，協調的態度を養わせる労作教育であるとした。『公民教育の概念』『労作学校の概念』がある。

▼**ナトルプ**(1854～1924)⇒哲学者，教育学者。「人はただ社会においてのみ人となる」という言葉に示されるように，社会のもつ教育力を高く評価し，社会的教育学を提唱した。主著に『社会的教育学』がある。

▼**シュプランガー**(1882～1963)⇒哲学者，教育学者，心理学者。教育とは客観的文化の主観化であり，教育者の役割は文化と児童との間を仲

介し，文化財(郷土的・民俗的)によって，児童の価値感受性と価値形成能力を発達させることにあるとして，文化教育学を提唱した。『文化と教育』『生の形式』など。

▼**ペーターゼン**(1884～1952)⇒イエナ大学の実験学校で試みた年齢段階的な学校組織を解体し，生徒の才能を基準にして学習集団をつくって，労作教育形成の学習を行おうとしたイエナ・プランを実践する。

④アメリカ

アメリカの新教育運動は「進歩主義教育」に代表される。この運動は，「進歩主義教育協会」を結成(1919)，機関誌『進歩主義教育』(1924～57)を発行して，華々しい活動を展開した。

▼**デューイ**(1859～1952)⇒プラグマティズムの代表的哲学者でもあり，シカゴ大学付設の実験学校において，生活経験による，児童中心の教育を試みた。教育内容は経験を連続的に再組織，あるいは再構成することを重視した。『学校と社会』『民主主義と教育』など。

▼**キルパトリック**(1871～1965)⇒デューイの弟子で目的設定・計画・遂行・評価という4段階からなるプロジェクト・メソッドという児童中心の学習を実践し，生徒と学習の結合，児童の内発的興味の開発をめざした。

▼**ウォッシュバーン**(1889～1968)⇒教育家，イリノイ州ウィネトカ市教育長。同市の小・中学校で集団的創造活動(図工・音楽など)の重視とともに，基本教科群(国語，算数など)の自学自習による学習進度の完全な個別化を図るウィネトカ・プランを行う。

▼**パーカースト**(1887～1973)⇒女性教育家。基礎教科(国語・社会・数学・理科)と表現教科(音楽・工作・体育など)に分け，基礎教科については生徒が自ら計画した「割当て(アサイメント)」により実験室で，自学自習を行うドルトンプランを実施する。

⑤旧ソ連

▼**クループスカヤ**(1869～1939)⇒夫レーニンとともにロシア革命を生き，資本主義社会の労作教育を批判し，総合技術教育と教育課程全体との結合を強調した。『国民教育と民主主義』など。

▼**マカレンコ**(1888～1939)⇒教育者・作家。非行少年の再教育において，集団のもつ形成要因を重視し，集団の規律による自律的人格の育成に

成功した。『教育詩』『塔の上の旗』など。

⑥その他

▼**モンテッソーリ**(1870～1952)⇒イタリアの女医。3歳から7歳までの子どもを収容した「子どもの家」での実験を経て，感覚重視の独自の幼児教育法(モンテッソーリ・メソッド)を確立した。主著に『科学的教育学の方法』がある。

▼**エレン＝ケイ**(1849～1926)⇒スウェーデンの女流思想家，女権論者。教育の目的は「児童の個性を伸ばし，児童の自然に即して，その知的，道徳的，創造的な衝動を発達せしめるにある」というように，徹底した児童中心主義を唱えた。主著は『児童の世紀』。

□重要人物(第二次世界大戦後)

▼**ブルーナー**(1915～2016)⇒アメリカの心理学者。認知発達の理論にもとづき，教育に対しても多くの提言を行い，教育の現代化運動の推進に努めた。その教育改革は，「教科の構造」「発見学習と発明学習」等を強調するものであった。著書としては『教育の過程』が有名。

▼**ラングラン**(1910～2003)⇒彼は1948年にユネスコに入り，後にその成人教育部長を務めた。1965年に，成人教育推進委員会において「生涯教育」の構想を発表し，全会の賛成を得た。そこでは，学校教育と社会教育の区別をゆるやかにし，両者の融合を図ることによって，学習が生涯にわたって続くものになることが求められた。

▼**ボルノウ**(1903～1991)⇒ドイツの実存哲学者，教育学者。これまで行われてきた教育の連続的な見方を補い，これにかわるものとして，教育の非連続的な見方を提示した。つまり，出会い，危機，冒険，覚醒といった，教育の非連続的な形式によって，伝統的な教育理解をも含めた教育と人間の全体をあらためて問い直し，捉え直そうとしたのである。主著に『実存哲学と教育学』等がある。

▼**イリイチ**(1926～2002)⇒彼が一躍注目を集めるようになったのは，1971年に出版した『脱学校の社会』によってである。そこでは，学校という制度を通して与えられる価値観，および学校化された社会というものを鋭く批判し，それを克服する方途として，現代の学校にかわる，新しい学習のためのネットワークを提案した。

●日本教育史の重要項目

□大学寮

古代の官吏養成機関。唐制の大学にならったもので，五位以上の貴族や東西史部(ふひとべ)の子弟(13～16歳)を入学資格とした。定員400。秀才(貢挙)試験によって及第を決めたが，平安末期には蔭位制により自壊。

□綜芸種智院

「貧賤の童蒙」を教化するため，空海が藤原三守(ただもり)の居宅を開放させて日本初の庶民のための学校を開いたが(828)，その入寂と同時に閉じられた。

□金沢文庫

13世紀，北条実時によって集められた典籍や書写本(仏典，和漢本，兵学，医書，天文書)などを収蔵，2万余巻。現存最古の学校兼図書館として代表的な遺構の面目を保ち，1930年以降一般公開。

□足利学校

室町期の中頃(1432～39)の代表的な教育遺構。小野篁(たかむら)など創立者に異説が多いが，12世紀末期に足利氏の氏寺鑁阿寺(ばんなじ)に附設されたのを上杉憲実が再興したというのが通説。イスパニア宣教師ザビエルにより「坂東の大学」と呼称。

□昌平坂学問所(昌平黌)

はじめ林家(林羅山)の家塾(1630)，のち幕府の直轄となり，綱吉のとき湯島に移して孔子廟を設け，昌平黌と称した(1691)。のちに正式に官学となり，幕府直轄の学問所として昌平坂学問所と称した。明治維新後は東京大学の母体となった。

□藩校

江戸時代に諸藩の設けた武士の教育機関。儒学を中心としたが，のち国学，医学，兵学，洋学などが加わっていく。江戸時代前期までは藩校の数78，寛政異学の禁以後は急増して173校，廃藩置県までに総数276校を数えた。いずれも昌平坂学問所をモデルとするが，比較的著名なものが会津の日新館(1799)，萩の明倫館(1719)，尾張の明倫堂(1749)，米沢の興譲館(1776)，水戸の弘道館(1841)など。その他注目すべき藩校は時習館(熊本)，造士館(鹿児島)，養老館(津和野)，明倫堂(金沢)，養賢堂(仙台)。

● 教育史

□江戸時代の主な私塾

藤樹書院(中江藤樹)，古義堂(伊藤仁斎)，咸宜園(広瀬淡窓)，蘐園塾(けんえん)(荻生徂徠)，適塾(緒方洪庵)，鈴屋(本居宣長)，鳴滝塾(シーボルト)，松下村塾(吉田松陰)，慶應義塾(福澤諭吉)。

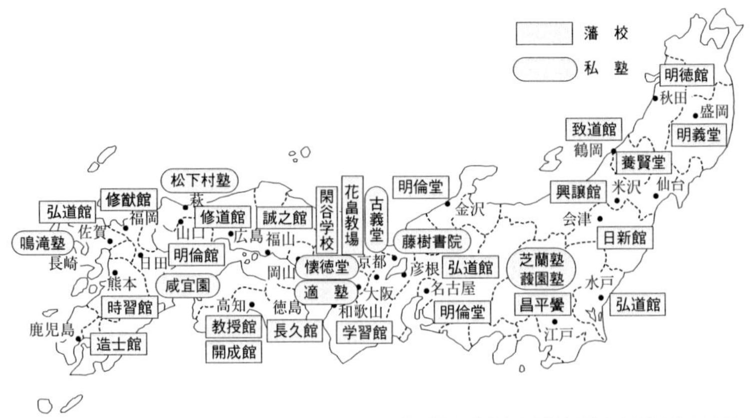

出典：柴田義松・斉藤利彦編『近代教育史』学文社，2000年

□学制

我が国最初の近代教育の体系法(1872)。フランス学制にならって全国を大中小学区に分け，理念はアメリカ流四民平等の単線式進学法を選んだ。前文「被仰出書」は個人主義，実学主義，義務教育を謳うが，当時の実情にあわず，教育令にとって代わられた。

□教育令

1879年学制に代わって公布された，教育制度の基本を定めた法律。小学校設置や就学の義務を緩和し，地方分権的方向へ修正したものであったため「自由教育令」ともよばれるが，逆に学校の衰退をもたらす結果となった。

□改正教育令

1880年公布。学校の設置と就学義務を強化し，文部卿と府県知事県令の権限を強めた。

□教育ニ関スル勅語(教育勅語)

井上毅が元田永孚の協力により執筆。近代日本の教育理念を示した天皇の言葉。儒教的家族国家の徳目(忠孝)を支柱に近代個人倫理(公益)

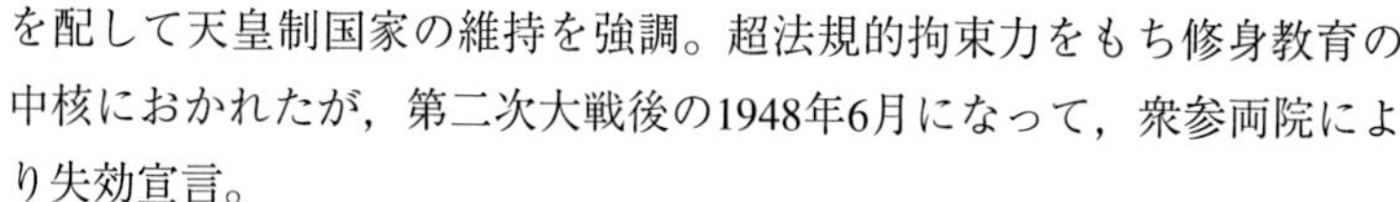

を配して天皇制国家の維持を強調。超法規的拘束力をもち修身教育の中核におかれたが，第二次大戦後の1948年6月になって，衆参両院により失効宣言。

□八大教育主張

大正期新教育運動を代表する一連の教育思想。東京高師の講堂で民間教育者8名によって発表された教育シンポジウム(1921年8月)。樋口長市「自学教育論」，河野清丸「自動教育論」，手塚岸衛「自由教育論」，千葉命吉「一切衝動皆満足論」，稲毛金七「創造教育論」，及川平治「動的教育論」，小原國芳「全人教育論」，片上伸「文芸教育論」で，いずれも明治期の形式教授を批判し，子どもの自由と自主，自律と創造学習を強調。

□米国教育使節団

GHQ(連合軍総司令部)の要請で前後2回にわたって来日。第二次大戦後の教育改善策を勧告したアメリカの教育使節団。

第一次使節団(27名，団長ストダード)1946年に来日。教育の再建と新教育の基本方針(軍国主義を否定し，民主主義を強調)を提示した。翌47年3月，その報告書をもとに，「教育基本法」を中心とした一連の教育に関する立法措置がなされた。

第二次使節団(5名，団長ギブンス)1950年に来日。第一次の勧告の成果を検討し，同時に占領政策の転換に基づき道徳教育の強化などについて補足的勧告を行った。これに基づき1951年，文部省は『道徳教育手引要綱』を発行し，道徳教育の強化をはかった。

実施問題

【1】次の文中の(　ア　)～(　ウ　)にあてはまる人物名を(a)～(c)からそれぞれ選び，その正しい組合せをあとの①～⑥から一つ選べ。

・(　ア　)は，名誉革命の理論的指導者として，革命後の新政府の顧問的役割を担うとともに，近代教育の発展に大きな影響を及ぼした。『人間知性論』で展開された認識論は，生得観念を否定するいわゆる白紙説によって，教育の可能性を大きく広げる働きをした。

・(　イ　)は，自らの教育学体系を，教育目的を考察する倫理学と，子どもの発達や教育方法に関する知見を与える心理学から捉えた。彼の教育学説は，「教授段階説」や「教育的教授」(教授なき教育はありえず，教育なき教授もありえないとする考え)に代表される。

・(　ウ　)は，シカゴ大学附属実験学校を開設し，子どもの作業活動と社会的生活経験の広がりを中心とする教育実践を行った。この実践によって，アメリカにおける新教育運動の理論的指導者としての地位を確立した。その成果は，『学校と社会』で詳細に報告されている。

(a)　デューイ(Dewey,J.)
(b)　ロック(Locke,J.)
(c)　ヘルバルト(Herbart,J.Fr.)

①　ア　(a)　イ　(b)　ウ　(c)
②　ア　(a)　イ　(c)　ウ　(b)
③　ア　(b)　イ　(a)　ウ　(c)
④　ア　(b)　イ　(c)　ウ　(a)
⑤　ア　(c)　イ　(a)　ウ　(b)
⑥　ア　(c)　イ　(b)　ウ　(a)

2024年度　秋田県　難易度

【2】次の1～5の文章は，外国の主な教育者の業績を紹介したものである。これを読んで，以下の①，②の問いに答えよ。

1 イギリス民衆教育の推進者だった。マンチェスターで医者として働く中で下層民衆の生活を知り，その教育に関心を持った。1839年枢密院教育委員会の初代事務局長に就任して，民衆学校の教員養成のために国立の教員養成大学を設置しようとしたが，宗教団体の反対でうまくいかなかったため，1840年に自分で養成大学を開設した。

2 ミュンヘン市の視学官を長く務め，大きな功績をあげた。彼の根本思想は，公立学校は社会有要の公民を養成するべきであること，職業的作業によって初めて人は陶冶されるということを二つの柱としている。この職業的作業をとおして有要な公民へという思想から作業学校を構想した。

3 ローマ大学を卒業して，大学付属精神病院に勤務したのち，ローマのスラム街の子どもたちの幼児学校「子供の家」を指導した。材料が適切であれば子どもは自発的に学習すると信じ，子どもに自主性と個性的発達を保証しようとした。しかしルソー主義者ではなく，子どもと環境の出会いを組織する点に教師の役割を認めた。

4 その教育思想は，生命の発展に対する信仰に基礎づけられたもので，従来の教育は外部からの押しつけ強制的であるとして批判し，「教育するな」とまで主張したため，新ルソー主義と呼ばれる。1900年に著した『児童の世紀』は20世紀新教育運動の原動力として，日本を含め世界に大きな影響を及ぼした。

5 イエナ大学の学生時代に，スイスのシュタイガー家の家庭教師を約2年半務めた体験が，教育思想の形成に大きく影響を与えた。教育の目的を倫理学から，教育の方法を心理学から演繹することで教育を学問的に体系化し，「科学的教育学の創始者」とも称される。主著に『一般教育学』などがある。

① モンテッソーリの業績に合致する紹介文はどれか。上の1～5のうちから一つ選べ。

② ケルシェンシュタイナーの業績に合致する紹介文はどれか。上の1～5のうちから一つ選べ。

2024年度 | 大分県 | 難易度 ■■□□□

【3】次の表の ☐ に当てはまる人物名を，以下の選択肢から1つ選び，番号で答えなさい。

①	クインシーの教育長を務め、子どもの活動主義を主張してクインシー運動を展開した。子どもの自発的な活動を尊重し、書物ではなく仕事を中心とした学習を主張し、地理を中心とした統合カリキュラムを提唱した。
②	人間の内に合一する超感覚的・霊的本質を探求する人智学を確立した。人智学に基づき人間の心と体の質的な変容を的確に把握し、教育を芸術として再構成した。自由ヴァルドルフ学校を創設した。
③	子どもの個性を発達させ、その子どもの集団を発展させるために「イエナ・プラン」を構想した。子どもに人間存在を自覚させ、子どもの人間関係を豊かにすることを計画した。そのようにして、子どもたちに生命に対する畏敬の念を起こし、人間性を解放することをめざした。
④	プロジェクトを「社会的環境の中で行われる全精神を打ち込んだ目的ある活動」と定義し、プロジェクトの遂行過程を、①目的の設定、②計画、③実行、④結果の判断として組織し、プロジェクト法を体系化した。

1　フレネ　　2　パーカー　　3　ニイル
4　シュタイナー　　5　フレイレ　　6　ペーターゼン
7　キルパトリック

▌2024年度▌宮崎県▌難易度■■■□□

【4】ヘルバルト(Herbart, J.F)の経歴と功績について適切なものを，次の1～5から一つ選びなさい。

1　フランクフルトで教育者としての使命を自覚し，カイルハウに「一般ドイツ教育舎」を開設して，教育活動を開始した。後年には世界で最初の幼稚園「一般ドイツ幼稚園」を開いた。主著に『人間の教育』がある。

2　ハレ大学の教授職に就きながら，近郊のグラウハの牧師も務め，この地の宗教的純化のための努力の間に教育に積極的に参与した。その結果，貧民学校，市民学校，孤児院，ラテン語学校などを結合した一大学園を創設した。

3　ハンブルク大学で教育学と哲学の教授を務めた。人間にふさわしい責任ある教育，陶冶，生活の指導の研究に専念し，成人教育，教師養成，精神科学の構造と方法論，学校・大学の改造等，多岐にわたる業績を残した。

4　古典語の習得を強調する立場には反対し，人間性の表現としての歴史的・民俗的な素材の中に教育的な価値を認め，子どもを民族の歴史的な課題の担い手として形成しようとした。主著に『人類史哲学考』などがある。

5　教育の目的を倫理学から，教育の方法を心理学から演繹することで教育を学問的に体系化し，「科学的教育学の創始者」とも称される。主著に『一般教育学』，『教育学講義綱要』などがある。

2024年度　高知県　難易度

【5】次の(1)～(5)は，西洋教育史上の人物についての説明です。あてはまる人物を，以下のA～Oから一つずつ選び，その記号を書きなさい。

(1)　20世紀のアメリカを代表する哲学者，教育思想家。「プラグマティズム」(実用主義)哲学の創始者の一人。自らの教育学理論を検証する実験室として，「実験学校」を開設。その実践報告書を「学校と社会」としてとりまとめる。

(2)　ドイツの哲学者，心理学者，教育学者。目的論及び方法論の全体的視野において体系的な教育学と教授理論を構築した人物。著書の「教育の目的から演繹された一般教育学」(通称「一般教育学」)において，教育学の実践的科学としてのあり方を最初に提起した。

(3)　スイスの教育家。ノイホーフで貧民学校を経営し始めるが数年で失敗。そこでの活動と経験を「隠者の夕暮」，「リーンハルトとゲルトルート」等にまとめる。貧民の子供達に対する教育の可能性を「直観」の原理に見出し，理性や感性をすり減らした子供達の教育のためには，直観を選択し順序づける技術，すなわち数・形・語を基礎とする教授法「メトーデ」が必要であると考えた。

(4)　フランス啓蒙期の教育思想家。社会と個人，人間と公的市民という現実社会の中での対立的・矛盾的要素をもつ両者の統一的把握と，それの新しい形成を目指すことを目的とし，その方法を小説「エミール」によって示した。

(5)　チェコの宗教改革者，教育思想家，教授学者で，教授学の祖と言われる人物。学校教育の整備と人間の発達の筋道に合致した合理的な教育方法の確立を目指した研究を進め，「大教授学」を完成させた。また，代表作の一つである「世界図絵」は，事物や事象等を描画をもって視覚に訴え，認識をより実感のあるものにした世界最初の絵入り教科書として知られている。

A　コメニウス　B　ロック　C　ランカスター
D　ドモラン　E　ナトルプ　F　ペスタロッチ
G　パーカスト　H　ルソー　I　マカレンコ
J　モイマン　K　モンテッソーリ　L　ラッセル
M　ペーターゼン　N　ヘルバルト　O　デューイ

▌2024年度 ▌岩手県 ▌難易度 ■■■□□□

【6】教育書と，それを執筆した人物名の組み合わせとして誤っているものを，次の1～5から一つ選びなさい。

〈教育書〉　〈人物名〉
1　学習方法論　――　エラスムス(Erasmus, Desiderius)
2　学習の心理学　――　ソーンダイク(Thorndike, E.Lee)
3　教育の過程　――　ブルーナー(Bruner,J. Seymour)
4　知育・徳育・体育論　――　スペンサー(Spencer, Herbert)
5　教育学から教育科学へ　――　ヘーニヒスヴァルト(Hönigswald, Richard)

▌2024年度 ▌高知県 ▌難易度 ■■■■■□

【7】モンテッソーリの教育思想に関する記述として適切なものは，次の1～5のうちのどれか。

1　保育施設である子どもの家で感覚教育を実践した。また，子供の自発的活動を可能にする環境整備を重視し，感覚訓練のための教具を考案した。
2　教育目的として道徳的品性の陶冶をあげた。また，教育作用を，管理，教授，訓練の3部門に分けたが，教育的教授を重視した。
3　世界初の幼稚園を創設した。また，幼児用の教育的遊具として球体や立方体といった形からなる恩物と呼ばれる遊具を考案した。
4　プラグマティズムの思想をもつ哲学者であり，進歩主義教育を実践した。また，シカゴ大学附属小学校として実験学校を開設した。
5　ゲルトルート児童教育法で直観教授の理論を明らかにした。また，直観の三要素として数，形，語を取り上げた。

2024年度 東京都 難易度

【8】19世紀末から20世紀初頭にかけて，「新教育運動」と呼ばれる教育改革運動が世界的規模で行われた。次の各文のうち，旧教育を批判し，新しい教育のあり方を求めた「新教育運動」に関する記述の内容として誤っているものはどれか。1～5から一つ選べ。

1　スウェーデンの社会思想家であるケイ(Key, Ellen)は，著書『児童の世紀』で，20世紀こそは児童の世紀として子どもが幸せに育つことのできる平和な社会を築くべき時代であると主張した。『児童の世紀』は各国語に翻訳されて世界的な注目を集め，教育における児童中心主義運動の一つの発端をつくった。

2　ドイツの教育学者であるヘルバルト(Herbart, Johann Friedrich)は，主著『一般教育学』の中で，教育の目的は倫理学から，教育の方法は心理学から導き出すべきだとし，そして，生徒に多方興味を与え，それが生徒の徳の育成を結果すると考えた。そのための方法として，授業では，管理，教育的教授，訓練を三大要件として立てた。

3　ドイツの教育学者であるケルシェンシュタイナー(Kerschensteiner, Georg)は，教育学の基本概念を陶冶，興味，価値とし，価値観念を最高位においた。陶冶の実践方法として労作の原理を主張し，この原理に基づいて知識教育を最小量にとどめ，熟練，労作の喜悦を与える職業教育を中心とし，公民的陶冶を培う労作学校の普及に努力した。

4　フランスの社会学者であるドモラン(Demolins, Joseph-Edmond)は，イギリスの教育，特にアボッツホルムの学校などを視察研究，それと比較してフランスの教育が古典に偏し，試験を過度に重視するなど，あまりにも守旧的，非実際的であること，体育，運動を軽視していることなどを批判し，それを克服すべきであると理想的教育論を展開した。

5　ドイツの教育学者であるエストライヒ(Oestreich, Paul)は，現実の労働は経済的・生産的・社会的・人間的関係の中で成り立っていると考え，労働を現実的諸関係の中で経験する「生活・生産学校」を中核的概念とする「弾力的統一学校」を提唱した。

▌2024年度 ▌大阪府・大阪市・堺市・豊能地区 ▌難易度 ■■■■□

【9】次のア～オは，西洋教育史に関わる人物について述べたものである。正しいものを二つ選ぶとき，その組合せを解答群から一つ選び，番号で答えよ。

ア　コメニウスは，混乱した世界を正道に戻すことができるのは教育だと考えて活動を行い，『大教授学』では，男女両性のすべての青少年が通う学校を構想し，彼らが楽しく着実に学べるような学校を作るための体系的な方法を提案した。

イ　ロックは，近代哲学の父とも呼ばれるフランスの哲学者であり，代数幾何学の創始者でもある。『方法序説』で示され『省察』で詳論された「われ思う，ゆえにわれあり」という命題は近代哲学の原点となった。

ウ　ヴィゴツキーは，旧ソ連の心理学者で，発達心理学や教育心理学の基本を構築した。『発達の最近接領域』では子どもがその時点で自発的にはできないが，援助があればできる課題水準があり，それが最適な学びのための課題のレベルを設定する指標となることを示した。

エ　デューイは，イギリス経験論の父とも呼ばれ，『人間知性論』は認識論という近代哲学の中心的ジャンルの出発点となった。また，『教育に関する考察』では習慣形成を軸とする教育論を展開し，欲望を理性によって統御する習慣をつけることが教育の中心任務であると説いた。

オ　デカルトは，アメリカの哲学者で，プラグマティズムの大成者とも呼ばれる。『学校と社会』では作業を中心とする新しい学校とカリキュラムのあり方を提案した。その影響は現代の「生活科」や「総合的な学習の時間」にもみることができる。

【解答群】　1　ア，イ　　2　ア，ウ　　3　ア，エ　　4　ア，オ
　5　イ，ウ　　6　イ，エ　　7　イ，オ　　8　ウ，エ
　9　ウ，オ　　0　エ，オ

▌2024年度 ▌愛知県 ▌難易度 ■□□□□

【10】次の文章は，西洋の教育思想家についての説明である。それぞれの説明と人物名の組合せとして正しいものはどれか。

〔説明〕

A　相手との問答のなかで相手の無知を自覚させて，学習者自身が学ぶことを助ける対話法を用いた。この対話法は「産婆術」ともいわれる。

B　公民を養成するための労作共同社会を組織し，手工を中心とした労作教育を行うべきだと主張した。

C　スペインに生まれ，ローマで教育を受けた。「弁論家」は，優れた人間性の持ち主であり，その育成について幼児期からの教育の影響が大きいと考えた。

〔人物名〕

ア　アリストテレス　　イ　クィンティリアヌス

ウ　ケルシェンシュタイナー　　エ　ソクラテス

オ　ナトルプ

	A	B	C
1.	ア	オ	イ
2.	エ	ウ	ア
3.	ア	オ	エ
4.	エ	ウ	イ
5.	エ	オ	ア

2024年度　岡山県　難易度■■■□□

解答・解説

【1】④

○解説○ ア　ロックの主著『統治二論』における「市民政府論」では，革命権を肯定し，契約による政府の樹立を説き，名誉革命を理論的に正当化した。後のフランス啓蒙思想やアメリカの独立に影響を与えた。

イ　ヘルバルトはドイツの哲学者，教育学者で，教育の目的を倫理学に，方法を心理学に求めて，科学的な教育学を樹立した。主著に『一般教育学』などがある。　ウ　デューイはアメリカの哲学者，教育学者で，プラグマティズムの大成者である。実験主義の哲学を展開した。主著に『学校と社会』や『民主主義と教育』などがある。

【2】① 3　② 2

○**解説**○ 1はケイ＝シャトルワース，4はエレン・ケイ，5はヘルバルトの紹介文である。

【3】① 2　② 4　③ 6　④ 7

○**解説**○ なお，肢1のフレネ(1896～1966年)はフランスの教育者で，「自由な学び」「子ども主体」という考え方をベースに学習環境を整える教育を実践した。3のニイル(1883～1973年)はイギリスの新教育運動の教育家で，一切の権威や共生を排したサマーヒルスクールを設けた。5のフレイレ(1921～97年)はブラジルの教育者で，「課題提起教育」が民衆の教育であるとした。

【4】5

○**解説**○ 1「一般ドイツ幼稚園」という世界初の幼稚園を創設し，『人間の教育』を著したのは，フレーベルである。　2　ドイツの敬虔主義運動の指導者であるフランケの記述である。　3　ドイツの哲学者・教育学者であるフリットナーの記述である。　4『人類史哲学考』は，ドイツの哲学者ヘルダーの著作。

【5】(1)　O　(2)　N　(3)　F　(4)　H　(5)　A

○**解説**○ (1)「プラグマティズム」，「学校と社会」といったキーワードから，デューイであることがわかる。デューイのその他の主著としては，「民主主義と教育」が挙げられる。　(2)　ヘルバルトは，教育の目的を倫理学から，方法を心理学から，それぞれ導出した。問題文の「目的論及び方法論の全体的視野において」というのはこの点を指している。　(3)「隠者の夕暮れ」，「リーンハルトとゲルトルート」といった著作から，ペスタロッチであることがわかる。ペスタロッチは18世紀後半から19世紀にかけて活躍したスイスの教育者で，「シュタンツだより」も有名な著作の一つである。 (4) 著作「エミール」から，ルソーであることがわかる。ルソーは，子どもが本来持っているものを大切にし，それを損なわないように教育すべきという消極教育を提唱した。 (5)「世界図絵」を著したのは，コメニウスである。同書は「神」から始まり「最後の審判」で終わる150章から構成されている。

【6】5

○**解説**○『教育学から教育科学へ』は，ドイツの教育学者ヴォルフガング・ブレツィンカの著作。ヘーニヒスヴァルトは，オーストリア＝ハンガリー帝国出身の哲学者である。

【7】1

○**解説**○ 2 教育作用を管理・教授・訓練に分け，教育的教授を重視したのはドイツのヘルバルト(1776～1841年)である。 3 幼稚園を創設し，恩物と呼ばれる遊具を考案したのはドイツのフレーベル(1782～1852年)である。 4 進歩主義教育を実践し，シカゴ大学附属小学校として実験学校を開設したのは，アメリカのデューイ(1859～1952年)である。 5 ゲルトルート児童教育法で直観教授の理論を明らかにしたのは，スイスのペスタロッチ(1746～1827年)である。

【8】2

○**解説**○ 2は，ヘルバルトを「新教育運動」に関連づけている点が誤りである。ヘルバルトは18世紀後半から19世紀中頃に生きた人物であり，その功績は2に示されたとおりである。ヘルバルトは，知識や技能の習得を図る「教授」が人間形成と断絶されていることを問題視し，知識や技能の習得を通じて人間形成を行うという「教育的教授」を目指すことを主張した。「新教育運動」とは，それまでの画一的な知識注入型の教育から脱却し，子どもの興味・関心や生活体験を重視する教育のありかたを目指した，思想的潮流や教育実践のことを指す。

● 教育史

【9】2

○**解説**○ イはデカルトの説明である。エはロックの説明である。オはデューイの説明である。

【10】4

○**解説**○ A 産婆術と呼ばれる問答法による対話法を用いたのは，ソクラテスである。 B 生徒の自己活動による積極的，能動的な人間形成を目指すという労作教育を主張したのは，ケルシェンシュタイナーやガウディッヒなどである。 C クィンティリアヌスは，弁論術教育に貢献し，『言論術教程』を著した。

教育史　日本教育史

実施問題

【1】江戸時代には，門人たちに学問や芸能を教える私塾が多く設けられ，優れた人材を輩出した。次の文の(　　)に入る語句を以下のア～オから一つ選び，記号で答えなさい。

(　　)は，オランダ商館医であったドイツ人のシーボルトが，文政期に診療所を兼ねて長崎郊外に開いた私塾である。

ア　松下村塾　　イ　鳴滝塾　　ウ　慶應義塾　　エ　咸宜園
オ　古義堂

2024年度　静岡県・静岡市・浜松市　難易度

【2】江戸時代中期から幕末にかけて開設された私塾等と，それを開設したとされる人物名の組み合わせとして適切なものを，次の1～5から一つ選びなさい。

〈私塾等〉　　〈人物名〉
1　蘐園塾　―― 荻生徂徠
2　松下村塾　―― 緒方洪庵
3　適塾　―― 福沢諭吉
4　咸宜園　―― 伊藤仁斎
5　芝蘭堂　―― 吉田松陰

2024年度　高知県　難易度

【3】閑谷学校についての説明として最も適当なものを，次の①から⑤までの中から一つ選び，記号で答えよ。

① 石上宅嗣によって設けられたわが国最初の公開図書館。
② 上杉憲実によって再興された。学生には僧侶が多く，武士や俗人もいた。外典の習得を中心に，天文・土木・医学なども教育されていた。
③ 庶民教化のために空海が開いた教育機関。すべての学芸を修め真実の知恵を学ぶという総合的な全人教育を目指したものであった。
④ 岡山藩主池田光政によって創設された郷学。藩営の民衆教育機関

としては最も早い時期のものの一つである。

⑤　広瀬淡窓が創設した私塾。封建社会の身分的・地域的制約を越えて，全国から多くの人が来塾した。

▌2024年度▌沖縄県▌難易度

【4】日本の初代文部大臣森有礼の功績に関する記述として誤っているものはどれか。次の1～6から1つ選べ。

1　大隈重信などと共に「明六社」を起こし，開明的雑誌を刊行した。

2　渋沢栄一らと商法講習所(現・一橋大学)を設立し，商業教育の端緒を開いた。

3　教員養成のため，師範学校を高等師範学校と尋常師範学校の二段階にした。

4　教科書の採用について，従来の認可制から検定制度に改めた。

5　愛国心の教育を重視し，軍隊式教育や軍事訓練を奨励した。

6　日本最初の一夫一婦論である「妻妾論」を唱えた。

▌2024年度▌奈良県▌難易度

【5】次は，明治初期の教育について述べたものである。(　a　)～(　c　)内に当てはまるものを語群から選ぶとき，正しい組合せとなるものを解答群から一つ選び，番号で答えよ。

1871年の文部省の新設に続いて，翌年に，(　a　)の学校制度にならった統一的な学制が公布された。政府は，国民各自が身を立て，智を開き，産を作るための学問という功利主義的な教育観をとなえて，小学校教育の普及に力を入れ，(　b　)学ばせる国民皆学教育の建設をめざした。専門教育では，1877年に旧幕府の開成所・医学所を起源とする諸校を統合して東京大学を設立し，多くの外国人教師をまねいた。(　c　)のための師範学校のほか，女子教育・産業教育についてもそれぞれ専門の学校を設けた。

【語　群】

ア　アメリカ	イ　フランス
ウ　全ての男子に	エ　男女に等しく
オ　軍人育成	カ　教員育成

【解答群】
1 a－ア b－ウ c－オ
2 a－ア b－ウ c－カ
3 a－ア b－エ c－オ
4 a－ア b－エ c－カ
5 a－イ b－ウ c－オ
6 a－イ b－ウ c－カ
7 a－イ b－エ c－オ
8 a－イ b－エ c－カ

2024年度 愛知県 難易度

【6】次のA～Cは，それぞれ，戦前の教育運動について説明している。A～Cを，出来事が起きた時代が古い順に並べかえ，記号で答えよ。

A　東京で「八大教育主張講演会」が開催され，小原国芳が「全人教育論」を主張した。

B　『Education in Japan』を編著した森有礼が，文部大臣として学校令を制定し，教育改革に取り組んだ。

C　小砂丘忠義，野村芳兵衛などにより『綴方生活』が刊行され，各地の教師の実践活動を促した。

2024年度 鹿児島県 難易度

【7】次の文は，大正新教育運動についての記述である。下線部(ア)～(エ)を主導した人物として適切な組合せを①～④から選び，番号で答えよ。

> 大正期には，大正デモクラシーの潮流に支えられて，子どもたちの自発活動を重視する立場からの教育改造運動が展開された。またこの時期の(ア)『赤い鳥』や(イ)自由画教育のような芸術教育運動や(ウ)ドルトン・プラン，綴り方の(エ)自由選題，学校劇などの運動の高揚もみられた。

① ア 鈴木三重吉 イ 芦田恵之助 ウ パーカースト
エ 山本鼎

② ア 鈴木三重吉 イ 山本鼎 ウ パーカースト
エ 芦田恵之助

③　ア　浜田廣介　　イ　山本鼎　　　ウ　モンテッソーリ
　　エ　芦田忠之助

④　ア　浜田廣介　　イ　芦田恵之助　ウ　モンテッソーリ
　　エ　山本鼎

▌2024年度 ▌神戸市 ▌難易度

【8】次は，日本の戦後の教育制度について述べたものである。文中の(ア)にあてはまる語句をA群から，(イ)にあてはまる語句をB群からそれぞれ一つずつ選べ。

> 昭和22年学校教育法施行規則により，小学校の教科は，国語，社会，算数，理科，音楽，図画工作，家庭，体育及び(ア)を基準とするとした。
>
> 新制高等学校は昭和23年度から発足した。発足に当たっては，教育の民主化及び機会均等の理念の実現と新制高等学校の普及を図る趣旨に基づき学区制，(イ)及び普通教育課程と専門教育課程とを併置する総合制の三原則が強調された。

A群　①　自由研究　　②　課題研究　　③　道徳の時間
B郡　④　単位制　　　⑤　全日制　　　⑥　男女共学制

▌2024年度 ▌秋田県 ▌難易度 

【9】我が国の教育に関する記述として適切なものは，次の1～5のうちのどれか。

1　1946年，内閣の教育諮問機関として臨時教育審議会が設立され，教育基本法，学校教育法などの諸教育法令の制定を実現させるとともに，六三三の新学制について内閣総理大臣に建議した。

2　1954年，政治的中立性と自主性を擁護することを趣旨とする義務教育諸学校における教育の政治的中立の確保に関する臨時措置法と，公立学校の教育公務員の政治的活動の制限を国立学校の教育公務員と同様とする教育公務員特例法の一部を改正する法律が施行された。

3　1984年，内閣総理大臣の諮問機関として教育刷新委員会が設立され，個性重視の原則，学校教育だけにとどまらない生涯学習体系への移行，初任者研修制度の導入などを内容とする答申を行った。

4　2006年，学校教育法が全面的に改正され，生涯学習の理念，大学，教員の養成・研修の充実，家庭教育，幼児期の教育，学校・家庭及び地域住民等の相互の連携協力などが新たに規定された。

5　2013年，21世紀の日本にふさわしい教育体制を構築し，内閣の最重要課題の一つとされた教育の再生を実行に移していくため，内閣総理大臣の下に教育改革国民会議が開催された。

2024年度 東京都 難易度

【10】次の1～5の文章は，日本の主な教育者の業績を紹介したものである。これを読んで，以下の①，②の問いに答えよ。

1　安中藩士の子として生まれ，漢学と蘭学を学び，キリスト教文献に接して若くして西欧文化に関心を持った。1864年に禁令を犯して米国に渡り，神学と自然科学を修めた。在米中，岩倉具視使節団の欧米教育視察に加わる。日本に戻ってからは同志社英学校を開設し，キリスト教に基づく精神教育に尽力した。

2　高崎藩士の家に生まれた。札幌農学校で学びキリスト教に触れたことで感化され，米国に渡り神学を学んだ。帰国後第一高等中学校講師になったが，「不敬事件」を起こし退職した。その後は評論活動に入り，聖書研究会を開いて無教会主義の立場に立つキリスト教伝道を行い，多くの若者に影響を与えた。

3　美濃恵那郡岩村藩士の家に生まれた。幼少より漢学・和歌などを学び宮中に出仕した。麹町元園町に桃夭塾を創設し，華族の子女を教育した。1884年，宮内省御用掛として華族女学校の設立に参与し，学監となる。1898年帝国婦人会を組織し，翌年には実践女学校と女子工芸学校を開設した。

4　長岡藩医の家に生まれた。漢学・洋算を修め，東京師範学校中学師範科に入学・卒業した。東京女子師範学校の幼稚園監事になり，先進諸国の保育事情やその理論を平易に紹介して，日本の草創期の幼児教育を牽引した。そののち訓盲唖院に移り，盲聾教育の発展に尽力し，盲聾教育の父と呼ばれた。

5　青森県八戸に生まれた。1897年我が国最初の婦人記者として現在の報知新聞社に入社した。社会改良の拠点として家庭を重視し，近代的家庭の建設，女性の独立の必要を唱えた。1921年，文部省令によらない自由学園を創設し，キリスト教的自由主義教育思想に基づく生活教育を展開した。

①　羽仁もと子の業績に合致する紹介文はどれか。上の1～5のうちから一つ選べ。

②　新島襄の業績に合致する紹介文はどれか。上の1～5のうちから一つ選べ。

2024年度 ┃ 大分県 ┃ 難易度 ■■■□□□

解答・解説

【1】イ

○**解説**○ 私塾は江戸時代に教師が自宅に教場を設け，自分の学派や流派の奥義を門人たちに伝授したものである。アの松下村塾は吉田松陰，エの咸宜園は広瀬淡窓，オの古義堂は伊藤仁斎が開いた漢学の私塾である。ウの慶應義塾は福澤諭吉が藩命により開いた蘭学塾を起源とする。

【2】1

○**解説**○ 2　松下村塾(山口県萩市)の開設者は，吉田松陰。　3　適塾(大阪府大阪市)の開設者は，緒方洪庵。福沢諭吉は，その適塾で学んだ人物である。　4　咸宜園(大分県日田市)の開設者は，広瀬淡窓。なお，伊藤仁斎は，古義堂(京都府京都市)を開設した人物である。　5　芝蘭堂(東京都)の開設者は，大槻玄沢である。

【3】④

○**解説**○ ①　奈良時代に石上宅嗣が設けた芸亭(うんてい)についての説

明である。 ② 1439年に上杉憲実が再興した足利学校についての説明である。 ③ 空海が平安時代に開いた綜芸種智院についての説明である。 ⑤ 広瀬淡窓が江戸時代末期，郷里の豊後国日田に創設した咸宜園についての説明である。

【4】1

○解説○ 森有礼(1847～1889年)は薩摩藩出身の政治家で，1885年に伊藤博文内閣の文部大臣となり，ドイツの教育思想を取り入れて日本の近代公教育制度の起点学制の整備に尽力した。啓蒙的思想団体「明六社」は森有礼が発議し，福沢諭吉・加藤弘之・中村正直・西周らが参加し，1873年に結成された。開明的雑誌「明六雑誌」を発行，開化期の啓蒙に指導的役割を果たした。のち日本学士院に合流した。

【5】8

○解説○ a 1872年の学制は，フランスの学校制度をモデルにしたものである。一方1879年の教育令は，アメリカの教育制度を参考にしたものである。 b 学制では布告文の中に，「高上の学に至ては其人の材能に任かすといへども幼童の子弟は男女の別なく小学に従事」せしめなければならないとしていて，特に小学校の教育が国民全部に対して一様に課せられるべきものであることを明確にしている。さらには，小学校を卒業したものはすべて一様に上級の学校に進学する機会を持つものであることを示している。 c 戦前において教員を養成する学校として，師範学校があった。

【6】B→A→C

○解説○ A 「八大教育主張講演会」は，大正デモクラシー期の1921年8月に大日本学術協会主催で開かれたもの。 B 学校令は帝国大学令・師範学校令・中学校令・小学校令および諸学校通則など，一連の教育に関する法令の総称で1886年に発布された。 C 『綴方生活』の刊行は1929年のことである。

【7】②

○解説○ なお，浜田廣介(1893～1973年)は1893年山形県生まれの児童文学者で「ひろすけ童話」として親しまれる『泣いた赤おに』『むくどりのゆめ』『りゅうの目のなみだ』など約1000篇に及ぶ童話を著した。モンテッソーリ(1870～1952年)はイタリアの教育家・女医で，児童の自発性と自由の尊重，教育環境整備と感覚練習教具利用を重視する「モンテッソーリ教育」を指導，幼児教育の改革や体系づくりに貢献した。

【8】ア ① イ ⑥

○解説○ ア 終戦直後の教育は，デューイの影響を強く受けたことから，経験主義に基づく問題解決学習が重視された。その象徴的な教科として，小学校において「自由研究」が設定された。これは，各児童の興味と能力に応じて教科の発展として行う活動や，学年の区別なく同好者が集まって行うクラブ活動などを行う時間であった。しかし，4年後の昭和26(1951)年の学習指導要領改訂のときに，「自由研究」は発展的に解消し，教科の学習では達成されない目標に対する諸活動を包括して教科以外の活動とされた。のちに，これが現在の特別活動になった。 イ 戦後の学制改革で実施された新制高等学校教育は，学区制，総合性，男女共学制の3つの原則で行われた。男女共学制については，西日本ではGHQによる施策が厳格に進められた一方，東日本ではGHQの指示が緩い傾向があり，北関東や東北を中心に男女別学の学校が発足した例が少なくない。

【9】2

○解説○ 1 1946年に六三三の新学制を内閣総理大臣に建議したのは教育刷新委員会である。 3 1984年に初任者研修制度などを内容とする答申を行ったのは臨時教育審議会である。 4 2006年改正され生涯学習の理念などを新たに規定したのは教育基本法である。

5 2013年に設置されたのは教育再生実行会議である。なお2021年には，高等教育をはじめとする教育の在り方について，国としての方向性を明確にするとともに，誰もが生涯にわたって学び続け学び直しができるよう，教育と社会との接続の多様化・柔軟化を推進するため「教育未来創造会議」が設置されている。

【10】① 5　② 1

○**解説**○ 2は内村鑑三，3は下田歌子，4は小西信八の紹介文である。

教育史　総合問題

実施問題

【１】次の(1)～(3)と関係の深い人物名を，以下のア～エからそれぞれ一つ選べ。

(1)　イギリスの思想家・哲学者であり，「教育論」において，知育，徳育，体育の三育を示したことで知られる。教育の主要な機能を，現前する産業型社会への個人の適応に必要な諸知識の獲得とし，その方略として提唱した生活活動分析法と教育内容への有用な科学の導入は，20世紀のカリキュラム論の範型となった。

ア．エレン・ケイ　　イ．シュプランガー　　ウ．デューイ

エ．スペンサー

(2)　子供の自己活動を尊重し，授業が独特な集団授業の形態をとる「イエナ・プラン」を構想し実践した。「イエナ・プラン」の特徴としては，学級が異年齢の子供集団(「根幹グループ」)で構成され，時間割，科目別によらない合科教授と集団作業を中心としたカリキュラム編成を基本とすることなどがあげられる。

ア．ペーターゼン　　イ．モリソン　　ウ．パーカースト

エ．ウォッシュバーン

(3)　「岩倉使節団」一行として渡米した日本で最初の女子留学生の一人である。帰国後，華族女学校教授，再渡米などを経て，「女子英学塾」を創設した。男性と協同して対等に力を発揮できる女性の育成を目指し，近代的な女子高等教育に尽力した。

ア．羽仁もと子　　イ．津田梅子　　ウ．下田歌子

エ．平塚らいてう

2024年度　山梨県　難易度

【２】次の各問いに答えなさい。

問1　次の(1)～(4)は近世から現代の教育制度に関する文である。[　1　]～[　4　]に当てはまる語句を以下の①～⑧の中からそれぞれ1つずつ選び，番号で答えよ。

(1)　江戸時代には，武家の学校(藩校)と庶民の学校([　1　])が別個

に設けられ，二系統の学校が併立して，それぞれ独自の発達を示した。

(2) 明治18年には，文部省に初めて文部大臣が任命されることとなり，初代文部大臣として着任した[2]は，学校制度全般にわたる改革を断行し，基本となる近代学校の体系をつくりあげた。

(3) 昭和16年には教育審議会の答申に基づき，教育の全般にわたって皇国の道を修錬させることを目ざす方向性が示された。国家主義的色彩が濃厚となった学校を[3]と呼ぶ。

(4) 平成15年にとりまとめられた「今後の特別支援教育の在り方について(最終報告)」において(障害の種類や程度に応じ特別の場で指導を行う「[4]」から，通常の学級に在籍するLD・ADHD・高機能自閉症等の児童生徒も含め，障害のある児童生徒に対してその一人一人の教育的ニーズを把握し適切な教育的支援を行う「特別支援教育」への転換を図るとともに，その推進体制を整備することが提言された。

① 国民学校　② 寺子屋　③ 尋常小学校
④ 特殊教育　⑤ 特別なニーズ教育　⑥ 岡倉天心
⑦ 私塾　⑧ 森有礼

問2 西洋の教育に関係のある人物について述べた次の①～④の文のうち，誤っているものを1つ選び，番号で答えよ。

① ルソーは，『エミール』で自然，人間，事物という三種類の教育について説明している。

② ペスタロッチは「木の葉の屋根の陰に住んでも，玉座の上にあっても，本質においては同じである人間，それはいったい何であるか」という一句で始まる『隠者の夕暮れ』を執筆した。

③ カントは『児童の世紀』(1803)のなかで「人間は教育によってのみ人間となることができる」，「人間は教育されねばならない唯一の被造物である」と述べている。

④ フンボルトは，プロイセン改革期の教育政策等で活躍した一般的人間陶冶を説く新人文主義者であり，公教育局長として，単線型教育制度の原型を立案した。

2024年度 | 長崎県 | 難易度

【3】次のア～オの文は，ある人物について説明したものである。その人物名を以下のA～Jから一つずつ選び，その記号を書け。

ア　日本の教育心理学者，教育学者(1893～1985)。愛媛県の出身で，教育の実践的・科学的研究を行い，心理学と教育現実との関係を論じた。1937年に結成した教育科学研究会の初代会長を務め，終戦後には，文部省教育研究所所長，北海道教育大学学長などを歴任した。著書に『教育科学七十年』がある。

イ　ドイツの教育学者(1884～1952)。イエナ大学在学中に，哲学史や文化哲学を研究した。後に，イエナ大学附属学校校長に就任し，年齢や学力の程度が異なる子供でグループを構成して課題に取り組むイエナ・プランを提唱した。著書に『学校と授業の変革―小イエナ・プラン―』がある。

ウ　日本の教育心理学者(1882～1962)。岡山県の出身で，日本の教育測定学研究の創始者の一人であり，日本におけるビネー式知能検査の標準化を試みた。東京文理科大学教授，日本大学教授，玉川大学初代学長を歴任し，後に，文化功労者に選ばれた。著書に『教育的測定学』がある。

エ　アメリカの教育者(1830～1905)。ラトガース大学教授在任中，森有礼に招かれて来日し，文部省の最高顧問(学監)として，日本各地の教育の実態を視察し，学制の実施や女子教育の振興，東京大学の創設に尽力するなど，近代教育の普及発達に功績を残した。著述に『学監考案・日本教育法』がある。

オ　ドイツの哲学者，心理学者，教育学者(1882～1963)。ライプツィヒ，ベルリン，チュービンゲン各大学教授を歴任し，ディルタイの哲学に影響を受け，後に精神科学的心理学を提唱した。1936年には，ドイツ政府の文化使節として来日し，各地で講演を行った。著書に『生の諸形式』がある。

A　ライン　　B　モルレー　　C　城戸幡太郎
D　シュプランガー　　E　ペーターゼン　　F　ナトルプ
G　伊沢修二　　H　田中寛一　　I　中村正直
J　パーカースト

■2024年度 ■愛媛県 ■難易度 ■■■■□□

【4】次の1，2の文に最も関係の深いものを，それぞれのアからエのうちから一つ選べ。

1　江戸時代後期，豊後国日田に咸宜園を創設し，身分や階級制度の厳しい時代にあって，入門時に学歴・年齢・身分を問わない「三奪法」により，全ての門下生を平等に教育した。

ア　吉田松陰　　イ　シーボルト　　ウ　広瀬淡窓

エ　緒方洪庵

2　スイスの教育実践家で，教育における作業の役割を重視し，直観教授を提唱した。「生活が陶冶する」という言葉は特に有名であり，主な著書に『隠者の夕暮』がある。

ア　エレン・ケイ　　イ　ペスタロッチ　　ウ　デューイ

エ　ブルーナー

2024年度　栃木県　難易度

【5】次のA～Dは，それぞれ，ある人物について説明している。説明文と人物の組合せとして正しいものを，以下のア～カから一つ選び，記号で答えよ。

A　生徒の自己活動を尊重し，合科教授と集団作業を根幹とする「イエナ・プラン」を計画し，実践した。

B　イタリアの医師で，「子どもの家(児童の家)」と称する施設を開設し，幼児教育の分野で教育方法を確立した。

C　生徒が自主的に設定した学習プランに基づき個別学習を行う「ドルトン・プラン」を計画し，実践した。

D　〈目的－計画－遂行－判断・評価〉という教授段階を展開する「プロジェクト・メソッド」を提唱した。

	ア	イ	ウ	エ	オ	カ
A	ペーターゼン	ペスタロッチ	ペーターゼン	ペスタロッチ	ペーターゼン	ペスタロッチ
B	モンテッソーリ	マカレンコ	マカレンコ	モンテッソーリ	マカレンコ	モンテッソーリ
C	パーカースト	エレン・ケイ	エレン・ケイ	エレン・ケイ	パーカースト	パーカースト
D	キルパトリック	デューイ	キルパトリック	デューイ	デューイ	キルパトリック

2024年度　鹿児島県　難易度

解答・解説

【1】(1) エ　(2) ア　(3) イ

○解説○ (1) 教育の基本とされる「知育・徳育・体育」の三育は，イギリスの教育学者であるスペンサーが著した『教育論』がもとになったといわれている。エレン・ケイは『児童の世紀』を著し，子供の権利の礎を作った。デューイはプラグマティズムの大成者で，進歩主義教育運動を展開，『民主主義と教育』や『学校と社会』などを著した。シュプランガーは，人間の価値観を6つに類型化した価値類型論を提唱した。　(2) イエナ・プランは，ドイツのイエナ大学の教授だったペーターゼンが作ったオープンモデル型の学校教育である。モリソンは，ヘルバルトの4段階教授法を発展させたモリソン・プランを開発した。パーカーストは，生徒に自己のペースで学習させるドルトン・プランを提唱した。ウォッシュバーンは，個別学習と集団学習を組み合わせた方式のウィネトカ・プランを創始した。　(3) 岩倉使節団として留学し，女子英学塾(後の津田塾大学)を創設したのは，津田梅子である。羽仁もと子は日本初の女性ジャーナリストで，自由学園を創設した。下田歌子は女子教育に力を注ぎ，私立実践女学校(現在の実践女子大学)を創設した。平塚らいてふは女性解放運動家で，市川房江らと新婦人協会を結成し，婦人参政権運動に尽力した。

【2】問1　1 ②　2 ⑧　3 ①　4 ④　問2 ③

○解説○ 問1 (1) 江戸時代の教育機関には，武士のための藩校，庶民のための寺子屋のほか，私塾がある。私塾は有識者が自宅に教場を設け，自分の学派や流派の奥義を門人たちに伝授したもので，吉田松陰の「松下村塾」や緒方洪庵の「適塾」，シーボルトの「鳴滝塾」などがある。　(2) 森有礼文部大臣のもとで明治19(1886)年に公布された「小学校令」が，日本の義務教育の始まりである。小学校は尋常・高等の2段階でそれぞれ修業年限は4年とされ，父母・後見人は尋常小学校の4年間を修了するまで児童を就学させる義務があるとされた。

(3) 昭和16(1941)年4月1日には，小学校令を全面的に改正した国民学校令が施行された。初等科6年，高等科2年の計8年間が義務教育と定められた。　(4)　平成18(2006)年3月の学校教育法等改正により，翌年4月から「特別支援教育」が本格的に実施され，従来の盲学校，聾学校及び養護学校は特別支援学校となった。学校教育法では特別支援学校の目的を「視覚障害者，聴覚障害者，知的障害者，肢体不自由者又は病弱者(身体虚弱者を含む。)に対して，幼稚園，小学校，中学校又は高等学校に準ずる教育を施すとともに，障害による学習上又は生活上の困難を克服し自立を図るために必要な知識技能を授けること」(第72条)と規定している。　問2　③は『児童の世紀』ではなく，カントの『教育学講義』に記されている言葉である。『児童の世紀』は，スウェーデンの教育学者エレン・ケイの著作。

【3】ア　C　イ　E　ウ　H　エ　B　オ　D

○解説○　選択肢の人物はすべて教育史における重要人物である。正答以外の人物の業績等を以下に示すので，併せて整理しておきたい。

A　ラインはヘルバルト学派に属するドイツの教育学者。ヘルバルトの四段階教授法を修正し，予備・提示・比較・概括・応用という五段階教授法を提唱した。　F　ナトルプは，カントやペスタロッチの影響を強く受けたドイツの哲学者・教育学者である。「人間は社会の中でのみ教育される」と主張し，社会的教育学を提唱したことで知られる。　G　伊沢修二は，明治の教育家で，アメリカに留学し，最先端の教育学を学び，帰国後その理論等を紹介した。また，『小学唱歌集』を編集し，音楽教育にも大きな影響を与えた。　I　中村正直は『自由之理』『西国立志編』を刊行し，ヨーロッパの新思想を紹介し，当時の青少年に大きな影響を及ぼした。教育勅語の起草にも関与した。

J　パーカーストはアメリカの教育学者で，ドルトン・プランを実施して大きな成果をあげたことで知られる。ドルトン・プランは全教科を知的教科からなる主教科と，芸術，体育などの副教科に分け，主教科については実験場で能力別で，自主的・個別的学習を行わせ，副教科はクラスで一斉教授を行うものである。

●教育史

【4】1　ウ　　2　イ

○**解説**○ 1　広瀬淡窓は現在の大分県生まれで，江戸時代の儒学者・教育者である。淡窓が郷里に開いた咸宜園は，大村益次郎，高野長英らを輩出している。　2　ペスタロッチはスイスの教育家で，ルソーの影響を受け，孤児教育・小学校教育に生涯をささげる中で，児童の自発性や直観を重視した。

【5】ア

○**解説**○ ペスタロッチ(1746～1827年)はスイスの教育家でフランス啓蒙主義，特にルソーの影響を受け，『隠者の夕暮』を著し，児童の自発的活動を重視する直観的方法を唱えた。マカレンコ(1888～1939年)は帝政ロシア～ソビエト連邦時代の教育家で『愛と規律の家庭教育』を著し，非行少年の再教育において集団主義教育と生産労働を結びつけた。エレン・ケイ(1849～1926年)はスウェーデンの社会思想家で『児童の世紀』を著し，「教育の最大の秘訣は，教育しないことにある」と断言した。デューイ(1859～1952年)は米国の哲学者・教育学者で『民主主義と教育』を著し，問題解決能力を身に付けた市民による進歩的社会の構築を訴えた。

生徒指導

要点整理

□生徒指導提要(令和4年12月改訂)

「生徒指導提要」は，小学校段階から高等学校段階までの生徒指導の理論・考え方や実際の指導方法等について，時代の変化に即して網羅的にまとめ，生徒指導の実践に際し教職員間や学校間で共通理解を図り，組織的・体系的な取組を進めることができるよう，生徒指導に関する学校・教職員向けの基本書として，平成22年に作成された。

近年，子供たちを取り巻く環境が大きく変化する中，いじめの重大事態や児童生徒の自殺者数の増加傾向が続いており，極めて憂慮すべき状況にある。加えて，「いじめ防止対策推進法」や「義務教育の段階における普通教育に相当する機会の確保等に関する法律」の成立等関連法規や組織体制の在り方など，提要の作成時から生徒指導をめぐる状況は大きく変化してきている。

こうした状況を踏まえ，生徒指導の基本的な考え方や取組の方向性等を再整理するとともに，今日的な課題に対応していくため，「生徒指導提要の改訂に関する協力者会議」を設置し，「生徒指導提要」について12年ぶりの改訂が行われた。

今般の改訂では，第Ⅰ部で「生徒指導の基本的な進め方」として生徒指導の意義や生徒指導の構造，教育課程との関係，生徒指導を支える組織体制について整理した上で，第Ⅱ部において，「個別の課題に対する生徒指導」として，各個別課題について，関連法規や対応の基本方針に照らしながら，未然防止や早期発見・対応といった観点から，指導に当たっての基本的な考え方や留意すべき事項等について示している。

□生徒指導の目的と定義

生徒指導は，学習指導と並び，学校教育の目的・目標を実現させるための二大機能の一つとして捉えられてきた。文部科学省により2022(令和4)年12月に発刊された『生徒指導提要』によれば，その目的を「生徒指導は，児童生徒一人一人の個性の発見とよさや可能性の伸長と社会的資質・能力の発達を支えると同時に，自己の幸福追求と社会に受け入れられる自己実現を支えることを目的とする。」としている。

また，生徒指導の定義について，「生徒指導とは，児童生徒が，社会の中で自分らしく生きることができる存在へと，自発的・主体的に成長や発達する過程を支える教育活動のことである。なお，生徒指導上の課題に対応するために，必要に応じて指導や援助を行う。」としている。

なお，1981(昭和56)年に文部省が刊行した『生徒指導の手引(改訂版)』(『生徒指導提要』の前身)では，生徒指導の意義について，「積極的にすべての生徒のそれぞれの人格のより良き発達を目指すとともに，学校生活が，生徒の一人一人にとっても，また学級や学年，更に学校全体といった様々な集団にとっても，有意義にかつ興味深く，充実したものになるようにすることを目指すところにある」とし，さらに以下の5つの観点を指摘している。

① 生徒指導は，個別的かつ発達的な教育を基礎とするものである。

② 生徒指導は，一人一人の生徒の人格の価値を尊重し，個性の伸長を図りながら，同時に社会的な資質や行動を高めようとするものである。

③ 生徒指導は，生徒の現在の生活に即しながら，具体的に，実際的な活動として進められるべきである。

④ 生徒指導は，すべての生徒を対象とするものである。

⑤ 生徒指導は，統合的な活動である。

そのために，学校の全教職員による，全教育活動を通じての取組を図っていくことが求められている。

□生徒指導の課題

生徒指導の課題については，『中学校学習指導要領』(2008(平成20)年3月告示)の第1章総則の「第4　指導計画の作成等に当たって配慮すべき事項」に「教師と生徒の信頼関係及び生徒相互の好ましい人間関係を育てるとともに生徒理解を深め，生徒が自主的に判断，行動し積極的に自己を生かしていくことができるよう，生徒指導の充実を図ること」と述べられている。

また，『生徒指導提要』(2022(令和4)年12月)では，生徒指導の課題性(「高い」・「低い」)と課題への対応の種類を，①発達支持的生徒指導(全ての児童生徒の発達を支える)，②課題予防的生徒指導(全ての児童生徒を対象とした課題の未然防止教育と，課題の前兆行動が見られる一部の児童生徒を対象とした課題を早期発見する)，③困難課題対応的生徒指導(深刻な課題を抱えている特定の児童生徒への指導・援助を行う)の3類に分類している。

□**生徒指導の領域**

生徒指導は，各教科，道徳，特別活動等の教育課程の全領域のみならず，教育課程外の活動を通しても行われるものであるが，『生徒指導の手引(改訂版)』では，生徒指導の部面(問題領域)を細分化して提示している。それらは，主に，学業指導，個人的適応指導，社会性・公民性指導，道徳性指導，進路指導，保健指導，安全指導，余暇指導などである。

□**生徒指導の構造**

生徒指導は，児童生徒の課題への対応を時間軸や対象，課題性の高低という観点から類別することで，2軸3類4層に構造化することができる。生徒指導の分類を示すと，図1のようになる。

(1)　生徒指導の2軸

児童生徒の課題への対応の時間軸に着目すると，図1の右端のように2分される。

①　常態的・先行的(プロアクティブ)生徒指導

②　即応的・継続的(リアクティブ)生徒指導

(2)　生徒指導の3類

生徒指導の課題性(「高い」・「低い」)と課題への対応の種類から分類

図1　生徒指導の分類

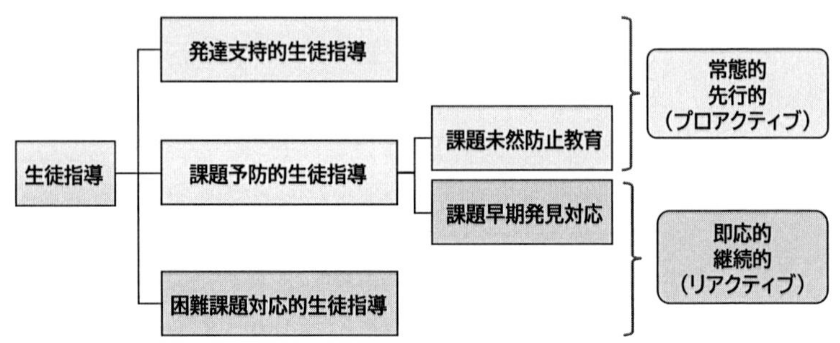

すると，以下の3類になる。

① 発達支持的生徒指導

② 課題予防的生徒指導

③ 困難課題対応的生徒指導

図2は，図1の2軸3類に加えて，生徒指導の対象となる児童生徒の範囲から，全ての児童生徒を対象とした第1層「発達支持的生徒指導」と第2層「課題予防的生徒指導：課題未然防止教育」，一部の児童生徒を対象とした第3層「課題予防的生徒指導：課題早期発見対応」，そして，特定の生徒を対象とした第4層「困難課題対応的生徒指導」の4層から成る生徒指導の重層的支援構造を示したものである。

図2　生徒指導の重層的支援構造

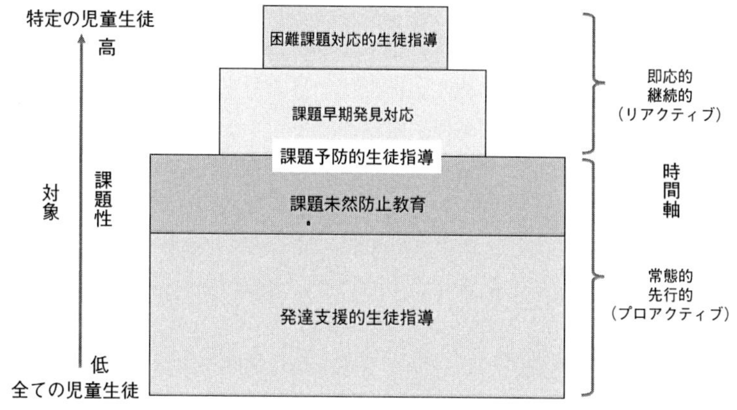

□教育相談

教育相談は，中学校学習指導要領解説(特別活動編)(2008(平成20年)7月文部科学省)において，「一人一人の生徒の教育上の問題について，本人又はその親などに，その望ましい在り方を助言すること」と定義されている。また，『生徒指導提要』(2022(令和4)年12月)によると，「教育相談は，生徒指導から独立した教育活動ではなく，生徒指導の一環として位置付けられるものであり，その中心的役割を担うもの」と言える。「教育相談とは，一人一人の児童生徒の教育上の諸課題について，本人又は保護者などにその望ましい在り方について助言をするものと理解されてきました。教育相談には，個別相談やグループ相談などがありますが，児童生徒の個別性を重視しているため，主に個に焦点を当てて，面接やエクササイズ(演習)を通して個の内面の変容を図ることを目指しています。」としている。

教育相談は，生徒指導と重なるところが多く，目的を同じくするものでもある。それらの差異を挙げるならば，生徒指導は主に集団に焦点を当てたアプローチをとるが，教育相談では個別面接等の個に焦点を当てた方法をとる場合が多いことである。生徒指導同様，教育相談においても，すべての児童生徒を対象に，すべての教職員が，あらゆる教育活動を通して，適時，適切に行うことが求められている。

□問題行動

児童生徒の代表的な問題行動とされる暴力行為や不登校，いじめに対し，その予防から事後対応まで種々の研究と施策がなされているが，現在における児童生徒の問題行動への社会の共通認識の一つは，その背景の複雑化と多様化である。例えば，暴力行為という行動の理解には，その子どもの衝動統制の困難さやコミュニケーション能力の未発達等の個別的要因だけではなく，保護者の養育態度やさらには地域社会の実情といったよりマクロな環境要因をも取り込んだ見立てが必要であり，教員は多面的に児童生徒理解に努めなければならない。また，一人一人の児童生徒の様々なニーズに合った専門機関との連携が強く求められている。

(1)　暴力行為の定義

文部科学省では，年度ごとに「児童生徒の問題行動等生徒指導上の諸問題に関する調査」を実施し，代表的な生徒指導上の問題行動として，暴力行為や不登校，いじめを掲げ，その発生あるいは認知件数の推移，学校の対応状況等を示している。特に，「暴力行為」は，その暴力の対象ごとに「対教師暴力」，「生徒間暴力」，「対人暴力」及び「器物損壊」の4類型に区分した上で，「自校の児童生徒が，故意に有形力(目に見える物理的な力)を加える行為」と定義している。また，その発生件数の計上において，暴力行為による怪我や外傷，病院の診断書，被害者による警察への被害届の有無にかかわらず計上している。

(2)　いじめの定義

いじめという用語については，文部省・文部科学省がその実態把握のために定義をしている。文部省・文部科学省によるいじめの定義は，いじめによる自殺事件が社会的な耳目を集めるたびに，その定義の不明確さや曖昧さが問題になり，改訂がなされてきた経緯がある。いじめの定義改変のきっかけは，いじめの定義と実際のいじめ件数の把握との間に曖昧さがあり，より正確ないじめ件数の把握が社会的に要求されるようになったためである。加えて，時代が進むにつれて，いじめの様相が変化したこともあげられよう(例，ネットいじめの出現等)

(3)　不登校(登校拒否)の定義

学校に行かない，または行けないという児童生徒の問題が社会的に認識され始めたのは昭和30年代からであるといわれているが，昭和60年代に入り，登校拒否の児童生徒が増加傾向にあるという状況を踏まえて，文部省(現文部科学省)は，1989(平成元)年に学校不適応対策調査研究協力者会議を発足させ，同会議は1992(平成4)年3月13日に報告書「登校拒否(不登校)問題について－児童生徒の『心の居場所』づくりを目指して－」を公表した。同報告書では，不登校，登校拒否は「何らかの心理的，情緒的，身体的，あるいは社会的要因・背景により，児童生徒が登校しないあるいはしたくともできない状況にあること(ただし，病気や経済的な理由によるものを除く)をいう」と定義された。なお，1998年度以降の学校基本調査においては「不登校」という用語に統一し，上述の定義を用いて，年間30日以上欠席した児童生徒数を不登校児童生徒数として調査している。

□体罰

(1)　体罰の禁止及び懲戒について

体罰は，学校教育法第11条において禁止されており，校長及び教員(以下「教員等」という。)は，児童生徒への指導に当たり，いかなる場合も体罰を行ってはならない。体罰は，違法行為であるのみならず，児童生徒の心身に深刻な悪影響を与え，教員等及び学校への信頼を失墜させる行為である。

体罰により正常な倫理観を養うことはできず，むしろ児童生徒に力による解決への志向を助長させ，いじめや暴力行為などの連鎖を生む恐れがある。もとより教員等は指導に当たり，児童生徒一人一人をよく理解し，適切な信頼関係を築くことが重要であり，このために日頃から自らの指導の在り方を見直し，指導力の向上に取り組むことが必要である。懲戒が必要と認める状況においても，決して体罰によることなく，児童生徒の規範意識や社会性の育成を図るよう，適切に懲戒を行い，粘り強く指導することが必要である。

ここでいう懲戒とは，学校教育法施行規則に定める退学(公立義務教育諸学校に在籍する学齢児童生徒を除く。)，停学(義務教育諸学校に在籍する学齢児童生徒を除く。)，訓告のほか，児童生徒に肉体的苦痛を与えるものでない限り，通常，懲戒権の範囲内と判断されると考えられる行為として，注意，叱責，居残り，別室指導，起立，宿題，清掃，学校当番の割当て，文書指導などがある。

(2)　懲戒と体罰の区別について

①　教員等が児童生徒に対して行った懲戒行為が体罰に当たるかどうかは，当該児童生徒の年齢，健康，心身の発達状況，当該行為が行われた場所的及び時間的環境，懲戒の態様等の諸条件を総合的に考え，個々の事案ごとに判断する必要がある。この際，単に，懲戒行為をした教員等や，懲戒行為を受けた児童生徒・保護者の主観のみにより判断するのではなく，諸条件を客観的に考慮して判断すべきである。

②　①により，その懲戒の内容が身体的性質のもの，すなわち，身体に対する侵害を内容とするもの(殴る，蹴る等)，児童生徒に肉体的苦痛を与えるようなもの(正座・直立等特定の姿勢を長時間にわたって保持させる等)に当たると判断された場合は，体罰に該当する。

(3)　体罰の防止と組織的な指導体制について

①　学校は，指導が困難な児童生徒の対応を一部の教員に任せきりにしたり，特定の教員が抱え込んだりすることのないよう，組織的な指導を徹底し，校長，教頭等の管理職や生徒指導担当教員を中心に，指導体制を常に見直すことが必要である。

②　校長は，教員が体罰を行うことのないよう，校内研修の実施等により体罰に関する正しい認識を徹底させ，「場合によっては体罰もやむを得ない」などといった誤った考え方を容認する雰囲気がないか常に確認するなど，校内における体罰の未然防止に恒常的に取り組むことが必要である。また，教員が児童生徒への指導で困難を抱

えた場合や，周囲に体罰と受け取られかねない指導を見かけた場合には，教員個人で抱え込まず，積極的に管理職や他の教員等へ報告・相談できるようにするなど，日常的に体罰を防止できる体制を整備することが必要である。

③ 教員は，決して体罰を行わないよう，平素から，いかなる行為が体罰に当たるかについての考え方を正しく理解しておく必要がある。また，機会あるごとに自身の体罰に関する認識を再確認し，児童生徒への指導の在り方を見直すとともに，自身が児童生徒への指導で困難を抱えた場合や，周囲に体罰と受け取られかねない指導を見かけた場合には，教員個人で抱え込まず，積極的に管理職や他の教員等へ報告・相談することが必要である。

※「体罰の禁止及び児童生徒理解に基づく指導の徹底について(通知)」(文部科学省　平成25年3月)

□令和4年度「児童生徒の問題行動等生徒指導上の諸問題に関する調査」調査結果の主な特徴

① ・小・中・高等学校における暴力行為の発生件数 95,426 件(前年度76,441 件)
・児童生徒1,000 人当たりの暴力行為発生件数 7.5 件(前年度6.0 件)

② ・小・中・高・特別支援学校におけるいじめの認知件数 681,948 件(前年度615,351 件)
・児童生徒1,000 人当たりのいじめの認知件数 53.3 件(前年度47.7件)
・都道府県ごとの児童生徒1,000 人当たりの認知件数の差は最大で8.2 倍(前年度9.9 倍)
・いじめ防止対策推進法第28 条第1 項に規定する重大事態の発生件数 923 件(前年度706 件)

③ ・小・中学校における長期欠席者数 460,648 人(前年度413,750 人)
・うち，不登校児童生徒数 299,048 人(前年度244,940 人)
・在籍児童生徒に占める不登校児童生徒の割合 3.2%(前年度2.6%)

④ ・高等学校における長期欠席者数 122,771 人(前年度118,232 人)
・うち，不登校生徒数 60,575 人(前年度50,985 人)
・在籍生徒に占める不登校生徒の割合 2.0%(前年度1.7%)

生徒指導

⑤　・高等学校における中途退学者数 43,401 人(前年度38,928 人)
　　・在籍生徒数に対する中途退学者の割合 1.4%(前年度1.2%)

⑥　・小・中・高等学校から報告のあった自殺した児童生徒数 411 人(前年度368 人)

生徒指導　生徒指導の意義・教育相談

実施問題

【1】次の文は，『生徒指導提要』(令和4年12月　文部科学省)に示されている生徒指導の定義と目的である。文中の(　①　)～(　④　)に該当する語句の組み合わせとして正しいものを，以下の1～5から一つ選びなさい。

【生徒指導の定義】

生徒指導とは，児童生徒が，社会の中で(　①　)生きることができる存在へと，自発的・主体的に成長や発達する過程を支える(　②　)のことである。なお，生徒指導上の課題に対応するために，必要に応じて指導や援助を行う。

【生徒指導の目的】

生徒指導は，児童生徒一人一人の(　③　)の発見とよさや可能性の伸長と社会的資質・能力の発達を支えると同時に，自己の(　④　)と社会に受け入れられる自己実現を支えることを目的とする。

	①		②		③		④	
1	①	誇らしく	②	教育相談	③	個性	④	課題解決
2	①	自分らしく	②	教育相談	③	長所	④	幸福追求
3	①	誇らしく	②	教育活動	③	個性	④	幸福追求
4	①	自分らしく	②	教育活動	③	個性	④	幸福追求
5	①	自分らしく	②	教育相談	③	長所	④	課題解決

2024年度　高知県　難易度

【2】「生徒指導提要」(令和4年12月改訂　文部科学省)の第1部　生徒指導の基本的な進め方の「第1章　生徒指導の基礎」では，生徒指導を，「生徒指導とは，児童生徒が，社会の中で自分らしく生きることができる存在へと，自発的・主体的に成長や発達する過程を支える教育活動のことである。なお，生徒指導上の課題に対応するために，必要に応じて指導や援助を行う。」と定義した上で，さらに，次のように説明している。文中の(　A　)～(　C　)に入る語句の正しい組合せを，以下の1～5のうちから一つ選べ。

> 生徒指導は，児童生徒が自身を(　A　)として認め，(　B　)よさや可能性に自ら気付き，引き出し，伸ばすと同時に，社会生活で必要となる社会的資質・能力を身に付けることを(　C　)(機能)です。したがって，生徒指導は学校の教育目標を達成する上で重要な機能を果たすものであり，学習指導と並んで学校教育において重要な意義を持つものと言えます。

	A	B	C
1	社会的存在	潜在的に有している	指導する働き
2	社会的存在	自己に内在している	支える働き
3	個性的存在	自己に内在している	指導する働き
4	個性的存在	自己に内在している	支える働き
5	個性的存在	潜在的に有している	指導する働き

2024年度　大分県　難易度

【3】次の文は，令和4年12月に改訂された「生徒指導提要」の一部である。以下のア，イの各問いに答えよ。

> 生徒指導は，児童生徒が自身を(　①　)として認め，自己に内在しているよさや可能性に自ら気付き，引き出し，伸ばすと同時に，社会生活で必要となる社会的資質・能力を身に付けることを支える働き(機能)です。したがって，生徒指導は学校の教育目標を達成する上で重要な機能を果たすものであり，学習指導と並んで学校教育において重要な意義を持つものと言えます。
>
> (中略)
>
> 生徒指導の目的は，教育課程の内外を問わず，学校が提供する全ての教育活動の中で児童生徒の(　②　)され，個性の発見とよさや可能性の伸長を児童生徒自らが図りながら，多様な社会的資質・能力を獲得し，自らの資質・能力を適切に行使して自己実現を果たすべく，自己の幸福と社会の発展を児童生徒自らが追求することを支えるところに求められます。

ア　(　①　)に入る適切な語句を次の語群から選び，記号で答えよ。

語群　1　唯一無二の存在　　　2　普遍的存在
　　　3　かけがえのない存在　4　個性的存在

イ　(　②　)に入る適切な語句を次の語群から選び，記号で答えよ。

語群　1　人格が尊重　　2　人権が尊重　　3　人格が配慮
　　　4　人権が配慮

2024年度　山口県　難易度

【4】次の文章は，「生徒指導提要」(令和4年12月改訂　文部科学省)のまえがきの一部である。文中の(　A　)～(　D　)に入る語句の正しい組合せを，以下の1～5のうちから一つ選べ。なお，同じ記号には同じ語句が入るものとする。

> 子供たちの多様化が進み，様々な困難や課題を抱える児童生徒が増える中，学校教育には，子供の発達や教育的ニーズを踏まえつつ，一人一人の(　A　)を最大限伸ばしていく教育が求められています。こうした中で，生徒指導は，一人一人が抱える個別の困難や課題に向き合い，「個性の発見とよさや(　A　)の伸長，社会的資質・能力の発達」に資する重要な役割を有しています。
>
> 生徒指導上の課題が深刻になる中，何よりも子供たちの(　B　)を守ることが重要であり，全ての子供たちに対して，学校が安心して楽しく通える魅力ある環境となるよう学校関係者が一丸となって取り組まなければなりません。その際，事案に応じて，学校だけでなく，家庭や専門性のある関係機関，地域などの協力を得ながら，社会全体で子供たちの成長・発達に向け包括的に支援していくことが必要です。
>
> また，本年6月に「こども基本法」が成立し，子供の権利擁護や意見を表明する機会の確保等が法律上位置付けられました。子供たちの健全な成長や自立を促すためには，子供たちが意見を述べたり，他者との対話や議論を通じて考える機会を持つことは重要なことであり，例えば，(　C　)の見直しを検討する際に，児童生徒の意見を聴取する機会を設けたり，児童会・生徒会等の場において，(　C　)について確認したり，議論したりする機会を設け

ることが考えられます。児童生徒が主体的に参画することは，学校のルールを無批判に受け入れるのではなく，児童生徒自身がその根拠や影響を考え，身近な課題を自ら解決するといった(　D　)意義を有するものと考えています。

	A	B	C	D
1	特性	命	学校行事	人権尊重上の
2	特性	命	学校行事	教育的
3	可能性	命	校則	教育的
4	可能性	人権	学校行事	人権尊重上の
5	特性	人権	校則	人権尊重上の

▌2024年度 ▌大分県 ▌難易度

【5】次の文は，「生徒指導提要」(令和4年12月　文部科学省)の「まえがき」から抜粋したものである。次の(　①　)~(　③　)に入る語句を(ア)~(コ)からそれぞれ1つ選び，その記号で答えなさい。

特に，今回の改訂では，課題予防・早期対応といった課題対応の側面のみならず，児童生徒の(　①　)を支えるような生徒指導の側面に着目し，その指導の在り方や考え方について説明を加えています。

子供たちの(　②　)が進み，様々な困難や課題を抱える児童生徒が増える中，学校教育には，子供の(　①　)や教育的ニーズを踏まえつつ，一人一人の(　③　)を最大限伸ばしていく教育が求められています。

(ア)　可能性　　(イ)　多様化　　(ウ)　成長　　(エ)　悩み
(オ)　願い　　(カ)　二極化　　(キ)　少子化　　(ク)　発達
(ケ)　学力　　(コ)　個性

▌2024年度 ▌佐賀県 ▌難易度

【6】次の文章は，「生徒指導提要(令和4年12月文部科学省)」の一部である。空欄[　ア　]~[　エ　]に当てはまる語句の組み合わせとして正しいものを，以下の①~⑤から1つ選び，番号で答えなさい。

(2) 生徒指導の目的

生徒指導の目的は，教育課程の内外を問わず，学校が提供する全ての教育活動の中で児童生徒の[　ア　]が尊重され，個性の発見とよさや[　イ　]の伸長を児童生徒自らが図りながら，多様な社会的資質・能力を獲得し，自らの資質・能力を適切に行使して[　ウ　]を果たすべく，[　エ　]を児童生徒自らが追求することを支えるところに求められます。

① ア　人格　イ　主体性　ウ　自己実現
　エ　世界の平和と人類の福祉
② ア　人格　イ　可能性　ウ　自己実現
　エ　自己の幸福と社会の発展
③ ア　人格　イ　可能性　ウ　社会参画
　エ　自己の幸福と社会の発展
④ ア　人権　イ　主体性　ウ　社会参画
　エ　世界の平和と人類の福祉
⑤ ア　人権　イ　可能性　ウ　自己実現
　エ　自己の幸福と社会の発展

■2024年度■熊本県■難易度■■■■■

【7】次の図は，「生徒指導提要(改訂版)」(令和4年12月　文部科学省)の中の，生徒指導の重層的支援構造を示している。空欄A～Dに当てはまる語句の正しい組合せはどれか。1～5から一つ選べ。

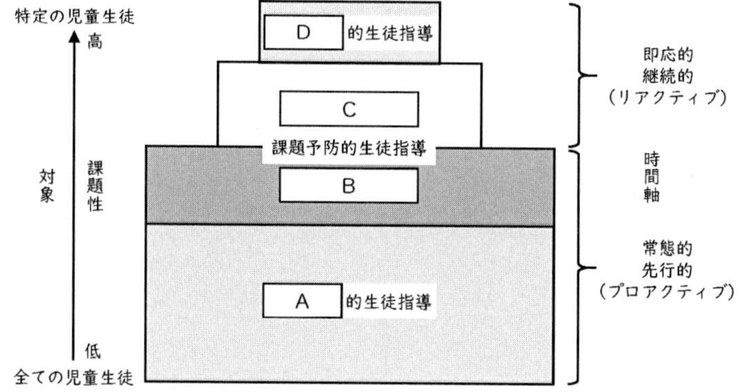

	A	B	C	D
1	発達支持	課題未然防止教育	課題早期発見対応	困難課題対応
2	発達支持	課題早期発見対応	課題指導実践評価	教育支援計画
3	発達段階	課題未然防止教育	課題早期発見対応	困難課題対応
4	発達支持	課題指導実践評価	課題未然防止教育	教育支援計画
5	発達段階	課題早期発見対応	課題指導実践評価	困難課題対応

▌2024年度 ▌大阪府・大阪市・堺市・豊能地区 ▌難易度

【8】次は，「生徒指導提要」(令和4年12月　文部科学省)の一部である。下線部の中で誤っているものはいくつありますか。

> 生徒指導の基本と言えるのは，教職員の児童生徒理解です。しかし，経験のある教職員であっても，児童生徒一人一人の<u>学習状況</u>，生育歴，能力・適性，興味・関心等を把握することは非常に難しいことです。また，授業や<u>休み時間</u>などで，日常的に児童生徒に接していても，児童生徒の感情の動きや児童生徒相互の人間関係を把握することは容易ではありません。さらに，スマートフォンやインターネットの発達によって，教職員の目の行き届かない<u>ネット社会</u>で，不特定多数の人と交流するなど，<u>思春期</u>の多感な時期にいる中学生や高校生の複雑な心理や人間関係を理解するのは困難を極めます。したがって，いじめや<u>自殺</u>の未然防止においては，教職員の児童生徒理解の深さが鍵となります。

①　1つ　　②　2つ　　③　3つ　　④　4つ　　⑤　5つ

▌2024年度 ▌長野県 ▌難易度

【9】次の文は，「児童生徒の教育相談の充実について(通知)」(平成29年2月　文部科学省)の一部である。(　A　)～(　D　)に当てはまる語句の組合せとして正しいものはどれか。

これまでの教育相談は，どちらかといえば事後の個別事案への対応に重点が置かれていたが，今後は不登校，いじめや暴力行為等問題行動，子供の(　A　)，虐待等については，事案が発生してからのみではなく，(　B　)，早期発見，早期支援・対応，さらには，事案が発生した時点から事案の改善・回復，再発防止まで一貫した支援に重点を置いた体制づくりが重要であること。

学校内の関係者が情報を共有し，教育相談に(　C　)として取り組むため，既存の校内組織を活用するなどして，早期から組織として気になる事例を洗い出し検討するための会議を(　D　)実施し，解決すべき問題又は課題のある事案については，必ず支援・対応策を検討するためのケース会議を実施することが必要であること。

	A	B	C	D
1.	疾病	事前対策	チーム	必要に応じて
2.	貧困	未然防止	チーム	必要に応じて
3.	疾病	未然防止	専門家集団	必要に応じて
4.	貧困	未然防止	チーム	定期的に
5.	貧困	事前対策	専門家集団	定期的に

▌2024年度 ▌岡山市 ▌難易度

【10】次の記述ア・イは，それぞれ「児童生徒の教育相談の充実について～学校の教育力を高める組織的な教育相談体制づくり～(報告)」(教育相談等に関する調査研究協力者会議　平成29年1月)に示された，「学級担任・ホームルーム担任」，「スクールソーシャルワーカー」，「スクールカウンセラー」のいずれかの教職員の職務内容に関するものである。ア・イと，以下の教職員A～Cとの組合せとして適切なものは，あとの1～5のうちのどれか。

ア　不登校，いじめ等を学校として認知した場合又はその疑いが生じた場合や災害等が発生した際は，児童生徒の心理的な影響が想定されることから，児童生徒の不安や悩みの状況や要因を把握し，適切な配慮や支援方針並びに支援方法について立案し，ケース会議において報告することが求められている。

イ　不登校，いじめや暴力行為等問題行動，子供の貧困，児童虐待等の課題を抱える児童生徒の修学支援，健全育成，自己実現を図るため，児童生徒のニーズを把握し，支援を展開すると共に，保護者への支援，学校への働き掛け及び自治体の体制整備への働き掛けを行うことが求められている。

A　学級担任・ホームルーム担任
B　スクールソーシャルワーカー
C　スクールカウンセラー
1　ア－A　　イ－B　　2　ア－A　　イ－C
3　ア－B　　イ－C　　4　ア－C　　イ－A
5　ア－C　　イ－B

2024年度　東京都　難易度■■■■□□

解答・解説

【1】4

○解説○　生徒指導提要は，生徒指導に関する学校・教職員向けの基本書として，平成22(2010)年に作成された。その後の法律の制定や社会情勢の変化等を踏まえ，令和4(2022)年に改訂が行われた。児童生徒一人一人の個性の発見とよさや可能性の伸長を児童生徒自らが図り，自らの資質・能力を行使して自己実現を果たそうとするものであり，それらを支えるのが生徒指導の目的であるとしている。

【2】4

○解説○『生徒指導提要』に関する出題では，従前から生徒指導の意義を説明している部分が頻出であった。令和4(2022)年末に公表された改訂版においては，出題された「第1章　生徒指導の基礎」が，旧版における「生徒指導の意義の説明」部分に該当する。しっかりとその内容を読み込み，「生徒指導の定義」(本問はその説明部分からの出題)を覚えておきたい。併せて「生徒指導の目的」(＝生徒指導は，児童生徒一人一人の個性の発見とよさや可能性の伸長と社会的資質・能力の発達を支えると同時に，自己の幸福追求と社会に受け入れられる自己実現を支えることを目的とする)も覚えておくこと。

【3】ア　4　イ　1

○解説○ 本資料にある生徒指導の定義(児童生徒が，社会の中で自分らしく生きることができる存在へと，自発的・主体的に成長や発達する過程を支える教育活動のことである。なお，生徒指導上の課題に対応するために，必要に応じて指導や援助を行う)は，今後出題の可能性が高いので是非おさえておきたい。また，生徒指導は，児童生徒の心理面だけでなく，学習面，社会面，進路面，健康面の発達を支えるものとして位置づけられていることにも注意したい。

【4】3

○解説○ (　A　)に関しては，『生徒指導提要』(改訂版)が，生徒指導の目的を「生徒指導は，児童生徒一人一人の個性の発見とよさや可能性の伸長と社会的資質・能力の発達を支えると同時に，自己の幸福追求と社会に受け入れられる自己実現を支えることを目的とする」と定義していることが解答のヒントになる。また，空欄Cに関しては，『生徒指導提要』(改訂版)が数ページにわたってこれからの校則の運用等につき解説しており，その内容が解答の参考になる。

【5】①　(ク)　②　(イ)　③　(ア)

○解説○ ①　令和4年12月に改訂された「生徒指導提要」では，生徒指導を「発達支持的生徒指導」,「課題予防的生徒指導」,「困難課題対応的生徒指導」の3種に整理している。課題に対応することと発達を支えることは，それぞれ生徒指導において重視されている。　②　外国人児童生徒の増加，通常の学級に在籍する障害のある児童生徒，子どもの貧困等，子どもの多様化が進んでいる。　③　生徒指導の目的の一つに「個性の発見とよさや可能性の伸長と社会的資質・能力の発達を支える」ことが挙げられている。このことをおさえておくと，(ア)の「可能性」が正答であることが導出できるだろう。

【6】②

○解説○ 本問では，ウの「自己実現」に注目したい。現行の学習指導要領においても，特別活動で育成を目指す資質・能力を「人間関係形成」,

「社会参画」,「自己実現」の三つの視点を踏まえて特別活動の目標及び内容を整理し，中学校学習指導要領解説特別活動編では,「自己実現」について，特別活動においては，集団の中で，現在及び将来の自己の生活の課題を発見しよりよく改善しようとする視点であると解説している。

【7】1

○**解説**○ 生徒指導提要(令和4年12月改訂)の「1.2　生徒指導の構造」では，いつ指導を行うか，誰に対して行うか，といった点から生徒指導の全体像を構造的に示している。全ての生徒を対象とし，その発達を支えることを生徒指導の基盤としつつ，想定されうる課題を未然に防止するための教育を行ったり，万が一課題が生じた場合には早期に対応したりすることが求められている。そのうえで深刻な困難を抱える特定の児童生徒に対しては，関係機関との連携のもとに指導・援助を行うことになる。従来の生徒指導提要でもこうした段階的な生徒指導の捉え方は示されていたが，全ての児童生徒を対象とする生徒指導を「発達支持的生徒指導」と「課題未然防止教育」に分けた点が改訂の特徴の一つである。

【8】④

○**解説**○ 令和4(2022)年12月に改訂された「生徒指導提要」の「第1部　生徒指導の基本的な進め方」「第1章　生徒指導の基礎」「1.3　生徒指導の方法」「1.3.1　児童生徒理解」「(1)　複雑な心理・人間関係の理解」からの引用出題である。下線部の「学習状況」は「家庭環境」,「休み時間」は「部活動」,「ネット社会」は「仮想空間」,「自殺」は「児童虐待」が，それぞれ正しい。経験のある教職員が把握できないことの一つとして「学習状況」，日常的に児童生徒に接する活動として「休み時間」は，それぞれ当てはまらないと判断できる。学校において未然防止の必要のある課題としては,「自殺」の一因であり，相談対応件数が20万件(令和4年度　こども家庭庁資料より)を超す「児童虐待」である。不特定多数の人と交流する場としては,「ネット社会」はかなり広範囲の言葉であり，そうした場を特定する別の言葉が入ると判断したい。仮想空間は，コンピュータで人工的につくりだされた空間のことで，PCやスマートフォンなどを用いて参加することができ，近年急速に普及しているものである。

【9】4

○**解説**○「児童生徒の教育相談の充実について(通知)」は，平成29(2017)年1月に，文部科学省が設置した教育相談等に関する調査研究協力者会議が取りまとめた「児童生徒の教育相談の充実について～学校の教育力を高める組織的な教育相談体制づくり～(報告)」を受けて，各県教育委員会等に通知されたもの。第1段落が「未然防止，早期発見及び支援・対応等への体制構築」，第2段落が「学校内の関係者がチームとして取り組み，関係機関と連携した体制づくり」に関する内容である。教育相談は，学校内外の連携に基づくチームの活動として進められることを理解しておく必要がある。

【10】5

○**解説**○ なお，学級担任・ホームルーム担任の役割について，本資料では「児童生徒の心理的又は発達的な課題は，不登校，いじめ等具体的課題として明確になる場合，日常的行動観察により気付く場合や児童生徒の学業成績，言動，態度，表現物等を通して気付く場合などがある。児童生徒の課題を少しでも早く発見し，課題が複雑化，深刻化する前に指導・対応できるように，学級担任及びホームルーム担任には児童生徒を観察する力が必要である」としている。

生徒指導　いじめ・不登校

実施問題

【1】次の文は，「いじめの防止等のための基本的な方針」(平成29年3月14日最終改定　文部科学省)の「第1　いじめの防止等のための対策の基本的な方向に関する事項」の「2　いじめ防止等の対策に関する基本理念」の全文である。[　ア　]～[　エ　]に当てはまる語句の組合せとして正しいものを以下の①～④の中から1つ選び，番号で答えよ。ただし，同一記号には同一語句が入る。

> いじめは，全ての児童生徒に関係する問題である。いじめの防止等の対策は，全ての児童生徒が安心して[　ア　]を送り，様々な活動に取り組むことができるよう，[　イ　]，いじめが行われなくなるようにすることを旨として行われなければならない。
>
> また，全ての児童生徒がいじめを行わず，いじめを認識しながら放置することがないよう，いじめの防止等の対策は，いじめが，いじめられた児童生徒の[　ウ　]に深刻な影響を及ぼす[　エ　]であることについて，児童生徒が十分に理解できるようにすることを旨としなければならない。
>
> 加えて，いじめの防止等の対策は，いじめを受けた児童生徒の生命・[　ウ　]を保護することが特に重要であることを認識しつつ，国，地方公共団体，学校，地域住民，家庭その他の関係者の連携の下，いじめの問題を克服することを目指して行われなければならない。

①　ア：学校生活　　イ：学校の内外を問わず　　ウ：心身
　エ：許されない行為

②　ア：社会生活　　イ：学校の内外を問わず　　ウ：精神
　エ：迷惑行為

③　ア：社会生活　　イ：学校内の活動について　　ウ：心身
　エ：迷惑行為

④　ア：学校生活　　イ：学校内の活動について　　ウ：精神
　エ：許されない行為

2024年度　長崎県　難易度

【2】次の文章は，「いじめ問題への的確な対応に向けた警察との連携等の徹底について(通知)」(令和5年2月7日　文部科学省)の一部である。文中の(　A　)～(　D　)に入る語句の正しい組合せを，以下の1～5のうちから一つ選べ。

> いじめは，児童生徒の教育を受ける権利を著しく侵害し，その心身の健全な成長及び(　A　)の形成に重大な影響を与えるのみならず，その生命又は身体に重大な危険を生じさせるおそれがあるものであり，学校及び学校の設置者は，いじめを(　B　)，被害児童生徒を徹底して(　C　)という断固たる決意で，全力を尽くすことが必要です。
>
> また，犯罪行為(触法行為を含む。)として取り扱われるべきいじめなど学校だけでは対応しきれない場合もあります。これまで，ややもすれば，こうした事案も生徒指導の範囲内と捉えて学校で対応し，警察に相談・通報することをためらっているとの指摘もされてきました。しかし，児童生徒の命や安全を守ることを最優先に，こうした考え方を改め，犯罪行為として取り扱われるべきいじめなどは，(　D　)警察に相談・通報を行い，適切な援助を求めなければなりません。また，保護者等に対して，あらかじめ周知しておくことも必要です。

	A	B	C	D
1	信頼関係	減少させ	守り通す	十分な調査を踏まえ
2	信頼関係	決して許さず	保護する	直ちに
3	人格	決して許さず	守り通す	直ちに
4	信頼関係	決して許さず	保護する	十分な調査を踏まえ
5	人格	減少させ	保護する	直ちに

▌2024年度 ▌大分県 ▌難易度

【3】次の文章は，「いじめの重大事態の調査に関するガイドライン」(平成29年3月　文部科学省)の「第2　重大事態を把握する端緒」の抜粋である。[　1　]～[　3　]にあてはまる語句として正しいものを，語群①～⑦の中からそれぞれ一つ選びなさい。ただし，文中の「法」とは，

「いじめ防止対策推進法」(平成25年6月公布)のことを指す。

> (重大事態の定義)
> ○　法第28条第1項においては，いじめの重大事態の定義は「いじめにより当該学校に在籍する児童等の生命，心身又は[　1　]に重大な被害が生じた[　2　]があると認めるとき」(同項第一号。以下「生命心身[　1　]重大事態」という。)，「いじめにより当該学校に在籍する児童等が相当の期間学校を欠席することを余儀なくされている[　2　]があると認めるとき」(同項第二号。以下「不登校重大事態」という。)とされている。改めて，重大事態は，[　3　]が確定した段階で重大事態としての対応を開始するのではなく，「[　2　]」が生じた段階で調査を開始しなければならないことを認識すること。

《語群》

①　事実関係　　②　尊厳　　③　疑い　　④　財産　　⑤　加害者
⑥　行為　　⑦　家族

▌2024年度 ▌三重県 ▌難易度 ■■■□□

【4】「生徒指導提要(令和4年12月　文部科学省)」では，いじめ防止につながる発達支持的生徒指導について，次のとおり述べられている。文中の(　①　)～(　④　)に入る語句を以下のア～クから一つずつ選び，記号で答えなさい。ただし，同じ番号の(　　)には同じ語句が入る。

児童生徒が，「(　①　)の大切さとともに(　②　)の大切さを認めること」ができる人権(　③　)を身に付けるように働きかけるためには，教職員が，一人一人の児童生徒が大切にされることを目指す人権教育と生徒指導は密接な関係にあり，いじめ防止につながる相乗的な効果を持つものであることを意識することが必要です。

また，市民性を育む教育を行うことも重要です。いじめ防止につながるという視点からは，発達段階に応じた法教育を通じて，「誰もが法によって守られている」，「法を守ることによって社会の安全が保たれる」という意識を高めるとともに，学校に市民社会のルールを持ち込むことも必要です。その際，児童生徒のみならず，教職員も保護者も，学校に関係する地域の人々も，市民社会のルールを尊重することが求められます。

児童生徒が「多様性を認め，人権(④)をしない人」へと育つためには，学校や学級が，人権が尊重され，安心して過ごせる場となることが必要です。こうした学校・学級の雰囲気を経験することによって，児童生徒の人権(③)や共生(③)は養われます。

ア 自分　イ 侵害　ウ 社会　エ 他の人　オ 人間
カ 相手　キ 感覚　ク 差別

2024年度 | 静岡県・静岡市・浜松市 | 難易度 ■■■■□□

【5】次のA～Dの文のうち，「生徒指導提要」(令和4年12月　文部科学省)の「第Ⅱ部　個別の課題に対する生徒指導　第4章　いじめ　4.3 いじめに関する生徒指導の重層的支援構造　4.3.1 いじめ防止につながる発達支持的生徒指導」に示された内容として正しいものを○，誤っているものを×としたとき，正しい組合せを，以下の1～5の中から1つ選べ。

A. 発達段階に応じた法教育を通じて，児童生徒の中に「誰もが法によって守られている」，「法を守ることによって社会の安全が保たれる」という意識を高めるとともに，学校に市民社会のルールを持ち込む。

B. 児童生徒がいじめの問題を自分のこととして捉え，考え，議論することにより，いじめに対して正面から向き合うことができるような実践的な取組を充実させる。

C. 児童生徒が困ったときや悩みがあるときに，隠して耐えるのではなく，弱音を吐いたり，人に頼ったりすることができる学校や学級の雰囲気を醸成する。

D. 教室に，様々な異なる考えや意見を出し合える自由な雰囲気を確保し，児童生徒がお互いの違いを理解し，「いろいろな人がいた方がよい」と思えるように働きかける。

	A	B	C	D
1.	○	×	○	○
2.	○	×	×	○
3.	○	○	○	×
4.	×	×	○	○
5.	×	○	×	×

▌2024年度 ▌和歌山県 ▌難易度 ■■■□□

【6】次の文は，「生徒指導提要」(令和4年12月　文部科学省)の「第Ⅱ部　個別の課題に対する生徒指導　第4章　いじめ　4.2　いじめの防止等の対策のための組織と計画」の一部である。文中の(　A　)～(　D　)にあてはまる語句の組合せとして正しいものを，以下の1～5の中から1つ選べ。

いじめへの対応に当たっては，学校いじめ対策組織を起点として，教職員全員の共通理解を図り，学校全体で総合的ないじめ対策を行うことが求められます。そのためには，教職員一人一人が，いじめの情報を学校いじめ対策組織に報告・共有する義務があることを，改めて認識する必要があります。

学校いじめ対策組織が，いじめの未然防止，早期発見，事実確認，事案への対処等を的確に進めるためには，管理職の(　A　)の下，生徒指導主事などを中心として(　B　)な指導・相談体制を構築することが不可欠です。

組織の構成メンバーは，校長，副校長や教頭，(　C　)，生徒指導主事，教務主任，学年主任，養護教諭，教育相談コーディネーター，特別支援教育コーディネーターなどから，学校の規模や実態に応じて決定します。さらに，心理や福祉の専門家であるSCやSSW，弁護士，(　D　)，警察官経験者などの外部専門家を加えることで，多角的な視点からの状況の評価や幅広い対応が可能になります。

	A	B	C	D
1.	指揮	集中的	指導教諭	医師
2.	指揮	協働的	主幹教諭	社会福祉士
3.	リーダーシップ	集中的	主幹教諭	社会福祉士

4. リーダーシップ　協働的　主幹教諭　医師
5. リーダーシップ　集中的　指導教諭　社会福祉士

2024年度 和歌山県 難易度

【7】次の文章は，いじめの防止等のための基本的な方針　平成25年10月11日文部科学大臣決定(最終改定平成29年3月14日)の「第2　いじめの防止等のための対策の内容に関する事項　3　いじめの防止等のために学校が実施すべき施策」の一部を抜粋したものである。[　1　]～[　3　]にあてはまる語を，それぞれ以下の①から⑤までの中から一つずつ選び，記号で答えよ。なお，文中の「法第22条」とは，「いじめ防止対策推進法第22条」である。

法第22条は，学校におけるいじめの防止，いじめの早期発見及びいじめへの対処等に関する措置を実効的に行うため，組織的な対応を行うため中核となる常設の組織を置くことを明示的に規定したものであるが，これは，いじめについては，[　1　]で問題を抱え込まず学校が組織的に対応することにより，複数の目による状況の見立てが可能となること，また，必要に応じて，心理や福祉の専門家である[　2　]，弁護士，医師，警察官経験者など外部専門家等が参加しながら対応することなどにより，より実効的ないじめの問題の解決に資することが期待されることから，規定されたものである。

また，学校いじめ防止基本方針に基づく取組の実施や具体的な年間計画([　3　]等)の作成や実施に当たっては，保護者や児童生徒の代表，地域住民などの参加を図ることが考えられる。

[　1　]　①　クラスルーム担任教諭　②　生徒指導主事
③　特定の教職員　④　養護教諭
⑤　管理職

[　2　]　①　スクールカウンセラー・児童福祉司
②　心理相談員・児童福祉司
③　心理相談員・保護司
④　スクールソーシャルワーカー・保護司
⑤　スクールカウンセラー・スクールソーシャルワーカー

[　3　]　①　学校いじめ発見プログラム
②　学校いじめ防止プログラム
③　学校いじめ対応プログラム
④　学校いじめ対策プログラム
⑤　学校いじめ解決プログラム

▌2024年度 ▌沖縄県 ▌難易度 ■■■■□□

【8】次の文は，「義務教育の段階における普通教育に相当する教育の機会の確保等に関する法律」(平成28年法律第105号)の第3条の全文である。[　ア　]〜[　エ　]に当てはまる語句の組合せとして正しいものを以下の①〜④の中から1つ選び，番号で答えよ。

第3条　教育機会の確保等に関する施策は，次に掲げる事項を基本理念として行われなければならない。
一　全ての児童生徒が豊かな学校生活を送り，安心して教育を受けられるよう，学校における[　ア　]の確保が図られるようにすること。
二　不登校児童生徒が行う[　イ　]な学習活動の実情を踏まえ，個々の不登校児童生徒の状況に応じた必要な支援が行われるようにすること。
三　不登校児童生徒が安心して教育を十分に受けられるよう，学校における環境の整備が図られるようにすること。
四　義務教育の段階における[　ウ　]に相当する教育を十分に受けていない者の意思を十分に尊重しつつ，その年齢又は国籍その他の置かれている事情にかかわりなく，その能力に応じた教育を受ける機会が確保されるようにするとともに，その者が，その教育を通じて，社会において[　エ　]に生きる基礎を培い，豊かな人生を送ることができるよう，その教育水準の維持向上が図られるようにすること。
五　国，地方公共団体，教育機会の確保等に関する活動を行う民間の団体その他の関係者の相互の密接な連携の下に行われるようにすること。

① ア：環境　イ：個別最適　ウ：初等教育
　エ：自立的
② ア：校内適応指導教室　イ：多様　ウ：初等教育
　エ：自主的
③ ア：環境　イ：多様　ウ：普通教育
　エ：自立的
④ ア：校内適応指導教室　イ：個別最適　ウ：普通教育
　エ：自主的

2024年度 長崎県 難易度

【9】次の文は，生徒指導提要(令和4年12月文部科学省)の一部である。(a)～(e)に最も適する語句を以下の①～④から1つずつ選びなさい。

> 不登校児童生徒への支援の目標は，将来，児童生徒が精神的にも経済的にも自立し，(a)を送れるような，社会的自立を果たすことです。そのため，不登校児童生徒への支援においては，学校に登校するという結果のみを目標とするのではなく，児童生徒が(b)を主体的に捉え，社会的自立を目指せるように支援を行うことが求められます。
>
> このことは，「児童生徒一人一人の個性の発見と(c)の伸長と社会的資質・能力の発達を支えると同時に，自己の幸福追求と社会に受け入れられる自己実現を支える」という生徒指導の目的そのものと重なるものであると言えます。
>
> 人が社会で充実した人生を歩んでいくためには，自分と関わる人たちとの関係性を保ちながら，自らの意志と判断で主体的に社会に参画していくことができるようになることが重要です。そのため，ここでいう社会的自立は，依存しないことや支援を受けないということではなく，適切に他者に依存したり，自らが必要な支援を求めたりしながら，社会の中で自己実現していくという意味であると捉えることができます。
>
> したがって，不登校で苦しんでいる児童生徒への支援の第一

歩は，将来の社会的自立に向けて，現在の生活の中で，「傷ついた(d)を回復する」，「コミュニケーション力や(e)を身に付ける」，「人に上手にSOSを出せる」ようになることを身近で支えることに他なりません。その上で，社会的自立に至る多様な過程を個々の状況に応じてたどることができるように支援することが，次の目標になると考えられます。

a ① 幸せな生活 ② 豊かな人生 ③ 自由な暮らし
④ 明るい未来
b ① 自らの夢 ② 自らの将来 ③ 自らの進路
④ 自らの人生
c ① 生きる力 ② よさや可能性 ③ 学力や才能
④ 特性
d ① 自己有用感 ② 自負心 ③ 克己心
④ 自己肯定感
e ① 自己管理能力 ② 社会形成能力 ③ レジリエンス
④ ソーシャルスキル

▌2024年度 ▌青森県 ▌難易度

【10】次の文章は，「不登校児童生徒への支援の在り方について(通知)」(令和元年10月25日　文部科学省)の一部である。(A)～(E)に当てはまる語句の組合せとして，正しいものはどれか。

不登校児童生徒への支援は，「学校に登校する」という結果のみを目標にするのではなく，児童生徒が自らの進路を主体的に捉えて，社会的に自立することを目指す必要があること。また，児童生徒によっては，不登校の時期が休養や自分を見つめ直す等の(A)な意味を持つことがある一方で，学業の遅れや進路選択上の不利益や(B)へのリスクが存在することに留意すること。

不登校児童生徒への効果的な支援については，学校及び(C)などの関係機関を中心として(D)に実施することが重要であり，また，個々の児童生徒ごとに不登校になったきっかけや継続理由を的確に把握し，その児童生徒に合った支援策を策定することが重要であること。

その際，学級担任，（　E　），スクールカウンセラー，スクールソーシャルワーカー等の学校関係者が中心となり，児童生徒や保護者と話し合うなどして，「児童生徒理解・支援シート」(以下「シート」という。)を作成することが望ましいこと。これらの情報は関係者間で共有されて初めて支援の効果が期待できるものであり，必要に応じて，（　C　），医療機関，児童相談所等，関係者間での情報共有，小・中・高等学校間，転校先等との引継ぎが有効であるとともに，支援の進捗状況に応じて，定期的にシートの内容を見直すことが必要であること。また，校務効率化の観点からシートの作成に係る業務を効率化するとともに，引継ぎに当たって個人情報の取扱いに十分留意することが重要であること。

	A	B	C	D	E
1.	積極的	社会的自立	教育支援センター	組織的・計画的	養護教諭
2.	心理的	問題行動	フリースクール	組織的・計画的	生徒指導主事
3.	積極的	社会的自立	フリースクール	個別的・計画的	養護教諭
4.	心理的	社会的自立	教育支援センター	組織的・計画的	生徒指導主事
5.	積極的	問題行動	教育支援センター	個別的・計画的	生徒指導主事

2024年度 岡山県 難易度

【11】「不登校児童生徒への支援の在り方について(通知)」(令和元年10月文部科学省)の「2　学校等の取組の充実」の「(3)不登校児童生徒に対する効果的な支援の充実」に関する内容として，適当でないものを選びなさい。

① 校長のリーダーシップの下，教員だけでなく，様々な専門スタッフと連携協力し，組織的な支援体制を整えることが必要である。

② 不登校児童生徒の支援においては，予兆への対応を含めた初期段階からの組織的・計画的な支援が必要である。

③ 不登校の要因や背景を的確に把握するため，学級担任の視点のみならず，スクールカウンセラー及びスクールソーシャルワーカー等によるアセスメント(見立て)が有効である。

④ 学校においては，相談支援体制の両輪である，スクールカウンセラー及びスクールソーシャルワーカーを効果的に活用し，学校全体の教育力の向上を図ることが重要である。

⑤ 学校は，プライバシーに配慮するために，できるだけ家庭訪問はせずに，児童生徒の理解に努める必要がある。

▌2024年度 ▌千葉県・千葉市 ▌難易度 ■■■■■□□

【12】次の文は，「誰一人取り残されない学びの保障に向けた不登校対策について(通知)」(令和5年3月31日　文部科学省)の一部である。以下の問いに答えよ。

不登校児童生徒への支援につきましては，①義務教育の段階における普通教育に相当する教育の機会の確保等に関する法律等に基づき，関係者において様々な努力がなされ，児童生徒の社会的自立に向けた支援が行われてきておりますが，近年，不登校児童生徒数が増加し続け，令和3年度「児童生徒の問題行動・不登校等生徒指導上の諸課題に関する調査」では，小学校及び中学校で約24.5万人，高等学校を合わせると約30万人に上り過去最高となるなど，生徒指導上の喫緊の課題となっております。また，同調査からは，90日以上の不登校であるにもかかわらず，学校内外の専門機関等で相談・指導等を受けていない小・中学生が約(　②　)人に上ることも明らかとなっています。

こうした状況を受けて，文部科学省では，このたび永岡文部科学大臣の下，別添のとおり，③「誰一人取り残されない学びの保障に向けた不登校対策」(COCOLOプラン)を取りまとめました。

(1) 下線部①の義務教育の段階における普通教育に相当する教育の機会の確保等に関する法律第3条に挙げられる同法の基本理念に照らして誤りのあるものを次の1～6から1つ選べ。

1 全ての児童生徒が豊かな学校生活を送り，安心して教育を受けられるよう，学校における環境の確保が図られるようにする。

2 不登校児童生徒が行う学習活動の傾向を踏まえ，全国で統一された基準的な支援が行われるようにする。

3 不登校児童生徒が安心して教育を十分に受けられるよう，学校における環境の整備が図られるようにする。

4 義務教育の段階における普通教育に相当する教育を十分に受けていない者の意思を十分に尊重しつつ，その年齢又は国籍その他の置かれている事情にかかわりなく，その能力に応じた教育を受ける機会が確保されるようにする。

5　義務教育の段階における普通教育に相当する教育を十分に受けていない者がその教育を通じて，社会において自立的に生きる基礎を培い，豊かな人生を送ることができるよう，その教育水準の維持向上が図られるようにする。

6　国，地方公共団体，教育機会の確保等に関する活動を行う民間の団体その他の関係者の相互の密接な連携の下に行われるようにする。

(2)　文中の(　②　)に当てはまる数はどれか。次の1～6から1つ選べ。

1　600　　2　2千　　3　8千　　4　4.6万　　5　10.5万
6　30万

(3)　同通知および下線部③で示される対策(プラン)について，次の(　　)に当てはまる語句はどれか。以下の1～6から1つ選べ。

児童生徒が不登校になった場合でも，小・中・高等学校等を通じて，(　　)多様な学びにつながることができるよう，不登校児童生徒の個々のニーズに応じた受け皿を整備するとともに，教育支援センターが地域の拠点となって，児童生徒や保護者に必要な支援を行うことが重要である。

1　学びたいと思った際に
2　上級の学校へ進学するために
3　保護者の意向に即して
4　児童生徒が希望する
5　学校の教員が自宅を訪問するなどして
6　体験的な活動を伴う

2024年度 | 奈良県 | 難易度

【13】次の文は，「小学校学習指導要領(平成29年告示)平成29年3月告示」，「中学校学習指導要領(平成29年告示)平成29年3月告示」，「高等学校学習指導要領(平成30年告示)平成30年3月告示」の「不登校児童への配慮」(中学校学習指導要領，高等学校学習指導要領では児童を生徒と表記)より一部を抜粋したものである。文中の(　①　)，(　②　)に入る語句の組合せとして適切なものを，以下のア～エから1つ選びなさい。

> 2　特別な配慮を必要とする児童への指導
> (略)
> (3)　不登校児童への配慮
> ア　不登校児童については，保護者や関係機関と連携を図り，(　①　)や福祉の専門家の助言又は援助を得ながら，社会的自立を目指す観点から，個々の児童の(　②　)に応じた情報の提供その他の必要な支援を行うものとする。

ア　①　医療　②　要請　　イ　①　心理　②　実態
ウ　①　就労　②　発達　　エ　①　教育　②　意向

2024年度　兵庫県　難易度

【14】次の文章は，「不登校に関する調査研究協力者会議報告書　～今後の不登校児童生徒への学習機会と支援の在り方について～(不登校に関する調査研究協力者会議　令和4年6月)」の一部である。[　A　]～[　D　]に当てはまる語句の組合せとして正しいものを，以下の①～⑤の中から一つ選べ。

> 不登校の[　A　]は多岐に渡り，個々の児童生徒の状況も多様である。学校には行けるが休みがちである者，教室には入れず別室による指導を希望する者，在籍校には行けずに教育支援センターによる[　B　]を受けたい者，別の学校で学習したい者，[　C　]等の民間施設に通いたい者，自宅においてICTを活用した学習・相談を希望する者など，[　D　]が求める国・地方公共団体・民間団体等の連携を促進し，それぞれの児童生徒の状況に応じ様々な支援が可能となるような多様な学習機会・教育機会の確保を図っていくことが求められている。

①　A　背景や要因　B　健康相談　C　フリースクール
　　D　社会教育法
②　A　背景や要因　B　個別指導　C　フリースクール
　　D　教育機会確保法
③　A　現れ方　B　個別指導　C　不登校特例校
　　D　社会教育法

④　A　現れ方　　B　健康相談　　C　不登校特例校
　D　教育機会確保法

⑤　A　背景や要因　　B　個別指導　　C　不登校特例校
　D　教育機会確保法

2024年度　岐阜県　難易度■□□□□

【15】次の文は,「生徒指導提要」(令和4年12月改訂　文部科学省)の「第10章　不登校」の一部である。文中の(　a　)～(　d　)に当てはまる語句の正しい組合せはどれか。以下の1～6から1つ選べ。

不登校は「何らかの心理的,情緒的,身体的あるいは社会的要因・背景により,登校しない,あるいはしたくともできない状況にあるため年間(　a　)以上欠席した者のうち,病気や経済的な理由による者を除いたもの」と定義されています。

不登校が注目され始めたのは昭和30年代半ばで,当初は学校に行けない児童生徒の状態は「(　b　)」と呼ばれていました。ところが,その後,学校に行けない児童生徒が増加し,教育問題として注目され始め,呼称は「(　c　)」へと変化しました。

(略)

一方,その後も不登校の数が増え続けると同時に,不登校の原因や状態像も多様化していくなかで,神経症的な不登校に対しては「待つこと」も必要であるが,ただ「待つ」のみではなく,不登校の児童生徒がどのような状態にあり,どのような支援を必要としているのかを見極め,個々の状況に応じた適切な働きかけや関わりを持つことの重要性が指摘されるようになりました。

(略)

その後,さらに不登校の数が増加すると同時に,背景要因もますます多様化・複雑化していきました。そうした状況に対応するため,(略)平成28年には「(　d　)」が成立しました。

1　a－30日　　b－登校嫌悪症　　c－学校忌避
　d－子ども・子育て支援法

2　a－30日　　b－学校恐怖症　　c－登校拒否
　d－義務教育の段階における普通教育に相当する教育の機会の確保

等に関する法律

3　a－30日　　b－学校恐怖症　　c－登校拒否
　d－子ども・子育て支援法

4　a－28日　　b－登校嫌悪症　　c－学校忌避
　d－義務教育の段階における普通教育に相当する教育の機会の確保等に関する法律

5　a－28日　　b－登校嫌悪症　　c－学校忌避
　d－子ども・子育て支援法

6　a－28日　　b－学校恐怖症　　c－登校拒否
　d－義務教育の段階における普通教育に相当する教育の機会の確保等に関する法律

▌2024年度 ▌奈良県 ▌難易度 ■■■■□□

解答・解説

【1】①

○解説○「いじめ防止等のための基本的な方針」は，いじめ防止対策推進法第11条第1項(「文部科学大臣は，関係行政機関の長と連携協力して，いじめの防止等のための対策を総合的かつ効果的に推進するための基本的な方針(以下「いじめ防止基本方針」という。)を定めるものとする。」)に基づき策定されたもの。なお，いじめ防止対策推進法第2条ではいじめについて定義されており，いじめとは「インターネットを通じて行われるものを含む」と明記されていることを押さえておこう。

【2】3

○解説○ いじめの問題への対応に当たっては，従前から，いじめ防止対策推進法等に基づき，いじめの未然防止や積極的な認知，組織的な対応等の取組が進められてきた。しかし，その後もいじめは撲滅されず，重大事態へ発展する事例が増えていることを受け，警察等との連携強化や児童生徒への指導支援の充実等，改めて取組の徹底を求める事項について通知されたものである。出題の通知のほか，「いじめ防止対策推進法等に基づくいじめ重大事態への適切な対応等の徹底について(通知)」(2023(令和5)年7月7日)を併せておさえておきたい。いじめ防止対策推進法については，第1条(目的)と第3条(基本理念)を，特に確認しておきたい。

【3】1 ④　2 ③　3 ①

○**解説**○「いじめの重大事態の調査に関するガイドライン」は，文部科学省がいじめ防止対策推進法第28条第1項で定められたいじめの重大事態への対応について，学校の設置者及び学校における法，基本方針等に則った適切な調査の実施に資するため，平成29(2017)年3月に策定したものである。その中でも，重大事態の「疑い」が生じた段階で調査を開始しなければならないことの徹底が，本ガイドラインで最も伝えたいこととして示されている。文部科学省の「令和4年度　児童生徒の問題行動・不登校等生徒指導上の諸課題に関する調査」によると，重大事態の発生件数は923件，うち，法第28条第1項第一号に規定するものは448件，同項第二号に規定するものは617件で，どの件数も年々増加の一途をたどっている。

【4】① ア　② エ　③ キ　④ イ

○**解説**○「生徒指導提要」の「第Ⅰ部　第4章　いじめ　4.3　いじめに関する生徒指導の重層的支援構造　4.3.1　いじめ防止につながる発達支持的生徒指導」の項には，「いじめに取り組む基本姿勢は，人権尊重の精神を貫いた教育活動を展開することです」と示されている。「人権教育の指導方法等の在り方について[第一次とりまとめ]」(平成16年6月　人権教育の指導方法等に関する調査研究会議)において，初めて人権感覚が「自分の大切さとともに他の人の大切さを認めること」と定義されたことを押さえておきたい。21世紀型の生徒指導は人権教育，多文化共生教育等と密接に関係している。なお，本文中にある「法教育」について，法務省は「法教育とは，法律専門家ではない一般の人々が，法や司法制度，これらの基礎になっている価値を理解し，法的なものの考え方を身に付けるための教育」と定義している。

【5】1

○解説○「生徒指導提要」(令和4年12月　文部科学省)の「第4章　いじめ」では，その対応について「いじめ防止につながる発達支持的生徒指導」，「いじめの未然防止教育」，「いじめの早期発見対応」，「重大事態に発展させない困難課題対応的生徒指導の実際」の4つの項に分けて説明している。Bは，「いじめ防止につながる発達支持的生徒指導」ではなく，「いじめの未然防止教育」の項の内容である。本資料は，生徒指導の基本書であり，児童・生徒を取り巻く状況の変化等を踏まえ，昨年末12年ぶりに改訂版が公表された。筆記試験・人物試験を問わず出題の可能性が高いので，必ず熟読されたい。

【6】4

○解説○ いじめ防止対策推進法第22条は，「当該学校におけるいじめの防止等に関する措置を実効的に行うため，当該学校の複数の教職員，心理，福祉等に関する専門的な知識を有する者その他の関係者により構成されるいじめの防止等の対策のための組織を置くものとする」と規定している。出題箇所は，組織が効果的に機能していないために重大事態が引き起こされるケースがあること，学校内外の連携に基づく実効的な組織体制の構築が必要であることを指摘し，そのうえで組織の在り方について解説している部分である。空所Bの次の段落には，校長や副校長等の管理職からスクールカウンセラー(SC)やスクールソーシャルワーカー(SSW)等の関係者まで列挙されている。よって空所Bには「集中的」よりも「協働的」を選択したい(「集中的」ならば管理職に限定されるはずである)。これで，解答の候補は2あるいは4に限定される。空所Dについては，第2段落に，福祉の専門家としてSSWがすでに挙げられていることから，医学の専門家も入っているとよいだろうと考え，「医師」を補充したい。

【7】1　③　　2　⑤　　3　②

○解説○「いじめ防止等のための基本的な方針」は，児童生徒の尊厳を保持する目的の下，いじめ防止対策推進法第11条第1項の規定に基づいて策定されたものである。いじめ防止対策推進法第22条は，学校におけるいじめの防止等の対策のための組織について規定している。いじめに対しては，学校が組織的に対応することが必要であること，また，必要に応じて心理や福祉の専門家であるスクールカウンセラー，スクールソーシャルワーカーや，弁護士，医師，教員経験者など外部専門家等が参加しながら対応することにより，より実効的ないじめの問題解決が可能な組織とすることを規定している。スクールカウンセラー，スクールソーシャルワーカーは，平成29(2017)年の学校教育法施行規則改正により，同法にその名称及び職務内容が規定され，法的に位置付けられた。

【8】③

○**解説**○「義務教育の段階における普通教育に相当する教育の機会の確保等に関する法律」は議員立法による法律で，同法第3条は不登校児童生徒等の支援について基本理念を定めている。

【9】a ② b ③ c ② d ④ e ④

○**解説**○ 生徒指導提要(令和4年12月　文部科学省)の「第10章　不登校」「10.1.4 支援の目標」からの出題である。小学校学習指導要領解説総則編(平成29年7月)には，「不登校児童が悪いという根強い偏見を払拭し，学校・家庭・社会が不登校児童に寄り添い共感的理解と受容の姿勢をもつことが，児童の自己肯定感を高めるためにも重要である」，「不登校児童については，個々の状況に応じた必要な支援を行うことが必要であり，登校という結果のみを目標にするのではなく，児童や保護者の意思を十分に尊重しつつ，児童が自らの進路を主体的に捉えて，社会的に自立することを目指す必要がある」と記述されている。後者については，「不登校児童生徒への支援の在り方について(通知)」(令和元年10月　文部科学省)における「支援の視点」でも，同様の内容が示されている。「自己有用感」「自己肯定感」については，生徒指導提要の中で，「ありのままの自分を肯定的に捉える自己肯定感」や「他者のために役立った，認められたという自己有用感」を育むことが重要であると指摘されている。また，ソーシャルスキルとコミュニケーションスキルの育成については，学校における危機管理体制の中のリスクマネジメントにおいて，学校危機のリスクを低減する取り組みの一部としても示されている。ソーシャルスキルは，対人関係や集団行動など，社会の中で生活していくために必要な社会的な能力を意味し，一方レジリエンスは，もともと弾力，復元力という意味をもち，そのことから逆境に直面してもそれを克服し適応を図る回復力・許容力を特に意味する。

【10】1

○**解説**○「不登校児童生徒への支援の在り方について(通知)」(令和元年10月25日　文部科学省)は，過去の不登校施策に関する通知における不登校児童生徒の指導要録上の出席扱いに係る記述について，「義務教育の段階における普通教育に相当する教育の機会の確保等に関する法律」(平成28年12月成立)やそれに基づく基本指針の趣旨との関係性について誤解を生じるおそれがあるとの指摘があったことから，これまでの不登校施策に関する通知について改めて整理し，文部科学省がまとめたものである。第1段落は，「1　不登校児童生徒への支援に対する基本的な考え方」「(1)支援の視点」における記述である。Aは，「不登校の時期が休養や自分を見つめ直す等の」を受けた語句であることから，プラスの面を表す「積極的」が当てはまる。Bは，マイナスの側面を表す表現の中の語句とわかるから，「社会的自立(へのリスク)」が当てはまる。第2段落は，「2　学校等の取組の充実」「(1)『児童生徒理解・支援シート』を活用した組織的・計画的支援」における記述である。教育支援センターは，主に不登校の児童生徒への適応指導などを行う教育支援機関である。また，養護教諭は保健室を管理する役割を担っているが，保健室は不登校になる前の居場所であり，不登校からの復帰のきっかけとなりうる場所でもある。

【11】⑤

○**解説**○ ⑤は，「学校は，プライバシーに配慮しつつ，定期的に家庭訪問を実施して，児童生徒の理解に努める必要があること。また，家庭訪問を行う際は，常にその意図・目的，方法及び成果を検証し適切な家庭訪問を行う必要がある」が正しい記述。

【12】(1) 2　(2) 4　(3) 1

○解説○ (1) 文部科学省は，「誰一人取り残されない学びの保障に向けた不登校対策」(COCOLOプラン)を令和5(2023)年3月31日に取りまとめ，各都道府県教育委員会等に通知した。「義務教育の段階における普通教育に相当する教育の機会の確保等に関する法律」は超党派の議員立法で成立し，平成28(2016)年12月に公布された法律で，同法第3条は同法の基本理念を定めている。2は基本理念として，「不登校児童生徒が行う多様な学習活動の実情を踏まえ，個々の不登校児童生徒の状況に応じた必要な支援が行われるようにすること」と規定されている。(2) なお文部科学省の「令和4年度児童生徒の問題行動・不登校等生徒指導上の諸課題に関する調査結果」によると，小・中学校における不登校児童生徒数は299,048人(前年度244,940人)で，そのうち学校内外で相談を受けていない児童生徒数が114,217人(前年度88,931人)で，いずれも過去最多となっている。 (3) 「誰一人取り残されない学びの保障に向けた不登校対策」(COCOLOプラン)では，不登校により学びにアクセスできない子供たちをゼロにすることを目指し，〈1〉不登校の児童生徒全ての学びの場を確保し，学びたいと思った時に学べる環境を整える，〈2〉心の小さなSOSを見逃さず，「チーム学校」で支援する，〈3〉学校の風土の「見える化」を通して，学校を「みんなが安心して学べる」場所にする，これらのことにより，誰一人取り残されない学びの保障を社会全体で実現することとしている。提示された内容は，上記の〈1〉に関するものである。

【13】イ

○解説○ 平成29年(高校は平成30年)の学習指導要領改訂において新設された部分からの出題。これに関連し，文部科学省は，「不登校児童生徒への支援の在り方について(通知)」(令和元年10月25日)の中で，不登校児童生徒に対する効果的な支援の一つとして「スクールカウンセラーやスクールソーシャルワーカーとの連携協力」を挙げ，「学校においては，相談支援体制の両輪である，スクールカウンセラー及びスクールソーシャルワーカーを効果的に活用し，学校全体の教育力の向上を図ることが重要であること」としている。同時に，文部科学省では，児童の心理に関する支援に従事するスクールカウンセラー，児童の福祉に関する支援に従事するスクールソーシャルワーカーの配置につとめている。なお，スクールカウンセラー，スクールソーシャルワーカーの職務内容は，学校教育法施行規則第65条の3，第65条の4において規定されている。

【14】②

○**解説**○「不登校児童生徒の多様な教育機会の確保」に関する問題。空欄Cについて，フリースクールとは「不登校の子供に対し，学習活動，教育相談，体験活動などの活動を行っている民間の施設」，不登校特例校とは「不登校児童生徒等の実態に配慮した特別の教育課程を編成する必要があると認められる場合，特定の学校に置いて教育課程の基準によらずに特別の教育課程を編成することができる」ことを指す。

【15】2

○**解説**○ 文部科学省がとりまとめた生徒指導提要は，生徒指導に関する学校・教職員向けの基本書で，令和4(2022)年12月に改訂が行われた。
a　不登校の定義は，文部科学省が設置した学校不適応対策調査研究協力会議(平成4年)において定義され，今日でも適用され続けている。
b・c　不登校が社会問題として取り上げられるようになったのは1960年代からで，当時は「学校拒否症」と呼ばれていたが，学校へ行けない原因が様々な角度から探られ，「登校拒否」へと変わっていった。文部科学省が「不登校」という名称で統計をとり始めたのは平成10(1998)年度からで，それまでは「学校ぎらい」として統計がとられていた。　d　義務教育の段階における普通教育に相当する教育の機会の確保等に関する法律は，不登校児童生徒などに対する教育機会の確保等に関する施策を総合的に推進することを目的として，平成29(2017)年12月に交付された。

生徒指導　児童虐待・体罰

実施問題

【1】「学校・教育委員会等向け虐待対応の手引き(改訂版)」(令和2年6月　文部科学省)の「2．通告の判断に当たって」に関する次の①～④の文のうち，内容として正しいものを1つ選び，番号で答えよ。

① 児童虐待の通告は，保護者と子供に重大な影響を及ぼすため，学校は早急に虐待の確証を得て通告する必要がある。

② 虐待の有無の判断は，児童相談所等の専門機関だけが行うのではなく，学校や警察，さらには，地域住民等，子供に関わる関係者は誰でも行うことができる。

③ 児童虐待の通告を判断する上では，学校は保護者との関係よりも子供の安全を優先することが重要である。

④ 学校が児童虐待の通告を行うことは，第三者への情報提供に該当し，守秘義務違反になる場合があるため，要保護児童対策地域協議会の枠組みを利用して行う。

2024年度　長崎県　難易度 ■■■□□

【2】「生徒指導提要」(令和4年12月　文部科学省)に示されている「児童虐待の定義」として正しいものを○，誤っているものを×とした場合，その組合せとして適切な組合せを①～④から選び，番号で答えよ。

ア 身体的虐待とは，児童の身体に外傷が生じるような暴行であり，暴行の有無を外傷があることによってのみ判断する。

イ 性的虐待とは，児童にわいせつな行為をすること又は児童をしてわいせつな行為をさせることであり，子供を児童ポルノの被写体にすることなども含む。

ウ ネグレクトとは，児童の心身の正常な発達を妨げるような著しい減食又は長時間の放置，兄弟姉妹など同居人が行う暴力などの虐待行為を保護者が止めないことや，自宅に子供だけを残して長期に渡って外出をすることや車中に放置することなども該当する。

エ 心理的虐待とは，児童に対する直接的な著しい暴言又は著しく拒絶的な対応によって，児童に著しい心的外傷を与えることである。

① ア ○ イ × ウ × エ ○
② ア × イ ○ ウ ○ エ ×
③ ア × イ ○ ウ × エ ○
④ ア ○ イ × ウ ○ エ ×

2024年度 神戸市 難易度

【3】次のA～Eの文は児童虐待に当たる行為の事例である。それぞれの事例と該当する虐待の組合せとして正しいものはどれか。

A 子どもを言葉により脅す，無視する，きょうだい間で差別的扱いをする。

B 子どもを殴る，蹴る，たたく，投げ落とす，激しく揺さぶる。

C 子どもをポルノグラフィの被写体にする。

D 子どもの目の前で，親がその配偶者に暴力をふるう。

E 子どもを家に閉じ込める，ひどく不潔にする，自動車の中に放置する。

	A	B	C	D	E
1.	心理的虐待	身体的虐待	心理的虐待	身体的虐待	ネグレクト
2.	心理的虐待	身体的虐待	性的虐待	心理的虐待	ネグレクト
3.	ネグレクト	心理的虐待	性的虐待	身体的虐待	身体的虐待
4.	ネグレクト	身体的虐待	心理的虐待	心理的虐待	身体的虐待
5.	心理的虐待	心理的虐待	性的虐待	身体的虐待	ネグレクト

2024年度 岡山県 難易度

【4】次の①～⑤から，体罰に相当するものを一つ選べ。

① 宿題を忘れた児童に対して，教室の後方で正座で授業を受けるよう言い，児童が苦痛を訴えたが，そのままの姿勢を保持させる。

② 休み時間に廊下で，他の児童を押さえつけて殴るという行為に及んだ児童がいたため，この児童の両肩をつかんで引き離す。

③ 学校当番を多く割り当てる。

④ 立ち歩きの多い児童生徒を叱って席につかせる。

⑤ 児童が教員の指導に反抗して教員の足を蹴ったため，児童の背後に回り，体をきつく押さえる。

2024年度 島根県 難易度

解答・解説

【1】③

○**解説**○「学校・教育委員会等向け虐待対応の手引き(改訂版)」は，学校や教育委員会等の関係者が，虐待と疑われる事案について迷いなく対応に臨めるよう，具体的な対応方法について文部科学省がまとめたものである。 ①「確証がなくても通告する」が正しい。 ②「虐待の有無を判断するのは児童相談所等である」が正しい。 ④「通告は守秘義務違反に当たらない」とされている。

【2】②

○**解説**○ ア 身体的虐待については，生じるおそれのある暴行，つまりまだ外傷のないものを含むため，けがの有無とは別に，暴行の可能性の有無で判断することが必要とされている。 エ 心理的虐待は，子供への拒否的な態度や暴言だけでなく，家庭における配偶者間の暴力(DV)など，子供の心の傷になるものが広く含まれる，とされている。児童虐待の定義については児童虐待の防止等に関する法律第2条が頻出であり，本資料の内容は条文を踏まえ，その内容を説明するという形式をとっている。

【3】2

○**解説**○ 平成12(2000)年11月に施行の「児童虐待の防止等に関する法律」(「児童虐待防止法」)第2条で児童虐待について，4類型を次のような言葉に表して定義している。①児童の身体に外傷が生じ，又は生じるおそれのある暴行を加えること(身体的虐待)，②児童にわいせつな行為をすること又は児童をしてわいせつな行為をさせること(性的虐待)，③児童の心身の正常な発達を妨げるような著しい減食又は長時間の放置等(ネグレクト)，④児童に対する著しい暴言又は著しく拒絶的な対応，児童が同居する家庭における配偶者に対する暴力その他の児童に著しい心理的外傷を与える言動を行うこと(心理的虐待)。また，厚生労働省のホームページにおいては，児童虐待を身体的虐待，性的虐待，ネグレクト，心理的虐待の4種類の名称で分類して定義し，より具体的な表現で示している。

【4】①

○**解説**○ 文部科学省が平成25(2013)年3月に各都道府県教育委員会等に通知した「体罰の禁止及び児童生徒理解に基づく指導の徹底について」の別紙「学校教育法第11条に規定する児童生徒の懲戒・体罰等に関する参考事例」に，体罰に関する具体的な事例が紹介されている。その中で，①は体罰の中の「被罰者に肉体的苦痛を与えるようなもの」の例として紹介されている。なお，②と⑤は「正当な行為」，③と④は「認められる懲戒」の例として，それぞれ紹介されている。

生徒指導　生徒指導提要・総合問題

実施問題

【1】「生徒指導提要」(令和4年12月改訂文部科学省)で校則の運用・見直しについての説明として誤りを含むものを，次の1～4のうちから1つ選びなさい。

1　校則に基づく指導に当たっては，校則を守らせることばかりにこだわらず，何のために設けたきまりであるのか児童生徒が理解できるよう指導することか望まれる。

2　校則に違反した場合には，内省を促すことまではせず，行為を正すことに目的を焦点化して指導することが望まれる。

3　校則の見直しをする場合には，児童生徒や保護者などと確認したり議論したりする機会を設けて進めていくことが望まれる。

4　校則を策定したり，見直したりする場合には，どのような手続きを踏むことになるのか，その過程について示しておくことが望まれる。

2024年度　宮城県・仙台市　難易度

【2】次の文は，「生徒指導提要」(令和4年12月　文部科学省)に関するものである。誤っているものを①～⑤から一つ選べ。

①　生徒指導と同様に，児童生徒の社会的自己実現を支える教育活動としてキャリア教育がある。生徒指導を進める上で，両者の相互作用を理解して，一体となった取組を行うことが大切である。

②　小・中学校学習指導要領の総則においては，キャリア教育について「児童(生徒)が，学ぶことと自己の将来とのつながりを見通しながら，社会的・職業的自立に向けて必要な基盤となる資質・能力を身に付けていくことができるよう，特別活動を要としつつ各教科等の特質に応じて，キャリア教育の充実を図ること。」と示されている。

③　キャリア教育を学校教育全体で進めるという前提の下，これまでの教科の学びや体験活動等を振り返るなど，教育活動全体の取組を自己の将来や社会につなげていくことが求められている。

④　進路指導の中にキャリア教育が包含されており，小・中・高のそれぞれの段階における進路指導の一環としてキャリア教育を実施す

ることが望ましい。

⑤　いじめや暴力行為などの生徒指導上の課題への対応においては，児童生徒の反省だけでは再発防止力は弱く，自他の人生への影響を考えること，自己の生き方を見つめること，自己の内面の変化を振り返ること及び将来の夢や進路目標を明確にすることが重要である。

▌2024年度 ▌島根県 ▌難易度 ■■■■□□

【3】「生徒指導提要(令和4年12月文部科学省)」で示されている，「チーム支援において，当該児童生徒の課題に関連する問題状況や緊急対応を要する危機の程度等の情報を収集・分析・共有し，課題解決に有効な支援仮説を立て，支援目標や方法を決定するための資料を提供するプロセス」のことを何と言うか。次の①～⑤から1つ選び，番号で答えなさい。

①　アセスメント　　②　カウンセリング
③　コンサルテーション　　④　コーディネーション
⑤　プリベンション

▌2024年度 ▌熊本県 ▌難易度 ■■■■□□

【4】次は，生徒指導提要(令和4年12月，文部科学省)「第1章　生徒指導の基礎」の「1.3.2　集団指導と個別指導」の一部である。空欄[　1　]～[　3　]にあてはまることばを，以下のア～クからそれぞれ一つ選べ。

(1)　集団指導

集団指導では，社会の一員としての自覚と責任，他者との協調性，集団の目標達成に貢献する態度の育成を図ります。児童生徒は役割分担の過程で，各役割の重要性を学びながら，協調性を身に付けることができます。自らも集団の形成者であることを自覚し，互いが支え合う社会の仕組みを理解するとともに，集団において，自分が大切な存在であることを実感します。指導においては，あらゆる場面において，児童生徒が人として平等な立場で互いに理解し信頼した上で，集団の目標に向かって励まし合いながら成長できる集団をつくることが大切です。そのために，教職員には，一人一人の児童生徒が

① 安心して生活できる
② 個性を発揮できる
③ 自己[1]の機会を持てる
④ 集団に貢献できる役割を持てる
⑤ 達成感・[2]感を持つことができる
⑥ 集団での存在感を実感できる
⑦ 他の児童生徒と好ましい人間関係を築ける
⑧ 自己肯定感・自己[3]感を培うことができる
⑨ 自己実現の喜びを味わうことができる

ことを基盤とした集団づくりを行うように工夫することが求められます。

ア．満足　イ．成就　ウ．有用　エ．幸福　オ．判断
カ．決定　キ．主張　ク．習熟

2024年度 山梨県 難易度

【5】次のA，Bの文章は，生徒指導提要(令和4年12月文部科学省)の一部を抜粋したものである。[1]～[6]にあてはまる語を，それぞれ以下の①から⑤までの中から一つずつ選び，記号で答えよ。また，[7]については，Bの文章の下線部「暴力行為が発生した場合」に速やかに必要とされる対応として不適切なものを，①から⑤までの中から一つ選び，記号で答えよ。

A 組織的・効果的な生徒指導を行うには，教職員が気軽に話ができる，生徒指導実践について困ったときに，同僚教職員やスタッフに相談に乗ってもらえる，改善策や打開策を親身に考えてもらえる，具体的な助言や助力をしてもらえる等，[1]人間関係が形成され，組織として一体的な動きをとれるかどうかが鍵となります。また，[2]という点からも，教職員が絶えず自らの生徒指導実践を振り返り，教職員同士で相互に意見を交わし，学び合うことのできる[3]が不可欠です。

生徒指導を実践する上で，教職員の[4]の維持は重要です。生徒指導では，未経験の課題性の高い対応に迫られることがあります。自分の不安や困り感を同僚に開示できない，素直に助けてほしいと

いえない，努力しているが解決の糸口がみつからない，自己の実践に肯定的評価がなされない等により，強い不安感，焦燥感，閉塞感，孤立感を抱き，心理的ストレスの高い状態が継続することがあります。この状態が，常態化すると[　5　]のリスクが高まります。

B　暴力行為が発生した場合，第一に暴力行為の被害を受けた児童生徒等の手当てと周囲の児童生徒等の安全確保を行う必要があります。状況によっては[　6　]にすぐに通報しなければなりません。

暴力行為に及んだ児童生徒が興奮していて，他の児童生徒等に更に危害を加えそうな場合には，他の児童生徒等を安全な場所に避難させることも必要です。

[　1　] ①　受容的・支持的・相互扶助的
②　自律的・専門的・相互依存的
③　受容的・支援的・相互依存的
④　自律的・専門的・独立的
⑤　独立的・専門的・相互扶助的

[　2　] ①　OJT　②　職能開発　③　専門性の向上
④　ケーススタディ　⑤　校内研修

[　3　] ①　組織的関係　②　互恵的関係　③　支援関係
④　同僚関係　⑤　支持的風土

[　4　] ①　職場環境　②　衛生環境
③　勤務条件　④　フィジカルコンディション
⑤　メンタルヘルス

[　5　] ①　躁鬱病　②　食欲不振
③　バーンアウト(燃え尽き症候群)　④　自律神経失調症
⑤　不眠症

[　6　] ①　設置者　②　教育長　③　児童相談所
④　救急や警察　⑤　家庭裁判所

[　7　] ①　早急に校長等の管理職の指示を仰ぐ。
②　保健室で手当をする。
③　暴力行為に及んだ児童生徒・被害を受けた児童生徒等・目撃した児童生徒等から聴き取りをする。
④　関係する保護者へ連絡をする。

⑤　暴力行為の現場を後片付けする。

2024年度 **沖縄県** **難易度**

【6】次の文は，「生徒指導提要」(令和4年　文部科学省)の第3章「チーム学校による生徒指導体制」の一部である。これを読んで，問1，問2に答えなさい。

> (前略)日本は，諸外国に比して，学校内の専門職として教員が占める割合が[　1　]国です。そのことによる利点も多くありますが，児童生徒の抱える問題や課題が[　2　]しているなかで，教員の専門性をもって全ての問題や課題に対応することが，児童生徒の最善の利益の保障や達成につながるとは必ずしも言えない状況になっています。したがって，多様な専門職，あるいは，専門職という枠組みにとらわれない地域の様々な「思いやりのある大人」が，教員とともに学校内で<u>連携・協働する体制</u>を形作ることが求められています。(後略)

問1　空欄1，空欄2に当てはまる適切な語句の組合せを選びなさい。

ア　1－高い　　2－複雑化・多様化
イ　1－高い　　2－明確化・具体化
ウ　1－高い　　2－単純化・画一化
エ　1－低い　　2－複雑化・多様化
オ　1－低い　　2－明確化・具体化

問2　下線部について，「生徒指導提要」(令和4年　文部科学省)に示されている内容として，適切なものの組合せを選びなさい。

①　トップダウンのピラミッド型組織により，情報の収集と伝達を円滑に進めるためのネットワークを学校の内外につくることが求められる。

②　同僚の教職員間で継続的に振り返りを行うことで自身の認知や行動の特性を自覚することができ，幅広い他者との協働が可能になる。

③　一人で仕事をこなさなくてはという思い込みを捨てて組織で関わることで，児童生徒理解も対応も柔軟できめ細かいものになる。

④　学校と警察等との連携は，刑罰法令に抵触する行為に対処する困難課題対応的生徒指導上の連携にとどまらず，不良行為に対する課題予防的生徒指導上の連携も挙げられる。

⑤　生徒指導の方針・基準については，児童生徒や保護者，地域の人々の合意形成を図ることなく，児童生徒の実態をよく知る学校がその責任において作成する。

ア　①②③　　イ　①②⑤　　ウ　①④⑤　　エ　②③④

オ　③④⑤

2024年度 ｜ 北海道・札幌市 ｜ 難易度

【7】次の各問いに答えなさい。

(1)「生徒指導提要」(令和4年12月　文部科学省)「第1章　1.1　生徒指導の意義」で示されている内容について，次の□内の文の記号に当てはまる語句の組合せを，以下の選択肢から1つ選び，番号で答えなさい。

> 生徒指導の目的は，教育課程の内外を問わず，学校が提供する全ての教育活動の中で児童生徒の(　ア　)が尊重され，(　イ　)の発見とよさや(　ウ　)の伸長を児童生徒自らが図りながら，多様な社会的資質・能力を獲得し，自らの資質・能力を適切に行使して(　エ　)を果たすべく，自己の(　オ　)と社会の発展を児童生徒自らが追求することを支えるところに求められます。

1　ア：人権　　イ：個性　　ウ：道徳性　　エ：自己実現
　オ：幸福

2　ア：人格　　イ：特性　　ウ：人間性　　エ：社会的自立
　オ：成長

3　ア：人格　　イ：強み　　ウ：道徳性　　エ：自己実現
　オ：幸福

4　ア：人権　　イ：強み　　ウ：人間性　　エ：社会的自立
　オ：成長

5　ア：人格　　イ：個性　　ウ：可能性　　エ：自己実現

オ：幸福

(2) 「生徒指導提要」(令和4年12月　文部科学省)「第1章　1.2　生徒指導の構造」で示されている内容について，誤っているものを，次の選択肢から1つ選び，番号で答えなさい。

1　発達支持的生徒指導は，全ての児童生徒の発達を支えるもので，そこでは日々の教職員の児童生徒への挨拶，声かけ，励まし，賞賛，対話，及び，授業や行事等を通した個と集団への働きかけが大切になる。

2　課題予防的生徒指導は，課題未然防止教育と課題早期発見対応から構成され，課題の前兆行動が見られる一部の児童生徒を対象としている。

3　困難課題対応的生徒指導においては，校内の教職員だけでなく，校外の関係機関との連携・協働による課題対応を行う。

4　発達支持的生徒指導と課題未然防止教育は，積極的な先手型の常態的・先行的(プロアクティブ)生徒指導と言える。

5　課題早期発見対応と困難課題対応的生徒指導は，事後対応型の即応的・継続的(リアクティブ)生徒指導と言える。

(3)「生徒指導提要」(令和4年12月　文部科学省)「第2章　2.1　児童生徒の発達を支える教育課程」で示されている内容について，次の□内の文の記号に当てはまる語句の組合せを，以下の選択肢から1つ選び，番号で答えなさい。

> 学級・ホームルーム経営は，年度当初の出会いから始まる(　ア　)づくりを通して，学級・ホームルーム集団を，共に認め・励まし合い・支え合う集団にしていくことを目指します。これは，児童生徒の(　イ　)をつくり，失敗や間違いを通して皆で考え，支え合い，創造する集団，つまり，生徒指導の(　ウ　)集団を育てることでもあります。その際に，児童生徒の発達を支えるという視点が重要になります。なぜなら，児童生徒は，それぞれが直面する課題を解決することによって自己実現し，(　エ　)を育んでいくからです。

1　ア：生活　　イ：人間関係　　ウ：学習

エ：自己指導能力
2　ア：仲間　　イ：居場所　　　ウ：学習
エ：未来を生き抜く力
3　ア：友達　　イ：居場所　　　ウ：学習
エ：未来を生き抜く力
4　ア：生活　　イ：居場所　　　ウ：実践
エ：自己指導能力
5　ア：仲間　　イ：人間関係　　ウ：実践
エ：問題解決能力

(4) 「生徒指導提要」(令和4年12月　文部科学省)「第3章　3.1　チーム学校における学校組織」で示されている内容について，誤っているものを，次の選択肢から1つ選び，番号で答えなさい。

1　OECDによる国際教員指導環境調査(TALIS)2018調査結果において，調査参加国中，日本の教員の1週間当たり勤務時間が最長であることが明らかになった。

2　学校における「働き方改革」を実現し，教員の負担の軽減を図りつつ，生徒指導の充実を図ることは，「令和の日本型学校教育」を支えるための重要な要件となっている。

3　教職員がそれぞれの力を発揮し，伸ばしていくことができるようにするために，人材育成の充実や業務改善の取組を進めることが重要な課題となっている。

4　児童生徒の抱える問題や課題が複雑化・多様化するなかで，教員のみならず地域の様々な思いやりのある大人が，教員とともに学校内で連携・協働する体制を形作ることが求められている。

5　「チームとしての学校」が機能するためには，校長のリーダーシップが必要であり，トップダウンのピラミッド型組織による生徒指導体制を強化していくことが求められる。

(5) 「生徒指導提要」(令和4年12月　文部科学省)「第4章　4.2　いじめの防止等の対策のための組織と計画」で示されている内容について，誤っているものを，次の選択肢から1つ選び，番号で答えなさい。

1　学校いじめ対策組織は，学校のいじめ防止基本方針に基づく年間指導計画の作成・実行の中核的役割を果たす。

2 教職員一人一人が，いじめの情報を学校いじめ対策組織に報告・共有する義務がある。

3 生徒指導部や生徒指導委員会などの既存組織を，学校いじめ対策組織と位置付けることは認められていないため，それらとは別に学校いじめ対策組織を置く必要がある。

4 学校いじめ対策組織がいじめの未然防止などを的確に進めるためには，管理職のリーダーシップの下，生徒指導主事などを中心として協働的な指導・相談体制を構築することが不可欠である。

5 学校いじめ対策組織の構成メンバーには，管理職をはじめとした様々な教職員のみならず，弁護士や医師，警察官経験者などの外部専門家を加えることもできる。

(6) 「生徒指導提要」(令和4年12月　文部科学省)「第10章　10.3　不登校に関する生徒指導の重層的支援構造」で示されている内容について，誤っているものを，次の選択肢から1つ選び，番号で答えなさい。

1 年度当初に教職員間で研修を行い，不登校児童生徒への学校復帰の方法に関して，その支援のフローチャートを作成・共有し，学校に登校させることを目標とする。

2 ケース会議において，BPSモデルに基づき，不登校児童生徒の生物学的要因・心理学的要因・社会的要因に注目した多面的なアセスメントを行う。

3 不登校児童生徒が学校に戻りたいと思った際の通過点として，別室登校を行えるよう，教職員の配置や学習機会の整備など，組織的に別室を運営する。

4 児童生徒に欠席が続いたときは，電話だけでなく，教職員自身が家庭訪問を行う。

5 学校内の支援だけでは十分ではないケースで，関係機関や不登校特例校，夜間中学など，児童生徒を多様な学びの場につなぐ。

(7) 「生徒指導提要」(令和4年12月　文部科学省)「第12章　12.4　『性的マイノリティ』に関する課題と対応」で示されている内容について，誤っているものを，次の選択肢から1つ選び，番号で答えなさい。

1　いわゆる「性的マイノリティ」は，LGBTの四つのカテゴリーに限定されるものではなく，身体的性，性的志向，性自認等の様々な次元の要素の組み合わせによって，多様な性的志向・性自認をもつ人々が存在する。

2　生物学的な性と性別に関する自己意識を指す性自認と，恋愛対象が誰であるかを示す性的指向は異なる概念であり，対応に当たって混同しないことが必要である。

3　「性的マイノリティ」とされる児童生徒が有する違和感は，成長に従い減ずることも含めて，変動があり得るものとされる。

4　「性的マイノリティ」とされる児童生徒には，自身のそうした状態を秘匿しておきたい場合があることから，支援に当たっては学校内の教職員のみで「支援チーム」をつくることを原則とし，プライバシーの保護に努めることが大切である。

5　学校においては，「性的マイノリティ」とされる児童生徒への配慮と，他の児童生徒への配慮との均衡を取りながら，支援を進めることが重要である。

(8)「いじめ問題への的確な対応に向けた警察との連携等の徹底について(通知)」(4文科初第2121号)(令和5年2月7日　文部科学省)で示されている内容について，次の［　　］内の文の記号に当てはまる語句の組合せを，以下の選択肢から1つ選び，番号で答えなさい。

> 被害児童生徒から事実関係の聴取を行う際には，被害児童生徒にも責任があるという考え方はあってはならず，「あなたが悪いのではない」ことをはっきりと伝えるなど，(　ア　)を高めるよう留意すること。
>
> 被害児童生徒が不登校や別室登校になった場合には，(　イ　)だけでなく，学習面でも十分な支援を行うこと。
>
> 被害児童生徒が安心して学習その他の活動に取り組むことができるよう，必要に応じて加害児童生徒を別室において指導することとしたり，状況に応じて(　ウ　)を活用したりして，被害児童生徒が落ち着いて教育を受けられる(　エ　)の確保を図ること。

1　ア：自尊感情　イ：障壁の除去
　ウ：児童生徒理解・支援シート　エ：機会
2　ア：自己肯定感　イ：障壁の除去
　ウ：学校警察連絡協議会　エ：環境
3　ア：自尊感情　イ：心のケア
　ウ：出席停止制度　エ：環境
4　ア：自己肯定感　イ：心のケア
　ウ：出席停止制度　エ：機会
5　ア：自尊感情　イ：心のケア
　ウ：学校警察連絡協議会　エ：権利

(9)　「いじめ問題への的確な対応に向けた警察との連携等の徹底について(通知)」(4文科初第2121号)(令和5年2月7日　文部科学省)で示されている内容について，誤っているものを，次の選択肢から1つ選び，番号で答えなさい。

1　加害児童生徒がいじめを行う背景として，心理的ストレス，集団内の異質なものへの嫌悪感情などが考えられる。

2　いじめを行う加害児童生徒に対しては，教育的配慮の下，毅然とした態度で指導・対応を行い，自らの行為を反省させることが必要である。

3　いじめを行う加害児童生徒に対するアセスメントを行うに当たっては，警察署等に配置されているスクールサポーターなど外部の専門家を活用することも有効である。

4　少年サポートセンターや警察署等の警察機関には，加害児童生徒の健全育成を図るためのカウンセリングや注意・説諭等の役割が期待できる。

5　法務少年支援センターは，心理検査，問題行動の分析や指導方法等の提案，児童生徒や保護者に対する心理相談等のほか，法教育に関する出張授業も行っている。

(10)　「誰一人取り残されない学びの保障に向けた不登校対策について(通知)」(4文科初第2817号)(令和5年3月31日　文部科学省)で示されている内容について，誤っているものを，次の選択肢から1つ選び，番号で答えなさい。

1　不登校特例校が今後早期に全ての都道府県・政令指定都市に設置され，将来的には分教室型も含め全国300校の設置がなされることを目指すこと。

2　学校の空き教室等に，校内教育支援センター(スペシャルサポートルーム等)を設置することが望まれること。

3　教育支援センターには，不登校児童生徒本人への支援に留まらず，その保護者が必要とする相談場所や保護者の会等の情報提供といった支援を行うことも期待されること。

4　不登校児童生徒が自宅等においてICT等を活用した学習活動について，一定の要件を満たせば，可能な限り指導要録上出席扱いとすることが望ましいこと。

5　不登校児童生徒への支援の知見や実績を有するNPOやフリースクール等の民間施設が，学校としての設置認可を受けられるよう，各都道府県・政令指定都市が積極的に支援することが期待されること。

▌2024年度 ▌宮崎県 ▌難易度 ■■■□□

【8】生徒指導に関して，次の1～3に答えなさい。

1　次の条文は，いじめ防止対策推進法第15条第1項です。空欄(　a　)にあてはまる言葉は何ですか。以下の①～⑤の中から，正しいものを1つ選び，その記号を答えなさい。

> 学校の設置者及びその設置する学校は，児童等の豊かな情操と道徳心を培い，(　a　)能力の素地を養うことがいじめの防止に資することを踏まえ，全ての教育活動を通じた道徳教育及び体験活動等の充実を図らなければならない。

①　問題発見・解決　　②　意思決定
③　批判的に思考する　　④　自分の考えを伝える
⑤　心の通う対人交流の

2　次の条文は，自殺対策基本法第17条第3項です。空欄(　a　)にあてはまる言葉は何ですか。以下の①～④の中から，正しいものを1つ選び，その記号を答えなさい。

> 学校は，当該学校に在籍する児童，生徒等の保護者，地域住民その他の関係者との連携を図りつつ，当該学校に在籍する児童，生徒等に対し，各人がかけがえのない個人として共に尊重し合いながら生きていくことについての意識の涵(かん)養等に資する教育又は啓発，困難な事態，強い心理的負担を受けた場合等における(　a　)を身に付ける等のための教育又は啓発その他当該学校に在籍する児童，生徒等の心の健康の保持に係る教育又は啓発を行うよう努めるものとする。

①　学習の方法　　②　克服の仕方　　③　対処の仕方
④　命を守る方法

3　次の文は，平成29年3月告示の中学校学習指導要領，平成30年3月告示の高等学校学習指導要領　特別活動〔生徒会活動〕内容の一部です。空欄(　a　)・(　b　)にあてはまる言葉は何ですか。以下の①～⑥の中から，正しい組合せを1つ選び，その記号を答えなさい。

> 生徒が(　a　)組織をつくり，役割を分担し，計画を立て，学校生活の課題を見いだし解決するために話し合い，(　b　)を図り実践すること。

①　a：教師と協力して　　b：人間関係の向上
②　a：教師と協力して　　b：一致団結
③　a：教師と協力して　　b：合意形成
④　a：主体的に　　b：人間関係の向上
⑤　a：主体的に　　b：一致団結
⑥　a：主体的に　　b：合意形成

2024年度　広島県・広島市　難易度 ■■■□□

解答・解説

【1】2

○解説○ 令和4(2022)年12月改訂の『生徒指導提要』における「第3章 チーム学校による生徒指導体制 3.6.1 校則の運用・見直し」からの出題である。2に関しては「校則に違反した場合には，行為を正すための指導にとどまるのではなく，違反に至る背景など児童生徒の個別の事情や状況を把握しながら，内省を促すような指導となるよう留意しなければならない」が正しい文章である。

【2】④

○解説○ 生徒指導提要は，生徒指導に関する学校・教職員向けの基本書として平成22(2010)年に作成され，令和4(2022)年に改訂された。その「第1部 第1章 生徒指導の基礎」「1.1生徒指導の意義」「1.1.3 生徒指導の連関性」からの出題である。 ④「キャリア教育の中に進路指導が包含されている」と記述されている。

【3】①

○解説○『生徒指導提要』は，もとは平成22年に文部科学省がとりまとめた生徒指導に関する学校・教職員向けの基本書である。生徒指導の実践に際し教員間や学校間で共通理解を図り，小学校段階から高等学校段階までの組織的・体系的な生徒指導を進めることができるよう作成されている。児童生徒を取り巻く状況の変化等を踏まえ，2022年12月に12年ぶりに改訂された。次の設問(4)の解説とも関連するが，同資料中の「生徒指導の定義」と「生徒指導の目的」の文言は確実におさえておきたい。

【4】1 カ　2 イ　3 ウ

○解説○ 平成22(2010)年に文部科学省がとりまとめた「生徒指導提要」は，生徒指導に関する学校・教職員向けの基本書である。令和4(2022)年12月に改訂が行われた。集団指導と個別指導は，集団に支えられて個が育ち，個の成長が集団を発展させるという相互作用による指導原理に基づいて行われるとしている。また，「生徒指導の実践上の視点」には，自己存在感・自己肯定感・自己有用感の育成が重要であること，自己決定をする場の提供が必要であることなどが示されている。

【5】1 ① 2 ② 3 ④ 4 ⑤ 5 ③ 6 ④ 7 ⑤

○**解説**○ A「第Ⅰ部 第1章 生徒指導の基礎」「1.4 生徒指導の基盤」「1.4.1 教職員集団の同僚性」からの出題である。 1～3 Aの第1段落は，教職員の受容的・支持的・相互扶助的な人間関係に関する記述である。「今後の教員養成・免許制度の在り方について(答申)」(中央教育審議会(平成18年))では，同僚性の希薄化を指摘している。

4・5 Aの第2段落は，教職員のメンタルヘルスの維持とセルフ・モニタリングに関する記述の一部である。「教職員のメンタルヘルス対策について(最終まとめ)」(教職員のメンタルヘルス対策検討会議(平成25年))では，自分自身の努力に対する周りからの肯定的な評価やフィードバックが得られないと燃え尽きてしまうことがある。」と，バーンアウトについて言及している。 6 Bは，「第Ⅱ部 第5章 暴力行為」「5.3 暴力行為に関する生徒指導の重層的支援構造」「5.3.4 暴力行為が発生した場合の対応」からの出題である。暴力行為が発生した場合として，空欄の前後に「状況によっては」「通報」とあることから，「救急や警察」が当てはまる。 7 暴力行為が発生した場合に速やかに行うべき対応として，「早急に校長等の管理職の指示を仰ぐ必要があります。保健室での手当，暴力行為に及んだ児童生徒・被害を受けた児童生徒等・目撃した児童生徒等からの聴き取り，関係する保護者への連絡，暴力行為の現場の保全と記録などを行わなければなりません。また，警察への相談について検討した上で，相談を行う場合には，可能な限り早急に相談を実現することが重要です」と記述されている。暴力行為の現場の後片付けは記述されていない。

【6】問1 ア 問2 エ

○**解説**○ 問1 第3章の「3.1 チーム学校における学校組織 3.1.1 チーム学校とは」からの出題である。生徒指導体制構築に関して，「チーム学校」ということをふまえての留意点などが説明されている箇所である。　問2　①「トップダウンのピラミッド組織により」ではなく，「トップダウンのピラミッド型組織ではなく」が正しい記述である。⑤『生徒指導提要』には「方針・基準の作成に当たっては，学校や児童生徒の実態把握に基づいて目標設定を行うとともに，児童生徒や保護者，地域の人々の声にできる限り耳を傾けて合意形成を図ることが重要」との一文がある。「児童生徒や保護者，地域の人々の合意形成を図ることなく」という部分が，特に誤り。

【7】(1)　5　(2)　2　(3)　4　(4)　5　(5)　3　(6)　1
(7)　4　(8)　3　(9)　3　(10)　5

○**解説**○ (1)　空欄エの自己実現について，本資料では「単に自分の欲求や要求を実現することにとどまらず，集団や社会の一員として認められていくことを前提とした概念」としている。「自己実現」や「自己指導能力」は本資料におけるキーワードであるため，意味をきちんと理解しながら学習するとよい。　(2)　課題未然防止教育は全ての児童生徒を対象としている。　(3)　本資料では自己指導能力を「児童生徒が，深い自己理解に基づき，『何をしたいのか』，『何をするべきか』，主体的に問題や課題を発見し，自己の目標を選択・設定して，この目標の達成のため，自発的，自律的，かつ，他者の主体性を尊重しながら，自らの行動を決断し，実行する力」としている。　(4)「『チームとしての学校』が機能するためには，校長のリーダーシップが必要であり，学校のマネジメント機能をこれまで以上に強化していくことが求められています」が正しい。　(5)　本資料では生徒指導部や生徒指導委員会など，既存の組織を活用し，法に基づく組織として機能させることも可能だが，学校いじめ対策組織としての会議であるという自覚の下で協議したり，年間計画に位置付けて定例会議として開催したりする必要がある，としている。　(6)　不登校支援における目標は「将来，児童生徒が精神的にも経済的にも自立し，豊かな人生を送れるような，社会的自立を果たすこと」であり，学校に登校するという結果のみを目標とするのではなく，児童生徒が自らの進路を主体的に捉え，社会的自立を目指せるように支援を行うことが求められる。

(7)　本資料では当該児童生徒の支援は組織的に取り組むことが重要であることから，「支援チーム」は学校内外の連携に基づくものとしており，チーム支援会議を適時開催しながら対応を進めることとしている。　(8)　空欄ウの出席停止制度は学校教育法第35条で定められているもの。本人の懲戒という観点からではなく，学校の秩序を維持し，他の児童生徒の義務教育を受ける権利を保障する観点から設けられていることを覚えておくとよい。　(9)　本資料では法務少年支援センター等，少年サポートセンター，警察署等の警察機関との活用・連携を示している。なお，宮崎県など都道府県の警察には「スクールサポーター」がおり，少年の非行防止及び立ち直り支援対策，学校等における児童等の安全確保対策等を行っている。　(10)　本資料は「不登校により学びにアクセスできない子供たちをゼロにすること」を目指しており，その実現のためには「行政だけでなく，学校，地域社会，各ご家庭，NPO，フリースクール関係者等が，相互に理解や連携をしながら，子供たちのためにそれぞれの持ち場で取組を進めることが必要」としている。民間施設が学校施設として設置認可されることを支援する，については示されていない。

【8】1　⑤　　2　③　　3　⑥

○**解説**○ 1　いじめ防止対策推進法は平成25年6月に公布された，いじめの防止等のための対策の基本となる事項を定めた法律で，第15条は学校におけるいじめの防止について定めている。　2　自殺対策基本法は，自殺の防止と自殺者の親族等への支援の充実を目的として平成18年に制定された法律で，第15条は心の健康の保持に係る教育及び啓発の推進等について定めている。この法律に基づく対策，経済状況の好転などにより，近年自殺者自体の総数は減少しているが，児童生徒の自殺者数には減少がみられず，また18歳以下の自殺は8月末から9月上旬等の長期休業明けに急増する傾向がある。そのため，文部科学省は毎年夏季休業前に，「児童生徒の自殺予防に係る取組について(通知)」を各都道府県教育委員会等に通知している。この通知は文部科学省のホームページにも公開されているので，学習しておきたい。　3　平成29年(高等学校は平成30年)の改訂により，学習指導要領には，特別

●生徒指導

活動全体を通して，自治的能力や主権者として積極的に社会参画する力を育てることを重視し，学級や学校の課題を見いだし，よりよく解決するため話し合って合意形成すること，主体的に組織をつくり役割分担して協力し合うことの重要性が明確にされている。

●書籍内容の訂正等について

弊社では教員採用試験対策シリーズ（参考書，過去問，全国まるごと過去問題集），公務員試験対策シリーズ，公立幼稚園・保育士試験対策シリーズ，会社別就職試験対策シリーズについて，正誤表をホームページ（https://www.kyodo-s.jp）に掲載いたします。内容に訂正等，疑問点がございましたら，まずホームページをご確認ください。もし，正誤表に掲載されていない訂正等，疑問点がございましたら，下記項目をご記入の上，以下の送付先までお送りいただくようお願いいたします。

① **書籍名，都道府県（学校）名，年度**
（例：教員採用試験過去問シリーズ　小学校教諭 過去問　2025 年度版）
② **ページ数**（書籍に記載されているページ数をご記入ください。）
③ **訂正等，疑問点**（内容は具体的にご記入ください。）
（例:問題文では“ア～オの中から選べ”とあるが，選択肢はエまでしかない）

〔ご注意〕
○ 電話での質問や相談等につきましては，受付けておりません。ご注意ください。
○ 正誤表の更新は適宜行います。
○ いただいた疑問点につきましては，当社編集制作部で検討の上，正誤表への反映を決定させていただきます（個別回答は，原則行いませんのであしからずご了承ください）。

●情報提供のお願い

協同教育研究会では，これから教員採用試験を受験される方々に，より正確な問題を，より多くご提供できるよう情報の収集を行っております。つきましては，教員採用試験に関する次の項目の情報を，以下の送付先までお送りいただけますと幸いでございます。お送りいただきました方には謝礼を差し上げます。
（情報量があまりに少ない場合は，謝礼をご用意できかねる場合があります）。

◆あなたの受験された面接試験，論作文試験の実施方法や質問内容
◆教員採用試験の受験体験記

送付先	
	○電子メール：edit@kyodo-s.jp
	○FAX：03-3233-1233（協同出版株式会社　編集制作部 行）
	○郵送：〒101-0054　東京都千代田区神田錦町 2-5 協同出版株式会社　編集制作部 行
	○HP:https://kyodo-s.jp/provision（右記のQRコードからもアクセスできます）

※謝礼をお送りする関係から，いずれの方法でお送りいただく際にも，「お名前」「ご住所」は，必ず明記いただきますよう，よろしくお願い申し上げます。

教員採用試験「全国版」過去問シリーズ①
全国まるごと過去問題集
教職教養

編　集　© 協同教育研究会
発　行　令和6年1月10日
発行者　小貫　輝雄
発行所　協同出版株式会社
〒101-0054　東京都千代田区神田錦町2 - 5
電話　03－3295－1341
振替　東京00190－4－94061
印刷所　協同出版・POD工場

落丁・乱丁はお取り替えいたします。